Das Buch

Vierzig Jahre nach seinem Bekenntnisbuch ›Wir sind Gefangene‹, das für den dreiunddreißigjährigen Schriftsteller den literarischen Durchbruch bedeutet hatte, legte Oskar Maria Graf kurz vor seinem Tod seine Lebenserinnerungen über die Jahre der Weimarer Republik bis zum Aufbruch ins Exil vor. Als politisch und gesellschaftlich gleichermaßen engagierter Zeitgenosse berichtet er von Revolution und Räterepublik, von Hitlers obskuren Anfängen, von Begegnungen mit Rilke, Brecht, Toller, Keyserling, Ricarda Huch, Franz Marc und vielen anderen, von seinen gewagten Geschäften als Schieber, seinen Atelierfesten und von Besuchen in Kathi Kobus' berühmter Künstlerkneipe, dem »Simpl«. Erneut erweist er sich als vitaler Erzähler, großartig in seiner bisweilen groben Direktheit und seinem Galgenhumor.

Der Autor

Oskar Maria Graf, geboren am 22. Juli 1894 in Berg am Starnberger See, gehörte zu den Kämpfern für die Revolution von 1918. Als engagierter Antifaschist ging er 1933 ins Exil. Über Wien und Prag gelangte er 1938 nach New York, wo er am 29. Juni 1967 starb. In jüngster Zeit haben verschiedene Fernsehverfilmungen seiner Romane breiten Anklang gefunden. Weitere Werke: ›Die Chronik von Flechting‹, ›Kalendergeschichten‹, ›Unruhe um einen Friedfertigen‹, ›Die Flucht ins Mittelmäßige‹, ›Der harte Handel‹, ›Anton Sittinger‹, ›Das Leben meiner Mutter‹, ›Die gezählten Jahre‹, ›Wir sind Gefangene‹.

Oskar Maria Graf:
Gelächter von außen
Aus meinem Leben 1918–1933

Mit einem Nachwort von
Peter Kritzer

Deutscher
Taschenbuch
Verlag

dtv

Von Oskar Maria Graf
sind im Deutschen Taschenbuch Verlag erschienen:
Kalendergeschichten (1384)
Die Chronik von Flechting (1425)
Unruhe um einen Friedfertigen (1493)
Die gezählten Jahre (1545)
Wir sind Gefangene (1612)
Der harte Handel (1690)
Anton Sittinger (1758)
Das Leben meiner Mutter (10044)
Die Flucht ins Mittelmäßige (10159)

Ungekürzte Ausgabe
Dezember 1983
Deutscher Taschenbuch Verlag GmbH & Co. KG,
München

ISBN 3-7991-5949-5
Umschlaggestaltung: Celestino Piatti
Gesamtherstellung: C. H. Beck'sche Buchdruckerei,
Nördlingen
Printed in Germany · ISBN 3-423-10206-3

INHALT

Editorische Anmerkung:

Diese Neuausgabe geht auf die 1966 im Verlag Kurt Desch, München, erschienene Erstausgabe der Lebenserinnerungen Oskar Maria Grafs zurück. Graf hatte sie in zwei Bänden konzipiert; leider mußte der 1967 verstorbene Autor den geplanten zweiten Band seinen Lesern schuldig bleiben.

H. D.

Einige notwendige Erklärungen zum Inhalt und eine Bemerkung über meine Berufsauffassung

Im ersten Teil dieses Buches handelt es sich noch um Erlebnisse während meiner Münchner Zeit vom Ende des Ersten Weltkrieges bis zu meiner Emigration im Jahre 1933. Gesagt sei auch, daß mit dem »schwarzen Fräulein« in *Wir sind Gefangene* meine verstorbene, zweite Frau Mirjam gemeint ist, die mich vierzig Jahre ertragen hat und mich in jeder Hinsicht zum Inhalt ihres harten Lebens machte. Mit ihrem unverdient schmerzhaften Tod in New York verstarb mir das Beste des Lebens für immer. Für »Schorsch« und »Maria Uhla« figurieren nunmehr die richtigen Namen meiner ältesten, ebenfalls schon verstorbenen Freunde: der Maler Georg Schrimpf und seine erste Frau Maria Uhden.

Zeitlich überschneidet sich das jetzt Erzählte manchmal mit der früher geschriebenen Autobiographie. Das könnte als leichtgemachte Wiederholung, als breit ausgewalzte Verwichtigung von bereits Bekanntem mißverstanden werden. Im Gegensatz dazu handelt es sich aber um ein Nachholen von unbekannten Erlebnissen und Geschehnissen, die für mich erst in der nachdenklichen Rückerinnerung insofern Bedeutung gewonnen haben, weil sie – wie mir scheint – auch aufschlußreich für die Atmosphäre der damaligen Zeit sind. Für diese Zeit nicht weniger als für die Haltung der Menschen meiner Generation, die sich infolge des geradezu überrumpelnden fortwährenden Wechsels der politischen und wirtschaftlichen Zustände überhaupt nicht mehr festigen konnte, so daß sie dem heraufkommenden Unheil nach 1933 ungewappnet und völlig hilflos gegenüberstanden und, ohne daß sie es wollten, einfach mitgetrieben wurden.

Das rasche Vergessen und Übergehen der Erlebnisse, von denen nunmehr berichtet wird, hatte aber auch darin seinen Grund, daß ich sie nicht allzu ernst nahm und für zu anekdotisch hielt, um in die erste Autobiographie aufgenommen zu werden. Das hätte eine geschwätzige Überladenheit ergeben und nicht zum Grundton des Buches gepaßt, in welchem trotz aller lapidaren, oft simplen Eindeutigkeit des Ganzen – wenn auch unbewußt und ungewollt – das Bekennerhafte und das rebellische Pathos jener wilden Aufbruchsjahre überwiegt. Die Unbedingtheit dieses Pathos ließ kein gelassenes Überschauen zu. Dasjenige, was einem damals unmittelbar widerfuhr, war zu aufwühlend und verwirrend, und der kaum Dreißigjährige war weder fähig noch gewillt, sich der resignierten Einsicht zu beugen, daß selbst das Beste, wonach der einzelne Mensch, wonach die Regierenden und die Völker trachten oder zu trachten vermeinen, durch die Unzulänglichkeit und das Zwiespältige aller Menschennatur höchst fragwürdig bleibt und nur zu oft ins gerade Gegenteil umschlägt – ohne daß dies gewollt wird. Wer aber, so frage ich, sollte in Anbetracht dieses sich immer wiederholenden Verhängnisses sich nicht resignierend daran gewöhnen und eingestehen, daß er im flutenden Meere des Lebens nicht mehr ist als ein winziges, unwichtiges Sandkorn wie jeder andere? –

Auf die Idee, die vor vierzig Jahren niedergeschriebene Autobiographie seiner unbedenklich rebellischen Jugend nunmehr als Siebzigjähriger weiterzuführen, konnte nur ein eitler Narr kommen, ein Mensch, der sich mit fast manischer Besessenheit einbildet, ausgerechnet sein Leben sei wichtiger als dasjenige irgendeines anderen Dutzendmenschen. Schriftsteller sind ja für eine solche Selbsttäuschung besonders anfällig. Dennoch lasse ich mich nicht davon abbringen, daß außer der stoisch duldenden Masse der Arbeitsmenschen nur noch Narren dieser Art stets den Gang der Welt aufrechterhalten und das Leben erträglich machen. Die einen *er*halten es, und die anderen *unter*halten es.

Nicht weniger anfällig für Selbsttäuschung sind ganze Völker. So entsteht dann Geschichtsschreibung, eine protokollarische Zusammenfassung von dürren Fakten, vorgenommen von gelehrten Professoren, deren scheinbare Objektivität in der Regel nur von dem Gruppenstandpunkt bestimmt wird, der zur Zeit gültig ist. Dabei entsteht stets etwas, wobei nie gelacht oder Lachen erzeugt werden darf. So etwas geschieht ganz woanders. Das bleibt dem gewöhnlichen Schriftsteller vorbehalten, denn er ist alles andere als korrekt-strenger Protokollführer. Er ist meist ein schlampiger, frecher, eigenwilliger Chronist des Alltäglichen. Ihm kommt es nicht auf die Fakten, sondern auf wirkungsvolle Pointen an. Seine eingeborene Mitteilsamkeit wird angetrieben von der unausrottbaren Menschenlust am Klatsch, einer Lust, bei welcher sich funkelnde Ausschmückungsfreude, natürliche Sentimentalität, springlebendige Heiterkeit und übermütige Bosheit wie von selbst ineinander mischen. Der Schriftsteller hängt am Anekdotischen, ihn interessiert Bismarcks Freßlust mehr als der ganze Krieg von 1870/71. Er klammert sich stets an das Nebengeschichtliche, das zwischen dem scheinbar großen Geschehen fast unbeachtet dahinläuft. Er erzählt Geschichten. Aus einem bunten, unendlich vielfältigen Sammelsurium alltäglicher Winzigkeiten bezieht er seine Stoffe und seinen jeweiligen Standpunkt, und beide wechseln ebenso schnell wie seine Lust. Im Grunde genommen ist er völlig standpunktlos, denn er mischt sich nicht ins Geflecht desjenigen, was er erzählt, und eben darum ist er der einzig wahrhafte Objektive. –

»Soso? So ist das? ... Hmhm, grad schön bringst es daher, dein Durcheinander. Man kennt sich oft gar nicht mehr aus, aber zuhören könnt man dir ewig«, loben die Bauern einen flotten Wirtshausunterhalter, der ihnen Geschichten, Witze und Schnurren erzählt, und jeder geht erheitert und zufrieden nach Hause und behält bloß das, was ihm am meisten gefallen hat. Nicht anders ist's mit dem Schriftsteller, und am ehesten trifft das auf einen zu, der es unternimmt, sein ganzes Leben darzustellen. Ist dieses Leben allzu bunt und allzu abwechslungsreich und bewegt gewesen, wie schwer fällt es ihm, diese sinnverwirrende Fülle in eine sinnvolle Folgerichtigkeit zu bringen. Er steht im ewigen Kampf mit der Zeit, und Vergangenheit und Gegenwart gehen ihm ständig ineinander und durcheinander.

Sinnverwirrend genug war schließlich die Zeit für uns alle, die wir durchleben mußten. Die »Geschichte« hat uns so arg mitgespielt, daß wir ihr tief mißtrauen. Jeder möchte sie am liebsten aus seinem Bewußtsein schieben wie etwas, das für ihn nicht mehr existiert. Leider aber ist er mit den Millionen seinesgleichen dazu bestimmt, seit eh und je das Material für diese Geschichte abzugeben. Aus ihm, der in der ungeheuren Masse gesichtslos bleibt und eben deswegen gleichsam zum Symbol der gewaltigen anonymen Kraft emporwächst, welche die Welt bewegt, wird sie gemacht. Es ist unmöglich, sich dagegen zu wehren; es gliche einem Kampf gegen einen unsichtbaren Feind, von dem man sich unsinnigerweise einbildet, er sei ein für allemal zu verscheuchen oder ganz zu vernichten.

Dieses Hineingestelltsein ins Geschichtliche hat freilich nichts mehr mit dem zu tun, was die hochgebildeten Fachgelehrten und Professoren im Nachhinein literarisch als

Geschichte postulieren, es ist vielmehr unser aller Schicksal. Als privater Mensch kann man sich nur dazu stellen: entweder ablehnend und unversöhnlich feindlich, resignierend und fatalistisch, oder mit gewitztem Galgenhumor und einem alles zerschmetternden Gelächter. Aber wehe dem, der also lacht, und zwar nicht in der Art eleganter Literatur-Ironie, wie sie Thomas Mann in unserem Schrifttum geläufig gemacht hat, und erst recht nicht in der Weise hochgerühmter heutiger Autoren, die durch ihre nonchalante Wortderbheit und grotesken Übertreibungen in der Darstellung bisher ängstlich verschwiegener Menschlichkeiten vermeinen, dies sei nun das explodierende Lachen, das alle Dummheit und Verlogenheit der Welt zersprenge – nein, nein, sondern der also lacht, so kutschergrob und unverfroren wie ein völlig respektloser Flegel, dem nichts, aber auch gar nichts mehr heilig ist. So einer macht sich besonders bei uns Deutschen in allen Kreisen suspekt, ihn gar zu den Humoristen zu zählen, gälte als höchst blamabel.

Der zwerchfellberstende Humor eines Cervantes, das vulkanische Lachen Rabelais', die vernichtende Lapidarität Swifts und selbst die bäuerliche Verschmitztheit des *Eulenspiegels* de Costers – höchstensfalls Heine versteht sich neben seinem Witz noch auf ein derart niederreißendes Gelächter. Schon deshalb würden wir ihn am liebsten aus der deutschen Literatur ausklammern und ins rein Jüdische verlagern. Unsere rätselhafte Einstellung zur Literatur verträgt es nicht einmal, wenn ein Schriftsteller nur Humorist ist. Eine solche Ausschließlichkeit gilt als nicht literaturwürdig und wird eingereiht ins vulgär Spaßmacherische. Ausgenommen die schadenfreudige Lustigkeit Wilhelm Buschs und der stets honett bleibende, melancholisch wohltemperierte Humor Wilhelm Raabes, die beide unserem Volkscharakter entsprechen, gilt bei uns Deutschen der Humor in der Literatur lediglich als erwünschte Zutat. Wir lieben alles, was »mit sonnigem Humor durchwürzt« ist, das auch gern mit provinzieller Satire in Kreuzstichmanier angereichert sein darf, nur nicht die grobe Direktheit eines verwilderten Lachens in einem Buch, das auf nichts mehr Rücksicht nimmt. Sehr rasch wird ein solcher Autor, insbesondere wenn er sexuelle Angelegenheiten in gleicher Weise belacht, als anrüchiger »Pornograph« bezeichnet oder gar in die Nähe jenes fragwürdigen Humors gerückt, der als Zotenreißerei auf sogenannten Herrenabenden kursiert. Aber ganz abgesehen vom Sexuellen, ein Schriftsteller, welcher nichts mehr allzu ernst nimmt und über fast alles, was er erlebt, in ein barbarisch respektloses Gelächter ausbricht, ein solcher Humorist kann bleiben, wo er will, wir Deutsche verbannen ihn menschlich und literarisch in seine eigene Narrenfreiheit. Wenn er in dieser Isoliertheit sein Genüge findet, kann er zusehen, ob sich's so halbwegs erträglich weiterleben läßt. –

Um in diesem Zusammenhang leidigerweise wieder auf mich zurückzukommen: Ich habe mich immer und immer wieder gefragt, woher denn das kommt, daß mir meistens alles an mir und in mir höchst lächerlich vorkommt; und noch weniger bekam ich eine Antwort darauf, wieso mich das stets dazu verführt, von mir auf andere Menschen – ganz gleichgültig, ob Freund oder Feind – zu schließen. Mag sein, daß die weitgehende Respektlosigkeit, die meine selige Mutter mit Ausnahme religiöser Angelegenheiten allen Menschen und Geschehnissen entgegenbrachte, sich als etwas urtümlich Bäuerliches auf mich vererbt hat. Noch immer aber wirkt ein unvergeßbarer makabrer Traum in mir nach, der sich seither mit einer Kraft, die ich mir einfach nicht erklären kann, zu einer Zwangsvorstellung verdichtet hat, welche sofort einsetzt, wenn es bei mir oder anderen um sehr ernste, ja oft entscheidende Dinge geht. Mittendrinnen glaube ich, rund um mich herum, von oben und unten, erschalle auf einmal aus dem Unsichtbaren ein gewaltiges Spott- und Hohngelächter. Die Folge davon ist natürlich, daß mir in diesen Augenblicken rein alles zum Unsinn wird, genau wie damals im Traum in meinem Münchner Atelier einen Tag nach dem Hitlerputsch am 10. November, den ich noch in aller Deutlichkeit vor Augen habe. Irgendwer klopfte an meine Ateliertüre und schrie sehr dringlich: »Herr Graf, laufen Sie sofort auf und davon. Sie kommen und wollen Sie köpfen!« Ich schwang mich aus dem Bett und rannte im Hemd die Treppen hinunter, rannte durch viele Straßen und überall lachten mich gaffende Leute an. Sie lachten und lachten, obgleich ich schrecklich verängstigt einfach kopflos weiterrannte, weil ich hinter mir immer die Stiefelschritte meiner Verfolger hörte. »Hilfe, Hilfe! – Helft mir doch, helft!« schrie ich schließlich, ganz und gar erschöpft, als mich zwei uniformierte Nazis packten, und immer noch lachten die Leute rundherum. Sie schoben mich hinten in ihr Auto wie ein Brett, und komischerweise dachte ich dabei immerzu: »Ja, wieso denn, die sind mir doch nachgelaufen, woher haben sie denn auf einmal das Auto?« Die hinteren Türen dieses Autos waren offen, so daß mein Kopf auf der einen und meine nackten Füße auf der anderen Seite hinausragten. Als das Auto ansurrte und wegfuhr, lachten die Leute noch schriller. Ich fing auf einmal schrecklich zu weinen an, und da waren wir schon auf der breiten Ludwigstraße vor dem Gerüst einer Guillotine, auf deren Treppen Männer standen, die immer nachrückten, wenn droben einer geköpft war und »Der nächste!« gerufen wurde. Ich schlotterte vor Angst, weinte und weinte, sah nichts durch meine zerflossenen Augen und hörte bloß dieses grauenhafte Gelächter rundherum, und da stand plötzlich der »Seppi« vor mir, lachte ganz gemütlich, faßte mich am Arm und sagte: »Brauchst keine Angst zu haben, Oskarl, es tut gar nicht weh –«, und schob mich auf die Treppe.

»Ah, du bist gleich im Hemd, sehr gut«, sagte droben der Henker, ein riesengroßer Kerl, und drückte mich aufs Brett; ich spürte, wie er die Riemen zuschnallte, und schrie furchtbar: »Hilfe, Hilfe!« und spürte wiederum, wie das scharfe Beil in mein Genick sauste. Und auf einmal stand ich ohne Kopf auf einer weiten Wiese, und der Schneider Steer, bei dem ich als Bub das Zitherspielen gelernt haben sollte, setzte mir den Kopf wieder auf und sagte: »Da siehst du's Oskarl, es ist gar nix dabei bei derer Köpferei.« Ich blutete nicht und weinte auch nicht mehr; ich war auch nicht mehr im Hemd, sondern vollständig angezogen und fragte den Steer: »Ja, wo sind wir denn eigentlich?« – »Tja«, sagte er: »Das ist's eben ... Das weiß ich auch nicht.« Nichts war um uns als eine unendliche leere Wiese, so fremd, wie mir noch nie etwas in meinem ganzen Leben vorgekommen ist ...

Das Schlimme ist, daß mich dieser Traum oft mittendrinnen, wenn ich mit Menschen zusammen sitze oder ernsthaft etwas aushandle, heimsucht und daß ich auf einmal zu hören glaube, wie es unsichtbar ringsherum lacht. Nach dem ersten kleinen Schrecken füllt sich dann mein ganzer Körper mit einer unbeschreiblichen Fadheit, und unvermeidbar hat sich dadurch eine Empfindung in mich hineingenistet, als wäre unser ganzes Leben wirklich nur eine einzige graue Trivialität. Mit dem zunehmenden Alter, das uns alle immer mehr darauf stößt, daß unsere Aufenthaltsbewilligung auf dieser Welt bald abgelaufen sein wird, überkommt mich dann plötzlich die kindliche Sentimentalität, mich danach umzusehen, was denn nun eigentlich dieses mein Leben lebenswert gemacht hat, und nichts leuchtet dabei auf als ein Bündel Erinnerungen. Dieses Wenige aber erzeugt eigentümlicherweise eine so dankbare Rührung, daß ich fast glaube, alles Gelebte sei einzig und allein nur dieser Erinnerungen wegen geschehen. Tröstlich ist's, wenn das Heitere, das überströmend Lustige in diesem Bündel so grell aufleuchtet und so deutlich erkennbar wird, daß man – als wäre man jäh zurückversetzt in diese glücklich-übermütigen Jahre – so erlöst und befreit lacht, daß jenes Hohnlachen aus dem Unsichtbaren verstummt. –

Ganz grundlos ist's also doch nicht, was mich darauf gebracht hat, diese Erlebnisse ohne Rücksicht darauf, ob sie zeitlich folgerichtig ineinandergehen, niederzuschreiben. Auch dabei kam es mir auf das Erzählen aus dem Stegreif an.

1.

EIN BUCH ENTSTEHT WIDER WILLEN

Ich weiß nicht, wie vielen ich das schon erzählt und wo ich das schon veröffentlicht habe: Als ich infolge meiner hartnäckig betriebenen Schriftstellerei immerhin schon einiges verdiente und nach und nach sogar ein wenig Fett ansetzte, fragten hin und wieder Leute meine Mutter auf dem Dorfe, wie es mir ginge und was ich mache.

»Ja, ich glaub', er hat jetzt seinen Verdienst«, gab sie ihnen zur Antwort: »Er ist jetzt bei der Zeitung.«

»So, bei der Zeitung«, wollten die Neugierigen wissen: »Was macht er denn da?«

»Er tragt sie aus«, sagte sie. Sie interessierte sich weder, noch konnte sie sich im geringsten vorstellen, wie eine Zeitung zustande kam. Noch unvorstellbarer aber war ihr, die sich von früh bis spät herumplagte, daß ein gesunder Mensch wie ich sich nicht auch körperlich plagen müsse. Im übrigen war es ihr nicht wichtig, wodurch jemand sein Fortkommen hatte. Wenn es ihm einigermaßen gut dabei ging, mußte sein Geschäft schon reell sein.

Als ich ihr viel später einmal zu erklären versuchte, wie denn das sei mit der Schriftstellerei, schaute sie mich ziemlich zweifelnd an und fragte: »Und die ganze Zeit kannst du dabei sitzen, und schwitzen mußt du bei deiner Schreiberei gar nie?«

Nachdem ich das zugab, bekam der Ausdruck ihres faltenreichen Gesichtes einen bäuerlich-pfiffigen Zug, als belustige sie sich darüber, daß so ein ausgefallener, aber offenbar durchaus statthafter Schwindel tatsächlich Geld einbringe, und leicht verschmitzt kicherte sie mich an: »Ja, der Dümmste bist du noch lang nicht.«

In bezug auf das Sitzen muß ich ihr recht geben, aber wenn mir auch das Abfassen und Schreiben vieler kleinerer und größerer Arbeiten leicht von der Hand geht, bei mancher habe ich doch fast Blut und Wasser geschwitzt. Und das Arge ist, daß ich, wenn eine Geschichte oder ein Buch fertig geschrieben, gedruckt und mir fremd geworden ist, doch nie damit zufrieden bin und am liebsten alles wieder von vorn bis hinten neu schreiben möchte.

Zum Glück vergesse ich schon nach kürzester Zeit Inhalt und Handlung vollkommen, und Freunde, die sich mitunter den Scherz machen, mir etwas davon zu erzählen, ohne meinen Namen zu nennen, staunen stets ungläubig, wenn ich mich an nichts erinnere und es mir vorkommt, als hätte ich so etwas nie geschrieben. Das bestärkt mich immer wieder in der Meinung, daß ich überhaupt kein Schriftsteller oder Dichter, sondern ein ausgesprochener Stegreiferzähler ungefähr in der Art herumwandernder Scholaren aus früheren Zeiten bin, der, je nachdem wo er hinkommt und wie sich's gerade ergibt, mündlich sein Bestes dazu beiträgt, um die Unterhaltung abwechslungsreich und anregend zu machen.

Erzählen ist ohne Zweifel etwas Grundgeselliges, das die Menschen – wenigstens solange sie zuhören – einander näherbringt. Ein Leser dagegen braucht das Alleinsein. Er kann höchstenfalls einem anderen umrißhaft davon vorschwärmen, was ihn beim Lesen freudig bewegt, ergriffen und erschüttert hat. Wie anders ist's beim mündlichen Erzählen: Eine zufällige Bemerkung bringt den Erzähler auf den Einfall, die aufgestapelte Erinnerung an Gehörtes, Gelesenes oder Selbsterlebtes zu berichten. Ganz improvisatorisch und absichtslos beginnt er, und langsam kommt ihm das Interesse der Zuhörenden entgegen. Mehr und mehr merkt er, wie der Klang seiner Stimme und der wechselnde Tonfall, in welchem er ein Wort, eine Redewendung, einen Satz ausspricht, seine Resonanz erweitert. Es gibt nicht jene Distanz, die alles Gedruckte beim Lesenden erzeugt. Ein lebendiger Mensch schafft, zwanglos dahinerzählend, eine unnachahmliche wirklichkeitswarme Atmosphäre, die durch eine unterstreichende Geste, ein listiges Augenzwinkern, ein mitbeteiligtes Lächeln oder sonst ein geschwindes eingängiges Mienenspiel belebt wird. –

Ich habe vom mündlichen Erzählen am meisten gelernt, und aus diesem Grund mich daran gewöhnt, fast alle meine Romane fortsetzungsweise während des Entstehens Freunden vorzulesen. Nur so entdecke ich jede weitschweifige Flausenmacherei und Unnatürlichkeit in den Dialogen, nur dadurch gewinne ich die Einsicht, daß jeder Satz eine logische Aktivität besitzen muß, um den folgenden zu aktivieren. –

Dennoch geht mir nichts über das immer bereite mündliche Erzählen, das meiner geselligen Natur schon deswegen entspricht, weil ich den Menschen selbst nicht besonders liebe, aber eine Ansammlung davon unverbindlich gern habe, weil ich sie gewissermaßen für mein Metier brauche, wie der Atmende die Luft. –

Ein geborener Stegreiferzähler war meines Wissens der in New York verstorbene Wiener Anton Kuh. Man kannte ihn überall in dem Dreieck Wien–Prag–München in der Vor-Hitler-Zeit als den amüsantesten, einfallsreichsten und schlagfertigsten Unterhalter in den Salons reicher Leute, denen er für ein vorher genau festgelegtes Honorar die Langeweile vertrieb. Das hatte er von Anfang an so eingeführt. »Börsen- und Rennwettenverluste schluckt die Sippschaft«, war seine Ansicht: »Ausgerechnet ihr Dabeisein bei der Literatur soll gratis sein!«

Niemand wagte es, sich gegen seine Forderungen zu sperren, denn seine scharfe Zunge war gefürchtet; er scheute keinen Krach und weitete ihn stets zum gesellschaftlichen Skandal zu seinen Gunsten aus. Dabei entwickelte er eine staunenswerte Findigkeit und einen Witz, an dem sich jeder ergötzte. Zum Schluß war sein Gegner vernichtend blamiert, und er hatte meistens neue »Kunden« gewonnen.

Auf diese Weise konnte er das beste, sorgenfreieste Leben führen, das sich denken läßt. »Reputation muß wirken. Das steigert den Preis und verschafft Kredit«, war ein anderer Wahlspruch von ihm. Er wohnte stets in den besten Hotels, speiste in den teuersten Restaurants, bezauberte die elegantesten Frauen und kannte eine Unmenge Leute, die er stets erfolgreich anpumpen konnte. Mißgünstige Neider nannten ihn einen »chuzpösen jüdischen Schnorrer«. Er lachte darüber und sagte nur: »Ein kleiner mieser Schnorrer will fünf und zehn Schilling, ich kassiere Summen. Wer Anton Kuh will, muß wissen, wen er vor sich hat.«

Ich bedauere sehr, daß mir seine Methode nie in den Sinn gekommen ist, aber jetzt ist es leider zu spät. –

Ebenso wie Kuh erzählte auch ich meine damaligen Militär- und Kriegserlebnisse oft und oft bei Zusammenkünften in den Schwabinger Künstlerateliers, und – genau wie heute in New York – hieß es zum Schluß immer: »Mensch, warum schreibst du denn das nicht einmal? Schreib das doch endlich!«

Damals hingegen wies ich dies stets als eine herabmindernde Zumutung brüsk zurück, denn ich war in jenen Jahren ein expressionistischer Lyriker und verfaßte nur Gedichte, täglich oft zwei und drei. Dafür bekam ich ein monatliches Stipendium von Professor Roman Wörner, den ein Student auf mich aufmerksam gemacht hatte, und ich wurde sehr bald mit Rilke und Wolfskehl und deren Kreisen bekannt.

Diese fördernde Unterstützung sollte allerdings nur so lange anhalten, bis derjenige, für den das Stipendium eigentlich gedacht war, endgültig aus dem zerfallenden Krieg zurückkehrte. Doch was ging mich das an, vorderhand sonnte ich mich an dieser materiellen Anerkennung meines Dichtertums und steigerte mich in ein dementsprechendes Selbstbewußtsein hinein. –

Das neue Dichten fiel mir sehr leicht. Die Verse brauchten sich jetzt nicht mehr wie früher zu reimen. Man schrieb in freien schwungvollen Rhythmen etwa wie Walt Whitman und Franz Werfel, und ganz besonders geschätzt wurden – was ich schnell merkte und ausgiebig anwandte – imposante Wortzusammenstellungen wie etwa »menschheitsdurstig«, »notunterjocht«, »brudergut«, »elendsgehärtet«, »schicksalsgemeißelt« und so weiter. Ich galt nicht nur in den besseren literaturinteressierten Kreisen, sondern auch bei meinen Freunden und Bekannten als junger Mann mit großer dichterischer Zukunft. Da hat man bereits ein gewisses Standesbewußtsein und weiß, was man seinem einmal erworbenen Ruf schuldig ist. –

Das, was ich da so herumerzählte, kam mir wie eine Ansammlung von unerheblichen, lächerlichen Bagatellen vor, die meinen Nimbus schnell zerstören konnten, falls man ein Buch daraus machen wollte. Dennoch schrieb ich sie – weiß der Teufel, was mich auf einmal darauf gebracht hatte? – einmal in kaum drei Wochen ganz im geheimen gleichsam als Erinnerungsnotizen für später nieder. Sie handelten lediglich von meiner Flucht von zu Hause bis zu meiner Irrenhauszeit und endlichen Entlassung aus dem Heeresdienst. Daß dieses primitiv Hingeschriebene publikumsinteressant, buchreif und überhaupt für einen Verleger reizvoll sein sollte, hielt ich für hirnverbrannt. Ich versteckte das Manuskript wie etwas Verbotenes, dachte bald nicht mehr daran und vergaß es fast ganz. –

Übrigens gab es bei einem Atelierzusammenkommen einmal einen Zwischenfall, den ich sicher auch vergessen hätte, wenn er nicht einige Jahre später eine überraschende, fast unglaubliche Ergänzung gefunden hätte.

Wir hatten vor unserer Ankunft in dem Atelier vorher in der *Brennessel* mit irgendwelchen Studenten von der Gattung »Im Felde unbesiegt« heftig gestritten, und das war in mir noch nicht ausgeraucht. Da ich absolut nicht schlagfertig bin und mir im Nachhinein erst die richtigen Argumente einfallen, zeterte ich leicht gereizt und provokant spöttisch in den dichten Haufen der mit uns Gekommenen, die sich, so gut das ging, auf den Boden hockten oder herumstanden in dem schwachbeleuchteten Atelier: »Viel Feind, viel Ehr ...! Wer bloß den saudummen Spruch aufgebracht hat! Eine echte deutsche Großsprecherei! – Hm, viel Feind, viel Ehr? Jetzt haben wir ja die Bescherung dafür! – Die Esel, die das aufgebracht haben, haben womöglich geglaubt, das ist politisch großartig, die Hornochsen! – Politik ist doch ein Geschäft wie jedes andere! Und mein Vater hat immer gesagt: ›Mach dir Freunde, das nützt geschäftlich und hebt deinen Kredit.‹ – Ha, hm, viel Feind, viel Ehr? – Bringt so ein windiges Luftwort wie ›viel Ehr‹ vielleicht was ein? So eine ›Ehr‹ legt doch jeder anders aus. – Was Praktisches ist überhaupt nicht dahinter, und wenn man sich darauf versteift, hat man bloß Unannehmlichkeiten! – Ich dank schön für so was!«

Einige lachten, etliche riefen spöttisch »Hoho«, aber ich schmetterte über sie weg:

»Ich bin durchaus ein gemütlicher Mensch, aber so ein blödes Zeug ist mir einfach zuwider! Ich kann diese Ungemütlichkeiten nicht leiden! Ich bin fürs Gemütliche. – Ich bin deswegen auch radikaler Pazifist geworden, denn dieser fürchterlich kalte russische Winter im Krieg draußen, das war schon die höchste Ungemütlichkeit! Als ehemaliger

Bäcker war ich doch bloß die schöne Backstuben- und Ofenwärme gewöhnt und nicht diese schauderhafte russische Winterkälte. Schon das hat mich, ganz abgesehen von den unnützen Strapazen, die einem sonst noch zugemutet werden, gegen den Krieg gestimmt. Das Allerekelhafteste aber an dieser unsinnigen Kriegführerei war ihre Gefährlichkeit. ›Da wird man ja tatsächlich erschossen!‹ hab' ich mir gesagt: ›Ich möcht' bloß wissen, wer dazu Lust hat! Für was und für wen denn eigentlich? Der Russ' da drüben, der hat mir doch nichts getan! Ich kenn' ihn nicht einmal! Warum soll ich ihn denn dann erschießen? Das ist doch die gemeinste Menschenjägerei!‹«

Jetzt lachten schon die meisten. Plötzlich aber schnellte nahe an der Tür ein dunkelhaariger Mensch mit einer dichten Stirnlocke und einem Stutzbärtchen aus den Hockenden in die Höhe und bellte mordialisch drohend: »Pfui Teufel, daß man sich das einfach anhört! – Du dreckiger Drückeberger gehörst aufgehängt, du Lump, du ...« Weiter kam er nicht. Alles war aufgesprungen, und ich wollte mich durch das Gemenge schon auf den Schreier zudrängen, da aber hatten ihn die an der Tür bereits massiv grob hinausgestoßen, schlugen zu und riegelten ab.

»Geht in Ordnung«, sagte der dicke Maler Mailer beruhigend in das Gepolter und Gekläff des Hinausgeworfenen hinein, und nach einigen Drohungen stapfte der Kerl schimpfend die Treppen hinunter.

Ich stand raufbereit da und sagte gereizt: »Na, ein paar haben doch oho gerufen, vielleicht sind sie auch von der Sorte wie der Idiot? Bitte ...«

»Ach, Unsinn! Woher denn! Das war doch bloß Spaß! – Der ist doch hirnrissig!« beteuerten alle rundherum: »Schwamm drüber! – Da, sauf, Oskar! Sind wir lustig!« Schnell wollte man über den störenden Zwischenfall hinwegkommen.

»Wie kommt denn so ein Wotandeutscher zu uns?« fragte ich: »Kennt ihn denn wer? Wie heißt er denn eigentlich, und was macht er?«

»Ach, angehängt hat er sich, mitgelaufen ist er halt«, meinten einige: »Hüfler oder Hülscher soll er heißen ...«

»Hitler heißt er, das Arschloch! Kunstmaler, sagt er, ist er«, rief Mailer dazwischen.

»Kunstmaler« war für uns immer schon die verächtliche, herabmindernde Bezeichnung für einen windigen Kitschier. »Kunstmaler« nannten wir diese anmaßenden Auch*künstler*.

»Das ist bloß ein Trick«, sagte Schrimpf: »Sicher ist der Kerl ein ganz raffinierter Spitzel, der politisch schnüffeln will.«

»Ha, bei uns kann er lang schnüffeln! – Lächerlich! Von uns interessiert sich doch keiner für Politik«, rief Mailer.

»Sie wird euch schon noch interessieren müssen, abwarten«, schloß Schrimpf und warf mir einen beredten Blick zu, aber schon fingen alle wieder, sich zutrinkend, gewaltsam mit dem Lustigsein an und wollten nichts mehr hören. Der Zwischenfall war vergessen. So was gab's öfter und wurde nie weiter wichtig genommen. –

Heute freilich, nach so vielen Jahren, kann ich ein leichtes, wenn auch etwas unbehagliches und mißtrauisches Schmunzeln nicht unterdrücken, wenn ich bedenke, wie viele dieser damals so antikriegerischen Bekannten, teils blind begeistert, teils furchtsam berechnend, sich von Anfang an in die grausige Hitlerei hineinlebten und nunmehr, nachdem sie heil aus dem barbarischen Schrecken und Riesenelend herausgekommen sind, so ahnungslos tun, als hätten sie bis Kriegsende überhaupt nie was gewußt von den Zuständen in den Konzentrationslagern, von den Zutodefolterungen und Massenvergasungen. Selbst zugegeben, daß man als Emigrant draußen nie unmittelbar unter dem schrecklichen Druck des Terrors leiden mußte und keine rechte Vorstellung davon hatte, fatal ist's doch, wenn ein Bekannter beim Wiedersehen, so, als sei's eigentlich bloß eine kleine Störung in seinem Leben gewesen, leichthin sagt: »Ich hab' mich überhaupt nie um den ganzen blöden Rummel gekümmert!«, und unerschüttert selbstbewußt von sich behauptet, er sei natürlich ganz und gar der gleiche wie früher geblieben. Ich habe nie gewußt, daß es für solche Menschen einen umfänglichen weißen Fleck in der Zeit gibt, den sie einfach überspringen. –

Etliche Monate später besuchte mich mein Freund Wieland Herzfelde aus Berlin, kam auch auf so einen Atelierabend mit, bei dem ich meine Erlebnisse zum besten gab, und fragte mich auf dem Heimweg: »Sag mal, hast du das nie geschrieben? – Das könnt' ich brauchen.« Er hatte nämlich einen Verlag gegründet und ihn aus Freundschaft und Verehrung für die große Dichterin Else Lasker-Schüler *Malik-Verlag* getauft. Sonst aber hatte das Unternehmen nichts mit ihrer Dichtung zu tun. Im Gegenteil, er brachte nur ganz radikale Linksliteratur heraus und galt als kommunistisch. Wieland zeigte mir damals die ersten Reproduktionen der klassenkämpferisch-aufreizenden Zeichnungen von George Grosz, mit dem er sehr befreundet war.

»Das wäre grad ein richtiges Buch für mich«, drang er weiter in mich, als ich keine rechte Antwort gab: »Wenn du's noch nicht geschrieben hast, dann mußt du's schreiben.«

»Ach, Unsinn!« wehrte ich ungeduldig ab: »Ausgeschlossen! – Ich bin doch Lyriker! Gedichte wirst du kaum brauchen können.«

»Die kommen für mich natürlich nicht in Frage«, meinte er, als wir, in meinem Atelier angekommen, noch Tee tranken und uns politisch unterhielten. Aber, weiß der Teufel, war es nun seine Hartnäckigkeit oder sein fortwährendes

Loben meines Erzählens, endlich gab ich auf seine Fragen doch zu: »Jaja, so flüchtige Notizen hab' ich mir schon einmal gemacht, aber die sind weiter nichts.«

Jetzt gab er erst recht nicht mehr nach, bis ich ihm schließlich das Manuskript gab und noch mal sagte: »Schad' um die Zeit, wenn du den Schmarrn liest. – Taugen tut das Zeug sicher nichts.«

»Na, vielleicht für später, wenn du's eventuell doch ausarbeiten willst«, sagte er und hörte nicht auf mein verärgertes: »Kommt gar nicht in Frage, sag' ich dir! – Nie, niemals!« Er packte das Manuskript ein und fuhr am anderen Tag ab. Vielleicht, weil er zu müde war oder noch viel anderes zu lesen hatte, gab er das Manuskript in der Eisenbahn dem Mitreisenden in seinem Coupé. Der las und las und las und lachte oft mittendrinnen hell auf, lachte, schüttelte den Kopf, lachte wieder und stieß auf einmal heraus: »Also so ein Dussel, so ein Idiot! – Einfach unglaublich, was der alles getrieben hat! Unwahrscheinlich blöd, aber zum Totlachen!«

»So? – Hm. – Und wie ist's geschrieben? – Lesbar, ja?« fragte Wieland interessiert.

»Lesbar? – Sie sehn doch, mir macht's einen Heidenspaß!« bekannte sein Gegenüber: »Ein Verleger sind Sie? – Ja? – Mann, so was muß doch ziehn! Da lacht sich doch jeder halb tot.«

Nach ungefähr einer Woche schickte Wieland meinen ersten Verlagsvertrag mit einem langen Brief. Bares Geld als Vorschuß von sage und schreibe tausend Mark und zehn Prozent von jedem verkauften Exemplar waren zugesagt, und das Buch sollte sehr bald in einer Auflage von zehntausend erscheinen! Ich war baff. Alles erschien mir unglaublich! Wenn man auch den Wertschwund des Geldes schon deutlich merkte, wie lange hatte ich so eine Summe schon nicht mehr gesehen? Und das krieg' ich einfach für so etwas Schnellhingeschmiertes? Nichts stand im Vertrag und im Brief, daß ich es noch ausfeilen und gründlich umarbeiten sollte. War denn also wirklich an dem Zeug etwas dran?

Ich rannte wie ein Verrücktgewordener im kalten Atelier herum, las den Brief und den Vertrag immer wieder und wurde noch fassungsloser. Geldgier und Aufgeschmeicheltsein über diesen leicht errungenen, unerwarteten Erfolg tobten in mir, aber daneben lief doch eine recht unbehagliche fahrige Unsicherheit. »Zwei Seelen«, wie man so schön zu sagen pflegt, »kämpften in meiner Brust«: Ich, der »Dichter« ernsthaft gelobter, schwungvoller Verse, von denen ich allgemach schon selber zu glauben anfing, sie allein seien das Eigentliche und Wichtige von mir, Gedichte, die mir eine Reputation verschafft hatten und die mir mit der Zeit einen wahren literaturgültigen »Ruhm« einbringen konnten, weil sie doch von so sachverständigen und zum Teil hochberühmten Menschen wie Professor Wörner, Rilke und Karl Wolfskehl anerkannt wurden – ich sollte das alles wegen so einem minderwertigen Unterhaltungsschmarren fahrenlassen; ich sollte dessentwegen in Kauf nehmen, daß man mich sogleich und ein für allemal als allbeliebten leichten und seichten Berufshumoristen abstempeln würde? So ein Schmökerautor konnte die größte literarische Leistung hervorbringen, sie zählte nicht mehr, man nahm sie nicht mehr ernst und bedauerte gleichsam so ein gutgemeintes Danebengelingen.

»Unmöglich!« knurrte ich ratlos stehenbleibend: »Un-un ...«

Doch halt, halt! Nicht umsonst brach mir das Wort ab. In mein peinigendes Hinundhergerissensein mengte sich jetzt noch etwas Stärkeres: der unausrottbare Geltungstrieb des gesellschaftlich Zukurzgekommenen, in die gehobenen, besseren Kreise aufgenommen zu werden, die wilde, kindisch hartnäckige urdeutsche Sucht in mir, nicht nur in den kleinen Intellektuellenzirkeln geschätzt zu werden, sondern auch gewissermaßen berufs- und wirtschaftsmäßig in der breiten Öffentlichkeit als reelle Person zu gelten. »Herr Bäckergeselle Graf«, wem konnte das denn jemals einfallen, aber »Herr Schriftsteller Graf«, das klang zusammen, das hatte Nimbus und wurde auch auf den Ämtern respektiert. Mit ein paar gedruckten Gedichten war das nicht zu erreichen, ein eigenes fertiges Buch, das sicher in vielen Auslagen zu sehen sein würde, da konnte man sich als das ausweisen, was man sein wollte. Bei all meiner scheinbaren bohemehaften Unbekümmertheit und Überhebung war ich also auch nichts anderes als ein titelsüchtiger Spießer. Recht herabgestimmt und durch und durch voller Fadheit unterschrieb ich den Vertrag und schickte ihn zurück.

Das Buch erschien – es war der erste Teil der Autobiographie – unter dem beibehaltenen Titel *Frühzeit*. Der Umschlag zeigte mich als Soldat in der schäbigen Drillichjacke. Ich sah einem Verbrecher im Gefängnis sehr ähnlich. Und darüber stand deutlich lesbar mein Name, mein Name! Immerhin konnte jetzt mein Bekanntwerden und, möglicherweise, sogar »Ruhm« beginnen, aber nichts davon begann. Das Buch fand kaum Beachtung und wurde höchstenfalls in einigen kommunistischen Provinzzeitungen besprochen. In den Auslagen der seriösen Buchhandlungen sah man es nie, und es ging schlecht. –

Fünf oder sechs Jahre später – ich war damals schon gelernter, gemachter Provinzschriftsteller – wurde ich einmal als zufälliger Botengänger unseres Münchner Schutzverbandes mit Thomas Mann bekannt. Schüchtern saß ich vor ihm, und als ich nach Erledigung meines Auftrages aufstehen und gehen wollte, sah er mich mit der ihm eigenen interessierten Neugier an und sagte: »Graf? – Oskar Maria Graf? Gibt es nicht ein Buch von Ihnen, ich glaube

Frühzeit ist der Titel? Auf dem Umschlag sieht man Sie als Rekruten im Drillichanzug?«

Ich wurde über und über rot und nickte wie ein beflissener Schulbub: »Jaja, das sind meine Erinnerungen bis ungefähr neunzehnhundertsiebzehn. – Lauter so Erlebnisse ...«

Dunkel kam mir in den Sinn, daß dieser vornehme, zugeknöpfte Weltberühmte überall als enragierter Patriot galt. Leicht benommen, erwartete ich etwas Ablehnendes, dem ich nicht gewachsen war, und um meine Verlegenheit zu verbergen, wiederholte ich etwas plappernd: »Jaja, lauter so kleine Militär- und Kriegserlebnisse ...« Ich schaute ihn ungewiß an und konnte nicht mehr weiter. Unfreundlich kam mir sein Blick nicht vor.

»Jaja«, sagte er: »Ich erinnere mich. Ihre Erlebnisse bis zu Ihrer Dienstverweigerung, wenn ich mich nicht irre.«

»Ja, bis dahin«, nickte ich, und da kamen jene unvergeßbaren, ermutigenden Worte: »Hm, ein höchst merkwürdiges, ein tolles Buch. Sehr, sehr sonderbar! – Meine Frau hat sich in Davos daran gesund gelacht. Ich muß sagen, ein starkes, bedeutsames Buch ...« Ich machte ein Gesicht wie einer, dem die Henne das Brot weggeschnappt hat. Heiß und kalt wurde mir vor Verdutztheit. Er behielt mich immer noch im Aug' und sagte nachdenklich: »Man hat also doch als einzelner der ganzen Kriegsmaschine widerstehen können?«

Das klang zu gut, daraus sprach kein enger Patriotismus, und da hielt ich es nicht mehr aus und fiel ihm ziemlich tölpisch ins Wort: »Ja, wissen Sie, das hab ich vom Tolstoj. – Den lese ich am meisten. Jetzt schreibe ich den zweiten Teil von meinem Buch.«

»So«, sagte er, wiederum interessiert zuredend: »So? Bitte, wenn das Buch da ist, das interessiert mich! Sicher gelingt es Ihnen genauso wie das erste.« Wahrhaftig, ich zitterte, und geschwind und verwirrt sprudelte ich heraus: »Jaja, wenn's rauskommt, schicke ich Ihnen sehr gern eins.

Dankschön, dankschön!« Ich möchte nur wissen, was er sich damals gedacht hat, als ich aufstand und ihm die Hand drückte. Ganz gewiß, der Professor Wörner sparte nie mit seinem ehrlich begeisterten Lob meiner Gedichte, Rilke sagte manchmal behutsam einen Satz, eine Zeile daraus vor sich hin und meinte: »Das innerst Erfahrene ist da Klang und Bild geworden«, und Wolfskehl sah mich durch seine dikken Brillengläser an und sagte zusammenfassend: »Ursprünglich, ganz ursprünglich, Lieber.« Indessen, sie rühmten etwas, das ihnen in jeder Hinsicht gemäß war, dieses Mal hatte einer überraschenderweise ein von mir als blamables Nebenher gehaltenes Buch »stark und bedeutsam« gefunden, obwohl dessen Inhalt seiner ganzen geistigen und politischen Einstellung kraß entgegenstand! Nie wieder war ich so aufgerichtet und glücklich wie damals auf dem Heimweg von der Poschinger Straße. Die kurze Unterhaltung dort hat mir mehr bedeutet und mich mehr ermutigt als alle spätere Anerkennung, und manchmal kommt es mir fast vor, als sei sie entscheidend für mich geworden. –

Ich schrieb schon lange am zweiten Teil *Schritt für Schritt*, und als ich das ganze Manuskript dem Verlag übergab, wagte der es nicht, es als Buch ohne weiteres herauszubringen. Er befürchtete vor allem die heftigsten Angriffe der führenden nationalistischen Kreise, die damals wieder Oberwasser bekamen, und glaubte sogar, die Reichswehr könnte energisch Einspruch gegen dieses »zersetzende kommunistische Machwerk«, wie es später hieß, erheben und ein eventuelles Verbot erzwingen. Darum kam man nach langem Ratschlagen auf den Gedanken, einen ganz großen, weltbedeutenden Dichter um ein entsprechendes Vorwort zu bitten. Hauptmann wurde genannt, aber ich hatte meine Zweifel, denn er hatte sicher noch nicht einmal meinen Namen gehört, und all diese Persönlichkeiten bekamen doch schockweise Manuskripte und Bücher ins Haus geschickt, die sie ungelesen in ihre Bibliothek einreihten. Schließlich fragten die Verlagsherren mich, ob ich denn gar keinen Prominenten der Literatur kenne.

»Kennen? – Nein, ganz gewiß nicht, nein-nein«, sagte ich und erzählte mein flüchtiges Bekanntwerden mit Thomas Mann. Na also! Sogleich ging ein Brief vom Verlag an ihn. Er war mitten in der Arbeit seines Josephs-Romans und im Begriff, nach Ägypten abzureisen. Er lehnte ab. Zugleich aber schrieb er an mich einen langen, sehr zuredenden Brief, in welchem er mich bat, es nicht als »Feigheit« seinerseits aufzufassen und diese Ablehnung in Anbetracht seines »schweren Unternehmens« entschuldigen zu wollen. Er versprach aber, sogleich nach Erscheinen des Buches in der damaligen *Frankfurter Zeitung* eingehend zu schreiben. Gerade dieser wichtige Brief ist mir verlorengegangen. Das nun stimmte die ängstlichen Verlagsherren um. Dennoch entschlossen sie sich vorsichtigerweise nur für eine Auflage von 5000 Exemplaren. Das Buch wurde zwar von nationaler Seite wüst angegriffen, doch es kam nicht einmal zu einem lukrativen Skandal. In literarischen Kreisen erregte es ein ungeheures Aufsehen. Die Presse von rechts bis links brachte Rezensionen oder bebilderte Artikel. Der Verlag bekam Mut. Er ließ ein Anpreisungsplakat »Das Buch des Tages« mit einem überlebensgroßen Brustbild von mir in allen Städten ankleben. Wo immer ich jetzt auftauchte, erkannte man mich, und es läßt sich denken, wie mir das behagte, in welch eine leger tuende und doch überhebliche Eitelkeit ich mich darob hineinlebte. Auf einmal galten mir meine Verse nichts mehr, ich hielt sie für Spielerei. Mehrere Bauernromane und Dorfgeschichten hatte ich schon veröffentlicht, was mich zum Nachfolger unserer Heimatschriftsteller machte. Nun wuchs ich aus dieser Begrenztheit ins ernsthaft Literarische. Das sah ganz nach echtem Ruhm aus, bloß – einträglich war das nicht. Dem wonniglichen Jubilate folgte sehr schnell das klebrige Pech. Die ängstlichen Verlagsherren hatten sich nämlich infolge des unerwarteten Erfolges schwer verkalkuliert. Im Oktober war das Buch – 700 Seiten dick und in einer ganz ungewöhnlich großen Schrifttype gedruckt – erschienen, im November war die Auflage völlig ausverkauft. Wegen des unsinnigen Schriftsatzes hatte man ihn nicht stehen gelassen für einen raschen Nachdruck. Und jetzt, das Ärgste: Infolge des Weihnachtsmarktes waren alle Druckereien mit Verlagsaufträgen derart überversorgt, daß sie keinen neuen mehr annehmen konnten. Das Buch mußte warten, der Erfolg war verscherzt. Der Autor schaute selbstbewußt von den Litfaßsäulen auf die vorübergehenden Menschen, die sein Publikum sein sollten, aber die Käufer verlangten vergeblich sein vieldiskutiertes Buch. Auch daß die Büchergilde Gutenberg vom Verlag das Recht auf eine Lizenzausgabe erworben hatte, änderte nicht viel. Als endlich nach einem halben Jahr eine Neuauflage erschien, leuchteten andere Sterne am Himmel des Buchmarktes.

»Berühmt« ist mir als origineller Ausspruch des längstvergessenen Lyrikers Arthur Silbergleit in Erinnerung geblieben: »Berühmt sind wir alle einmal.« Wie richtig, wie goldrichtig ist das! Zum Abgewöhnen richtig!

2.

DIE FIRMA BEKOMMT EINEN NAMEN

Der Erste Weltkrieg war noch nicht zu Ende, und es war ungefähr im eiskalten Februar 1918. Schrimpf und ich waren erst kürzlich wegen Beteiligung am großen Munitionsarbeiterstreik zu Anfang des Jahres aus der Haft entlassen worden und standen offenbar noch unter polizeilicher Beobachtung. Es blieb also nichts anderes übrig, als sich bieder und völlig unpolitisch zu verhalten. Ich lebte mit meiner ungeliebten ersten Frau in verbitterter Ehe in einem kalten, ziemlich verwahrlosten Atelier. Es ging uns miserabel. Außer Kunsthonig, Rübenmarmelade, schlechtem Brot und irgendwelchen Ersatzlebensmitteln gab es nichts mehr, Heizmaterial schon gar nicht. Ich dichtete unentwegt, streunte herum, verhockte in der leicht angewärmten Staatsbibliothek oder in der Bahnhofshalle einige Stunden und sah dort, wie Kriminalbeamte jeden vom Land hereinkommenden Reisenden scharf aufs Korn nahmen. Ganz besonders hatten sie es auf die abgehetzten Frauen abgesehen, die auffallend ungelenk und mühselig wie allzu dick gewordene Spickgänse daherwackelten, weil sie das Huhn, das Stück Fleisch, den Speck oder den Klumpen Butter, den sie von den Bauern erhamstert hatten, zwischen ihren Beinen an die Unterhosen gebunden, durch die Kontrolle schmuggeln wollten. Bei ihrer Entdeckung gab es fürchterliche Auftritte, verzweifeltes Weinen und markerschütterndes Geschrei. Ich ging weiter, lief durch die Warenhäuser, die kaum noch was anzubieten hatten, und suchte nachts den *Simplizissimus* auf, nur um nicht daheim sein zu müssen und unter meinesgleichen zu sein.

Obgleich ich es unter meiner Dichterwürde hielt, schrieb

ich ab und zu kurze Skizzen und Geschichten, und davon erschien eine in den *Münchner Neuesten Nachrichten.* Zwei Tage darauf schrieb mir der Feuilletonredakteur, Dr. Kurt Martens, ich sollte ihn um die und die Zeit in der Redaktion aufsuchen, es handle sich um eine »unliebsame Angelegenheit«. Dort erwartete mich außer ihm ein mittelgroßer, leicht beleibter Mann mit einem Bismarckbart in feldgrauer Uniform, und es stellte sich heraus, daß er ebenfalls Oskar Graf hieß, als Kriegsmaler dem Hauptquartier zugeteilt war und sich hatte eidlich verpflichten müssen, nie eine Zeile oder eine Zeichnung ohne Genehmigung des Kriegspresseamtes zu veröffentlichen.

»Und stellen Sie sich vor, Herr Graf ... So ein Pech für mich. Das kann mich meinen Posten kosten und womöglich noch eine Strafe auch«, jammerte der Mann: »Hmhmhm, was machen wir denn? – Was machen wir denn? – Diesmal kann's ja noch berichtigt werden, aber wenn das öfter vorkommt, mein Gott!«

Ich schaute ihn dumm an und wußte auch keinen Rat.

»Der Herr Professor und ich haben uns schon darüber unterhalten, Herr Graf«, mischte sich jetzt Dr. Martens ins Gespräch: »Vielleicht könnte man all dem abhelfen, wenn Sie eventuell Ihren Namen etwas veränderten ...«

»Hm, meinen Namen? Tja«, meinte ich etwas baff und sah den Professor an: »Hm – Tja, wissen Sie, mit dem Namen bin ich doch bekannt.«

»Jajaja, natürlich. – Selbstverständlich, ich verstehe, ich verstehe«, sagte der nervös: »Aber wir wollen dem Herrn Doktor doch nicht die Zeit abstehlen mit unserer Angelegenheit. – Bitte, kommen Sie, Herr Graf.« Damit verabschiedeten wir uns. Auf der Straße wurde der Mann vertraulicher.

»Hmhmhm, zu dumm, zu dumm!« sagte er ein paarmal kopfschüttelnd und schoß auf einmal halblaut aus sich heraus: »Wissen Sie, wenn Sie mir da helfen, Herr Graf, ich würde mir das auch was kosten lassen. Bloß, die Angelegenheit muß schnell erledigt werden. Verstehen Sie?« Ich hörte nur das Wort »kosten« und wurde schon geweckter. Im Nu überlegte ich: »Kosten will er sich das was lassen, kosten ... Großartig!« Grad wollte ich was sagen, da kam er mir zuvor. »Sagen Sie, Herr Graf, wären Sie mit fünfhundert Mark einverstanden?« sagte er noch hurtiger: »Sie können das Geld gleich haben, sobald Sie ...«

»Tjaa –«, meinte ich gedehnt und mußte mich sehr zusammennehmen: »Tjaa, hm! Einverstanden bin ich schon, aber da muß ich doch noch genauer nachdenken wegen dem Namen, Herr Professor. Sagen wir bis morgen. Ja?«

»Gut, abgemacht. Sehr schön!« nickte er wie erlöst: »Sagen wir morgen so um zwei oder drei Uhr nachmittags bei mir, ja? – Ich hab' noch guten Bohnenkaffee, und alten französischen Cognac gibt's auch.« Sein rosiges, gesundes Rundgesicht lebte auf. Er lächelte einnehmend und drückte mir die Hand: »Auf morgen dann, ja?«

»Ja«, nickte ich. Tausend, dachte ich: Tausend hätt' er auch gegeben. Tausend sollt' ich verlangt haben! Warum bekam ich immer gleich einen Koller bei einer größeren Summe? Warum überrumpelte mich so was immer? Hol's der Teufel! Ärgerlich knirschte ich. Aber schnell verflog der Mißmut. Immerhin, morgen, morgen gab's Geld, Gott sei Dank, endlich wieder Geld! Schon sah ich die Auslagen interessierter an und entdeckte allerhand Wünschenswertes. Ja so, die Namensänderung, hm, die? Hin und her überlegte ich. Angestrengt dachte ich nach. »Oskar Graf-Berg – Oskar Graf-Berg, gar nicht so schlecht«, murmelte ich vor mich hin und wiederholte es ein paarmal: »Oskar Graf-Berg, klingt beinah' vornehm – Oskar Graf-Berg.« Plötzlich aber kamen mir doch wieder Zweifel: »Unsinn, so ein Name für einen Dichter, fast so wie Friedrich Schiller-Marbach oder Johann Wolfgang Goethe-Frankfurt, Unsinn, dummes Zeug! Aber mir fiel absolut nichts Besseres mehr ein.

Johann Wolfgang Goethe, ja, das stimmt mit Gedichten zusammen! Das ist das Richtige. Friedrich Schiller? Da sind zuviel eintönige i drinnen, aber die o und a und das »oe« bei Goethe, das hat Schwung. So was müßte es sein, redete ich mir im stillen ein, und ich suchte in meinem Hirn herum, wer mir da helfen könnte.

Carlo! Bloß der! – Carlo Holzer! stand mit einem Male fest da, und auf der Stelle suchte ich ihn auf.

»Carlo, Mensch, Carlo!« stieß ich atemlos vor seiner offenen Tür heraus und zog ihn in sein dickverstaubtes, kaltes Atelier: »Carlo, du mußt mir helfen. – Ich soll meinen Namen ändern und krieg' fünfhundert Mark dafür!« Er ließ sich von meiner Aufgeregtheit nicht stören, stand da mit seinem viel zu großen, dicht rothaarigen Kopf, dessen Stirn, wie bei allen Stefan-Georgeanern, ausrasiert war, stand da und richtete sein strahlend lächelndes, sommersprossenübersätes Gnomengesicht auf mich und grüßte in der üblichen Tonart: »Oskar Graf besucht seinen Freund Jakob Carlo Holzer. Oskar Graf bekommt fünfhundert Mark und soll seinen Namen ändern.«

»Vielleicht fällt dir was ein, Carlo, bitte!« unterbrach ich ihn: »Ich kann das Geld schon morgen haben.« Ich erzählte. Carlo ließ kein Aug' von mir. Seine Lippen gingen fortwährend auf und zu, als spreche er meine Worte stumm nach. Dabei wippte er nickend mit dem Kopf. Auf der Stellage stand noch immer das Porträt, das er kürzlich von mir gemalt hatte.

»Schön, sehr gut, Carlo«, sagte ich.

»Zuwenig von Rembrandt, zuwenig Feuer!« bemängelte er: »Jakob Carlo Holzer muß dieses Feuer herausholen.« O weh, dachte ich, schon hat er wieder einen neuen Meister.

Carlo ging jeden Tag in die Pinakothek und beschäftigte sich eingehend mit einem alten Meister. Dann kam er ins Atelier und malte wie dieser. Deshalb wurde nie ein Bild von ihm fertig.

»Das Bild ist doch großartig, Carlo! Es ist doch fertig!« rief ich, doch plötzlich hörte er nicht mehr darauf, streckte seine flache Hand vor mich hin und sagte energischer: »Oskar Graf muß seinen Namen ändern, basta!« Er richtete sich gerader auf, warf seine Arme nach hinten, verschränkte seine Hände auf dem Kreuz und ging, vollkommen mit sich beschäftigt, nachdenklich hin und her: »Oskar Amadeus Graf ...« Heftig schüttelte er den Kopf: »Das ist zu zierlich, zu barock. Es widerspricht deinem Volumen.« Schon tappte er wieder weiter: »Oskar Nepomuk Graf ...« Wiederum Kopfschütteln: »Zu statisch! Oskar Graf ist kein Brückenheiliger. Oskar Graf ist dynamisch.« Und abermals: »Oskar Joseph Graf.« Das war ihm zu sentimental und biblisch. Ich konnte nichts dazwischenreden. Er schnaubte immer angestrengter und trat resoluter auf, indem er fortwährend neue Zwischennamen hersagte und verwarf. Er war todernst dabei. Man sah es, er rang geradezu um eine richtige Namenszusammenstellung. Er schnaubte sein asthmatisches keuchendes Schnauben und bekam Schweißperlen auf der Stirn.

»Oskar M - a - r - i - a Graf! Oskar Maria Graf! Merkur, Madonna und Adel, richtig!« rief er mit einem Male und drehte sich schwitzend und triumphierend um: »Jakob Carlo Holzer nennt seinen Freund Oskar Maria Graf.« Alles an ihm glänzte.

»Oskar Maria. Großartig! Carlo, du bist ein Genie!« lobte ich ihn: »Wie Rainer Maria Rilke. Wunderbar, Carlo! Da meinen die Leute gleich, ich bin was ganz Vornehmes, Esoterisches! Das macht sich gut auf meinen Gedichten. – Sehr schön, Carlo! Jetzt bin ich versorgt, jetzt bin ich aus jeder Kalamität. Für meinen Zeitungsmist nehme ich Oskar Graf-Berg und für die Gedichte und ernsthaften Sachen Oskar Maria ...« Ungewiß lächelte er, dann umschlang er mich und lachte keuchend: »Oskar Maria Graf, du bist gewaltig. Gewaltig!« Ich dankte ihm herzlich.

»Und wenn ich das Geld hab', das wird gefeiert«, sagte ich aufgelebt beim Abschied. Jaja, Carlo, nur der war für so was zu brauchen. In ihm lebte George noch weiter. Im Leben, im Gehabe und in den Ausdrücken. »Enorm – gewaltig – gigantisch«, waren seine Hauptworte, und bei jeder Gelegenheit sagte er Verse oder markante Zeilen dieses Dichters her. Es ging ihm immer schlecht; er hatte fast nie Geld, aber das machte ihn glücklich, das hob ihn aus jeder Misere, die man sowieso bei ihm nie merkte. Er hatte etwas von einem Zwitter; sein Kopf war für den schmächtigen, etwas zu kleinen Körper viel zu groß; beinahe frauenhaft graziös waren seine Bewegungen, wechselten aber oft mit imposanten heroischen Gesten; wie alle Rothaarigen hatte er eine ganz weiße Haut und überall Sommersprossen, und immer, wenn er Freunde traf, strahlten seine blauen freundlichen Augen. »Irgendwie leuchtet er immer«, sagten alle von ihm. Was in der Zeit vorging, wußte er nicht. Für ihn gab es nur Michelangelo, die alten Meister und George, und so schien seine ganze Familie zu sein.

Die Holzers stammten aus Trient und hatten alle noch etwas leicht Italienisches. Der längstverstorbene Vater war einst in Wien ein hochangesehener Bildhauer gewesen. Von ihm stammte das große Relief auf der Stirnseite des Wiener Burgtheaters. Nach seinem Tod verarmte die Familie, und die Mutter – eine zierliche, temperamentvolle, liebenswerte Frau, die schnupfte und den ganzen Dante auswendig konnte – war mit ihren vier Söhnen nach München gezogen. Mit großem Kunstverstand besserte sie wertvolle alte Gobelins aus, und so nährte sie die Familie schlecht und recht.

Frau Holzer liebte ihre Söhne sehr, wenn sie es auch nicht leicht mit ihnen hatte. Der Älteste, Eugenio, muß ein abenteuerlicher Mensch gewesen sein. Er ging sehr früh in die Welt hinaus und blieb zeitlebens verschollen. Man sprach kaum mehr von ihm. Der zweite, Constantino, glich ihm offenbar. Er war ein sehr begabter Bildhauer und rüder Säufer. Er modellierte für die Porzellanfabrik Rosenthal in Selb Nippes und andere Zierfiguren. Jakob Carlo malte, und Emilio, der Jüngste, half zu Hause in der Werkstatt mit. Den Carlo, oder, wie sie ihn nannte, den »Carletto«, liebte die Mutter am meisten. Er war ihr Abgott, und auch er hing mit ebenso großer Zärtlichkeit an ihr. Mit behutsamem »Mio Carletto, Michelangelo ist immer um sieben Uhr aufgestanden«, weckte sie ihn, und wenn er in die Wohnküche kam, küßten sie einander. Sie küßten sich mittags und abends, wenn er sagte: »Weißt du, Mammina, Tizian ist gigantisch, er ist ein Gott!« Sie wußte Bescheid und antwortete: »Auch Carletto ist gigantisch, so groß wie jeder.« Für sie war er ein Genie, und vielleicht hatte er wirklich etwas von einem Genie.

Bei Kriegsausbruch kam eine weitläufig bekannte Frau Menglein zu ihm ins Atelier und übergab ihm, weil sie mit ihrem Mann, einem österreichischen Konsularangestellten, Knall und Fall nach Wien abreisen mußte, ein Kaiser-Franz-Joseph-Bild zur Aufbewahrung. »Was ganz was Wertvoll's, Herr Holzer«, wienerte sie ihn an: »Sie verstehn was davon, bei Ihnen ist's sicher.« Sie wickelte das Bild aus, zeigte es ihm und wickelte es wieder ein: »Ein Erbstück von unserm Onkel selig.«

Der Krieg zog sich hin, ein Jahr verging und noch eins und schließlich das dritte, Carlo vergaß den Vorfall. Es gab auf einmal keine Malleinwand mehr, und so übermalte er das Kaiserbild. Kurz nach Kriegsende tauchte plötzlich die Frau wieder auf und verlangte ihr Bild zurück. Carlo dachte nach und nach, und sie redete und redete, bis er sich erinnerte. Südländisch gravitätisch entschuldigte er sich, gab an, das Bild müsse sich irgendwo auf dem Speicher befinden, und er werde es heraussuchen. Die Frau ging und kam nach ungefähr einer Woche wieder. Arg in die Enge getrieben, brachte sie Carlo durch allerhand Ausreden dazu, daß sie wieder ging, aber schon nach einer Woche kam sie, mißtrauisch geworden, abermals zu ihm. Ziemlich hilflos kämpfte Carlo gegen ihre energischen Vorstellungen, drohend ging sie, um am andern Tag mit ihrem Mann aufzutauchen. Die drei kramten im verstaubten, spinnwebüberzogenen Speicher herum, sie suchten im Atelier, kein Kaiserbild fand sich.

»Jetzt, wissen Sie was, Sie? Da machen wir kurzen Prozeß!« sagte der Mann grob: »Wenn Sie innerhalb einer Woche unser Bild nicht haben, gehn wir auf's Gericht. Verstanden?« Wütend zog er mit seiner Frau ab. Nach einer Woche läutete Carlo an ihrer Wohnungstür und – übergab das Bild.

»Ich habe es Ihnen auch gereinigt und frisch gefirnißt«, sagte er frostig, als sie das Packpapier abnahmen und ihren Kaiser Franz Joseph besichtigten. Jetzt zerflossen sie fast vor Liebenswürdigkeit, entschuldigten sich unterwürfig und dankten in einem fort. Sogar bezahlen wollten sie das Firnissen, doch Carlo hielt nur stolz und beleidigt die flache Hand vor sich hin und sagte mit betonter Schärfe: »Und jetzt will Jakob Carlo Holzer nichts mehr von Ihnen sehen und hören!« Er drehte sich um und ging. Er hatte gesiegt, die pöbelhafte Sippschaft war abgewehrt. Er sprach mit niemandem darüber, nicht einmal mit seiner guten Mammina. Und dann kam es – eine Tante der Besitzer des Kaiserbildes hatte sich erinnert, daß es ganz bestimmt um zwei Finger größer und signiert gewesen war – zum merkwürdigsten Prozeß, den München und wahrscheinlich die ganze

Welt je erlebt hat, nur geschah er mitten in den Revolutionswirren; es gab noch keine hurtigen Fotoreporter und auch keine Pressesensation, denn niemand kümmerte sich sonderlich um so nebensächliche Kunstdinge.

Auf dem Richtertisch im Justizpalast standen das originale Kaiserbild, das, wenn ich mich recht erinnere, von einem Professor Karl Dingfelder stammte und im Tiroler Landesmuseum in Innsbruck hing, und das Holzersche. Bis auf die Firnisfrische des letzteren glichen sie einander wie ein Ei dem anderen. Nicht nur größenmäßig und rein oberflächlich, nein, auch was das Rahmenholz, den Zustand der aufgespannten Leinwand und den Farbauftrag anging, stimmten sie überein. Die vorgeladenen Sachverständigen der staatlichen Museen wiesen auch nach, daß Dingfelder selbst und andere Maler sein Kaiserbild öfter kopiert, aber niemals wieder signiert hatten. Jede Fälschung wäre ausgeschlossen. Das Gericht sprach Carlo frei, die zahlreich erschienenen Schwabinger und sonstigen Kunstinteressierten spendeten lauten Beifall. Sprachlos und betreten zog die Familie Menglein mit ihrer Zeugin, der Tante, ab. Die am Gerichtstisch setzten ihre Kappen auf, schlugen die Aktendeckel zu und wandten sich zum Gehen, als das Unglaubliche geschah. Carlo brach auf einmal ins Knie, hob seine kurzen schlotternden Arme und schrie mit dem ganzen Aufwand seiner asthmatisch keuchenden Stimme: »Hoher Gerichtshof! Jakob Carlo Holzer ist schuldig! Schuldig!! – Ich habe das Bild wirklich gefälscht, i-i-ch ...« Die Luft blieb ihm weg. Sekundenlang stockte alles. Man sah nur, wie die Sachverständigen im Nu verschwanden, dann aber knurrte einer der Richter: »Das gehört jetzt nicht mehr hierher! Das muß bei einer Wiederaufnahme geklärt werden, basta!« Weiter gingen die Talare, und Frau Holzer lief auf ihren Carletto zu, zog ihn in die Höhe, und sie umschlangen sich. Tumultuarisch leerte sich der Gerichtssaal.

Es gab keinen weiteren Prozeß mehr. Carlos Mutter brachte bei der Familie Menglein alles ins Geleise, schenkte ihr einen Gobelin und eine Zeichnung Carlos, und der Lärm der Revolution ließ das Vorgekommene schnell in Vergessenheit geraten. Carlo, der unvergeßliche Carlo, von dem wohl noch öfter die Rede sein wird, erhielt endlich einige Jahre vor Ausbruch der Hitlerherrschaft von einer reichen Familie aus Berlin den Auftrag, ihre zwei Kinder zu malen. Dort fiel er verhungert auf der Straße um und starb. –

Der Professor traktierte mich mit gutem Kaffee und reichlichem französischen Cognac und zahlte blanke fünf Hunderter auf den Tisch. Zwei Tage tranken wir und prosteten uns immer wieder mit dem Ruf: »Oskar Maria Graf!« zu. So gewöhnte ich mich daran. Zudem: Mit zwei neuen Namen versorgt, war meine schriftstellerische Firma gegen unliebsame Störungen gesichert. –

3.

SELTSAME WIRKUNGEN

Je schlimmer es mit dem Krieg stand, um so mehr verknappte sich alles, was der hungrige Magen brauchte. Jeder hamsterte Lebensmittel und gab sein Letztes dafür her. Die Gewiegtesten betrieben Schleichhandel, aber dazu gehörten die richtigen Beziehungen und Geld. Mit meinem Stipendium und dem Gehalt meiner Frau war nicht viel anzufangen. Zum Glück war ich auf meinen Kumpan Wolf gestoßen, bei dem alles zu haben war, und wenn mir im *Simpl* jemand auf mein ehrliches Gesicht Vorschuß gab, konnte ich allerhand liefern und kam zu einem hübschen Gewinn, so daß sich vieles erleichterte. Nun aber hatte Wolf unglückseligerweise einen schweren Gallenanfall bekommen und lag im Krankenhaus. Seine Frau, die bisher nie in Erscheinung getreten war, redete mich auf der Straße an und gab sich zu erkennen. Sie machte einen honett-bürgerlichen, streng zugeknöpften Eindruck und maß mich nicht allzu freundlich.

»Wie der dran ist, Herr Graf, das kann monatelang dauern, und ich will mit seinen Geschäften nichts zu tun haben«, sagte sie, ließ sich auf kein weiteres Gespräch ein und ging gleich weiter. Nicht einmal das Krankenhaus hatte sie mir verraten, und auffallend war, daß sie – obwohl wir davorstanden – nicht in das Haus ging, in welchem sich Wolfs Wohnung befand. Sie ging auf die Kurfürstenstraße zu, stieg in die Trambahn und fuhr stadteinwärts. –

In diesem Pech befaßte ich mich neben dem Abfassen von Gedichten mit allerhand andrer Schriftstellerei. Ab und zu kam ich zu einer Buchkritik, aber dafür gab es fünf oder höchstenfalls zehn Mark, und das erhaltene Buch verkaufte ich sofort an einen Antiquar für einen winzigen Preis. In der *Jugend* und im *Simplizissimus* oder einer Zeitung brachte ich Kleinigkeiten unter. Das war alles. Unter diesen Umständen verschlechterte sich unser verpfuschtes Eheleben immer mehr. Meine Gereiztheit und die Spannung, mit der ich auf den endlichen Losbruch der Revolution wartete, stiegen. Ich wurde ihrer nur mehr Herr, indem ich oft sinn- und ziellos herumlief, mit Schrimpf stundenlange politische Diskussionen führte und mich besoff, sobald das auf Kosten besser gestellter Leute im *Simpl* möglich war. Ich hatte mich auch schon soweit gemausert, daß mich die Kreise der Reichen und die Intellektuellenzirkel sehr anziehend fanden und gern einluden. Sehr schnell hatte ich jene nonchalante Frechheit erlernt, mit der man anderen unverdächtig seine Bedeutung vortäuscht. Bekanntlich ist das ein beständiges, ganz kleines, unverschämt-überlegenes Lächeln, das man bei einem Thema oder vor einem Bild aufsetzt, von dem man absolut nichts versteht. So etwas erweckt den Eindruck sicherer Kennerschaft und wird überall respektiert. Außerdem besaß ich noch einige Eigenschaften, die bei solchen Leuten beliebt machen: eine unheimliche Trinkfestigkeit, von der man sich wahre Wunder erzählte, eine überaus robuste Gesundheit, die sich bei jeder Gelegenheit krachlaut bemerkbar machte, eine nie erlahmende Bereitschaft für tolldreiste, oft völlig ausgefallene Späße jeder Art und eine instinktiv unfehlbare Fähigkeit, überall als klobiger, etwas bäuerlich unbeholfener Naturbursche zu gelten, so daß jeder Mensch, insbesondere die Frauen und Mädchen, von dieser erfrischenden Naivität eingenommen war. Mit einem Wort, ich war »vital«, und »vital« war damals in allen Sparten der Kunst, der Literatur, beim Theater und in der Liebe das hohe Wort, das bei jeder Beurteilung den Ausschlag gab. Ein Bild oder eine Plastik, die nicht vor »Vitalität« strotzten, ein Roman, ein Gedicht oder ein Theaterstück, die nichts eruptiv »Vitales« aufzuweisen hatten, und gar ein Schauspieler ohne grelle, ins Auge springende »Vitalität« waren schon zweifelhaft!

Und in der Liebe? Alle Schwabinger waren in jenen Absterbejahren der Boheme – wie ich es unter größtem Beifall nannte – »Sexualdemokraten«. Beide Geschlechter hielten sich in puncto Sexualität an das geflügelte Wort, das seit jeher über die berühmte Künstlerpension *Führmann* in Umlauf war: »Beim Tag kann man und nachts muß man.« Wer es in dieser Hinsicht soweit brachte, daß er ins Gerede kam, der war hochgeachtet und überall begehrt.

Einmal, als ich meinem Freund Schrimpf von all den Widerwärtigkeiten meiner Lage erzählte, legte er seinen

Pinsel hin, schaute mich an und sagte: »Mensch, mit deinen Gedichten, da wird's doch nie was. – Schreib doch einfach Kunstkritiken, die bringen doch was ein. – Deine Gedichte haben doch sowieso alle so komplizierte Sätze und den Stil, der dafür paßt. Probier's doch einmal.«

»Ach, Unsinn!« widersprach ich: »Ausgeschlossen, daß ich das kann. – Außerdem bin ich farbenblind.«

»Ach, das macht doch nichts! Die Farben kann ich dir doch sagen. – Der Text gibt sich dann schon«, redete er mir zu. Ich ging heim und schrieb einen Brief an die Redaktion der alteingeführten, seriösen *Kunst und Dekoration* in Darmstadt, die der weitbekannte, sehr angesehene, vom herzoglichen Hof unterstützte Hofrat Alexander Koch leitete. Zwei bebilderte Artikel über Schrimpf und den Maler Büger, einen konservativen, leicht impressionistischen Maler, bot ich an.

Und was passierte?

Schon nach einigen Tagen bekam ich eine ungemein freundliche Zusage, überschrieben mit »Ew. Hochwohlgeboren« und mit dem vielversprechenden Schlußsatz: »Ich schätze mich glücklich, Sie sehr bald als dauernden Mitarbeiter zu gewinnen.« Zugleich kündigte der Herr Hofrat an, daß er in der nächsten Woche geschäftlich nach München komme und sich sehr geehrt fühlen würde, mir bei dieser Gelegenheit einen Besuch abzustatten. Ich war baff und lief zu Schrimpf.

»Mensch, was sagst du bloß! Die zwei Artikel sind so gut wie angenommen und ich soll weiter mitarbeiten!« jubelte ich und gab ihm den Brief.

»Ich hab' dir's doch gesagt«, meinte der: »Da bringst du es schnell weiter, du wirst sehen.«

»Tja, aber wenn der in mein Atelier kommt? In den Verhau? – Das verdirbt vielleicht alles wieder«, wandte ich ein. Unser Atelier befand sich im vierten Stock eines alten

Hauses und hatte nur noch einen kleinen dunklen Nebenraum, in welchem unsere zwei Betten und ein kleines Tischchen standen. Mehr hatte nicht Platz. Im Atelier war's eiskalt, die großen Fenster waren frostüberschlagen, ein wachstuchüberzogener Tisch, eine gänzlich durchgelegene Ottomane, ein schmaler alter Kleiderschrank, etliche Bücherstellagen, ein einziger, nicht sehr stabiler Stuhl standen da; und die anderen Sitzgelegenheiten waren zwei wacklige Kisten, die ich von Zeit zu Zeit immer wieder fester zusammennagelte. Auf dem offenen Gasherd wurde gekocht, es roch immer danach, vermischt mit etwas Gasgestank und kaltem Zigarettenrauch.

Vor dem Atelier war es stockdunkel. Eine nebenanliegende Tür führte zum Speicher, die oft mit der unsrigen verwechselt wurde.

»Das ist doch ganz hundsmiserabel, ganz unmöglich für so einen feinen Hofratsbesuch«, meinte ich zweiflerisch. Aber mein Freund fand nichts daran.

»Ach«, sagte er: »Wenn der mit Kunst umgeht, der wird schon öfter so Malerateliers gesehen haben. Wirst du sehn, der ist das gewohnt.«

Er sah mein unglückliches Gesicht und setzte hinzu: »Und außerdem, die zwei Artikel hat er ja direkt schon fest bestellt, da kann er nicht mehr zurück. Abwarten, Mensch, abwarten!« Ich ging jedenfalls heim und nagelte meine Kisten wieder fester zusammen.

Richtig, nach einer Woche kam eine Karte aus dem Hotel *Vier Jahreszeiten* mit der kurzen Ankündigung: »Werde mir, wenn es angenehm ist, erlauben, Ew. Hochwohlgeboren, morgen Donnerstag gegen vier Uhr nachmittags aufzusuchen und freue mich, Ihre geschätzte Bekanntschaft zu machen. Falls es ungelegen sein sollte, bitte Telefonbescheid ins Hotel ...«

Aufgeregt, bang und unsicher fing ich am anderen Tag

schon von ein Uhr ab an, das Atelier wenigstens ein bißchen freundlicher zu machen, staubte ab, legte eine zerschlissene Decke auf den Tisch und kleinere Deckchen auf die zwei Kisten, aber es sah immer noch sehr, sehr ärmlich und wenig einladend aus. Auch die billige Vase, die ich auf den Tisch stellte, und die ungerahmten paar Holzschnitte Schrimpfs an der Wand machten nichts besser. Ratlos und lampenfiebrig ging ich hin und her. Von Zeit zu Zeit ging ich auf den dunklen Treppenabsatz hinaus, lehnte mich vorsichtig über das Geländer und schaute hinunter. Die Zeit verging und verging nicht. Mit aller Gewalt versuchte ich, mir Mut einzureden: Herrgott, der ist doch auch bloß ein Mensch wie ich, nackt ist er, nackt wie ich, und wenn er tot ist, ist er auch ein Haufen Dreck wie ich. Was ist denn das überhaupt? Ich bin doch Revolutionär, warum bibbere und zittere ich denn vor so einem fetten Kapitalisten? Scham und Verachtung über meine verlogene, untertänige Zwiespältigkeit stiegen in mir auf. Fest nahm ich mich zusammen. Wieder machte ich leise die Tür auf, ging hinaus und schaute hinunter. Endlich, endlich tauchte da drunten ein runder schwarzer Hut, eine sogenannte »Melone«, auf, und ein breiter, brauner Pelzkragen zeigte sich. Schwere langsame Schritte kamen höher und höher. Herzklopfen bekam ich, ganz trocken wurde mein Mund. Geschwind und geräuschlos verschwand ich in der Tür, blieb stehen und horchte angespannt. Jeden näher kommenden Schritt zählte ich. Jetzt hielt er ein. Offenbar vermutete er hier in dem Dunkel heroben nichts Bewohnbares mehr. Ich überlegte: Am besten ist es vielleicht, ich geh' ihm entgegen. Da stieg er schon wieder treppaufwärts, war bereits vor der Tür und tappte im Finstern herum. Ich machte die Tür auf, setzte die beste Miene auf und sagte freundlich lächelnd: »Herr Hofrat Koch, ja? ... Grüß' Gott! Bitte, hier wohne ich.« Er trat ein, drückte mir die Hand und sagte ebenso freundlich:

»Herr Graf-Berg? Freut mich sehr.« Ich schloß die Tür und er blieb zögernd stehen, indem er langsam seine Handschuhe abstreifte. Ziemlich verdutzt, wie mir schien, schaute er herum.

Um über die erste Verlegenheit wegzukommen, redete ich schnell aus mir heraus: »Sie müssen entschuldigen, Herr Hofrat, es ist kalt bei mir ... Der Kohlenhändler hat mich leider wieder im Stich gelassen. Er hat nichts. Nicht einmal Holz.« Ich schob ihm den Stuhl hin: »Bitte, wollen Sie nicht ablegen und Platz nehmen? Bitte.«

»Danke, danke«, sagte er, legte nicht ab und setzte sich. Aber der Stuhl ächzte und wackelte. Er stand wieder auf. Ein etwas peinliches, sonderbares Gesicht machte er her.

»Jaja, hier wohn' und arbeite ich, Herr Hofrat. – Man kriegt ja nichts anderes und muß froh sein um das«, sagte ich, bloß damit etwas gesagt war.

»Hm, ja, ich versteh' das, Herr Graf. Harte Zeiten«, fand auch er das Wort endlich wieder, sah rundherum und schaute mich an: »Für Menschen Ihresgleichen ist so ein Leben sehr schwer. Ich weiß das! Unser Adel ist ja zum größten Teil verarmt ...«

»Adel?« stockte ich verblüfft. Ach, ja, jetzt entsann ich mich, den Brief hatte ich mit »Oskar Graf-Berg« unterschrieben!

»Adel?« wiederholte ich und platzte heraus: »Oh, Sie meinen, ich bin ein Graf? Nein, nein, ich heiß' bloß so und bin aus Berg am Starnberger See –« Sekundenlang standen wir Aug' in Aug' da.

»Ach so, hm! Ein Irrtum von mir – Graf-Berg. So ist das also, hm«, er fing sich schließlich und bekam wieder eine normale Stimme: »Na, so was kann ja mal vorkommen.« Ganz anders fixierte er mich noch einmal, und sein Ton schlug ins Bieder-Gönnerhafte um: »Entschuldigen Sie, bitte. Ich bin durchaus für den gesunden Fortschritt. Auch für mich hat es immer schon geheißen: Platz dem Tüchtigen, versteh'n Sie? Da ist mir natürlich jeder neue Mitarbeiter willkommen.«

Ich hörte heraus, wie arg ihm sein Irrtum war und merkte, daß er weg wollte, nur schnell weg. Schon nahm er seinen steifen Hut vom Tisch und streckte mir die Hand hin: »Ich hoffe, Herr Graf, die Artikel gelingen Ihnen gut. – Echten Talenten steht *Kunst und Dekoration* immer offen. Es hat mich gefreut, Ihre Bekanntschaft zu machen. – Guten Tag.«

»Jaja, dank' schön, Herr Hofrat. Adjeu! – Ich lass' die Tür offen, daß Sie sehen«, hastete ich verwirrt heraus. –

Er brachte die beiden Artikel wirklich. Schrimpf hatte mich dafür »farblich« beraten. Von jetzt ab aber waren die Briefe, die ich von der Redaktion bekam, nicht mehr von ihm unterschrieben und hatten den üblichen Geschäftston. Nun war ich Kunstkritiker und nahm's sehr eifrig damit. Die Galeriebesitzer und Inhaber der Kunstsalons behandelten mich zuvorkommend und gingen mit mir durch ihre Ausstellung, zeigten mir *die* Bilder oder Plastiken, die sie besonders markant fanden, und redeten ihren Kunstseim daher. Ich hörte gelassen interessiert zu und sagte dann manchmal kennerhaft herablassend: »Jaja, ganz geschlossen. – Ausgezeichnet«, oder: »Mir ein bißchen zuviel gekonnt, aber sehr ansprechend. – Ehrlich gesagt, seine kleineren Arbeiten sind mir lieber«, und lobte die gute Aufteilung der ganzen Ausstellung. Das verschaffte mir Achtung. Auch in der Leipziger Kunstzeitschrift *Cicerone* von Professor Georg Biermann, der hauptsächlich die Expressionisten propagierte, erschienen Artikel von mir, und die Sammlung *Junge Kunst* brachte zwei schmale Monographien über Schrimpf und seine verstorbene Frau Maria Uhden heraus. Das hatte zur Folge, daß haufenweise Maler und Bildhauer sich mit mir anfreundeten, die wollten, daß ich auch über sie schreibe.

»Großartig!« sagte ich zu Schrimpf: »Das geht wie das Katzenficken –. Ich versteh' zwar das meiste absolut nicht, aber ich bring' die Artikel an.«

»Ich hab' dir's doch gesagt, daß du das kannst«, meinte der: »Verstehn? – Man muß bloß frech sein. Die andern verstehn doch auch nichts. Du schreibst wenigstens richtig schwunghaft und so vertrackt, daß jeder meint, was wunder dahinter ist.«

So war das also mit der Kunst. Ich kicherte oft in mich hinein, wenn andere tierernst und geschwollen darüber schwätzten, und mir fielen dabei allerhand Späße ein, die immer darauf hinausliefen, die ganzen Kunstkritiker und Snobisten zu blamieren. Ich entsann mich der Vorkriegsjahre 1911 und 1912, als ich über den anarchistischen Kreis um Erich Mühsam und Gustav Landauer allmählich in die Boheme hineinglitt. Da hatten einmal zwei Maler in der Türkenstraße einen leeren Laden gemietet. Der eine hing seine Riesenleinwand auf die rechte und der andere die seine auf die linke Wandseite. Sie fingen zu malen an und kümmerten sich sonst um nichts. Leute, die an dem Laden vorüberkamen, blieben neugierig stehen und fixierten, was da gemalt wurde. Mehr und immer mehr Leute sammelten sich an. Gelacht, gespottet und geschimpft wurde.

»Ha, jetzt do schaut's ... A blau's Roß macht der, a blau's Roß!« rief einer hämisch: »Schaugt's nur grad –. Der muaß ja faktisch farb'nblind sei, der Aff, der saudumme!« Die zwei Maler drinnen ließen sich nicht stören. »Du, und der do, der ... Wos patzt denn der do hin –? Do kennt sich überhaupts koana mehr aus, solln dös Berg werdn oder ausglaufene Darm'?« kicherte ein fetter Rentier und zeigte auf den linken Maler: »Dö zwoa müassn, mir scheint, aus'm Irrenhaus davonglaufn sein –«

»Und so wos hoaßt ma heutzutog Kunscht! Pfui Teifi!« schimpfte ein hagerer Stehgeiger. Immer lauter und ordinärer ging's zu, und immer mehr Neugierige kamen daher und drängten an die Auslagenfenster. Als die zwei Schutzleute daherkamen, war es schon ein regelrechter Volksauflauf. Nicht ließen sich die Leute auseinandertreiben.

»Do ... Do schaun S' doch selber 'nei, Herr Wachtmeister ... Do ... Dös san doch Irrnhäusler. So was ghört verbot'n!« schrie ein Metzgermeister. Die Schutzleute bahnten sich einen Weg durch die heftig Protestierenden, rüttelten an der verschlossenen Ladentür: »Aufmachen da, marsch, aufmachen!« Die Tür ging auf, die Leute wollten hinter den Schutzleuten nach, aber die verboten es energisch und verschwanden hinter der Tür. Einen scharfen Wortwechsel gab es. Was ihnen denn einfalle? Wieso und warum sie denn ausgerechnet in einem Straßenladen malten, wollte der Wachtmeister wissen, worauf er die Antwort bekam, ob er ihnen vielleicht das Geld für die hohe Ateliermiete geben könnte.

»Das Fenster verhängen? Haben Sie vielleicht schon einen Maler gesehen, der in der Dunkelheit malt?« sagte der Pferdemaler: »Und überhaupt, wo steht das, daß es verboten ist, einen Laden zu mieten und da zu malen?«

Nichts zu machen. Die Schutzleute kamen aus dem Laden und verbaten den erregten Leuten ihre unsinnige Massengafferei. Murrend und schimpfend zerstreute sich der Haufe, aber nach einer Stunde war schon wieder ein anderer vor den Ladenfenstern, und so ging das, bis den ganzen Tag zwei Polizisten davor patroullieren mußten, um solche Aufläufe zu verhindern. Hin und wieder sah so ein biederer Schutzmann durchs Ladenfenster auf die verrückten Bilder, die da drinnen entstanden. Das eine zeigte sich bäumende, plumpgemalte blaue Pferde, ein Gewirr von farbigen Linien und Vierecken das andere.

»Hm-hm, jetzt woaß i net, bin ich verrückt oder sind's die da drinnen«, sagte er zu seinem Partner. Und eines

Tages waren die Maler fort, zwei Dienstmänner schlossen die Ladentür auf und kamen mit den Bildern heraus.

»Hoho, wo aus und wohin denn?« fragte der eine Schutzmann.

»Mir hab'n den Auftrag, dö Bilder zum Littauer zu bringen. Die Herrn sind abgereist«, sagte der Dienstmann und schloß die Ladentür ab. Die königliche Buch- und Kunsthandlung Littauer befand sich am Odeonsplatz, am Anfang der Ludwigstraße, und dort kaufte von der königlichen Familie abwärts der ganze bayrische Adel seine Jagd- und Genrebilder, die alle von Malern aus der Lenbach- und Defreggerzeit stammten.

Was bis dahin in München unvorstellbar war, ereignete sich. Tausende empörter Münchner, schreiend, schimpfend, drohend, zogen mit den Dienstmännern von der Türkenstraße bis zum Odeonsplatz, und ein großes Aufgebot von Polizisten, darunter sogar berittene, hatte alle Mühe, einen Ausbruch der Volkswut zu verhindern. Die Dienstmänner trugen nämlich die ungerahmten Riesenkunstwerke unverdeckt und mit der Bildseite nach außen. Was sich für ein aufregender Tumult bei ihrer Ankunft im umfänglichen Laden bei Littauer abspielte, läßt sich kaum beschreiben. Die vornehmen Kunden, die gerade da waren, erstarrten zunächst und ergriffen die Flucht. Der alte Herr Littauer schlug die Hände über dem Kopf zusammen und schrie in einem fort auf die vollkommen ungerührten Dienstmänner ein: »Was wollen Sie? Machen Sie sofort, daß Sie aus meinem Geschäft kommen! Wer hat Sie geschickt? Ich weiß nichts. Marsch, fort mit Ihnen und dem Sudelzeug. Herr Wachtmeister, helfen Sie mir doch, bitte, schreiten Sie doch ein gegen diese Frechheit!« Seine zusammengelaufenen Angestellten flitzten ratlos herum und versuchten endlich, die Dienstmänner samt den Bildern auf die Straße zu schieben. Die aber sagten einfach, ihr Auftrag sei damit erledigt, die Herren hätten bezahlt, basta. Sie wußten nicht einmal die Namen derselben, schlugen ihre Stricke um die Schultern und zogen ab. Zerschmettert, wie bei einem Herzanfall nach Luft schnappend, stand Herr Littauer da, riß sich aber auf einmal zusammen und schrie mit befehlshaberischem Grimm auf die verwirrten Angestellten ein: »Was stehn Sie denn so unnütz herum? Marsch, hinaus mit dem Zeug in den Hinterhof! Da kann's meinetwegen zugrunde gehn. – Ich hab's nicht bestellt! Marsch! Ich will nichts mehr sehn davon!« Erschrocken griffen die Angestellten zu.

»Herr Littauer? – Goltz, mein Name, Hanns Goltz«, sagte in dem Augenblick ein gutaussehender, ziemlich großgewachsener Vierziger: »Ich will Ihnen gern aus der Verlegenheit helfen, wenn die Bilder in meinen Laden, drüben an der Ecke vom *Café Luitpold*, gebracht werden.«

»Bilder nennen Sie das? – *Bilder?* – Oh, bitte schön, gerne, sehr gern!« warf der Herr Littauer verächtlich hin und musterte den Mann geschwind. Ohne weiteres ging er darauf ein und war heilfroh darüber. Hanns Goltz, der nachmals berühmteste Pionier der neuen Kunst, hatte einen modernen Buch- und Kunstsalon erst kürzlich eröffnet und wagte es, die beiden Bilder in seine großen Auslagen zu stellen. Auch da sammelten sich noch öfter haufenweise spottende, empörte Leute; wahrscheinlich aber hinderte sie der respektgebietende, elegant aufgemachte Laden daran, rabiater zu werden. Sie verliefen sich nach einigem Geschimpf und Genörgel wieder. Der *Kunstsalon Hanns Goltz* in der Brienner Straße wurde zur vielbesprochenen, provokantesten Münchner Sensation und sehr schnell auch international bekannt. Die Leute gewöhnten sich auch allmählich an derartig monströs wirkende Bilder, wie die Riesenwerke von Franz Marc und Wassily Kandinsky, mit denen in München der Siegeszug des Expressionismus anfing.

4.

ALLES KOMMT INS RUTSCHEN

»Ach, ausgeschlossen –! Der und Selbstmord? Der Klapper –? Unmöglich!« sagte ich, und Schrimpf, dem die Nase vor Kälte tropfte, war derselben Meinung.

»Der hat höchstens wieder kein Geld gehabt, und ohne Saufen hat er doch nicht sein können«, meinte er. »Da hat er wieder den Spiritus vom Veterinär-Institut gesoffen. Diesmal ist er eben krepiert, weiter nichts. Mensch, wie der ausgeschaut hat. Ganz blau schon, und die Mäus' haben schon an seiner Leiche genagt. Und der Verhau bei ihm im Atelier, der Verhau! Hm, jetzt gibt's den auch nimmer!«

»Ja, der und der Carlo, das sind so ziemlich die letzten aus der George-Zeit. Bloß hat der Klapper da nie mitgemacht. Enorm, wie die immer gesagt haben, war der absolut nicht. ›Zwerchfellerschütternd deutsch‹ hat er diese ganze Sippschaft immer geheißen, Boecklin-Kitschiers und Dante-Hausierer. Er war der einzige, den der Carlo nicht mögen hat. – Hm-hm, der Klapper? Schad' um ihn. Er war vielleicht der einzige wirkliche Original-Bohemien. Die andern haben einander ja bloß nachgemacht! Die machen doch heut' noch auf heroisch und rasieren sich die Stirn aus«, redete ich weiter.

Der »Akademische Kunstmaler« Hans Klapper, wie er sich auf einem großen Pappenschild auf seiner Ateliertür genannt hatte, war vier oder fünf Tage lang nicht mehr zum Vorschein gekommen. Man hatte nach vergeblichem Klopfen die Tür aufgebrochen, da lag er, nach vorn vom Sessel gefallen, einen Schuh abgestreift, mit dem Gesicht auf dem Boden, steif und tot. Auf dem besudelten, mit schmutzigem Geschirr und Malutensilien bedeckten Tisch stand eine halbgeleerte Flasche mit jenem Spiritus, den man im tierärztlichen Institut zur Präparierung von Tierembryos und Eingeweiden benutzte, daneben noch ein schmieriges Wasserglas. Schon einmal, vor zirka fünf Jahren, hatte ihm diese mörderische Flüssigkeit beinahe das Leben gekostet; jetzt hielt er nicht mehr stand und sackte ab. Weg war er, der Klapper, der, solange wir ihn kannten, für das besagte Institut farbige Lehrzeichnungen angefertigt hatte; weg war er, der ellenlange, zaundürre, um und um haarige, immer mit einem langen, altmodischen schmutzgrauen Gehrock bekleidete stadtbekannte »akademische Kunstmaler« Klapper, der nie ein Bild malte, aber unentwegt kleine farbige Skizzen oder phantastisch grausige Tuschzeichnungen mit schrecklich verzerrten Gesichtern und Figuren auf Papier, Leinwand, Holz oder sonstwas pinselte und kritzelte und dann alles wieder wegwischte oder verbrannte. »Was mich beschäftigt, gehört nicht unter die Leute«, war seine feststehende Ansicht: »Kunstspielerei können andere betreiben. Ich hab' nichts abzureagieren.«

Mädchen und Frauen, die ohne jede Absicht und ganz harmlos mit ihm scherzten, beschimpfte er plötzlich derart unflätig, daß es entweder einen heillosen Krach oder ein empörtes Aufunddavongehen gab. »Nur ein Idiot ohne Phantasie onaniert nicht«, sagte er und glotzte mit seinen wässerigen blauen Sackaugen eine Weile gradaus. Er hielt das weibliche Geschlecht für die Ursache aller Weltübel. »Wenn nicht mehr geboren wird, hört jeder Massenunsinn auf. Je reduzierter die Menschenzahl, um so weniger Not. Und wer soll ohne Mannschaft Krieg führen?« Redete jemand dagegen, so grinste er seinen Gegner hämisch an und sagte: »Es bleibt natürlich jedem unbenommen, untertänigst die alte Scheiße weiterzumachen. Mich bitte ich auszuklammern.« Auf weitere Diskussionen ließ er sich nicht mehr ein und hieß sie »Gesundbeterei«. Er stand sein

Leben lang im Duell mit der Umwelt. Für Schrimpf war er der »echteste Anarchist«, weil er wie dieser immer für »direkte persönliche Aktion« war. Eines Nachts hörten zwei patrouillierende Schutzleute, die am Denkmal König Ludwigs I. vorüberkamen, ein dünnes, schrilles Weckerläuten. Erschrocken stockten sie, rannten weg und alarmierten Verstärkung. Als diese ankam, vertröpfelten gerade die letzten Klingler. Vorsichtig in einem weit abstehenden Umkreis wartete alles mit größter Spannung. Es vergingen fünf, es vergingen zehn Minuten, es verlief eine Viertelstunde, und behutsam näherte sich der Polizeikordon dem Denkmal, wartete wiederum und wagte endlich eine Suchaktion. Es fand sich ein gewöhnlicher Wecker auf einem Blechteller, darunter lag ein in tadelloser Druckschrift angefertigter Pappendeckel: »Zur Frontertüchtigung der Heimkrieger.« Der Urheber des Unfugs konnte nicht ermittelt werden, und offenbar lag der blamierten Polizei auch nicht allzuviel daran, aber ganz München lachte, und jeder sagte: »So einen Einfall kann nur der Klapper haben.« Die unmöglichsten Witze und Anekdoten kursierten über ihn. Man verstieg sich sogar so weit, ihn für jenen Pfiffikus zu halten, der in den zwei größten Zeitungen inseriert hatte: »Bettnässen heilt schnell und gründlich gegen Einsendung von nur einer Mark an die Expedition des Blattes.« Hunderte schickten ihr eine Mark. »Legen Sie sich aufs Sofa«, lautete der gedruckte Bescheid, den sie kurz darauf aus irgendeiner umliegenden Provinzstadt erhielten. Klapper amüsierte sich zwar sehr darüber, aber er verwahrte sich in einer Erklärung, die er in den beiden Zeitungen veröffentlichte, ganz entschieden gegen diese Profanierung seiner Einfälle. »Ich beschäftige mich beruflich nur mittelbar mit tierärztlicher Heilkunde«, hieß es ganz ernsthaft darin: »Referenzen über mich kann man beim Veterinärärztlichen Institut einholen.«

Weil man in diesem Institut keinen geschickteren Fachmann seinesgleichen fand, ließ man ihn gewähren. Die Professoren und Studenten der älteren Jahrgänge waren ihn gewohnt und freuten sich jedesmal, wenn er auf einen Neuling stieß. Abrupt blieb er vor dem jungen Mann stehen, sah ihn fast drohend an und sagte feldwebelscharf: »Sind Sie verheiratet? Nein? Heiraten Sie! Fortpflanzung ist Ehrensache für einen echten Deutschen! Fortpflanzung ist notwendig, sonst gibt's keine Kriege mehr. Verstanden?« Ehe der verdutzte Mensch was sagen konnte, hörte er ein kräftiges »Danke!« Dann ging Klapper weiter und verschwand in der nächsten Tür.

Im Kampf um die pünktliche Zahlung der Ateliermiete hatte er gegen seinen Hausherrn gesiegt. »Ich zahle nach Lust. Verstehen Sie? Machen Sie was dagegen«, sagte er zu dem dicken Mann, für den freilich erhebliche Kosten erwachsen wären, das gänzlich verkommene Atelier wieder herzurichten. Die vielen Mahn- und Drohbriefe blieben unbeantwortet und nützten nichts. Endlich kam der dicke Mann wieder einmal die vier Treppen emporgestiegen. Prustend und schwitzend stand er an der Ateliertür und hämmerte wütend mit den Fäusten drauf: »Herr Klapper, he –! Ich bin's, Moser, Ihr Hausherr! He, Herr Klapper, aufmachen, he!« Immer energischer und grimmiger schimpfte er. Auf einmal ging die Tür weit auf, und dem Hausherrn verschlug es das Wort; er starrte großäugig und mit offnem Mund. Vollkommen nackt, nur mit einem Zylinder auf dem Kopf stand Klapper da und fragte grob: »Was wollen Sie?« Herr Moser japste nach Luft und wollte was sagen, aber schon fiel die Tür zu. Er ging zur nächsten Polizeistation.

»Ja, jaja, den Klapper, den kennen wir«, sagte der Oberwachtmeister gemütlich: »Harmlos irr, weiter nichts. Aber zahlen tut der sicher. Anständig ist er in der Hinsicht. Zahlen tut er! Was haben Sie davon, Herr Moser, wenn wir ihn einsperren? Da wird er womöglich bockig und boshaft.« Der Herr Moser nahm einen Anwalt, aber auch dessen Klagedrohungen und sogar die versiegelte Ateliertür störten Klapper nicht. Bald darauf schickte er in einem Einschreibbrief die Miete und fünf Mark extra: »Die zusätzlichen fünf Mark für gefällige Mühewaltung.« Der Hausherr fügte sich drein. Doch als einmal die Miete drei Monate ausblieb, verfiel er darauf, andauernd bei Klapper anzurufen, und das zu jeder Zeit, bei Tag und mitten in der Nacht.

»O bitte, Herr Moser. – Danke«, sagte Klapper jedesmal ungerührt und hing ein. Schließlich wurde ihm diese Telefoniererei zu dumm.

»Jetzt aber genug mit dem Unfug. Verstanden?« bellte er zornig in den Sprechtrichter: »Wenn Sie nicht sofort aufhören, schieße ich. Verstanden?« Und – bum – schoß er in den Trichter. –

Wozu hatte Klapper ein Telefon?

Er rief Sonntag für Sonntag früh um fünf Uhr beim Pfarramt an: »O bitte, Verzeihung, Hochwürden, aber sagen Sie, können Sie nicht endlich das blödsinnige Läuten einstellen, dieses unsinnige Kirchenläuten? Es stört mich empfindlich. Verstehn Sie?« Nach mehreren Wiederholungen hängte der Pfarrer den Hörer aus.

Bis zu seinem Tod kämpfte Klapper gegen diese »unverschämte Ruhestörung« und unterhielt sich oft stundenlang mit jedem Rechtsanwalt, der an unseren Tisch kam. Dessen ironisches Lächeln störte ihn nicht. Er blieb durchaus ernsthaft dabei.

»Das ist nicht bloß Ruhestörung, das ist eine ganz freche Nötigung! Man nötigt Menschen, die so ein Gebimmel einfach nicht leiden können, es widerspruchslos anzuhören!« argumentierte er und redete heftig weiter: »Wenn es mir zum Beispiel gelingt, in ganz kurzer Zeit eine Sekte mit Millionen von Mitgliedern zu gründen, für die als strenge

Kulthandlung gilt, daß jeder einzelne, ganz gleich, wo er momentan ist, in der früh um fünf Uhr, mittags und abends oder mitternachts eine halbe Stunde lang trommeln muß, was wird passieren? Nicht nur die Leute werden sich das ganz energisch verbitten. Die Polizei, der ganze Staat wird dagegen einschreiten. Na, und –? Das blödsinnige Glockenläuten nimmt jeder hin! Dagegen soll's keinen Rechtsweg geben? Ein Staat, der seine Bürger so wenig schützt, kann mir gestohlen werden.«

Einmal kam er mit einer großen Säge an unseren Stammtisch in der Künstlerwirtschaft *Die Brennessel* an der Leopoldstraße, die der riesige urbayrische Papa Loibl leitete. Er hatte sich tags zuvor an der Tischecke gestoßen und wollte sie wegsägen. Schon setzte er unter allgemeinem Staunen die Säge an.

»Ja, Herrgott, bist du denn jetzt ganz und gar übergschnappt? Weg da! Meine Tisch ruinieren, dös gibt's nachher doch net!« zeterte der Loibl und riß ihm die Säge aus der Hand.

»So? Also nicht –?« sagte Klapper nur: »Adjö, Herr Loibl. Ich kann hier nicht mehr verkehren.« Ganz zugeknöpft war er auf einmal. Alles Ein- und Zureden half nichts. Er ging und frequentierte von da ab den *Simpl,* den er nicht im geringsten mochte, weil ihm dort die vielen Prominenten und die viel zu gemachte Boheme mißfielen. Kathi Kobus scharwenzelte ungemein freundlich um ihn herum, denn sie wußte, wo Klapper hinging, da kamen auch andere. Sie versprach sich von ihm sogar eine besondere Sensation, denn bei ihr war es seit eh und je üblich, daß Gäste aus dem Publikum aufs Podium kamen und irgend etwas zum besten gaben. Sie spendierte ihm sogar eine Flasche Wein und setzte sich zu ihm.

»Klapper«, sagte sie in einnehmender Art: »Du bist doch noch einer von den alten Schwabingern. Du kannst doch sicher was Originelles erzählen oder vortragen. Geh weiter, tu mir den Gefallen.« Sie redete und redete, andere kamen dazu und redeten auch.

»Gut dann, gut«, gab Klapper nach und grinste tückisch: »Den Herrschaften soll gedient werden.« Er stapfte nach hinten auf das Podium zu. Begeistert wurde er begrüßt, alles klatschte Beifall, still wurde es, und alles sah gespannt auf Klapper, der etwas hüstelte und sich auf dem Podium – mürrisch dreinschauend wie immer – etwas gerader aufrichtete. Kurz und scharf sah er in die vollbesetzten Tische und sagte in seinem Säuferbaß: »Eine Originaldichtung aus Schlesien, wenn's gestattet ist.«

»Jawohl! Nur zu! Bravo!« rief's von allen Seiten aufmunternd, brach ab und Klapper rezitierte:

»An dem Lichte leckt die Motte,
an der Auster leckt der rohe Barsch,
an dem schlappen Schwanz leckt die Kokotte
und ihr, liebe Freunde, leckt mich im Arsch.«

Darauf schmiß ihn die Kathi hinaus und verbat sich jeden weiteren Besuch, denn sie war trotz Ringelnatz, der sich noch bei der Kriegsmarine befand, nur für das immerhin Andeutend-Prekäre.

Nach einiger Zeit brachten wir den guten Vater Loibl wirklich dazu, von unserem Tisch die Ecken absägen und ihn etwas abrunden zu lassen. Einige suchten Klapper auf. Er öffnete nicht. Sie steckten einen Zettel unter die Türe: »Loibl hat den Tisch wunschgemäß abgerundet, wir alle heißen Dich herzlich willkommen.« In jener Nacht gab es große Räusche, und von da ab war alles wieder wie immer.

Seine Leiche hatte Klapper bereits an drei Anatomien verkauft, die sich nun darum stritten. Er starb gegen Ende des Frühjahrs 1918. –

»Wirklich schad' um ihn«, sagte ich im Dahingehen: »Einen Klapper gibt's nie wieder. Alles an ihm war echt. Er hat nirgends Zugeständnisse gemacht. Er war grundanständig. Und außerdem war er ein guter Kamerad. Wenn er was hatte, hatten andre auch was.«

»Hm, anständig? Anständigsein?« warf Schrimpf verächtlich hin: »Das kommt bei jedem immer nur auf die Situation an. Bloß davon hängt's ab.« Er war damals ganz besonders aufsässig, denn uns beiden ging's grimmig schlecht. Mir, weil Wolf erkrankt war und weil ich vor kurzem unter großem Krach meiner bisherigen Frau davongelaufen war. Ihm war seine junge Frau, an der er sehr gehangen hatte, im Kindbett weggestorben. Mein Kind hatte meine alte Muter zu sich aufs Dorf genommen, und das seine kam zu den Schwiegereltern nach Gotha. Wir konnten uns oft nur so viel zusammenpumpen, daß wir in der Volksküche die dünne Reissuppe und den halben Hering zahlen konnten. Es gab keine Malleinwand und keine Farben mehr, für die er ja sowieso keinen Pfennig übrig hatte, und Hanns Goltz gab ihm nur Vorschuß, wenn er ein Bild brachte.

»Alles – Moral, Anständigkeit, Ehre, Vaterland, Gott, Religion und wie der ganze Mist sonst heißt, das ist von oben her bloß erfunden, damit man uns niederhalten kann. Alles muß radikal kaputtgehn, sonst ändert sich nie was. Und nicht bloß der Staat, auch *in uns selber* muß das ausgerottet werden!« knurrte er verbittert: »Du siehst ja, die Idioten halten immer noch aus an der Front –. Es muß noch viel schlimmer werden, viel ärger.«

Auf dem kleinen Viktualien- und Fischmarkt am Elisabethplatz, wo es nur noch Zwiebeln und einiges Grünzeug gab, brach einem Zufahrer der ausgehungerte Gaul zusammen und krepierte. Der alte Mann kam kaum dazu, ihn von der Deichsel abzuhängen und ihm das Zaumzeug abzunehmen. Die Leute stürzten mit wilder Hast auf den noch warmen Kadaver und säbelten mit Stiletten und Taschenmessern kleinere und größere Stücke aus ihm. Fluchend und keifend drängten sie einander weg.

»Ach, pfui Teifl!« sagten die zuschauenden Marktweiber angeekelt und schüttelten mitleidig den Kopf: »Mein Gott, so eine Not jetzt überall! Das Elend mit dem ewigen Krieg! Wo man hinschaut, gibt's nichts mehr.«

Das dunkelschwarze Blut rann aufs Pflaster, und die dampfenden Därme quollen aus dem Roßbauch. Hin und wieder rutschte jemand von den Herummetzgernden aus und fiel in den blutig-dreckigen, stinkenden Matsch, richtete sich in aller Hast wieder auf, und bald gab es ein plärrendes, gefährliches Raufen, das die herbeigeeilten Schutzleute kaum mehr entknäueln konnten. Besonders Randalierende wurden mit aller Gewalt festgenommen. Blutbesudelt und zornschlotternd standen sie da, das ergatterte Stück Pferdefleisch in der Hand, und schimpften mordialisch auf die Schutzleute ein: »Ihr habt's ja zum Fressen. Der Scheißkrieg, der miserablige!« Polizeiverstärkung kam. Finster und knurrend zerstreuten sich die rebellischen Leute, und ab ging es mit den Verhafteten. –

Woche für Woche, Tag für Tag kam alles immer mehr ins Rutschen: Der Krieg und der Staat, der Geldwert und die Versorgung mit Lebensmitteln und allem Notwendigen. Feind war einer dem anderen, und alle haßten die Autorität, die diese zerfallende Ordnung zusammenhalten wollte. Manchmal wurden Auslagenfenster der Bäcker- und Metzgerläden eingeschlagen, Frauen und Kinder zogen in langen Demonstrationszügen mit Transparenten »Friede und Brot!« oder »Sofortiger Friede!« durch die Straßen, wurden brutal auseinandergetrieben und sammelten sich immer wieder. »Eingsperrt kriegt man wenigstens was in'n Magen«, hieß es. Immer zahlreicher und drohender wurden die allnächtlichen Massenversammlungen, auf denen ein

»sofortiger Friede ohne Annexionen« und schließlich ganz offen die Absetzung des Kaisers verlangt wurden. Die fortwährende Bremspolitik der Sozialdemokratischen Partei empörte deren Mitglieder und führte dazu, daß einige Redakteure und Reichstagsabgeordnete die viel radikalere »Unabhängige Sozialistische Partei« gründeten, kurz »USP« genannt. Sie bekam im Umsehen Massenzulauf, und in München war deren Führer der ehemalige Feuilletonredakteur und Schriftsteller Kurt Eisner, der auf seinen Versammlungen auch die gefährlichsten Redner wie Erich Mühsam und den fanatischen Freidenker Karl Sontheimer, die den gewaltsamen Aufstand propagierten, zu Wort kommen ließ.

Auf einer sehr turbulenten Versammlung der Sozialdemokraten wurde ich auf Joseph Zankl aufmerksam, mit dem ich mich eine Weile anfreundete. Der »Seppi«, wie man ihn allgemein hieß, war von Beruf Bauarbeiter und damals fanatisch treues Parteimitglied. Zu bauen gab es nichts, also war er dauernd arbeitslos, was ihm ganz recht war, denn für ihn existierte überhaupt nur die Arbeiterbewegung, die Partei und der Sozialismus. Dafür war er Tag und Nacht unterwegs. Er war klein, kräftig, eisern gesund, hatte starke O-Beine, ein lustiges Nußknackergesicht, war stets guter Laune und – sangesfreudig. Das machte ihn am meisten beliebt.

In der erwähnten Massenversammlung im *Mathäserbräu* ging es von Anfang an sehr laut und unruhig zu. Der Hauptredner Roßhaupter, ein schwerer, vierschrötiger Mensch mit einer breiten, starken Stimme, verteidigte wiederum die Haltung seiner Partei, die zur Besonnenheit aufrief und gegen jeden Disziplinbruch wetterte. »Unsere Partei, Genossen, läßt sich nicht von unverantwortlichen Elementen provozieren!« trompetete er. Da brach bei den vielen USPlern der Sturm los. Er wurde niedergeschrien, aber er gab nicht auf;

doch als er in dieser Tonart weiterredete, brachten ihn die vielen giftigen Zwischenrufe so aus dem Konzept, daß er dieser Bedrängnis nur noch mühsam standhielt. Er fuchtelte mit den Armen und überschrie sich. Der »Seppi«, der neben ihm saß, läutete in einem fort mit der Glocke, winkte ab und brüllte: »Ruhe, Genossen! In der Diskussion kommt jeder dran!« Das half etwas. Roßhaupter strammte sich und schrie mit dem ganzen Aufwand seiner Stimme: »Ein Zusammengehen mit den Unabhängigen ist unter diesen Umständen ausgeschlossen! Wir Sozialdemokraten waren immer für Evolution und nicht für Revolution! Daran lassen wir nicht rütteln!« Den letzten Satz verstand bereits keiner mehr.

»Abtreten, Schluß, du Kaiserpatriot! Weg mit dir, du Ludendorff-Agent! – Arbeiterverräter! Schluß, Schluß!« bellte und kläffte es von allen Seiten, und ein USPler stieg auf einen Tisch und plärrte über alle Köpfe hinweg: »Als klassenbewußte Arbeiter müssen wir einfach bei der kommenden Revolution mitmachen, ganz gleich, wer sie macht!« Das zog. Alle schlugen sich auf seine Seite und überschütteten ihn mit frenetischem Beifall. In dieser höchsten Gefahr für seine Partei schnellte der glockenschwingende Seppi wie eine gesprungene Matratzenfeder in die Höhe und schrie noch lauter: »Noja, Genossen, machn mir hoit a Revolution, daß a Ruah is –!«

Solche Rettungseinfälle hatte der Seppi oft und oft. Bald darauf ist er aber doch zur USP übergetreten, und in der Revolution ist ihm nichts radikal genug gewesen. Seinen Radikalismus hat er nicht mehr halten können, bis er bei den Kommunisten war. Als dann der Hitler obenauf kam, ist er – nur nebenbei gesagt – Nazi geworden. Das letzte, was ich von ihm erfuhr, war, daß er auch dort wegen seiner Lustigkeit und Sangesfreudigkeit sehr beliebt gewesen sein soll und schließlich als Vizefeldwebel mit dem Eisernen

Kreuz erster und zweiter Klasse im Zweiten Weltkrieg in Rußland fallen durfte. –

Ich war damals sozusagen ein vielgeteilter, hin und her gerissener Mensch ohne festen Willen, ohne Halt und Ziel: Mit heißer Ungeduld, ja geradezu verzweifelt wartete ich auf den jähen Ausbruch der Revolution, von der ich absolut keine klare Vorstellung hatte, aber eine grundlegende Änderung und Besserung meines Lebens erhoffte. Wie, wußte ich freilich auch nicht. Als expressionistischer Dichter gab ich mich wieder ganz anders, aber stets so, wie ich es in den Kreisen des Professors, in den schwärmerischen Zirkeln um Rilke und Wolfskehl für geraten hielt. Das gelang mir auch recht gut. Und wiederum war ich beständig darauf aus, leicht und sehr schnell zu Geld zu kommen; denn nur damit konnte man sich gegen die kleinlichen, widerwärtigen Alltagskalamitäten wehren und eine gewisse Unabhängigkeit gewinnen. Das war derzeit nur durch den Schleichhandel möglich. Den aber betrieb ich ganz unsystematisch, je nachdem, was für eine günstige Gelegenheit sich gerade dazu bot. Hatte ich einmal einen etwas beträchtlicheren Gewinn erzielt, so verbrauchte ich ihn erst einmal und schwelgte in so einem schnell zerrinnenden Reichtum wie ein überheblicher, hitziger Parvenü: Der zu kurz gekommene Prolet spielte sich als feiner Mann auf, und nur mit haßtiefer Verachtung erinnerte er sich manchmal an sein vorheriges stickiges, stinkiges Armsein. Er wollte unbedingt zur Oberklasse gehören, und aufdringlich deutlich verriet sein plumpes Gehabe den Leuten jener Sorte: »He, Sie, ich bin auch einer wie Sie!«

Jetzt war es nicht mehr wie früher, als wir jungen Wildlinge stets um Mitternacht in den *Simpl* stürmten und die übliche Leberknödelsuppe verlangten. »Habt ihr denn Geld, ihr Lausbuben?« fragte die mißtrauische Kathi Kobus. Und: »Ja, natürlich, wir sind doch keine Zechpreller!« antworteten wir dreist. Und wenn es dann ans Kassieren ging, hatte keiner einen Pfennig. »Ihr Rotzbuben, ihr miserabligen! Ich hab's ja gleich gwußt!« fing die Kathi zu zetern an und schlug mit dem Kochlöffel auf uns ein. Vom hinteren Raum, wo die Prominenten saßen, rief alsdann eine etwas heisere tiefe Stimme: »Kathi, was ist's denn? Ach, die Jungs! Laß sie schon. Wird bezahlt!« Und wir ließen ihn hochleben, unseren jedesmaligen guten Retter, den abgrundtief häßlichen, fast blinden baltischen Schriftsteller Graf Eduard Keyserling, der sich Abend für Abend in den *Simpl* bringen ließ. Um Heine zu variieren: »Stets gedacht soll seiner werden.«

Jetzt konnte ich ohne weiteres auch in den hinteren Raum gehen, auch wenn ich kein Geld hatte, denn ich hatte bei der Kathi nunmehr ein gewisses Ansehen, seit mich dort allerhand Gäste einluden, die viel bei ihr galten.

Aber seit mein Kumpan Wolf im Krankenhaus lag, ich meiner Frau weggelaufen war und in einem eigenen windigen Atelier hauste, hatte sich meine Misere noch viel ärger verschlimmert. Ja, ich hatte zwar die wichtigste Frau in meinem Leben, Mirjam, die damals noch studierte, gewonnen, aber damit war auch die Hölle über uns hereingebrochen. Bei jeder Gelegenheit lauerte meine verlassene Frau Mirjam auf, schoß auf sie los oder begoß sie mit Petroleum; und mir ließ sie jedes Honorar von meinen kleinen Zeitungsbeiträgen durch einen Anwalt pfänden. Wütende Krachs und unsagbar häßliche Auftritte zerrten an unseren Nerven, bis Mirjam sich entschloß, zunächst etliche Monate zu ihrer Mutter nach Berlin zu gehen. Doch auch in diese jüdisch-bürgerliche, honett-traditionelle Atmosphäre scheinbaren Behütetseins drangen die seitenlangen anklägerischen Briefe meiner Frau aus München, und Stiefvater und Mutter entsetzten sich über die mißratene Tochter und den lumpigen Habenichts in der Ferne, den undiskutablen »Goy«, der nichts als ein windiger Bäcker war und offenbar arbeitsscheu dazu. –

Das Hauptpostamt suchte Aushilfskräfte als Vorsortierer. Ich meldete mich und wurde angestellt. Die Arbeitszeiten waren für mich günstig; es gab abwechselnd Tag- und Nachtschichten, und man konnte, wenn man einen Tag und eine Nacht frei haben wollte, die Schicht mit einem tauschen. Und, Gott sei Dank, es gab wieder Geld. Das Schlimmste war abgewendet. Doch schon nach vierzehn Tagen bestellte mich der Direktor auf sein Büro. Er zeigte mir einen schrecklichen Brief meiner Frau und die Einstweilige Verfügung, die ihr Anwalt wieder erreicht hatte. Ein Drittel meines Gehaltes war futsch.

»Gegen das läßt sich nichts machen. Alimente müssen bezahlt werden«, sagte der bebrillte, spitzbärtige Mann und maß mich leicht abweisend: »Vielleicht einigen Sie sich mit Ihrer Frau im Guten.« Ich zuckte nur die Schultern.

»Geld! Geld muß her, ganz gleich wie!« knirschte ich, als ich den langen Gang zu unserem Arbeitsraum durchschritt: »Geld oder Revolution! Eins von beiden.« Zorn und Wut, Haß und blinde Rachsucht, alles Schlechte, was in einem Menschen aufsteigen kann, durchtobten mich; und am liebsten hätte ich zu einem mörderischen Amoklauf angesetzt und jeden niedergemacht, der mir in den Weg lief.

»Nur die Revolution kann uns retten«, sagte ich zu meinem Nebenmann, als ich wieder halbwegs zusammengenommen vor den Briefregalen saß.

»Revolution?« meinte der, ein etwas gelbhäutiger, dunkeläugiger, hagerer Mensch mit grauen Schläfenhaaren und einem intelligenten, sehr müden Ausdruck: »Revolution bei uns? Die geht aus wie das Hornberger Schießen. Viel Geschrei und wenig Wolle. – Wir sind zu anständig, wir machen nur das, was uns befohlen wird.« Um seine Mundwinkel zuckte es winzig.

»Hm«, machte ich erstaunt: »Also nieder mit der Anständigkeit, oder?«

»Vielleicht«, meinte er nur noch und vertiefte sich wieder in eine undeutlich geschriebene Adresse.

Mir fiel ein, was jeder wußte: In den dicht frequentierten Hotelbars, hauptsächlich aber in der fast nachtdunkel abgedämpften, dickverqualmten *Maxim-Bar* am Stachus-Rondell standen meist schon am frühen Nachmittag elegante mitteljährige Herren und aufgedonnerte Huren an der dichtumlagerten Theke beim Cognac oder Schwedenpunsch. Ab und zu ging eine kleine Gruppe beiseite, redete heftig gestikulierend hin und her, bald flüsternd, bald halblaut, und verhandelte ganze Waggonladungen mit Lebensmitteln, Stoffen, Seidenstrümpfen, Seifen, Kaffee, Tee und teuren Schnäpsen, aber auch echten Schmuck, lose Diamanten, Perlenketten, Ringe und Pelzmäntel. Nur ein paarmal war ich bis jetzt dort gewesen. Nicht wenige Bohemiens waren in diese Gesellschaft geraten. Die Kunst war abgeschrieben. Zum flotten Schieber war der Bohemien geworden. Sein Menschenschlag schien nach und nach auszusterben. Ich hatte dieses Lokal bisher nur deshalb gemieden, weil die Polizei dort oft verhaftete. Mein Feld war der *Simpl* und Schwabing. Da kannte man seine Leute und wußte, wie man mit jedem daran war.

Aber jetzt war schon alles egal. Geld mußte her. Heraus aus dem ganzen Kleinbürgermief des Gezänks und der zerreibenden Schikanen mit meiner Frau, heraus aus der vernichtenden Misere mußte ich, koste es, was es wolle! –

Da kam der Hauptrutsch, der Bergrutsch – die Revolution! Und ...?

5.

VON EINEM SPANFERKEL, VOM SEPPI UND VOM ANSTÄNDIGSEIN

Ja, und dann war sie also da, die deutsche Revolution von 1918 und 19, und natürlich ging ich sofort nicht mehr zur Arbeit auf die Post.

»Morgen geht's an. Da passiert was, da kommt die Entscheidung«, sagte Schrimpf am Abend zu mir. Ich war skeptisch und warf ein: »So, glaubst du? Die Polizei hat überall Bekanntmachungen angeschlagen, daß gegen Ausschreitungen scharf vorgegangen wird, und man merkt nichts. Die Post funktioniert.«

Mirjam schrieb nichts Auffälliges aus Berlin, obgleich bekannt war, daß dort schwere Unruhen tobten. Als Jüdin war sie der Meinung, die Juden hätten sich in solche Angelegenheiten nicht zu mischen. Das Münchner Studentenleben hatte sie zwar etwas bohemianistisch gemacht, aber äußerlich verblieb sie weiter im jüdisch-bürgerlichen Milieu. Politik interessierte sie nicht. Martin Buber und einiges am Zionismus zogen sie an. Neben sporadischen Männerliebschaften hatte sie auch mit Rilke in naher Beziehung gestanden, besaß etliche handgeschriebene Manuskripte und persönliche Briefe von ihm, hing schwärmerisch an seinen Gedichten und las viel von den jetzigen deutschen Dichtern. Ihr verdankte ich meine Bekanntschaft mit Rilke. –

Schrimpf und ich machten uns am andern Morgen auf den Weg. Es war ein herbstmilder Novembertag. Bereits als wir am Bahnhof ankamen, stauten sich die Leute, die alle in die gleiche Richtung gingen. Einige rissen die Polizeiverbote ab. Es war kein Schutzmann zu sehen, der sie daran hinderte. Da und dort schrie es »Nieder!« oder

»Hoch!«, und schließlich sah man rote Fahnen über den Köpfen flattern. Schneller gingen die Massen, immer ärger wurde das Gedränge, und als wir auf die Theresienwiese kamen, sahen wir schon, daß sich auf den Hügelhängen rechts und links von der »Bavaria« riesige Massen angesammelt hatten. Auf der rechten Seite redete der Führer der bayrischen Sozialdemokraten, Erhart Auer, auf die Beifall spendenden Genossenmassen ein; links, wo wir hinstrebten, sprach Kurt Eisner. Rasch wurde es lauter und bewegter. Auf einmal hob der später von den Nazis ermordete Felix Fechenbach die Faust und schrie: »Wer für die Revolution ist, uns nach! Mir nach, marsch!« und wir rannten den Hügel hinauf und marschierten auf der Straße weiter. Nach dem widerstandslosen Sturm auf die Kasernen ging es zum Militärgefängnis, wo alle Gefangenen befreit wurden. Von allen Seiten Zuzug erhaltend, marschierte unsere Riesenkolonne durch die Stadt und gelangte schließlich über die Isar zum großen Saal des *Franziskanerkellers;* die Sozialdemokraten dagegen hatten sich am Max-Monument aufgelöst und gingen friedlich nach Hause. In seiner großen Schlußrede verkündete Eisner den Sieg der Revolution, berichtete unter stürmischem Beifall über die Flucht des Königs, der für abgesetzt erklärt wurde, und proklamierte – wahrscheinlich, um die bayrischen Lokalpatrioten zu gewinnen – unser Land zum »Freistaat Bayern«. Noch in derselben Nacht wählte der schnellgebildete Arbeiter-und-Soldaten-Rat Eisner zu seinem Vorsitzenden und provisorischen Ministerpräsidenten der Revolutionsregierung. –

Am anderen Tag fuhren die Straßenbahnen wie immer, die Geschäfte, die überfüllten Gasthäuser und Cafés hatten offen, die Zeitungen erschienen wie gewöhnlich, nur auf ihrer Titelseite hatten sie den »Aufruf an das bayrische Volk«. Das einzige, was von diesem Alltagsbild abwich, waren die massenhaft herumflanierenden Menschen auf den

Straßen mit ihren lachenden lustigen Gesichtern. Manchmal fuhren langsam mit Maschinengewehren bestückte Lastkraftwagen durch die Menge und warfen Flugblätter herunter. Zwischen roten Wimpeln standen dichtgedrängt ebenso lustige Soldaten.

Genau wie Hunderte und Tausende rannten auch Schrimpf und ich neugierig und ziellos herum und fingen die Gerüchte auf, die herumschwirrten. Da wir viele Arbeiter und die meisten Revolutionsmänner kannten, hatten wir überall Zugang. In den Versammlungen, die in den großen Brauhaussälen stattfanden, trafen wir Bekannte und Freunde, unterhielten uns und suchten den Landtag auf. Niemand fand etwas daran, wenn wir in einen Raum kamen, in welchem hochpolitische, staatsnotwendige Angelegenheiten besprochen wurden. Man nickte uns freundlich grüßend zu, wir unterhielten uns flüsternd mit dem einen oder anderen Genossen und erfuhren allerhand Neuigkeiten. Es wurde auch nicht verübelt, wenn wir mittendrin wieder aufbrachen und gingen.

»Geh, das ist doch keine Revolution!« murrte ich Schrimpf auf der Straße an: »Die reden und reden doch bloß, verfassen Artikel und Verordnungen, aber geschehen tut nichts.«

»Die Sozialdemokraten und USPler sind doch beisammen«, versuchte er, mich zu belehren: »Da müssen eben die Radikalen lavieren, wenigstens vorläufig.«

»Quatsch!« zankte ich ihn an: »Du hast doch selber gesagt, es muß gleich was Praktisches geschehen, die Massen warten drauf! Geschieht vielleicht was? Da! Schau doch hin! Die Reichen laufen aus und ein bei den Banken und holen schnell ihr Geld weg! Nichts wird ihnen genommen und den Armen gegeben! – Gibt's vielleicht mehr zu fressen? Keine Spur! – Ich weiß doch genau von meiner Lebensmittelschieberei, daß haufenweis da ist! Warum holt man denn das nicht? Den Großschiebern passiert nichts, aber die kleinen Hamsterweiber am Bahnhof werden durchsucht, und man nimmt ihnen das bißl ab, was sie sich mühsam ergattert haben. Alles die gleiche Scheiße!«

Komisch, auf einmal war eine Art von mannhafter Ehrpusselei über mich gekommen, und ich hatte ernstlich im Sinn, mit etlichen revolutionären Soldaten Wolfs Warenlager auszuheben. Gleich aber stieg's in mir auf, wie unanständig, denunziatorisch das wäre, und überhaupt – Wolf lag ja im Krankenhaus!

»Weißt du was? – Mich kann diese ganze Revolutionsmacherei gern haben!« räsonierte ich: »Ich schieb' lieber wieder! Du siehst ja, nach uns fragt keiner, uns will und braucht man gar nicht! Da, weil du gemeint hast, ich weiß nichts Praktisches, lies das einmal!« Damit gab ich ihm die Durchschrift eines Manifestes, das ich verfaßt hatte. Jetzt nämlich, nachdem alles in der Luft, im Wasser und im Wald frei wäre, forderte ich für jeden Arbeiter ein Gewehr und Munition, damit er so viel Hasen, Rehe, Fasanen und Rebhühner schießen könne, wie er brauche, und außerdem, daß er berechtigt sei, sich Brennholz zu schlagen.

»Du bist ja verrückt!« rief Schrimpf: »Da hätten's ja die Reaktionäre leicht, sich zu bewaffnen.« Einen Augenblick bestürzte mich das, gleich aber fand ich eine Lösung: »Da muß eben streng gesiebt und kontrolliert werden.«

»No ja, schlag's halt vor im Landtag«, sagte er: »Das mit der Kontrolle können ja die noch austüfteln.«

»Großartig! Servus!« rief ich neu entflammt und lief in den Landtag zum Seppi, der Beamter beim Arbeitsminister Unterleitner war. Das Amt hatte ihm sein Übertritt in die USP eingetragen. Er lief den ganzen Tag vielbeschäftigt herum und trug stets einen umgehängten prallen Militärbeutel, in dem er seine verschiedenen Schriftsachen, Broschüren und Flugblätter, aber auch seinen Mundvorrat hatte, und der war erstaunlich. Oft war eine ganze Dauerwurst, ein großes Stück Schinken oder Speck, gekochte Eier und Schweizer Käse darunter, wovon er verläßlichen Genossen gern abgab.

»Oskar! Großartig, Servus! Gut, daß ich dich sehe! Komm!« grüßte er mich aufgeräumt und schob mich geschwind in ein abgelegenes leeres Zimmer, indem er mir hastig zuraunte: »Ich hab' nämlich was für uns zwei. – Unter vier Augen!«

Das freute mich.

»Jaja, ich hab' auch was für dich, was sehr Wichtiges!« sagte ich und gab ihm mein Manifest: »Da muß bloß noch was mit Kontrolle hinein.« Er hingegen schien gar nicht zu hören, riegelte schnell die Tür zu; und als ich ihn etwas fragend anschaute, grinste er pfiffig: »So, jetzt sind wir gesichert. Einen Moment, du hast gewiß Hunger. Zuerst wird einmal gegessen.« Er zog eine Dauerwurst aus dem Beutel und schnitt ein Stück für mich ab: »Da! Du kannst noch mehr haben.« Gierig griff ich zu und biß ab. Er aß ebenfalls schmatzend.

»Was hast du denn da?« fragte er mit einem flüchtigen Blick auf mein Manifest. Ich erklärte es ihm.

»Jaja, das kommt später. Der große Kampf geht erst an«, sagte er geheimnisvoll, ohne sich weiter mit dem Manifest zu befassen. Insgeheim – was ich freilich nicht wußte – war er bereits zu den Spartakisten hinübergewechselt, die sich vor kurzem als »Kommunistische Partei« formiert hatten.

Vorläufig war er nur am Essen interessiert und gab mir abermals ein Stück Wurst, indem er sagte: »Wir Revolutionäre müssen uns bei Kraft erhalten. Verstehst du? Uns darf nichts abgehen, damit wir fest bleiben im Kampf.«

Wunderbar, dachte ich, so ein Amt sorgt für seine Leute. Das war immerhin nicht zu verachten.

»Kriegst du das alles von deinem Ministerium?« fragte ich unschuldig. Da grinste er mich fast mitleidig an und deutete mit dem Finger an seine Stirne: »Oskar! Mensch, du bist doch schließlich kein heuriger Has'. So was muß sich natürlich jeder selber beschaffen, und ich hab' grad Glück dabei.« Dabei beugte er sich tiefer in den Tisch und fuhr anbiedernd vertraulich fort: »*Dir* sag' ich meine Quelle gern. Dir schon. Du bist echt durch und durch.« Offenbar war meine Miene sehr dümmlich.

»Willst du noch was? Du kannst haben«, meinte er und hielt mir wieder ein dickes Wurstrad hin.

»Ja, wenn du hast, bitte«, nickte ich und fing wieder von meinem Manifest an: »Das müßte natürlich sofort durchgeführt werden, Seppi, sonst ist's zu spät.«

Sonderbar, warum ging er denn nicht drauf ein, warum schob er denn das Papier weg und sagte fast ungeduldig: »Jaja, das kommt schon. Laß erst mit dir reden, Oskar! Das unsrige ist etwas Privates.« Und weil er sah, daß ich immer noch nicht begriff, wurde er leiser, aber viel deutlicher: »Die Fressalien, die ich da hab', die kannst du auch jederzeit haben. Verstehst du? Und wenn du Geld dazu brauchst, ich kann dir aushelfen –«

»Geld? Ja, warum?« staunte ich ihn an.

»Jetzt stell dich doch nicht gar so dumm, Mensch. Ohne Geld gibt's doch so was nicht! Das kapierst du doch hoffentlich, oder?« rief er fast zurechtweisend und ließ mich nicht aus den Augen. »Wir können gute Geschäfte miteinander machen, wenn du willst –«

»Geschäfte? – Wir?« fragte ich naiv.

»Von dir weiß ich, daß du ein anständiger Kerl bist, Oskar! Mit keinem andern tät' ich das! Bloß mit dir!« meinte er jetzt zudringlicher. »Außerdem bist du unpolitisch. – So was brauch' ich.«

Er hielt sich nicht mehr zurück. Hastig informierte er mich, daß er jedes Quantum Lebensmittel haben könne, und feine zahlungskräftige Kunden habe er auch.

»Da fehlt durchaus gar nichts. Die handeln nicht. Verstehst du? Da Ware, da Geld. Bloß ich persönlich kann das nicht machen. Verstehst du?« erklärte er mir. »Ich darf nicht in Erscheinung treten –«

Das müßte ich auf mich nehmen, meinte er, zu befürchten hätte ich da absolut nichts. Bis jetzt habe das Geschäft bloß deshalb nicht richtig funktioniert, weil es viel zu umständlich und zeitraubend gewesen sei.

»Ich organisiere das alles hieb- und stichfest. Verstehst du? Dann kann's losgehn. Mensch, warum sollen grad wir Proleten immer die Dummen sein! Mach mit, Oskar! Wir machen halb und halb. Da kommt hübsch was für dich raus«, malte er aus. »Und glaub mir, indirekt hilfst du da auch der Revolution!«

Und nun stellte sich heraus, daß sein Lieferant auch mein Kumpan Wolf war; aber ich sagte nichts darüber. Wolf, erfuhr ich, sei gar nicht krank gewesen; er habe sich bloß eine Zeitlang unsichtbar machen müssen.

Indirekt soll da was für die Revolution rauskommen? ging mir durch den Kopf: Hm, seltsam! Eigentlich war mir die ganze Machenschaft nicht ganz geheuer, aber eine unbezähmbare Neugier brachte mich doch dazu, einzuschlagen.

»Ich hab's ja gewußt, du bist doch ein echter Freund, Oskar«, lobte mich der Seppi gerührt. Wahrhaft leuchtend war sein Komplicenblick.

»So, also jetzt paß genau auf. Da, das ist dein Ausweis beim Wolf«, unterrichtete er mich und gab mir ein zerknittertes Straßenbahnbillett, auf dem mit Tinte ein »S« geschrieben stand: »Wenn er das sieht, stimmt alles.«

Heute sei es Montag, rechnete er aus, bis Freitag brauche er zum »Umorganisieren«, da sollte ich mittags gegen zwölf Uhr zum Landtag kommen, da wären wir ungestört, weil alle beim Essen seien. Jetzt endlich nahm er auch das Manifest und versprach, sich sofort mit ihm zu befassen und das

Nötige zu veranlassen. Mit einem etwas faden Mißtrauen ging ich weg, aber die Hauptsache war, daß ich Wolf wieder hatte und eigene Geschäfte machen konnte, denn die Ateliermiete stand noch aus, ich brauchte Geld, dringend Geld. –

Im *Simpl* sammelten sich seither allnächtlich um die Marietta, die dort mit ihrem schafgesichtigen Holländer sozusagen wieder Hof hielt, hauptsächlich die Emigranten, die während des Krieges in der Schweiz gewesen waren und sich jetzt mehr oder weniger heftig ins revolutionäre Getriebe mischten. So der hagere, schweigsame Leonhard Frank mit seiner schönen Frau, Hugo Ball mit der Dichterin Emmy Hennings, dann die aus Berlin und Norddeutschland zugezogenen Künstler, Dichter und Revolutionäre, wie etwa Alfred Kurella, Ernst Toller, der Dramatiker Friedrich Eisenlohr, der Dichter Alfred Wolfenstein und seine dichtende Freundin Henriette Hardenberg, der Zeichner Ottomar Starcke, der Maler Rudolf Levy und der gigerlhaft elegante Rheinländer Heinrich Dabringhausen. Diese letzteren drei hatten sich in der Luxusvilla des Holländers in Nymphenburg regelrecht niedergelassen, und auch ich verbrachte dort viele Saufnächte.

Man war schon öfter in der großen Wohnung des Dichters Alexander von Bernus zusammengekommen, um über die Gründung eines »Rates der geistigen Arbeiter« zu beraten, und erholte sich daraufhin bei Kathi Kobus. Hier ging es weinlustig und laut zu wie im tiefsten Frieden, und die fremden Gesichter, die da auftauchten, wurden nicht weiter beachtet. Weil ich mit Marietta und dem Holländer gut bekannt war, nahm man mich gerade noch hin; im übrigen galt ich als kleiner versoffener Schieber, von dem man sich aber doch hin und wieder irgend etwas besorgen lassen konnte. –

Im *Simpl* wandte sich ein schlanker, weltmännisch eleganter Herr an dem Abend nach meinem Landtagsbesuch beim Seppi an mich; und als ich an seinen Tisch kam, beugte er sich näher an mein Ohr und fragte leicht lächelnd: »Sagen Sie, Herr Graf, ich habe gehört, Sie können allerhand liefern.« Ich sah ihn genauer an und fand, sein Gesicht mit dem blinkenden Einglas war unverdächtig. Er nannte seinen Namen, und ich entsann mich, schon öfter etwas von ihm gelesen zu haben.

»Tja, hm, liefern? Das kommt drauf an, was«, meinte ich noch etwas zögernd. Da sagte der Herr noch netter: »Ich kenne Sie schon lange, und Ihre Gedichte auch. Es bleibt ganz unter uns.« Und als ich wissen wollte, was zu liefern wäre, lächelte er wiederum: »Hm, es ist nicht für mich. Für diese Dame – lachen Sie bitte nicht –, die will ausgerechnet ein Spanferkel. Könnten Sie das besorgen? Es wird gut bezahlt.« Ich mußte auch lachen, aber wenn ich einen guten Kunden roch, sagte ich nie »nein«. Er goß mir Wein ein, trank mir aufmunternd zu. Auf der Visitenkarte, die er mir gab, las ich die Adresse.

»Ich will's versuchen«, sagte ich schließlich. »Wenn ich bis morgen um ein Uhr nicht angerufen habe, bringe ich abends gegen neun Uhr das Ferkel.« Die Dame nämlich war eine bekannte Schwabinger Schönheit und hatte den verstorbenen großen Verleger Georg Müller als Liebhaber gehabt. Jeder wußte von ihr und ihrer luxuriösen Wohnung. Das war also ein sicheres Geschäft. –

Sehr früh am andern Tag suchte ich Wolf auf. Ich läutete, wie wir's verabredet hatten. Nichts. Ich wartete und läutete wiederum. Nichts. Herrgott, schade! Er war also doch noch nicht da. Ich läutete trotzdem noch einmal, wartete und wandte mich zum Gehen. Da ging die Tür auf, und ziemlich verschlafen noch stand Wolf da, staunte kurz: »Na, du bist's. Komm rasch rein!« Er fragte argwöhnisch, woher ich denn wisse, daß er da sei. Und als ich ihm das Billett vom Seppi zeigte, meinte er nur noch: »Den kennst du also auch. Na, da sind wir ja gesichert.« Wir traten in die kalte Küche, er zündete die Gasflammen am Herd an, schenkte Cognac ein. »So früh treibst du mich raus! Was hat er denn für ein großes Geschäft, der Seppi?«

»Nicht der! – Ich!« klärte ich ihn auf; und als er »Spanferkel« hörte, leuchtete mit einem Male sein pickeliges, apoplektisches Gesicht auf, und begeistert schlug er mit der flachen Hand auf seinen Oberschenkel: »Nu, da schlag einer lang hin, Mann! So'n Zufall! Glück muß der Mensch haben, Glück, sag' ich dir! Bringt mir doch gestern mein Lieferant mit allem anderen so'n Ding an; und er will mir partout nichts geben, wenn ich ihm nicht das Ferkel auch abnehm'. – Was will ich machen, jetzt bei der Knappheit. Na, sag' ich, gut, gib's her, das Ding, gib's her. – Hm-hm, Spanferkel? Großartig, Oskar, prima, primissima! Einen Moment, bitte!« Er verschwand und kam schnell zurück: »Da, bitte! Ein Prachtstück! Und ganz frisch, goldfrisch. Für dich dreihundert! Was sagst du?«

Alles schön und gut, aber ich hatte das Geld nicht. Da wurde er, der mir so oft schon Freundschaft durch dick und dünn im Suff versprochen hatte, sofort unerbittlich: »Nee, nee, bei aller Freundschaft, Oskar. Geschäft ist Geschäft. Und jetzt, wo die Ware immer weniger wird, ausgeschlossen. Nee, nee, das geht nicht!«

Ich beteuerte, ich redete ein auf ihn wie auf einen lahmen Gaul. Vergeblich. »Was mach' ich, wenn dich die Polente schnappt? Mein Ferkel bin ich los, und womöglich wird's noch schlimmer. Nee, nee, Oskar, das geht beim besten Willen nicht. Das mußt du doch verstehen!« weigerte er sich. Aber ich brauchte Geld, unbedingt Geld. So ein Zustand erzeugt verstärkte Witterung. Ich kalkulierte: So ein großes Stück bringt er so schnell nicht los, also nicht lockerlassen.

»Dreihundert willst du dafür? Ein bißchen happig, Mensch«, sagte ich. Winzig stutzte er. Ich lag also richtig.

»Dreihundert, zuviel? Für so'n Prachtstück? Das kriegst du doch heute nirgends, Mensch!« Er tastete das rosige, kalte Ferkel ab und warf einen Blick auf mich, einen Blick, der mich ebenso wie der veränderte Tonfall seiner Sprache in meinem Optimismus bestärkte.

»Aber da ja sowieso nichts wird mit unserm Geschäft, Oskar«, sagte er, und da waren einige Grade Bedauern dabei, verbunden mit der vagen Hoffnung, das Ferkel doch noch loszubringen, »was sollen wir weiterreden. Kredit kann ich nicht geben, nimm's nicht übel, bitte. Es wird doch immer mieser mit dieser Politik. Bald gibt's gar nichts mehr. – Ich muß mir ein anderes Geschäft überlegen, ganz im Ernst, ich verleg' mich auf was andres –«

Ich war aufgestanden.

»Wo willst du denn hin?«

»Na, wenn's nichts wird mit uns«, warf ich hin. Er drückte mich auf den Sessel nieder, goß erneut die Cognacgläser voll, und nach einem hartnäckigen Feilschen kamen wir überein: Ich hole gegen acht Uhr abends das Ferkel, und er begleitet mich bis vors Haus der Kundin. Er wartet, bis ich herauskomme, und bekommt sofort sein Geld. Weil ich an seinem Nachgeben merkte, daß er froh darüber war, handelte ich ihm noch fünfzig Mark ab.

Haufenweise Schnee hatte es vom Himmel herabgeworfen, als wir uns nachts auf den Weg machten. Stumm tappten wir hintereinander, und jeder lugte unentwegt rundum. Eingemummt in die Schneemassen, dachte ich manchmal an die Gerüchte, die in der Stadt herumgingen. Die USPler und die Sozialdemokraten in der provisorischen Regierung hatten sich zerstritten, außerdem rivalisierte der »Zentralrat der Arbeiter und Soldaten« mit ihr um die Macht. Die Kommunisten propagierten heftig Wahlenthaltung zur Nationalversammlung, die im ganzen Reich stattfand. In allen deutschen Städten und in den Industriegebieten war Aufruhr. Ohne einheitliche Führung, aufgespalten in sich bekämpfende Parteien, kämpften die Arbeiter einen hoffnungslosen Kampf um eine soziale Republik. Genau wie in München rangen auch in Berlin die provisorische Regierung Ebert-Scheidemann und die revolutionären Arbeiter-und-Soldaten-Räte gegeneinander, nur ging es dort viel erbitterter und blutiger zu. Wie bereits am Anfang der Revolution, verband sich die Reichsregierung abermals mit den reaktionären kaiserlichen Generalen, denen sie große Zugeständnisse machen mußte. Unter dem Befehl des berüchtigten Generals von Lüttwitz vernichtete die wildgewordene Soldateska alle Positionen der Revolutionäre, und nunmehr konnten die Wahlen durchgeführt werden. Das alles ging mir zeitweise unruhig durch den Kopf. Ich schob es mit Gewalt beiseite und konzentrierte mich wieder auf das Geschäft.

»So, da sind wir. – Du siehst, es ist noch Licht«, sagte ich halblaut zu Wolf und deutete auf die zwei verhängten Fenster parterre.

»Geh schon, geh! Mach schnell«, drängte der, weil er fror. »Ich geh einstweilen um den Häuserblock herum.« Ich drückte die Klingel und stieß die Tür auf. Der Gang war hell, und nach einigen Stufen stand ich vor der offenen Wohnungstür, wo mich ein hübsches adrett gekleidetes Mädchen mit weißem Häubchen freundlich empfing: »Herr Graf. Ja? – Bitte schön.« Ich grüßte ebenso, trat ein, und das Mädchen öffnete eine andere Tür. Ein nicht sehr großes, stark nach Parfüm riechendes, luxuriös eingerichtetes Zimmer mit alten Stichen an den Wänden, dunklen Biedermeiermöbeln und roten Plüschfauteuils empfing mich. Aber das alles sah ich nicht. Ich roch nur und glotzte jäh auf eine leicht rundliche dunkelhaarige Frau, die in einem wuchernden Spitzengewirr, nur lose von einem leuchtenden Schlafrock umschlossen, auf dem Diwan lag.

»Gu-guten Abend«, stotterte ich befangen und ließ mein Ferkel mechanisch auf den niederen runden Rauchtisch fallen. Merkwürdig, wie immer, wenn etwas so unerwartet Überraschendes geschah, verlor ich auch diesmal vollkommen meine Fassung und die sonstige Unverfrorenheit den Schwabinger Mädchen gegenüber.

»Ach, Herr Graf! Sie haben also wirklich ein richtiges Spanferkel für mich. Das ist aber nett!« sagte die Dame. Ich starrte nur kalbgroß in ihr freundlich lächelndes, wunderbar zurechtgepudertes Gesicht, brachte kein Wort heraus und schluckte trocken.

»Ein Spanferkel! Herrlich!« sagte sie wiederum und strich ihr schwarzes Haar zurück. Meine Augen verschlangen ihre wohlformierten bleichen Arme und den freigebig gezeigten alabasterweißen Ansatz ihrer vollen Brust. Herrgott! Herrgott! jagte es siedheiß, wie stechend in mein Hirn. Herrgott, pfeif' auf Spanferkel und Wolf und alles, Mensch! Hin und hinauf auf sie!

»Ist's auch ganz frisch, das Ferkelchen, ganz frisch, ja?« hörte ich sie wieder sagen, und zwar so aufreizend zärtlich, das ich fast schwindelte. Und dazu noch ihr glanzfunkelndes Anschauen! Mir rann der Schweiß aus den Achselhöhlen. Ich wußte nicht, ob ich nickte oder eine Antwort gab.

»Hat's denn so geschneit, so stark? Frieren Sie?« fragte sie und richtete sich halb auf dem Diwan auf, griff nach dem rosigen Ding da auf dem Tisch, dessen braunes Einwickelpapier geplatzt war, betupfte es mit ihren beringten, spitznageligen Fingern und nahm die nasse Papierhülle ganz ab: »Schön, sehr schön!« Das war ganz und gar arg. Ihr Schlafrock war auseinandergeklafft, und der Atem blieb mir stehen. Jetzt, jetzt los, los auf sie! hämmerte es gleichsam in meinen Schläfen und in der Herzgegend. Mit entsetzlicher Unbefangenheit hob sie ihr Gesicht und fragte wieder so lächelnd: »Und was soll's denn kosten?«

»Vierhundert!« preßte ich heraus und konnte es nicht mehr aushalten. Meine Finger spreizten sich schon, meine Beine spannten sich bereits zum Sprung.

»Was? Vierhundert? Nein, das ist mir zu teuer, viel zu teuer!« sagte sie jetzt fast kutschergrob: »Vierhundert? Na, hören Sie!« Das wirkte einen Augenblick lang wie eine kalte Dusche. Dann glotzte ich sie an wie ein beschämter bockiger Schulbub, aber schon roch ich den Duft wieder, schon verschlang ich mit meinen gierigen Augen dieses spitzenumbauschte weiße, unsagbar aufgeilende Fleisch da, aus dem es jetzt heraussprach: »Frieren Sie denn wirklich nicht? Sie zittern ja. Nehmen Sie doch Platz, bitte.«

»Nei-nein-nein, mich friert nicht, nein. I-ich muß gleich weg«, stammelte ich wie blödsinnig und fing schon wieder zu kochen an. Mittendrinnen stockte ich, denn jetzt schob sich die hohe weiße Tür an der Wand auseinander, und der schlanke elegante Herr mit dem Einglas aus dem *Simpl* tauchte auf und fragte leger: »Was gibt's denn da für ein Feilschen und Herumhandeln? Ah, Herr Graf? Sie haben also wirklich ein Spanferkel aufgetrieben? Respekt, aber hören Sie, vierhundert? Vierhundert soll's kosten? Sagen wir dreihundertachtzig. Ja?«

»Dreihundertfünfzig ist auch noch hoch genug!« sagte sie, und eine Wut packte mich.

»Achtzig! Weniger geht nicht!« stieß ich finster heraus.

»Na gut«, beschloß der Herr die Debatte und zog sein Scheckbuch: »Ich schreib' Ihnen einen Scheck. Ja?« O je, das auch noch, dachte ich, tat aber geschäftlich und wollte nichts als so schnell wie möglich auf und davon. Innerlich wütete ich: Das Pack, das gemeine Pack, das verfressene! – und war auf einmal wieder revolutionär. –

Draußen wartete Wolf schon und schimpfte, und als ich

gar noch sagte, ich hätte einen Scheck, da war er vollkommen abweisend. Heftig disputierten wir im Weitergehen und stapften feindselig nebeneinander her. Bargeld wollte er, durchaus Bargeld. Ich fand endlich einen Ausweg, ging mit ihm zum *Simpl,* und dort nahm mir Kathi Kobus den Scheck ab.

»Nichts für ungut, Oskar«, entschuldigte sich jetzt Wolf etwas betreten, und als er sah, daß ich kein besseres Gesicht bekam, belobigte er mich: »Du bist doch ein anständiger Kerl. Man kann doch keinem mehr trauen heute.«

»Doch! – Doch, ist gut«, schloß ich und haßte ihn. Er ging, und ich blieb, mischte mich unter die lauten Gäste und soff meinen Ärger hinunter. –

»Mensch, wo steckst du denn immer? Man sieht und hört nichts mehr von dir. Bist du wieder bei den blöden Nymphenburgern draußen?« fragte mich Schrimpf am andern Tag, als ich ihn zufällig wiedertraf.

»Ach, weißt du, es ist ja alles Schwindel und Scheiße«, antwortete ich verdrossen. »Ich schieb' wieder. Mit dieser schönen Revolution ändert sich nie was.« Dann erzählte ich ihm die Geschichte mit dem Spanferkel. Er lachte nicht. Er schaute mich bloß an und meinte: »Lauter Unsinn, was du treibst. Du verzettelst dich bloß damit. Bald wird's krachen, du wirst sehn. Bald wird's ganz gefährlich losgehn. Da kann man nicht zuschauen.«

»Ach«, widersprach ich und dachte an den Seppi: »Die machen doch nie was! Die? Das sind grad die rechten.« Nichts hatte der mit meinem Manifest gemacht, auch nichts wegen der Banken, aber obgleich es mir fast ekelhaft war und nicht ganz geheuer vorkam, suchte ich ihn am verabredeten Freitag auf. Auf meine Vorwürfe beteuerte er, alles weitergeleitet zu haben, und sagte bloß wieder: »Es zieht sich zusammen. Das Gewitter bricht bald los. Darauf heißt's bereit sein.« Dann fing er gleich mit unserem Handel an.

Schnell wurde alles besprochen. Ich merkte, der Seppi war etwas nervös. »Zuviel Arbeit halsen sie mir auf«, sagte er, aber gleich wurde er wieder aufgeräumt und lachte schadenfroh: »Blechen muß er, der Scheißkapitalist, daß er Blut schwitzt. – Keine Angst, der macht's.« Auftragsgemäß holte ich bei Einbruch der Nacht beim Wolf zwei große Schinken ab, die für einen Kommerzienrat in Bogenhausen bestimmt waren. »Ich geh' diesmal mit dir, damit du gedeckt bist. Wir treffen uns um neun Uhr am Max-Monument«, hatte der Seppi gesagt. Unruhig war's in der Stadt. Patrouillen gingen herum. In Berlin waren die Kommunistenführer Karl Liebknecht und Rosa Luxemburg ermordet worden. Auf allen Litfaßsäulen klebten Warnungsplakate von der Regierung und vom Arbeiterrat. Plünderern drohte sofortige Erschießung. Lebensmittelschieber seien festzunehmen. Bitterkalter Wind trieb dahin, aber es lag fast kein Schnee. Die Straßen waren sehr spärlich beleuchtet. Gas- und Elektrizitätsmangel herrschten. Schwarze Wolken trieben über den Himmel.

Seppi und ich trafen uns richtig, alles klappte. »Haut schon. Großartig!« sagte der Seppi munter, und wieder kicherte er: »Der Hundskapitalist. Du sagst, fünfhundert für jeden Schinken. Verstehst du? Und wenn er handeln will, sofort kehrst du um. Verstehst du? Der zahlt, wirst du sehn! Wir werden uns für den Hund bei der Saukälten so abmühn!« Kein Mensch war zu sehn. Abwechselnd trugen wir den schweren Koffer. »Den laßt du dort'n. Den brauchen wir nicht mehr«, sagte der Seppi. Mir gefiel das alles nicht. Sehr unbehaglich wurde mir nach und nach. »Fünfhundert für einen?« murmelte ich einmal, indem ich mich an die Dame erinnerte: »Fünfhundert? Also tausend für alle zwei? Zahlt denn der das? Das ist doch viel zuviel –«

»Ach, der blecht! Die verfressne Mastsau stinkt doch nach Geld. Verlaß dich da ganz auf mich, der zahlt«, beruhigte mich der Seppi und wurde immer munterer, und auf einmal fing er laut zu singen an:

»Dem Karel Liebknecht haben wir's geschworen,
der Rosa Luxemburg geb'n wir's die Hand ...«

Mir blieb das Herz stehen.

»Ja, Mensch, Seppi, bist du denn verrückt?!« fuhr ich ihn entsetzt an. »Halt doch 's Maul! Wenn's wer hört, die verhaften uns doch vom Platz weg!«

»Ach! Schmarrn!« unterbrach er mich. »Uns verhaften? Jaja, vielleicht nehmen sie uns kurz fest, aber gar nicht lang und nicht als Schieber. Ich hab' doch meine revolutionären Ausweise bei mir.«

»Nicht als Schieber?« fragte ich ihn verständnislos: »Als was denn dann?«

Er lachte mir ins dumme Gesicht.

»Als wachsame Revolutionäre. Verstehst du? Wir tun unsre revolutionäre Pflicht, kapierst du?« Ich begriff immer noch nicht.

»Und was ist mit den Schinken?« Er lachte genauso.

»Die? Die haben wir grad so einem hundsmiserabligen Saulumpen, so einem niederträchtigen Schieber abgenommen und wollen sie jetzt abliefern, weil ja die Polizei immer zu spät kommt und nie einen erwischt«, setzte er mir schlagfertig auseinander und bekam langsam einen biederernsthaften Ton. »Schieben, verstehst du? Schieben als reines Privatgeschäft, das gehört sich nicht für einen Revolutionär, aber bei uns hat's einen guten Zweck. Das ist einfach Parteisache. Verstehst du? Uns als Kämpfer darf nichts abgehen, wenn wir für die Revolution was taugen sollen. Politisch müssen wir sauber und anständig dastehn. Das sind wir den Massen schuldig!« Das verstand ich noch weniger, doch für ihn stimmte das ganz sicher.

»Soso – so ist das«, sagte ich bloß noch im Weitergehen.

»Ein Kämpfer muß immer auf dem Damm sein. Er darf unter keinen Umständen schwach werden. Verstehst du?« bekräftigte er noch kurz vor dem Haus. Wie ausgemacht, verschwand er. Ich brauchte bloß läuten, bis von drinnen jemand fragte: »Joseph?« Die Tür ging spaltweit auf, und im schwachen Licht sah ich einen hochgewachsenen Mann, der durchaus nicht nach »Mastsau« aussah.

»Wieviel?« fragte er militärisch kurz.

»Tausend alle zwei«, raunte ich halblaut und beklommen.

»Da ... Geben Sie her«, sagte der Mann: »Es stimmt.« Rasch zählte ich die zehn Hunderter nach, und er nahm den Koffer.

»Stimmt. Gut«, sagte ich aufschauend und entdeckte mit einem geschwinden Blick an einer Wand hängend zwei Militärgewehre. Die Tür ging zu. Mich überrieselte es seltsam. Schnell ging ich im Dunkel weiter. Schon schoß der Seppi auf mich zu: »Hat er bezahlt, ja?«

»Ohne weiteres«, antwortete ich und erzählte von den Gewehren. Er blieb stehen, pfiff leise durch die Zähne und sagte pfiffig: »Holla, Waffen hat der –? So, Waffen?« Er lachte auf einmal wieder und schmetterte geradezu aus sich heraus: »Du, das ist ja ganz großartig. Den heb' ich mit zwei Genossen aus. Dann gehört der Schinken auch wieder uns. Prima, Oskar, pfundig! Auf dich kann man sich verlassen, dich kann ich brauchen ...«

»Ja, kennst du denn den Mann gar nicht?« fragte ich verblüfft.

»Ach, woher denn!« antwortete er ungemein fidel. »Ich krieg doch bloß die Adressen, die absolut sicher im Zahlen sind! Den heb' ich aus, den heb' ich aus!«

Ich habe nichts gehört und gelesen davon. Ich ließ mich aber auch nie wieder von ihm »brauchen«. Die Tage und Wochen, die jetzt kamen, waren auch zu verwirrt, zerhetzt und unsicher. Da konnte ich ihm leicht ausweichen. Wir sahen uns nur manchmal kurz und flüchtig, und ich verlor ihn mehr und mehr aus den Augen. Erst jetzt kann ich mir erklären, wieso der Seppi beim Einmarsch der Regierungstruppen, der »Weißen«, ungeschoren durchkommen konnte.

»Anständig? – Anständigsein«, – Schrimpf hatte recht – »das kommt bei jedem immer nur auf die Situation an. Bloß davon hängt's ab –«

6.

VORGESCHMACK DER HEROISCHEN ZUKUNFT

Während ich dies niederschreibe, brummen ab und zu Flugzeuge der internationalen Fluglinien über das New Yorker Häuserviertel, in welchem ich nun schon seit fast dreißig Jahren lebe. Sie bringen die Reisenden in alle Gegenden der Vereinigten Staaten und der Welt. Obwohl ich mich an dieses Brummen schon lange gewöhnt habe, erinnert es mich doch noch manchmal an jene primitiven Kriegsflugzeuge, die im Frühjahr 1919, vor der Niederkämpfung der sogenannten Räterepublik, fast täglich Hunderttausende von Kundmachungen der nach Bamberg geflohenen bayrischen Landesregierung über München abwarfen.

Nach den stürmisch verlaufenen Wahlen zur ersten deutschen Nationalversammlung in Weimar, welche die Reichsregierung Ebert–Scheidemann nominiert hatte, waren zugleich die verschiedenen Länderparlamente gewählt worden, die nun ebenfalls darangingen, aus den Mehrheitsparteien Regierungen zu bilden. In München war der Landtag zusammengetreten. Von den zirka 190 Parlamentssitzen hatte die USP, die führende Revolutionspartei, nur drei errungen, ein deutliches Zeichen, daß einzig und allein der radikalisierte Teil der Arbeiterschaft in den Städten für die Revolution war, das umliegende Land aber, insbesondere die Bauern, nichts davon wissen wollte.

Bevor noch Kurt Eisner, der Ministerpräsident der bisherigen provisorischen Revolutionsregierung, sein Amt niederlegen konnte, wurde er auf dem Wege zum Landtag von dem fanatisch monarchistischen Leutnant Graf Arco-Valley erschossen. Jetzt brach ein wilder Sturm los. Im Landtag feuerte der Kommunist Lindner mehrere Revolverschüsse ab, die den Minister Erhart Auer und einen Major Jareis schwer verletzten und den katholischen Abgeordneten Osel töteten. Rasend schnell füllten sich alle Straßen und Plätze mit erschreckt dahinrennenden, ratlosen, schreienden Menschenmassen. Die eisernen Rolläden der Geschäfte ratterten herunter, die Trambahnen blieben stehen, Führer und Fahrgäste stiegen aus und wurden mitgerissen; rotbewimpelte, maschinengewehrbestückte Lastkraftwagen rollten langsam daher, und die schwerbewaffneten Soldaten darauf warfen Flugblätter in die Massen, die zum energischen Kampf gegen die überall hervorbrechende Gegenrevolution aufforderten. Ich mengte mich mit Schrimpf mitten ins wirblige politische Geschehen. Einmal stieß ich auf der bewegten Ludwigstraße auf den rasch dahingehenden Wolf, dem, wie ich merkte, eine solche Begegnung sehr unangenehm war.

»Oskar«, sagte er hastig und lugte rundherum: »Ich habe mein Geschäft liquidiert. – Es ist ja auch nichts mehr zu machen jetzt. Ich will mich in einer andern Branche umsehn. – Der Kamin muß ja rauchen. – Übrigens, du triffst mich nicht mehr in meiner Wohnung. – Ich hab's eilig, entschuldige. – Vielleicht später einmal, wenn's normaler zugeht.« Er trug einen kleinen Koffer und war reisemäßig angezogen. Rasch ging er weiter und verschwand in der Menge. Ich dachte einige Augenblicke nach. Der Seppi fiel mir ein. Sonderbar, warum hatte denn der damals den Kommerzienrat mit den Gewehren nicht ausgehoben? Überhaupt – ob er mit Wolf noch zusammenhing? Ich wartete nicht auf Schrimpf und lief überall herum, um den Seppi zu finden.

»Der?« sagte ein Genosse, auf den ich stieß: »Hm. Dir sag' ich's, aber bitte, das bleibt unter uns. – Der ist auf Kurierfahrt. Muß Verbindung mit Nürnberg herstellen.«

»So? Soso. Hm, der Seppi – Kurier, hm«, brummelte ich wie für mich und schaute dem Genossen in die Augen: »Der ist also jetzt ganz bei der Spitzengarnitur, was?« Irgendein dunkler Verdacht rumorte in mir, aber trotzdem blieb ich stumm.

»Der? – Wir haben nicht gleich wieder so einen Kerl. Schaut saudumm aus und ist der Hellste von uns allen«, bekräftigte der Genosse. Ich ging.

Der in Permanenz tagende Arbeiter-und-Soldaten-Rat mit den USP-Männern Ernst Toller, Niekisch, Klingelhöfer, Fechenbach und anderen verkündete die Gründung der Räterepublik und trat, um Blutvergießen zu vermeiden, mit der inzwischen gewählten bayrischen Landesregierung in Verhandlungen. Die aber lehnte ab und erklärte sich als einzig berechtigte staatliche Vollzugsmacht.

»Was ist's?« fragten die Wartenden, als die USP-Delegation aus dem Landtag kam. »Nichts! – Keine Einsicht!« rief Toller mit traurigem Gesicht. Verwünschungen und Flüche gegen die Minister wurden laut.

»Bevor's net kracht, wird's nichts!« schrie ein Mann, aber sogleich, nachdem die Menge ihm zustimmte, schrie er noch lauter: »Ja, und wenn's Elend da ist, jammert alles!«

Lärmend und zornig wies der Arbeiter-und-Soldaten-Rat seine Delegierten wegen ihres Nachgebens zurecht. »Hosenscheißer! – Runter mit dem Judenbuben!« schrie irgend jemand. Tumult entstand, Raufende warfen einige Männer hinaus. Toller war blaß, hielt ein und rief: »Provokateure, Genossen! – Seht euch eure Leute genau an!« Ohne das sonstige Feuer sprach er zu Ende. Einstimmig wurde die Absetzung der Landesregierung gefordert. Die floh samt den Abgeordneten nach Bamberg. Gerngläubig und ohne viel zu prüfen nahm sie die wildesten Berichte fragwürdiger Informanten hin und ließ in den Berliner und norddeutschen Zeitungen Schreckensberichte über Greueltaten der Roten in München verbreiten. Von herumziehenden Räuberbanden, die in der Stadt und der näheren Umgebung wahllos beschlagnahmten und das Raubgut weiterverschacherten, von Orgien und Sektgelagen der Revolutionsführer mit zweifelhaften Weibern, von täglichen Massenverhaftungen Unschuldiger und zahlreichen Füsilierungen war darin die Rede. Das Gegenteil von alledem hat später der Kardinalerzbischof Faulhaber während der Hitlerzeit bezeugt. –

Eine gefährliche Spannung herrschte. Kein Mensch kannte sich mehr aus. Alles schien unsicher auf irgend etwas plötzlich Hereinbrechendes zu warten. Und genau das gleiche, das heute nach den Massenkundgebungen, den Einsprüchen und Protesten gegen die Atombombenversuche geschieht, geschah mit den mahnenden, drohenden, warnenden Erlassen und Aufrufen des Arbeiter-und-Soldaten-Rates. Man las davon in den Zeitungen und an den Litfaßsäulen – und niemand nahm sie erst. Schnell waren sie vergessen. –

Da Mirjam wegen des unsicheren, nur unregelmäßig funktionierenden Eisenbahnverkehrs ihr Zurückkommen noch weiter aufschob, nistete ich mich wieder bei Marietta und ihrem schafgesichtigen Holländer in dessen Nymphenburger Villa ein und wurde herzlich aufgenommen. Erstens, weil ich fast jeden Tag mit Schrimpf in der Stadt herumzog und allerhand Neuigkeiten wußte, und zweitens, weil ich viel zur Unterhaltung beitrug, vor allem, wenn eine Saufnacht anfing, öde zu werden. Da man es jetzt nicht mehr für geraten hielt, allabendlich in den *Simpl* oder in die *Bonbonniere* zu kommen, hatte man das Feiern in die Villa verlegt. Ich suchte nur ab und zu mein Atelier auf, verbrachte etliche Tage und Nächte dort, erledigte die Post und sonstige Kleinigkeiten und schrieb kurze Briefe an Mirjam in Berlin. Gleich zog ich mit Schrimpf oder anderen Freunden wieder los.

Es wurde ruchbar, daß bestimmte Gruppen in allen Stadtvierteln illegal heftig gegen die »landfremden jüdischen Drahtzieher im Arbeiter-und-Soldaten-Rat« agitierten. Gerüchte über einen geplanten Putsch gingen um. Zwei Generale, ein Oberst, ein Reichsrat und der Verleger Lehmann, der seit langem Waffen und Munition aufkaufte, wurden verhaftet und ins Gefängnis nach Stadelheim gebracht. »Deutsche Arbeiter, laßt euch nicht vom internationalen Judentum ins Verderben jagen!« stand auf winzigen kleinen Zetteln, die an allen Mauern und Türen klebten, oder »Deutscher! Der Jude ist dein Verführer, dein Verhetzer, dein Verderber!«

Wer druckte diese Zettel, wer klebte sie an? Warum beachtete niemand das »Käseblättchen«, den *Münchner Beobachter mit Sportblatt,* mit seinen ordinär-antisemitischen Artikeln und Karikaturen, der sich offen als »Publikationsorgan der nationalen Vereine« bekannte, und später der *Völkische Beobachter* wurde? Warum vermied man, in den großen hochnoblen Hotels nachzuforschen? »Ach, dort logieren doch nur noch die paar ausländischen Berichterstatter, Kontrolloffiziere der siegreichen Entente und schwerreiche Durchreisende, die sich die horrenden Preise leisten können«, hieß es. Niemand ahnte, daß sich die aktivsten Gegenrevolutionäre als exklusive, etwas mystisch anmutende »Thule«-Gesellschaft im international berühmten Münchner Hotel *Vier Jahreszeiten* etabliert hatten, in der richtigen Annahme, daß kein Prolet je die Scheu verlor, ein derart hochelegantes Hotel auch nur zu betreten. Dieser obskure Geheimbund, eine Art germanischer Freimaurerorden von »rassisch einwandfreien, arischen« Adeligen und Offizieren schleuste in jede revolutionäre Organisation seine Spione, stahl und fälschte Amts- und Parteistempel, Mitgliedskarten, Passierscheine und Freifahrtausweise und legte geheime Waffenlager an. Er konnte ebenso unbehelligt arbeiten wie die winzige »Deutsche Arbeiterpartei« von Karl Harrer und Anton Drexler, die selbst in den heißesten Revolutionstagen im Nebenzimmer des Gasthauses *Bögner* im Tal ihre wöchentlichen Zusammenkünfte abhielt, jener Urzelle, aus welcher der kurz darauf hinzukommende Hitler seine Nationalsozialistische Deutsche Arbeiterpartei entwickelte. Es kam schließlich noch ein Fünfmännerverein »Deutsch-sozialistische Partei« mit Hans Georg Grassinger dazu, und »Thule« verband sich mit beiden zu einer äußerst wirksamen gegenrevolutionären Aktionsgemeinschaft, die sogleich daranging, Verbindung mit der Landesregierung in Bamberg aufzunehmen. Geradezu mit offenen Armen und ohne weiter nachzuprüfen, nahmen der sozialdemokratische Kriegsminister Schneppenhorst, der Demobilisierungsminister Segitz und Ministerpräsident Hoffmann den Thule-»Meister« von Sebottendorff und die beiden Thule-»Brüder« Oberleutnant Kurz und Leutnant Kraus als willkommene Helfer in ihre Dienste. Versorgt mit reichlichen Geldsummen und ausgestattet mit den umfassendsten Vollmachten, wurde diesen dunklen Informanten die Durchführung eines entsprechenden Putsches in München und die Bildung von »Freikorps« im ganzen Land überlassen. Der Putsch wurde von den revolutionären Arbeitern vereitelt, doch konnte sich die erste USP-Räterepublik, die fortwährend zwischen Verhandlungsbereitschaft mit Bamberg und entschiedenen Maßnahmen hin und her schwankte, nicht mehr behaupten, und da bereits bekanntgeworden war, daß die Regierung in Bamberg von der Reichsregierung Truppen gefordert hatte und daß diese mit württembergischen Regimentern und den »Freikorps« gegen München heranrückten, übergab sie den Kommunisten die Macht. Die zweite, letzte und rein kommunistische Räterepublik begann. Sie ordnete die sofortige Bewaffnung der Arbeiter an, bildete in aller Eile eine Rote Armee, die, nur notdürftig versorgt und schlecht bewaffnet, umgehend Verteidigungsstellen außerhalb der Stadt bezog. Die Bankkonten und Vermögen der Reichen wurden beschlagnahmt, die Betriebe sozialisiert und verschärfte Kontrollen aller Ein- und Ausgänge der Stadt eingeführt. Das Büro der Thule-Gesellschaft wurde ausgehoben, alles Belastungsmaterial beschlagnahmt, sieben Mitglieder wurden verhaftet und ins Luitpoldgymnasium gebracht.

Stunde um Stunde marschierten Arbeiterbataillone aus dem Kriegsministerium in der Ludwigstraße, Bagagewagen und leichte Feldkanonen folgten ihnen. Andere Gruppen sicherten die Brückenübergänge und Einfallstraßen mit Drahtverhauen und sogenannten »Spanischen Reitern«, stemmten Pflastersteine heraus und errichteten Barrikaden, dahinter wurden Maschinengewehre aufgepflanzt. Eine fiebrige Spannung aus blinder Wut, Rachsucht und unsicherer Hoffnungslosigkeit zeichnete sich auf den Gesichtern der Kämpfenden ab. Die »Weißen«, die Regierungstruppen, hatten bereits das Weichbild der Stadt erreicht. Gegen diese in jeder Hinsicht weit überlegenen Kolonnen kamen die roten Zufallsverbände nicht auf und wichen in die Stadt zurück. Erbitterte Straßenkämpfe begannen, pfeifende

Schrapnells übertönten das Maschinengewehrgeknatter, brummender Kanonendonner zerriß die Luft, Volltreffer zerrissen Häuserfronten, Auslagenfenster zerklirrten, Dächer brachen ein und Flammen schlugen hoch, aber die verbissenen Verteidiger gaben nicht auf, denn sie wußten, das war gleichbedeutend mit sofortiger Füsilierung. Ohne Verhör und Urteil hatten die »Weißen« Dutzende von meist völlig unbeteiligten Arbeitern standrechtlich auf ihrem Anmarsch bereits erschossen. Gnadenlos verfuhren sie mit ihren Gegnern, furchtbar wüteten die Landsknechte der »Freikorps«. Als Antwort darauf wurden die festgenommenen Thule-Leute auf Grund des Belastungsmaterials mit zwei gefangenen Regierungssoldaten nach kurzem Verhör erschossen und – prompt wirkte die ungemein aufreizende Agitation der Thule-Verschwörer, jetzt übergellte die Nachricht von der »bestialischen Schreckenstat der vertierten Geiselmörder im Luitpoldgymnasium« sogar den wüsten Kampflärm. Das befeuerte die Regierungstruppen und Freikorps zu letzter Rücksichtslosigkeit, und ein verwildertes Jagen und Morden aller Revolutionsverdächtigen hub an. Das schamloseste Denunziantentum feierte Triumphe. »Da! – Da, sehn Sie, der? – Der rote Lump, der Strolch!« wiesen einige Passanten auf einen rasch dahingehenden Mann. Schon klapperten Stiefelschritte. »Halt!« rief es, es krachte, der Mann fiel lautlos vornüber aufs Pflaster. Von solchen Alltäglichkeiten wußten die wieder erscheinenden Zeitungen nichts zu melden.

Festlich lächelte die Stadt. Mit schmetternden Musikkapellen an der Spitze durchzogen Tag für Tag die siegreichen Regierungstruppen die Straßen und wurden frenetisch umjubelt. Ein freudiges »Hoch«-Rufen und Beifallsklatschen setzte ein, wenn geschnürte Leutnants in den Hofgarten-Cafés auftauchten; und in großer Aufmachung konnte man ausführliche Berichte über die zahlreichen »Ehrenabende für die Befreiungstruppen« in den dichtgefüllten Brauhaussälen lesen.

Freilich, »wo gehobelt wird, fallen Späne«; und die nunmehr wieder voll erwachte, unverwüstliche Münchner Gemütlichkeit wurde zuweilen unerfreulicherweise empfindlich gestört. Einundzwanzig katholische Junggesellen, die im Kellerraum eines Prinzenpalais ihre nächste Sonntagswanderung besprachen, wurden von württembergischen Soldaten buchstäblich zerhackt und bis zur Unkenntlichkeit zertrampelt. Ergreifend war, wie das einheimische Gemüt sogleich in mitfühlenden Ernst umschlug. Mit geziemender Erschütterung, die bei der Bevölkerung eine einhellig starke Teilnahme erzeugte, verbreitete sich die Presse über diesen »tiefbedauerlichen tragischen Irrtum, an dem vor allem die durch den roten Terror verursachten zerrütteten Zeitverhältnisse die Schuld trügen«. Feierliche Messen für die unglücklichen Opfer fanden statt und waren viel besucht. Eindringlich riefen die Priester zur allgemeinen Versöhnung auf, und viele Augen wurden naß. Nichts hörte und las man dagegen von den 53 kriegsgefangenen Russen aus dem Lager Puchheim, die von einer unbekannten Truppe in der Kiesgrube bei Lochham ohne Verhör und Urteil niedergemäht worden waren. Kein einziges dieser unglückseligen Opfer hatte sich auch nur im geringsten an der Revolution beteiligt. Vom ermordeten Ministerpräsidenten Kurt Eisner war ihnen seinerzeit Freizügigkeit gewährt und der Abtransport in die Heimat zugesagt worden, sobald sich die Verkehrsverhältnisse gebessert hätten. Darauf warteten sie bisher vergeblich. Aus Dankbarkeit waren sie im Trauerzug des Ermordeten mitgegangen. Das war alles.

In den folgenden Revolutionswirren hatte sich niemand mehr um sie und ihre Verpflegung gekümmert. Als sie bettelnd zu den Bauern der Umgegend kamen, waren sie von deren Höfen gejagt worden. In dieser Not kamen einige auf den Gedanken, sich im Münchner Kriegsministerium etliche Gewehre und Munition zu verschaffen und wilderten damit, um nicht zu verhungern. Das kostete ihnen allen das Leben. Erst nach über einem Jahr wurde das Verbrechen halbwegs bekannt, als die unpolitische Innung der Münchner Bäckermeister in rührender Weise an der Stelle, wo sie verscharrt worden waren, ein schönes Grabkreuz errichten ließ. Auch dazu erteilte die Regierung erst die Genehmigung, nachdem in die Beschriftung des Kreuzes der Satz aufgenommen worden war: »Zum zweitenmal gefangengenommen im Kampfe gegen die Regierungstruppen und standrechtlich erschossen in der großen Sandgrube nahe bei diesem Friedhof. Geschehen am 2. Mai im Jahre 1919.«

Wie viele Hunderte waren auch Schrimpf und ich verhaftet gewesen und konnten von Glück sagen, lebendig davongekommen zu sein. Nicht selten hatte man Mitgefangene aus unseren Zellen geholt und im Hof füsiliert. Mirjam, die inzwischen aus Berlin zurückgekommen war, konnte mich in der Haft notdürftig verpflegen und Rechtsanwälte und Fürsprecher für meine Freilassung mobilisieren. Nun war es Sommer geworden, die Schäden an den Häusern waren, bis auf die zahlreichen Gewehreinschüsse in den Mauern, verschwunden, die Sonne lachte; und als ob nichts gewesen sei, lief das Leben in der Stadt wieder dahin. Die Münchner Revolution war endgültig vorüber. Nur wir und unseresgleichen behielten noch wochenlang den in der Hitlerzeit zur Gewohnheit gewordenen »deutschen Blick«, das blitzschnelle vorsichtig forschende Herumschauen in jeder Gesellschaft, ob nicht irgendwo ein feindlicher Zuhörer und Angeber in der Nähe sei. –

In Hamburg, Bremen, Berlin und im Ruhrgebiet flackerten immer wieder Aufstände auf und wurden schließlich auf die gleiche Weise liquidiert. Nirgends indessen wurde alles Revolutionäre so gründlich ausgetrieben wie in unserem »Freistaat Bayern«. Wie das Tüpfelchen auf dem i dokumentierten dies nach dem Sieg der Truppen die höchsten Würdenträger der Weimarer Republik, die sich schamhafterweise stets als »Reich« betitelte, um den Ludergeruch der Revolution ein für allemal loszuwerden. Der Reichspräsident Ebert und der sozialdemokratische Kriegsminister Gustav Noske, der schon vorher den Generalen und ihren Truppen für die »umsichtige Arbeit« gedankt hatte, kamen eigens nach München, um sich mit ihren bayrischen Ministerkollegen für die Presse fotografieren zu lassen. »Die Retter vor dem bolschewistischen Chaos« beschrifteten die Zeitungen die historische Aufnahme. –

Ich ging nicht mehr zum Holländer und traf auch den Anhang Mariettas nur hin und wieder zufällig im *Simpl.* Ich dichtete wieder, und Schrimpf malte wieder. In den Schwabinger Ateliers fanden nach und nach wieder schüchtern Diskussionen über Kunst statt. Die Volksgerichte verurteilten die »Geiselmörder« und den kommunistischen Führer Levine-Nissen zum Tode. Bei seiner Einlieferung ins Gefängnis Stadelheim wurde Gustav Landauer von den Wachsoldaten viehisch erschlagen. Ernst Toller, Niekisch, Erich Mühsam und Hunderte von Arbeitern wurden zu langjährigen Festungs- und Zuchthausstrafen verurteilt. Aber das interessierte nur die »Politischen«, die Künstler und Intellektuellen orientierten sich über Kierkegaard und diskutierten über Spenglers *Untergang des Abendlandes*, von dem Professor Wörner einmal eigentümlich augenzwinkernd sagte: »Wissensstoff ist darin wie fast nirgendwo. Von dem Israeliten kann man viel lernen und brauchen. Aber wie es eben immer bei solchen Köpfen ist – keine Seele! Keine Seele!«

Den Ton war ich an ihm nicht gewöhnt.

»Der Spengler Jude?« sagte ich behutsam: »Ich glaube, Sie irren, Herr Professor. Ihr kerndeutscher Verlag Beck hat ihn verlegt, und alle Völkischen sind doch für ihn.« Er sah mich betroffen an.

»So?« fand er endlich das Wort: »Hm, wenn Sie es bestimmt wissen, mein Lieber ... So ein eiskalter Kopf ist selten bei uns Deutschen ...« Geradeaus sah er, und hilflos verstört wurde seine Miene.

»Nein, nein«, stotterte er wie entschuldigend: »Ich hab' nichts gegen die Juden. Es gibt sehr feine Menschen unter ihnen. Aber lassen wir das, mein Lieber. Das führt in die Politik. Wie sagt Goethe? Politisch Lied, ein garstig Lied –. Bleiben Sie lieber bei Ihren Gedichten, lieber Herr Graf –.« Unvermittelt streckte er mir die Hand hin. Unsicher war sein Blick, als ich sie drückte, und rasch ging er davon. Seitdem antwortete er mir zwar noch nach jeder Gedichtsendung anerkennend, doch er lud mich nie wieder zu einer Aussprache ein. Wir sahen uns nur noch zufällig und flüchtig. Bei seiner Frau, der Dichterin Hertha König, von der er getrennt lebte, hatte er mir ein besseres Stipendium verschafft, nachdem sein Stipendiat vom Krieg heimgekehrt war. In der großen Wohnung von Frau König hingen die blauen *Harlekine* und der *Blinde* von Picasso. Es wehte hier eine andere Luft. Junge expressionistische Dichter verkehrten bei ihr, und mit Rilke, Wolfskehl, Bernus und vielen bedeutenden Menschen war sie bekannt. Nie fiel Wörners Name bei ihr. Sie interessierte sich für das Soziale an der Revolution, und das nicht nur so nebenher. Auf meine Veranlassung gab sie Alfred Kurella – jetzt in führender Position in Ostdeutschland – und seinen Genossen eine größere Summe, damit sie ihren Plan, auf einem Bauernhof eine Kommune aufzurichten, durchführen konnten. Sie versagten jämmerlich, doch Frau König verlor nie ein Wort über ihren Geldverlust.

Ach ja, und da war Rilke, den man überall für einen in sich zurückgezogenen Esoteriker hielt. Zu meiner nicht geringen Verblüffung stieß ich öfter in Massenversammlungen in der ersten Revolutionszeit auf ihn. Wie kam nur *der* Mensch dazu? Manchmal begleitete ich ihn nachts bis zu seiner Wohnung in der Ainmillerstraße. Der kleine schmächtige Mann mit den herausquellenden Augen, den eingefallenen Wangen und dem dünnen Seehundsbart, häßlich und traurig und hilflos dem Aussehen nach, stand meistens an die Wand oder an eine Säule gelehnt mitten im robustlauten Menschengewühl und sah mit undefinierbarer, scheinbar abwesender Gespanntheit auf die Rednertribüne, und wenn ich ihn erreicht hatte und ihm die Hand gab, drückte er sie herzlich, lächelte dünn und sagte: »Ach, Sie, Herr Graf? Das ist schön! Soviel Wichtiges geschieht jetzt, soviel Hoffnung ist überall! Schade, man versteht bei dem Lärm den Redner so schwer.« Aber er war nicht dazu zu bewegen, seinen Platz zu verlassen, winkte nur kurz ab und sagte: »Lassen Sie, da stört man.«

Auf dem Heimweg – er war in einen flauschigen Mantel und ein Halstuch dick eingemummt, trug eine Pelzmütze und sah rund und klobig aus – redeten wir über das, was kommen könnte oder über die Revolution.

»Das Volk, das ganze Volk ist eben nicht dabei. Auf dem Land die Bauern feiern Kriegerheimkehrfeste und kümmern sich um nichts. Die Hauptsache für sie ist, daß der Krieg zu Ende ist«, sagte ich.

»Ja, das Volk, das ganze Volk«, stimmte er nachdenklich zu: »Die Deutschen wissen nicht, was Volk ist. Nur die Russen wissen das. Sie glauben. Die Deutschen können nicht glauben, und es hängt jetzt so viel von ihnen ab, so viel.«

Er schätzte Kurt Eisner sehr, kannte Ernst Toller und Professor Jaffe, den Finanzminister der provisorischen Revolutionsregierung. Ich sah ihn bei Alexander von Bernus im »Rat geistiger Arbeiter«, und auch dort stand er immer bescheiden abseits, ohne sich je an den lauten, oft heftigen

Diskussionen zu beteiligen. Unvergeßlich bleibt mir das Gespräch während des Heimgangs, als ich ihn zum letztenmal auf einer Massenversammlung sah. Wieder fing ich davon an, daß bloß die Arbeiter und Soldaten in den Städten die Revolution machten und erwähnte die Revolutionsfeindlichkeit der Bauern.

»›Den Spektakel in der Stadt drinnen machen bloß die Leute, die nicht arbeiten wollen‹, sagen sie. Das ist gefährlich. So lange nicht alle mitmachen, die vom Land und die in der Stadt, das ganze Volk, so lange wird nichts Richtiges«, erklärte ich.

»Ja, das möchte jeder Gutwillige hoffen. Etwas Neues sieht und fühlt noch niemand«, meinte er, »aber man muß Geduld haben. Dem Volk als Ganzem zählt sich unsereins doch zu, dem Volk ohne Einschränkung und Zutat. Das ist uns aufgegeben.«

Das Empfinden, sagte ich, hätte ich schon beim *Stundenbuch* gehabt.

»Das macht mich dankbar«, sagte er in seiner typisch gewählten Art. Das gefiel mir auf einmal nicht. Durch mich wirbelten die Revolutionsgeschehnisse, und er blieb so seltsam distanziert und kühl.

»Ich kann das nicht zusammenfassen«, fing ich zu reden an und wurde belebter: »Ich sehe das alles ganz anders. Wenn Sie im *Stundenbuch* über die Namenlosen reden, das kommt mir immer vor, als sei das Volk für Sie eine amorphe Masse. – Sonderbar! – Wenn ich's genau überlege, ich glaube, auch Lenin denkt so. Nur ist's bei ihm so: Er will diese amorphe Masse nach seinem Willen zurechtkneten und sie für seine Zwecke nutzbar machen. Eigentlich verachtet er sie. Das ist fast aristokratisch. Er erkennt nur seine Parteielite an, merkwürdig.« Ich wußte nicht mehr weiter und schaute Rilke fast geniert von der Seite an. Sein Gesicht hatte einen rührenden Ausdruck. Das machte mich verlegen, und als er mich ansah, sagte ich fast entschuldigend schnell: »Nein, nein, ich hab' mich vielleicht falsch ausgedrückt ... Sie verachten die Masse, das Volk, nicht, ganz bestimmt nicht. Für Sie haben diese Namenlosen ein unabänderliches Schicksal. Im *Stundenbuch* heißt es ja auch: ›Denn sieh, sie werden leben und sich mehren und nicht bezwungen werden von der Zeit.‹ Das ist ganz anders als bei Lenin. Sie glauben, daß diese Masse der Namenlosen unzerstörbar ist. So was wie ein Element, das die Welt erhält.« Ich war aufgestört, weil ich nicht wußte, wie er es aufnahm.

»Element, ja, ja«, sagte Rilke und setzte mit leiser Zärtlichkeit dazu: »Sie denken viel und geduldig über alles nach.« Er sagte es ohne die geringste Herablassung einem Jüngeren gegenüber, ich aber – weiß Gott warum – empfand es wie eine Art Belobigung. Im Nu verflog meine Befangenheit, und ungehemmter redete ich weiter: »Für mich ist das Volk immer wie meine Mutter. Die hat uns Kinder auf die Welt gebracht, sie glaubt an ihren Gott, arbeitet, bis sie stirbt, und fragt nicht und klagt nicht ... Sie nimmt einfach alles, wie es ist.« Und unwillkürlich fiel mir Rilkes Vers ein:

»Sie werden dauern über jedes Ende
und über Reiche, deren Sinn verrinnt,
und werden sich wie ausgeruhte Hände
erheben, wenn die Hände aller Stände
und aller Völker müde sind ...«

»Etwas wie Mutter und Volk, das ist nicht umzubringen, das ist ewig«, sagte ich: »Ich bin mir nicht klar darüber, ob man es je ändern kann. Vielleicht meinen Sie dieses Ewige, dem Sie sich zuzählen, oder?«

Offenbar rührte das an etwas in ihm, denn sehr aufgeweckt, ungewohnt lebhaft und freudig gab er zu: »Das

Ewige, richtig. Gut gesagt ist das: Fragt nicht und klagt nicht. Es ist wie der Berg, die Luft oder der Himmel.« Von ungefähr fiel mir Tolstoj ein. So einer, dachte ich, ist weder volksfremd noch volksfeindlich, und mit »reaktionär« oder »revolutionär« kann man ihm nicht beikommen. Er hat nicht die Absicht, das Volk zu ändern, es irrezuführen oder zu beherrschen – es ist in ihm, er liebt es, ohne Zutat.

Dennoch hat dieser scheinbar ganz unpolitische, abseits stehende Mensch von der Revolution in Deutschland sehr viel erhofft. Und wer wissen will, wie klar er alles vorausgesehen hat, wie schwer ihn gerade Deutschland entmutigt hat, braucht nur im siebenten *Brief an eine junge Frau,* den er 1920 aus der Schweiz geschrieben hat, dieses Urteil zu lesen.

»Deutschland«, heißt es da, »hätte 1918, im Moment des Zusammenbruchs, alle, die Welt beschämen und erschüttern können durch einen Akt tiefer Wahrhaftigkeit und Umkehr. Damals hoffte ich einen Augenblick ... Vielleicht waren ein paar Menschen da, die das fühlten, deren Wünsche, deren Zuversicht nach einer solchen Korrektur gerichtet waren – jetzt beginnt es sich zu zeigen und schon zu rächen, daß dies *nicht* geschehen ist. Etwas ist ausgeblieben, was alles ins Maß gerückt hätte; Deutschland ... war nur auf Rettung bedacht, in einem oberflächlichen, raschen, mißtrauischen und gewinnsüchtigen Sinn, es wollte leisten und hoch- und davonkommen, statt, seiner heimlichsten Natur nach, zu ertragen, zu überstehen und für sein Wunder bereit zu sein. Und so fühlt man: ... es ist etwas ausgeblieben. Ein Datum fehlt, an dem Anhalt gewesen wäre. Eine Sprosse in der Leiter; daher die unbeschreibliche Besorgnis, die Angst, das ›Vorgefühl eines jähen und gewaltigen Sturzes‹ ...«

Bekanntlich erschienen in Rilkes Wohnung Kriminalbeamte und Soldaten, um bei ihm den damals noch versteckten Ernst Toller zu suchen. Er mußte sich eine Durchsuchung seiner Räume gefallen lassen. Nicht lange danach verließ er München für immer und hat, wie man aus seinen Briefen lesen kann, nichts sehr Freundliches über die Stadt verlauten lassen. Er ging in die Schweiz und betrat deutschen Boden überhaupt nie wieder.

In diesem Zusammenhang möchte ich nur noch schnell erzählen, daß der kommunistische Führer Levin und der Kultusminister der Räterepublik, Red Marut, den weißen Häschern entkamen. Man erzählte, daß sie in Frauenkleidern die Stadt verlassen hätten.

Red Marut war eine der seltsamsten Erscheinungen jener Zeit. Er brachte noch im Laufe des Krieges das Kunststück fertig, eine höchst provokante Anti-Kriegszeitschrift unter dem Titel *Der Ziegelbrenner* trotz der verschärften Zensur herauszubringen. *Der Ziegelbrenner* war eine unscheinbare schmale ziegelrote Zeitschrift, die nur an persönliche Besteller ging, und Marut erklärte dem Zensor kaltblütig, daß es sich um eine harmlose, mehr vereinsmäßige Maurerfachzeitschrift handle. Marut, ein stiller, völlig zurückgezogener Mensch, welcher die Artikel selbst schrieb und druckte, erschien jedesmal persönlich vor dem Zensuramt und reichte das fertige Heft ein. Die Innenseiten des roten Umschlages und die Schlußseite waren mit den üblichen patriotischen Aufforderungen »Zeichnet Kriegsanleihe« usw. gepflastert, der Text offenbar aus irgendwelchen anderen Fachzeitungen zusammengeholt. Der Zensor überflog alles, fand nie etwas zu beanstanden, genehmigte und drückte den Stempel auf den Umschlag. Der bescheidene Mann ging nach Hause, heftete in die Umschläge einen anderen Text, der meist aus einem krausen Buchstabengemenge von willkürlich nebeneinandergedruckten großen und kleinen Lettern zu bestehen schien, so daß jeder Mensch den Eindruck gewann, es handle sich um eine verrückte Literatenzeitschrift. Er verschickte die Hefte, und alles verlief glatt. In Wirklichkeit war diese Zeitschrift das flammendste Anti-Kriegspamphlet, eine ätzend scharfe revolutionäre Revue, die den Vergleich mit Karl Kraus' *Fackel* nicht zu scheuen hatte.

Seit dem Verschwinden aus München hat man von Red Marut nichts mehr gehört.

1938, in New York, schrieb ich einen Artikel »Die Kampfleistung der deutschen antifaschistischen Schriftsteller«, der folgenden Passus über Red Marut enthielt: »... Red Marut gilt als verschollen. Die Legende aber will wissen, daß er mit dem inzwischen weltbekannt gewordenen antifaschistischen Schriftsteller Bruno Traven identisch ist. Jedenfalls schreibt er in deutscher Sprache, und einige Stellen in seinen Büchern deuten vage auf diese Vermutung. Als die Berliner proletarische ›Büchergilde Gutenberg‹ sein erstes, mit Recht berühmt gewordenes Buch *Das Totenschiff* herausbrachte, war die Auflage schon nach wenigen Monaten ausverkauft. Hunderttausende deutscher Proletarier lasen ihren Dichter, noch ehe die ›Literatur‹ etwas davon wußte. Ein Meisterwerk um das andere erschien, und die neugierig gewordenen Zeitungsredaktionen bestürmten schließlich die ›Büchergilde Gutenberg‹ mit Bitten um nähere Auskünfte. Sie aber konnte nur antworten, Traven lebe irgendwo in Mexiko und schreibe in deutscher Sprache. (Amüsant ist z. B., daß die *Frankfurter Zeitung* in einer Rezension des *Totenschiffs* schrieb, die Übersetzung lasse sehr viel zu wünschen übrig!) Sollte Red Marut oder Traven, falls sie identisch sind, diese Zeilen lesen, so grüße ich ihn von hier aus ...«

Nach Erscheinen meines Artikels schrieb Egon Erwin Kisch in einem seiner Berichte einmal wie nebenher »Oskar Maria Graf, der Freund B. Travens«, und seither erhielt und erhalte ich aus allen Weltgegenden immer wieder Anfragen dieser Art, und das hat neuerdings – »Hoch, die deutsche Gründlichkeit!« – den Professor Recknagel in Leipzig darauf gebracht, mit aller erdenklichen Geduld und Mühe, ja mit einem geradezu kriminalistischen Fanatismus Material zusammenzutragen, das die These von der Identität Marut–Traven zur unanfechtbaren Tatsache erhärten soll. Sein umfangreiches Werk steht in Ostdeutschland vor der Publikation.

Fünfundzwanzig oder dreißig Jahre sind verstrichen, und nie wieder ist ein Buch von Traven erschienen, denn das klägliche Machwerk, das vor einigen Jahren unter seinem Namen auf den Markt kam, stammt sicherlich von einigen seiner Bekannten, die aus flüchtigen Aufzeichnungen des Dichters und eigenen Zutaten das alles zusammenkitschten und sich ein großes Geschäft erwarteten.

Es scheint, daß Traven nicht mehr lebt, und als guter Katholik glaube ich felsenfest, daß er in den Himmel gekommen ist, den er redlich verdient hat. Doch ich bringe die Vorstellung nicht aus dem Kopf, als sitze er da droben nach einer Pause des ewigen Hallelujarufens manchmal mit einem Fernrohr auf Auslug und nehme den ameisenfleißigen Professor Recknagel aufs Korn, ihn und sein hochgetürmtes, vielbebildertes Manuskript, um in ein zerberstendes Gelächter auszubrechen: »Armes Luder! Ist der Name wichtiger als meine Bücher? Oje, oje, und wenn ich jetzt doch ein anderer bin, was dann? Oje, oje!«

Indessen – vermeiden wir die Abschweifungen in solche Kleinigkeiten, bleiben wir zum Abschluß beim Rückblick auf die Großgeschehnisse!

Die Rebellionen in ganz Deutschland konnten dank der Umsicht und Energie der kriegsgewohnten kaiserlichen Truppen, die jetzt »Reichswehr« hießen, im Lauf der Zeit niedergerungen werden.

Die Weimarer Republik mit der besten demokratischen Verfassung der Welt, sie stand.

Tatsächlich, sie stand!

Die Fememorde begannen –

7.

DER BLUTHUND TAUCHT AUF

Ein kleiner Verlag brachte unverhofft meine im *Simplizissimus* erschienenen Bauernsatiren und Schnurren unter dem Titel *Bayrisches Lesebücherl* heraus, und zu meiner größten Überraschung gefielen die Sachen allgemein. Viele Freunde und Leser wußten sogar die eine oder andere Geschichte daraus zu erzählen. Widerstrebend und verärgert, mußte ich es nun hinnehmen, daß man mich von jetzt ab nur noch »bayrisch« nahm. Und frecherweise bedeutet ja für Nichteinheimische »bayrisch« fast immer so etwas wie ein herzerfrischendes Hinterwäldlertum auf Bauernart, eine mit dem dicken Zuckerguß sentimentaler Verlogenheit reizend garnierte Gebirgsjodler-Idylle, ein schlicht-inniges bierkatholisches Analphabetentum als Volkscharakter und im besten Falle eine bäuerlich-pfiffige Gaudiangelegenheit. Rundheraus gesagt also: etwas entwaffnend Einfältiges, über das jeder Mensch eben wirklich nur noch lachen kann. Dafür sorgten meine Vorgänger bis hinauf zu Ludwig Thoma reichlich, und das Unappetitliche dabei ist: Während sich zum Beispiel die Juden mit vollem Recht und natürlicher Selbstverständlichkeit ganz entschieden gegen jeden Antisemitismus wehren, reagieren wir geschäftstüchtigen, animalisch gefallsüchtigen Bayern gegen den von uns selbst geschaffenen Antibavarismus völlig entgegengesetzt. Wir hegen und pflegen, hätscheln und steigern ihn, damit uns nur ja die ganze Welt als ein Volk von »blöden Seppln« ansieht.

»So, jetzt bist du endgültig firmiert. Das bringst du nicht mehr los«, verhöhnte mich mein Freund, der auffallend kleine Maler Kurt Thiele, und behielt recht. Fröhlich weißblau lächelnd winkte mir aus jeder Buchauslage das verdammte Bücherl. Es war nichts dagegen zu machen.

Ich vereinbarte mit den zwei Inhabern der *Bücherkiste*, Leo Scherpenbach und Heinrich F. S. Bachmair, eine Sammlung meiner expressionistischen Gedichte mit Holzschnitten von Schrimpf herauszugeben. Auf Subskription natürlich!

Die *Bücherkiste* vertrieb hauptsächlich avantgardistische Literatur und Kunst, und ihre Kunden bestanden aus Studenten, Akademieschülern, »Linksintellektuellen«, Kunstgewerblerinnen und Schwabinger Künstlern aller Richtungen. Man traf dort stets Freunde und Bekannte. Gekauft wurde wenig, aber um so mehr diskutiert, und das oft stundenlang und sehr heftig.

Leo Scherpenbach, ein sehr hagerer, ellenlanger Rheinländer, der sich nie richtig wusch und stets den Eindruck machte, als lege er sich jede Nacht unausgezogen ins Bett, latschte dabei fortwährend hin und her und machte ab und zu eine Nebenbemerkung. Dann wieder blieb er stehen, kraulte sein wirres, etwas fettiges Haar und sagte zu einem Bekannten: »Sag mal, könntest du mir nicht ein paar Brötchen vom Bäcker da drüben holen. Ich hab' so einen Hunger.« Hilflos-unglückselig war seine Miene, und nachdem man ihm die Semmeln gebracht hatte, riß er zitternd die Tüte auf und verzehrte die Semmeln mit wahrem Heißhunger, ohne sein Hinundhergehen zu unterbrechen. Er wagte nie, sich die paar Semmeln selber zu holen, weil er einen so kleinen Einkauf zu genant fand.

»Das kann man dem Bäcker doch nicht zumuten«, erklärte er: »Und einen ganzen Kuchen oder eine Torte dazu nehmen geht für mich doch auch nicht! Was soll ich denn mit soviel Zeug machen?« Und wenn wir darüber lachten, lächelte er auch verlegen.

»Bübchen«, sagte er zu mir, denn damals nannten mich alle Schwabinger Mädchen aus irgendeinem unerfindlichen Grund so: »Bübchen, dat Buch muß janz elejant und teuer aufjemacht sein, sonst kauft doch kein Mensch den Quatsch.« Sein eigentliches Feld waren künstlerisch wertvolle, verbotene Erotika. Von daher hatte er seine Verkaufserfahrung und überzeugte endlich auch den pedantischen, etwas selbstherrlichen Bachmair, dessen Sparte der Buchdruck, die Herstellung und Ausstattung waren.

Bachmair war das gerade Gegenteil von Scherpenbach: energisch, fast militärisch resolut und immerzu damit beschäftigt, die Bleistifte gerade zu legen und Tabellen aufzustellen. Dadurch kam er nie dazu, sich an den Diskussionen zu beteiligen, korrigierte aber sogleich jeden, der ein Wort nicht richtig aussprach oder in der Hitze des Wortgefechts eine Satzstellung vernachlässigte.

»Ich zum Beispiel würde nicht sagen ›wäre‹, sondern ›sein würde‹ «, war sein besonderes Steckenpferd.

Heinrich F. S. Bachmair besaß als Verleger in der hohen Literatur bereits einen geachteten Namen, denn er hatte schon vor dem Ersten Weltkrieg Else Lasker-Schüler, Johannes R. Becher, Emmy Hennings, Carl Einstein und eine ganze Anzahl inzwischen berühmt gewordener Autoren als erster herausgebracht und in einer dicken, sehr vornehm aufgemachten Zeitschrift *Die Neue Kunst* die radikalsten Neuerer veröffentlicht. Dabei war fast das ganze Vermögen seines Vaters, eines wohlhäbigen Pasinger Apothekers, draufgegangen. Der Ausbruch des Weltkrieges machte allem ein Ende. Bachmair rückte ins Feld und erschien als Artillerieleutnant in der kommunistischen Räterepublik beim Kriegsminister Egelhofer, nahm stramme Haltung an und meldete soldatisch laut: »Leutnant der Artillerie Heinrich F. S. Bachmair stellt sich der roten Kampftruppe zur Verfügung! Ich bitte, mich sofort an der Front einzusetzen.« Das geschah auf der Stelle, indem man ihn an einen Frontabschnitt bei Dachau brachte. Vier leichte Feldkanonen standen da, waren geladen, und ein Genosse sagte eben: »So und jetzt neipfeffert auf die weißen Hund! Nix wia gschoss'n, wos rausgeht!«

»Halt!« rief da der kleine x-beinige Bachmair: »Das Kommando untersteht jetzt mir! Verstanden? Hier mein Ausweis.« Die Genossen starrten ihn baff an und prüften die Papiere. Alles stimmte.

»Ja, und ...? Und jetzt?« fragte der bisherige Gruppenführer.

»Ist denn überhaupt der weißen Regierung schon der Krieg erklärt?« wollte Bachmair wissen. Die Genossen glotzten noch bestürzter. Wortlos schüttelten sie den Kopf.

»Also nicht?« redete Bachmair weiter und verfiel wieder in den kurzangebundenen Kommandoton: »Ausgeschlossen! Das geht nicht! Das muß durch einen Parlamentär sofort drüben übermittelt werden! Die sollen sehn, daß bei uns Disziplin herrscht!« Schon riß er aus seiner umgehängten Kartentasche den großen Notizblock und den Füllfederhalter, bückte sich ins Knie und schrieb hastig: »Im Namen der Räterepublik und in Vertretung des Oberkommandierenden der Roten Armee ist ab jetzt Ihrer Gegenregierung der Krieg erklärt. – H. F. S. Bachmair, Kommandant der Artillerie.« Unbekümmert um das drohende Anschauen der Genossen richtete er sich auf, zog sein weißes Taschentuch und sagte: »Das genügt! Wer will ...?« Weiter kam er nicht, denn jetzt wurde es den Genossen doch zu dumm und von allen Seiten brüllte es gefährlich auf ihn ein: »Ja, Kruzifix, bist denn du verrückt? Weg do! Gschoss'n wird. Verstehst, du hirnrissiger Depp, du?« Sie schossen, und von drüben streute ein Maschinengewehr über sie weg.

»Entschuldigt! Da–das ändert natürlich die Sachlage!« stieß er heraus und fand nichts mehr zu erklären. Er fügte sich, und fachmännisch tapfer kämpfte er mit. Das Erstaunlichste war, daß er beim Einmarsch der Weißen ohne Verhaftung davonkam. Er hatte sich in die Pasinger Apotheke seines Vaters durchgeschmuggelt, den weißen Kittel angezogen und harmlos die Kunden bedient. Ich sah ihn zuletzt in Ostberlin. Da war er Hersteller beim dortigen Aufbau-Verlag. Kürzlich ist er gestorben.

Damals fing die jämmerliche Provinzialisierung an, welche die einstige, mit vollem Recht anerkannte, international hochgeachtete Kunststadt München in geistiger, kultureller und gesellschaftlicher Hinsicht sehr schnell völlig bedeutungslos machte. Dazu trug vor allem das engstirnige, bösartig denunziatorische Verhalten des Bürgertums gegen alles »Linke« und Außerbayrische bei, aber auch die wenigen Einsichtigen schwiegen. Vom Wegzug Rilkes und vieler Künstler, Dichter und Wissenschaftler, die woanders rasch anerkannt und berühmt wurden, nahm niemand Kenntnis. Der seit seinen Anfängen radikal-liberale *Simplizissimus*, der durch das hohe künstlerische Niveau seiner in- und ausländischen Karikaturisten und die schockierende Kühnheit seiner literarischen Satiriker weltberühmt geworden war, überschlug sich schon während des Weltkrieges in wahrhaft orgiastischem Nationalismus und betrieb nunmehr die ödeste Bolschewistenhetze, worin ihm die Presse nicht nachstand. Am deutlichsten aber zeigte sich dieses traurige Absinken in die vereinsmäßig-lokalpatriotische Wurschtigkeit am endgültigen Zerfall der Schwabinger Boheme, die sich immer noch einbildete, daß sie das sei, weil sich nunmehr sehr geschäftstüchtige Künstlergruppen bildeten, die im Fasching große Brauhaussäle entsprechend ausschmückten und einträgliche, vielbesuchte Feste abhielten. Seit Kriegsausbruch gab es keine Russen, Serben, Balkanesen, Franzosen und Skandinavier mehr in Schwabing, keine Kunstfehden, kein lebendiges, farbiges Ineinandergemisch von Menschen, die alle ein gemeinsames künstlerisches und intellektuelles Streben zusammenhielt, und es gab auch keine überragenden Persönlichkeiten mehr, die eine weithin wirkende Ausstrahlung hatten – übriggeblieben waren nur noch einige einzelgängerische Originale. Die Einheimischen orientierten sich an den Kunstrichtungen, die von auswärts kamen, aus ihnen selber kam nichts mehr.

In dieses jetzige Schwabing aber nisteten sich ganz besonders nach der Niederschlagung der Räeterepublik außer einigen Naturaposteln, dummdreist auftretenden Astrologen und Hellsehern und gerissenen Hochstaplern auffallend viele auswärtige Studenten und undurchsichtige Leute ein, die sich alle kunst- und literaturinteressiert zeigten und stets unauffällig jeder Gesellschaft anschlossen, die nach Schluß einer Kneiperei noch auf ein Atelier zog. Da saßen sie zwischen allen auf dem Boden, lachten mit, tranken mit, tanzten und liebten mit und störten weiter nicht. Nach und nach gewöhnte man sich an sie. Nur Kurt Thiele sagte von ihnen: »Leute mit so korrektem Haarschnitt gehören in die Kaserne.« Der Haarschnitt stimmte auch bei den meisten von ihnen.

»Außerdem liebe ich auch keine so jungen Brüder Harmlos«, nörgelte Thiele weiter, was wiederum zutraf – sie waren jung, nett und harmlos. Er aber mochte sie ganz einfach nicht. Wenn solche Burschen dabei waren, ging er nicht mehr mit.

Thiele war schon gut über die Fünfzig, stammte aus Pommern, hatte sich aber bereits vor dem Krieg in München festgesetzt, bewohnte ein kleines gemütliches Atelier in der Nordendstraße und malte gediegene impressionistische Stillleben, Landschaften und ab und zu auch ein Tierbild. Offenbar hatte er dafür Abnehmer, denn er gab nie etwas für eine Ausstellung. Dadurch schien er auch ein ganz gutes Auskommen zu haben. Er war einer der wenigen barzahlenden Kunden der *Bücherkiste,* und er kaufte meist sehr teure kunstgeschichtliche Werke. Wie man das bei Kunstmalern oft antrifft, ging er immer adrett angezogen, hatte ein Faible für selbstgebundene Fliegenkrawatten und spitze Schuhe, die immer blank gewichst waren, und trug einen schönen, soliden blauen Siegelring. Jeden Tag kam er gegen fünf Uhr nachmittags ins *Café Stefanie,* setzte sich an einen Tisch zu Bekannten, hörte erst eine Weile stumm zu, und wenn ihn das Thema interessierte, warf er ab und zu eine gescheite Bemerkung dazwischen. Behagte ihm aber das Gerede nicht und wurden nur Plattheiten oder abgedroschene Witze vorgebracht, dann stand er unvermittelt auf, nahm seine Kaffeetasse, um an einen anderen Tisch zu gehen, und sagte wegwerfend: »Sinnlose Lufterschütterung.« Er war gebildet, belesen, hatte eine eigene Meinung und besaß einen kaustischen Humor, der ihm sehr treffsichere, mitunter ätzende Schlagfertigkeiten eingab, aber er redete im allgemeinen wenig, und wenn er in der *Brennnessel* manchmal über den Durst trank, verlor er nie seine Haltung. Seine wasserblauen Augen wurden etwas starr. Er sah in eine Richtung und brümmelte: »Man muß mit den Wölfen heulen, sagen Sie? Kurt Thiele heult da nicht mit.« Sekundenlang blieb er blicklos abwesend, dann lächelte er winzig und gewann sein Gesicht wieder.

Eine behaglich-geruhige Geselligkeit hatte er gern, und ich habe mich immer wieder gewundert, daß er meine breite

Lautheit hinnahm, da er doch jede rüde Wirtshausfidelität verabscheute. Er nannte das »mobistisch«; und ein Kerl, der sich aufspielte, als sei er wunder was, war für ihn ein »Mobist«, ein »Vieh aus dem Mob«. Von Politik wollte er nichts wissen. Massendemonstrationen waren ihm ebenso zuwider wie Militäraufmärsche und patriotische Festivitäten. Für den Krieg hatte er nichts übrig, und den Kaiser Wilhelm nannte er seit jeher einen »stillosen Feldwebel mit Parvenü-Allüren«, unsere drei kunstsinnigen bayrischen Könige Ludwig I., Max II. und Ludwig II. verehrte er respektvoll, wenn er sich auch nur ganz selten darüber äußerte. Der letzte bayrische König dagegen war für ihn ein »stumpfsinniges Neutrum«, und ich sehe den fast zwergkleinen Mann, der eine frappante Ähnlichkeit mit Menzel hatte, noch vor mir, als ich am zweiten Tag der Revolution an der Ecke Theresienstraße auf ihn stieß.

»Mensch, Thiele! Der Krieg ist aus! Revolution haben wir!« stieß ich begeistert heraus. Und ich höre noch, wie er ungerührt sagte: »Na, und wenn schon! Bei uns gibt man die Knallerei nicht so schnell auf. Da wird noch der netteste Heimatkrieg draus. Ich danke dafür!« Mir verschlug es das Wort, aber er ging diesmal fast beleidigt weiter. »Kunst braucht eine wohltemperierte Ordentlichkeit, gut durchwachsene Wohlhäbigkeit und Ruhe. Wer mir das bietet, für den bin ich«, schnitt er uns einmal eine politische Diskussion ab, und so ließen wir ihn auch gelten. Er blieb, wie er sich auszudrücken pflegte, »immer zu Hause bei Kurt Thiele«. Er erwartete von der Revolution ebensowenig wie vom Krieg, den er einmal als »Hammelbalgerei« bezeichnete. Das Ärgste blieb ihm erspart, er starb 1929.

Nachdem endgültig beschlossen worden war, eine Buchausgabe meiner Gedichte herauszubringen, standen Schrimpf, er, Scherpenbach, Bachmair und ich in der *Bücherkiste* und sahen die eben eingelaufenen Reproduktionen einiger Porträts von Kokoschka an. »Zeichnerisch ausgezeichnet, aber nichts für mich«, sagte Thiele: »Zuviel Psychoanalyse drinnen. Bei uns Deutschen muß immer was dahinter sein, Seelenpopelei oder Weltanschauung.«

Schrimpf sah zufällig durch das große Auslagenfenster und rief: »Da! Da lauft er wieder, der Hitler, der Spitzel! Was der bloß wieder ausschnüffeln will in Schwabing!«

»Ja, du – das ist der, den wir damals beim Mailer hinausgeschmissen haben«, bestätigte ich und fragte Scherpenbach: »War er bei euch noch nie herinnen?«

»Nee, bis jetzt nicht«, antwortete der, und Bachmair meinte: »Jaja, man merkt's, die Spitzelei nimmt wieder zu –«

»Hm, Spitzel? – In Schwabing können doch so Achtgroschenjungs keinen Blumentopf gewinnen«, warf Thiele verächtlich hin, als der Mann im Schlapphut und hellen Regenmantel um die Ecke verschwand: »So'n Döskopp und Spitzel! Lästig ist das Stück Malheur nur, weil er sich immer gleich so aufdringlich an einen hängt, wenn man allein ist. Da sabbert er dann einem mit seinem germanischen Schulbuchbockmist die Ohren voll, quatscht und quatscht und ist kaum mehr abzuwimmeln.« Dann aber hellte sich sein Nußknackergesicht auf, und hoch zufrieden grinste er: »Aber *mir* will der Idiot bestimmt nichts mehr. *Mir* nicht! Ich hab' ihn los.«

Vor etlichen Tagen hatte sich Hitler, der damals noch Vigilant beim Kriegsministerium gewesen sein soll, beim Weggehen vom *Café Stefanie* an Thiele gehängt. Hackenzusammenschlagend stellte er sich vor und fragte freundlich, ob er ihn begleiten dürfte. Es störte ihn nicht, daß Thiele weder ja noch nein sagte und einfach unfreundlich stumm neben ihm herging. Gleich fing er an, von der wahren Mission der deutschen Künstler zu reden, redete und redete bis zum Elisabethplatz pausenlos, als käm's ihm überhaupt bloß drauf an, sich reden zu hören. Da hatte Thiele genug. »Sie sehen, was für große Aufgaben die deutsche Kunst in Zukunft hat«, sagte Hitler, und beide blieben stehen. Da schaute der kleine Thiele zu ihm hinauf wie David zum Goliath und sagte: »Sag mal – dir haben se wohl ins Gehirn geschissen und vergessen zu ziehn, was?« Das kam so unerwartet, daß der verblüffte Dauerredner Kalbsaugen bekam und wortlos davonging.

»Großartig! Allen den Nimbus nehmen! Das einzig Richtige!« rief ich.

»Jaja, aber die Reaktion wird immer stärker und frecher, und wenn die Linken was dagegen machen, heißt's, es sind Kommunisten«, meinte Schrimpf: »Finster, immer finstrer wird's.« Thiele bekam bereits Stirnfalten.

»In Deutschland gibt's keine militanten Republikaner. Die Reichswehr ist kaisertreu und stockreaktionär und die Polizei genauso. Da hat man nicht gesäubert«, sagte Bachmair: »Und die sozialistischen Parteien sind uneinig.«

Scherpenbach kratzte sich hinter den Ohren und sagte ebenso: »Det Komische is' bloß, dat bei die Rechten immer alles klappt und bei die Linken nie –«

»Für dieses Thema bin ich nicht kompetent. – Viel Spaß!« rief Thiele abwehrend. Schon verabschiedete er sich kurz und ging. Politik war und blieb ihm ein Greuel. Sie war es auch sowieso. Keinem Menschen ging es recht in den Kopf hinein, wieviel diese seltsame Weimarer Republik aushalten konnte, eine im Grunde genommen unerwünschte Republik, die seit ihrem Bestehen völlig davon abhängig war, ob und wie lange sie ihre Feinde duldeten. Da hatte sich also nach der Niederschlagung der revolutionären Kräfte die in Weimar gewählte Reichsregierung in Berlin etabliert, das Parlament tagte wieder und neben der Polizei hielt die neugeschaffene »Reichswehr«, die noch immer von den bewährten kaiserlichen Generalen befehligt wurde, die Ordnung im ganzen Lande aufrecht. Diese »Reichswehr« aber war streng national, war gegen den Versailler Friedensvertrag, war gegen das Schwarz-Rot-Gold der Republikfahne, führte meist noch das kaiserliche Schwarz-Weiß-Rot mit sich, ihre Regimenter sangen während des Marsches Spottlieder auf den »Sattlergesellen Ebert«, auf die Juden- und Bonzenrepublik; kurzum, Freikorpsverbände, die sich der befohlenen Auflösung widersetzten, waren plötzlich unter dem Kommando des Herrn von Lüttwitz und eines Generallandschaftsdirektors Kapp in Berlin einmarschiert, hatten die reguläre Ebert-Regierung davongejagt und sich als »Nationale Regierung« an ihre Stelle gesetzt. Das Standrecht herrschte in Berlin, auf allen Straßen kampierten die eingerückten Soldaten, aber nichts funktionierte mehr. Obwohl überall Plakate drohten: »Wer streikt, wird erschossen!«, verkehrten die Straßenbahnen sehr unregelmäßig, lagen viele Strecken der Untergrundbahn still, schienen Post und Telegraf unterbunden, hatten die meisten Geschäfte geschlossen und liefen die verschreckten Menschen ziellos herum. Zu regieren war da nicht viel.

Um so energischer und martialischer dagegen agierte die nach Stuttgart geflohene Reichsregierung. Schau, schau, wer hätte das für möglich gehalten – die sozialdemokratischen Regierungsmitglieder riefen zum Generalstreik auf! Ebert, Noske, Bauer, Gessler, David und Müller hatten den Aufruf unterschrieben, und für den sozialdemokratischen Parteivorstand zeichnete Otto Wels noch extra. Diese revolutionäre Courage wirkte: In ganz Deutschland streikten die Arbeiter, und in kaum drei Tagen brach der Kapp-Putsch zusammen. Zum ersten und einzigen Male erlebten alle Deutschen, die an Freiheit, Demokratie und Republik glaubten, das Wunder der revolutionären Massenkraft und hofften wieder.

In Stuttgart packten die geflohenen Minister wieder ihre

Koffer, um in ihre Berliner Amtsräume zurückzureisen, und in Berlin taten Kapp und seine zivilen Mitarbeiter dasselbe und suchten schleunigst das Weite. Die Militärs fanden das nicht für nötig. Die Kommandanten der Freikorps, der General von Lüttwitz und der Kapitänleutnant Ehrhardt, der später die berüchtigte Fememörder-Organisation »Consul« gründete, blieben ruhig an Ort und Stelle. Ebenso Ludendorff, von dem es hieß, er habe sich nur zufällig in der Reichshauptstadt aufgehalten. Die Herren wußten, daß die zurückkehrende republikanische Regierung sie respektieren und unbehelligt lassen würde, was auch der Fall war. Immerhin rechneten es die republikanisch gesinnten Kreise der Regierung hoch an, daß sie die kühne Generalstreiksproklamation erlassen und damit einen so raschen Sieg über die Reaktion errungen hatte. Die Republik schien damit gerettet und gesichert zu sein.

Aber das ist gar nicht wahr! Ich komme fast in den Verdacht, ein ganz übler Demagoge zu sein. Zur Ehre der damaligen sozialdemokratischen Reichsminister muß gesagt werden, daß sie sich nie und nimmer zu solchen gesetzlosen Maßnahmen verleiten ließen. Unter anderem wird das ausdrücklich in einer Nachricht der damals im In- und Ausland hochgeschätzten *Frankfurter Zeitung* in ihrer Nummer 206 vom 17. März 1920 bestätigt:

> »Dem Reichswehrgruppenkommando II in Kassel ist es gelungen, die Fernsprechverbindung mit der alten Regierung in Stuttgart am 15. März 3 Uhr 15 nachmittags herzustellen. Die alte Regierung hat erklärt, daß der Aufruf zum Generalstreik von den sozialistischen Mitgliedern der Regierung nicht gekannt und nicht unterzeichnet ist. Die Regierung wünscht sofortiges Aufhören der Streiks. Sie fordert sofortige Rückkehr zur Arbeit.«

Die gerettete Reichsregierung handelte auch danach. Sie schickte, kaum in Berlin angekommen, auf der Stelle die

Freikorpsregimenter, die eben noch als Meuterer geputscht hatten, lediglich versehen mit neuen, nicht weniger reaktionären Befehlshabern, gegen ihre Retter, die Arbeiter im Rhein- und Ruhrgebiet und in Sachsen, und ließ sie erbarmungslos zusammenkartätschen, nur weil sie ernsthafte Maßnahmen zum Schutze der Republik und sofortige Bestrafung der Putschisten forderten. Wer nicht auf den Kopf gefallen war, wußte damals schon, daß es das Ende des Vertrauens aller zu diesem Staat bedeutete, und bangte dem Schlimmsten entgegen.

In Bayern und München nahm man die turbulenten Reichsangelegenheiten kaum ernst und handelte nach eigenem »freistaatlichen« Gutdünken. Die bisherige Koalitionsregierung Hoffmann wurde abgesetzt, ein Generalstaatsanwalt von Kahr, der sich offen als »Statthalter der Monarchie« bezeichnete und seine eigenen Vollmachten bestimmte, übernahm die Macht, und seine Hauptstütze war die aus den ehemaligen Einwohnerwehren hervorgegangene, nunmehr streng durchgeführte Geheimorganisation des in vaterländischen Kreisen hochbeliebten Forstrates Escherich, kurz »Orgesch« genannt, die sich im *Ringhotel* am Sendlinger-Tor-Platz befand. Wenn auch betont bayrisch, nahm sie jeden flüchtigen Verschwörer und Fememörder aus dem Norden auf, versorgte ihn mit Hilfe der von ihr beherrschten Polizei mit falschen Papieren und Geld und verschaffte ihm sichere Zuflucht im Ausland. Sie sammelte und kaufte Waffen und Munition, die nach dem Versailler Vertrag der französischen Entwaffnungskommission ausgeliefert werden sollten, legte Geheimlager an, organisierte Spitzelnester und Provokationsnester, und selbstverständlich verfielen auch bei ihr alle Verräter der Feme.

Damals passierte mir an einem dünn verregneten Novembertag etwas Unerwartetes. Hitler kam mir auf der

Kurfürstenstraße freundlich entgegen und – was war das nur, hatte er den damaligen Hinauswurf vergessen, kannte er mich nicht mehr oder was sonst? – schloß sich mir an. Bayrisch-leger lobte er meine kleine bäuerliche Schnurrensammlung. Unverfälscht echt fand er sie. »Man merkt's, das hat ein reinrassiger Bauernmensch geschrieben. Das ist Blut und Boden ... Völkisch durch und durch«, rühmte er. Ich schaute ihn dümmlich an und sagte unschuldig: »Soso, völkisch? – Jaja, fürs Volk – Blut und Boden? Interessant, sehr interessant.« Das belebte ihn, und genau wie bei Thiele redete er unentwegt weiter. Es prasselte förmlich aus ihm von »völkischer Erneuerung unserer Literatur«, von »echt nationaler Kultur« und von der »klaren Frontstellung der gesamtdeutschen Geistigen gegen die internationale jüdische Versippung«. Wie ein fast geschimpftes Wortgeschepper, das sich bald hob, dann wieder senkte, hörte sich diese Suada aus Nietzsche-Zitaten, Wagner-Anhimmelei, nationalistischem Ehrengesums und Rassengewäsch an, aber ich blieb dabei eisern geduldig, tat mitunter sogar erstaunt und wiederholte immer wieder: »Sososo, hmhmhm. – Das ist mir bis jetzt noch gar nicht aufgefallen. – Hmhm, interessant, hochinteressant!« Ich hatte Hunger, und das durchdringende Regengetrippel war mir lästig. Wir kamen an einem kleinen Auskochgeschäft, einer Garküche – zu jetziger Zeit »Imbißhalle« genannt –, vorüber, wo es billigen Malzkaffee und die bekannten Bauernschmalznudeln gab.

»Hören Sie, wollen wir nicht einen Kaffee trinken? Bei dem Regen ist's so ungemütlich«, sagte ich.

»Oh, bittschön, gern«, willigte er ein, und kaum saßen wir in der verräucherten kleinen Stube am Tisch, redete er schon wieder weiter. Kaum zum Bestellen kam er. Der kleine magere Wirt, der selber bediente, goß uns die zwei Tassen voll, stellte ihm eine und mir zwei Schmalznudeln hin. Hungrig und gierig fing ich gleich zu essen an und trank meinen Kaffee dazu. Er rührte nichts an und setzte seine Belehrungen mit unvermindertem Eifer fort. Ohr ein und Ohr aus lief mir sein Redegeräusch, aber immer und immerzu nickte ich wie erstaunt: »Soso! – So ist das? Soso, hmhm, interessant –.« Das schmeichelte ihm sichtlich. Hinten am runden Ecktisch saß eine dicke Hausiererin und zählte ihren pfennigweisen Verdienst zusammen, der Wirt hockte gelangweilt vor dem offenen Schiebefenster, durch das man in die verrußte Küche sah, wo die fette Wirtin am Herd hantierte, und uns gegenüber döste ein alter Mann, der nach und nach einnickte. Diese Interesselosigkeit störte meinen Belehrer offenbar. Er erhitzte sich immer mehr, und er verstieg sich langsam zu einer Lautstärke wie auf einer mittleren Volksversammlung. Sonderbar war mir nur, daß er auch auf mein unentwegtes »Sososo« und »interessant« nicht weiter hörte.

»Die deutschen Künstler und Dichter übersehen eben immer die faktische Wirklichkeit. Wir Deutsche sind ja seit eh und je reine Gefühlsmenschen«, dozierte er weiter: »Wir sind viel zu ehrlich und vertrauensselig. Kein anderes Volk hätte sich den Versailler Schandvertrag aufzwingen lassen, der uns jahrzehntelang versklavt. Die verjudeten Berliner Bonzen, die den unterschrieben haben, gehören vor ein Volksgericht. Ganz gemeine Vaterlandsverräter sind das! – Der Vertrag ist ein reines, ganz raffiniertes Machwerk der alljüdischen Weltverschwörung –«

»Hm, sososo, alljüdische Weltverschwörung«? meinte ich und schüttelte den Kopf nachdenklich: »Hmhm, ich hab' noch gar nicht gewußt, daß der Clemenceau, der Lloyd George und der Wilson Juden sind. Hmhm, man lernt wirklich nie aus, hmhm, interessant, sehr interessant.« Eine dankbar belehrte Miene machte ich, daß er mich einen Huscher lang beinahe mitleidig anschaute und fragte: »Lesen Sie denn keine Zeitungen?«

»Zeitungen? – Oja. – Aber bloß die Gerichtsberichte«, gab ich an und bestellte wiederum zwei Schmalznudeln und einen Kaffee, während er leicht höhnisch weiterredete: »Die Gerichtsberichte! – Der echte, brave deutsche Michl! – Da hat's diese niederträchtige Judensippschaft natürlich kinderleicht! – Wissen Sie, was dieser Kapitalverbrecher, der Erzgauner Clemenceau gesagt hat? ›Es gibt zwanzig Millionen Deutsche zuviel auf der Welt.‹ – Da seh'n Sie, was unserm ganzen Volk blüht! – Und das macht diese korrupte Bonzenregierung in Berlin mit, bis wir ganz ruiniert sind. Bevor die nicht weg ist, sind wir restlos verloren. – Unser Volk muß wieder hochgerissen werden von echt nationalen Männern. – Das ist unsere große Aufgabe. – Da muß jeder reinrassige Deutsche mithelfen! Auch die Künstler und Dichter –.« Ich zerkaute eben den letzten Brocken meiner Schmalznudel und trank den Kaffee dazu. Dabei überflog ich ihn geschwind und unvermerkt von der Seite. Ein totaler Hysteriker, der seinen Tenor nicht halten kann, dachte ich, ein Geisteskranker, der reden und reden muß, bis er nicht mehr kann. Der alte Mann uns gegenüber war aufgewacht und glotzte blöd auf uns. Ich machte mich eben an mein drittes Paar Schmalznudeln und schaute durchs Fenster. Draußen hatte es zu regnen aufgehört, es wurde heller.

»Da«, sagte er und hielt mir Henry Fords Buch *Der Internationale Jude* hin: »Das müssen Sie lesen. Es gibt auch ehrliche Amerikaner, die genauso denken wie wir. Ford ist der größte Automobilfabrikant in Amerika und reiner Arier. Lesen Sie das einmal –«

»Soso, der Ford auch? – Jaja, ich hab' schon was gehört von ihm, jaja«, nickte ich und deutete auf seinen Kaffee und seine Schmalznudel: »Haben Sie keinen Hunger? Mögen Sie die Schmalznudel nicht?« Das brachte ihn irgendwie aus dem Konzept.

»Oja. – Jaja«, hastete er fast erschreckt heraus, griff nach der Nudel und fing ungemein schnell an, sie zu zerkauen, nur um ja gleich wieder zum Reden zu kommen. Der Augenblick war günstig. Durchs Fenster deutend, sagte ich: »Sie – jetzt hat's zu regnen aufgehört. Da, seh'n Sie, es wird schon hell. Wollen wir nicht gehn? Draußen kann man besser reden.«

»Oja, bitt' schön, ich bin dabei«, stimmte er zu, rief den Wirt und zahlte. Ich tat nichts dergleichen.

»Wollen Sie nicht auch bezahlen?« fragte er.

»Nein«, sagte ich.

»Sie wollten doch mit mir gehn?« fragte er. Unschlüssig stand der Wirt da.

»Ja«, sagte ich wiederum.

Er stockte etwas und maß mich: »Haben Sie kein Geld?«

»Nein«, gab ich unverfroren trocken zu. Sein Gesicht verfärbte sich, und wieder stockte er irritiert: »Und ...? Da soll ich für Sie auch zahlen?«

»Ja, natürlich! – Ich hab' doch kein Geld«, sagte ich ungerührt. Einen Huscher lang sah er ratlos den Wirt an, dann bellte er mich ingrimmig an: »Was? – Wasss? Und da gehn Sie einfach mit mir rein und bestellen? – So eine Unverschämtheit, Sie – Sie charakterloses Subjekt, Sie! Pfui Teufel, so was heißt sich Künstler ... Sie –« Da stand ich auf und plärrte mittenhinein: »Ja, glauben Sie vielleicht, ich hör' mir Ihren Quatsch stundenlang kostenlos an?!« Und, komisch, ich glaubte schon ans Handgreiflichwerden – komisch, wutzitternd schrie er mir ins Gesicht: »Wissen Sie was? Sie sind mir ja viel zu schäbig! Sie Bauernstoffel, Sie! Was macht's?« fuhr er den kleinen Wirt an. »Da!« stieß er heraus und – zahlte: »Nette Gäste haben Sie! – Das ist denn doch schon die Höhe!« Hut und Mantel riß er vom Garderobenständer, mit einem rachsüchtigen Blick warf er mir zu: »Aber warten Sie, so Kreaturen werden vorgemerkt. Sie kommen uns nicht aus!« und stapfte wüst schimpfend zur Tür hinaus.

»Hat er wirklich zahlt für mich, wirklich?« fragte ich den verdatterten Wirt gemütlich.

»Jaja, aber ich hab' schon gmeint, es gibt was«, sagte der, sich beruhigend.

»Awo! – Ich hab' den aufdringlichen Deppen doch bloß loswerden wollen«, lachte ich dünn, und die dicke Wirtin, die die ganze Zeit zum Schiebefenster herausgeschaut hatte, rief mit ihrer fetten Stimme: »Dös is gscheit gwesen, daß Sie Ihna net aus der Ruah bringa hob'n lassen! Dös hot ihn am meisten geärgert, den überspanntn Kerl, den! – Solcherne Gäst' brauch'n wir net, dö wo schrein, als wia wenn ihna dös ganze Lokal ghörert!«

»Ja, mir brummt auch schon der Kopf von dem sein'm Gschrei«, stimmte die Hausiererin zu: »Gor nimmer weitermacha hob' ich könna bei meine Rechnunga mit dem seinem Plärrn. Dö Goschn is eahm ganga wie an billign Jakob auf der Auer Dult.« Der alte Mann, dem sein Einnicken gestört worden war, schlürfte verdrießlich seinen kaltgewordenen Kaffee hinunter, stellte die Tasse hin und murrte: »Und allweil mit derer saudumma Politik hot er's ghabt. – Der will gwiß in'n Landtag nei oder an Postn bei der Regierung, der narrische Betbruada, der –«

Seither wollte mir Hitler nichts mehr, aber wir sahen einander sehr oft, wenn er in der nahen Schellingstraße ins Buchdruckhaus Müller ging, wo sich die Redaktion des *Völkischen Beobachters* befand. Jedesmal fixierte er mich mit seinen bösartigen Augen, als überlege er, was mit mir nach seiner Machtergreifung geschehen solle. Frisch rasiert, mit zurechtgestutztem Bärtchen sah sein vulgäres Dutzendgesicht besonders humorlos aus. Da merkte man das Mannsherrische und Grobschlächtige des Gefreiten in Zivil am meisten, das als gleich und gleich die dunkle Masse anzog.

Später sah ich ihn auch hin und wieder, wenn ich mit einigen *Simplizissimus*-Redakteuren abends in der italienisierten *Osteria Bavaria* beim Wein saß. Das Restaurant hatte einen kleinen ummauerten Garten mit Weinlaub und bunten Lampions, der im Sommer sehr kühl war. Im Winter saßen die besseren Gäste im offenstehenden hinteren Nebenzimmer, das man vom vorderen Raum gut überschauen konnte. Da saß der Mann mit einigen seiner Paladine, saß da wie nicht für den Zivilanzug geschaffen und war unbeschreiblich öd anzuschauen, wenn er sich leger gab und ab und zu kurz auflachte. Pflichtschuldigst, immer mit dem Blick auf ihn, lachten dann die anderen auch, und besonders eifrig und laut lachte dabei stets der kleinste unter ihnen, der im »Dritten Reich« zum Professor ernannte Leibfotograf des nachmaligen »Führers«, Heinrich Hoffmann, welcher schließlich auch noch das Amt des allgemeinen Kunstexperten dazu bekam. Der magere Leutnant Rudolf Heß mit seinem fanatischen Lehramtskandidatengesicht hing wie hypnotisiert an Hitler. Gut und einnehmend sah der sich ungezwungen gebende Hermann Göring aus, gegen den das studentisch zerhackte fettrote Mopsgesicht Röhms sehr unvorteilhaft abstach. Der stiernackige, dickköpfige Gregor Strasser und der bezwickerte kleinäugige Himmler mit seinem harmlos beflissen aussehenden Bürovorstehergesicht kamen hin und wieder dazu. Es ging völlig urban zu in diesem Lokal. Ja, dadurch, daß Hoffmann dabei war, den alle Schwabinger kannten, geschah es sogar manchmal, daß einige witzige Bemerkungen hin und her flogen. Niemand von uns kam je auf den Gedanken, daß vielleicht schon sein Todesurteil auf einer nationalsozialistischen Liste stand. Ein blitzschnelles Aufflackern in den Augen Hitlers, der uns »Intelligenzbestien« hemmungslos haßte, fiel mir stets auf, wenn er zufällig zu uns herüberschaute, weil es so eine stechende, unheimliche Rachsucht verriet. Vielleicht aber sah das bloß ich, und möglicherweise bildete ich mir das nur wegen unserer beiden Zusammenstöße ein. Wenn ich von Freunden erzählt bekam, daß in den nationalsozialistischen Versammlungen im *Schwabinger Bräu* die Redner gesagt hätten, »für so Kriegsdrückeberger wie diesen sauberen Herrn Schriftsteller Oskar Maria Graf steht der Galgen schon bereit«, lachte ich zwar, aber manchmal kam mir auch das rachsüchtige Funkeln in den Hitleraugen in den Sinn. Er selber hat nach dem Erscheinen meiner Autobiographie in einem Leitartikel dieselbe Drohung gegen mich wiederholt. Ich zuckte die Schultern und nahm's nicht weiter wichtig.

Tiefer Groll, massiver Zorn befällt mich zuweilen, wenn ich bedenke, daß es in Anbetracht der baldigen Landung auf dem Mond unserer Wissenschaft immer noch nicht gelungen ist, das Leben des Menschen um hundert oder zweihundert Jahre zu verlängern. Es erscheint mir nämlich keineswegs unwahrscheinlich, daß bis dahin bedeutende Schriftsteller in der felsenfesten Überzeugung, streng objektiv zu sein, in vielbeachteten Werken diesen satanischen Blutsuchtkranken ebenso historisch glorifizieren werden, wie es schon den niederträchtigen Kujonierern und elenden Massenmördern Robespierre, Friedrich II. von Preußen und Napoleon I. widerfahren ist, ganz zu schweigen von noch weniger anziehenden Verbrechern wie Peter dem »Großen«, den landsknechthaft kriegerischen Schweden Karl XII. oder den heimtückisch-rachsüchtigen Josef Stalin.

8

THEATER NICHT – ABER LEBEN

Wahrscheinlich führt jede blinde Hartnäckigkeit zum Ziel. Du schickst beispielsweise tage-, wochen-, monatelang deine kleinen Geschichten und Skizzen an alle möglichen Redaktionen und erhältst sie immer wieder zurück, aber du bleibst unverdrossen und schickst und schickst weiter ein. Was passiert? Dein Name ist bereits redaktionsbekannt. Eines Tages gibt es im Umbruch noch eine leere Stelle. Dahinein paßt gerade deine Kleinigkeit, und – weiß Gott – sie macht sich ganz gut, vielleicht gefällt sie sogar. Das Eis ist gebrochen, du schwimmst mit in der Flut. Nach und nach sieht man öfter Beiträge von dir in der betreffenden Zeitung.

Nicht viel anders ergeht es dir mit deinen Buchmanuskripten. So hatte sich also meine Schriftstellerei halbwegs eingelaufen, denn ich schrieb keine expressionistischen Gedichte mehr, sondern verfaßte kleine Bauernschnurren, Geschichten und Satiren. Buchverleger fanden sich, und sogar außerhalb Münchens; in Berlin, Hamburg, in Breslau, in Köln, Frankfurt und im Rheinland brachten Zeitungen und Zeitschriften Beiträge von mir, und meine nach und nach erscheinenden Bücher wurden rezensiert. Darauf war ich zwar sehr eitel, aber ganz zuinnerst konnte ich mir absolut nicht vorstellen, daß sich Menschen aus meinem Geschreibsel und meinem Namen was machten, vor allem Menschen in so fernen Gegenden und Städten!

In München dagegen war ich – um mit Heine zu reden – »berühmt bei allen meinen Bekannten«. Da galt ich als der beste Stimmungsmacher in Gesellschaften und auf Künstlerfesten, und erst kürzlich hatte die *Münchner Illustrierte* ein Kostümbild von mir gebracht mit der Unterschrift:

»Münchens lautester Dichter«. Hauptsächlich aber hielt ich deshalb von meiner Schriftstellerei so wenig, weil sie mich nicht einmal notdürftig ernähren konnte. Zudem war vor einiger Zeit mein Stipendium abgelaufen, meine Frau setzte mir mit allen Schikanen zu, um mir die geringen Honorare, von denen sie erfuhr, abzujagen, und der kleine Monatsscheck, den Mirjam bekam, stand in keinem Verhältnis zu den steigenden Preisen und dem wachsenden Wertschwund des Geldes. Wolf war seit der Räterepublik verschwunden, und neue Schleichhändler kannte ich nicht mehr.

In so einer verdrossenen Stimmung traf mich Leo Scherpenbach einmal im *Stefanie* und fragte, ob ich eine Stelle als Dramaturg an dem hiesigen Arbeitertheater *Die Neue Bühne* haben wolle. Ich kannte das Unternehmen vom Hörensagen, hatte mich aber nie dafür interessiert. Ganz gewiß, ich hatte schon viele klassische und moderne Tragödien, Dramen und Lustspiele gelesen und bis zu einem bestimmten Zeitpunkt eine fast ehrfürchtige Meinung vom Theater. Dann aber kam ein Erlebnis, das gerade das Gegenteil bewirkte. Nach meiner Flucht von zu Hause stand ich noch ganz im Banne Ibsens, dessen Stücke mein Bruder Maurus und ich schon so oft hingerissen gelesen hatten, daß wir viele davon fast auswendig konnten. Ein wahres Evangelium für mich war *Der Volksfeind*. Sehr deutlich konnte ich mir das Bühnenbild vorstellen und nicht weniger eindringlich, wie die verschiedenen Rollen gespielt werden sollten. Da besuchte ich einmal an einem langweiligen Sonntag die Nachmittagsvorstellung des *Volksfeindes* im damaligen Schauspielhaus an der Maximilianstraße und war so – entsetzt, so grobschlächtig desillusioniert, daß ich schon beim zweiten Akt davonging. Abgesehen davon, daß der Direktor Stollberg, der selbst den *Volksfeind* spielte, diese standhafte Mannesfigur bis zur lächerlichen Karikatur verzerrte, kam mir überhaupt die ganze Vorstellung so vor, als fasse man dieses gesellschaftskritisch mächtige Schauspiel als unfreiwillige Komödie auf. Das sah fast so aus, als machte man sich über den kühnen Dichter lustig.

Von da ab verblieb ich wieder in meinem geliebten Dramen*lesen* und behielt einen wahren Horror vor dem Theater. Eins aber bewunderte ich unsagbar an ihm: die Schauspieler! Und das weit weniger wegen ihrer Meisterschaft, einen Menschencharakter wahrhaft lebendig darzustellen, sondern einzig und allein, weil es mir einfach rätselhaft schien und beinahe schon wie ein Wunder vorkam, daß ein Mensch so viel auswendig lernen konnte! Noch dazu, wenn man bedachte, daß ihm in dieses Auswendiggelernte der andere Rollenpartner in einem fort hineinredete! Menschlich indessen waren mir Schauspieler so zuwider wie alles, was mit Theater zusammenhing. Es läßt sich also denken, wie perplex mich Scherpenbachs Frage machte.

»Ausgerechnet auf mich verfällt man da, ausgerechnet auf mich!« höhnte ich: »Du weißt doch ganz genau, wie ich dazu stehe. – Außerdem hab' ich auch keine Ahnung vom Theater!«

»Das macht doch nichts, Mensch!« erwiderte er: »Die Hauptsache ist, daß ein zuverlässiger Mann von uns hineinkommt!« Mit »uns« meinte er selbstverständlich einen Revolutionär. Die *Neue Bühne* unterschied sich nämlich grundsätzlich von allen anderen Theatern. Sie befand sich im großen Tanzsaal der Gastwirtschaft *Zum Senefelder Hof* des Alban Leberle, war ein rein sozialistisches Unternehmen und war ausschließlich von Arbeitern auf genossenschaftlicher Grundlage organisiert worden. Jeder Genosse hatte einen Mindestanteil von zwanzig Mark gezeichnet, aber viele besaßen auch zehn und zwanzig solcher »Aktien«, und jeder war also Mitbesitzer, hatte ein Anrecht auf verbilligte Eintrittspreise und ein Mitspracherecht bei der alljährlichen Generalversammlung.

Obgleich mir das alles sehr sympathisch war, wußte ich doch aus Erfahrung, daß man als Arbeiter oder kleiner Angestellter in solch proletarisch-sozialistischen Betrieben am meisten arbeiten mußte und oft sehr schlecht bezahlt wurde, was aber wohl bei allen politischen, ethischen oder religiösen und insbesondere bei karitativen Unternehmungen ähnlicher Art ebenso der Fall war. Vom unbekannten Gesinnungsgenossen wurde bedenkenlos verlangt, daß er »um des guten Zweckes« oder des »großen Zieles willen« kein Opfer an Zeit und Mühen scheuen dürfe, um sich allmählich den Ehrentitel »Idealist« zu verdienen.

Darum fragte ich meinen Freund sogleich nach der Höhe meines Gehaltes, und weil mich die Auskunft vollauf befriedigte, wurde ich geweckter. Er riet mir, gleich den Direktor Felber von der *Neuen Bühne*, mit dem er bereits gesprochen habe, aufzusuchen, denn morgen könnte mein Dienst schon anfangen.

Der Direktor Felber, dem ich kurz darauf in seinem ungemein kleinen Privatbüro gegenübersaß, war ein mittelgroßer schmächtiger Mann mit einer leichten Hakennase und sehr nervösen hellen Augen im blassen, glattrasierten Gesicht. Durch sein dunkles, schütteres Haar sah man bereits die Glatze schimmern, wenn er auch höchstenfalls um die vierzig Jahre alt sein konnte. Sein breiter dünnlippiger Mund verriet unermüdliche Energie, und es war nicht schwer, von seiner hohen, fortwährend Falten spielenden Stirn den reißenden Ehrgeiz abzulesen, der rücksichtslos und äußerst geschickt jede Chance benutzt, um das eigene Ziel zu erreichen.

»Sie sehen, wir sind sozialistisch, aber nicht politisch«, erklärte er mir in seinem österreichisch-anheimelnden Dialekt und wurde um einige Grade gewinnend-vertraulicher: »Uns geht's um die kulturelle Leistung –«

Ehre, wem Ehre gebührt! Sein Erfindungsreichtum und

seine Arbeitskraft waren erstaunlich, und mit vollem Recht konnte er auf das hohe Niveau seines bisherigen Spielplans stolz sein. Schiller und Büchner, Hebbel und Nestroy, Ibsen und Gorki, Strindberg und Georg Kaiser hatte er neben den kraftvollen Volksstücken Anzengrubers und leichteren ausländischen Lustspielen aufgeführt, und das alles – wohlgemerkt – unter den größten Schwierigkeiten und mit den primitivsten Mitteln! Schade, daß man aus dieser angeheizten Ehrlichkeit immer wieder das Knistern des noch heißeren Wunsches heraushörte, endlich den verhaßten Ludergeruch des Proletarisch-Sozialistischen und Revolutionären loszuwerden, um bei den angesehensten bürgerlichen Kritikern als einer der besten. rein künstlerischen Theaterleiter zu gelten.

Hochinteressant war für mich, was Felber vom Werden der *Neuen Bühne* erzählte: Kurz nach der Eisner-Revolution, als das Soziale überall umging und jeder einzelne ebenso wie jeder Verein auf einmal das Altruistische entdeckte und sich gemeinnützig zeigen wollte, gründete er im Leberle-Wirtssaal ein Theater der engagementlosen Schauspieler. Es wurden, weil das so in der Zeit lag, meistens Stücke mit sozialem Einschlag gespielt. Der Erlös floß zu gleichen Teilen den Mitwirkenden zu, aber das war »zum Leben zuwenig und zum Sterben zuviel« für den einzelnen. Da fiel dem findigen Direktor der rettende Ausweg ein: Er setzte sich mit den Arbeiterorganisationen in Verbindung.

Er hetzte von einer Versammlung zur anderen, suchte die Betriebe auf und warb für eine organisierte Arbeiterbühne. Man hielt ihm den schon bestehenden sozialistischen Theaterverein Münchner Volksbühne entgegen, aber mit vehementer Schlagfertigkeit parierte er: »Die Volksbühne ist eine Mieterorganisation für bestimmte Vorstellungen. Was wir mit unserer Arbeiterbühne wollen, ist ganz was anderes! Wir wollen unsere Herren im eigenen Haus sein. Wir brauchen uns ja nur auszurechnen, Genossen und Genossinnen – wenn sich hundert- oder zweihunderttausend Arbeiter zusammentun und jeder einzelne nur eine einzige Mark im Jahr zahlt, so ergibt das ein Grundkapital von zweihunderttausend Mark. Damit kann man ein eigenes Theater bauen. Geht von diesen Arbeitern und seinen Angehörigen jeder nur monatlich ein einziges Mal ins Theater, so kann sich das Unternehmen halten. Wir haben damit ein Werk geschaffen, das uns gehört, in dem wir machen können, was wir wollen. Denken Sie nur an die früheren Zensurschwierigkeiten. Selbst wenn so was wiederkommt, kann man uns die Aufführung eines verbotenen Werkes in einer geschlossenen Vorstellung nicht mehr verbieten! Und bedenken Sie, Genossen und Genossinnen, *Sie,* jeder, der mit bezahlt, ist Mitbesitzer des Unternehmens und kann mitreden!«

Das leuchtete ein. Wenn sich auch Nörgler und Zweifler fanden, schon in einigen Tagen meldeten sich die ersten Anhänger, und schnell wuchs das Häuflein zum Haufen an. Diese ersten arbeiteten mit Feuereifer. Jeder brachte, was gebraucht wurde. Der eine kam mit einem Handkarren voll Ziegelsteinen, andere fuhren Kalk, Zement und Farbe herbei, diese wiederum stifteten Pinsel, Bretter, Stoffe und Nägel. Monteure legten die Lichtanlagen umsonst, Maurer und Zimmerleute bauten die Bühnen-Nebenräume und Toiletten ohne Entgelt auf. Alle Berufe hatten sich zusammengefunden, alle Sozialisten, die Radikalen und die Gemäßigten waren sich einig in dem gemeinsamen Ziel, dem Werk auf die Beine zu helfen.

»Unser Vorstand setzt sich zusammen aus Packträgern, Eisenbahn- und Postarbeitern. Prachtvolle Menschen!« erläuterte der Direktor belebt und bekam dann wieder Stirnfurchen: »Bloß eins ist dumm – die Arbeiter gehn viel lieber ins Kino –. Woher das kommt, weiß ich nicht. Vielleicht, weil Ins-Theater-Gehen für sie immer noch was Feiertägliches, Sonntagsmäßiges ist, wozu man sich entsprechend anziehen muß. – Das Kino macht keine solchen Umstände. Dahin kann jeder direkt von der Straße aus gehn. Und das ist natürlich ein großer Schaden für uns. Verstehn Sie? Von dem schwachen Besuch der Zufallsgäste können wir nicht existieren.«

Treuherzig schaute er mich an: »Ich hab' gehört, Sie sind sehr beliebt bei den Arbeitern, Herr Graf? Wir halten vor jeder Vorstellung eine kleine Einführungsrede über das Stück. Bis jetzt hab' das ich gemacht. Vielleicht treffen Sie das viel besser. Bloß eben politisch soll so was nicht sein. Verstehn Sie? Wir müssen uns rein künstlerisch die Öffentlichkeit erobern.«

Ganz schön und gut. Das Lob tat mir sogar ein bißchen wohl, aber nicht etwa, weil es vom Direktor kam, den ich doch kaum kannte. Auf einmal empfand ich mich wieder als Mensch jener amorphen Masse, die jeden haßt, der über ihr steht und im Grunde genommen nie die unberechenbare Rachsucht des Zukurzgekommenseins losbringt.

»... eben nicht politisch«, hatte der Direktor gesagt und meinte: Bitte, nur ja nichts, was mir schadet und meinen Aufstieg erschwert. Verstanden? Eure Politik kann mir gestohlen bleiben! Momentan mach' ich eben mit. – Ich will unbedingt nach oben, und zwar als reiner Künstler. Wenn ich das einmal erreicht hab', geht ihr mich alle nichts mehr an.

»Ich will's versuchen«, sagte ich, und wir drückten einander die Hand. Sonderbar, diesmal hatte ich nicht das widerliche Gefühl, von dem jeder erzählen kann, der nach längerer Arbeitslosigkeit endlich eine Stelle bekommt. An einem solchen Tag ist man niedergedrückt, weil es einem vorkommt, als fange morgen eine Art Galeerenstrafe an.

Ich war zufrieden und voll Unternehmungslust. Wie durch die Luft, instinktiv, erwitterte ich etwas, das ich nicht beim Namen nennen konnte, das mich aber plötzlich in einen Eifer versetzte, über den ich mich selber wunderte. –

Am andern Tag saß ich also an einem langen Tisch im schmalen, länglichen Büro, das sich im ersten Stock des Vorderhauses direkt über der Wirtsstube befand. Mir gegenüber hatte der beflissen-freundliche Buchhalter Brönnle seinen Platz und beschäftigte sich mit seinen Büchern und Schriftschaften. Hinter meinem Rücken, die ganze Wand ausfüllend, war eine schmale Stellage, die vom Boden bis zur Zimmerdecke mit Theaterstücken vollgepfropft war. Schon gestern, als der Direktor beiläufig gesagt hatte: »Und das ist Ihr Material, das Sie nach und nach durchgehn müßten«, war ein gelindes Grauen in mir hochgestiegen, denn ich bin seit eh und je ein sehr langsamer Leser. Es läßt sich denken, daß ich jetzt, nachdem ich das erste dickverstaubte Bühnenbuch von oben heruntergeholt hatte, alle Hoffnung fahrenließ und nur noch resignierend im stillen zu mir sagte: »Da kannst du alt und grau werden und bist immer noch nicht fertig.«

Der Direktor schoß kurz zur Tür herein, sah mich und sagte: »Ah, Sie sind schon heftig dabei. – Ich muß ’nunter zur Probe, bis nachher!« Weg war er. Ich las stur und verbissen an der entnervend langweiligen Komödie *Die Reise der leibhaftigen Bosheit nach Karlsbad* von Gustav Wied und wußte zunächst noch nicht recht, wie ich mich dem Buchhalter gegenüber verhalten sollte. Aber zu all dem war jetzt keine Zeit, denn auf einmal – schwere Schritte vernahm man draußen im Gang – sprang Brönnle wie elektrisiert vom Sessel auf, schlug buchstäblich die Hacken zusammen, legte die Hände an die Hosennaht und machte in einem fort Verbeugungen: »Guten Morgen, Herr Vorstand, guten Morgen!«

Ein schätzungsweise zwei Zentner schwerer, mächtiger Packträger mit Lederschurz und blauer Jacke, einem freundlich-runden Gesicht und einem sogenannten »Kaiser-Wilhelm-es-ist-erreicht-Bart« kam zur Tür herein, stellte seinen schweren Rucksack auf den Tisch, band ihn auf und warf ein gutes Dutzend praller, rundgebundener Dauerwürste auf den Tisch, während Brönnle fortwährend dienernd sagte: »Darf ich vorstellen, Herr Vorstand – unser neuer Herr Dramaturg, Herr Graf –«

»Soso, jaja. Grüß Gott, Ehrhart heiß' ich; soso, der neue Herr Dramaturg. Soso«, meinte der und wischte sich mit einem großen geblümten Sacktuch den Schweiß aus dem Gesicht: »So, Herr Brönnle, jetzt holen Sie von der Wirtschaft drunten die Waage und ein Tranchiermesser rauf. – Mir pressiert's. Ich muß sofort wieder weg.« Der Buchhalter verschwand. Ich glotzte wie geistesabwesend auf den Haufen Würste, und das Wasser lief mir im Mund zusammen. Leger berichtete der Vorstand: »Mein Lieber, das hat so ein' Kampf gekostet, bis ich den Haufen Würst kriegt hab'. Aber es soll nicht heißen, die Arbeiterbühne sorgt nicht für ihre Leute.«

Würste waren zu damaliger Zeit sehr rar, das heißt, man bekam sie schon, aber nur zu unerschwinglichen Preisen.

Brönnle kam zurück. Die Arbeit begann. Fachgerecht schnitt der Vorstand die Wurststücke ab und wog in einem fort, indem er die abgewogenen Portionen auf den Tisch warf: »Das ist für den Kunig. Die Portion heben Sie der Frau Brand auf, Herr Brönnle, die hat einen Sohn. Der ist im Wachsen und mag essen –. Das ist für die Gottinger. Die zwei Pfund gehören dem Arndt –. Der Lampert will vier Pfund. Noja, er ist der Älteste und verheirat' ist er auch. Da kann man nicht so sein –«

Er wog und wog, schnitt und schnitt, schnaufte und schnaufte.

»Die Wagenbauer hat sechs Pfund bestellt. Noja, sie hat einen alten Vater und eine alte Mutter daheim. Geben wir's ihr –. Der Hunckele ist sowieso nichts als Haut und Knochen. Dem geben Sie die ganze da.« So ging es weiter. Jeder wurde bedacht.

»Jawohl, Herr Vorstand, ganz recht, jaja –«, biederte Brönnle und schaute bereits angstvoll auf den schwindenden Wursthaufen: »Und – und wenn ich bitten dürft, für mich drei Pfund, Herr Vorstand. Meine Frau ist in andren Umständen.« Schon hatte er sein Stück. Ich bekam immer größere Augen und dachte zerknirscht: Herrgott, Herrgott, wenn ich bloß Geld hätte, bloß Geld! Ich preßte meine Lippen fest zusammen und focht mit meinem knurrenden Magen den letzten Kampf aus, schlug gewaltsam die Augen nieder und las meinen Gustav Wied. Aber die Würste hatten etwas wahrhaft Teuflisches! Ich mußte wieder hinschauen und alle meine Beherrschung aufbieten. Da sagte der Vorstand: »Und wie ist's mit Ihnen, Herr Dramaturg? Mögen Sie keine Wurst? Sind Sie vielleicht gar ein Vegetarier?« Das zerschmetterte mich fast. Ich schluckte und stotterte: »T-ha-jaja, wenn ich was kriegen könnt' – a-aber ...«

»Haben S' keinen Diri-Dari (Geld) nicht?« fiel mir der freundliche Vorstand ins Wort: »Das macht nichts. Das geht ja sowieso von der Gage ab. – Also, drei Pfund hätt' ich grad noch –?«

»Jaja, drei Pfund also, wenn's geht«, stammelte ich glückgeschwellt, und schon flog mir das Stück Wurst zu.

»Wissen S', bei uns geht's durchaus sozialistisch zu. Da braucht keiner zu kurz zu kommen. Wir helfen zusammen«, erklärte der Mann, indem er meinen Dank zurückwies. Daß mir da der Sozialismus wieder einmal als etwas ganz Großartiges erschien, wird jeder verstehen. Ehrhart ließ sich noch einen Packen Eintrittskarten für Straßengäste geben, die er jeden Tag mit mehr oder weniger Glück an Reisende verkaufte, und lamentierte besorgt: »Hmhm, ich kann's einfach nicht begreifen, daß unsre Genossen die Kunst nicht mögen? Wir geben uns doch soviel Mühe – und sie laufen ins Kino, zu dem Schmarrn. Ich weiß nimmer, wie man das machen soll –.« Dabei band er seinen Rucksack zu, seufzte bitter und ging schließlich. Ich hatte die ganze Zeit mit wahren Höllenqualen dagesessen und atmete jetzt hörbar auf. Der Buchhalter mißverstand das und meinte teilnahmsvoll: »Jaja, gelln S', Herr Dramaturg, so was ist traurig, sehr traurig! – Und unser Herr Vorstand gibt sich doch soviel Müh'! Ja, wenn jeder soviel tät ...!«

Mich verwirrte der würzige Wurstgeruch vollkommen. Trotzdem stimmte ich ihm scheinheilig zu: »Jajaja, traurig, wirklich traurig so was!«

Wie es seit Ewigkeiten bei uns Deutschen schon einmal ist – das Dekorum mußte gewahrt bleiben. Ich konnte doch nicht einfach vor dem Buchhalter die Wurst anbeißen und hinunterwürgen! Es wurde immer furchtbarer. Ich schluckte immer wieder das zusammengelaufene Wasser im Mund hinunter, aber mein rebellischer Magen rumorte nur um so mehr. Auffallend oft schaute ich auf die Uhr drüben an der Wand. Ich wollte wenigstens bis Mittag durchhalten, doch wenn man so drängend drauf wartet, scheint die Zeit rein stillzustehn. Meine Nerven, mein Puls, meine Gedanken – alles hämmerte nur noch: Wurst! Wurst!! Wurst!!! Der kalte Schweiß rann mir schon aus den Achselhöhlen. Ich starrte wie blind auf die Buchstaben in meinem Buch und sah nur noch Schwarz-Weiß; ich zitterte schon leicht. Der Buchhalter stand auf und ging hinaus. Herzklopfend horchte ich, bis hinten im Gang der Abortriegel quietschte. Wie ein lechzender Wolf fuhr ich in mein Wurstpaket, riß ein Stück herunter, umklammerte das runde, glatte, kalte Ding und biß ab. Ich zerkaute kaum, ich würgte alles derart wild hinunter, daß mein Schlund zu bersten drohte. Auch im Magen schmerzte der unzerkaute Brocken noch. Ich hörte draußen vom Gang her etwas und stopfte das blanke Stück, das ich in der Hand hielt, schnell in die Hosentasche, faßte mich und machte ein Gesicht wie immer. Brönnle kam herein. Scheinbar ruhig las ich. Nun aber war die Qual noch fürchterlicher, neben dem Magenschmerz hatte ich den mörderisch-gierigen Geschmack auf der Zunge. Ich hielt es nicht mehr aus. Nach einer kleinen Weile stand ich auf und ging ebenfalls hinaus. Im Abort hockte ich mich hin, und endlich, endlich entspannte sich alles in mir. Nun konnte ich wenigstens ungeniert und in Ruhe all meine Gier stillen. So im Hineinessen aber gestand ich mir voller Unlust: Ja-ja, du verlogenes Mannsbild! Prolet willst du sein und bist auch nichts anderes als verbrunzter Mittelstand! – Was ist das bloß, daß jeder was anderes scheinen will als das, was er ist? – Und das hat sich bis in unseren Instinkt hineingefressen, pfui Teufel! – Ich weiß überhaupt nicht, was ich bin! – Nach und nach schmeckte mir die Wurst gar nicht mehr recht –

Im Büro stand schon der Direktor, denn es war Mittag. Seine Lippen waren blutlos-bläulich und zeigten ganz dünne weiße Ränder, wahrscheinlich vom vielen Sprechen auf der Probe. Er schüttete ein kleines weißes Pulver in ein volles Wasserglas und trank es schnell hinunter.

»Na, wie weit sind Sie gekommen? – Haben Sie schon was Schönes vorzuschlagen?« fragte er. Ich bekam ein schuldbewußt-betroffenes Gesicht, sagte verlegen: »Nein, noch nicht –. Ich bin mit dem ersten Stück noch gar nicht fertig, Herr Direktor.« Er ergriff mein Buch, blätterte: »Was lesen Sie denn da? – Oh, Verzeihung, ich hab' was vergessen. Das brauchen Sie gar nicht zu lesen! Das Stück braucht ja elf Personen! – Wir dürfen feuerpolizeilich immer nur acht Personen auf der Bühne beschäftigen.«

»Oh! Danke schön, danke schön!« erwiderte ich erlöst,

und am Nachmittag ging das »Durchmustern« ungemein schnell. Ich stieg auf den Stuhl, nahm von oben ein Buch nach dem andern und zählte nur noch die Personen. Am Abend hatte ich bereits über ein Viertel des Vorrats geprüft und in knappen vier Tagen war das ganze Pensum aufgearbeitet.

Nun eigentlich fing erst der Theater-Alltag an. Unzweifelhaft aber war das – wenigstens für mich – mehr Leben als Theater. Gewissenhaft, wie es unserer Natur entspricht, ging ich nach dieser umfangreichen Prüfung daran, diejenigen Stücke auszusuchen, die ich für eine Aufführung geeignet hielt. Der Direktor war sehr nett zu mir, unterhielt sich, soweit er Zeit dazu hatte, über jedes eingehend mit mir. Dann nahm er das Buch mit – und ich hörte nie wieder etwas davon. Anfangs fiel mir das nicht sonderlich auf, da ja die Einstudierung eines neuen Stückes viele Proben brauchte, die sich oft lange hinzogen. Es fiel mir aber auch deshalb nicht gleich auf, weil ich mich für die ganze Theatermacherei überhaupt nicht im geringsten interessierte und nie zu den Proben in den Saal hinunterkam, was offenbar auch niemand von mir erwartete. Dumm war das nur insofern, als ich oft nicht wußte, was für ein Stück gegeben wurde. Dadurch kam ich natürlich mit meiner Rede, die ich als Einführung sprechen sollte, in die größte Verlegenheit, denn viele Stücke kannte ich oft nur dem Namen nach. Ich mußte mir also mit Mühe und Not in aller Eile aus Büchern und Kritiken etwas zusammenkombinieren, und da dies oft recht dürftig ausfiel, hieß es, die Rede mit passenden Phrasen und Floskeln auszufüllen. Dafür indessen war ich ein viel zu ungeschickter Redner, und so passierte es meistens, daß ich einfach ins Allgemeine abglitt, und dieses Allgemeine war eben immer politisch. Das begeisterte die Arbeiter. Der Direktor und die Schauspieler hingegen tobten darüber, denn das brachte unser Theater bei den angesehenen Kritikern in Verruf; sie verdächtigten uns als getarnte kommunistische Propagandabühne, und die gutzahlenden Zufallsbesucher wurden immer weniger.

Diese Reden mußte ich vor dem Bühnenvorhang, auf dem schiefen Dach des Souffleurkastens stehend, jeden Abend halten. Einmal, als ich so drauflosredete, spürte ich einige Stupser in meinem Hintern, wurde sehr irritiert davon und brach ziemlich unvermittelt ab. Es klatschte da und dort im Zuschauerraum, und ich verschwand durch den Vorhang. Auf der Bühne stand der Direktor mit sämtlichen Schauspielern und hielt mir eine lange Hutnadel unter die Nase: »Sehn Sie die, Herr Graf? – Die steck' ich Ihnen das nächste Mal glatt in Ihren Hintern, wenn Sie wieder so politisch werden. Verstehn Sie mich?« Einen Augenblick stutzte ich, aber da der Direktor und die Schauspieler ihre geharnischten Mienen schnell in eine humorige Spaßhaftigkeit einhüllten, sagte ich nur noch schulterzuckend: »Aber, Herr Direktor, *ich* hab' mich doch von Anfang an nicht um dieses saudumme Reden gerissen! – *Sie* wollten doch das! – Ich bin doch heilfroh, wenn ich den Schmarrn nicht mehr machen muß!«

Das aber war leichter gesagt als getan. Auf einer Vorstandssitzung, zu welcher diesmal ausnahmsweise der Direktor, seine Schauspieler und ich geladen waren, kam man nach langem heftigen Hin und Her überein, daß nunmehr stets einer von den Schauspielern die Einführungsrede halten sollte. Mir blieb vorbehalten, nur noch in geschlossenen Betriebsvorstellungen zu den Arbeitern zu sprechen, und ich war recht zufrieden damit. Ungestört las ich wieder meine Lust- und Trauerspiele, aber – wie schon gesagt – auch mit meinen Vorschlägen war das so eine Sache.

»Wissen Sie, lieber Herr Graf, ich will Ihnen was sagen«, fing beispielsweise der Direktor an: »*Die Feinde* von Gorki? Ich weiß nicht. Gorki ist ja ein feiner Dichter, darüber sind wir uns klar. Sein *Nachtasyl,* jawohl, das ist klassisch, aber *Die Feinde* –? Das Stück schleppt! Es schleppt, es hat keinen Elan. Verstehn Sie mich? Was wir brauchen, ist Theater, mein Lieber! Das muß gehn Zug um Zug, sukzessive. Verstehn Sie mich? – Für so was muß man einen Riecher haben, das muß im Blut sein, in den Fingerspitzen. Verstehn Sie mich? – Sie sind Gefühlsmensch, Sie sind Dichter; ich bin Theatermensch! Das sind zwei Paar ganz verschiedene Stiefel. – Nein-nein, nicht daß Sie etwa meinen, ich bin für Reißer! Durchaus nicht! Das sagt Ihnen ja schon mein Spielplan. – Was sagen Sie zur Zapolska? Das Stück ist ja nicht grad hochliterarisch, aber man kann regiemäßig und auch schauspielerisch was draus machen. Was sagen Sie dazu, mein Lieber? Meine Frau hat die Komödie jetzt gelesen, ich hab' sie gelesen, und einige von unseren Schauspielern. Witzig, satirisch – und ich hab' eine ausgezeichnete Hauptdarstellerin für die Dulska –«

Zapolska? Dulska? Ich erinnerte mich vage, viel früher einmal einen Roman von der polnischen Dichterin Zapolska *Der Polizeimeister* gelesen zu haben, aber das Stück *Die Moral der Frau Dulska* hatte ich nie zu Gesicht bekommen. So ging das immer. Ich schlug Büchners *Dantons Tod* vor, der Direktor spielte *Armut* von Wildgans. *Die Wölfe* von Romain Rolland waren für mich ein revolutionäres Stück, geeignet für unsere sozialistische Bühne – er führte das *Traumspiel* von Strindberg auf, und am liebsten hätte er Maeterlinck und Claudel, Strindberg und Wedekind auf den Spielplan gesetzt. Jedenfalls war er für das Hochliterarische, das die Arbeiter nicht verstanden und geradezu verabscheuten. Sie, die tagaus, tagein werkelten, wollten Erhebendes und Erheiterndes und heraus aus ihrer Miseren-Sphäre. »Jaja, der Oskar weiß, was wir wollen!« sagten sie, als ich endlich etliche Anzengruberstücke, den *Lumpazivagabundus* und *Einen Jux will er sich machen* von

Nestroy durchbrachte, und auch Schillers *Kabale und Liebe* begeisterte sie. Und »Du« sagten sie von Anfang an zu mir und »Sie« zum Direktor, nachdem ich zwei- oder dreimal beim Leberle drunten Bier mit ihnen getrunken hatte. Als »Genossen« standen sie mit mir gegen den »Herrn«, den Direktor, und das wollte ich doch gar nicht, denn *war* ich überhaupt ihr »Genosse«?

Das fragte sich! Das fragte sich sehr!

Es war da gleichsam ein Ruch, ein undefinierbares, instinktives Dazugehören und, bei allem Gegensätzlichen, doch eine Art von Daheimsein, in welches der Direktor, die Schauspieler, ja sogar schon der Buchhalter Brönnle nicht hineingehörten.

9.

DICHTER

Ich weiß nicht, wer die Meinung aufgebracht und sie mit der Zeit zu einer unumstößlichen Wahrheit gemacht hat, daß für jeden wahren Künstler ein innerstes Muß der schöpferische Antrieb ist. Gegen so pompöse Tabus habe ich seit jeher ein unausrottbares Mißtrauen. Womit keineswegs gesagt sein soll, daß ich künstlerische Meisterleistungen nicht respektiere, ganz im Gegenteil, sie erwecken nicht nur Begeisterung, sie erzeugen auch stets einen nicht geringen, bitteren Neid in mir. Seit meiner damaligen Dramaturgentätigkeit hat sich diese Grundhaltung von mir etwas verschoben.

Je bekannter unsere *Neue Bühne* wurde, um so praller wurde der Postsack, der immer innen am Schlitz unserer Büroeingangstür angebracht war. Oft kam es vor, daß wir die Tür in der Frühe kaum noch aufschieben konnten, so erschreckend war die Fülle der Einläufe.

Der Ausgeher Kragler, von Beruf eigentlich Elektromagnetiseur, brummte kopfschüttelnd: »Tjajaja, soviel Zeugs, hmhm! Sind denn das alles lauters Theaterstück'n zum Aufführen, lauters Kommeedin? – Gibt's denn da ganze Fabriken, die wo so was dutzendweis machen? – So einen Haufen! – Hjajaja, das ist ja ganz aus! Das müßt' doch eingschränkt werden. – Bei so einem Hauf'n Kommeedin, da kriegt man ja direkt Bauchweh, wenn man das sieht!« Er nämlich ließ sich immer die Kinoprospekte, die die Filme kurz erklärten, zu einem Buch zusammenbinden und las, sobald er Zeit hatte, eifrig darin.

Brönnle, der – wie er sagte – eine »solche Einmischung in die künstlerischen Dinge« absolut nicht leiden konnte, wies ihn ärgerlich zurecht: »Geh! Reden S' doch nicht so unkultiviert daher! Was verstehn denn Sie von Kunst? Sie kennen doch höchstens die Schnupftabaksorten!«

»Unkultiviert!« lachte alsdann Kragler höhnisch und zeigte sein Buch: »Ich kenn' mich in derer Sach' vielleicht besser aus wie Sie! Schauen S' doch unsern Herrn Dramaturgen an! Der weiß doch überhaupt nicht mehr, was er mit dem Zeug anfangen soll!«

Das stimmte. Ich stand mitunter tatsächlich wie ein Halbirrer vor dem Haufen eingegangener Post und sortierte mechanisch. Furchtbar, dachte ich, was werden da erst größere Theater, die Verlage und Redaktionen für Möbelwagen voll von Briefen, Büchern und Manuskripten bekommen! Arme Briefträger, die ihr das schleppen müßt! –

Manchmal packte mich dabei eine Art von Manuskriptphobie. Dann stemmte ich kurz entschlossen beide Arme gegen den getürmten Haufen und schob einfach alles unter den Tisch.

»So, da liegt alles gut«, knurrte ich; doch Brönnle meinte beinahe witzig, das wäre ja eigentlich auch wieder ungeschickt, denn aufheben müßte ich doch wieder alles.

»Jaja, aber so eine Massendichterei, die erstickt ja den stärksten Packträger«, klagte ich und schnaufte seufzend.

»Übrigens, der Dichter Gutzeit hat gestern angerufen, er kommt heut' zwischen zwei und drei Uhr«, sagte Brönnle und bekam eine spöttische Miene: »Da werden Sie schaun, Herr Dramaturg, wenn der kommt.«

»So –? Warum?« Ich kannte den Mann nicht, ich wußte bloß von dem gutding vier oder fünf Pfund schweren Riesenmanuskript, das schon lange bei uns lag.

»Na ja, Sie werden's ja sehen«, meinte der Buchhalter: »Der Herr Direktor Felber möcht' ihn jedenfalls nicht wiedersehn ... Ich soll ihn warnen, wenn der Gutzeit kommt.«

»So? – Na ja, schaun wir halt einmal«, schloß ich und nahm das dicke Manuskript, blätterte nachlässig darin und wartete. Ein Volksstück aus Thüringen war es. In Versen. Nur manchmal enthielt es kleine, kurze Prosastellen, dann wieder lange Lieder, die unter Abtanz eines Reigens gesungen werden sollten.

»Da läßt sich nichts machen. Das ist ganz und gar unmöglich für uns«, sagte ich nach einer Weile wieder, aber Brönnle informierte mich, daß sich der Herr nicht so leicht abspeisen lasse, er habe, trotzdem ihm Direktor Felber davon abriet und nie eine Hoffnung machte, sein Stück schon dreimal umgearbeitet und immer wieder gebracht.

Nach dem Mittagessen – es schneite draußen in großen Flocken – klopfte es an die Bürotür, und auf mein »Herein« ging sie weit auf. Johannes Gutzeit, Dichter und Naturapostel, stand mit fröhlich lachendem, freudig gerötetem Gesicht vor uns. Er trug in dieser Winterszeit einen komisch kleinen Strohhut. Eine sehr eng anliegende, sichtlich zu klein geratene, zerschlissene, karierte kurze Joppe umspannte seinen dünnen Oberköper. Ebenso enge dunkelfarbige Hosen hatte er an und sehr lange ausgelatschte Schuhe, die vielfach durchlöchert waren. Um den Leib trug er einen breiten ledernen Gürtel. In der Hand hielt er einen Regenschirm, in der anderen einen kleinen Koffer. Seine dicke rote Nase tropfte. Kleine graue Augen leuchteten hinter seiner altmodischen Brille. Das dichte graue Haupthaar reichte ihm bis zur Schulter und ringelte sich dort, und der schlohweise Vollbart verdeckte den Ausschnitt der Joppe.

Er schien in der übermütigsten Laune zu sein, tänzelte ungeniert hin und her, machte die sonderbarsten Gestikulationen, stellte endlich den Regenschirm und den Koffer ab und drückte uns beiden die Hand. Da er Brönnle schon kannte, konzentrierte er sich nur auf mich.

»Wen hab' ich vor mir? So, den Herrn Dramaturgen –«, sprudelte es aus ihm: »Herr Dramaturg, Herr Doktor – Gutzeit, Johannes Gutzeit, mein Name. Wenn ich mir die Frage erlauben darf – was sagen Sie zu meinem Stück?«

»Ja-aa, hm, ja-aa«, wollte ich anfangen, aber ich kam gar nicht zu Wort. Immerfort sich die Hände reibend, hin und her trippelnd wie ein langsam in Ekstase kommender Derwisch, plauderte der Dichter weiter: »Es ist wie geschaffen für diese grandiose Volksbühne! Es ist eine echte, rechte Volkskomödie! Lust, Schalkhaftigkeit, Singen und Klingen, Trauriges und Tragisches, Drastisches und Derbes – kurzum alles, alles, was Sie wollen, ist darin!« Er war nun gänzlich enthusiasmiert und schmiß dabei seine Arme bald weit auseinander, legte sie wieder an seine Brust, spreizte und zog die Finger wieder ein, zog die Brauen hoch und riß die Augen weit auf wie ein dickauftragender Schmierenkomödiant. Nur sah dies bei ihm glaubhaft, fast gespenstisch aus.

»Ich hab' das Stück leider noch nicht gelesen«, konnte ich endlich rasch sagen.

»Nicht gelesen? Oh, das tut nichts!« lächelte der Mann verblüffend: »Das gibt sich alles noch, wenn Sie die ersten Szenen gelesen haben, Herr Dramaturg! Sie werden da schon ganz für sich einen großen, nachhaltigen Genuß haben. – Wissen Sie, ach, wissen Sie, ich sehe das Volk schon! Ich sehe es im Geiste.« Er blieb stehen und schloß die Augen: »Ich sehe das Volk, wie es da drunten in dem kleinen, schmucklosen, schlichten Saal sitzt und andächtig lauscht und sich erheben läßt und sich freut! Es wird grandios sein, grandios!« Er öffnete die Augen wieder und trat abermals näher an mich heran. Er hatte das einnehmendste Gesicht. Seine Stimme klang flehentlich bewegt und vibrierend: »Sie werden sehen, Herr Doktor, Herr Dramaturg! – Lesen Sie mein Stück, lesen Sie es! – Sie werden gleich merken, das ist *das* Stück, das Sie suchen!«

Erneut machte er eine feierliche Geste und steigerte sich ins Schwärmen: »Oh, es wird eine Feierstunde sein, wirklich einmal eine völlig weltgelöste Stunde in den reinen Sphären der Kunst! Ach, ich weiß ja, ich weiß, daß das Volk sich nach so was sehnt!« Sein eingefallenes Gesicht hatte große rote Flecken bekommen, fast atemlos war er geworden, holte ein paarmal tief Luft ein und fing auf einmal an, größere Tanzschritte zu machen, indem er mittendrinnen zu singen begann: »Wenn das Gretlein singt:

O Franz, du wilder Herr Galan,
wie bin ich denn mit dir eigentlich dran?
Ich fürcht', du bist ein rechter Schalk.
Doch nein, ich füg' mich drein!
Denn schon in der Bibel heißt's:
Such nicht im Nachbarsaug' den Balk',
such ihn in deinem Aug', daß du es weißt!«

Die Melodie sei zwar noch nicht fest, aber alles müßte mozartisch leicht aufgefaßt werden, meinte er. Der Buchhalter hielt nicht mehr stand und lief zur Tür hinaus. Ich schnitt ein ratlos-unglückliches Gesicht.

»Ich bin ein alter Mann, Herr Dramaturg«, wimmerte Gutzeit jetzt schmerzhaft-resigniert: »Nur dies möchte ich noch erleben, möcht' ich voll ausgenießen, wie das Volk durch mich eine Gabe bekommt.«

Wirklich, ich mußte all meinen kaltherzigen Mannesmut zusammennehmen, als ich endlich anfing: »Tja, wissen Sie, Herr Gutzeit, ich kenne ja Ihr Stück nicht, aber ich muß Ihnen leider, leider schon jetzt das Manuskript zurückgeben. Wir können Ihr Stück nicht aufführen. Ich lese es gern, aber für unsre Bühne – das sag' ich Ihnen noch mal – da ist Ihr Stück nichts, es hat zuviel Personen.«

Der Alte bekam ein furchtbares Gesicht. Es war, als falle er in sich zusammen. Ganz kurz glotzte er mich fassungslos an.

»Zuviel Personen?« fand er sich langsam wieder: »Zuviel Personen? Wieviel zuviel, Herr Dramaturg?« Er schien zum äußersten entschlossen.

»Wir dürfen feuerpolizeilich nur acht Personen spielen lassen«, sagte ich.

»Acht? Nur acht?« stieß der betroffene Dichter heraus und griff sich, als wäre er einer Ohnmacht nahe, an die Stirn. Dabei fiel ihm sein Strohhut vom Kopf, aber er achtete nicht drauf.

»Acht? Bloß acht?« wiederholte er.

»Ja, leider nur acht«, nickte ich: »Und Sie haben dreiundfünfzig –«

»Ja, dreiundfünfzig«, beteuerte er gebrochen: »Dreiundfünfzig – und ich hab' bereits dreimal geändert, dreimal!«

Wir schwiegen einander etliche Sekunden lang an. Ich wußte

nicht mehr aus und ein. Da plötzlich riß sich der Alte erneut zusammen, trat etwas zurück, wie um mich schärfer aufs Korn nehmen zu können, machte wiederum zwei, drei Schritte auf mich zu, zertrat dabei seinen Strohhut, hob ihn auf und setzte ihn auf und hatte mit einem Male eine sieghafte Miene.

»Gut! Gut«, sagte er entschlossen: »Das läßt sich vielleicht doch korrigieren«, und beugte sich über das Manuskript. Er überflog das Personenverzeichnis und griff zu einem Bleistift.

»Streichen wir das Volk!« rief er energisch und stieß mich dabei ans Kinn. Er schien nichts mehr zu sehen und zu hören: »Gut, die Jäger können wir auch streichen.« Er sah mich kurz an und zückte schon wieder den Bleistift: »Die Wilddiebe sind übrigens gar nicht so nötig. Das läßt sich vielleicht durch Schüsse hinter der Bühne andeuten.« Mir wurde angst und bang. Um Gottes willen, er wird doch nicht Stunden und Aberstunden dableiben und streichen, dachte ich. Da griff er nach dem Manuskript.

»Herr Dramaturg, Herr Doktor, ich nehme das Stück mit«, erklärte er: »Verlassen Sie sich ganz auf mich, ich werde das Stück bühnengerecht machen. – Ich will die Lieder drinnen extra komponieren lassen. – Zehn Mark kostet mich eins. – Verlassen Sie sich drauf, Herr Doktor, Herr Dramaturg, es geht, es muß gehen. Ich liefere Ihnen alles gebrauchsfertig.«

»Herr Gutzeit. Bevor Sie sich solche Kosten machen, könnten Sie's mit Ihrem Stück nicht bei einer andren Bühne versuchen? Ich kann Ihnen doch wirklich keine Hoffnungen machen. Ich bestimme das doch nicht allein«, drang ich in ihn. Vergeblich, er schüttelte lächelnd den Kopf: »Neinnein, Herr Dramaturg, dieses Stück ist nur für Sie, nur für diese wahre Volksbühne. Wissen Sie, die Lieder schreien ja nach Musik! – Musik, Musik. Verstehn Sie? Musik verlangt das Volksstück. Musik muß sein. Das erhebt, das trägt uns in höhere Sphären –«

Was war da zu machen? Ich sagte nur noch: »Gut, gut, wie Sie meinen, Herr Gutzeit, gut, gut.« Er stopfte das Manuskript in seinen kleinen Koffer, schnappte das Schloß zu, richtete sich auf und sah mich treuherzig an: »Herr Doktor, Herr Dramaturg, Sie sind der edelste Mensch, den ich je getroffen habe. Sie verstehn mich. Vielen Dank, vielen Dank«! Er drückte mir bewegt die Hand und ging endlich.

Ich saß eine Weile verstimmt da, als habe mich jemand dazu gezwungen, einen unerquicklichen Betrug zu betreiben. Ich war ärgerlich auf den Direktor. Brönnle kam zur Tür herein und lachte hellauf: »Ist er jetzt endlich weg, der Narr? So was Irrsinniges, so ein Narr!«

Mir stieg der Groll hoch.

»Ja«, sagte ich schroff: »Dichter sind alle Narren, aber sie sind mir doch hinten lieber als die ganz anständigen Menschen von vorn. Daß einer nach soundso viel Jahren in geregelte, satte Verhältnisse kommt, dazu gehört nicht viel.« Es klang scharf. Brönnle sah mich verdutzt an und fand das Wort nicht gleich.

»Mein Gott«, sagte er schließlich: »Er kann einem ja leid tun. Aber passen Sie auf, der kommt wieder, der läßt so schnell nicht locker.«

»Jaja, das gehört eben auch zum Narren, daß er nicht aufgibt«, warf ich abweisend hin: »Er kommt immer wieder ... Dazu sind wir viel zu feig.«

Das also war der Johannes Gutzeit. Er wirkte beinahe behaglich, so etwa wie eine verstaubte, dennoch liebenswerte Figur aus einem alten Hausroman; er rührte. Dagegen die anderen dramatischen Dichter, die ihre Stücke mit entsprechenden Briefen einschickten, großer Gott! Sie kamen nie persönlich. Sie sprachen sich nur durch ihre Briefe aus. *Diese* Briefe!

Ganz passabel fingen sie an. Persönlich waren sie gehalten, das verstand sich von selbst. Kaum aber hatte ich die Einleitungsfloskeln hinter mir, ging es schon an. Ich wunderte mich vor allem, wie gut informiert die meisten über unser junges Unternehmen waren. Dann noch darüber, wie gewaltig sozialistisch alle diese Dichter waren und was sie um ihrer Überzeugung willen alles opferten. Einer schrieb, er habe sein Stück nur für Proletarier geschrieben und es Max Reinhardt, trotz dessen Drängen, nicht gegeben, weil er »es als Sozialist verschmähe, sein Werk den bourgeoisen Elementen vorzusetzen«. Ein anderer forderte fast diktatorisch eine Aufführung unter seiner Regie, denn »nur der Dichter selber erfasse sein Werk ganz«. Sollte ihm diese Zusage nicht gemacht werden können, so bitte er ebenso dringend wie höflich, das eingesandte Manuskript ungelesen zurückzusenden, da er den »Betrieb kenne und keinesfalls gestatten könne, daß etwaige Nachahmer sich seiner Ideen bemächtigen«. Drollig fand ich die Wendung in einem Brief: »Unter Verzicht auf das sogenannte Dichterische baute ich rein auf das Gesinnungsmäßige auf«, so daß »eine proletarische Faustdichtung« daraus geworden sei. Vor allem fehlte fast in keinem Brief die Wendung »Manifestation einer Gesinnung auf der Sprechbühne«.

Die Verfasser von pazifistischen Stücken ergingen sich stets in der gleichen Selbstverständlichkeit: »Die Idee, Menschen aus irgendeinem Interesse zu töten, ist einfach menschenunwürdig«, oder: »Im Grunde genommen besteht überhaupt jeglicher Anlaß zum Dichten nur darin, zu untersuchen, wie Kriege unter den Völkern vermieden werden können.«

Die meisten dieser Briefschreiber erteilten uns gute Ratschläge, wie zum Beispiel: »Der Proletarier muß auch ethisch zum Marxismus erzogen werden«, oder: »Ihr Unternehmen ist der einzige Weg, dem Arbeiter durch das

Mittel der Kunst sein Los bewußt zu machen«, oder: »Es ist unbedingt notwendig, daß gerade jetzt in München die Arbeiterschaft im Geiste der Revolution zur Kunst hingezogen wird.« Zu diesem Zweck wurden »revolutionäre Dichter-Matineen« vorgeschlagen.

Andere Dichter wieder stimmten wahre Klagelieder an; es weinte geradezu das schmerzliche Verkanntsein aus ihren Sätzen. »Der Unterzeichnete«, jammerte einer, »hat fünf Jahre an seinem Werk gearbeitet. Uns Dichtern bleibt nichts als ein Golgatha. Auch Sie, Herr Direktor, werden zynisch diesen Brief beiseite legen und wissen nicht, daß Sie damit einen Dichter auf dem Gewissen haben. Der Mord geschieht ganz lautlos und unblutig.«

Ich habe nie wieder soviel angehäufte Anbiederung, soviel Unterwürfigkeit und Speichelleckerei, soviel Größenwahnsinn, aufdringliches Selbstlob, derartig viel verlogene Gefühlsromantik und sentimentales Pathos, soviel Weltfremdheit und Ahnungslosigkeit feststellen können wie in diesen Briefen einer geistigen Elite. Selbst wenn einer Bescheidenheit vortäuschte, spürte man aus jedem Wort die Überheblichkeit heraus.

Und dann erst die verschiedenen Werke!

Einer – der mit dem »proletarischen Faust« – ließ Kapitalisten nur als Marionetten auftreten. Ausdrücklich hieß es in der Regiebemerkung: »Der Kapitalist, der Fabrikdirektor, der General und der Polizist dürfen nicht von Schauspielern gespielt werden. Man benutze Holzpuppen.«

Das zirka zwanzig Schreibmaschinenseiten lange Vorwort erläuterte nicht etwa das Stück. Es war eine kleine Lebensgeschichte, durchsetzt von Zitaten aus Nietzsche und Tolstoj, aus Dostojewskij und – komischerweise – Mörike. Es begann mit folgenden Worten: »In den Argonnen im Jahre des Menschenschlachtens 1915 war es, als der Mensch sich eines Morgens kraft seiner Vision über alles Elend erhob.« Das Stück selbst war in Versen geschrieben. Ich brauchte es nicht zu lesen. Es waren allein 14 Verwandlungen, außer den Puppen 23 Personen und Volk dazu nötig.

Unvergeßlich ist mir der Einfall eines Dichters, und zwar desjenigen, der seine eigene Regieführung verlangt hatte. Sein Manuskript war in schwerstes Leder gebunden, hatte an den Ecken Beschläge aus goldgelbem Blech und ebensolche Schließen. Es war fein säuberlich in eine Holzschachtel gepackt. Ich nahm es heraus und wollte es aufschlagen, aber es ging nicht. Ich versuchte die Schließen zu öffnen, sie zeigten kleine Schlüssellöcher und waren versperrt. Ich schüttelte den Kopf.

»Was ist denn das? Ein Meßbuch?« fragte der Buchhalter neugierig.

»Nein, nein, ein Drama!« Jetzt bemerkte ich, daß aus dem schönen Buch ein kleines schmales Brieflein herausschaute. Ich nahm es heraus und las voller Neugierde: »Falls Interesse, bitte umgehende Rückantwort. Sodann erfolgt Zusendung des Schlüssels. Schriftliche Zusicherung, daß niemand als Direktor und Dramaturg das Werk vorläufig lesen, muß erfolgen. Andernfalls jede Verhandlung unmöglich.«

Der Direktor stand vor mir.

»Jedenfalls läßt sich's der Mann was kosten«, sagte ich.

Der Direktor warf einen Blick auf das wunderschöne Buchmanuskript. »Na«, sagte er, »Sie werden schon wissen, was Sie ihm zu schreiben haben.«

Ich schrieb an den Mann, wir wären überzeugt, daß seine Dichtung sicher viele Nachahmer finden werde. Wir möchten deshalb lieber von der schweren Verantwortung, die uns durch Erschließung des Manuskriptes zufallen würde, keinen Gebrauch machen. »Als Beweis, wie ungemein die Plagiatsucht in unserer Zeit verbreitet ist, kann ich Ihnen vermelden, daß, seitdem wir Ihr Stück bekommen haben, schon sieben genauso gebundene und versperrte Manuskripte bei uns eingelaufen sind.«

Als der Direktor den Brief durchlas, sagte er lachend: »Sie werden sehen, der Mann setzt sicher deswegen ein Detektivinstitut in Bewegung und läßt seine Nachahmer feststellen.«

Einmal bei der Durchsicht des täglichen Posteinlaufs fiel mir ein Manuskriptpäckchen auf, dessen Absender- und Empfängeradresse durchaus mit kleinen Buchstaben geschrieben war. Die Schrift war sehr deutlich, aber man hatte den Eindruck, daß dieses brav anmutende Schulmäßige nichts anderes war als eine berechnete Manieriertheit. So pflegten Stefan-Georgeaner zu schreiben. Ich stellte mir also einen schon alt gewordenen Jünger dieses Dichters vor und warf das Manuskript zum Haufen in der Ecke. Nach ungefähr drei oder vier Wochen kam ein mittelgroßer, sehr magerer, spitznasiger Mensch in unser Büro, der schon deswegen auffiel, weil er sehr unrasiert und betont proletarisch angezogen war, obgleich sein bebrilltes junges Gesicht eher an einen eben fertiggewordenen Lehramtskandidaten erinnerte.

»Ich bin Bert Brecht«, sagte er nach einer kurzen Begrüßung und fragte nach seinem Manuskript.

»Bert Brecht? – Bert Brecht? – Hm, Bert Brecht? Bert Brecht?« plagte ich mich, im stillen zu eruieren, und endlich fiel mir das Manuskript mit der Kleinschriftadresse ein.

»Oja, jajaja, bitte, bitt' schön«, sagte ich schnell gefaßt: »Ihr Manuskript, jaja. – Entschuldigen Sie! – Wissen Sie, unser Posteinlauf wird immer schlimmer. – Sie sehn ja ...« Damit griff ich in den Haufen in der Ecke und erwischte auch bald seine Sendung: »Da, da hab' ich's schon. – Einen Moment, bitte!« Blitzschnell warf ich einen Blick in sein abwartendes Gesicht, schnitt hastig das Paket auf und nahm das Manuskript heraus. Kaltblütig, ohne mich um ihn zu kümmern, schlug ich es auf, las den Titel: *Trommeln in der Nacht,* blätterte weiter bis zum Personenverzeichnis und überflog es.

»Tja«, sagte ich schon nach wenigen Augenblicken mit der Miene eines altgedienten, langerfahrenen Theatermannes: »Das können wir nicht brauchen. Das Stück kommt leider für uns nicht in Frage.«

»So? Wieso denn –? Sie kennen doch mein Stück noch gar nicht! Sie haben es doch noch gar nicht gelesen!« meinte der unrasierte Mensch etwas erstaunt. – »Das brauch' ich auch gar nicht! – Das ist nicht weiter nötig«, sagte ich ungetroffen und zuckte mit keiner Wimper.

»Komisch! – Wie kommen Sie denn dann zu einem Urteil?« wollte er wissen. – »Urteil? – Das ist *auch* nicht nötig!« klärte ich ihn brühwarm auf, und das verschlug ihm denn doch das Wort. Er maß mich, wie man einen Menschen fixiert, von dem man glaubt, er wäre nicht ganz zurechnungsfähig, aber schon redete ich wieder wie ein wohlmeinender Ratgeber: »Aber hören Sie, Herr Brecht, hören Sie – Ihr Stück hat doch viel zuviel Personen! – Sagen Sie, könnten Sie nicht dieses Personal etwas einschränken? Ich meine ja bloß ...«

»Einschränken –? Mein Personal?« fragte er und verzog seine Lippen ein ganz klein wenig: »Ich versteh' nicht recht. Wie meinen Sie denn so was?«

»Na ja, abbauen eben, verstehn Sie –? Die Personenzahl sehr stark abbauen«, erklärte ich ihm leger: »Wissen Sie, so ein Haufen Leute auf der Bühne, das macht zuviel Umstände. Verstehn Sie? Schon die vielen Rollen, die da herausgeschrieben und gelernt werden müssen! – An das muß man doch auch denken. Verstehn Sie mich?« Da bekamen seine Mundwinkel einen belustigt-ironischen Zug. Noch immer schaute er mich so sonderbar an, als halte er mich für einen Vollidioten.

»Wissen Sie«, sagte ich in dem Augenblick unangefochten: »Wissen Sie, wir dürfen nämlich feuerpolizeilich immer bloß acht Personen auf der Bühne beschäftigen –«

»Oh, jetzt kapier' ich! – Dann natürlich!« schloß er mit einem gefrorenen Lächeln, denn richtig herzhaft lachen konnte er – wie ich später immer wieder an ihm erlebte – offenbar überhaupt nicht.

Ungerührt nahm er sein Manuskript und verabschiedete sich.

So lernten wir uns kennen, und wenn wir uns in den darauffolgenden Jahren sahen, amüsierten wir uns stets gleicherweise über dieses seltsame Bekanntwerden. Damals in München kam er mir fast ganz aus den Augen. Ich hatte auch keine Zeit mehr und sah außer den Menschen, die mit unserer Bühne zusammenhingen, nur noch selten andere Freunde und Bekannte, denn ich fing jetzt ernsthaft zu arbeiten an und schrieb oft ganze Nächte hindurch. Brecht dagegen verkehrte hauptsächlich in den Kreisen der *Münchner Kammerspiele* und mit Lion Feuchtwanger, der ihn als erster entdeckte und in jeder Hinsicht förderte. Daraus wurde eine lebenslange, sehr enge menschliche und geistige Freundschaft, von der sie wechselseitig viel gewannen. Der andere wichtige Freund von ihm war der unvergessene geniale Münchner Komiker Karl Valentin, bei dessen Veranstaltungen auf der Oktoberwiese er öfter als Gaudibursch mitwirkte. Von diesem tief urtümlichen Volksbelustiger, der sich seine Stücke selbst auf den Leib schrieb und sie unnachahmlich echt spielte, lernte Brecht – wie er stets bekannte – die einzigartige Schlagkraft seiner lapidaren Sprache. Auch ich blieb mit diesem großen Dichter und sonderbaren Menschen Bert Brecht bis zu seinem allzufrühen Tod – wenn auch immer nur von Zeit zu Zeit etwas näher – verbunden, und zu meinem fünfzigsten Geburtstag veröffentlichte er dieses Widmungsgedicht an mich:

Die Bücherverbrennung
(Für Oskar Maria Graf)

Als das Regime befahl, Bücher mit schädlichem Wissen
öffentlich zu verbrennen und allenthalben
Ochsen gezwungen wurden, Karren mit Büchern
zu den Scheiterhaufen zu ziehen, entdeckte
ein verjagter Dichter, einer der besten, die Liste der
Verbrannten studierend, entsetzt, daß seine Bücher
vergessen waren. Er eilte zum Schreibtisch,
zornbeflügelt, und schrieb einen Brief an die Machthaber.
»Verbrennt mich!« schrieb er mit fliegender Feder:
»Verbrennt mich!
Tut mir das nicht an! Laßt mich nicht übrig.
Habe ich nicht
immer die Wahrheit berichtet in meinen Büchern?
Und jetzt
werd ich von Euch wie ein Lügner behandelt!
Ich befehle Euch:
Verbrennt mich!«

Es erschien in New York im Juli 1944, als wir beide – weit voneinander lebend – schon lange Jahre des Exils hinter uns hatten, und es bezog sich auf meinen Protest gegen die Hitlerregierung, die damals bei ihrem berüchtigten Autodafé im Jahre 1933, dem die Bücher aller mißliebigen, regimefeindlichen Schriftsteller und Wissenschaftler zum Opfer fielen, ausgerechnet *meine* Bücher auf die Liste der »empfohlenen Werke« gesetzt hatten. Der Erfolg war, daß nun die Münchner Studentenschaft in der Aula der Universität unter Beisein der Professoren meine Bücher gesondert verbrannte und ich von der Hitlerregierung »aus dem deutschen Reiche ausgebürgert« wurde.

Davon wird später noch die Rede sein.

10.

BEWERBER

Ich habe die Erinnerung an einen alten Schauspieler nie verloren. Ich lernte ihn kennen, als ich Vorsortierer bei der Hauptpost war. Er war derjenige gewesen, der gesagt hatte: »Revolution bei uns? Die geht aus wie das Hornberger Schießen. – Viel Geschrei und wenig Wolle –! Wir sind zu anständig, wir machen nur das, was uns befohlen wird.« Jetzt, da er wieder auftauchte, fiel mir das auf einmal ein.

Er saß damals mit mir am gleichen Arbeitstisch, und wir hatten zu zweit das große vielfächerige Regal zu versorgen. Wenn ich eine Schrift auf einer Karte oder auf einem Kuvert nicht entziffern konnte, zeigte ich sie ihm. Er schaute flüchtig drauf, und in wenigen Sekunden las er mir die Adresse fließend vor. Er sagte nie ein Wort allein, er sagte stets die ganze Adresse. Ich habe ihn auch nie kurz antworten hören, etwa mit »Ja« oder »Nein«. Wie mein alter Freund Jakob Carlo Holzer hatte er's mit den fertigen Sätzen. Weil mir das bei ihm auffiel, machte ich ihn einmal darauf aufmerksam und erfuhr dadurch, daß er Schauspieler sei. Er war ein ruhiger Mensch und hatte bereits die Fünfzig überschritten. Auf der schmächtigen kleinen Figur saß ein angegrauter, etwas zu großer Kopf mit wegstehenden Ohren, die er komischerweise mit den flachen Händen nach hinten strich, wenn es nicht weiter auffiel. Er tat dies wie etwas Gewohnheitsmäßiges, so ungefähr, als ob sich einer am Bart zupft, mit den Fingern durchs wirre Haar fährt oder sich mit der nassen Zunge die trockenen Lippen befeuchtet. Sein Gesicht war ledergelb und schlaff und stets glatt rasiert. Aus den tiefliegenden Höhlen schauten zwei melancholische, dennoch fast kalte graue Augen, denen man ansah, daß sie die Fähigkeit hatten, mit blitzschneller Unbarmherzigkeit am andern alles Nachteilige festzustellen. Er sprach wenig, und wenn man ihn so dahocken sah, mit ewig ernster Miene, hatte man den Eindruck eines alten mürrischen Kauzes. Sicher war er ein tiefer Menschenverächter und schirmte sich feindselig gegen jeden ab. Vermutlich hatte er nie ein leichtes Leben gehabt und viele bittere Enttäuschungen erlitten.

Seine Kleidung war nach altem Schnitt, stets sauber gebürstet und unauffällig, was Farbton und Machart anlangte. Dennoch erregte sie die Aufmerksamkeit, weil sie aus einer ganz anderen Zeit zu stammen schien. In der ersten Wochenhälfte war das noch nicht so auffällig. Da trug er einen grauschwarzen Anzug, vom Donnerstag ab aber kam er in gestreifter Hose, Phantasieweste und im Bratenrock, mit einem schwarzen steifen Hut, einer sogenannten »Melone«, auf dem Kopf. Auf der Straße hingegen machte er – besonders bei schlechtem Wetter – ein sehr eigentümlich altmodisches Bild in seinem weiten blaugrauen Havelock mit der kurzen Schulterpelerine. Unwillkürlich dachte man dabei an eine Figur aus der Romantikerzeit.

Er ging ein klein wenig nach vorn gebeugt, dennoch gemessen, und von Zeit zu Zeit riß er seine Gestalt immer wieder in eine stramme, gerade Haltung. Die Leute sahen ihn oftmals verwundert an, und einige kicherten leicht. Er beachtete niemanden.

Ich habe zwei unvergeßliche Erlebnisse mit ihm gehabt. Einmal, als ich in das große, helle Pissoir der Hauptpost trat, stand er am Fenster, hatte ein kleines rundes Taschenspiegelchen in der Hand und betrachtete sich darin. In der anderen Hand hielt er ein abgebranntes Streichholz und bestrich damit vorsichtig seine Augenbrauen. Als er sich entdeckt sah, wandte er sich um und sagte mit seltsam bitterer Ruhe: »Schauspieler sind Huren. Sie müssen gefallen und treiben die Putzsucht ihr Leben lang.« Ich konnte vor Verwunderung nicht gleich etwas darauf erwidern. Er steckte unterdessen seinen Spiegel in die Westentasche, warf das Streichholz weg, zog etliche Male an seinen vorderen Rockschößen und ging schneller als sonst auf die Tür zu. Dort drehte er sich noch einmal um und sagte mit ironischer Würde: »Entschuldigen Sie, bitte – ich habe ganz vergessen, daß ich bei der Post angestellt bin.« Ich glotzte wie überrumpelt, wollte auflachen, aber er war schon draußen. Hernach am Arbeitstisch saß er wieder mit einer Miene, der man deutlich ansah, daß er jede Anrede für unerwünscht hielt. Sein Gesicht war wieder gleichmäßig mißvergnügt. Wenn er aufschaute, versuchte ich, seine Augen in mein Blickfeld zu bekommen. Er sah mit einer fast bösartigen Absicht weg. Auf einmal machte er eine häßliche Grimasse, als schüttle er sich vor Ekel. Er spuckte gewaltsam auf die Seite und knurrte: »Pfui, Spinne!«

Ich sagte nichts. Inwendig belustigte mich diese Grantigkeit. Schweigend arbeiteten wir weiter.

Die Revolution kam, ich blieb von der Post weg und hörte und sah nichts mehr von diesem merkwürdigen Menschen. Als ich jetzt eines Morgens die Briefe der engagementlosen Schauspieler durchsah, die nach vakanten Stellen fragten, fielen mir etliche Rollenbilder auf. Bei näherem Betrachten erkannte ich meinen Nebenmann von der Hauptpost wieder. Kurz und sachlich bot er sich als Chargenspieler für Diener- und ähnliche Rollen an. Aus dem in sympathischer, nachlässig schiefer Schrift abgefaßten Brief erfuhr ich einiges über seinen Werdegang. Er hatte noch beim seligen Joseph Kainz gelernt, viele Jahre lang Engagements bei kleinen Provinztheatern gehabt, wäre dann am *Deutschen Landestheater* in Prag, am *Josephstädter Theater* in Wien und am *Hoftheater* in Karlsruhe gewesen, habe – wie er sich ausdrückte – am Anfang des Krieges »seinen

Dienst quittieren müssen und sei erst nach Ausheilung seines Leberleidens in gleicher Eigenschaft an vielen Fronttheatern tätig gewesen«.

Der Direktor sah die Fotografien an und las ebenfalls den Brief. »Er hat ein interessantes Gesicht. Aber, mein Gott, Diener und solche Chargen brauchen wir nicht«, sagte er schulterzuckend.

»Sie, den kenn' ich. Der war mit mir vor zirka zwei Jahren bei der Hauptpost«, erzählte ich.

»So? Kann er was, glauben Sie?« fragte Felber, und ich mußte schier lachen. Dabei erzählte ich die Geschichte, die ich mit dem Mann im Pissoir erlebt hatte.

»Schreiben Sie ihm. Vielleicht läßt sich doch was machen mit ihm«, meinte der Direktor, und ich tat es.

Etliche Tage darauf kam Heinrich Wollgast, wie der Mann hieß. Er war sichtlich bestürzt, als er mich in diesem Büro wiedersah, verbarg dies aber sogleich hinter seiner stolzen, verschlossenen Miene.

»Wir kennen uns«, sagte ich trotzdem, und das schien ihn zu ärgern.

»Jaja, wir hatten schon einmal das Vergnügen, bekannt miteinander zu sein«, sagte er gewählt und abweisend.

Ich ließ dieses Thema fallen und fragte nur noch: »Bitte, Herr Wollgast, wollen Sie nicht einstweilen Platz nehmen? Der Direktor wird bald kommen.«

»Danke! Danke schön, ich stehe ganz gerne«, erwiderte er: »Bitte, lassen Sie sich nicht stören.« Er schlug die Hände auf dem Rücken zusammen und tappte wie nachdenkend hin und her. Ich schielte manchmal unvermerkt auf ihn. Er schien es wohl zu merken, tat aber so, als wäre er allein. Manchmal holte er tief Atem, hob den Kopf und schaute kurz geradeaus. Er trug noch immer den steifen schwarzen Rundhut und seinen kuriosen graublauen Havelock, auch – wie ich an der Hose sah – den grauschwarzen Anzug.

Sein Gesicht war gealtert, und ich wette, daß er nur deshalb nicht Platz nahm und seinen Hut aufbehielt, weil es ihm unangenehm war, daß jemand seine nunmehr wahrscheinlich voll ergrauten Haare zu sehen bekam. Auch als jetzt Felber hereinkam, lüftete er den Rundhut nur ein ganz klein wenig.

»Habe ich mit Herrn Direktor Felber die Ehre? – So. Freut mich! Meinen Brief werden Sie wohl erhalten haben. Wollgast, mein Name!« sagte er wieder so würdig, drückte dem Direktor weltmännisch vornehm die Hand und ging mit ihm in dessen Zimmer.

Der Buchhalter hob den Kopf und schaute mich fragend an. Vielleicht fiel ihm ein, wie ich ihn wegen der seinerzeitigen abfälligen Äußerung über den Dichter Gutzeit angefahren hatte. Darum sagte er ziemlich unsicher: »Der Herr paßt, glaub' ich, nicht für uns. Der ist, mein' ich, viel zu stolz für uns –«

»Und zu alt«, sagte ich nur. Ich meinte es eigentlich gar nicht wörtlich, aber ich hatte keine Lust, mich mit Brönnle darüber zu unterhalten. Wollgast nämlich schien mir vielmehr noch eine jener aussterbenden Mimengestalten zu sein, die ihrem ganzen Lebensgestus, ihrem Denken und Fühlen nach in die Hagestolzenzeit gehörten. Seine hochmütige Verschlossenheit hing bestimmt mit der beinahe ererbten Vorstellung zusammen, der Künstler stehe hoch über allen sonstigen Menschen, genau wie der Adelige von Geblüt oder der König.

»Jaja, wie alt wird er sein?« sagte ich, nur um etwas zu reden, »ganz graue Haare hat er schon, hm-hm, aber älter wie fünfundfünfzig oder knapp an den Sechzigern wird er kaum sein.«

»Das glaub ich auch«, meinte Brönnle behutsam und gab mir eine Zigarette: »Wollen Sie?«

»Oh, danke«, sagte ich und zündete sie mir an. Ich war

sehr gespannt, wie die Unterhaltung mit dem Direktor ausfallen würde, und horchte immer wieder angestrengt. Eigentümlich, der wunderliche Mensch wurde mir langsam sympathisch. Durch die verschlossenen Türen konnte ich nur ein undeutliches Gemurmel hören. Endlich kamen die zwei wieder in unser Büro zurück. Wollgast hatte noch immer die gleiche Miene und auch seinen Hut noch auf.

»Ich verstehe das, Herr Direktor, ich verstehe. Unter diesen Umständen – natürlich«, sagte Wollgast. Kein ganzer Satz kam also mehr aus ihm. Mit einem beiläufigen Blick auf mich sagte er wiederum: »Meine Rollenbilder schicken Sie, bitte, an meine Logisfrau retour. Hier ist die Adresse.« Er gab mir die Visitenkarte. Sein Name war durchgestrichen. Noch einmal wandte er sich geschwind und förmlich an den Direktor, lüftete seinen Hut und verabschiedete sich: »Guten Tag, Herr Direktor! Es war mir ein Vergnügen, Sie kennenzulernen.«

Von dem Buchhalter und mir nahm er keine weitere Notiz und ging zur Tür hinaus. Felber blieb horchend stehen, bis die Schritte draußen verhallten und die äußere Eingangstür ins Schloß gefallen war.

»Ein ausgespielter Mann ohne Zukunft«, sagte er: »Tragisch, tragisch so was!« –

Einige Tage später stand in der Zeitung, daß sich ein Schauspieler Wollgast in den Isaranlagen erschossen habe.

Felber, der mir die Notiz gab, meinte, so etwas sei einen Roman wert. Ich vergegenwärtigte mir noch einmal das Bild dieses Menschen. Ich erinnerte mich an seine Worte »Schauspieler sind Huren« und an die Bemerkung über das Verhältnis von uns Deutschen zur Revolution. Es zog gleichsam das ganze Leben dieses Sonderlings an mir vorüber: Sohn besserer Eltern mit geringen Mitteln, Konflikte wegen seiner Eigenwilligkeit, Schauspieler zu werden, Schauspielschüler auf eigene Faust, Herumgeworfensein in allen möglichen Provinznestern, Not und Elend, endlich bessere Bühnen, aber immer Diener-Rollen; allmählich überzeugt von der mangelhaften Begabung. Das lähmt die Widerstandskraft in ihm. Er hat Pech und Unglück bei Frauen, die nur die Starken lieben und alle anderen Männer entweder als üppige Versorger oder in ihrer Mutterherrschsucht wie schwer erziehbare Adoptivsöhne hinnehmen. Beruflich vegetiert er nur noch weiter in der Routine. Weit klüger als seine erfolgreichen Kollegen, deren Tricks und Ellbogenbrutalität er stumm mit ansieht, deren Erfolgsjägerei und Intrigantentum er durchschaut, ärgert er sich nicht mehr über die Herablassung, mit welcher sie ihn behandeln. So läuft ihm die Zeit weg, sie nimmt ihn nicht an, und er bleibt stehen in der Vergangenheit, wird zum Sonderling, über den überall gelacht wird. Sein Haß, seine versteinerte Menschenverachtung bleiben in ihm selber zurück und zehren ihn auf. So – ganz aus jeder Bahn geworfen – versucht er es noch einmal bei uns. Dieses letzte Mißlingen zeigt ihm, daß er überflüssig ist. Er geht ab, stolz und verschlossen, ohne Begründung oder, wie die Zeitungen schrieben, »aus unbekannten Motiven«.

Es suchten aber noch ganz andere Leute ein Engagement bei uns. Da lief beispielsweise einmal ein Brief ein, den ich mir notiert habe. Er war von einem Wasserbuben aus dem bekannten *Café Fahrig*. Der Bursche hatte den unwiderstehlichen Drang, Schauspieler zu werden. Ohne viel Umschweife erbot er sich auf folgende Art: »Den hochwohlgebornen Herrn Direktor und die titliche Arbeiterbühne möchte er anfragen, wo man keinen jungen Schauspieler nicht braucht, weil er ein tramatisches Talent hat und schon bei verschitenen Freinden was zum Pesten vorgedragen hat.«

Weiter hieß es: »Unterzeigneter ist bewantert unter Leuten zu verkehren und habe jeden Mittwoch Ausgang.

Möchte ersuchen um zwei Uhr forzusprechen bei hochwohlgeboren Herrn Direktor. Unterzeigneter ist 16 Jahre alt und das Getücht, wo ich mitschigge, kann ich auswenig und verschitene ›üb imer Treu und Reeligkeit‹ und ›da trunden in der Müle‹ und noch was.

Unterzeigneter ist flingg und willig, aber ich habe keine freide nicht zum Kellnerperuf, weil meine Eldern es wollen bin ich beim Cafe Fahrig schon ein Jahr. Aber ich mögde zum Teader un ersuche, wo man mich nicht aufnemmen kann. Mögde auch anfragn, wie lang die lehrzeid ist un hape einen schenen schwarzen Anzug und Spordgostiim. Zeichnet hoachdent Groll Lorenz, bostlagernd Augustenbost.«

Das beigelegte Gedicht war ein Blatt von einem Abreißkalender vom 29. Januar und lautete:

»Flüchte nicht ins Unbehagen,
sei der Lust ein fröhlicher Geselle.
Auch die Sonne schenket allen Tagen
ihre lachend lichte Gnadenhelle.«

Dienstmädchen und Köchinnen wandten sich vertrauensvoll an den Direktor, aber auch bessere Damen und Backfische fragten, ob sie bei der Arbeiterbühne zu »dramatischen Kräften« ausgebildet werden könnten. Bewegt schilderte eine Kammerzofe ihren bisherigen Lebenslauf und ihre heimliche Sehnsucht:

»Durch diese vüllen Leidn bin ich tüfsining und glaube, daß ich trauringe Rolln prima vorbringen kann«, schrieb sie. Über die Männer beklagte sie sich bitter, und sie würde keinen »morallischen Lepenswandel nicht führen«, wenn es auch immer heiße, beim Theater »seien lauters solche Schuxn«. Im Gegensatz zu unmoralisch schien ihr schon das Wort »moralisch« alle sündhafte Schlechtigkeit dieser Welt zu bergen. Sie verfüge, teilte sie ferner mit, über eine schöne, große, volle Figur und viel Haare, habe »lauters lange Zeignissen« und bringe schon die nötigen Toiletten auf, weil sie Einblick in das Leben der reichen Leute bekommen habe. »Geboren am 12. Juli 1899, Windmoser Marie«, stand blankweg unter dem Brief.

Es half gar nichts, den Bewerbern und Bewerberinnen abzuschreiben. Die Sehnsucht, auf der Bühne Glück und Ruhm zu ernten, glich einem Pferd, das aus einem brennenden Stall flieht und keine Hindernisse mehr kennt. Der Wasserbub erschien am Mittwoch Punkt zwei Uhr in unserem Büro. Kühn und ein klein wenig schief saß die schwarze Melone auf seinem Spatzenkopf. Einen hohen Diplomatenstehkragen, steife Hemdbrust, Fliegenkrawatte und sogenannte Röllchenmanschetten trug der zukünftige Bühnenheld. Seine großen Hände steckten in gelblichen Lederhandschuhen, auch das Stöckchen fehlte dem Herrn nicht, und mit frechen blauen Augen schaute er aus seinem sommersprossigen Lausbubengesicht.

»Ich möcht Herrn Direktor was vortragen, ich hab' schon geschrieben«, sagte er auf meine Frage und nannte seinen Namen: »Groll Lorenz, bitte!« Er musterte mich und den Buchhalter wie lästige Subalternbeamte, und um uns deutlich zu zeigen, daß uns seine Angelegenheiten nichts angingen, fing er ungeniert an, auf und ab zu gehen.

»Ich wart' so lieber«, sagte er, als ich ihm anbot, Platz zu nehmen, und ließ nun auch noch sein kokettes Stöckchen tanzen. Unschlüssig sahen Brönnle und ich einander an. Es klopfte.

»Herein!« rief Brönnle. Die Tür ging auf, und ein molliges Fräulein in kastanienbraunem Kostüm, mit hohen Lackstiefeln und rosenbesetztem großen Filzhut lächelte uns grüßend an: »Grüß Gott, die Herren! Mein Name ist Windmoser Marie. Bin ich da recht, Herr Direktor?« Ihr rundes rotbackiges Gesicht, umrahmt von gekräuselten blonden Haaren, strahlte gewinnend.

»Recht sind Sie schon, aber der Herr Direktor kommt erst. Bitte, wollen Sie vielleicht einstweilen Platz nehmen«, lud ich sie ein.

»Oh, sehr liebenswürdig. Danke. Ich bin so frei«, sagte sie und setzte sich auf einen Stuhl. Der Wasserbub maß sie mit geringschätzigem Kellnerblick, als wollte er sagen: »Was suchen denn *Sie* hier, Sie Provinzpomeranze!« Er zögerte kurz und ging wieder ungeniert hin und her. Gerade wollte ich ihn fragen, ob er vielleicht glaube, unser Büro sei eine Promenade, als der Direktor hereinkam. Fräulein Windmoser war emporgeschnellt, daß ihr Hut verrutschte, wurde um und um rot und machte einen Knicks. Der Bub stellte sich vor sie und lüpfte seinen Hut. Mit einem Blick, der alles verriet, stellte ich die beiden vor. Der Direktor verstand und ging mit Groll Lorenz und mir in sein Zimmer. Während wir uns in den knarrenden Korbstühlen niederließen, legte der Bub ohne jede Befangenheit Mantel und Hut ab, legte sein Stöckchen quer über den Tisch und stand nun in seinem Wasserbubensmoking da.

»Ich bin im Bild, jaja, Sie haben geschrieben«, sagte der Direktor und fragte kurzerhand: »Also, was können Sie?«

»Ich möchte bei Ihnen eintreten«, erwiderte der kleine Mann ohne Scheu.

»Ich hab' Sie doch erst gefragt, was Sie können«, wies ihn Felber leicht zurecht.

»Gedichte«, antwortete er um einige Grade schüchterner.

»Soso –. Also sprechen Sie, ganz gleich was. Nur, daß ich höre, was Sie können«, meinte Felber; und schon stellte sich der Bursch breitbeinig hin und leierte: »Dort drunten in der Mühle.« Das heißt – eigentlich leierte er nicht, er betonte originellerweise stets das Wort in der Mitte und am Ende der Zeile, also so:

»Dort drunten *in der* Mühle
saß ich *in stiller* Ruh' ...«

Merkwürdig klang das, fast wie geschimpft. Felber und ich verhielten gewaltsam das Lachen, doch wir hielten durch bis ans Ende, schwiegen kurz, und der Direktor sagte endlich: »Ja, sagen Sie einmal, wer hat Ihnen denn das beigebracht? Ein Komiker?« Verdutzt starrte der Bursch, aber als der Direktor ziemlich deutlich wurde und ihm riet, bei seinem Wasserbubenberuf zu bleiben, kam es betroffen vorwurfsvoll aus ihm: »Wenn Sie mich nicht nehmen, Herr Direktor, dann tu' ich mir was an. Dann haben Sie mich auf dem Gewissen!« Das war denn doch zuviel, und dem Direktor riß die Schnur der Laune.

»Sie!« rief er: »Jetzt aber gehn S', gelt! Da, nehmen S' Ihre Sachen. Wir haben keine Zeit.« Das nahm dem Buben den Nimbus. Kreidebleich und dann wieder jäh dunkelrot werdend, verharrte er etliche Atemzüge lang, gewann seine kecke Fassung wieder und rief unverschämt: »Das möcht' ich mir verbitten, Herr Direktor! Ich bin kein Lausbub nicht!« Da griff der Direktor nach seinem Mantel und Hut und wies energisch zur Tür: »Da, jetzt aber schnell! Verstanden? Marsch, hinaus mit dir, marsch!« Jetzt erst brach das Gesicht des Buben auseinander, und weinend lief er zur Tür hinaus.

Er ist nicht zum Selbstmörder geworden. Ich sah ihn noch lange im *Café Fahrig*. –

Ganz anders benahm sich das Fräulein Windmoser. Es hatte eigene Gedichte mitgebracht. Schüchtern und befangen trug sie diese vor. Rührend waren sie anzuhören. Was ließ sich gegen soviel Einfalt machen? Und jedesmal fragte das hochrot gewordene, um und um zitternde Ding: »Hat's gefallen, die Herren?« Wir nickten, wir lächelten behutsam. Zum letztenmal hub sie an:

»Ich bin nur eine arme Magd,
muß ewig dienen.
Doch bleib' ich trotzdem unverzagt,
wenn manchmal auch die Tränen rinnen.
Bin immer den geraden Weg gegangen,
wenn das auch hart und traurig war,
und hab' mich nie an wem vergangen,
blieb treu und ehrlich Jahr für Jahr.«

Sie hielt ein, sie schwitzte, ihre Brust ging auf und nieder, ihre Augen strahlten: »Ha-hat's gefallen, die Herren?« Und stand da – mein Gott, fast zum Verlieben.

»Tja, Fräulein, sehr schön«, sagte der Direktor: »Recht viel Gefühl, jaja, aber das taugt natürlich nicht fürs Theater. Verstehn Sie? Versuchen Sie's doch einmal mit einer Schauspielschule, vielleicht wird's was. – Wir können natürlich solche Schüler nicht nehmen. Verstehn Sie? Zum Unterrichten haben wir keine Zeit. Verstehn Sie?«

Das liebe Mädchen war nicht verletzt, im Gegenteil, hochbeglückt, es dankte in einem fort mit vielen Knicksen: »Soso, jaja, wie die Herren meinen. Bitt' schön, ich hab' bloß gemeint ...«

»Wissen Sie, Fräulein Windmoser, Ihre Gedichte sind recht schön, aber ich glaub', Sie müßten einen netten Mann heiraten. – Da gibt sich das«, sagte ich zutraulich, und wiederum war sie ganz empfänglich für diesen Rat, bloß, meinte sie, nette Männer seien schwer zu finden, auf keinen sei Verlaß.

»Wissen S', Herr«, wurde sie gesprächig, »mit mir tät einer nichts Schlechtes kriegen. Kochen, sparen und haushalten könnt' ich schon. – Ich hab' nichts gegen 's Heiraten, durchaus nicht, aber – mein Gott, so auf der Bühne stehen und – und von allen bewundert werden, das wär' halt wunderschön. Meinen Sie nicht, Herr? – Ich möcht' halt so gern!«

»Geduld, Fräulein Windmoser, Geduld bringt Rosen. – Viel Glück!« schloß der Direktor.

»Besten Dank, die Herrn, besten Dank«, sagte sie, »recht schönen Dank –« Sie hatte jede Woche einmal Ausgang und war immer in unserem Theater. Ich grüßte sie stets und wechselte einige freundliche Worte mit ihr, und nach zirka einem Monat stellte sie mir einen aufgeweckten jungen Mann als ihren Zukünftigen vor, den sie bald darauf heiratete.

Aber all das war noch gar nichts im Vergleich zu der Überraschung, die wir eines Morgens, kaum daß wir uns zur Arbeit hingesetzt hatten, erlebten. Ohne Klopfen flog plötzlich die Tür sperrangelweit auf, durch die Luft schwirrte ein Brief auf unseren Tisch, und im Handstand kam ein hagerer kleiner Mensch herein, der – ehe wir es uns versahen – sofort mit geradezu beängstigender Vehemenz anfing, Räder zu schlagen. Auf unsere staunenden Ausrufe reagierte er nicht im mindesten, schließlich stand er mit ausgebreiteten Armen in gravitätischer Haltung vor uns und sagte nichts als dies: »Na? Perfekt oder nicht?« Wir starrten beide völlig begriffsstutzig in sein schmales blaßes Bärtchengesicht. Er entpuppte sich schließlich als stellungsloser Akrobat, der mit einem Wink auf seinen Brief wiederum so kurz angebunden sagte: »Da drinnen steht mein Lebenslauf. Daß ich noch vollkommen auf Draht bin, haben Sie gesehen.« Und damit fragte er an, ob für ihn in unserem Theater nicht eine Stellung vakant sei.

Etwas perplex stieß ich heraus: »Aber wir sind doch kein Zirkus!«

»Bei mir würde es sich ja um eine Daueranstellung handeln. Damit hätten Sie für jede entsprechende Aufführung sofort den gebrauchsfähigen Akrobaten zur Hand. – Selbstverständlich würde ich mein Salär sehr niedrig berechnen.« Er war erst von dem dazukommenden Direktor davon zu überzeugen, daß wir seinem Wunsch nicht nachkommen konnten.

»Was will man machen, jeder will leben«, sagte der, als der Mann draußen war, und schloß ein bißchen melancholisch: »Unser ganzes bißl Leben ist nichts als ein verrücktes Theater –«

11.

SCHAUSPIELER, DUNKELMÄNNER UND MENSCHEN

Als nach der verfassunggebenden Nationalversammlung in Weimar unsere deutsche Republik so halbwegs stand, traf ich einmal einen mir von früher her bekannten Uniformhändler, der es durch seine Servilität schon im Frieden zum Hoflieferanten gebracht hatte. Er hatte seinen Laden im besten Geschäftsviertel der Stadt und verkaufte, wie er sich stets mit gewissem Stolz auszudrücken pflegte, »alles, was sich für einen repräsentablen Militärsmann gehörte«. Dem guten Mann erging es ebenso wie jenem Grabsteinfabrikanten, welcher nach Beendigung des Krieges sein gut florierendes Geschäft ruiniert sah: Er erlitt einen passablen Nervenschock, als er erfuhr, daß die siegreiche Entente unsere Militärmacht derart einschränken wolle, und vor allem, weil er annahm, in der Republik höre das schöne Dasein der von ihm belieferten Offiziere völlig auf. Was tat er? Bei Ausbruch der Revolution entfernte er eiligst das Hoflieferantenwappen auf seinem Auslagefenster, schloß seinen Laden und fuhr in die Schweiz. Er erholte sich von seiner offenbaren Erschütterung in Davos und kehrte zurück, als »Ruhe und Ordnung« wiederhergestellt waren. Er eröffnete sofort seinen Laden wieder und konnte unbehelligt seine Geschäfte machen. Bald klebte auch das stolze Hoflieferantenwappen wieder auf seinem Auslagefenster.

Diesen Mann also fragte ich eines Tages, was nun eigentlich die Herren Offiziere zu tun gedächten, ob sie der Republik genauso dienten wie der Monarchie, oder ob sie etwa größtenteils bürgerliche Berufe ergriffen.

Der Mann schaute mich beinahe verständnislos an und klärte mich auf: »Ein Offizier bleibt immer Soldat. Alles andere schert ihn nichts.« – »Soldat, ob Königreich oder Republik?« fragte ich bieder erstaunt: »Hm, wie ist denn das? Wie läßt sich denn das mit der Ehre eines königstreuen Offiziers vereinbaren? Er gab seinen Schwur dem König, und jetzt schwört er ebenso leichtfertig auf die Republik? Ich versteh' nicht recht.«

Der Mann lugte luchshaft vorsichtig herum, ob nicht ein Unerwünschter zuhöre, beugte sich näher zu mir und sagte halblaut: »Ich will Ihnen was sagen. Ein Offizier will nichts anderes als avancieren. Wenn diese Möglichkeit in der Republik besteht, erklärt er sich für sie. Tut sie das nicht, kann er nicht von Rang zu Rang klettern, ist und bleibt er ihr Feind. Das ist das ganze Geheimnis. – Als Geschäftsmann sollt' ich so was eigentlich gar nicht sagen, aber, mein Gott, man hat manchmal menschliche Momente.« Ich lächelte, und er lächelte ebenso.

Diese durch die Erfahrung eines gewiegten Geschäftsmannes gewonnene Erkenntnis hat sich für mich nirgends so augenfällig bestätigt wie an der *Neuen Bühne*. Ich habe in meinem ganzen Leben nie wieder eine Menschenschicht kennengelernt, die dem Offizier mehr gleicht als der Schauspieler. Der Unterschied ist nur der: Der Offizier strebt nach einem höheren Rang, der Schauspieler nach immer besseren Rollen. Weiter kümmert ihn nichts. Was fragt eine Schauspielerin oder ein Schauspieler, wenn ein neues Stück vorgeschlagen wird, am allerersten? »Ist eine gute Rolle für mich drinnen?« Damit ist sein ganzes Verhältnis zur Dichtung gekennzeichnet.

Von so schwerblütiger Natur wie Wollgast waren die Mitglieder unseres Bühnenvölkchens oder, wie man moderner sagen würde, unseres »Bühnen-Kollektivs« oder, um ganz heutig zu bleiben, unseres »Schauspiel-Teams« natürlich nicht, durchaus nicht. Wer hat es denn heutzutage auch noch nötig, gleich immer Selbstmord zu begehen? Dafür sind doch Kriege da, und außerdem kommt noch die Verseuchung unserer Lungen durch den immer giftiger werdenden »Fallout« dazu. Und dann gibt es doch eine Theorie, die den Selbstmord als Feigheit bezeichnet. Wer will schon ein Feigling sein, selbst wenn er es als Toter gar nicht mehr erfährt!

Wenngleich unsere Künstler manchmal den schönsten Korpsgeist markierten, die Bezeichnung »Arbeiterbühne« war ihnen zuwider. Sie minderte herab. Die meisten von ihnen hatten, wie das bei Barbieren und mittelmäßigen Bühnenkünstlern vielfach die Regel zu sein scheint, einen kleinen Tick, den sie schon deswegen hegten und pflegten, um ihre persönliche Besonderheit zu dokumentieren. Unser Jüngster zum Beispiel, Herr Arndt, mittelgroß, wendig und schlank, mit einem faltenlosen, etwas gelblich getönten Gesicht, dunklen Glanzaugen und fettschwarzem Haar, trug stets nur Lackhalbschuhe mit auffallend hohen Stöckeln, um größer zu erscheinen, hatte eine hurtig kleinschrittige Gangweise und gefiel sich besonders darin, daß er die singende Stimme und den Bühnengestus Alexander Moissis mit fast aufdringlicher Hartnäckigkeit kopierte. Allem Dawiderreden Felbers begegnete er mit der entwaffnenden

Frechheit eines erstklassigen Bühnenstars und schrie bei groben Auseinandersetzungen: »Aber was wollen Sie, Herr Direktor? Wir sind doch keine Kaserne! – Das ist und bleibt nun einmal mein eigener Stil –! Nur talentlose Stümper sind stillos.« Und nicht selten berief er sich darauf, daß gerade in einer sozialistischen Bühnengemeinschaft die Eigenart und künstlerische Freiheit des einzelnen respektiert werden müßten.

Frau Brand, die große Dame und Mutterdarstellerin, Oberleutnantswitwe und schon hoch in den Fünfzigern, regulierte ihre Laune jedesmal danach, wie sie täglich von der Kollegenschaft empfangen wurde. Wehe, wenn sie bei ihrem Auftauchen nicht von jedem freudig begrüßt und in ihrem selbstgeschneiderten Kleid gebührend bewundert wurde! Sogleich versauerte sich ihre Miene.

»Ich muß schon sagen«, stieß sie beleidigt aus sich heraus und verschwand in der Garderobe, »Höflichkeit und Bildung kennt man bei uns nicht!« Empört warf sie Handtasche, Hut und Handschuhe auf das Pudertischchen vor dem Spiegel, schnaubte, daß man ihr stark geschnürtes Korsett ächzen hörte, und klagte noch um einige Grade verdrossener: »Und bei so einer Lieblosigkeit verlangt man Bestleistungen! – Ich danke!« Steil erhob sie sich nach einer Weile, reckte ihren stark überpuderten, dünnrunzligen Hals, als fiele ihr erschrocken ein, daß sie ihren hohen, enganliegenden Stäbchenkragen vergessen habe; ihr rötlich gefärbtes, flockig frisiertes Haar zitterte an den emporstehenden Spitzen, und auf den Wangenhöhen ihres dunkelrosa angelaufenen Gesichtes traten die verräterischen blauen Äderchen des Alters stärker hervor. Wer sie jemals so stehen sah, gewann unwillkürlich den Eindruck einer Mischung von Hausdame und Strickschullehrerin, in deren Gesichtszügen sich herrschsüchtige Ordentlichkeit und gut eingeübtes Vornehmtun die Waage hielten. Erst das besänftigende Zureden ihrer Busenfreundin, der rundlichen, kraushaarigen Gottinger: »Aber beste, liebste Frau Brand, die ganze Sippschaft ist doch gar nicht wert, daß man sich über solche Flegeleien aufregt!« beruhigte sie. Dieser stämmigen Dreißigerin mit den leeren Kuhaugen und den quellenden breiten Lippen, welche sich mit dem Geschmack erfahrener Verkäuferinnen von Konfektionsgeschäften zu kleiden verstand, rannen so ausgleichende Schmeicheleien wie Honigseim aus dem Mund, und schon deshalb empfand sie unser Direktor als wahren Segen. Freilich konnte auch sie sogleich spitz und bösartig intrigant werden, wenn unsere Jüngste, das immer heitere Fräulein Inge Wagenbauer, ihr in der Schätzung der Männer den Rang abzulaufen drohte. Ein unberechenbarer Glücksfall hatte diese dunkelhaarige, eben aufblühende neunzehnjährige Tochter eines pensionierten Oberpostdirektors zu uns hereingeschneit, denn sie war nicht auf das bißchen Bezahlung angewiesen und studierte noch Literatur an der Universität bei dem weitbekannten Professor Arthur Kutscher. Aus reiner Neugier, naiver Abenteuerlust und wohl auch aus Protest gegen die Engstirnigkeit ihrer Eltern war sie einst zum Direktor gekommen, und der hatte sie nach ihrem hinreißenden Vorsprechen dazu gebracht, bei uns mitzumachen.

»Unser goldiges Mißverständnis«, nannte sie Lampert, der Mann der Väterrollen. Schopenhauer sagt einmal: »Schönheit ist ein offener Empfehlungsbrief, der unsere Herzen im voraus gewinnt.« Wenn man Inges staunende Begeisterung und immer bereite Hingabe dazunahm, wurde jedem klar, weswegen sie auch in Rollen, die sie weder beherrschte noch zu ihr paßten, stets einen rührenden Erfolg einheimste. Inge gab übrigens gar nichts auf Kleidung und kam sogar manchmal wandervogelmäßig aufgemacht, in derben Haferlschuhen und der ausgebeulten, abgeschabten Windjacke. Die spöttischen Bemerkungen ihrer Kolleginnen störten sie nicht im mindesten, und wenn der ellenlange Hans Hunckele anerkennend sagte: »So loß' i mir's gfallen, Mädl ... Dös is gsund!«, dann sagte sie nur lachend: »Gesund? – Ich hab's bloß eilig gehabt und war zu faul, was andres anzuziehn.«

Hunckele, der Chargenspieler, schwärmte nämlich fürs Gesunde und gab sich gern als Altbayer von echtem Schrot und Korn. Er hatte selber ein gutes Dutzend heimatlicher Bühnenstücke für Bauerntheater verfaßt und versorgte mit seinen überaus schlichten Gebirgsromanen viele Provinzzeitungen. Ihm paßte unser Spielplan gar nicht, und er nörgelte und intrigierte insgeheim fortwährend bei den Männern unseres Vorstandes dagegen. Man konnte ihn öfter mit ihnen vorn in der Wirtsstube Leberles sitzen sehen, den Gamsbarthut schief auf seinem Birnenkopf, die Lodenjoppe mit den grünen Aufschlägen offen, die dicke Uhrkette mit den kleinen Hirschkronen quer über der Weste und die Schnupftabaksdose leger herumreichend, mit einem Wort, schlicht von oben bis unten, in- und auswendig. So was verfehlt die Wirkung nie.

»Zu an Arbeitertheater, Herr Vorstand, da fehlt's bei uns weit. Bei uns spekuliert man auf die Bessern«, fing er dann an: »Der Mensch, der wo den ganz'n Tog rackert, will was Kernigs. Was fürs Gmüat und wos zum Lachn, net so wos Überkandidlts. – Do komma mir nia auf an grüna Zweig.« Und dann kam er mit Ganghofer- und Thoma-Stücken, mit Anzengruber und seinen eigenen Dialektstükken daher, die menschlich unecht, dick aufgetragen, sentimental und hausbacken-humoristisch wirkten, weil er das Städtisch-Ordinäre stets mit dem Bäuerlich-Derben verwechselte. »Aber die Reaktion vom Publikum, Herr Direktor, die gibt Ihnen unrecht. – Ich hab' da meine langjährigen Erfahrungen«, entgegnete er auf jede Kritik des Direktors, der seine liebe Not damit hatte, die leicht beeinflußbaren Vorstandsmitglieder von den Hunckele-Vorschlägen abzubringen.

Gegen diesen schleichenden Intriganten waren Lampert und unser Bonvivant Kunig das reine Labsal. Kunig, der gern an die paar Semester Medizinstudien und das damit verbundene Corpsstudententum erinnerte, das er offenbar wegen Geldmangels hatte aufgeben müssen, war ein gedrungen gebauter, etwa vierzigjähriger Blondling mit einem starken Hang für obszöne Witze, die er sich, wenn er einen noch unbekannten erfuhr, sogleich in einem Büchlein notierte. »Hören Sie mal, kennen Sie den schon?« fiel er jeden an, der ihm gerade in die Quere kam, und konnte durch diese Beharrlichkeit lästig werden. Auch wie er dabei in der Nähe stehende Damen wegzuscheuchen pflegte, indem er zerschlissen kellnerfreundlich sagte: »Bitte, machen Sie die Ohren zu, Gnädigste, nichts für zartere Gemüter!«, verriet den schlüpfrigen Herrenabendspießer. Aber er hielt darauf, seine Rolle genau zu beherrschen und fügte sich geduldig den Anweisungen des regieführenden Direktors.

Lampert, der älteste von den vier Herren, war der einzige Sozialist unter ihnen, ein muskulöser Mensch, dem man ansah, daß er sich durch methodische Turnübungen elastisch hielt. Es fiel schwer, sein Alter zu erraten, wenn auch seine glattgescheitelten graumelierten Haare auf einen Sechziger schließen ließen. Als Schauspieler war er vielerfahren, hatte eine kraftvolle Stimme und wußte mit seiner Mimik und seinen Gesten was anzufangen. Sympathisch an ihm berührte, daß er, für eine gutgelungene Darstellung belobigt, ohne falsche Bescheidenheit sagte: »Na ja, man tut, was man kann. – Ich bin nicht mehr jung genug, um über den guten Durchschnitt hinauszukommen.« Leicht denkbar also, daß er sich keine allzugroßen Chancen an anderen Bühnen mehr erhoffte. Zum Ärger des ganzen Ensembles hatte er darauf gedrungen, daß auch jeder Bühnenangehörige Mitglied der Genossenschaft werden und zum mindesten einen Anteil von zwanzig Mark zeichnen müsse.

»Na, der Herr Kavalier hat wohl noch nie erfahren, was so ein Stück Geld für einen armen Kollegen bedeutet«, rügte Frau Brand diese Zumutung.

Zusammenfassend sagte Felber einmal zu mir: »Kirchenlichter sind sie ja alle nicht, aber was will man machen mit unseren Mitteln.« Daß er mit diesem Häuflein kleiner Begabungen dennoch mustergültige und auch von den schärfsten bürgerlichen Kritikern anerkannte Aufführungen zustande brachte und das Niveau unseres Spielplans auf der Höhe halten konnte, wunderte mich immer wieder.

Trotz alledem aber befanden wir uns ständig in argen Finanzschwierigkeiten, die auch dadurch nicht behoben werden konnten, daß Ehrhart und manche andere Mitglieder des Vorstandes immer wieder eigenes Geld opferten. Infolgedessen bemühten wir uns, die hauptsächlich von Sozialdemokraten beherrschte *Münchner Volksbühne* für fortlaufende Serienbestellungen von soundsoviel Stücken zu gewinnen. Einige unserer Genossen, die zugleich auch dort Mitglieder waren, agitierten energisch dafür. Felber und ich traten wieder in jeder kulturellen Veranstaltung der Arbeiterschaft als Redner auf und warben im gleichen Sinn. Um die Vorstände der *Volksbühne* geneigter zu machen und auch den höchsten literarischen Ansprüchen zu entsprechen, gelang es uns, den damals wegen seiner »Vitalität« vielbewunderten Alexander Granach von den *Kammerspielen* für ein Gastspiel von Georg Kaisers *Von morgens bis Mitternacht* zu gewinnen. Das bühnentechnisch, sprachlich und psychologisch meisterhafte Defraudantenstück hatte eben in Berlin und im ganzen Reich einen aufsehenerregenden Erfolg errungen, und Granach stand am Anfang seines triumphalen Aufstieges. Als Hauptfigur faszinierte er allenthalben, und die ansässige wie auch die auswärtige Theaterkritik erging sich in wahren Lobeshymnen über sein Spiel und unsere Aufführung. Tagelang waren unsere Karten ausverkauft. Ein hoffnungsvoller Optimismus überkam alle. Freilich hatte Felber im Einverständnis mit den Vorstandsmitgliedern einen hochverzinslichen kurzbefristeten Kredit bei einem Wucherer aufnehmen müssen. Mit dem Mut eines verzweifelten Spielers setzte er auf eine Karte und engagierte auch die an den *Kammerspielen* tätige Frau Lisa Gerstenberg für die bereits eingeprobte *Moral der Frau Dulska* und wollte nunmehr seinen lange gehegten Wunsch, *Das Traumspiel* von Strindberg mit Frau Fritta Brot, folgen lassen.

Die von der *Volksbühne*, geführt von ihrem Vorsitzenden, dem als Kunstliebhaber und Theaterfreund stadtbekannten sozialdemokratischen Stadtrat Maurer, kamen dann auch. Sie waren nicht weniger als alle Kunstkenner von der Granach-Aufführung begeistert. Wie konnte es auch, nachdem ihnen die bürgerliche Kritik das eingeflößt hatte, anders sein! Felber und unser Vorstand Ehrhart wollten noch am gleichen Abend bei Maurer eine Zusage des Zusammenwirkens erreichen, doch dieser wich aus, indem er bemerkte, darüber habe nicht er allein, sondern die nächste Generalversammlung zu entscheiden, die in vier Wochen stattfinde. Und in acht Wochen mußte dem Wucherer das Darlehen mit Heller und Pfennig zurückbezahlt werden. Es war qualvoll und entnervend.

Dazu kamen die täglichen Nadelstiche unserer Schauspieler.

»Nein, nein, Herr Direktor, nicht daß man etwa meint, ich bin eine prüde komische Alte«, fing Frau Brand ihre Beschwerde an: »Ich hab' schließlich in der langen Zeit, die ich beim Theater bin, schon allerhand erlebt und gesehen. Aber wie es dieser Herr Granach treibt, das geht denn doch über die Hutschnur!« Ihre Stimme fing zu zittern an: »Der feine Herr glaubt wohl. wir haben hier ein Bordell! – Wie ein Fuhrknecht benimmt er sich! – Kein Wunder, daß Fräulein Gottinger beinah' einen Nervenschock hat! Erst treibt er's mit ihr, und dann stürzt er sich auf die Wagenbauer! – Wo der herkommt, müssen ja nette Sitten und Bräuche herrschen! – Wenn's so bei den *Kammerspielen* zugeht, ich danke schön!« Jetzt haßten sie und die Gottinger Inge bis aufs Blut. Vermitteln mußte Felber, der sich dabei fast verbrauchte.

Schlimmes passierte auch beim Dulska-Gastspiel von Lisa Gerstenberg. Ob es sich nun um ein ernstliches Blasenleiden oder um eine hysterische Idiosynkrasie handelte, ist schwer zu sagen. Jedenfalls pißte diese Dame vor jedem Auftreten ungeniert vor ihren Kolleginnen in ihr mitgebrachtes Nachttöpfchen. Im ersten Augenblick waren unsre drei Damen so perplex, daß sie nur wortlos in die Luft starrten. Dann kreischten sie angeekelt auf, und sich die bebende Nase zuhaltend, rannte Frau Brand aus der Garderobe. Gottinger und Inge folgten. Ihre schnell umgehängten Schlafröcke flatterten, ihre wirren Haare flogen. Gegen diesen Aufruhr kam Felber kaum mehr auf. Bitten und betteln mußte er zuletzt, um die Aufführung nicht zu gefährden. Die ungeduldig wartenden Besucher trampelten und klatschten schon bedrohlich, als endlich der Vorhang aufging.

Blaß und erschöpft saß der Direktor hinter den Kulissen, schüttete sein weißliches Herzpulver auf die Zunge und goß es mit dem Glas Wasser, das ihm der Inspizient reichte, hinunter. Unglückseligerweise trennte die Damengarderobe nur eine dünne Bretterwand von derjenigen der Herren, so daß diese alles mitangehört hatten. Mit wahrhaft zermarternder Geduld und aller erdenklichen Mühe, nur unterstützt von Lampert, konnte der geplagte Direktor Kunig, Arndt und Hunckele dazu bringen, ihre ordinären Herrenabendwitze dabei zu unterlassen; und es gelang ihm auch. Frau Gerstenberg zu bewegen, wenigstens ihr Töpfchen nach dem Urinieren in der Toilette zu entleeren, denn unsere Damen weigerten sich einfach, vorher die Garderobe zu betreten. So konnte unter Ach und Krach jedesmal die Vorstellung durchgeführt werden, und der Erfolg blieb auch diesmal nicht aus. Stets war der Theatersaal voll. Das Publikum geizte nicht mit Beifall, es gab oft vier und fünf hochgehende Vorhänge. Doch die verschwiegene Gereiztheit des Herrenabendwitzbolds Kunig und seiner Kumpane ließ nicht nach, und bei den Damen war es dasselbe. Insgeheim schüttete am letzten Abend jemand Brausepulver in das ominöse Töpfchen. Kreischend schnellte Frau Gerstenberg empor und schlug einen derartigen Krach, daß man ihr Geschrei bis in den vollen Theatersaal hinaus hörte. Nichts hielt die Tobende mehr zurück, auf der Stelle rannte sie auf und davon. Zeit zu langem Herumfragen blieb nicht. Überstürzt mußte umdisponiert werden. Mit dem Aufwand all seiner Beherrschung versuchte Felber, dem wartenden Publikum das »plötzliche Unpäßlichwerden« unseres Gastspielstars zu erklären; und unter empörtem Geschimpfe verließ die Hälfte der Besucher den Saal und forderte das Eintrittsgeld zurück. Die Zurückgebliebenen mußten sich mit dem gut eingespielten *G'wissenswurm* zufriedengeben. Voll Unruhe, unterbrochen von lauten groben Zwischenrufen verlief die Vorstellung. Bis in den grauen Morgen hinein dauerte die giftige Auseinandersetzung zwischen Felber und einigen rasch herbeigeholten Vorstandsmitgliedern mit den allmählich renitenter auftretenden Schauspielern.

»Aber, aber! – Bitt' schön, jetzt heißt's doch zusammenstehn, meine Herrn! – Jetzt, wo wir die *Volksbühne* kriegen und knapp vorm Ziel stehn!« beschwor Ehrhart schließlich alle, und vermurrt ging man auseinander.

Wie das aber schon ist, ein Unglück kommt selten allein. Frau Fritta Brot, eine ungemein von sich eingenommene Dame, inspizierte vor ihrem geplanten *Traumspiel*-Gastspiel unsere Bühne und äußerte sich über deren Primitivität gegenüber dem Direktor sehr abfällig. Noch provokanter benahm sie sich bei der ersten Probe, indem sie unser ganzes Ensemble fast wie eine Ansammlung unfähiger Schmierenkomödianten behandelte. Das führte zu so offenen heftigen Reibereien, daß sich die Unsrigen schließlich mit vollem Recht weigerten, noch weiter mit diesem unverträglichen Star aufzutreten. Das Resultat war, daß das ganze Gastspiel abgesagt werden mußte. Zum Glück war es in unseren Vorankündigungen bisher nur immer nebenher erwähnt worden, so daß der Ausfall in der Öffentlichkeit nicht weiter auffiel. Um so mehr erhitzte der Erfolg ihres entschiedenen Auftretens unsere Schauspieler. Sie nahmen auch an, daß wir durch die großen Erfolge des Granach- und Gerstenberg-Gastspiels auf einmal zu viel Geld gekommen wären, da wir ja sonst nicht die hohen Stargagen hätten leisten können. Nicht zu Unrecht wollten nun auch sie, die von den kleinsten Anfängen an unter allerhand Entbehrungen und Opfern der Bühne zum Aufstieg verholfen hatten, eine Erhöhung ihrer Gagen und – unsere Kasse war kaum portokräftig.

Wahrhaftig, es muß eine barmherzige Gottheit geben, die so schwer Bedrängten ununterbrochen so kleine und große Widerwärtigkeiten schickt, nur um sie in der angstvollen Ungewißheit des Wartens auf die rettend erhoffte Entscheidung aufrechtzuerhalten. Zwei Wochen bis zur Abstimmung in der Generalversammlung der *Volksbühne* waren schon verflossen, und jetzt war bei uns Zahltag. Es klopfte, und herein kam Arndt.

»Tja, hm, Sie wollen Ihre Gage, Herr Arndt«, sagte unser mächtiger Vorstand unsicher: »Es ist noch kein Geld da. – Morgen vielleicht.« Brönnle und ich hatten auch keine besseren Mienen.

»Was –? Kein Geld da –? Jetzt, nach diesen Erfolgen?« rief Arndt: »Kein Geld? Und ich –? Ich soll wohl von der Luft leben, was?« Blaß und ungläubig musterte er uns.

»Ich mein' doch, Herr Arndt, wir haben immer geschaut, daß für unsre Künstler das Geld zuerst da ist«, rang Ehrhart um Verständnis. Aber das Gegenteil trat ein.

»Mir kann man damit nicht kommen, Herrschaften!« stieß Arndt bedeutend aggressiver heraus und wandte sich an den eben hereinkommenden Kunig: »Kein Geld für uns da, sagen sie! – Hübsch so was, sehr hübsch, was?«

»Was, nichts da –? Ihr habt doch gescheffelt –! Unerhört!« fing der sogleich zu poltern an. »Sind wir vielleicht Taglöhner –? Da geh' ich ja gleich lieber zur nächstbesten Schmiere!«

»Aber, aber, bitt' schön, die Herrn, bitt' schön!« stotterte Ehrhart vernichtet und warf seine Arme in die Höhe: »Keine Angst! – Jeder kriegt sein Geld, jeder!« und mit ordinärster Grobheit warf Arndt hin: »Ihr seid wohl pleite, was? – Unser Geld haben wohl Granach und die Pisserin gekriegt, was?«

»Und unsereins soll warten –? Für unsereins ist der schäbige Rest, und der womöglich noch auf Stottern, was?« schimpfte Kunig. Ich wäre am liebsten aufgesprungen und auf sie los, aber schon klagte Ehrhart, fast dem Weinen nah: »Ich geh' jetzt, meine Herren, ich geh'! – Und wenn ich mir das Geld aus den Rippen schneiden muß, heut' noch kriegen Sie's!« Kopflos riß er die Tür auf.

»Und wann denn? Wann heut?« schrien die beiden Mimen gleichzeitig und wandten sich ebenfalls zum Gehen, ohne uns weiter zu beachten.

»Bis drei oder vier! – Später nicht! Verlassen Sie sich drauf!« rief der davongehende Vorstand zurück.

»Mensch, Mensch, so sieht denen ihr Sozialismus aus!« rief ich Brönnle zu, als wir allein waren. Der aber schien gerechter.

»No ja, jeder will eben leben«, meinte er. »Wo das noch hinführt? – Ich krieg' einen Schrecken, wenn ich meine Bücher anschau' –«

Der Ausgeher Kragler kam herein und legte etliche Geldsäcke auf den Tisch. Dicke Bündel nicht verkaufter Eintrittskarten legte er dazu. Nervös leerte Brönnle die Säcke und begann zu zählen. Kaum dreihundert Mark ergab das.

»Hm, hm«, machte er und fuhr sich in die Haare: »Das langt grad für einen.« Ich stand auf und ging zum Mittagessen. Als ich zurückkam, war das ganze Büro voll. Arndt und Kunig hatten alle anderen alarmiert. Endlich tappte Ehrhart schnaubend und schwitzend zur Tür herein, warf einen Bund Banknoten hin und sackte erschöpft auf einen Sessel: »Da, jeder kommt zu seinem Geld. Fragt mich bloß nichts weiter.« Ja, es reichte, jeder der Herandrängenden ging irgendwie beschämt und doch feindselig davon. Und als ich nun sah, wie der großmächtige Mensch da, unser guter Packträger Ehrhart, auf einmal aus sich herausklagte: »Ich bin am End'! – Jetzt hab' ich nichts mehr! – Herrgott, und wenn der Talheimer um sein Geld kommt, ich weiß nicht, was da passiert. – Alle kommen wir ins Zuchthaus, wenn wir da das Geld nicht haben!«, da ging mir durch den Kopf, wie rätselhaft doch die Hundetreue des Volkes ist. Da rannte nun der verstörte Mann herum, bettelte und borgte Geld für diese Meute zusammen und opferte bedenkenlos alles, was er noch hatte, nur weil man's ihm von Kind auf beigebracht hatte, daß es der Anstand verlange, bloß, weil man ihm unaufhörlich eingetrichtert hatte, das heiße ehrlich und pflichttreu sein, und wenn man dabei auch alles drangeben muß, was man selber ist! Mit so einer hundetreuen Masse kann freilich jeder unverschämte Strolch und Betrüger alles machen! –

Zum Kotzen, jetzt weinte Ehrhart sogar, weinte wie ein verstoßenes Kind! – Und die vier qualvollen Wochen Warten auf die Entscheidung der *Volksbühne* gingen vorüber. Nach der stürmisch verlaufenen Generalversammlung derselben erhielten wir ein Schreiben, daß unser Theater leider nicht den Ansprüchen des *Volksbühnen*-Publikums entspreche. Schon der schmucklose Wirtshaussaal und vor allem die primitive »Bestuhlung« (wir hatten gewöhnliche numerierte Wirtshaussessel) wirkten alles eher als einladend, und das Fehlen eines Foyers, in welchem sich die bei solchen Anlässen etwas feierlich gekleideten Theaterbesucher ergehen könnten, sei der bedenklichste Mangel.

Das rückte den Zusammenbruch unserer Bühne in die nächste Nähe. Ehrhart und alle Mithelfer seinesgleichen verloren jeden Glauben an die sozialistische Solidarität, Felber erhoffte nichts mehr, doch siehe da!, »wo die Not am größten ist«, in dieser niederschmetternden Bedrängnis bewährte sich unser einziger Sozialist unter den Schauspielern: Lampert! Er kam – und ich traute meinen Augen nicht – mit wem? Mit dem nie um Rat verlegenen, fast verschollen geglaubten Seppi!

»Oskar!« lachte er breit und lief mir mit ausgebreiteten Armen im Büro entgegen: »Wo du dabei bist, da weiß ich, daß nichts schief ist! Kennst du mich noch, ja? Na also, alter Freund, da ist er wieder, der Seppi, und weiß, was seine proletarische Pflicht ist!« Lustig blinzelte er aus seinem fetten Gesicht, und rundlich war er geworden, und Beamter beim Arbeitsamt sei er jetzt, erfuhr ich in der Schnelligkeit, und von seinem Freund Lampert wisse er alles. Meine staunenden Ausrufe hörte er gar nicht. Sofort fing er mit seiner energischen Hurtigkeit vor Felber, mir und Brönnle an, seinen Rettungsplan zu entwickeln.

»Erstens und zweitens und drittens und viertens also: Geld braucht's? Mitglieder braucht's auch mehr? Saniert muß das Theater werden, ja?« redete er drauflos und versprach wie beiläufig, schon in allernächster Zeit uns zwei oder drei Dutzend neue Mitglieder zu beschaffen.

»Und zwar nicht solcherne bloß mit *einem* windigen Zwanzigmarkanteil. Verstehst mich, Oskar? Da muß jeder mindestens zwei, drei und vier Anteile übernehmen!« ergänzte er, aber er merkte, daß uns das noch nicht retten konnte.

»Das ist natürlich bloß ein Zuschuß«, gab er zu und fuhr gewichtiger fort: »Eine ständige, eine laufende, eine sofortige Einnahme muß hergestellt werden, net wahr?« Das klang wie das reinste Jubilate! Er sah in unsere Gesichter, die alle noch einen unbestimmten Ausdruck hatten.

»Nein, nein«, wandte er sich an Felber. »Nicht, daß Sie vielleicht meinen, ich mach' Ihnen einen Schmus vor. Da, glaub' ich, kennt mich der Oskar zu genau, und Genosse Lampert kann's auch sagen ...« Der nickte zustimmend.

Ehrhart kam herein, und gleich schnellte Brönnle, dienernd wie immer, in die Höhe, stellte den Seppi vor und sagte: »Das ist der Herr, der uns helfen will«, aber der Seppi verbesserte ihn und fand im Handumdrehen den vertrauenerweckenden Ton: »Nichts mit ›Herr‹ da! – Wir sind alle bloß Genossen!«

Nie wieder vergesse ich das erlösende Aufleuchten im runden Gesicht unseres Vorstands, nie wieder das treuherzig-dankbare Erglänzen seiner kugligen braunen Kinderaugen, als uns jetzt der kundige Seppi den Plan auseinandersetzte, wir müßten unser Theater sofort für tägliche Filmvorführungen umstellen, das bringe volle Kassen!

»Erstens«, sagte er, »sind wir dann das allererste proletarische Filmtheater! Das ist was Neues, das zieht –. Da machen garantiert alle Arbeiterorganisationen mit, die

SPDler, die Gewerkschaften, die USPler und, na ja, von den Unsrigen ist's ja selbstredend.« Er war also Kommunist geworden. »Die Unsrigen« sagte er.

»Tarnen! Tarnen!« sprudelte es aus ihm, und nur das hoffnungsvoll-glückliche Gesicht Ehrharts sah er. »Tarnen, wie der Lenin gesagt hat. Wenn ich damit für die Revolution siege, verbünd' ich mich auch mit dem Teufel seiner Großmutter! Genossen! – Tarnen! – Zwischenhinein ungeniert einmal ganz was Patriotisches wie den *Friedericus-Rex*-Film oder so was laufen lassen. Bloß, daß wir gleich Zulauf kriegen und Geld reinbringen. Net wahr?« Unverdächtig aufgeheitert fragte ich zwischenhinein: »Singst noch immer so gern, Seppi?«

»Selbstredend, Oskar! Bloß den Humor nie verlieren. Da bleiben wir obenauf«, sagte er lustig und zwinkerte mir zu. Ich ließ ihn nicht aus den Augen, ich tat altfreundschaftlich; und sein Reden plätscherte munter weiter. Ich erinnerte mich an alles, was ich mit ihm erlebt hatte: Das Wurstessen im Landtag, sein Vorschlag, mit mir gemeinsam Schiebergeschäfte zu machen, die seltsame Lieferungsnacht mit den zwei Schinken und seinem plötzlichen Aufsingen, die Infanteriegewehre bei dem »Kunden«, von denen ich ihm erzählt hatte, und sein krachlustiger Einfall: »Ha, großartig! Den heb' ich morgen mit zwei Genossen aus, nachher gehören vielleicht die zwei Schinken wieder uns!« Endlich kam mir auch noch in den Sinn, wie respektvoll der Genosse damals in der Räterepublik den Geheimkurier Seppi gerühmt und mir gesagt hatte, der sei auf dem Weg nach Nürnberg, um die dortigen Genossen ebenfalls für die Aufrichtung einer Räterepublik zu gewinnen, die sich mit Münchnen solidarisch erklären sollte, und wie die Nürnberger nichts davon wissen wollten und – mit der Bamberger Regierung Hoffmann paktiert hätten.

»Die Arbeiterbühne darf nicht eingehn, Genossen! Die

muß gehalten werden!« sagte der Seppi eindringlicher. »Das ist jetzt die Hauptsach'. Drum beim Tag Kino und nachts das Theater –. Garantiert, so geht's, so sind wir eins, zwei, drei aus dem Schlamassel –«

»Hm, ganz schön und recht, aber wer soll das Geld für den Umbau, für die vorschriftsmäßigen Lichtanlagen aufbringen?« warf Felber auf einmal ein, und da stockte der Seppi doch auch.

»Ja, ist denn gar kein Geld da, gar nichts?« fragte er.

»Nichts – radikal nichts«, antwortete Brönnle. Eine schwere Pause gab's.

»Also, ich – ich kann nichts mehr leisten«, sagte Ehrhart traurig, und sein Gesicht wurde wieder hoffnungslos verzagt. Wieder schauten wir einander stumm und ratlos an. Auch der Seppi wußte einen Augenblick lang nicht mehr weiter, endlich versprach er: »Ich will schauen. Das gibt sich vielleicht auch. – Verlaßt euch drauf, Genossen, ich laß' nicht aus. Wenn ich's hätt', ich tät' meinen letzten Pfennig opfern.« Es klang aber schon nicht mehr so zuversichtlich.

»Und das tät' natürlich pressieren! Sehr pressieren, sonst ist's aus mit uns«, sagte Ehrhart, als man aufstand, um auseinanderzugehn. In längstens zwei, drei Tagen könnte er uns über die Aussichten unterrichten, tröstete der Seppi.

Tatsächlich meldeten sich in den nächsten Tagen über ein Dutzend neue Mitglieder, und manche nahmen wirklich auch zwei und drei Anteile. Es waren ungewohnte junge Gesichter, die sie hatten, und alle hatten fast etwas militärisch Strammes an sich, eine beflissen korrekte Höflichkeit zeigten sie; und einer, der sich besonders genau über den Spielplan der nächsten Zeit informieren wollte, las laut vor Brönnle und mir die Namen: »Lampert, Kunig, Arndt, Hunckele, Brand, Gottinger, Wagenbauer – lauter deutsche Namen, gut so.« Er lächelte uns kurz an und ging mit einem freundlichen: »Da kann man mitmachen.«

»Oho!« sagte ich: »Oho! Woher kennt denn der Seppi diese Burschen?« Lauter Studenten. Söhne »besserer Stände« waren es.

Der Seppi kam sonderbarerweise nicht mehr, er telefonierte nur öfter mit Felber, und als er erfahren hatte, daß unser Unternehmen nicht hypothekarisch zu belasten sei, erklärte er sich außerstande, irgendwo Geld für uns beschaffen zu können. Es stellte sich übrigens auch heraus, daß wir von der Behörde »infolge der gänzlichen Ungeeignetheit und des derzeitigen Zustandes unseres Theaters« keine Genehmigung für einen Kinobetrieb bekommen könnten.

Den endgültigen Zusammenbruch der *Neuen Bühne*, die einst so hoffnungsvoll begonnen hatte, erlebte ich nicht persönlich. Meine plötzlich wieder auftretende Stirn- und Nebenhöhleneiterung machte eine Operation nötig. Ich erfuhr später von dem furchtbaren Auftritt mit dem Wucherer Talheimer, der rücksichtslos pfänden ließ, was noch zu pfänden war. Ehrhart und mehrere Genossen des Vorstandes verloren dabei ihr ganzes Vermögen. Die Schauspieler verliefen sich. Felber eröffnete später mit einem Herrn Mellinger eine kleine hochliterarische Bühne.

Monatelang sichtete ich im Hauptbahnhof meinen Freund Ehrhart nicht mehr. Er war, wie ich von einem seiner Packträgerkollegen erfuhr, gemütskrank geworden. Auch die sonstigen Genossen verlor ich aus den Augen. Die Tage, die Wochen, die Monate waren aufgewühlt, die nächste Zukunft sah ungewiß aus. Ein bedenkliches Zittern durchlief wieder einmal die ganze Weimarer Republik. Von Oberschlesien bis hinauf nach Danzig hausten kriegsmäßig ausgerüstete Freischaren und nationalistische Landsknechts-Verschwörergruppen, die sich mit Unterstützung der Reichswehr selbständig gemacht hatten und nach eigenem Kriegsrecht handelten. Sie kämpften gegen die sogenannten »polnischen Insurgenten« um die Grenzfestlegungen der

Gebiete, für welche der unselige Versailler Vertrag Abstimmungen vorgesehen hatte. Wer gegen diese »Schwarze Reichswehr« und ihr Treiben in den Parlamenten, in der Presse oder in öffentlichen Versammlungen auftrat, galt als »Landesverräter« und war seines Lebens nicht mehr sicher. Nach der Ermordung Kurt Eisners, Karl Liebknechts und Rosa Luxemburgs erfolgten rasch nacheinander die Attentate auf den Führer der Unabhängigen Sozialisten im Reichstag, Hugo Haase, auf den fortschrittlichen Zentrumsabgeordneten Matthias Erzberger, auf den Pazifisten Paasche und den Reichsaußenminister Walter Rathenau. Der weltbekannte Journalist Maximilian Harden und Gustav Scheidemann wurden auf offener Straße überfallen und schrecklich zugerichtet. Meist waren die Täter unauffindbar. In Bayern wies der mutige USP-Abgeordnete Gareis im Landtag mit genau detaillierten Angaben auf die Fememorde der »Orgesch« hin. Beim Heimgang von der Versammlung wurde er vor seinem Hause niedergeschossen. Eine peinlich verschwiegene schleichende Angst ging in den Reihen der linksgerichteten Persönlichkeiten um, und vom demokratisch bekannten Minister bis hinab zum kleinen Staatsbeamten befleißigte sich auf einmal jeder, seine einwandfreie nationale Gesinnung deutlich zu dokumentieren. Sehr schnell wuchs die zahllose Anhängerschaft jenes blutsuchtkranken Mannes mit dem Zahnbürstenbärtchen, den ich einst auf so komische Weise kennengelernt hatte. Wuchs und bekam immer mehr Zulauf aus dem Haufen der Verdrossenen, denen die entschlußlose Republik nichts zu bieten hatte als Arbeitslosigkeit und leere Worte, wuchs und wurmte sich ein in alle Kreise und Schichten und gab den gesellschaftlichen Ton an, wuchs und gliederte sich zu gewalttätigen Kampftrupps, die die sozialistischen Versammlungen auseinanderschlugen, ohne daß die Polizei gegen sie einschritt.

»So geht man mit uns um! Und warum? Weil wir Schafsköpf' nicht einig sind«, sagten die Arbeiter und fingen an, ihre Führer zu verachten. Und nach und nach blieben viele für sich, ganz allein für sich. Denn, sagte einer einmal zu mir: »Es deutschelt und deutschelt, wo du hinschaust und hinhörst ... Da wird einem z'letzt selber ganz schwummelig –«

Beim Begräbnis von Gareis traf ich endlich Ehrhart wieder. Er war arg abgemagert, sein dunkles Haar zeigte schon graue Strähnen, und man sah es seinem Gesicht an, was er seit dem Zusammenbrach der Bühne durchgestanden hatte. Aber als er mich sah, ging er auf mich zu und – lächelte wieder.

»Oskar«, sagte er in meine Verblüffung hinein, »Oskar, es gibt doch noch eine Solidarität unter uns Sozialisten. Jetzt fang' ich wieder an zu glauben! Wenn's bei uns so wär', könnt' nichts passiern –«

Schweizerische Gewerkschaften hatten – weiß Gott, wie das zugegangen war! – die Restschulden beglichen und die geschädigten Genossen mit je einer Summe bedacht.

12.

DAS UNTERSTE KEHRT SICH NACH OBEN

Redet mir nur ja nicht immer vor lauter rührungserheischender Selbstbemitleidung davon, daß ihr außer der unbeschreiblichen Zerstörung eurer Städte, eurer Industrieanlagen und Dörfer und durch die Gewalttätigkeit, die jede siegerfeindliche Besatzung mit sich bringt, auch euren moralischen Halt, eure seelische Substanz unfreiwillig eingebüßt habt! Das erinnert mich stets zu aufdringlich an die Zeit im Ersten Weltkrieg, da wir als nachrückender Etappenstab in die zerschossenen kleineren und größeren polnischen Städte und Dörfer einzogen und uns dort für eine Weile einnisteten. Da boten uns feindlichen deutschen Soldaten die Leute, die, statt zu fliehen, in ihren noch halbwegs bewohnbaren Behausungen zurückgeblieben waren, für einige Pfund Viehzucker, ein Kommißbrot oder etliche Konserven ihre unmündigen und mündigen Töchter als Beischläferinnen an, ganz gleichgültig, ob die Feilbietenden Christen oder Juden waren. Mit dieser seelischen Substanz ist es also gar nicht weit her, ja, nach meinen Erfahrungen im Krieg und im Frieden, in der Heimat und im Exil kommt es mir vor, als ob eine solche Substanz in 99 Prozent aller Menschen überhaupt nicht vorhanden ist und als ob das restliche eine Prozent, das diese besitzt, immer auf mehr oder weniger schauderhafte Weise unter die Räder kommt. –

»Großartig! – Wirklich weit hat's eure Politik gebracht, phantastisch weit!« warf uns Thiele im Kaffeehaus an den Kopf. »Für einen aufgespannten Bilderrahmen zahl' ich heut' so viel wie ich noch nie für ein Bild gekriegt habe, und da muß ich noch heilfroh sein, wenn ich überhaupt einen erwische.« Von Tag zu Tag verlor er mehr von seiner sicheren Gelassenheit, immer mürrischer wurde er. Sogar seine regelmäßigen Kaffeehausbesuche gab er auf, und nur noch selten kam er in die *Brennessel* an den gewohnten Stammtisch.

Und lachend erzählte der dicke Maler Mailer: »Jetzt kommt, wie mir scheint, der Strich schon bis zu uns nach Schwabing. – Geh' ich da vorgestern auf dem Heimweg durch die Georgenstraße und sehe drei Weibsen, die rumstehn wie verirrte Hennen und tun, als ob sie was suchen. Ich frag' sie, was sie denn suchen. Da lachen sie mich dreckig an und sagen: ›Nein, nein, Herr, wir suchen nichts, wir sind Huren. Reflektieren Sie vielleicht auf eine von uns? Bitt' schön, wir machen's billig.‹ Und sie stellen sich hin wie drei Rekruten zum Aussuchen und sagen noch ungenierter: ›Oder wollen der Herr gleich uns drei, bitt' schön, wir machen's Ihnen, wie Sie's wollen. Wie's der Herr wünschen!‹ Keine Professionellen waren das, das hat man gesehen, ganz gewöhnliche Hausfrauen. – Und wie ich weitergeh', sagen sie: ›Schad', schad', Herr. Vielleicht ein andres Mal, aber, gell, bitt' schön, verraten Sie uns nicht, bitt' schön.‹ «

Mit einem starken Rutsch zum andern, wie immer höher steigende Wellen, die alles fortschwemmten, was bisher als privates oder öffentliches Tabu gegolten hatte, überflutete die rasch zunehmende Inflation das ganze Alltagsgetriebe. Apropos von wegen »seelischer Substanz«, die dadurch zu Schaden gekommen oder ganz vernichtet worden sein soll: Unwillkürliche Lachlust befällt mich, wenn ich dabei die scheinheiligen Argumente der besorgten Frömmler zu hören bekomme, die für all das stets nur die schlimmen Krisenzeiten verantwortlich machen. Was antwortete damals in der blühend-reichen Wilhelminischen Zeit jener Starnberger Fischer dem Richter in dem aufsehenerregenden Prozeß gegen den Kaiser-Intimus, den Fürsten Eulenburg, der ihn mit reichlichem Trinkgeld für seine fürstlichen Homosexualitäten empfänglich gemacht hatte? »Haben Sie dadurch Schaden erlitten an Ihrer Seele?« fragte der Richter den biederen Fischer mit der gebührenden Ernsthaftigkeit, und der schaute ihn an, als handle es sich dabei um einen ererbten, verheimlichten Leibschaden. »Hm, Seele?« erwiderte der also Befragte völlig rat- und verständnislos. »Seele? – Ich glaub' nicht, Herr Amtsrichter, daß ich so was hab'. – Gspürt hab' ich noch nie was davon.«

»Ich meine«, versuchte ihm der Richter begreiflich zu machen, »ich meine, haben Sie dabei nie einen seelischen Abscheu, einen innerlichen Schmerz empfunden?«

»Schmerzen? Inwendig?« antwortete der schlichte Mann nach kurzem Besinnen. »Nein, nein, Herr Amtsrichter, das könnt' ich durchaus nicht sagen! – Durchaus nicht! – Weh getan hat mir das absolut nicht!« Und er erging sich in aufrichtigen Lobsprüchen über die Noblesse des fürstlichen Herrn.

Elendszeiten hin, Elendszeiten her – wo nichts ist, ist nichts zu verlieren! Bei den 99 Prozent bleibt's schon, gestern wie heute! Wissen möchte ich – wie neulich hiesige Pressemeldungen besagten –, was die jungen, hübschen und obendrein noch gut katholischen amerikanischen Ehefrauen einer kleinen »Village« in der Nähe New Yorks an »seelischer Substanz« verloren haben, die sich im Einverständnis mit ihren Ehemännern nachmittagsweise an zahlungskräftige Kavaliere zum Sexualvergnügen verdingten. Ihre Männer hatten gutbezahlte Stellungen, man besaß ein modernes Einfamilienhaus mit kleinem Garten, in dem sich die Kinder tummeln konnten. Bloß hinauf in den Luxus der besten Gesellschaft wollten die Frauen.

»Abgesehen von der Versündigung gegen Gott und Ihre Religion«, fing der entrüstete Richter an und fragte sie, ob sie denn dabei nie gedacht hätten, wie demoralisierend auf die Familie und vor allem wie seelisch gefährdend auf ihre Kinder ihr sittenwidriges Verhalten wirken würde?

»In unsrer Familie sind alle zufrieden«, erwiderten die Befragten. »Unsere Kinder sind brav und freuen sich, weil sie alles bekommen. Wir erziehen sie religiös und ordentlich, wie sich's gehört.« Und schmollend fügten sie hinzu: »Nach dem Gesetz können Sie uns bestrafen. Der liebe Gott wird uns nicht verstoßen. Unsre Religion hat die heilige Beichte, da wird uns alles vergeben.«

O heiliger Bimbamus, was für ein grotesker Eiertanz um eingelernte Empfindsamkeiten! Wie gern hätte ich das Gesicht des bestürzten Richters gesehen!

Bei uns ging es knapp zu, sehr knapp, beinahe schon wie in der schlimmsten Misere. Ich zerbrach mir fortwährend den Kopf, wie aus dieser elenden Bedrängnis herauszukommen sei. Ich schrieb und schrieb und brachte viel in Zeitungen und Zeitschriften unter; ich schrieb, was mir grad einfiel, sogar Indianerdichtungen in Vers und gehobener Prosa, ohne die geringste Ahnung vom Leben dieser Rothäute zu haben; und ein Verleger brachte sie heraus, aber die Honorare und der Vorschuß zerschmolzen wie Butter an der heißen Sonne. Mirjams Monatsscheck langte nur noch für etliche Semmeln. Sie hatte ihr Studium aufgegeben und arbeitete als Auslandskorrespondentin in einem Büro in der Nähe. Jeden Mittag und im Laufe des Nachmittags kam sie dahergerannt und brachte einen Teil ihres Gehaltes, denn infolge des Währungszerfalles hatten die Betriebe diesen Auszahlungsmodus eingeführt. Doch die Preise stiegen und stiegen erschreckend schnell, immer rarer wurden die Eßwaren in den Läden, vor denen sich schon wieder die langen Schlangen vergeblich hoffender Käufer sammelten, und jeder war der giftigste Feind seines Vordermannes. Hirn und Magen kannten nur noch das: »Beim Uhlfelder im Rosenthal gibt's Konserven«, oder »In der Schleißheimer Straße soll's Zucker und Reis geben«, und alles rannte in diese Richtungen. Immer zahlreicher wurden die Zeitungsmeldungen von verhungernden Hausfrauen oder ganzen Familien, die sich den Gastod gegeben hatten.

Das Geld galt zwar fast nichts mehr, aber es wurde mehr denn je gebraucht. Die solidesten Bürger entdeckten in ihren Wohnungen immer wieder etwas, was sich rasch zu Geld machen ließ, einen alten Zinnkrug, ein verstaubtes Kaffeeservice, einen Spazierstock mit einem Silbergriff oder schäbige porzellanene Nippsachen, und gekauft wurde komischerweise all dieser Kram. Jedermann schacherte und handelte. Das ganze Land wurde von hurtigen, wendigen, wölfischen Schiebern ausverkauft. Lautlos, aber so rapide, daß all die Kleinen und ewig Zukurzgekommenen kaum noch zu sich kamen, entwickelte sich die restlose Ausplünderung der ratlosen Massen von oben her, denn die Oberen – die Herren der Industrie und Kohlenbergwerke – wurden davon nicht betroffen, im Gegenteil, sie profitierten davon fast blindlings. Sie entlohnten ihre Arbeiter mit wertlosem Inflationsgeld und lieferten ihre Waren ins Ausland gegen Goldwährung. In den vornehmen Restaurants, die sie frequentierten, fehlte nichts, was der verwöhnteste Gaumen und Magen wünschte, und genauso war's in den teuren Nachtlokalen und Amüsierkneipen der Schieber, die jetzt wie die Pilze aus der Erde schossen. Da lärmte, lachte und sprudelte noch die richtige Lebenslust. Da zog's mich wieder hin, und – Glück muß der Mensch haben! – bei der Kathi Kobus im übervollen *Simpl* hockten dichtgedrängt viele norddeutsche und rheinische Herren, die nach Lokalschluß noch weiterzechen und das richtige Schwabinger Künstlervölkchen, die unverfälschte romantische Boheme, kennenlernen wollten.

»Bitte, die Herren«, sagte ich. »Wenn Sie genug Gesöff und Freßzeug mitbringen – in meinem Atelier geht so was.«

»Gibt's auch schicke Mädchen?« fragten sie.

»Selbstredend! Soviel Sie wollen. – Bloß, geben Sie mir Geld für ein Auto, damit ich sie zusammenholen kann. Und warten Sie, bis ich Sie hole. Ja?« Und los zog ich, und Malermodelle, Kunstgewerblerinnen und Studentinnen kannte ich genug, die mich gern mochten und für so eine lustige Tanzerei immer zu haben waren. Jede holte ich aus dem Bett, und jede lachte prickelnd und fragte: »Sind auch nette Herren und gute Tänzer dabei? Keine langweiligen Stiesel?«

»Awo, großartig wird's. Und zu saufen und zu fressen gibt's massenhaft. – Das Beste vom Besten, sag' ich dir! – Schnell, schnell, mach, mach!« hetzte ich, und brachte die kleine Bande auf mein Atelier, um dann die geköderten Herren herbeizuholen. Es wurde, wie sich denken läßt, gerade aus diesem Schnellimprovisierten und auch, weil sich jeder von uns hungrigen Schwabingern voll und toll essen und trinken konnte, eine ausgelassene Lustigkeit, und nicht nur das! Wie immer in solchen Zeiten der Auflösung moralischer Hemmungen neigten insbesondere Mädchen aus wohlbehüteten Bürgerfamilien dazu, sich mit dem ganzen Elan neugierig-unverbrauchter Jugend hemmungslos ins Orgiastische zu stürzen, da ja niemand wußte, wie der morgige Tag aussah. Ihre sexuelle Aufgelockertheit und Bereitschaft zu jedem erotischen Spiel wirkte auf die amüsierten Herren – meist Kaufleute und Syndizi großer Firmen – derart verlockend, daß sie mit mir vereinbarten, jedesmal vor einer Geschäftsreise nach München telegrafisch genügend Geld zu schicken, um solche Atelierfeste zu wiederholen. Sie hielten sich auch daran, und die eingehenden Summen bewiesen, daß sie die Kursstürze mit einkalkulierten. Damit langten sie auch zu unserem täglichen Unterhalt aus. Das war endlich wieder eine Einnahmequelle, die ganz zu mir paßte. Es lebte sich sorgenfrei, gut und genußreich dabei. Ich wollte Mirjam dazu bewegen, ihre Arbeit aufzugeben, aber obwohl sie einsah, daß dabei kaum noch was herauskam, gab sie ihre Stellung nicht auf. Weiß Gott, unser Zusammenstand war schon höchst sonderbar: Sie, die noch größtenteils im Gutbürgerlichen wurzelnde, beinahe überpreußisch korrekte Jüdin in ihrer fast männlichen Nüchternheit schien samt ihrer scharfen Logik und ihrer erstaunlichen Urteilsfähigkeit, wenn es um Künstlerisches und Geistiges ging, mit dem rasend dahinflutenden Wechsel des jetzigen Lebens einfach nicht mitzukommen und hielt sich noch immer starr an die brüchig gewordenen Grundsätze von gestern. Für sie mußte der Tag eines gewöhnlichen Menschen – auch wenn es ihm nicht gefiel – mit irgendeiner vernünftigen Arbeit ausgefüllt sein, nur sogenannte »schöpferische Naturen« waren für sie davon ausgenommen. Schmeichelte das auch meiner Eitelkeit, insgeheim wunderte ich mich doch immer wieder, daß sie mich trotz allem, was mich umtrieb, für eine solche hielt und unbeirrbar dabeiblieb, selbst wenn sie vieles davon widerwärtig, ja fast abstoßend fand. Rundheraus gesagt, war ich doch geradezu ein aufreizendes Gegenstück zu ihr, ein bäuerlich-pfiffiger Massenmensch mit dem eingeborenen Mißtrauen gegen sich selber, gegen alle und alles, der sich stets nur auf seine instinktsichere Witterung verließ, wenn es darum ging, einen äußerlich sichtbaren Gelegenheitstriumph oder auch nur einen ganz ordinären Vorteil zu erringen. Unberechenbar und maßlos in allem, schlau, tölpisch und vertrauensselig zugleich, unlogisch und wirrköpfisch-rechthaberisch bis zum Unausstehlichen und dennoch immer wieder auf jene jähe, galgenhumoristische Selbstentlarvung verfallend, die einen schonungslos darüber belehrt, was für eine lächerlich-wichtigmacherische, verlogene Rolle man als einzelner in der Riesentrivialität des kurzen Lebens spielt.

»Was will man machen?« sagte Mirjam manchmal verärgert über all dieses hoffnungslos Zwiespältige in mir: »Die Liebe ist wie der Tau – fällt bald auf die Rose, bald auf die Sau.« Es klang beinahe resigniert, und wir lachten beide.

Meine Atelierfeste wurden nach und nach geradezu etwas Merkantiles, und man sprach in Berlin, in Hamburg, in Köln und Frankfurt darüber. Die zahlenden Gäste von dort brachten immer wieder neue Bekannte mit, und ich hatte mit den jedesmaligen Vorbereitungen alle Hände voll zu tun, wobei mir die Schwabinger Mädchen bereitwillig halfen; denn wenn die Vorräte gekauft waren, hielten wir stets erst ein kleines Vorfest für uns und sprachen dem Alkohol und den teuren Delikatessen reichlich zu. Ich kam aus dem Halbrausch und dem vernebelten Taumel kaum mehr heraus und tobte wie ein ungeschlachter brüllender Bär durch die eng aneinandergepreßten Tanzenden im überfüllten Atelier herum, packte ein Mädchen am Hintern oder am Busen, küßte es lachend ab und wieherte anspornend: »Erotik, mehr Erotik, bitte! – Hier herrscht Sexualdemokratie, bitte! – Auf und los, Höchstentfaltung der Geilheit und Sexualität, bitte! Los, Mann! Was tappen Sie so beschissen herum? Hingabe, Hingabe bis ins Letzte!«

Es tummelte sich mit der Zeit die ganze Schwabinger Boheme bei mir, denn mein Atelier war wie geschaffen für solche Lustbarkeiten. Es befand sich im vierten Hinterhaus, in einem dunklen Hof, in welchem sich Steinmetzwerkstätten befanden. Die Maler- und Bildhauerateliers neben und unter dem meinigen waren nachts unbewohnt. Da konnte man lärmen, feiern und toben, ohne daß jemand gestört wurde. Und da tanzte der löwenmähnige, dickbebrillte Karl Wolfskehl wegen seiner Kurzsichtigkeit etwas tapsig, aber unermüdlich, daß er ins Schwitzen kam und hemdärmlig erleichtert weitermachte. Der Philosoph Oswald Spengler, der meist mit ihm kam und eben im Aufstieg seiner Berühmtheit stand, mußte sich's gefallen lassen, daß ihn die Vorübertanzenden hin und her stießen, wenn er rasten wollte. Sein kugelrunder Mussolinikopf mit den kurzgeschorenen Haaren glänzte schweißüberlaufen, seine hohe Stirn furchte sich kurz, aber all das etwas Zuchtvollgespielte seines gutgeschnittenen Gesichtes verlor sich, und halb unwillig, halb hilflos ließ er sich von einem tanzwütigen Mädchen fortreißen. Alexander Granach, auch einer, dessen Ruhm eben um sich griff, hatte dazumal noch seine Bäcker-O-Beine, die er sich später um seiner schauspielerischen Karriere willen tollkühn brechen und gradbiegen ließ. Er überbrüllte selbst mich und brillierte dadurch, daß er alle »übersaufen« wollte und mit seiner allbewunderten Vitalität kraftmeierisch die Mädchen attackierte. Mit ihm waren Schauspieler und Schauspielerinnen von den *Kammerspielen* gekommen: die rundliche Maria Unda und der spitznasige, elegante, magere Larinaga; und der ellenlange Scherenbildschneider Engert überragte den wilden Wirbel und senkte sein japanisch anmutendes Gesicht grinsend hinab zu seiner Libussa, die es nicht gern sah, wenn er mit einer anderen tanzte. Wenn dann alle erschöpft vom Tanzen auf dem Diwan, den paar Sesseln und dem Tisch und Boden Platz suchten, fing der springlebendige, langhalsige, hagere Karl Otten an, auf der Gitarre Lieder aller Länder und Rassen zu singen. Die verknäuelten Paare lagen herum, küssend, lachend und ungeniert sich aneinander erlustigend, bis ich das Grammophon wieder aufzog und krachlaut plärrend: »Keine Müdigkeit vorgeschützt, bitte! Auf geht's, bis zum Exzeß! Los, los!« schrie.

Durchs Oberlicht des Atelierfensters drang meistens schon die erste Helligkeit, ehe die letzten Gäste fortgingen. Ich kochte mir Kaffee und fraß irgendwelche Kuchen und Wurstreste in mich hinein. Benebelt döste ich vor mich hin und knurrte: »Scheiße –! Alles nasse Scheiße!« Dann fing ich komischerweise stets an, pedantisch aufzuräumen und abzuspülen, und wenn Mirjam später, vor dem Weggehen in ihr Büro, aus ihrem weit abgelegenen Zimmer, ganz hinten im Gang des oberen Stockwerkes, herunterkam und sagte: »Na, sauber sieht's aus. Und du erst? Und das findest du schön, das brauchst du?«, dann antwortete ich: »Schön nicht, aber interessant, hochinteressant. Erst dabei zeigt sich, was jeder Mensch für ein Popanz ist–«

Sie fand keinen rechten Gefallen an all dem und machte nur höchst selten bei Beginn eine kurze Weile mit, wenn die Gäste ihr halbwegs gefielen, aber alsbald verschwand sie unauffällig und ging in ihr Zimmer hinauf, wo kein Lärm sie erreichte. Alkohol vertrug sie nicht, und sinnlos Betrunkene waren ihr zuwider. Sie war weder prüde noch eifersüchtig wegen meiner Mädchengeschichten. Nur wenn so ein Mädchen häßlich war, empfand sie das als eine Beleidigung ihrer vollaufgeblühten Schönheit; und eins nahm sie ernsthaft übel: wenn ich einer solchen Zufallsliebhaberin ein Gedicht widmete. Nach ihrem Dafürhalten verschleuderte ich damit etwas vom Besten und Teuersten, was einzig und allein nur ihr gehören mußte. Sonst aber verblieb jedem von uns die Freiheit, sich das zu nehmen, was ihn gelegentlich sexuell anzog.

Die Tür klappte zu, ihre schnellen Schritte klapperten die Treppen hinunter, durch meinen schummrigen Kopf zog die vergangene Nacht, und unwillkürlich fiel mir der Ausspruch meiner Mutter ein: »Was sie bloß immer dahermachen mit dieser beschissenen Welt! – Geht doch immer bloß alles ums Geld und ums Weiberloch!« Still vergnügt kicherte ich vor mich hin. Ein drollig verdrehtes Gevölke, wir Menschen! Für jeden galt das, aber keiner gab's jemals offen zu. Da hatten sich also, vom Alkohol endlich soweit aufgelockert, Männlein und Weiblein, die sich meistens kaum oder gar nicht kannten, umgirrt und umschwirrt, in eine hektische Brunst hineingetanzt und schließlich wie geile Affen ineinanderverkrampft. Die animalische Wucht ihrer sexuellen Hemmungslosigkeit hatte all ihren Dünkel und ihre Standesunterschiede zerblasen und fortgeweht, und auf einmal standen sie alle gleich auf gleich. Warum hörte das im Nu auf, kaum daß sie aus meiner Tür draußen waren und sich auf der morgennüchternen Straße trennten? Schon sagten sie »Sie« zueinander und versteiften sich ins verspießerte, maskenhaft Wohlanständige! Und später, im Alltag draußen, setzten – wenn auch noch katzenjämmerlich – der dicke

Syndikus und der honette Großkaufmann im Büro oder vor den Partnern wieder die zusammengenommene, Respekt heischende, vielbeschäftigte Boß-Miene auf und gab sich selbst vor der reizvollsten Angestellten, als sei sie ein Neutrum und er ein sexuell unempfänglicher Ehrenmann! Und die Geistigen glitten wieder in den kindischen Nimbus ihrer eingebildeten Bedeutsamkeit, die Frauen und Mädchen – soweit sie nicht der Boheme angehörten – mimten wieder vor jedermann ihre distanzierte Ordentlichkeit mit der frischgebügelten Küchenschürze, und alle spielten sich gegenseitig ihr Leben lang diese säuerliche Komödie vor! Mein Gott, und wir waren und sind doch alle nur arme, triebgeplagte Luder!

Ingrimmiger Hohn und kochende Wut packten mich über dieses allgemeine scheinheilige Versteckspiel, über all die feige Scham und Angst vor der Überwältigung des erweckten, losbrechenden sexuellen Verlangens, das doch genausogut zur Menschennatur gehörte wie Atmen, Sehen, Essen und Trinken, gute Verdauung und geregelter Stuhlgang! Warum machte man daraus allseits ein so lächerliches Geheimnis, als handle es sich dabei um etwas nicht Geheures, fast Ekelerregendes, und befleißigte sich, wenn wirklich einmal die Sprache darauf kam, der behutsamsten, äußersten Dezenz? Wieso galt es als abstoßende Schweinerei, wenn jemand allzu deutlich in einer Gesellschaft darüber redete? War es nicht eine hundsordinäre Herabwürdigung dieses hinreißenden Körpergeschenkes, wenn nur bei den sattsam bekannten Herrenabenden darüber speiüble Zoten gerissen werden durften? Wagte es dagegen auch nur ein Autor in seinen Romanen, Novellen oder Theaterstücken, Sexuelles naturgetreu darzustellen und alles beim richtigen Namen zu nennen? Sogleich wäre er in den Ruf eines anrüchigen Pornographen gekommen und hätte sein ganzes literarisches Renomee eingebüßt. Selbst der damals als unheimlicher

»Satanist« verschriene Wedekind verschoß seine stets zurechtstilisierten, auf schockierende Wirkung abzielenden sexuellen Bonmots nur mündlich in seinen Kreisen. In seinen sexualreformerischen Dramen gab es all das nicht, während doch in heutiger Zeit – welch ein Riesenfortschritt! – seit dem guten, tapferen Henry Miller jeder literarische Gartenzwerg sich etwas darauf zugute tut, sexuelle Intimitäten zwischen Kindern, Erwachsenen und Greisen mit fast unappetitlicher Genauigkeit zu schildern und beim Namen zu nennen. In der Auftriebszeit meiner Generation delektierte sich der lüsterne Postsekretär insgeheim an van de Veldes *Vollkommener Ehe*, jetzt bietet ihm das die belletristische Literatur in viel abwechslungsreicherer und amüsanterer Weise, und er braucht von ihrer Kenntnis kein Geheimnis mehr zu machen, im Gegenteil, er gilt als aufgeschlossener Bildungsmensch, wenn er auch nur an den saftigen Stellen solcher Bücher interessiert ist, die zum Teil nur deshalb so hohe Auflagen erzielen. Komisch, daß mich das immer wieder an ein lang, lang zurückliegendes Erlebnis mit dem seligen Roda Roda erinnert, als wir einst von der Uraufführung des schwülen Erstlingsstückes *Anja und Esther* des blutjungen Klaus Mann in der Straßenbahn nach Hause fuhren. Roda Roda stand hinten auf der Plattform des vollen Wagens und ich auf der vorderen. Er entdeckte mich und grüßte: »Oh, Herr Graf! Kommen Sie auch aus den *Kammerspielen?«*

»Ja«, nickte ich lächelnd, und unbekümmert um die vielen Fahrgäste rief er mir zu: »Wir in so einem Alter haben noch onaniert – jetzt schreiben sie schon Stücke drüber!« Der dümmste Teenager weiß heute mehr über diese Dinge als der ausgefallenste Lüstling und Lebegreis von einst! –

»Wirt solltest du werden, Oskar Maria!« riefen mir die Tanzenden auf meinen Atelierfesten und Künstlerbällen oft zu: »Wirt! Da wärst du schnell reich!«

»Ja, aber höchstens besserer Nachtlokalwirt oder streng merkantilistischer Zuhälter! – Mädchenhändler wär' vielleicht noch lukrativer!« plärrte ich ordinär ins allgemeine Lachen hinein. Das betont brutale Mannstum stand in jenen Intellektuellenkreisen besonders hoch im Kurs. Meinen Schwabinger Freunden und mir waren Geziertheiten maßlos zuwider, und das hat sich auch in bezug auf die literarischen und sonstigen Exhibitionismen dieser Art bis heute nicht geändert. Unleugbar indessen war auch meine provokante Zuhälterpose nichts anderes. Meine ganze Wut auf das verlogene Sittsamtun entlud sich manchmal derart drastisch und offenkundig, daß ich rasch in den Ruf eines abscheulichen, verworfenen Wildlings kam. Und es war doch nichts anderes als ein Windmühlenkampf, wenn auch ein weit amüsanterer als der des Don Quijote!

»Oh, ist das aber schön!« grüßte ich Teilnehmerinnen an meinen Atelierfesten, die besonders auf ihre untadelige Haltung in der Öffentlichkeit erpicht waren. »Ist das aber wunderbar, daß ich dich grad jetzt treffe!« Und eindeutig besitzergreifend faßte ich sie am Arm: »Herrgott, siehst du aber heut' wieder unverschämt aufreizend aus! Ganz heiß wird's mir! Kaum zum Aushalten! Komm! Hast du Zeit? Gehn wir zu dir oder zu mir auf ein schnelles nettes Aufhupferl!«

Die Sicheren waren gewappnet und wehrten geschickt ab, andere jedoch waren so schockiert und empört, daß ich mich wunderte, warum sie nicht den nächstbesten Schutzmann riefen. Wütend rissen sie sich los und gingen verärgert davon. Nie mehr kamen sie zu einem Fest und mieden mich von da ab feindselig. Immer aber blieb ich nicht erfolglos, und lustig tranken wir mit der heimkommenden Mirjam Kaffee und plauderten angeregt über unsere Spielerei.

Man verschwieg so etwas auch nie vor anderen; und es war eigentümlich, daß in den Kreisen der Intellektuellen jener Zeiten samt allem Hunger und aller materiellen Bedrängnisse der Klatsch darüber, wer mit wem geschlafen hatte, so überüppig blühte. Die uralte Banalität, daß Hunger und Liebe die einzig lebensbeherrschenden Menschentriebe seien, erhielt wieder einmal ihre Bestätigung.

Dazumal besuchte uns meine jüngste Schwester Nanndl wieder. Sie war nur deshalb so lange weggeblieben, weil sie jeden Sonntag nach Hause fuhr, wo man nicht mehr gut auf mich zu sprechen war, seit ich meine Frau verlassen hatte und mit Mirjam zusammen lebte. Mein älterer Bruder Eugen in Amerika hatte Nanndl das Fahrgeld geschickt, und bald wollte sie reisen. »Ja, Nanndl, so einfach willst du losziehn?« sagte ich. »Bist du denn noch eine Jungfrau? Hast du denn noch keinen Liebhaber?«

»Jungfrau? Warum?« fragte sie leicht lachend: »Ah, einen Liebhaber! Das hat mich noch nie interessiert. Ich hätt' auch gar keine Zeit für so was.«

»Ja, aber Nanndl? Das geht doch nicht! So, als blödes Dorfmädl, das die Welt noch nicht kennt, kannst du doch nicht nach Amerika, in diesen Dschungel von Millionenmenschen hinübergehn! Da kann dich doch jeder nächstbeste Gauner übertölpeln, und weg bist du! Jetzt bist du doch schon über vier Jahre in München Friseuse und hast noch keine Ahnung von den Männern!« redete ich besorgt in sie hinein. »Schließlich hörst du doch von den Weibern, die bei euch Kunden sind, allerhand. Merkst du denn nicht, daß du direkt neben allem, was Leben heißt, vorbeilebst? Hat sich denn noch nie ein Mann an dich herangemacht? Du bist doch ganz hübsch!«

»Ach«, lachte sie wiederum so unschuldig, »die Mannsbilder! Die machen doch lauter so dumme Faxen. Ich will doch keinem was!«

»Es ist eben der rechte noch nicht zu dir gekommen«,

meinte Mirjam, und die zwei schauten sich zum erstenmal gutfreundschaftlich an.

»Vielleicht«, sagte Nanndl und verlor ihre anfängliche Befangenheit. »Vielleicht hast du recht.«

Wir zwei Jüngsten hingen sehr aneinander, aber Nanndl war ungemein scheu und mißtrauisch. Sie hauste in einem kleinen Logierzimmer und führte ein ziemlich einsames, leicht absonderliches Leben. Sie ging nie aus, las nie eine Zeitung und nur die Bücher, die ihr Maurus von zu Hause mitgab. Abend für Abend trieb sie hauptsächlich Schönheitspflege an sich selber, denn sie liebte ihren Beruf sehr und wollte alles, was dazu gehörte, genau lernen. Das Getratsch und Geratsch mit ihren Kolleginnen und Kunden, die sie bediente, genügte ihr als Unterhaltung vollkommen. Die Sonntage bei uns gefielen ihr nach und nach sehr, vor allem, weil ich ihr dauernd aus der Geschichte etwas erzählte, von Napoleon, von Beethoven, den sie schwärmerisch verehrte, obgleich sie bis dahin nichts von Musik verstanden hatte. Die kleinen menschlichen Eigentümlichkeiten solcher Persönlichkeiten interessierten sie. Nach und nach fuhr sie kaum mehr nach Hause und kam immer zu uns, brachte Kuchen und Konfekt mit, welche sie von einem Ladenmädchen aus der großen Konditorei, die neben dem Friseursalon lag, gegen freies Frisieren eintauschte. Mirjam gefiel ihr mehr und mehr, sie wurden gute Freundinnen. Deren Ernst und vor allem die Tatsache, daß sie studiert hatte, flößten ihr großen Respekt ein.

»Bei euch ist's immer so gemütlich. Daheim streiten Maurus und Resl immer, und unsre Mutter tut mir so leid, sie steht dazwischen«, erzählte sie. Kurzum, sie lebte auf, und da ich wußte, daß sie gut und gern tanzte, lud ich sie zum nächsten Atelierfest ein. Sie kam, extra fein aufgemacht; aber als sie den wilden Rummel sah, blieb sie fast erschreckt stehen, starrte furchtsam herum und hielt sich nur an Mirjam. Hartnäckig und betroffen lehnte sie jeden Tänzer ab, und als Mirjam zu Bett ging, wollte sie am liebsten gleich wieder weg.

»Bleib schon noch etwas. Vielleicht gefällt's dir«, sagte Mirjam, und nun heftete sie sich an mich und fand es grob und unverschämt, wenn irgendein Tänzer nach ihr griff oder sie mitreißen wollte.

»Aber, aber Nanndl« redete ich lachend auf sie ein, deutete auf die enggepferchten Tanzpaare und schrie ermunternd: »Das sind doch lauter lustige Menschen! Hab' doch keine Angst, die tun dir doch nichts –! Die sind durchaus nicht so fein, wie du meinst! Du bist viel mehr –! Du hast doch einen richtigen Beruf, und die da sind lauter windige Schlawiner. Da ist doch jeder froh, wenn er mit dir tanzen darf! – Jetzt tanz' schon, komm! – Da ist grad der rechte für dich!«

Und da der schmeichelhafte, freundliche Otten gerade dastand, schob ich sie ihm einfach zu, und siehe da! – schon nach wenigen Takten flog sie wie neubelebt und ließ auf einmal keinen Tanz mehr aus. Otten wich nicht mehr von ihrer Seite, und er gefiel ihr sichtlich.

»Ja, also, Oskar Maria, daß du so ein reizendes Schwesterl hast –! Phantastisch, wie das Nannerl tanzen kann, prachtvoll!« lobte sie der gewiegte Charmeur, als sie beide hinter den engen Bretterverschlag schlüpften, der unsre Küche war. Er streichelte Nanndl zärtlich, er küßte sie auf die heiße Wange, sie hatte nichts dagegen. Ich schenkte ihnen Wein ein. Wir stießen an und ich fragte sie: »Na, ist's nicht lustig bei mir, Nanndl? – Und wie gefällt dir denn mein alter Freund Otten?«

»Ganz gut«, lachte sie ein bißchen verschämt, aber doch sehr aufgemuntert.

»Und du g'fallst mir noch viel besser, Nannerl!« schmeichelte Otten, und ärgerlich bedauernd schlug er sich auf die Stirn: »Herrgott, Herrgott, daß ich ausgerechnet morgen nach Berlin muß, schade, schade! Aber ich kann's nicht mehr aufschieben. – Ich hab's schon zweimal verschoben!« Und das leere Glas hinstellend, schwärmte er weiter: »Ach, Nannerl, du goldiges Madl, du! – Ich komm bald wieder!« Er legte seinen Arm um ihren Hals, zog sie an sich und küßte sie hingerissen. Ich sah, wie ihr junger Körper zitterte – und jetzt küßte auch sie ihn ungehemmt.

»So, Schluß mit Genuß jetzt!« schmetterte ich lustig und schob sie hinaus in den lärmenden Wirbel: »Los mit euch! Keinen unnützen Zeitverlust, marsch!« Wieder tanzten sie, tanzten und tanzten, wenn auch schon mehr und mehr Besucher weggingen. Endlich tauchten sie mit schwitzenden glücklichen Gesichtern abermals vor mir auf, und Otten sagte gedämpfter: »Du, Oskar Maria, das Nannerl und ich wollen weggehen jetzt –.« Fest umschlossen hielt er sie, und sie sah mich an und fragte unnachahmlich: »Soll ich, Oskar?«

»Warum denn nicht, wenn er dir gefällt?« gab ich kurz zurück, und bald verschwanden sie unauffällig. Mir passierte gleich darauf wieder einmal das, was ich oft gar nicht wollte und meistens hernach bedauerte, was ich aber leider bei dem uns Bayern angeborenen unbezähmbaren Hang zum »Hecheln« und »Frotzeln« einfach nie lassen konnte. Von meinem Verschlag aus, hinter dem ich ein volles Weinglas um das andere hinunterschüttete, hatte ich schon die ganze Zeit bemerkt, wie unverwandt gespannt der rundköpfige Oswald Spengler in einem fort auf meine tanzende Schwester stierte. Er kam sich stets beleidigt vor, wenn man ihn nicht allseits hofierte. Dafür aber hatten wir in unserem verwilderten Tohuwabohu nicht das geringste übrig, und da er zudem auch noch ein sehr ungeschickter Tänzer war, ließen ihn die Mädchen und Frauen oft stehen, was er nur schwer zu verwinden schien. Irgendwie kam mir dieser ganze Mensch bei uns deplaciert vor. Mich wunderte bloß, daß er trotzdem immer wieder mit Wolfskehl kam. Er brachte auch jedesmal eine Batterie Weinflaschen mit und sagte dabei etwas korpsstudentisch alert: »Na, ich hoffe, er mundet und hebt das Vergnügen.« Gewaltsam aufgeräumt war er, aber man merkte, das war unecht, es stand ihm nicht gut zu Gesicht, und das schon deshalb, weil er immer beim steifen »Sie« blieb, auch wenn ihn – wie es bei einem solchen Gaudium üblich war – alle anderen duzten. Mir war übrigens auch die ganze Philosophie in seinem *Untergang des Abendlandes* verdächtig; ich hielt sie für gefährlich nationalistisch und diktatorenfreundlich. Wenn er aber so stehengelassen dastand – und gerade jetzt wieder –, da machte er den komischen Eindruck eines zum jämmerlichen Spießer zusammengeschmolzenen Gymnasialprofessors, der auf einmal hilflos schmollte. Unschwer erriet ich, daß er wütend war, weil ihm Otten Nanndl, die ihm ausnehmend gefallen haben mußte, entführt hatte. Das juckte mich plötzlich, und mit hochgehobenem Glas aus dem Verschlag kommend, schrie ich ihm höhnisch zu: »So, da hast du's jetzt, du eiserner Untergangsapostel –! Jetzt hat's dich selber heruntergehaut, samt deiner philosophischen Kraftmeierei! Jetzt hat dir ein anderer dein Madl abgeluchst, weilst nicht tanzen kannst und bloß immer so gierig hingeglotzt hast –! Bei uns heißt's zugreifen und nicht immer bloß schreiben, wann's aus ist mit uns. Verstehst du mich?«

Das war zu arg. Spengler reckte wortlos seinen Mussolini-Kopf, sah scharf auf mich und fragte gereizt: »Meinen Sie mich?«

»Natürlich, du armer Ritter, du!« lachte ich breit heraus. Da war's geschehen um ihn. Er riß hastig seinen Hut und Mantel aus dem Haufen hinter sich, und Wolfskehl, jäh seine Tänzerin stehenlassend und mir zurufend: »Aber,

aber, lieber guter Graf, scheußlich!« war schon bei ihm, zog sich ebenso schnell an, auf einmal hielten alle im Tanzen ein, und die zwei stapften zornstumm davon.

»Herrgott, der versteht auch gar keinen Spaß!« stieß ich verbrummt über mich heraus, und im Nu verflog meine ganze Laune.

»Haut schon ab jetzt! Ich hasse euch alle –! Geht mir aus dem Gesicht!« plärrte ich besoffen und drohend, und schnell leerte sich das wüste Atelier. Verknurrt hockte ich da, begriff mich selber nicht und hätte mich ohrfeigen können.

»Idiot! Das hast du von deinem Saufen!« sagte Mirjam, als ich ihr davon erzählte, und musterte mich verstimmt: »Manchmal glaub' ich wirklich, du gehörst noch ins Irrenhaus.« Mit bösem Gesicht ging sie weg ins Büro.

Am tiefen Nachmittag kam Otten mit einem Riesenblumenstrauß für Nanndl. Er munterte mich wieder etwas auf, als er schnellhin sagte: »Ach, dieser Spengler! Hergepaßt hat er sowieso nicht zu dir! – Wenn einer so gescheit ist und schreibt gegen uns, verstehst du, das ist besonders bösartig! Damit hilft er unsren Feinden, die uns vielleicht morgen schon an die Wand stellen. Dein Instinkt war richtig, Oskar Maria, absolut richtig.« Ob das aus der Kenntnis von Spenglers Buch kam oder nicht – mir jedenfalls tat es gut. Er drehte den duftenden Strauß und sagte glücklich: »Den will ich dem Nannerl noch bringen und mich verabschieden. Ich *muß* weg, ich muß! Leider, leider! Aber ich komm' bald wieder, sehr bald, garantiert! – Sie ist einfach großartig, ganz phantastisch, das Nannerl! Ich bin richtig verliebt in sie, ganz ernsthaft! Ehrenwort!«

»Das mußt du *ihr* sagen«, schloß ich. Er stand da: schlank und biegsam. Sein blasses, etwas längliches klares Gesicht sah frisch aus, und seine schönen blauen Augen leuchteten. Er kam mir heute schöner als je vor. –

Spätabends, nachdem sie ihn zum Zug begleitet hatte, kam Nanndl noch mit den Blumen zu uns und lachte ihr dünnes Lachen. Auch sie sah frisch und belebter aus.

»Brauchst nichts sagen. Wir wissen alles!« sagte ich scherzhaft. Sie sah Mirjam und mich an und sagte unbefangen: »Ganz schön. Aber ein tierischer Akt ist's doch.« Wir lachten, und sie fand nichts dabei.

»Er ist sehr nett, der Otten, ich mag ihn sehr gern, wirklich«, redete sie: »Aber ich hab' jetzt keine Zeit für Männer.« Es klang nicht warm und nicht kalt. Um so lebhafter lobte sie das Atelierfest.

»Es hat mir sehr gefallen, und ich tanz' doch so gern«, sagte sie und kam von da ab zu jedem, war ausgelassen lustig, küßte wie jede und tanzte, bis sie in der Frühe zur Arbeit weg mußte.

»Der Otten ist übrigens ein ausgezeichneter Tänzer«, bemerkte sie dazwischen einmal. Das war alles. Sonst verlor sie kein Wort über ihn. Es schien ihr auch ganz recht zu sein, daß er abgereist war.

»Ich hab' jetzt keine Zeit für solche Sachen«, sagte sie, wegen ihrer Vorbereitungen für die Amerikareise. Von Sehnsucht nach ihm, von Verliebtheit war nichts zu merken. Otten, der jede neue Liebschaft intensiv betrieb, kam auch nicht zurück. Vielleicht hatte sie ihm abgeschrieben, und er, der gewinnend heitere, prachtvolle Mensch, der wußte, daß ihn jeder gern mochte und alle Frauen liebten, war enttäuscht und verärgert darüber. Dadurch bekam auch ich ihn nicht wieder zu sehen, und erst nach fast zwanzig Jahren erfuhr ich, daß er als Emigrant in London lebe, sich neu verheiratet habe und erblindet sei. Nach Kriegsende übersiedelte er nach dem Tessin, verschaffte vielen Kameraden gute Verlagsverbindungen, wirkte unermüdlich für die jüdisch-deutsche Versöhnung, schrieb noch einige wichtige Bücher und starb fast fünfundsiebzigjährig. Er bleibt für mich der einzige Mensch, den ich mir nicht als alten hinfälligen Mann vorstellen kann. Alles an ihm war jung und zündend temperamentvoll: seine rheinische Heiterkeit, sein Witz und seine Gescheitheit ohne Überlegenheitspose, das hinreißend Improvisatorische seiner Natur, das es ihm kinderleicht machte, sich im Handumdrehen in jede Situation einzufügen und sogar den Dialekt einer Sprache zu beherrschen. Der große Maler Egon Schiele hat diesen geborenen Elegant erschöpfend charakterisiert: groß, schlank und wendig, feingliederig und langhalsig, mit einem ausgeprägt hageren, blassen, von dunklem Haar gekrönten Gesicht, dem sogar die übergroße runde Brille gut stand; und von den lebhaften Augen dahinter kam ein fast zärtlicher Schimmer, der sogleich eine anheimelnde Atmosphäre erzeugte.

Vielleicht ist's tröstlich, wenn ein Zusammenkommen nach so vielen, schweren Jahren nicht mehr sein kann. Das einmal gewonnene Bild dieses Menschen bleibt so als gute unverblichene Erinnerung in uns bewahrt. Ist's doch schon in jeder Hinsicht schmerzlich und erschauernd, wenn ein solches Bild dadurch, daß man nach vielen, vielen Jahren einer früheren Geliebten begegnet, jäh zerstört wird! Einst wehten einem bei ihrem Anblick alle Wonnen und der ganze Duft heiterer, saftstrotzender Jugend entgegen; nun steht eine vom Leben verbrauchte Frau mit zerfaltetem Gesicht und grauen Haaren da, und man ist verblendet und ungerecht genug, sich selber noch keineswegs für so altersgezeichnet zu halten.

Verscheucht und verwünscht sei jede Mahnung an dieses allzu rasche, unaufhaltsame Hinwelken und zermürbende Vergehen!

Bald war der Tag von Nanndls Abreise da, und nun zeigte sich, wie dorfeng, weltfremd und menschenfurchtsam sie geblieben war. Eine fiebrige Unsicherheit und

Angst vor der Fremde erfaßten sie, und sie ließ nicht mehr locker, bis ich sie nach Hamburg begleitete. In Berlin, wo ich mit ihr Wieland Herzfelde in seinem Verlag aufsuchte und dabei dessen leicht verrückten, genialischen Bruder John Heartfield kennenlernte, der seither als Schöpfer der Fotomontage weltberühmt geworden ist, fühlte sie sich noch halbwegs unfremd, und da Wieland sie sehr umschmeichelte, verlor sie auch nach und nach ihre furchtsame Schüchternheit. Auf einem netten kleinen Gartenfest, das Manfred Georg, der Stiefbruder Mirjams, mit seiner Verlobten gab, lockerte sich ihre nervöse Spannung auch noch etwas, aber kaum saßen wir im Zug nach Hamburg und in den dortigen Auswandererhallen, in welchen sich eine Menge armer Passanten aus dem Balkan befanden, da überkam sie wieder eine panische Angst und schreckhafte Menschenfurcht. Hemmungslos fing sie zu weinen an, klammerte sich an mich und wollte auf der Stelle wieder umkehren und heimfahren. Ich mußte alle meine Überredungskunst aufbieten, um sie davon abzubringen, und als wir uns endlich bei der Schiffsbesteigung verabschiedeten, sah sie aus wie ein Stück verstörtes Elend und hatte ein Gesicht, als habe man sie nunmehr hilflos und verlassen der übermächtigen Tücke der unbekannten Fremde ausgeliefert.

Als ich nach Berlin zurückkam, schien die Riesenstadt aufgeschreckt. Die Balkenüberschriften der Zeitungen meldeten, daß die Franzosen und Belgier wegen Nichteinhaltung der terminmäßig festgelegten Ratenzahlungen, welche der Versailler Friedensvertrag vorschrieb, ins Rheinland und Ruhrgebiet einmarschiert waren. Jeder Mensch merkte die politische Unruhe. Eine allgemeine Zerfahrenheit von unten bis oben griff um sich. Eine sofortige Umgliederung der bisherigen Reichsregierung in reine Fachministerien mit dem ehemaligen Direktor der Hamburg-

Amerika-Linie, Cuno, an der Spitze erfolgte, der passive Widerstand gegen die Besatzungstruppen wurde verkündet, blutige Zusammenstöße mit der streikenden Industrie- und Bergarbeiterschaft gab es, ein fanatischer nationalistischer deutscher Saboteur namens Schlageter wurde von den Franzosen standrechtlich erschossen und über Nacht zum Nationalhelden. – Und welch ein Wandel der kommunistischen Internationale – in aller Eile war aus Moskau der weltbekannte bolschewistische Emissär Karl Radek in die unruhigen Besatzungsgebiete gereist, wo er in den Massenversammlungen der Arbeiter und der renitenten Bürgerschaft überpatriotische, aufreizende Reden hielt, die jedes nationale Herz erhitzen konnten. Ströme von Flüchtlingen vom Rhein und von der Ruhr ergossen sich ins Reichsinnere, und der Kurs des Dollars, der im Januar noch mit 10 000 Mark bewertet war, stieg nunmehr in die Billionen.

»Na, was sagst du jetzt? Ich wundre mich nicht, wenn die Kommunisten jetzt *Deutschland, Deutschland über alles* auf ihren Versammlungen singen, statt der *Internationale.* Sauber, sauber, schaun wir aus«, spottete ich bei Wieland. Der aber wurde nicht weiter verlegen und meinte: »Ach, das ist doch die beste Taktik. Damit fangen wir den Völkischen die besten Leute weg. Und übrigens, den Staatsbankrott haben wir ja jetzt. Die beste Chance für die Revolution.«

Ich reiste schleunigst nach München ab. Da klebten jetzt täglich immer mehr und immer größere blutrote Hakenkreuzplakate, deren Text gemeinste Beschimpfungen und wildeste Drohungen gegen die »Berliner Bonzenregierung und Judensippschaft« enthielt. Gern lasen die Leute diese Schimpfkanonaden, und oft und öfter hörte ich die beifälligen Bemerkungen: »Jaja, die haben schon recht. – Die Berliner Saubande hat uns ganz und gar in Grund und

Boden gewirtschaftet, die muß weg! Eher wird's nicht besser. So geht's einfach nimmer weiter –«

Nach ungefähr drei Wochen kam eine Karte von Nanndl aus Bozeman in Montana, wo unser älterer Bruder Eugen, zur Wohlhäbigkeit gekommen, ein Haus mit seiner Familie und eine große Bäckerei hatte.

»Alles gut abgelaufen. Brief folgt«, schrieb Nanndl. Weiter nichts. Das klang, als habe sie auf der ganzen Reise allerhand auszustehen gehabt.

13.

ALS ERKLÄRENDE EINSCHALTUNG: FAMILIÄRE ANGELEGENHEITEN

Nach der Nanndl, die wahrscheinlich zu Hause allerhand Vorteilhaftes über Mirjam und mich erzählt hatte, besuchte mich auch auf einmal mein etwas älterer Bruder Maurus. Sogleich witterte ich: Ohne handgreiflichen Zweck geschah das nicht. Mit Ausnahme unserer frühverstorbenen Schwester Emma kannten wir, nachdem jeder erwachsen war, kein Zusammengehörigkeitsgefühl mehr, und auch meine Verbundenheit mit Nanndl hielt sich nur, solange einer den anderen nicht brauchte und weil wir einander eben angenehm waren. Sich gegenseitig beizustehen oder gar zu helfen in der Not, ausgeschlossen! In diesem Fall wollte keiner mehr was vom andern wissen und sehen, denn da taugte er einfach nichts.

Ich hatte Maurus, seit er vom Krieg heimgekommen war,

nur dann und wann gesehen, wenn ich zufällig einmal Mutter besuchte, und mich mit ihm gleichgültig unterhalten, denn wir standen nicht gut zueinander. Er hatte immer noch nicht vergessen, daß ich ihm vor lang-langer Zeit seine mir anvertrauten Ersparnisse abgeschwindelt hatte. Seitdem war ich für ihn ein arbeitsscheuer, verlogener, ganz und gar unsicherer Patron, mit dem man sich auf nichts mehr einlassen konnte. Aus reiner Neugierde hatte er mich damals, nach dem Zusammenbruch der Räterepublik, im Münchner Polizeigefängnis besucht, schadenfroh gegrinst und höhnisch gesagt: »Da hast du's jetzt mit deiner saudummen Politikspielerei, du Esel, du! – Jetzt sitzt du in der Patschn und kannst schaun, wie du wieder rauskommst. Grad recht geschieht dir! Vielleicht kuriert dich das endlich von deinem ganzen Unsinn.«

Es wurmte ihn auch, daß ich trotzdem nicht untergegangen war, ja, daß sogar schon einige Bücher und Beiträge im *Simplizissimus,* in der *Jugend* und in verschiedenen Zeitungen erschienen waren. Er nämlich, zweifellos der Belesenste und literarisch Interessierteste in unserer Familie, glaubte, daß er, weil er mir einst als Bub das Lesen beigebracht hatte, mich eigentlich erst zum Schriftsteller gemacht habe und so das meiste in meinen Erzeugnissen von ihm stamme. Er schrieb sogar insgeheim einige kurze Geschichten und schickte sie, indem er sich plump darauf berief, daß er mein Bruder sei, an die Redaktionen, und als gar einmal eine davon im *Simplizissimus* gedruckt worden war, hielt er das Spiel schon für gewonnen. Nachdem aber in der Folgezeit alle seine Einsendungen mit gedruckten Ablehnungszetteln und einigen spöttischen Briefen von Redakteuren zurückkamen, gab er auf und sagte ärgerlich zu seiner Frau: »Ach, ich hab' doch keine Zeit für solche Spielereien, und einbringen tut's doch auch kaum was.«

Kurzum, an einem Vormittag stand er mit zwei Koffern

in meiner offenen Tür, grinste etwas maliziös und sagte gezwungen anbiedernd: »Ja, jetzt muß ich dich doch auch einmal aufsuchen. Was, du stehst jetzt erst auf, was?« Dann änderte er den Ton und fragte gedämpfter: »Bist du allein? – So? – Du, ich könnt' dich momentan notwendig brauchen.« Ich rieb mir die Augen aus und ließ ihn hereinkommen. Luchsschnell schaute er im öden Atelier herum und hastete mißtrauisch heraus: »Riegle ab und laß keinen rein. – Ich hab' viel Geld bei mir.« Damit stellte er die Koffer ab, öffnete sie und schüttete ganze Berge gebündelter Inflationsbanknoten auf den zerschlissenen Teppich, ließ kein Auge davon und sagte: »Dafür will ich nämlich lauter Schnaps, Wein und Champagner kaufen, soviel ich kriege –«

»Was? Schnaps, Wein und Champagner?« fragte ich verblüfft: »Wer sauft denn das alles?«

»Ha, wer?!« stieß er beinahe mitleidig heraus: »Die Bauern natürlich! Wer denn sonst! Die haben's doch jetzt! Die saufen jetzt wie die Löcher!«

»Was? Die Bauern?« Begriffsstutzig schaute ich ihn an: »Ich hab' immer gemeint, du machst deine Konditorei wieder auf –«

»Ach, woher denn! Wie denn? Gibt doch nichts mehr, was ich dazu brauch'«, rief er. »Butter, Eier, Mehl, Zucker? Es ist doch noch immer fast wie im Krieg. Wer kann denn das zahlen? Die Bauern geben doch nichts mehr her für unser windiges Geld. Davon haben sie doch ganze Kammern voll. Das wollen sie möglichst schnell versaufen, eh' es gar nichts mehr gilt. Nur so kann man jetzt noch Geschäfte machen, bloß schnell, sehr schnell muß alles herbeigeschafft werden. Verstehst du?«

Dazu brauchte er mich also. Während ich mich rasch anzog, schichtete er mit fahriger Hast die abgezählten Banknotenbündel in einen seiner geleerten Koffer, und seinen unruhigen Augen, seiner gespannten Miene war anzusehen, daß er in einem fort Angst hatte, ich könnte ihm, wenn er sich umdrehte, ein Bündel stehlen. »So, ich bin fertig«, sagte er endlich und schloß den Koffer: »Bist du soweit, ja? – Kannst du da auch richtig absperren, daß ja niemand hereinkommt?«

»Jaja«, gab ich an. »Jetzt komm schon!« Er schlug den staubigen Teppich über die zurückzulassenden Geldberge, ich nahm zwei von unseren leeren Koffern und er den einen leeren und den einen vollen von sich, so zogen wir los. In den Likörläden kauften wir alles, was wir dafür bekamen, gingen ins Atelier zurück, stellten die Flaschen ab, er füllte wieder einen Koffer, und wieder kauften wir ein.

»Einen Lastwagen voll sollte man haben!« meinte Maurus, als er die stattliche Flaschenreihe betrachtete: »So bleibt das immer ein arg mühseliges Gefrett. – Man weiß doch nicht, wie lang das noch dauert! – So kann's doch unmöglich weitergehen!« Das klang grämlich-verdrossen, unruhig und unsicher.

»Naja, jetzt ist's schon einmal, wie's ist«, warf ich hin, denn ich wollte mich nicht in eine Diskussion mit ihm einlassen, aber er kam, während er die Flaschen in die Koffer verstaute, wie von selber ins Reden: »Da muß doch rücksichtslos mit dem eisernen Besen ausgekehrt werden, Mensch! Sonst gibt's doch überhaupt keinen Halt mehr und alles geht drunter und drüber!« Einen Huscher lang schaute er mich unentzifferbar an, doch als ich nichts sagte, fing er wieder an: »Ihr in der Stadt herinnen habt doch keine Ahnung, wie's jetzt auf dem Land draußen zugeht –! Für die Bauern ist die Inflation doch eine goldene Zeit! Die wünschen gar nichts andres, die haben doch alles, was jeder jeden Tag unbedingt braucht, Eier, Butter, Milch, Mehl und Fleisch –! Und verlangen können sie, was sie wollen –! Jeder ist jetzt ein Millionär und lebt in Saus und Braus! Schon im Krieg haben die hungrigen Lebensmittelhamsterer ihr Letztes hergeben müssen, damit sie überhaupt was gekriegt haben. In jedem Bauernhaus gibt's jetzt Grammophone, Klaviere, echte Teppiche, Silberzeug und Fotografenapparate, echte Brillantringe; und Schmuck und Pelzmäntel haben die Weibsen, und direkt zum Lachen ist's, jeder Bauernbursch tragt heut' seidene Hemden und Anzüge aus bestem Stoff, jeder hat sein Motorradl. Du sollst bloß einmal hinauskommen, wie jetzt die Bauernhöfe ausschauen. Neugestrichen von oben bis unten, feinste Möbel in den Stuben und nichts wie funkelnagelneue Heurechen, Mähmaschinen und Zentrifugen gibt's überall. Die Bauern sind heutzutag' obenauf, die haben alles und nehmen bloß mehr Dollars. Wer die nicht hat, kriegt nichts. Und zugehn tut's, wenn am Samstag oder Sonntag so eine Bande Burschen und alte Kriegskameraden in meinem Laden und in der kleinen Küche sind! Sie gehn kaum rein und hocken und stehn und schreien in einem fort: ›Schnaps her, Wein her, Champagner her, Maurus, her damit!‹ Sie fragen schon gar nicht mehr nach dem Preis und saufen und saufen und schweinigeln, direkt zum Speien ist's oft. – Und wenn sie besoffen sind, geht's los auf die Höfe, wo Töchter da sind, und ich muß natürlich überall mit –. Und die Weibsen alsdann erst, die gehn ja jetzt leicht her. – Ach, ihr habt ja keine Ahnung, was sich da draußen abspielt! Da hätt'st du Stoff für deine Bücher, Stoff und noch mal Stoff!« Er war mit dem Einpacken fertig und wartete offenbar, ob ich nicht endlich auch etwas sagen wollte, doch ich machte bloß ein paar nichtssagende Nebenbemerkungen. Da schaute er auf einmal sehr angegriffen gradaus und sagte: »Nein, das kann nicht gut ausgehn. Da kommt vielleicht was ganz Furchtbares raus!«

»Und von der Revolution hast du gesagt, sie ist eine saudumme Politikspielerei!« sagte ich endlich: »Vielleicht war sie bloß ein Vorspiel –. Vielleicht kommt jetzt erst die richtige –.« Davon aber wollte er nichts wissen.

»Ach, du immer mit deinen Arbeitern und deiner Revolution!« widersprach er verächtlich: »Die Masse ist doch saudumm –! Strohdumm und viehisch! Ein Napoleon oder ein Bismarck muß wieder her! Bloß dann wird's anders.«

Wir schleppten die schweren Schnapskoffer zum Bahnhof und trennten uns unverändert. –

Nach einem Napoleon oder Bismarck verlangte der Maurus und hielt das, was diese vollbracht hatten, für das einzig Richtige. Dafür war er vier Jahre in den Drecklöchern der vordersten Front gelegen, jede Stunde gewärtig, daß auch er in diesen stinkenden Löchern als Leiche verfaulen würde, die später nur noch durch die Nummer auf einer blechernen Erkennungsmarke als einstiger Mensch aus Fleisch und Blut feststellbar war. Halb vertiert, stumpf und mechanisch folgte er wie alle seine Kameraden in dieser Zeit einem gleichsam routinemäßig funktionierenden allbeherrschenden Befehlswillen, der mit ihnen als einer amorphen Masse machen konnte, was er wollte. Mit Millionen seinesgleichen hatte er seit Urväterzeiten, von Generation zu Generation an den monarchischen Staat und dessen Unzerstörbarkeit geglaubt und ihm blind von Kindheit an vertraut wie dem gewohnten Kirchengott.

Und da geschah etwas, das er und alle nie für möglich gehalten hatten! Auf einmal hieß es: »Es gibt keinen Kaiser und keine Könige mehr! Sie sind davongelaufen.« Und jäh verschreckt, in panischer, kopflos-wirrer Angst fragten sich alle: »Ja, um Gottes willen, wer regiert uns denn jetzt, wenn keiner mehr da ist, der anschafft?« Sprachlos und ausgeliefert schauten sie einander an, denn aus der einreißenden Disziplinlosigkeit, aus dem Durcheinander und der Auflösung rundherum kam keine Antwort. Es hieß nur überall: »Revolution ist daheim!« und sie konnten sich darunter nur etwas Furchtbares, Drohend-Unheilvolles vorstellen, das keine Sicht auf das Morgen und auf die nächste Zukunft mehr freigab. Und ganz einfältig, ganz verloren fragte sich jeder nur noch: »Wie wird denn das jetzt? Kann ich meine Bäckerei, mein Geschäft wieder weitermachen, wenn ich heimkomm' oder ist alles schon futsch und nicht mehr möglich?«

Und heim nach Deutschland kamen sie, zermürbt und verbraucht und erlebten nichts als gärende Unordnung in den Städten mit ihren lärmenden Massenumzügen, mit straßenbreiten Transparenten »Nieder mit dem Krieg!« oder »Nie wieder Massenmord! Hoch die Revolution!«, und offensichtlich arbeitete von den herumziehenden Leuten und demobilisierten Soldaten kein Mensch mehr, weil nichts mehr da war, das sie dazu anhielt, weil von oben herab nicht mehr über sie verfügt wurde und alle Ämter verschwunden waren.

Daheim auf den Dörfern und Flecken mit den alten Leuten, den Weibern und Kindern sah das Leben zwar nach der alten gewohnten Selbstverständlichkeit aus, aber die Läden und Geschäfte waren warenleer und lagen brach da. Der Krieg hatte alles aufgebraucht. Der Schuster bekam kein Leder mehr, der Schneider keine Stoffe und keinen Faden, der Schmied kaum noch Eisen, der Bäcker konnte nur ein- oder zweimal in der Woche aus dem schweren, kartoffelvermischten Mehl sein unverdauliches Brot bakken, und die Krämerläden boten kaum noch etwas an; nur die Bauern lebten wie immer, und in den Wirtshäusern wurden »Kriegerheimkehrfeiern« mit reichlichem Essen und Freibier abgehalten, bei welchen stellungslose Offiziere in forschen Reden die kriegsgeübten Männer aufforderten, in die Freiwilligenverbände einzutreten, um dem »Saustall des landfremden roten Gesindels in der Stadt drinnen« ein Ende zu machen. Kein Wunder, daß die meisten Heimkehrer willig mitmachten. Aber auch die Austreibung der Roten besserte nichts. Die Kriegsnot war eher schlimmer geworden. Ja, die Züge verkehrten wieder, die Post funktionierte halbwegs, in den Zeitungen standen dicke Erlasse der »nationalen Regierung« mit einem Generalkommissar von Kahr an der Spitze, die nun »Ruhe und Ordnung« herzustellen versprach, indessen – sein gewohntes Gewerbe und Geschäft anzufangen, das ging immer noch nicht. Die Warenknappheit verschlimmerte sich noch mehr, der Schleichhandel mit Lebensmitteln riß alles an sich, und das Geld galt immer weniger. Und jetzt, nach der Rheinland- und Ruhrbesetzung, sank der Markkurs ins Bodenlose; es begann geradezu eine Heiligsprechung des allmächtigen Dollars. Aber wie ihn bekommen? Und wenn man ihn hatte, gab man ihn nicht her.

So hockte der Maurus als Wein- und Schnapsverschleißer untätig daheim auf dem Dorf in dem kleinen Häuschen mit der Mutter, der Schwester Theres und meiner schulpflichtigen Tochter und wurde immer verbitterter. Da er für die Konditorei kaum einmal etwas Material von den Bauern bekam, gab er es vorläufig auf und richtete in einer ebenerdigen Kammer eine kleine Krämerei ein. Haarnadeln, Schnürsenkel, billige Kämme, ab und zu Ersatzsuppenwürfel und Malzkaffee gab es, sonst nichts. Da blieben also nichts als der Schnaps und Wein, das viehische Umtreiben mit den Burschen und das Mitsaufen, denn das störende enge Zusammengepferchtsein in dem alten, ausgewohnten, winkligen Häuschen, wo sich jeder im Wege stand, verbitterte ihn. Unter dem einzigen Wasserhahn mit dem viereckigen verrosteten Becken darunter, der sich in der winzigen Küche befand, mußten sich alle waschen. Beim Essen hatten die vier kaum Platz am wachstuchüberzogenen Tisch. Auf dem Herd kochte die Mutter das Essen und die Wäsche, da bügelte sie, machte die sonstigen

Haushaltarbeiten und kümmerte sich um meine kleine Tochter. Rechter Hand neben der Küche, im ehemaligen etwas geräumigeren Wohnzimmer, hatte Theres mit einigen Lehrmädchen eine Näherei angefangen, links befanden sich ein schmaler Abstellraum und die ramponierte Kammer mit der Krämerei vom Maurus. Im oberen Stock gab es noch drei kleine Schlafkammern.

Verdrießlich ging Maurus manchmal durch alle Räumlichkeiten und betrachtete sie mit abschätzenden Blicken. Unschwer sah man ihm an, daß er sich den Kopf darüber zerbrach, wie und wo sich – wenn die Zeit einmal danach sein sollte – eine Konditorei einrichten lasse. Das machte Theres mißtrauisch. Kalt und abweisend spöttisch schaute sie ihn an und sagte: »Du überlegst wohl schon, wo deine Konditorei hinkommen soll, was –? Das eine sag' ich dir, wo ich bin, da bleibt's, wie's ist. – Was du drüben bei dir machst, ist deine Sach' ... Kannst ja umbaun, wenn dir wer Geld gibt; aber ich will mit all dem nichts zu tun haben, das sag' ich dir schon gleich –«

Das verstimmte Maurus.

»Du mußt doch zugeben, so kann's doch nicht ewig bleiben«, fing er an, aber sie war schon in Rage.

»*Mich* geniert das nicht –! Für *mich* braucht sich nichts zu ändern«, gab sie ihm schärfer zurück. Er wurde gereizt. Sie kamen ins Streiten. Ein Wort wurde böser als das vorherige, zuletzt waren sie verfeindet. Von da ab redeten sie kein Wort mehr miteinander und schrieben das, was sie sich zu sagen hatten, nur noch auf kleine Zettel. Einer umlauerte den anderen mit giftigem Mißtrauen. Jammerunglücklich stand Mutter dazwischen und kam dagegen nicht auf.

Maurus klagte bei seinem nächsten Besuch: »Der Schnaps- und Weinhandel ist doch nicht mein Beruf! Er ist doch für mich keine Existenz! Ich muß wieder zu meiner Konditorei kommen oder nach auswärts gehn und eine Stellung annehmen, aber dazu hab' ich keine Lust, und ob mich gleich wer nimmt, das fragt sich –. In jetziger Zeit schon überhaupt nicht! – Ich wett', wenn ich in Berg eine Konditorei aufmach', da komm ich zu was. Aber da muß ich das Haus umbaun. Geld dafür treib' ich vielleicht auf, aber sicher nicht soviel, wie ich brauch'. Und wenn ich schon bauen lasse, will ich's schon so, daß ich nicht gleich wieder dazubauen lassen muß, und – wahr ist's ja – das Haus gehört bloß zu einem Drittel mir, die anderen gehören der Resl, der die Emma, als sie gestorben ist, ihr Drittel vermacht hat, und die Resl, die überläßt mir doch keinen Meter mehr, als mir zusteht, die will mich doch am liebsten überhaupt draußen haben. Die sagt ganz einfach, ich soll mir eine Stelle suchen, mein Geld liegt gut auf dem Häusl. Neulich hat sie mir sogar auf einen Zettel geschrieben, sie zahlt mich aus, wenn ich will. Natürlich mit unserm jetzigen Mistgeld. Da wär' sie ja fein raus und ich wär' der Petschierte. – Kurz und gut, ich mach' jetzt kurzen Prozeß. Ich hab' dem Eugen geschrieben, er soll mir mit Dollars aushelfen. Der ist Geschäftsmann, der versteht mich sicher und hilft mir. Dann wird einfach gebaut, ob's die Resl will oder nicht –«

»Soso, der Eugen?« lächelte ich ironisch: »Der Eugen –!«

»Ja, warum lachst du?«

Ich lachte noch mehr und platzte heraus: »Von dem willst du Geld? Da wirst du dein blaues Wunder erleben.« Blaß wurde er und schaute mich verständnislos an. Ich wunderte mich über ihn. Wir waren doch alle die gleichen! Hatte er denn das vergessen? Einander helfen und gar mit Geld, undenkbar bei uns! Und ich erzählte ihm die nette Geschichte, wie der gute Professor Wörner damals, ungefähr zwei oder drei Monate nach dem Kriegsende, zu mir gekommen war und mit verlegen besorgtem Gesicht gesagt hatte: »Ja, Herr Graf, jetzt ist derjenige, dessen Stipendium Sie bis jetzt bekommen haben, vom Krieg zurück. Nun hört natürlich, wie ich Ihnen ja immer gesagt habe, leider, leider Ihr Monatliches auf –«

Einen Augenblick lang verriet mich mein Gesicht, aber schon lächelte ich und sagte gewaltsam bescheiden: »Jaja, Herr Professor, das hab' ich mir auch schon gedacht –«

»Hm«, machte er und maß mich väterlich: »Und besser geht's Ihnen doch immer noch nicht –«

»Das nicht. Aber es wird schon irgendwie gehn, Herr Professor«, meinte ich und dankte für die bisherige Hilfe.

»Aber, hören Sie, Herr Graf, Sie haben mir doch schon öfter von Ihrem reichen Bruder Eugen in Amerika erzählt –. Der kann Ihnen doch jetzt helfen –! Wenn Sie wollen, schreibe *ich* an ihn. – Ich kenne die Amerikaner etwas, ich war ja vor dem Krieg Austauschprofessor da drüben«, machte er sich erbötig. »Ich lasse den Brief auch noch von der Universität stempeln. Ich weiß, das imponiert. Werden Sie sehen, da erreichen wir schnell etwas für Sie –«

Seine Miene war geweckt und zuversichtlich, und er konnte nicht verstehen, daß ich damals genauso ironisch lachte wie jetzt vor dem Maurus: »Herr Professor, vielen Dank, vielen Dank. Vielleicht wirkt Ihr Brief, ja, aber Sie kennen die Familie Graf nicht. Bei uns macht sich keiner was aus dem andern –«

Doch er ließ sich nicht entmutigen. Er schrieb und rühmte mich gewaltig, wie er mir erzählte. Ich blieb ungläubig – tatsächlich aber, schon nach drei Wochen, kam der gute Helfer mit einem Brief aus Amerika. Indessen, sein Gesicht schaute gar nicht nach Jubilate aus, im Gegenteil.

»Tja, hm, tja, Herr Graf, da, bitte, lesen Sie seinen Brief selber, er ist ja deutsch und – und das hat er mitgeschickt«, sagte er etwas stockend und gab mir einen Dollar, einen einzigen Dollar zu einer Zeit, als unser Geld noch sehr wenig an Wert verloren hatte.

»Das ist alles, was er geben will«, sagte der Professor noch einmal. »Damit ist Ihnen natürlich nicht geholfen, mein Lieber.«

Für diesen einen Dollar konnte ich damals gerade meine Wäsche bezahlen und vielleicht noch eine Schachtel Zigaretten kaufen. Und da stand schwarz auf weiß: »Well, so ein junger Kerl wie Oskar, der kann mit money nicht umgehen. Geben Sie ihm den Dollar nicht auf einmal, sondern bloß, wenn er was davon braucht, sonst gibt er alles schnell aus. Well, wenn er Talent hat, siehe Bodenstedt, dann schicke ich das money immer an Sie.« Als ich aufsah, hatte der Professor ein betretenes Gesicht und schüttelte den Kopf.

»Er glaubt vielleicht, seit dem verlorenen Krieg ist unsere deutsche Mark nichts mehr wert und so ein Dollar eine hübsche Summe«, sagte er. »Ich will ihm schreiben und das erklären.«

»Hm, ich mache Ihnen da soviel Umstände, Herr Professor«, meinte ich und setzte dazu: »Er ist neunzehnhundertfünf nach Amerika. Da war ich noch ein neunjähriger Schulbub. Sicher meint er, ich bin noch nicht ausgewachsen –«

»Was meint er bloß mit Bodenstedt?« fragte der Professor. Ich erklärte, wie er ungefähr auf den Namen gekommen sei. Eugen war nie ein Leser wie etwa Maurus, ich und Nanndl. Er las so wenig wie Theres, die höchstenfalls einmal eine illustrierte Zeitung ansah oder ihr Modejournal studierte. Möglicherweise erinnerte er sich an den Namen Bodenstedt, weil zu seiner Zeit dessen *Mirza Schaffy* noch viel gelesen wurde. Gelesen hatte er sicher nie eine Zeile davon, er kannte von unseren Klassikern namentlich nur Goethe und Schiller. Irgend etwas Belletristisches las er überhaupt nie. Ihn interessierten nur die großen welthistorischen Figuren wie etwa Napoleon I., Bismarck und Cecil Rhodes, aber auch von ihnen wußte er nur oberflächlich etwas; dennoch schwärmte er für diese großen Erfolgreichen, weil er sich insgeheim charakterlich mit ihnen verglich, denn er war ungemein von sich eingenommen und ehrgeizig. Er dachte in erster Linie stets rein kaufmännisch und verband damit einen starken Machtwillen, einen ausgesprochenen Hang zur Großzügigkeit und eine skrupellose Findigkeit in der Ausnützung aller Chancen, die ihm Erfolg bringen konnten. Ich erinnere mich, daß er damals nach Amerika zwei Bücher mitnahm, aber nur deshalb, weil ihm die Titel imponierten und weil er sie vielleicht für brauchbar hielt wie etwa ein Konditor sein Rezeptbuch. Das eine handelte von der Hypnose und hieß *Die Macht der Persönlichkeit* von Leo Erichsen, und das andere war *Der Wille zur Macht* von Friedrich Nietzsche. Ich bin aber überzeugt, daß er sie beim ersten Durchblättern wieder weggelegt und nie wieder angesehen hat, denn er war stets für das primitiv Gebrauchsanweisende in solchen Büchern. Er wollte in seiner nüchternen Ungeduld nur immer das rein Praktische fürs tägliche Leben erfahren.

Eugen, der stets der Stolz unseres Vaters selig war, hatte ein heiteres Temperament. Er war gesellig, tanzte ausgezeichnet, jeder Mensch achtete ihn, und seine Freunde bewunderten ihn ebenso wie die Frauen. Er wußte, daß er ein schöner Mann war, hatte ein Faible für elegante Kleidung und trat sehr selbstsicher auf. Dazu kam sein hartnäckiger Fleiß und die gewiegte Fähigkeit, da, wo er einen Vorteil für sich sah, andere für sich zu gewinnen. Außerdem half ihm seine freundliche, einnehmende Überredungskunst, während unser Ältester, der beschränkte, sinnlose Rohling Max, nur Haß und Abweisung erlebte. Kurz vor Ausbruch des Ersten Weltkrieges zum Beispiel war Eugen noch einmal über den Ozean nach Hause gekommen. Niemand merkte, daß ihm damals das Wasser bis zum Halse stand. Er hatte mit dem jüngeren Bruder Lorenz, dem »Lenz«, im Staate

Montana, wo er heute noch lebt, eine Bäckerei angefangen, wozu der Lenz den Rest seines Vermögens und seine Ersparnisse dareingab und außerdem ohne Lohn arbeitete. Sie hatten kein Glück, alles ging schief, sie machten Bankrott, der Lenz verlor sein Geld und zog weiter, arbeitete als Geselle, und der Eugen ließ seine Frau mit den Kindern mit dem Wenigen, was sie noch zusammenraffen konnten, zurück und fuhr nach Hause, um von den anderen Geschwistern Hilfe zu bekommen. Er trat auf wie ein wohlsaturierter Geschäftsmann, übernahm in München einige Geschäftsvertretungen, die gerade so viel einbrachten, daß er leben konnte, und entwickelte vor den Schwestern aufs einleuchtendste die Idee, irgendwo in der Umgebung des Starnberger Sees gemeinsam eine Großbäckerei anzufangen. Dafür gewann er sie um so leichter, als Max, der sich erst kürzlich verheiratet hatte, mit allen Schlichen und Mitteln drauf aus war, alle so schnell wie möglich aus dem Haus zu bringen, weil er mit seiner Frau zwei bisher verschwiegene ledige Kinder hatte.

Eugen wurde zum Dichter. Er malte ein derart verlockendes Idyll des Zusammenlebens aller – er und ich sollten die Bäckerei besorgen, Maurus die Konditorei, Theres und Eugens Frau das Ladengeschäft führen, die kranke Emma könnte sich auskurieren, Mutter sollte sich nur noch um die Kinder kümmern und eine gute Köchin den Haushalt besorgen –, daß sich alle bald so begeisterten, als wäre es schon Wirklichkeit und all ihr Geld und ihre Ersparnisse gaben. Max wurde natürlich in den Plan nicht eingeweiht, aber sicher reimte er sich schon etwas Ähnliches zusammen, weil Eugen in der ganzen Seegegend Bäckereien besichtigte, die zu verkaufen waren. Öfter kam er zu mir, und auch der Nanndl, die damals noch als Friseuse in München war, schilderte er das großzügige Vorhaben, so daß sie sich als die Jüngste sogar geehrt fühlte, ihm ihre hundert goldenen Zehnmarkstücke, die sie sich knausernd erspart hatte, geben zu dürfen. Zu guter Letzt gelang es ihm auch noch, den Bruder seiner Frau, der in Starnberg Schutzmann war, um eine hübsche Summe zu schröpfen. Der aber wurde, als Eugen verlauten ließ, er müsse natürlich zunächst wieder nach Amerika, um seinen Haushalt aufzulösen und Frau und Kinder herüberzubringen, polizistenmißtrauisch und wollte ihn bei der Abfahrt in Bremen oder Hamburg festnehmen lassen. Eugen war schlauer und reiste von Genua ab. Lange, lange Jahre erfuhren die daheim und auch der Starnberger Schutzmann nichts mehr von ihm, alle Briefe kamen als unbestellbar zurück. Inzwischen kam der vierjährige Erste Weltkrieg und überdeckte alles. Max fiel, Maurus überstand ihn, und ich liquidierte ihn auf meine Weise. Maxens Witwe, faul, dumm und gerissen, ergab sich einzig und allein der untröstlichen Trauer und wurde sehr dick dabei. Um die Bäckerei und das Geschäft nicht zugrunde gehen zu lassen, machte Mutter den Bäckergesellen und buk mit einem Lehrbuben das schwere Kriegsbrot aus Kleie und Kartoffelmehl, die Schwestern besorgten die Buchhaltung und das Geschäft, und als der Krieg zu Ende war – du lieber Gott, wenn uns jemand gezwungenermaßen hinterlistig betrügt, heißen wir ihn einen niederträchtigen Lumpen und bringen nicht den Glauben und die Geduld auf, bis er wieder zum »guten Menschen« wird, wie jetzt der Eugen! Von dem nämlich kamen dazumal Lebensmittel- und Kleiderpakete und Briefe, und dick gedruckt stand darauf: *Bonton Bakery, Owner Eugene Graf, Bozeman, Montana,* und in den Briefen stand: »Well, schreibt, was Ihr braucht, ich sende es«, vom abgeluchsten Geld war natürlich darin nie die Rede, und das war ja auch schon längst verschmerzt und vergessen. Von jetzt ab galt er als »der reiche Bruder in Amerika«, und das war er auch wirklich! Er hatte es zu zwei oder drei Großbäckereien gebracht, besaß eine eigene Mühle und war Hauptaktionär des größten Hotels am Ort.

Um wieder auf mich zurückzukommen: Der Professor schrieb also einen langen eindringlichen Brief an Eugen und bekam eine grob zurechtweisende Antwort, ungefähr in der Tonart: »Der Oskar ist ein junger Kerl und kann als Bäcker money machen, seine Dichterei kann er nebenbei betreiben, in Amerika muß jeder für die Dollars hart arbeiten.« Wieder lag ein Dollar dabei, fertig. Der nächste kam erst in fünf, der übernächste in sechs Wochen, und in diesem Brief beauftragte der Eugen den verstimmten Professor: »Well, besorgen Sie mir zwei gute Geigen und Noten für klassische Musik, etwa *Dort drunten in der Mühle* und *Im schönsten Wiesengrunde*, nicht so ein modernes Spektakelzeug, aber machen Sie das rasch. Schicken Sie mir die Rechnung, dann sende ich das money.«

Da sagte der beleidigte Mann nur noch: »Ich glaube, mein Lieber, es ist besser, Sie schreiben Ihrem Bruder von jetzt ab selber.« Von da ab kam kein Brief und kein Dollar mehr. –

Das stimmte den Maurus sehr herab. Immerhin gab er die Hoffnung doch nicht ganz auf, denn, meinte er, »der Eugen sei eben ein Geschäftsmann«, und für ein Geschäft wie seine geplante Konditorei habe er bestimmt Interesse, im übrigen hätte er ihm auch geschrieben, daß er das Geld nur leihweise wolle.

Indessen, er erlebte dasselbe. »Well, du mußt sofort ein Weib mit Geld heiraten. Unverheiratete Geschäftsleute kriegen keinen Kredit«, war alles, was der Eugen schrieb. Kein Wunder, daß der Maurus jetzt noch viel giftiger darauf sann, die Theres aus dem Haus zu bringen. Jeder war schließlich sich selber der Nächste. Das galt für alle Geschwister Graf seit dem Tod der gutmütigen Emma, die eine Ausnahme war. Beim Maurus nahm sich dieses besessene Selbstbehaupten ohne Rücksicht auf andere besonders komisch aus, weil er es je nach seiner augenblicklichen Laune stets durch Zitate aus Schopenhauer, Balzac, Strindberg oder Goethe zu rechtfertigen versuchte. Da mußte dann das »Hammer oder Amboß sein« und das »Friß oder werde gefressen« herhalten, und es kam vor, daß er dabei einen melancholischen Unterton in sein Gerede hineinmengte, als leide er an der Schicksalsgeschlagenheit aller Menschen. Er war sehr eitel – nicht mehr wie früher, da er als junger Konditorgehilfe in bezug auf Erscheinung und Angezogensein höchst penibel war, sondern in der Art eines vielgeprüften, welterfahrenen, weise gewordenen alten Mannes, der sich verkannt vorkam. Solche Menschen können nicht mehr arglos sein. Lachten Leute harmlos über etwas an ihm, zum Beispiel über sein jetziges vernachlässigtes Aussehen, so wurde er sofort mißtrauisch und witterte dahinter irgendeinen Betrug oder eine beabsichtigte Bösartigkeit. Vergalten ihm andere sein spöttisch-höhnisches Überlegentun in gleicher Weise, hielt er sie für anmaßend, frech und rüpelhaft. Kritik vertrug er nicht. In dieser Hinsicht war er geradezu mimosenhaft empfindlich, und es liegt auf der Hand, daß seine Eitelkeit nie eine Selbstkritik bei ihm aufkommen ließ. Er an Eugens Stelle hätte wahrscheinlich viel abweisender und selbstgerechter gehandelt. Eugen, dessen Wohlstand so rasch zunahm, daß er es zu einem Dollarmillionär brachte, zeigte immerhin noch eine gewisse sporadisch auftretende Gutmütigkeit und gefiel sich dann in der erhebenden Rolle des warmherzigen Wohltäters. Sooft er sich auch mit Lenz, der all sein Geld durch ihn verloren hatte, zerstritt, er betrachtete ihn stets als seinen jüngeren, unreifen Sorgenbruder und half ihm aus der Not. Nach und nach kam er auch auf den Einfall, unserer alten Mutter laufend einen Monatsscheck zu überweisen, den Theres, die mit ihr zusammen hauste, in der Hauptsache für sich verbrauchte, was Mutter ganz recht war. Nach ihrem Tod kam Theres gänzlich in den Genuß dieses Erbes, das der jetzt Achtzigjährigen ein sorgenfreies Leben garantierte. Ich glaube nicht, daß Eugen, der nur um zwei Jahre jünge rals sie ist und schon eine ziemliche Zeit als halbgelähmter Witwer einsam in seiner altmodischen Prunkvilla in Bozeman lebt, je das Gefühl hat, als trage er damit nur eine alte selbstverständliche Schuld ab. Als honett denkender Freimaurer erwärmte er sich sicher an diesem wohltuenden Edelmut.

Von Maurus so etwas zu erwarten, unmöglich! Ihm fehlte jeder Funke von Gutmütigkeit. Er war seit jeher ungeheuer geizig und mißtrauisch. Dazu kam noch sein lebensgefährlicher Jähzorn. Da verlor er buchstäblich den Verstand, wurde kalkweiß im Gesicht und bekam Schaum vor dem Mund, und einen Neffen, der bei ihm Lehrling war, hätte er beinahe einmal mit einer Eisenstange erschlagen, nur weil diesem 36 Pfennig bei der Abrechnung fehlten. Besonders abstoßend wirkte, daß er im Nachhinein solche Anfälle meist humoristisch zu bagatellisieren versuchte und mit gewaltsam gemachtem Zynismus ungefähr sagte: »Verstehst du? Da heißt es, keine Zugeständnisse an die Weichlichkeit machen und so grob sein, daß der andere erschrickt. Nur so erreicht man, was man will. Attacke! Verstehst du? Attacke, rücksichtlose Attacke!« Dabei lachte er sein tückisches Triumphlachen, das er, seitdem er durch seinen Schnaps- und Weinhandel zum Säufer geworden ist, angenommen hat.

Auf diese Weise gelang es ihm auch, die nicht weniger hartköpfige, unzugänglich engstirnige Theres mit der Mutter und meiner Tochter zunächst vom unteren großen Wohnzimmer in die oberen Kammern und schließlich, nach Mutters Tod, ganz aus dem Haus hinauszudrängen. Ganz so stur und steinfeindlich wie diese ältere Schwester war Maurus allerdings nicht. Diese verdarb ihre Position vor allem dadurch, daß sie auch auf dessen vernünftige Vorschläge und auf eine eventuelle Geldabfindung nicht einging. Sie begnügte sich damit, im ganzen Dorf als unschuldig Beleidigte dazustehen. Maurus dagegen, nach alter Konditorentradition dazu erzogen, vor den Oberen zu katzbuckeln und die Unteren zu treten, besaß nicht nur eine größere Menschenkenntnis und Intelligenz; seine bauernpfiffige Instinktsicherheit befähigte ihn auch, die Stimmungs- und Machtverhältnisse im Ort und in der Gemeinde genau einzuschätzen. Zuerst einmal gelang es ihm, mit luchshafter Findigkeit und Schmeichelei die Sympathien der Mächtigen zu gewinnen. Alsdann legte er Theres einen Zettel hin – sie verkehrten immer noch innerhalb des Hauses schriftlich miteinander –, auf welchem er ankündigte, daß das Schmiedhaus leerstehe und zu vermieten sei. Sie reagierte nicht darauf. Er überwand sich sogar soweit, sich nach dem jahrelangen Anschweigen mündlich auszusprechen. Sie drehte ihm den Rücken zu und sagte eisig: »Geh mir aus dem Gesicht. Das andre wirst du auf dem Gericht erfahren.«

Das war zuviel für ihn.

»Raus! Raus mit dir! Raus, sofort!« brüllte er nicht mehr menschenähnlich und bekam sein jähzorniges Mordgesicht: »Raus, sonst passiert was!« Er riß ihr den Stuhl vom Hintern und fing an, sinnlos auf sie einzuhauen, daß sie entsetzt aufschreiend samt meiner Tochter ins ehemalige Vaterhaus hinunterlief und Hilfe suchte. Als sie nach einer längeren Weile mit zwei Neffen zurückkam, stand bereits ein Teil ihrer Möbel auf der Straße; und unentwegt Stoffballen und anderen Kram herunterwerfend, bellte Maurus aus dem oberen Fenster: »So, das andre könnt ihr euch selber holen, aber sofort! Und laßt euch ja nicht mehr bei mir blicken, sonst garantier' ich für nichts mehr!« Er verschwand, und nach kurzer Erstarrung schleppten die Neffen den Rest über die äußere Holzstiege herab, luden alles auf einen Handkarren und fuhren die ganze Habe ins leere Schmiedhaus. Nichts von dem, was Theres erwartet hatte, war passiert. Genau wie die mächtigen Weltregierungen sich verhalten, wenn eine von ihnen ein kleines, schwaches Land unter allerhand fadenscheinigen Vorwänden überfällt, besetzt und schließlich ganz okkupiert, verhielten sich auch die Nachbarsleute: Sie blieben bei der Nichteinmischung und schauten hinter ihren Fenstern ruhig zu. Auch ein Dorf ist im Grunde genommen nur ein verkleinertes Abbild der größeren Welt. Und ...? Der Maurus hatte einen guten Ruf als tüchtiger Geschäftsmann und war ein guter Kunde, er brauchte viel Rahm, viel Butter und viel Eier!

Wohl oder übel mußte sich Theres privat und geschäftlich im Schmiedhaus einrichten. Die Hitlerherrschaft hatte schon begonnen, und ihr wurde bald darauf die Ehre zuteil, zur »Amtswalterin des Nähereigewerbes« ernannt zu werden. Ein gutes Omen für sie bei der demnächst stattfindenden Gerichtsverhandlung in Starnberg. Freudig sah sie diesem Triumphtag ihrer endlichen Rache entgegen. Die alten Richter aber waren vom neuen Regime noch nicht erfaßt und überhörten ihre immer wiederholte Denunziation, daß ihr gemeiner Bruder außerdem auch noch ein enragierter Nicht-Nazi sei. Das reizte sie bis zur Weißglut, und sie schrie mit allem Stimmaufwand, bis die ungeduldig werdenden Richter die verderbendrohende Anschuldigung »als nicht zur Sache gehörend« energisch und streng zurückwiesen. Ihre rachsüchtige Hoffnung schwand endgültig dahin. Als tapferer Soldat des Ersten Weltkrieges und zusammengenommener, ruhiger Geschäftsmann machte Maurus ein weit besseres Bild, und es kam schließlich mit Ach und Krach zu einem Vergleich. –

Maurus hatte endlich freie Hand, seine Konditorei mit Kaffeehaus und Weinstube aufzubauen und erfreute sich alsbald des regsten Besuches aller im Bezirk lebenden prominenten Nazis, bei denen er niemals mit reichlicher Aufwartung des Allerbesten kargte. Während er sich vor diesen gefährlichen Herren mit liebedienerischer Unterwürfigkeit und Schmeichelei, mit derbem Unterhaltungswitz und gerissener Schauspielerei in die Rolle des hofnarrenähnlichen Originals hineinspielte, sicherte er sich hintenherum die Sympathie ihrer hübschen Sekretärinnen durch gefällige Geschenke, größte Aufmerksamkeit und schlaues Hofieren, so daß er stets über die geringste Gefährdung unterrichtet war und sich dagegen schützen konnte. So wurde sein *Café Maurus* schon im Dritten Reich landweit bekannt, und als die siegreichen amerikanischen Truppen einmarschierten und ich ihm durch Freunde die ersten Lebensmittelpakete zukommen ließ, rühmten sie ihn als einzigartiges Original. Seine Dankbriefe, die sie mir brachten oder schickten, waren schlechthin Meisterstücke. Wahrhaft ergreifend dankte er, dann folgte in tiefer Melancholie die düstere Ausmalung seiner Leiden in der Nazizeit, und das mündete dann alles in die geradezu hymnisch-bruderinnige Zärtlichkeit: »Und du darfst es mir glauben, lieber Oskar, umgekehrt würde ich natürlich genau dasselbe tun!« Jeder, der so einen Brief las, war tief gerührt. Ich aber, mit meinem schwer angeschlagenen Charakter, bei dem ich nicht ganz sicher bin, wie viel oder wie wenig Eigenschaften dieses Bruders ich selber habe, platzte fast vor Lachen, denn ich konnte mir nur zu gut vorstellen, wie Maurus nach Abfassung eines solchen Briefes jedesmal feixend wie ein Gnom herumhüpfte und seiner noch geizigeren, sklavisch untertänigen Frau ins Gesicht prustete: »Hahahaha, das ist genau das, was der manierierte Narr, der Oskar, will. Das wirkt auf ihn, wirst du sehn, jetzt schickt er noch viel mehr, der Depp!« Ähnliche Briefe bekamen der reiche Eugen in Montana, Lenz in Wisconsin und Nanndl in Chikago. Groß versorgt, wie wohl keiner im Dorf, machte er mit dem Überflüssigen lukrative Geschäfte in jener schrecklichen Notzeit und handelte für ein Paket Zigaretten, eine Kiste Konserven Gold und Schmuck ein, was ihn, wenn er infolge eines sehr gut gelungenen Handels mild gestimmt war, sogar dazu bewog, meinem Enkelkind eine Rippe Schokolade zu schenken. Nie vergaß er das in seinen Briefen zu erwähnen, denn, schrieb er, »wir zwei alten Leute sind doch vollkommen bedürfnislos und essen sehr wenig«. Belustigend fand ich auch, daß er amerikanischen Freunden, die im tiefsten Winter von Hohenschäftlarn herüber Pakete zu ihm brachten, allerfreundlichst von dem übersandten Kaffee etliche Tassen vorsetzte und Kuchen dazu gab, sich ausgezeichnet mit ihnen unterhielt und – am Schluß die Rechnung vorlegte, die er mir – »doppelt genäht hält besser « – in seinem nächsten Brief auch noch zur gelegentlichen Begleichung beilegte. Einmal allerdings erlebte er einen Reinfall, den er mir tief bedauernd und mit gehöriger Empörung über die rüde Impertinenz der Amerikaner ausführlich mitteilte. Eugen schickte ihm durch einen höheren Offizier Mehl, Zucker, Fett und haufenweise Konditorzubehör, die der Offizier gleich im Lastwagen heranbrachte. Geschäftsmannshonett und konditorenuntertänig bewirtete er diesen hohen Herrn natürlich mit bestem Wein gratis, und da derselbe für die Bilder an den Wänden seines hübschen Lokals großes Interesse zeigte, hielt er mit seiner Generosität nicht zurück, brachte einen großen Packen Originalholzschnitte und Zeichnungen zeitgenössischer deutscher Künstler und bat ihn, sich etwas davon auszusuchen. Der kunstsinnige Offizier dagegen sagte nur: »Die nehm' ich alle.« Und so geschah es vor dem wortlos gewordenen Maurus. Dem Eugen schrieb er kein Wort darüber, mir aber um so schmerzlicher; denn all das stammte aus meiner ehemaligen Münchner Wohnung, und sicher hat der Herr Offizier später hierzulande ganz gut damit verdient. Ich erinnerte mich dabei an meine ehemaligen Kameraden im Ersten Weltkrieg, die jedesmal, wenn wir in ein erobertes Dorf oder Städtchen einzogen, sogleich auf Raub ausgingen und massenhaft Silberzeug, aufgefundene Seidenballen, wertvolles Porzellan und dergleichen nach Hause schickten. Ich war genau wie sie, nur hatte ich für all dieses Kramzeug keine Verwendung. Ich nahm höchstenfalls da und dort ein deutsches Buch mit. Dem Verlust meiner wertvollen Grafiksammlung weinte ich nicht sonderlich nach. Ein schadenfreudiges Schmunzeln über den Reinfall des kriecherischen Geizhalses in Berg entschädigte mich halbwegs. Eins nämlich weiß ich ganz sicher: Geiz, dümmliches Katzbuckeln vor irgendwelchen Mächtigen und Furcht vor der Meinung der breiten Öffentlichkeit sind mir immer fremd geblieben. Was manchmal nach letzterer aussieht, beruht stets nur auf nüchterner Berechnung in geschäftlicher Hinsicht, und was den Geiz anlangt, mein heißgieriges Jagen nach Geld, zielt lediglich darauf ab, mir auf eine fast parvenühafte Art mit den erworbenen Summen das Leben für eine Weile angenehm zu machen. Darum wohl auch meine Respektlosigkeit vor Macht und Besitz. –

Selbstverständlich hängte Maurus nach dem sicheren Zusammenbruch der Hitlerherrschaft und dem Auftauchen der amerikanischen Siegertruppen sofort ein großes Brustbild von mir in seine Weinstube und ließ schleunigst Prospekte drucken: »Café und Weinstube Maurus – Bruder des berühmten Schriftstellers Oskar Maria Graf in New York«, um sich in jenen unsicheren politischen Zeiten die nötige schützende Reputation zu verschaffen. Leider habe ich so einen Prospekt nie zu sehen bekommen, und als sich die Bundesrepublik mit ihren restaurativen Zügen stabilisierte, verschwand das Bild von mir sehr schnell. Dagegen hing er jetzt – um sich bei allen Bayern beliebt und keiner bestimmten Parteizugehörigkeit verdächtig zu machen – eine eigenhändig unterschriebene Fotografie des ehemaligen bayrischen Kronprinzen Rupprecht, den er in seinen letzten Lebensjahren kennengelernt hatte, anstelle meines Bildes an die Wand. –

Trotz seiner bewußt betriebenen Narrenpopularität, die vieles erlaubt, was sonst verübelt wurde, blieb er umsichtig darauf bedacht, sein Ansehen als Geschäftsmann zu behalten. Der nur um einige Jahre jüngere Bruder Lenz, welcher es in den USA bloß bis zu einem Kleinrentner mit bescheidenem Häuschen gebracht hatte, verfiel nach fünfzig Jahren, und eigentlich nur, weil ihm Eugen in einer lustigen Stunde versprochen hatte, eine gemeinsame Europareise zu machen und für alle Kosten aufzukommen, auf die für seine spärlichen Finanzverhältnisse waghalsige, trotzige Bettelmannsidee, nun allein in die alte Heimat zu fahren, was ja nach einer derart jahrzehntelangen Abwesenheit immer nur ein nochmaliges, vergebliches Zurückreisenwollen in die einstige Jugend ist. –

Ein Menschenalter hatten die zwei sich nicht mehr gesehen, sie waren nicht verfeindet, und – genau wie wir alle – amüsierte sich auch Maurus stets über die völlig verrückten Briefe, die Lenz hin und wieder schrieb. Nun stand er leibhaftig vor ihm!

»Was? Du bist der Lenz? Ja, wie schaust du denn aus? So schäbig kommst du aus Amerika daher? Hast du denn kein Geld?« fuhr Maurus den lachenden Ankömmling ungut an, dem die Dorfkinder vom Dampfschiffsteg bis vor seine Haustüre gefolgt waren: »Mit dir muß man sich ja schämen! Komm bloß schnell rein!«

Nun kam ja der gute Lenz in seinem abgetragenen hellen Sommeranzug mit den von Saucenflecken glänzenden Rockaufschlägen und den zerbeulten Hosen wirklich nicht vertrauenerweckend daher. Noch dazu trug er ganz billige schwarz-weiße Gummischnürschuhe, wie sie die Fußballer und Sportler tragen. Hut und Mantel waren zerknittert, und in der Rechten hielt er einen alten, aus der Fasson geratenen Handkoffer, den er mit vielen Spagatschnüren zusammengebunden hatte. Schon in New York, wo wir einige lustige Nächte verzecht hatten, und der Lenz, neugierig und lüstern wie alle losgelassenen kleinen Provinzreisenden, plötzlich in einer grauen Frühe, als es schon Zeit zum Heimgehen war, noch ein Nachtlokal mit Nackttänzerinnen sehen wollte, mußte ich schadenfroh schmunzeln, weil ich mir vorstellte, was für Kalbsaugen Maurus machen würde.

Aus dem Besuch eines derartigen Lokals wurde übrigens nicht viel. Die meisten Lokale hatten schon geschlossen, und wir kamen nur noch in eins hinein, wo an der Theke die vollbusigen, weißhäutigen, glitzernden Tänzerinnen und Huren beim Schlußtrunk saßen. Der Lenz, noch immer ein ausgesprochen draufgängerischer Liebhaber von solchen Frauen mittleren Alters, drückte sich sogleich dazwischen, bestellte einen Whisky und fing mit einer derb zu flirten an, doch als diese für sich auch einen Whisky bestellt haben wollte, fragte er ungeniert vorsichtig: »Was kost' das?«, und als er zwei Dollar fünfzig erfragte, wurde er im Nu zurückhaltend, weigerte sich und hielt seine große Hand abschirmend vor sein Whiskyglas und sagte nur noch: »No-no-no, I'm a poor man.« Er hatte mir vorher nicht geglaubt, daß mit den zwanzig Dollar, die er »spenden« wollte, nicht viel auszurichten sei. Jetzt sagte er ziemlich ernüchtert: »Come on, Oskar, laß uns gehn.« Die Schopenhauersche These, daß sich der Charakter eines Menschen im Grunde genommen nie ändere, schien richtig – er war trotz seines langen Wildlebens eigentlich immer noch der bäuerliche Dörfler. –

Die Grobheit vom Maurus focht den Lenz nicht an. Er lachte nur und sagte, ins Haus tretend: »Oh, du bist aber gar nicht freundlich! Du bist ja wie der Maxl! – I think, so sind all the Germans. In Amerika gibt's das alles nicht. Du hast vielleicht Angst, ich zahl' dir nichts? ... I have plenty money mitgenommen.«

Das erleichterte Maurus immerhin ein wenig, doch seine Miene sagte deutlich: »Mein Gott, wie bring' ich den unmöglichen Kerl bloß schnell wieder los?«

Als sie in der hübschen Weinstube saßen, die Lenz als »very nice place« belobigte, stellte die abgerackerte dürre Mimi, Maurus' noch geizigere Frau, die kaum einmal ein Wort sagte, schicklicherweise zwei von den allerkleinsten Schnapsgläsern hin und goß Cognac ein.

»O ja, laß uns trinken zum Wiedersehen, Maurus!« lachte Lenz breit heraus, trank aus und wurde noch heiterer: »Und kannst du auch noch singen, ja? – Weißt du noch, das vom Vater?« Und gleich sang er sehr laut und ungemein falsch drauflos: »Bei Sedan, wohl auf den Höhen ...!« Erschrocken bestürmten ihn Maurus und Mimi: »Um Gottes willen, Lenz, das kannst du doch bei mir nicht machen, ich bin doch kein Bauernwirtshaus –! Hör doch auf! Das geht doch nicht!«

»So? – Warum nicht? Ist das verboten hier, ja?«

»Nein, nein, das nicht, aber das geht einfach nicht bei mir! Mitten am Tag in meinem Lokal! Verstehst du denn das nicht? Das ist doch unmöglich! Da läuft doch jeder Gast davon, wenn er hereinkommt! – Mimi, schenk ihm ein!« bibberte der Maurus ihn ziemlich hilflos an, faßte sich aber gleich wieder und fing abermals energisch sein belehrendes Nörgeln an: »Du führst dich ja auf wie ein total Besoffener! – Und so, wie du daherkommst, da kriegst du ja noch nicht einmal in einem Bauernwirtshaus ein Zimmer, und ein Hotel schmeißt dich sofort hinaus! – Du kannst bei uns wohnen, wir haben ein Zimmer –. Billig –! Zwei Dollar fünfzig die Nacht für dich –«

»Okay!« nickte der lächelnde Lenz und blickte auf das leere Schnapsglas und dann auf ihn: »Du tust das spenden für mich, ja? I don't like this German Stoff. – Hast du keinen Whisky?«

»O ja! Kannst du haben, aber der kostet doppelt soviel«, orientierte ihn Maurus für alle Fälle.

»Well, du bist aber ein smarter businessman! – Beim Eugen kost' mich das all keinen penny. – Der gibt mir, was ich will«, lachte Lenz ungetroffen und nickte heiter: »Okay, okay, ich zahl' dich alles –.« Grade dieser allzuleichte Sieg aber gefiel dem Maurus auch nicht, denn er machte ihn irgendwie unsicher, und er fing beteuernd und fast entschuldigend an, sich zu rechtfertigen, daß der Eugen doch ein Millionär sei und er nur ein kleiner, halbtot gerackerter Konditor, und was er erst in der Hitlerzeit und im Krieg alles auszustehen gehabt habe; ihm gebe kein Mensch etwas umsonst; er wolle und er brauche auch keine Hilfe, aber herzuschenken habe er natürlich nichts, doch der Lenz schien eine Elefantenhaut zu haben. Er nickte bloß von Zeit zu Zeit, sagte sein gleichgültiges »Okay, okay!« und schaute ihn verschwiegen ungläubig an, denn der Maurus war arg fett geworden und hatte doch vorher so geprahlt mit seinem feinen Lokal und den noblen Gästen, die große Zechen machten. Bemerkt muß nämlich werden, daß dies ein bedeutender Griff nach vorn ist, in die Zeit, als sich das bundesdeutsche Wirtschaftswunder bereits voll entfaltet hatte.

»Ja, ich hab' jetzt keine Zeit mehr, ich muß wieder weiterarbeiten. Die Mimi zeigt dir dein Zimmer und alles«, sagte der Maurus ungeduldig und ging in seine Konditorstube hinaus. Die maulfaule Mimi stand stangendürr da und versuchte, als der Lenz erneut herumschauend wiederum etwas von »very nice place« verlauten ließ, gefroren zu lächeln, indem sie sagte: »Jaja, aber es kostet halt einen

Haufen Arbeit tagaus und tagein.« Sie rührte sich nicht, sie goß nicht mehr ein, und der Lenz ließ seine Augen wieder rundherum laufen, bekam auf einmal ein melancholisches Gesicht, weil er sich wahrscheinlich erinnerte, daß sein blutjunger vielgeliebter Sohn als amerikanischer Soldat im Krieg am Rhein gefallen war. Seitdem haßte er die »Germans«, obgleich er in Amerika überall krachlaut sagte: »I'am a Bavarian Westerner!« und sich auch stets dementsprechend benahm.

»He, Maurus, he!« schrie er plötzlich: »Come on, laß uns trinken! Ich zahl' dich alles! Come on, please. – Geh her!« Es half nichts, der Maurus mußte zurückkommen, und er und Mimi hatten alle Mühe, ihn nach ein paar Gläsern Whisky soweit zu bringen, daß er sich oben sein Zimmer ansah. Es war eng und unfreundlich genug, doch dem Lenz machte das gar nichts aus.

Wie konnte sich der immer ängstlich um jeden kleinsten Vorteil herumfinkelnde Maurus nur einbilden, gegen diesen in mancher Hinsicht wirklich unzurechnungsfähigen Menschen, gegen eine so absonderliche Naturkraft aufzukommen!

Der Lenz nämlich – übrigens der einzige in unserer Familie, der einen Roman wert wäre – blieb sein Leben lang ein fast grotesk abenteuerlicher, unbeschreiblich seltsamer Jack-London-hafter Tramp, der sich nie darum kümmerte, was der andere Tag mit sich brachte, und sich immer nur seinen momentanen, kaum ausdenkbaren Absonderlichkeiten hingab –, diesem Lenz konnte nichts an, rein gar nichts, nicht einmal der Maurus! Lenz war gleichsam alles in einem: Tier und Mensch, verwilderter Bohemien nach wildwestlicher Pionierart und gleicherzeit unfaßbar kinderfromm wie unsre selige Mutter, nur eben mit echt amerikanischem Einschlag und deshalb unverwüstlich optimistisch. Seine ständige Heiterkeit machte wehrlos gegen seine Untugenden. Er war durchaus friedfertig, verträglich und urgesellig, keineswegs streitsüchtig oder rechthaberisch und dennoch rätselhaft rauflustig zu jeder Zeit, einfach aus einem undefinierbaren Kraftüberschuß. Diese Vollkraft tobte sich mit dem zunehmenden Alter dahingehend aus, daß er beständig einen Notizblock und zwei Kugelschreiber bei sich trug, um alles, wo er auch ging, stand oder hockte, auf der Stelle niederzuschreiben. Ganze Kisten voll solcher Erzeugnisse hatte er, und mir schickte er eine Weile etliche vollgeschriebene Blätter, die meine Frau mir ins Deutsche übersetzte. Es war das abstruseste Zeug, das man sich vorstellen konnte, ungefähr so: »Das Mädchen lacht lieblich, hat dicken Arsch, aber Tolstoj läßt auch zu wünschen übrig. Nietzsche ist ein gottloser Depp; ich muß auf die Bank, hab' kein money mehr; es regnet sehr; Bier ist gesund; der Mond fällt aufs Meer, auf einen riesigen Walfisch –«

Dazu schrieb er stets: »Well, ich hab' das eben vollendet, drucke es sofort, lieber Oskar, sofort –.« Sicher glaubte er, ich könnte das ohne weiteres, und er war sehr ungehalten, daß ich ihm alles wieder zurückschickte und hoch und heilig beschwor, ich könnte das doch nicht drucken, ich sei doch kein Druckereiinhaber. Alle sonstigen Erklärungen begriff er wahrscheinlich gar nicht. Auch in Berg schrieb er in einem fort, und als Maurus ihn fragte, sagte er: »Well, das ist mein Hobby, es freut mich. Oskar macht da ein business draus, aber für mich tut er nichts –« Nach einem Herzanfall verbot ihm der Arzt jeglichen Alkoholgenuß.

»Seitdem trink ich bloß noch, wenn's nichts kostet«, erklärte er mir und zwinkerte dabei bauernpfiffig. Darum kam er immer, wenn Eugen ihn einlud, denn der soff vom frühen Morgen bis zum Zubettgehen unentwegt und blieb immer nüchtern. Bei ihm bekam Lenz alles für seinen aufgesparten Durst.

Als ich ihn wegen seiner fortwährenden, beinahe pubertätshaften Lüsternheit einmal gutmütig verspottete, antwortete er seelenvergnügt: »Oh, der liebe Gott vergibt mir das alles. Der läßt mich nicht fallen, der liebt mich doch!«

Als junger nomadisierender Bäckergeselle, den man wegen seiner motorischen Arbeitswut überall schätzte, hatte er beispielsweise folgende Marotte: Er hielt es stets nur einen Monat lang in einer Stelle aus. Eines Nachts, mitten in der friedlichsten Arbeit, setzte bei ihm ungefähr so etwas wie die Menstruation bei einer Frau ein, und er stürzte sich grundlos auf seinen Nebenmann, fing ein wildes Geraufe an und schlug alles kurz und klein. Dann lief er so, wie er war, auf und davon. Erst ein kleiner irischer Meister in Wisconsin hat ihn von dieser Gestörtheit geheilt. Der Mann lief ihm in der Nacht nach, erreichte ihn und sagte gutmütig zuredend: »Aber Laurenz, was hast du denn? Warum läufst du denn davon ...? Du kannst ruhig bei mir bleiben, wenn du alles, was du kaputtgemacht hast, wiedergutmachst. Come on, my boy, come on, Laurenz –!« Und, siehe da, der Lenz weinte schlotternd, fiel dem guten Meister um den Hals und kam zurück. Er blieb fast acht Jahre bei dem Mann und arbeitete wie ein Hund. Schließlich verpachtete dieser Meister ihm das Geschäft und verkaufte es ihm etwas später sehr gern. –

Der Lenz blieb tatsächlich über drei Monate in Berg beim Maurus, der ihn, leicht lächerlich machend, den geschwätzigen Großverdienern, Filmdamen und Herren, den Künstlern und gewesenen Nazis als kuriosen Bruder aus Texas vorstellte und immer anhielt, jede Nacht bei ihm zu zechen. Er kam aber nicht auf seine Kosten dabei, denn erstens imponierten dem Lenz diese überheblichen noblen Leute nicht im mindesten, und er benahm sich den aufgeputzten, oft allzu keck dekolletierten Damen gegenüber arg unfein und derb, was diese anfangs amüsierte, dann aber empfindlich störte. Der Maurus hatte in einem fort nur aufzupassen auf ihn, und wenn er ihn anderntags zur Rede stellte, meinte der Lenz, diese Weinstube sei doch wie ein besseres »Whore-House«.

»Was –? Mensch, aber jetzt machst einen Punkt –. Weißt du, was das für Leute sind? Lauter Fabrikdirektoren, pensionierte Offiziere, Schauspieler und berühmte Künstler. Ihre Frauen kommen aus der besten Gesellschaft, und es sind viele weltberühmte Filmstars bei mir. Was glaubst du denn eigentlich? Gegen die bist du doch ein Bettler!« verbat sich Maurus das gereizt.

»Aber warum lassen sie sich küssen von dir, warum tappst du sie ab und tust so schweinisch mit ihnen reden?« fragte der Lenz.

»Ich kann das. Mich kennen sie doch schon jahrelang! – Ich geh' auch nie zu weit, aber du bist doch fremd und benimmst dich wie zu Straßenschicksen. Da brauchst du nicht mehr zu mir reinkommen«, sagte Maurus, um gewaltsam verhalten fortzufahren: »Ja, Mensch, was hast du denn gestern gemacht? Lenz, Lenz –? Du willst da einfach bei einer verheirateten Frau, wo doch ihr Mann daheim ist, einsteigen! – Das, das – das ist einfach unmöglich –. Bleib nur weg aus meinem Lokal, geh hin, wo du willst!«

Wahrhaftig, er hatte mit einer vollbusigen Dame geflirtet, sie hatte einen Witz gemacht, er könnte sie ja nachts heimlich besuchen, und er war in der nahen Villa über den Zaun gestiegen, aber dann vom Hund verjagt worden.

»Okay, okay, ich bleib' weg, okay. – Du rechnest ja für mich immer plenty mehr wie für die andern. Da bin ich better off, ich kauf' mir in Starnberg a full bottle Whisky«, warf ihm Lenz vor, und brühwarm antwortete Maurus: »Ja, du bist ja auch Amerikaner –! Für die gelten meine Preise nicht.«

»Okay!« schloß der Lenz und ging zu meiner inzwischen

verheirateten Tochter, ihrem Mann und Theres hinunter, wo er zum Mißfallen von Maurus schon von Anfang gern hingegangen war. Die zwei blieben verstimmt gegeneinander, und Lenz führte jetzt sein eigenes Leben. Meistens fuhr er schon in aller Frühe nach München, trank viel Bier und probierte alle hundert bayrischen Wurstsorten durch, denn Würste aß er für sein Leben gern, und das Herumsitzen in den großen Bräuhallen gefiel ihm, da waren Menschen seinesgleichen, da schrieb er unentwegt jede Kleinigkeit auf. Mir schrieb er eine einzige Karte: »Oskar, geliebtes Bruderherz, hier gibt es die besten Würste, Würste. Würste, the best of the world, hoch lebe Bavaria! – Gruß Lenz.«

Meistens kam er tiefnachts heim, und Maurus war jedesmal heilfroh, daß er als schwerer Schatten auf der Außentreppe nach oben wankte. Einem solchen unqualifizierten Rüpel konnte man wirklich nur sein Geld abnehmen, ehe er es ganz und gar woandershin trug.

Und der Lenz? Er stand oft stundenlang verbittert am Seeufer und schaute auf das blaugrüne Wasser. Nichts, gar nichts sah er sich an in dem schönen Land und in München: keine Oper, kein Theater, nicht einmal ein Kino, keine der weltberühmten bayrischen Barockkirchen, auch die umschwärmten Schlösser unseres Lieblingskönigs Ludwig II. nicht, kein Museum, keinen Dom oder sonst eine große Kulturschöpfung. Nichts als Berg, unser Schul- und Pfarrdorf Aufkirchen, Kempfenhausen, wo er einst das Brot hingetragen hatte, und Starnberg mit den verschiedenen Wirtshäusern, den See und die Münchner Straßen nahm er in sich auf. Am schönsten fand er, daß er mit Theres, ihrem Mann und meiner Tochter noch das Oktoberfest mitmachen konnte, ehe der Eugen, der mit seiner damals noch lebenden Frau eine Orientreise machte, ihn in Berg abholte und mitnahm nach Amerika. Der »Bavarian Westerner« freute sich herzhaft auf seine eigentliche Heimat, auf seine lustig-geschwätzige Frau und sein Häuschen im fernen Staate Washington. Seine Jugend, in die er zurückreisen wollte, hatte er nicht mehr gefunden, fort war sie, fort für immer –

Und die »Nanndl«? Geduld! Auch sie wird und kann nicht übergangen werden in dieser höchst unordentlichen Chronik, denn sie spielt eine nicht weniger beträchtliche Rolle wie die behandelten Mitglieder meiner Familie, deren Charakterskelette ich in dieser mir notwendig scheinenden Einschaltung bloßzulegen versuchte, um dem Leser das Kommende leichter erklärlich zu machen.

14.

FREUET EUCH, DER RETTER KREUZT AUF!

Jetzt also, nach dieser allzu privaten Abschweifung, die – was mir nun erst auffällt – vielleicht nicht ganz zu Unrecht als Kapitel die Unglücksnummer 13 erhalten hat, jetzt also wieder hinein in das richtige Fortsetzungsgeleise!

Komisch, daß, wenn über unser Welt- und Menschengetrieb ganz katastrophale Zeiten hereinbrechen, auf einmal alle unwillkürlich und fast instinktiv anfangen, auf ein Wunder zu hoffen und nach einem Retter Ausschau zu halten, der imstande wäre, im Nu oder wenigstens in kürzester Zeit wieder die gewohnte gesicherte Ordnung herzustellen. So war es damals nach der Rheinland- und Ruhrbesetzung und der Heiligsprechung des Dollars. Und tatsächlich – der viel herbeigewünschte Retter war auch schon da! Ganz gewaltig laut und schlagartig trat er auf den Plan, freilich arg unterstützt und auch etwas zu früh, denn er hatte einige Konkurrenten, die dasselbe wollten, bloß nicht am selben Tag. Und die ärgerten sich und machten deswegen sein ganzes großes Vorhaben zunichte.

Am 8. November 1923, nachts so gegen neun Uhr, in einer großen Versammlung der vaterländischen Verbände, die der bayrische Generalkommissar von Kahr im Münchner Bürgerbräukeller einberufen hatte, stürzte plötzlich der Hitler Adolf mit einem Trupp seiner wildesten Anhänger in den dichtbesetzten Saal. Ganz festlich-feierlich hatte er sich hergerichtet in seinem dunklen Gehrock und der schöngebügelten gestreiften Hose, das pomadisierte Haar tadellos gescheitelt und die dicke, fettig glänzende Schenkkellnerlocke glatt in die Stirn gekämmt, weil ja schließlich bloß Regierungs- und Kommerzienräte und lauter gehobene Bürgersleute im Publikum waren. Mit fliegenden Rockschößen jagte er rüpelhaft-rücksichtslos durch die dichtgedrängten, verunruhigt empörten Zuhörer, schwang sich mit fast tigerhaft schneller Behendigkeit auf einen Tisch, schoß wie ein Zirkusdirektor mit dem Revolver in die Luft und brüllte mit einer sich überschlagenden Stimme: »Ruhe! Ruhe!« Das riß dem völlig konsternierten von Kahr die Rede mitten im Wort ab, schier entgeistert glotzte er, eisig stumm stockte alles im Saal, und schon, fast im Handumdrehen, stand der finstere Revolverheld auf dem Rednerpodium neben seinem Konkurrenten von Kahr, der etwas zurückging und mit seinem hängebackigen Nachteulengesicht leer vor sich hin starrte, und schrie mit hämmernder Feldwebelschärfe in die verblüfften Zuhörer hinein: »Die nationale Revolution ist ausgebrochen! Der Saal ist von sechshundert Schwerbewaffneten besetzt. Niemand darf den Saal verlassen –! Wenn nicht sofort Ruhe ist, werde ich ein Maschinengewehr auf die Galerie stellen lassen! – Die Kasernen der Reichswehr und Landespolizei sind besetzt! Reichswehr und Landespolizei rücken bereits unter den Hakenkreuzfahnen heran!«

Das Maschinengewehr stand schon auf der Galerie, im Vorplatz des Saaleinganges und draußen vor den Fenstern tummelten sich Sturmtruppler in feldmarschmäßiger Ausrüstung, und im Saal hatte der joviale Göring die Regie übernommen. »Volksgenossen!« hub er an, besann sich aber doch einen Augenblick wegen der besseren Leute und schmetterte gemütlich: »Ruhe –! Beruhigen Sie sich, Sie haben ja Ihr Bier!« Immer noch mit dem schußbereiten Revolver in der Hand, forderte droben auf dem Podium der Hitler Adolf den von Kahr, den bayrischen Landeskommandanten der Reichswehr, General von Lossow, und den Polizeipräsidenten Seisser ziemlich barsch auf: »Folgen Sie mir!« Es half gar nichts, daß irgendwo einer schrie: »Seid nicht wieder Feiglinge wie neunzehnhundertachtzehn! – Schießt!« Die Herren pflegten nicht mit einem Revolver zu einer seriösen Versammlung zu kommen, sie folgten dem Adolf ins Nebenzimmer.

Was da drinnen alles passierte, haben die verschiedenen Angeklagten und Zeugen beim nachmaligen Prozeß gegen Hitler, Ludendorff und Genossen vor dem bayrischen Volksgericht ziemlich übereinstimmend berichtet. Drohend begann der hektische Hitler: »Niemand verläßt lebend das Zimmer ohne meine Erlaubnis!« Alsdann redete er auf die drei kalt Abgeschreckten wie ein Besessener ein: »Meine Herren, die Reichsregierung ist bereits gebildet, und die bayrische Regierung ist abgesetzt. Bayern wird das Sprungbrett für die Reichsregierung, in Bayern muß ein Landesverweser sein. Pöhner wird Ministerpräsident mit diktatorischen Vollmachten und Sie, Herr von Kahr, werden Landesverweser, kurzgefaßt: Reichsregierung Hitler, nationale Armee Ludendorff, Seisser Polizeiminister.« Pöhner war ehemaliger Münchner Polizeipräsident und radikaler Anhänger Hitlers, nunmehr beim Obersten Landesgericht. Den hatte der Hitler am Vormittag besucht und ihm gesagt: »Ich mache jetzt meinen Putsch. Machen Sie mit?« Ohne weiteres hatte der hohe Staatsbeamte bejaht. Er war der einzige Mitwisser. Dies nur zur Erklärung. –

Kahr, Lossow, Seisser standen da, hörten das herausgeschleudert Gesagte, verzogen keine Wimper, reagierten nicht, und Hitler sah nur ihre unentzifferbaren, starren Augen. Das machte ihn nervös, er hob seinen Revolver und rief mit hysterischer Eindringlichkeit: »Ich weiß, daß das den Herren schwerfällt. Der Schritt muß aber gemacht werden. Ich will den Herren ja nur erleichtern, den Absprung zu finden. Jeder von Ihnen muß den Platz einnehmen, auf den er gestellt wird.« Immer noch nichts als ein kaltes, finsteres Schweigen, der Adolf hält es nicht mehr aus und fängt an zu zappeln: »Sie müssen –, verstehn Sie? – Sie müssen einfach mit mir kämpfen, mit mir siegen oder mit mir sterben, wenn die Sache schiefgeht! Vier Schuß habe ich in meiner Pistole, drei für meine Mitarbeiter, wenn sie mich verlassen, die letzte Kugel für mich.« Und wiederum, tatsächlich, setzte er seinen Revolver an die Schläfe und wurde feierlich: »Wenn ich nicht morgen nachmittag Sieger bin, bin ich ein toter Mann.«

Da wurde der Herr von Kahr auf einmal mannhaft und sagte ganz ungeziert: »Herr Hitler, Sie können mich totschießen lassen, Sie selber können mich totschießen. Aber sterben oder nicht sterben ist für mich bedeutungslos –.« Das nahm dem Tribunen die Fassung, und ganz unvermittelt brüllte er: »Maßkrug her!« Er, der Antialkoholiker und Vegetarier, verlangte Bier und trank gierig! Vielleicht wollte er bayrisch auftrumpfen, aber Lossow, auf den er einredete, sagte kein Wort. Der Polizeipräsident Seisser aber erinnerte ihn, ohne sonst auf etwas einzugehen, daß er sein Ehrenwort gebrochen habe. Solche »Ehrenwörter« hatte der Reichsretter schon haufenweise gegeben. Jetzt zwang er sich zur biederen Kulanz, indem er sagte: »Ja, das tat ich, verzeihen Sie mir; ich habe um des Vaterlandes willen so handeln müssen.« Dieses lästige Dazwischenreden aber war gefährlich. Gerade als die drei Herren miteinander reden wollten, fuhr er sie grob an: »Halt, die Herren dürfen ohne meine Erlaubnis nicht miteinander reden.« Und an den dunklen Fenstern tauchten kriegerische Gesichter auf und drohten mit Gewehren, also hieß es, sich zu fügen. Aber so war nicht weiterzukommen. Kurzerhand ging Hitler in den Saal zurück, der arg unruhig geworden war, trotz aller Drohungen Görings. Da und dort schrie es sogar: »Pfui! Pfui Teufel!« Der Retter mit dem Revolver war versammlungserfahren, er verstand seine Sache, er wußte, man muß etwas einfach frech behaupten, auch wenn's durchaus nicht stimmt.

»Das Kabinett Knilling (die bayrische Schattenregierung neben Kahr) ist abgesetzt!« fing er mit mächtigem Stimmaufwand an: »Die Regierung der Novemberverbrecher in Berlin wird für abgesetzt erklärt. Ebert (der sozialdemokratische Reichspräsident) wird für abgesetzt erklärt. Eine neue deutsche nationale Regierung wird in Bayern, hier in München, heute nacht noch ernannt. Es wird sofort eine deutsche nationale Armee gebildet. – Ich schlage vor: Eine bayrische Regierung wird gebildet aus einem Landesverweser und einem mit diktatorischen Vollmachten ausgestatteten Ministerpräsidenten. Ich schlage als Landesverweser Herrn von Kahr vor, als Ministerpräsidenten Pöhner. Ich schlage vor: Bis zum Ende der Abrechnung mit den Verbrechern, die heute Deutschland zugrunde richten, übernehme ich die Leitung der provisorischen nationalen Regierung. Exzellenz Ludendorff übernimmt die Leitung der nationalen Armee. General von Lossow wird deutscher Reichswehrminister, Oberst von Seisser wird deutscher Polizeiminister. Aufgabe der provisorischen deutschen nationalen Regierung wird es sein, mit der ganzen Kraft dieses Landes und der herbeigezogenen Kraft aller deutschen Gaue den Vormarsch anzutreten in das Sündenbabel Berlin, um das deutsche Volk zu retten.

Draußen stehen drei Männer: Kahr, Lossow und Seisser. Bitter schwer fiel ihnen der Entschluß. Ich frage Sie nun: Sind Sie einverstanden mit dieser Lösung der deutschen Frage? Sie sehen, was uns führt, ist nicht Eigendünkel und Eigennutz, sondern den Kampf wollen wir aufnehmen in zwölfter Stunde für unser deutsches Vaterland. Aufbauen wollen wir einen Bundesstaat föderativer Art, in dem Bayern das erhält, was ihm gebührt. Der morgige Tag findet entweder in Deutschland eine deutsche nationale Regierung oder uns tot!«

War's zuvor noch gereizte Ablehung, was die Versammlung ihm entgegenbrachte, so schlug jetzt die Stimmung in frenetischen Beifall um, und aufgelebt wie nie, kam Adolf, der Retter, ins Nebenzimmer zurück, wo bereits Ludendorff mit dem Deutschbalten Scheubner-Richter, der den ganzen Putschplan ausgeheckt hatte, eingetroffen war. Ludendorff sagte den drei Düpierten Kahr, Lossow und Seisser, er sei selber vollkommen überrascht. Ihn ärgerte der herumscharwenzelnde, befrackte Gefreite Hitler, der sich angemaßt hatte, ihn, den berühmten Feldherrn, selbstherrlich nur zum Führer der kommenden Nationalarmee und nicht zum Diktator ernannt zu haben. Aber nun gab's bei dem kein Halten mehr. »Herr von Kahr, auf den Schultern wird Sie die Versammlung aus dem Saal tragen, auf den Schultern vor Begeisterung!« schwafelte er daher, und als der Verlierer von 1914 bis 1918 endlich im Reden einhielt, rief er schon wieder in seiner heroischen Tonlage: »Meine

Herren, es gibt kein Zurück mehr, die Sache ist bereits weltgeschichtliches Ereignis!« Dessenungeachtet – die Herren Kahr, Lossow und Seisser hatten ihre Mucken. Noch immer mußten sie zurechtgeredet werden, und endlich, endlich – Insubordination eines deutschen Generals einem Feldmarschall gegenüber gibt's nicht! – streckte Ludendorff dem Lossow die Hand hin, und mit einem kurzen »Gut!« schlug der ein. Seisser machte auch keine weiteren Umstände mehr, bloß dieser knöcherne Kahr beteuerte immer noch, er wäre doch Monarchist und fühle sich als Stellvertreter des bayrischen Königs, den es zwar gar nicht mehr gab, weil er in der achtzehner Revolution davongelaufen war, aber sein Sohn, der Kronprinz Rupprecht, galt jetzt als sein legitimer Nachfolger bei solchen Herren. Eins, zwei, drei, hast du nicht gesehn?, verwandelte sich der Zirkus-Adolf in einen königlichen Kammerherrn und sagte zerschlissen salbungsvoll: »Jawohl, Exzellenz, grad an dem Königtum, das in so schamloser Weise den Novemberverbrechern zum Opfer gefallen ist, gilt es, ein schweres Unrecht wiedergutzumachen! Wenn Exzellenz gestatten, werde ich selber unmittelbar von der Versammlung weg zu Seiner Majestät fahren und mitteilen, daß durch die deutsche Erhebung das Unrecht, das Seiner Majestät Hochseligem Vater widerfahren ist, wiedergutgemacht ist.«

Schau, schau, da wird immer gesagt, die Österreicher sind weich wie ihre berühmten Mehlspeisen und kennen kein resolutes Ruck-Zuck! Der Hitler Adolf aus Braunau am Inn hat, geschwind im Verwandeln und stur im Wegräumen aller Widerstände und später im Foltern, Umbringen und Massenvergasen seiner Gegner, der staunenden Welt gezeigt, daß dem absolut nicht so ist! Grad konnte der mürrische Kahr noch sagen: »Gut, ich sehe, wir sind doch schließlich hier alle Monarchisten. Ich übernehme die Landesverweserschaft nur als Stellvertreter des Königs«, da führte der strahlende Glücksmensch die hohen Herren aufs Rednerpodium in den Saal. Wie von ihm abgerichtet, mußten sie sich gegenseitig die Hände drücken, und jeder hatte sein Sprüchlein zu sagen nach Hitlers kurzer markiger Einleitung: »Ich will jetzt erfüllen, was ich mir heute vor fünf Jahren als blinder Krüppel im Lazarett gelobte: Nicht zu ruhen und zu rasten, bis die Novemberverbrecher zu Boden geworfen sind, bis auf den Trümmern des heutigen jammervollen Deutschlands wieder auferstanden sein wird ein Deutschland der Macht und der Größe, der Freiheit und der Herrlichkeit. Amen!«

Ich habe diese Ereignisse nach den Aussagen laut dem Prozeßbericht und aus Konrad Heidens ausgezeichnetem Buch *Adolf Hitler, das Leben eines Diktators* rekapituliert. Mir selber erging es in jenen Tagen so: In der Frühe um zirka neun Uhr klopfte mich der Arbeiter Holzapfel, ein linker USP-Mann, aus dem Schlaf. Nachdem ich ihn ins Atelier gelassen hatte, berichtete er sehr aufgeregt vom Marsch der Hitlerischen zur Feldherrnhalle: »Du, die haben im Kriegsministerium schon Anwerbungsbuden zum freiwilligen Eintritt in die Nationalarmee, und in der ganzen Stadt fahren bereits Verhaftungstruppen rum und holen alle, die auf ihrer Erschießungsliste stehen. Schnell, schnell, zieh dich an, wir müssen uns verziehn –. Ich weiß, du bist drauf, ganz sicher!«

»Ach, Unsinn! – Die Mirjam ist doch heut' wie jeden Tag ins Büro gegangen«, sagte ich. »Die mich holen –? So wichtig bin ich denen nicht! Da haben die schon ganz andere –«

»Ja, Herrgott, Oskar! Oskar! Die haben doch schon fast die ganze Stadt in der Hand. – Vom Rathaus haben sie den Bürgermeister und die Stadträte rausgeholt und sind weggefahren mit ihnen –. Überall sind Drahtverhaue und Spanische Reiter. An der Isarbrücke haben sie die Landespolizei zusammengehauen, und Kanonen stehn dort. Oskar, mach, mach, daß wir davonkommen!« beschwor mich Holzapfel fast weinend, und ich zog mich rasch an, aber seltsamerweise glaubte ich an das alles einfach nicht.

»Da müssen wir in die Stadt«, sagte ich. »Unbedingt –.« Nicht einen Augenblick kam der Gedanke in mir auf, daß ich wirklich in Gefahr sein könnte.

»Was –? In die Stadt?« starrte mich Holzapfel schlotternd an. »In die Stadt und direkt ihnen in die Hände laufen –? Bist du denn bei Trost. Ausgeschlossen –! Hast du denn nicht irgendein Schlupfloch, einen Bekannten?«

Nein, an so was hatte ich noch gar nie gedacht, und ich kann es mir auch heute noch nicht erklären, wieso mich eine wilde Neugier packte und mich nicht davon abbringen konnte, auf der Straße die Richtung Odeonsplatz-Rathaus einzuschlagen, wenn sich auch Holzapfel noch so dagegen sträubte. Feig wollte er auch nicht sein, so ging er eben mit. Allerdings, in unserem Viertel merkte man nichts von kriegsmäßigem Aufstand oder sonst einer Gefahr. Die Läden waren offen, die Leute gingen dahin wie immer, nur da und dort bewegten sich kleine Trupps in dieselbe Richtung wie wir. Da, auf einmal hörten wir scharfknallende Schüsse, und plötzlich rannte alles die Theresienstraße hinunter, dem Odeonsplatz zu, weil irgend jemand geschrien hatte: »Da wird geschossen –!« So rasend schnell wuchsen die Menschenmassen an, daß wir kaum noch weiterkamen.

»Ah, da schaut's – da!« rief ein ellenlanger Mensch und deutete auf einen großen fettgedruckten Maueranschlag: »Da stimmt was nicht –. Die Regierung ist dagegen!« Schon wieder krachten Schüsse, und an der Ecke Theresienstraße/Ludwigstraße stockte der Menschenhaufen. Noch und noch mal schoß es, und berittene Landespolizei jagte auf der Ludwigstraße dem Odeonsplatz zu. Viele Frauen und ängstliche Männer drückten uns furchtsam in die Theresienstraße zurück: »Da gibt's was! – Nein, nein, ich geh' nicht weiter! – Bloß weg davon, weg!« Schon begannen sich die Massen zu zerstreuen. Vier-, fünfmal nacheinander krachte es noch, und von weitem hörten wir wildes Geschrei, dann war's mit einemmal still. Nur das Klappern der Berittenen war noch zu vernehmen.

»Aus ist's –! Polizei hat geschossen. Sie haben sich ergeben!« redete es durcheinander, und jetzt tauchten auch bei uns Schutzleute auf und schrien: »Auseinander! Weg von der Straße!« Zu fünft und zu sechst stellten sie sich vor die dichten aufgeregten Menschenrudel und drängten uns zurück. Keine Antwort gaben sie auf die von allen Seiten kommenden Fragen: »Was ist's denn? – Wer hat denn geschossen? – Ist was passiert?« In großen Sprüngen stürzte ein hagerer junger Mann mit fliegender Brust mitten in uns hinein und keuchte hastig: »Verloren hat er, der Hitler –. Ausgespielt haben sie –. Auf und davon sind sie, wie die Polizei geschossen hat. Haufenweis' Tote sind am Odeonsplatz, die Sanität holt sie schon. – Der Ludendorff ist verhaftet worden. Vom Hitler weiß man nichts, vielleicht ist er tot.«

»Du«, raunte ich dem Holzapfel zu: »Jetzt, glaub' ich, ist's der Regierung doch zu dumm geworden –.« Der aber deutete aufs Kriegsministerium in der Ludwigstraße, da flatterten aus zwei Fenstern große Hakenkreuzfahnen: »Da! – Da sind sie noch drinnen!« Indessen hatten sich dichte Gruppen um die Anschläge gesammelt, und da war zu lesen:

»Trug und Wortbruch ehrgeiziger Gesellen haben aus einer Kundgebung für nationales Wiedererwachen eine Szene widerwärtiger Vergewaltigung gemacht. Die mir, General von Lossow und Oberst Seisser mit vorgehaltenem Revolver abgepreßten Erklärungen sind null und nichtig. Die Nationalsozialistische Deutsche Arbeiterpartei sowie die Kampfverbände »Oberland« und »Reichsflagge« sind aufgelöst.

von Kahr
Generalstaatskommissar«

»Holla, jetzt ist's aus mit der saudummen Kriegspielerei!« sagte ich aufatmend zu Holzapfel, aber aus den dichten Gruppen schrie es vielfach: »Pfui Teufel! Der Verräter –! Pfui! An die Wand mit Kahr! Pfui! Pfui Teufel!« Und in den Gesichtern war ein gefährlicher Zorn. Immer mehr von den langsam daherstapfenden Schutzleuten zurückgedrängt, zerteilte sich die dichte Masse in den Nebenstraßen, und fanatisch bellte es oft und oft auf: »Rache für Hitler! Nieder mit Kahr!«

»Du siehst, so schnell wird man nicht erschossen«, sagte ich ein bißchen spöttisch zu Holzapfel, und wir drückten uns ins *Café Stefanie,* wo wir Kaffee und ein paar Semmeln für unsere funkelnagelneuen Billionen-Mark-Banknoten bestellten. Bald kamen Gäste und erzählten, daß es auf dem Odeonsplatz ein Feuergefecht gegeben habe, mindestens ein Dutzend Tote seien weggeschafft worden, und der ganze Riesenhaufe der Hitlerischen habe kehrtgemacht und sei auf und davon gelaufen vor der Landespolizei. Jetzt stehe dort eine Sperrkette von Berittenen, und soviel man weiß, habe man den Ludendorff festgenommen, weil er einfach allein durch die Polizistenkette gegangen wäre.

»Und der Hitler?« fragte nicht nur ich.

»Der –? Das weiß man nicht –. Man sagt, er ist tot. Andre sagen, er ist verwundet und davongelaufen –. Was Richtiges erfragt man noch nicht«, war die Auskunft, und urgemütlich sagte der lange Kellner Alfred mit dem Glasauge: »Dös sell steht morgn in der Zeitung, Herrschaften. – Da gibt's vüll zu lesn –«

Ich lief schnell heim, um Mirjam einen Zettel hinzulegen, und traf sie selber. Sie wußte schon alles, denn ein Herr von ihrem Büro war beim Marsch dabeigewesen und ganz niedergeschlagen zurückgekommen.

»Jetzt ist's aus mit Deutschland für hundert Jahre«, hatte er gesagt.

»Hm, was sagst du ...? Und dazu soll ich still sein«, rief sie zornblaß. »Dem hab' ich ins Gesicht gesagt: ›Ich bin Jüdin, das wissen Sie. – Der Kahr ist zwar auch ein Schwein, aber diesmal muß man ihm dankbar sein.‹ Und weißt du, was da passiert ist –? Der Herr starrt mich an und sagt: ›Kümmern Sie sich, bitte, nicht um Deutschland. Dazu gehören Sie nicht.‹ – ›Soso, Herr Sorge, soso, dann gehör' ich auch nicht in dieses Büro, adieu‹, hab' ich gesagt und bin gegangen. Jetzt ist's Schluß damit, und wenn wir verhungern müssen.«

Sie knickte auf einen Stuhl nieder, warf den Kopf auf den Tisch und weinte. Ich streichelte ihr rat- und hilflos über das dunkle Haar und tröstete sie: »Ach, verhungern werden wir schon nicht –. Es wird schon irgendwie gehn.«

Es klopfte. Schrimpf war es. Er hatte, als er mich im Atelier nicht antraf, überall in der Stadt gesucht, und war bis zum Marienplatz vorgedrungen.

»Das sieht ja finster aus«, sagte er. »Die sind ja alle verrückt. Alle sind auf einmal für den Hitler. Ganz dick steht alles ums Rathaus und schreit: ›Nieder mit Kahr und Lossow! Hoch Hitler!‹ Die Polizei kann gar nichts machen, jeder schimpft und schreit die Schutzleute an, und sogar Hakenkreuzfahnen hängen noch aus ein paar Fenstern.«

»Was –? Ich denk', der Hitler ist tot?« fiel ich ein.

»Ach, Schmarrn, auf und davon ist er im Auto. Es heißt, sie suchen ihn. – Einer hat gesagt, er ist verwundet. – Im Gebirg drinnen soll er sein«, berichtete er wiederum, und jetzt kam der Holzapfel, den ich im Gedränge, als wir aus dem *Café Stefanie* kamen, verloren hatte, und erzählte: »Gott sei Dank, die Gaudi ist rum –. Überall, wo ein Haufen beisammen ist, schreien sie zwar noch ›Hoch Hitler, nieder mit Kahr!‹, aber die Polizei vertreibt sie und verhaftet sogar schon. Ich glaub', die Hakenkreuzler haben ausgespielt –.« Er lachte auf einmal: »Feige, staubige Brüder sind sie doch –. Grad wie ich über den Karolinenplatz bin, ist mir ein Genosse aus der USP begegnet. Der hat mir erzählt, daß die Burschen, die den Bürgermeister und die Stadträte im Lastwagen in den Perlacher Forst zum Umbringen gefahren haben, auf einmal umgesteckt haben –. Da ist nämlich ein Genosse von uns im Rathaus auf eine feine Idee gekommen. Er ist ihnen mit dem Motorradl nachgefahren, gleich, nachdem's am Odeonsplatz nicht mehr gestimmt hat mit ihrem Marsch. Er hat den Lastwagen auch wirklich im Perlacher Forst erwischt und schon von weitem gewinkt und geschrien, wie sie grad die Verhafteten abladen wollten –. Und stellt's euch vor, ganz sicher hat der Genosse noch gar nicht gewußt, wie's am Odeonsplatz ausgegangen ist, aber frech hat er gesagt: ›Meine Herren, die Polizei hat den Marsch aufgehalten, mit dem Sieg ist's nichts geworden, aber, bitte, bitt' schön, lassen Sie doch die Herren da frei –. Der Bürgermeister muß doch im Rathaus die Genehmigung für die Erwerbslosen unterschreiben, sonst kann nichts ausbezahlt werden –. Da kriegen die armen Leute nichts, und die steh'n alle im Rathaus und warten drauf.‹ Was passiert da? Die Hakenkreuzhelden haben auf einmal Schiß kriegt. Sie haben die Jacken vom Bürgermeister und den Stadträten angezogen und ihr Zeug auf den Lastwagen geschmissen, haben sich sogar noch entschuldigt und sind abdampft –. Großartig, was? Die verhafteten Minister sollen auch schon wieder frei sein. Man muß bei der Bande bloß frech sein, alsdann kuscht sie –«

»Ja, und jetzt? Glaubt ihr denn, das ist schon vorbei?«

fragte Mirjam: »Ein Staat, der so was zuläßt, kann mir gestohlen werden –«

»Garantiert, das ist vorbei –. Die ganze Hitlerbewegung ist doch verboten und die Kampfverbände auch. – Und jetzt, verlaßt euch drauf, jetzt tritt die Arbeiterschaft in Aktion, jetzt einigen sich Sozialdemokraten, USP und die Kommunisten, und aus ist's mit dem nationalistischen Krampf. Verlaßt euch drauf!« rief der Holzapfel mannhaft.

»Ja, Scheiße – damit Ebert und Genossen sie wieder verraten und die Reichswehr auf sie loslassen!« warf ich hin, und Schrimpf stimmte zu. Er tröstete Mirjam und war lustig, zog eine Menge Banknoten heraus und lud uns alle ein, denn er hatte durch seinen Kunsthändler Goltz ein Bild für hundertzwanzig Billionen verkauft. Das war immerhin ein schöner Batzen. Nur schnell los damit!

»Scheiße, alles Scheiße –! Fressen und saufen und Mädchen!« lachte er höhnisch. »Man kann bloß noch Anarchist bleiben – radikal gegen alles, was Staat heißt. – Los, gehn wir!«

In der Stadt war es merkwürdig verhalten und ruhig. Da und dort trieben zwar noch vereinzelte Menschenrudel herum, aber sie schrien nicht mehr »Hoch!« und »Nieder!«, sondern schauten mit unruhigen Augen herum und redeten raunend aufeinander ein. Die Ludwigstraße war fast leer, und am Odeonsplatz hatten sich noch immer die Berittenen postiert, eine Kette machten sie von der Dienerzur Theatinerstraße. Die Pferde trippelten manchmal ein bißchen hin und her, aber man konnte, ohne angehalten zu werden, durch diese Sperrkette gehen. Blutflecke waren auf dem Pflaster noch zu sehen, einige Hüte und Mützen, Patronenhülsen und vereinzelte Kleiderfetzen lagen herum.

»Da –! Ein Militärkoppel –! Das nehm' ich mir mit«, sagte Holzapfel und hob es auf. »Das kann ich brauchen –.« Ein Soldatenledergurt aus dem vergangenen Krieg war es.

»Mit Gott!« stand auf dem gelbgewordenen viereckigen Schlußstück der Schnalle. Für was doch so ein Gott alles herhalten mußte!

Eigentümlich, Mirjam und ich gingen Hand in Hand neben Schrimpf und Holzapfel, die heftig miteinander politisierten, und mir war, als hörte sie all das ebensowenig wie ich. Ihr mitgenommenes Gesicht war sehr blaß, sie schaute manchmal unruhig hin und her, dann wieder wie abwesend geradeaus. Mir selber kam zeitweise alles fast unwirklich, traumhaft und gespenstisch vor. War denn wirklich etwas Besonderes, ernsthaft Gefährliches geschehen?

Vor dem *Nationaltheater* standen neben den Taxis wieder die paar gewohnten Fiaker und hatten ihre gleichgültigen Raunzergesichter wie immer. Die Wirtshäuser waren dichtgefüllt, aus und ein ging es. Auf der breiten Maximilianstraße flanierten elegante Leute, unterhielten sich und lachten mitunter und beachteten die verstärkten Schutzmannspatrouillen, die an den Ecken standen, nicht im geringsten.

»Die Sache war ja auch zu dämlich –! So räuberhauptmannmäßig macht man doch das heutzutage nicht mehr!« hörte ich einen eleganten Herrn zu seinem Begleiter sagen, und die Tauben flogen wieder nieder auf den weiten Kopfpflasterplatz vor dem Theater, wo etliche ältere Frauen standen und ihnen Futter hinstreuten.

»Und wie wird das weitergehn? – Was machen wir?« fragte Mirjam und schaute mich von der Seite traurig an.

»Du weißt doch, ich verlaß' mich immer bloß auf den lieben Gott und den guten Zufall –! Kümmere dich nicht, kümmere dich nicht. – Vorläufig hat uns der Schrimpf doch zum Essen eingeladen!« scherzte ich und drückte ihre kleine Hand fester. Abergläubisch, wie ich seit jeher bin, erinnerte ich mich an die Prophezeiung einer Zigeunerin, die mir auf dem Oktoberfest vor dem Krieg einmal gesagt hatte: »Ganz ohne Geld werden Sie nie sein, junger Herr, aber viel werden Sie auch nie haben. Gute Menschen helfen Ihnen immer.« Das stimmte mich auf einmal leicht und zuversichtlich.

»Ich versteh' dich nicht! Ich versteh euch alle nicht!« sagte Mirjam kopfschüttelnd. Wieder zog sie sich in sich zurück und schaute beinahe beleidigt geradeaus, während Holzapfel in einem fort von »massiven Gegenaktionen der Arbeiterschaft« daherredete und Schrimpf, der eben eine Zeitung erschnappt hatte, höhnisch dawidersprach: »Da–! Lies doch! Abgeschlagen ist der Putsch, aber die ganzen Putschisten haben sie laufenlassen. Und da, alle Massenkundgebungen sind polizeilich verboten! Da hast du deinen Salat!« Er gab uns die Zeitung mit den fettgedruckten Meldungen. Der Mann, der gestern gesagt hatte: »Morgen findet Deutschland entweder eine nationale Regierung oder uns tot!«, hatte sich an der Spitze des Zuges beim ersten Schuß feldgeübt zu Boden geworfen und den Arm ausgerenkt, war aber dann sofort aufgesprungen, nach hinten gelaufen, in ein Auto gesprungen und auf und davon gefahren. Die »Exzellenz« Ludendorff war mit einem Begleiter durch die Sperrkette gegangen, und man hatte sie heimgehen lassen. Göring, hieß es, wäre schwer verwundet ins Ausland geflohen, und die schwerbewaffneten Kampftruppen, die mit der jubelnden Menge mitgezogen waren, hatten übereilig samt all ihren Waffen in Lastkraftwagen, Privatautos und auf Motorrädern Reißaus genommen. Jedem politisch Geläufigen war klar, daß man ihnen Zeit ließ, ihre Kriegswerkzeuge zu verstecken und als harmlose Zivilisten zurückzukehren.

Kein Zweifel also, der gewaltig angelaufene Putsch war jämmerlich zusammengebrochen. Und es stand doch so günstig für ihn! Günstig ist gar kein Ausdruck – hochgünstig, übergünstig! Auch in Norddeutschland nämlich hatte die sogenannte »Schwarze Reichswehr«, jene als »Grenzschutz« bezeichnete Verschwörer- und Fememördertruppe, welche die Berliner Regierung im stillen Einvernehmen mit der Reichswehr seit langem finanzierte, verschiedentlich mit dem gleichen Ziel geputscht. Ihre militärischen Auftraggeber hingegen hielten dies dort ebenfalls für verfrüht und verhinderten alles. Groteskerweise kam dabei heraus, daß die Wachsoldaten vor Eberts Reichspräsidentenpalais stets Mitglieder solcher Femeorganisationen waren.

Das Durcheinander war ins Gigantische angewachsen. Abgesehen davon, daß die kopflose Reichsregierung von Anfang an die Bergwerks- und Industrieherren und die streikenden Arbeiter an Rhein und Ruhr vollauf entschädigte, waren gleicherzeit insgeheim Tausende von Zeitfreiwilligen angeworben und von der Reichswehr zu schlagkräftigen Kampftruppen ausgebildet worden, als plane man, weiß Gott, allen Ernstes einen neuen Krieg gegen Frankreich – und das alles beglich ein Staat, indem er einfach täglich ungezählte, völlig wertlose Billionen-Banknoten drucken ließ und in Verkehr brachte! Da plötzlich war der Bankrott da und fertig. Von einem Tag zum andern wurde der »Passive Widerstand« abgebrochen, und nunmehr raste alles gegeneinander. Die enttäuschten Zeitfreiwilligen warteten vergeblich auf Direktiven und einen Losbruch und strömten in die »Schwarze Reichswehr«, im Rheinland und in der Pfalz bildeten sich von Frankreich unterstützte Separatistenregierungen. Und da sollte der Münchner Deutschlandretter Hitler nicht ohne weiteres siegen? Wollte er doch das gleiche wie Kahr, Lossow und Seisser, nur daß diese es ein paar Tage später ausführen wollten!

Dieser November anno 23, der hatte es in sich!

Nachdem in München die aufsässigen Hitleristen erledigt waren, raffte sich auch die Berliner Regierung auf. Reichspräsident Ebert übergab dem undurchsichtigen General von Seeckt diktatorische Vollmachten, einige kompromittierte Generale wurden kaltgestellt und die Nationalsozialistische Partei mit den Kampfverbänden im ganzen Reich verboten. Das Werkl, das man »Staat« nannte, war nicht umzubringen, dieses durch und durch ausgelargte Werkl lief weiter! Hitler war bei seinen Freunden Hanfstängel in deren Villa in Uffing am Staffelsee verhaftet und auf die Festung Landsberg am Lech gebracht worden, und Gustav Stresemann wurde Reichskanzler.

Was für ein jäher, schier unglaublicher Umschwung!

Grade bei uns privat zeigte sich der am deutlichsten. Am zweiten Tag nach der Putschniederlage kam ein Bote der Herdfabrik Wamsler mit einem eigenhändigen Brief des Chefs der Firma, in welchem Mirjam sehr höflich gebeten wurde, doch »schnellstmöglich« zu einer Unterredung zu kommen. Wie neubelebt, kampfgewaffnet ging sie, triumphierend kam sie zurück. Sie strahlte. Ihre tief vererbte urpreußische Korrektheit hatte gesiegt. Ihre Sprachkenntnisse, ihre Tüchtigkeit und Zuverlässigkeit wurden hochbegehrt.

»›Wissen Sie, Fräulein Sachs‹, hat er gesagt, der Herr Wamsler«, sprudelte sie heraus: »›Ich hab's dem Herrn Sorge gehörig gesagt, und er wird sich bei Ihnen entschuldigen –! In meinem Büro, sag' ich zu ihm, da gibt's einfach keine Politik nicht, basta, und jetzt, wo andere Zeiten kommen, schon gar nicht mehr – verstehn Sie, Fräulein Sachs –, überhaupt nicht mehr! – Nehmen Sie's doch, bitt' schön, nicht gar zu arg, das mit dem Herrn Sorge. Ein Mensch kann sich ja ab und zu einmal vergessen. Nicht wahr, Fräulein Sachs? – Ich hab' ihm gesagt, dem Herrn Sorge, lassen Sie Ihre Politik draußen, wenn Sie ins Büro kommen. Verstehn Sie? – Das Fräulein Sachs, sag' ich zu ihm, das ist kein x-beliebiges Büromädl, die hat studiert! Na, also, ich denk doch, es wird Ihnen so recht sein, Fräulein Sachs, und es wird alles wieder gut sein! – Also, bitt' schön, kommen

Sie wieder, Fräulein Sachs. Der Herr Sorge wird sich sofort entschuldigen –‹« Noch einmal so jung sah sie aus, als sie erzählte, daß sich Herr Sorge – anfangs sogar ein bißchen betreten – wirklich sehr nett bei ihr entschuldigt hätte.

»Tja!« rief ich, zwar etwas erstaunt, aber doch auch angesteckt von ihrer munteren Gewecktheit: »Tja, der Wamsler ist eben ein Bayer und ein Katholik wie ich. Der verläßt sich auch bloß auf den lieben Gott und den guten Zufall!« Das dämpfte ihre Begeisterung etwas.

»Unsinn! Du siehst doch, wie energisch er gegen Sorge vorgegangen ist. Das macht man nicht aus der hohlen Hand!« rief sie leicht ungehalten. Zartsinnig verschwieg ich ihr meinen Verdacht, daß zwischen dem sonst ziemlich unentschlossenen, wohllebigen, etwas beschränkten Chef und seinem Verkaufsleiter alles abgekartet worden sei. Ich verstand sie nicht, als sie am andern Tag wieder ins Büro ging wie immer.

Ich habe über die Inkonsequenz, die ich darin sah, oft und oft nachgedacht, und wir sind deswegen manchmal hart aneinandergeraten. So ein »Umfallen« war mir bei einer so scharfen Logikerin, einer so gerechtigkeitsempfindlichen Natur, wie sie eine war, immer unerklärlich, aber das wiederholte sich immer wieder, wenn sie einmal eine Arbeit angenommen hatte. Sie vergrub, sie verbiß sich derart in diese Arbeit, daß sie ganz und gar von ihr beherrscht wurde. Sie wurde zu *ihrer* Sache, sie war gleichsam verheiratet, nein, sie war wie blind verliebt in sie! Da half alles Dagegenreden nichts. Nur so konnte ich mir erklären, daß sie beispielsweise mitten in der Nacht aufstand, ins Büro hinüberging, das nur über unserer Straße lag und zu dem sie die Schlüssel hatte, irgendeine Berechnung oder sonst etwas herüberholte und so lange bearbeitete, bis sie den Fehler berichtigt hatte.

Was war das? »Deutschsein«, hieß es, »ist etwas um

einer Sache willen zu tun«. Diese preußisch-bürgerliche Jüdin erschien mir manchmal geradezu als vollendete Verkörperung des »deutschen Wesens, an dem die Welt genesen sollte«. Ich kann mir nicht helfen: Der Erste Weltkrieg und der nachmalige überaus glanzvolle Aufstieg unserer Kunst, unserer Literatur, unseres Theaters und unserer Wissenschaft hat erhärtet, das die deutschen Juden deutscher waren als wir sogenannten »arischen« Deutschen! Beklemmung überkommt mich, wenn ich mir mitunter eindringlich vorstelle, was Hitler erreicht hätte ohne seine Judenausrottungspolitik! Unleugbar besteht zwischen diesen – hauptsächlich in preußischer Tradition aufgewachsenen und erzogenen – Juden und den Deutschen eine rätselhafte Haßliebe der Gleichen gegen Gleiche.

Wer weinte bitterlich, als wir auf der Flucht aus der Tschechoslowakei non stop über Deutschland flogen? Wem krampfte sich bei diesen Tränen das Herz zusammen, als die Augen durchs trübe Fenster hinunterschauten auf das wolkige Gebräu, das »Deutschland« war? Wer weinte auf einmal hemmungslos über die verlorene Heimat? Du, die deutsche Jüdin, während ich, der »arische« Deutsche völlig heimweh- und empfindungslos dasaß, einzig und allein von dir erschüttert.

Ja, aber um Gottes willen, was rannte denn in den Tagen wie im sausenden Galopp durch die Hirne? Wer kam denn bei diesem jagenden Rasen noch zum Besinnen und Überlegen? Was war denn plötzlich geschehen?

»Du«, sagte Mirjam eines Abends, »unsere Währung wird stabilisiert. Sehr bald schon: Die Rentenmark kommt.«

»Rentenmark? Was ist das?« Überall munkelte man davon. Auch der Schrimpf hatte schon ein paarmal von der Sanierung der deutschen Wirtschaft und Umstellung unsrer Währung in den Zeitungen gelesen. Mir fiel bloß auf, daß der Maurus nicht mehr zum Schnapskaufen kam.

Und – *dieser* seltsame November! Wunder, nichts wie Wunder!

Eines Nachmittags suchte mich ein hochgewachsener, blonder junger Mann auf, lächelte einnehmend kulant, als er mir die Hand drückte, und sagte: »Herr Graf, ich bin Ihr Verleger Habbel aus Regensburg. Ihre Freunde Britting und Achmann lassen Sie grüßen. Sie sind auch meine Freunde, Schulkameraden. Herr Graf, Sie bekommen laut unserem Vertrag von Ihrem Indianerbuch die zweite Vorschußhälfte und noch was vom bisherigen Verkauf. Da, die Abrechnung, bitte.«

»Was? Sie bringen mir Geld? Geld?« Meine Miene war so ungläubig, daß er nur wiederum nickend lächelte und mir bare 164,35 Rentenmark auf den Tisch zählte, mit den Worten: »Jaja, weil ich grad in München bin, hab' ich mir gedacht, ich mach' das gleich persönlich, da lerne ich Sie auch gleich kennen. Jaja, Herr Graf, Sie bekommen Geld von mir, sogar schon festes, solides!« Mir verschwamm vor Verblüffung der Blick vor den kleinen raschelnden, nagelneuen Papierscheinen. Ich schüttelte bloß fortwährend den Kopf, unterschrieb mechanisch die Quittung, schaute den sympathischen jungen Mann an und sagte: »Ja, jetzt sagen Sie mir bloß, warum haben denn die Wahnsinnigen so einen verrückten politischen Krach gemacht, wenn's jetzt auf einmal ganz ruhig und ordentlich auch geht? Sind bloß wir Deutsche so verrückt, oder ist's auf der ganzen Welt das gleiche –?«

»Politik, Herr Graf, hat mich noch nie interessiert«, meinte der nette Mensch, nahm die unterschriebene Quittung und holte aus seiner Aktentasche die letzte Nummer der literarischen expressionistischen Zeitschrift *Die Sichel*, die Britting und Achmann in seinem Verlag herausgaben. »Schicken Sie uns bald wieder ein paar schöne Sachen, Herr Graf. Sie werden jetzt sofort nach Annahme honoriert –«

»O ja, o ja, dank' schön, dank' schön, Herr Habbel, dank' schön! – Gern, sehr gern«, hastete ich heraus, und weil er auf den Zug mußte, verabschiedete er sich.

Als er fort war, stand ich eine kurze Weile wie verzaubert vor dem Tisch und schaute auf die ausgebreiteten Banknoten. Ich wußte, niemand hatte schon Rentenmark, ich war in diesem Augenblick reicher als alle meine Freunde. Ich fuhr mir ins Haar. Heiß war mein Kopf. Nein, nein, das konnte nicht ganz stimmen. Das war ja tatsächlich ein Wunder, ein Novemberwunder!

Ich suchte aus meinem Manuskriptenwust Gedichte heraus, ließ den Reis anbrennen, faßte die unsinnigsten Pläne im Hinundherlaufen und landete immer wieder vor dem wachstuchüberzogenen Tisch mit dem Banknotenzauber. Ich zählte ihn nicht, ich wollte ihn einfach so liegenlassen, etwa wie einen teuren ausgebreiteten Schmuck, und dann zu Mirjam sagen, wenn sie endlich nach Hause kam: »So, da schau jetzt her! Schau das Geld an –! Hab' ich nicht recht gehabt? Bloß auf den lieben Gott und den guten Zufall ist Verlaß.«

Was war nun eigentlich geschehen? Das, was der ermordete Erzberger einst durch rigorose Besteuerung der großen Vermögen verhüten wollte, die Inflation, war mit einemmal zu Ende. Nach dem bis ins kleinste ausgearbeiteten Plan des sozialdemokratischen Reichstagsabgeordneten Breitscheid, dessen Ideen er bedenkenlos übernahm, bot der forsche Hitlerfreund und Reichsbankpräsident Hjalmar Schacht der Welt als Sicherheit allen Sachwert der Natur- und Produktionskraft Deutschlands an, und das feste, gute Geld war da, die Rentenmark kam auf. Im Nu war der Dollar entheiligt und galt wieder seine 4 Mark und 20 Pfennig. Die Leute faßten wieder langsam Vertrauen, die Preise wurden stabil, große ausländische Anleihen, hauptsächlich aus Amerika, flossen in die deutsche Wirtschaft,

Arbeit gab es wieder, und allmählich kam alles ins Geleise. Das hitlersche Rowdytum ebbte ab. Die breiten Massen interessierten sich nicht mehr für Putsche und »nationale Rettung«, jeder wollte leben und leben lassen, und so gefestigt schien unser republikanischer Staat bereits wieder, daß dem weitsichtigen Politiker Gustav Stresemann der beamtenhaft mittelmäßige Marx als Reichskanzler folgen konnte, ohne daß es dabei besondere Aufregungen gab. Die weitgerühmten »goldenen zwanziger Jahre« huben an, auch bei mir! Grund genug, nicht nur dem lieben Gott und dem guten Zufall, sondern auch an die Prophezeiung der Zigeunerin zu glauben.

15.

DER LIEBE GOTT UND DER GUTE ZUFALL

Von unsicheren, schwierigen Lebenszeiten zu berichten, scheint weit leichter zu scin als von glücklichen. Geht's einem schlecht oder zum mindesten so, daß man noch fortwährend – bald ungeduldig überhitzt, bald ganz und gar niedergeschlagen – etwas Entscheidendes für sich erwartet, dann graben sich in die Erinnerung nur die wesentlichen Erlebnisse ein und bleiben. Setzt dagegen einmal das Glück ein – und, zum Teufel, was ist denn Glück anderes als eine einmalige Empfindungswelle, die uns ganz jäh in eine fast schwindelnde Höhe hinaufpeitscht, aber schon im nächsten Augenblick verschwimmt und zu einem Zustand verflacht, in welchen wir uns auffallend schnell hineinleben, als hätte es selbstverständlich gar nicht anders kommen können? –, ist's einmal soweit, dann kommt ein derart protzenhaftes Selbstbewußtsein über uns, daß wir vor lauter persönlicher Wichtigmacherei jede Kontrolle über Wesentliches und Unwesentliches verlieren. So wenigstens kommt es mir vor, wenn ich an meinen – sagen wir – schriftstellerischen Durchbruch in den zwanziger Jahren denke. Es ging alles viel einfacher, leichter und nüchterner, als ich es mir vorgestellt hatte. Auf mein kleines Schnurrenbuch mit den bayrischen Kulturbildern war der angesehene Münchner Drei-Masken-Verlag – und dort insbesondere der im New Yorker Exil verstorbene Musikschriftsteller Alfred Einstein – aufmerksam geworden. Man lud mich zu einer Besprechung ein und schloß mit mir einen Vertrag auf meine weiteren Bücher. So, jetzt hatte ich meinen öffentlich anerkannten Beruf und meine Arbeit wie jeder Mensch mit solider Dauerbeschäftigung. Sonderbarerweise ernüchterte, ja enttäuschte mich das fast.

Ob es bei anderen auch so ist, weiß ich nicht – inwendig gibt es bei mir noch allerhand kitschig-romantische Empfindungswinkel. Ich hatte mir die »Entdeckung« als Schriftsteller dramatischer oder besser melodramatischer vorgestellt, etwa so wie die Szene im Leben Richard Wagners, als zu dem in höchste Not und Verzweiflung Geratenen unerhofft der rettende königlich-bayrische Sendbote nach Triebschen kam und ihm im Namen Seiner Majestät eröffnete, daß von jetzt ab sein Elend ein Ende habe und seine materielle und künstlerische Zukunft für immer gesichert sei. Aber nein, nichts von so einer poesievoll-rührenden Nettigkeit geschah, mit fast mechanischer Routine entwikkelte sich das Weitere. Nachdem der Verlag kurz darauf meinen ersten Dorfroman herausgebracht hatte und dieser neben dem von ihm übernommenen kleinen Schnurrenbüchlein in den Auslagen der Münchner Buchhandlungen lag, lud mich der Schutzverband deutscher Schriftsteller ein, als Mitglied beizutreten. Das wirkte ziemlich zwiespältig auf mich. Einerseits erinnerte es mich an die verlogenen, dickaufgetragenen Bettelbriefe, die ich gleich nach meiner Militärentlassung an den damaligen Sekretär dieses Verbandes, Dr. Max Krell, geschrieben hatte, worin ich mich als halbinvaliden, durch die Kriegsstrapazen gesundheitlich ruinierten und derzeit in bitterster Not lebenden verkannten Schriftsteller schilderte, was den gewissenhaften Mann veranlaßte, Nachforschungen anzustellen und mich auf sein Büro zu bestellen. Da war mir nun nichts von Invalidität und Gesundheitsgestörtheit anzusehen, und als Schriftsteller konnte ich mich nur anhand einiger gedruckter Gedichte in reichlich unbekannten Zeitschriften ausweisen. Betreten stotterte ich dem Herrn mit dem feingeschnittenen Gesicht etwas vor und war heilfroh, als ich wieder auf der Straße war. Der negative Bescheid kam sehr schnell, und ich war wiederum froh, denn ich betrieb damals ein nicht ganz ungefährliches Unwesen mit meiner Briefbettelei, die – hätte sie jemand angezeigt – möglicherweise Kalamitäten mit der Polizei und den Gerichten nach sich hätte ziehen können. Hobrecker, ein ehemaliger Bekannter aus unserer gemeinsamen Irrenhauszeit, hatte mich daraufgebracht. Er lebte davon, und ich versuchte es ebenfalls eine Zeitlang. Der Mißerfolg bei Dr. Krell war die zweite und letzte Peinlichkeit, die schließlich bewirkte, daß ich dieses Herumschreiben bleibenließ. Kurz zuvor hatte ich unseren bayrischen Lieblingsschriftsteller, Dr. Ludwig Ganghofer, ebenso brieflich um Hilfe angefleht, und wie! Als Beweis meines verkannten Talentes legte ich dem Brief zwei mit Schreibmaschine geschriebene Gedichte bei. Ich erhielt aber nicht – wie ich erhofft hatte – eine Antwort mit Geldeinlage von ihm, sondern zunächst eine von seinem Sekretär, einem gewissen Herrn Friedrich Schanzer, der mich bat, am kommenden Sonntagnachmittag zu ihm zu kommen. Das war mir arg zuwider und versetzte mich in große Verlegenheit, denn erstens mußte ich doch einen bitterarmen und zweitens einen augenfällig kranken Eindruck dabei machen. Ersteres war ja weiter nicht schwierig, ich hatte ja sowieso nicht viel anzuziehen und zog das Verschlampteste an, letzteres aber – wie sollte ich den herzaubern? Gott sei Dank hatte ich ein Paar alte Schuhe, die mich sehr drückten. Die und – zum leichten Hinken – einen festen Spazierstock, das war immerhin etwas. (»Nein, nein, mein Herr, nicht verwundet, nur dreimal gänzlich erfrorene Füße vom russischen Winter, die sich nicht mehr richten lassen.«)

Herr Schanzer, hager und hochaufgeschossen, spitznasig und stichelhaarig, mit beflissenen grauen Schüleraugen und einer blechernen Stimme, bewohnte ein häßliches kleines Hinterzimmerchen in der Nähe des Mariannenplatzes. Obwohl er viel jünger als ich war, redete er gönnerhaft mit mir. Lang und breit erklärte er mir, daß meine Gedichte Anfängerarbeiten seien und daß sein »Chef«, der Doktor Ganghofer, gar nichts für die jetzigen »Neutöner« übrig hätte. Dabei zeigte er mir einige Zeitschriften, in welchen Gedichte von ihm abgedruckt waren.

»Wissen Sie, Herr Graf, ich kann Ihnen natürlich nicht viel helfen und will Sie auch künstlerisch nicht beeinflussen, aber ich meine, Sie müßten mehr Goethe lesen. Gerade Goethes Gedichte können Sie auf den richtigen Weg bringen«, sagte er zu guter Letzt und gab mir eine Insel-Ausgabe von Goethes Gedichten.

»Lesen Sie darin einmal eingehend«, meinte er wiederum. Er würde mit Dr. Ganghofer noch einmal Rücksprache nehmen, wie mir zu helfen wäre. Ich sagte eigentlich die ganze Zeit nur immer »ja« und noch mal »ja« und verabschiedete mich mit bieder-dümmlichen Dankesbezeigungen. Auf dem Heimweg fluchte ich in einem fort ärgerlich in mich hinein: »Kruzifix, Kruzifix, den ganzen Nachmittag quatscht der Kerl von seinem Goethe und gibt mir zuletzt nichts! Der Ganghofer ist doch als wohltätiger Mensch bekannt. Wieso hat er ihm denn nichts für mich gegeben?« Ein Mißtrauen stieg in mir auf.

Eine Woche verging und noch eine. Den Goethe schaute ich nicht an. Vom Ganghofer hörte ich nichts. Eines Abends setzte ich mich hin und schrieb einen gottesjämmerlichen Bettelbrief an unseren Lieblingsdichter, unterließ es aber diesmal schlauerweise, auf dem Kuvert den Absender anzugeben und schrieb nur vorn dick »Persönlich« drauf. Das unterstrich ich viermal. »Warte, du windiger Schanzer mit deinen saudummen Goethe-Belehrungen«, lachte ich erbost, »ich will doch sehen, ob du mich nicht hinbringst, wo *ich* hin will!«

Und unser gutes bayrisches Sprichwort: »Geh nicht erst zum Schmiedel, geh lieber gleich zum Schmied!« bewahrheitete sich aufs beste. Kurz darauf bekam ich einen freundlichen kurzen Brief von Dr. Ganghofer. Ich sollte zu ihm in die Steinsdorfstraße zum Essen kommen. Das war schön, aber leider lag wieder keine »Gabe« in dem Brief. Dennoch erfüllte er mich mit Triumph in bezug auf den Schanzer, zugleich aber auch mit ängstlicher Bedrängnis und Enttäuschung. Den Schanzer, sagte ich mir, den hast du aus dem Feld geschlagen, aber jetzt mußt du zu so feinen Leuten zum Essen und das kannst du doch noch gar nicht! – Und womöglich gibt's da auch wieder bloß schöne Belehrungen! – Wegen so einem einzigen verpfuschten Essen so kalaminöse Anstalten, ich danke dafür!

Schließlich aber dachte ich mir: Angefangen ist angefangen, und wer nicht wagt, gewinnt nicht. Ich ging also, entsprechend aufgemacht, in die Steinsdorfstraße und setzte mich an die hochfein gedeckte Tafel. Da saßen, wenn ich mich recht erinnere, der spitzbärtige, bebrillte, rötlich struwwelhaarige Doktor Ganghofer, seine solid bürgerlich aussehende Frau, der Schanzer und – genau weiß ich es nicht mehr – seine großgewachsenen Töchter und Söhne. Alle schauten fortwährend auf mich, und das machte mich so verwirrt und verlegen, daß ich überhaupt kaum etwas deutlich sah. Heute noch, wenn ich daran denke, rinnt mir der kalte Schweiß aus den Achselhöhlen, denn dieses Essen war direkt grauenvoll.

Zuerst gab es Suppe. Die ging ja noch. Dann – mein Gott, den esse ich doch für mein Leben gern! – einen knusperigen Schweinsbraten mit den bekannten schwäbischen Spätzle. Glitschige Teigkügelchen sind das, in siedendem Wasser gekocht.

»Soso, aus dem schönen Berg am Starnberger See mit dem historischen Königsschloß sind Sie?« sagte Ganghofer, als ich mich gerade plagte, die verdammten Spätzle sorgfältig aufzuspießen.

»Jaja, jawohl, Herr Doktor – aus Schloß Berg, da bin ich her«, antwortete ich natürlich sogleich. Als ich aber jetzt die Gabel in den Mund stecken wollte, war kein einziges Spätzle mehr drauf. Ärgerlich so was! Ich stieß fester auf die Spätzle, aber die glitten in der Sauce immer wieder aus. Zwei davon hatte ich immerhin schon erwischt.

»Sie sind also ein richtiger Flachland-Oberbayer?« meinte mein Gastgeber.

»Jaja, Flachland, jaja. Und der See dabei«, antwortete ich ohne recht zu wissen, was ich sagte, denn ich versuchte mit aller mir zu Gebote stehenden Behendigkeit, etwas von meinem Braten abzuschneiden. Jetzt aber spießte die Gabel wieder nicht richtig. Ich drückte das versilberte Messer mit aller Gewalt auf das Fleisch. Es kratzte und es gab – weil mir das Messer ausrutschte – Saucespritzer auf dem blühweißen Damasttischtuch. Ein schreckliches Hinundhergezumpel war diese Essensprozedur, und immer und immer wieder, wenn ich glücklich soweit war, eine Gabel voll in den Mund zu schieben, grad in dem Moment fing jedesmal Dr. Ganghofer zu fragen an. Schier zum Blutschwitzen war das für mich. Und was am allerwiderlichsten war: Von einer Unterstützung fiel nicht ein einziges Wort. Da faßte ich mir ein Herz, lugte geschwind auf Ganghofer und sagte ganz unvermittelt: »Bitte, Herr Doktor, darf ich Sie hinausbitten?« Es klang, als sei mir auf einmal schlecht geworden, als müßte ich plötzlich auf den Abort oder auch – was weiß ich? –, als fordere ich den guten Lieblingsschriftsteller zum Duell. Die Wirkung war jedenfalls ungeheuer. Einen Moment wurde es totenstill. Die Frau ließ sprachlos ihr Besteck fallen und starrte mich angstvoll an, Schanzer und die anderen um den Tisch starrten genauso entgeistert; ich wiederum glotzte dumm, und Ganghofer wurde nervös. Er rekelte sich kurz, wollte ein wenig lächeln und konnte nicht, denn ich war schon aufgestanden, und da sagte er, ebenfalls aufstehend: »J-jaja, bitte –. Bitt' schön!« und ging mit mir auf die Tür zu. Es war eine hohe breite Schiebetür. Draußen im Vorraum trippelte er etwas verstört hin und her und fragte ungewiß: »Ja, bitte – haben Sie was zu sagen?«

»Ja, Herr Doktor, ja –. Sie haben doch meinen Brief bekommen?« sagte ich in größter Verlegenheit halblaut und hörte kaum sein »Jaja«. »Wissen S', Herr Doktor, ich möchte um eine kleine Unterstützung bitten –.« Ganghofer schaute mich einen Moment lang an, wie mich nie wieder ein Mensch angeschaut hat. Dann griff er, wie plötzlich konfus geworden, in alle seine Taschen, zog seine Hände wieder heraus und sagte abgehackt hastig: »Jaja –. Jaja, natürlich, jaja, i-ich – i-ich ...«

Mich reute schon alles, und er tat mir auf einmal leid. Drum raunte ich ihm schnell zu: »Und wenn's bloß fünf Mark wären, Herr Doktor, bloß fünf Mark.«

»Jaja, ja«, stieß er jetzt noch zerfahrener heraus: »Jaja,

bitte«, und griff geschwind in seine hintere Hosentasche, nahm die Geldbörse heraus und gab mir genau das, was ich verlangt hatte: »Bitte hier.«

»Be-besten Dank, Herr Doktor, besten Dank!« antwortete ich bettlerbieder und wollte ihm die Hand drücken. Er aber ging schon an die Schiebetür, schob sie auseinander und sagte wieder ganz gefaßt: »Bitte, wollen wir nicht wieder hineingehen? Kommen Sie!« und ich erwischte mit einem kurzen Blick die noch immer starren Gesichter am Tisch, jedes Aug' auf mich gerichtet.

»Kommen Sie, Herr Graf, weiter-weiteressen«, meinte der gute Doktor Ganghofer schon wieder etwas legerer und machte eine einladende Geste. Ich hingegen wollte mich nicht abermals den Höllenqualen an der Tafel aussetzen und sagte rasch: »Nein, nein, Herr Doktor, entschuldigen S', ich möcht' nicht mehr länger stören. Bitt' schön, darf ich mich verabschieden? Adieu, Herr Doktor, adieu, und noch mal besten Dank, besten Dank!« Sozusagen zwischen Tür und Angel drückte ich ihm die weiche Hand, spürte gleichsam, wie die anderen drinnen immer noch auf mich glotzten, und lief fluchtartig davon. Ganz erschöpft kam ich ins Freie und mußte mich erst fassen. »Na, fünf Mark sind's auch, fünf Mark, wenn's auch recht hart war«, brummte ich. Was fragt der Hungrige schon danach, wo das Essen herkommt. Immerhin, das war mir eine Warnung, dieser peinliche Besuch und der noch peinlichere bei Dr. Krell. Das waren zu deutliche Denkzettel, die mir dieses riskante Herumbetteln verleideten, und schließlich brauchte ich das ja auch nicht mehr, nachdem ich Schieber geworden war. –

Übrigens, das Kleinbürgerlich-Vergeltungssüchtige, das sich in Hitler bis zur teuflisch-pedantischen Rachsucht auswuchs – jäh erschreckt und bestürzt merke ich manchmal, daß auch in meinem Charakter allerhand davon vorhanden ist. Dem Herr zu werden ist ungemein schwer, es sei denn, daß mir dabei das niederreißende Hohngelächter aus dem Unsichtbaren entgegenhallt, von dem ich einst geträumt habe. Merkwürdigerweise wirkt das am hilfreichsten.

Als der gute Ganghofer längst gestorben und ich gewissermaßen bereits ein arrivierter Schriftsteller war, veröffentlichte ich in der Münchner *Jugend* dieses Erlebnis mit ihm, und prompt meldete sich brieflich der darüber sehr empörte Herr Friedrich Schanzer. Er war inzwischen Beamter bei einer großen Versicherungsgesellschaft und wohlbestallter Familienvater mit zwei Kindern in Frankfurt geworden. Wenn mir bekannt gewesen wäre, schrieb er mir, wie er sich seinerzeit für mich bei unserm Lieblingsschriftsteller, selig, bemüht hätte, würde die absprechende Charakterisierung seiner Person in meiner Skizze unterblieben sein, so jedenfalls sei sie äußerst lieblos und ungerecht, wenn nicht mehr!

Was war da zu tun? Auf der Stelle schrieb ich ihm in einem sehr netten, freundlichen Brief, es sei doch alles mehr humoristisch und keineswegs absichtlich beleidigend gemeint gewesen; ich selber habe mich darin doch auch nicht gerade anziehend geschildert, und er sollte mir doch diesen Ulk um Gottes willen nicht übelnehmen. Dem folgte ungesäumt ein warmherzig versöhnlicher Antwortbrief, in welchem Herr Schanzer unter anderem gestand, daß er seit langem ein eifriger Leser meiner »erdhaften Bücher« sei, und diesem Bewunderungsausbruch schlossen sich die Zeilen an: »Auch mich, lieber, hochverehrter Herr Graf, hat die Muse noch immer nicht losgelassen. Sie gebärdet sich morgensternisch humorvoll, was Ihnen gewiß zusagen dürfte. Und da Sie jetzt, wohlverdient, ein begehrter, einflußreicher Autor sind, wäre mir natürlich Ihr Urteil sehr erwünscht.« Kurzum, er bat sehr herzlich, ob er mir seine

»Pegasuskinder« senden dürfe. Nach meinem unvermeidbaren »Ja« brachte mir der Briefbote nach ungefähr einer Woche zwei umfängliche Manuskriptpakete. Der eine Band hatte den Titel *Heitere Lebensgänge* und enthielt nur Gedichte, der andere Band hieß *Balladeske Streifzüge.* Ich habe mir, weil die Tonart durchgängig die gleiche war, von jedem Manuskript kleine unvergeßliche Proben notiert. Hier das Einleitungsgedicht:

»Wer die Courage hat,
wie ich es tat,
zu dichten,
der mag mich richten.«

Und eine Balladenstrophe lautete:

»Was aber machte Ritter Nimmerlein?
Er hatte wohl ein kleines Fimmerlein,
denn trotz der Übermacht aus seiner Burg,
brach er so toll wie Demiurg.«

Und da – ich konnte nicht widerstehen –, da erinnerte ich mich an die seinerzeitige Goethe-Belehrung dieses sicher grundordentlichen Mannes Friedrich Schanzer, und es blähte sich auf einmal jene schadenfrohe Vergeltungssucht, jene geradezu hitlerische Rachsucht in mir: Na, du armseliger, wichtigmacherischer Tropf von damals, jetzt, jetzt kuschst du klein und liebedienerisch vor mir, he? Was gehst du mich an, du bibbernder Schafskopf, jetzt sag' *ich* dir meine Meinung so vernichtend, daß du sie nicht mehr vergißt! Und ich schrieb einen dementsprechenden Brief, nach dem ich nie wieder etwas von Herrn Schanzer sah und hörte. –

So also war und ist es wohl noch immer um mich bestellt, wenn sich auch im Laufe der Jahre manches abgemildert hat. Um eine erleichternde Rechtfertigung zu finden, frage ich dann meistens, ob so ein sinistrer Zug nicht eine allgemeine menschliche Charaktereigenschaft ist. Ich bin aber noch nie zu einer eindeutig klaren Antwort gekommen. Wenn auch Hebbel sagt: »An kleinen Dingen muß man sich nicht stoßen, wenn man auf dem Wege ist zum Großen«, dieses vermeintlich »Große« wird dadurch nur ebenso anrüchig. –

So erzeugte in Anbetracht dieser blamablen Erinnerungen die Einladung, dem Schutzverband beizutreten, in mir eine unbehagliche Verlegenheit und den aufgescheuchten Argwohn, man könnte dort auf das Vergangene wieder zurückkommen. Als ich aber auf dem Schreiben bemerkte, daß nicht mehr Dr. Krell, sondern ein Dr. Friedrich als Sekretär unterschrieben hatte, wichen derartige Befürchtungen. Ich sagte zu und schickte den geringen Beitrag, denn mit dem Beitritt waren allerhand verlockende Vorteile verbunden, wie zum Beispiel kostenloser Rechtsschutz bei Streitigkeiten mit Verlagen und Redaktionen, Vergünstigungen und fachliche Beratungen mancher Art, und vor allem wurde man auf den Mitgliederversammlungen mit allen anderen Schriftstellern bekannt, sogar mit den berühmtesten, die man bisher nur von ferne bewundert hatte, und war nun auch wer. Man rückte ihnen näher und verlor die Scheu vor dem Nimbus, der sich um sie gebildet hatte. Das zeigte sich schon beim ersten Besuch einer solchen Zusammenkunft. Der hagere, blaßgesichtige Sekretär Dr. Friedrich las nach einigen kurzen Erklärungen die Namen der drei neuaufgenommenen Mitglieder – es waren Hans Reiser, Ödön von Horvath und ich – laut aus seiner Liste vor, wir standen gleicherzeit auf, aller Augen richteten sich neugierig und freundlich auf uns, einige Bekannte nickten uns zu, und ein allgemeines Beifallsklatschen begrüßte uns.

Wir waren gewissermaßen rekrutiert, setzten uns nach einem dankbaren Nicken und gehörten nun zu dieser gehobenen Schicht, in welcher man sich in den Reden und Diskussionen leger als »Kollege« betitelte, was mir immer etwas komisch vorkam und nur schwer über die Lippen kommen wollte. Es erinnerte zu penetrant an eine ganz gewöhnliche Berufsversammlung von Maurern, Bäckern, Metzgern und dergleichen. Bei nicht so bedeutenden Schriftstellern wie meinesgleichen ging das ja noch an, aber – wenn auch derart esoterische Dichter nie zugegen waren – etwa »Kollege Rilke« zu sagen, erschien mir gänzlich unangebracht, wenngleich Thomas Mann oft an diesen Sitzungen teilnahm und eine derartige Anrede ohne weiteres hinnahm. Immerhin stellte einen diese Titulierung auf gleich und gleich mit allen anderen und hob das Renommee in diesen Kreisen und in der Öffentlichkeit. Seltsamerweise ertappte ich plötzlich in mir den bisher kaum gekannten Ehrgeiz nach äußerer Reputation und insgeheim schüttelte ich über mich selber den Kopf. Der alte Karl Marx schien mit seiner These, daß der Mensch stets das Produkt seiner Umgebung und Verhältnisse sei, in meinem Fall vollauf recht zu haben. –

Dazwischen aber ereignete sich allerhand. Endlich liefen die ersten Briefe von Nanndl aus Amerika ein und meldeten nichts als Unheil. Abgesehen davon, daß sie in der Familie Eugens von Anfang an als unbezahltes Hausmädchen benutzt worden war, hatte sie in ihrer kindlichen Vertrauensseligkeit hauptsächlich der bitterbösen Frau dieses Bruders allem Anschein nach recht offenherzig von mir, Mirjam und meinen Schwabinger Atelierfesten erzählt, und das brachte den großen, reichen Bruder, der sich im Laufe der Jahre ganz und gar zum honetten, moralisch ungemein empfindlichen Bourgeois entwickelt hatte, so auf, daß er eine derart hurenhaft verderbte Person nicht mehr in seinem Hause haben wollte. Seine Frau und er setzten ihr so zu, daß sie in ihrer Verzweiflung weglief, obwohl sie nur wenige Dollar hatte und kein Englisch verstand. So irrte sie weinend und verstört in dem öden, damals noch dorfähnlichen Bozeman herum und wurde von gutmütigen Nachbarn aus der Schweiz, die Eugens Frau kannten und Bescheid um sie wußten, aufgenommen und versteckt gehalten. Möglicherweise, weil ihm doch nicht ganz wohl dabei war und weil er fürchtete, ins Gerede zu kommen, suchte Eugen in den nächsten Tagen die Davongelaufene wieder und kam auch zu den Schweizern. Die verrieten nichts und besorgten Nanndl, nachdem sie ihnen erzählt hatte, daß sie Friseuse sei, eine entsprechende Stellung in dem nahen Städtchen Billings. Von da ab machte sie ihren Weg allein, ging nach Chikago, hatte große Erfolge in ihrem Beruf, besuchte uns 1926 noch einmal, wovon später noch die Rede sein wird, und ist dort nun schon lange mit einem sehr tüchtigen Mann aus Schwaben verheiratet, ohne von ihrem geliebten Beruf lassen zu können. Längst hat sie sich mit Eugen und dessen Frau ausgesöhnt und alles Bittere vergessen. Öfter besucht das Paar den inzwischen zum Witwer gewordenen alten, halb gelähmten Bruder, um in seine öden, langweiligen Tage etwas Abwechslung zu bringen. –

Eugen schrieb nach Nanndls Flucht empört nach Hause, man solle mich wieder ins Irrenhaus bringen lassen; zugleich forderte er in einem Schreiben die Münchner Polizei auf, mich als notorischen Zuhälter zu verhaften; und in einem geharnischten Brief an mich kündigte er an, er würde, wenn ich jemals in die Vereinigten Staaten käme, dafür sorgen, daß ich auf dem nächsten Baum aufgeknüpft würde. Ich dankte ihm hochherzig dafür und versprach, obschon es mit meinem guten katholischen Glauben nicht mehr weit her sei, dieses Mal in die Kirche zu gehen und für sein ferneres Wohlergehen inbrünstig zu beten. Von da ab blieben wir fast vierzig Jahre Feinde und ließen nie wieder etwas voneinander hören. Wie unser Wiedersehen und die mißglückte »Aussöhnung«, auf die in meinem Falle Nanndl und meine älteste Schwester Theres in Berg fortwährend drängten, dann zustande kamen, davon ebenfalls später.

Die Reaktion, welche seine Briefe nach Hause mit der Ankündigung, daß er mich bei der Polizei angezeigt habe, auslösten, hatte Eugen sicher nicht erwartet. Maurus verhielt sich still und abwartend, Theres wußte auch nichts zu antworten, aber meine alte Mutter, die in ihrem ganzen Leben kaum je einen Brief schrieb, schickte dem gewaltigen Mann in Bozeman diese kurzen Zeilen: »Lieber Eugen, der Osgar ist kein Lauspup nicht und bringt sich orndlich fort, da brauchst du dich nix kümmern. Er ist kein Lump. Gruß Mutter.«

Die Münchner Polizei hat mich damals nicht verhaftet; und als ich nach all meinen Exilländern endlich in New York landete, wartete kein Baum zum Erhängen und kein Galgen auf mich, sondern der Beamte auf dem Schiff sagte nach der Durchsicht meiner mangelhaften Ausweispapiere nur: »Welcome in America!« –

Bleiben wir also bei den damaligen »goldenen zwanziger Jahren«. Meine Verhältnisse besserten sich schnell und zusehends. Rasch nacheinander erschienen Bücher von mir, und sehr oft waren Beiträge von mir im *Simplizissimus*, in der *Jugend* und in den Tageszeitungen, aber Kurt Thiele hatte mit seiner Prophezeiung recht behalten: »So, jetzt bist du endgültig firmiert. Das bringst du nicht mehr los.« Im Schutzverband und von den Literaturkritikern wurde ich ein für allemal als der legitime Nachfolger und Fortsetzer der großen bayrischen Bauernerzähler klassifiziert.

Ludwig Thoma, die Lena Christ, Josef Rüderer und mein engerer Landsmann Georg Queri lagen in der Erde. Außer einigen belanglosen, äußerst fruchtbaren Verfassern zeitungsüblicher Heimatromane und abgedroschener Bauernkomödien gab es wirklich nur mich, den man literarisch ernst nahm. Auch war ich noch ein junger, erst kurz auf den Plan gekommener Autor, von dem die Verleger möglicherweise vieles erhoffen konnten. Das rentierte sich nicht nur einnahmemäßig für mich; es hob auch meine Popularität, insbesondere schon deswegen, weil ich auf Grund meiner Atelierfeste und wilden Umtriebe bei den Künstlern als unüberhörbarer Stimmungsmacher und kraftgeniales Original galt.

Der Zigarettenfabrikant Abeles schlug mir vor, eine Oskar-Maria-Graf-Zigarette einzuführen. Ich machte zur Bedingung, daß jeder Zwanzigerpackung eine aus dem *Bayrischen Lesebücherl* abgedruckte kurze Schnurre beigelegt werden sollte, und der Fabrikant ging ohne weiteres drauf ein. Der Drei-Masken-Verlag konnte zufrieden sein: Auf der Rückseite einer solchen Schnurre waren meine bei ihm erschienenen Bücher angekündigt. Ich bekam wöchentlich fünfhundert Zigaretten gratis ins Haus geliefert. Auf einer Matinee des *Nationaltheaters* las der hochangesehene Schauspieler Ulmer die Skizze *Es stirbt wer* aus eben diesem Büchlein, fand großen Beifall und nicht nur das. Dabei wurde fortwährend nach dem Autor gerufen, und mitten im Vortrag ging das Licht an. Ich stand in den Zuhörerreihen auf und wurde rundum heftig beklatscht, machte linkische Verbeugungen und lächelte süßsauer, weil ich mich ärgerte. Nach Schluß der Matinee kam Ulmer freudestrahlend auf mich zu, streckte mir die Hand hin und gratulierte mir zu meinem Extraerfolg.

»Na, war's gut gelesen?« fragte er.

»Nein«, sagte ich: »Nein, absolut nicht. Sie haben ja

meinen Bauern, der sein krankes Weib anraunzt, zu einem zahnlosen Alten gemacht, das geht doch nicht! Mein Bauer ist doch ein kerngesunder grober Vierziger.« Im Nu wurde das scharfgeschnittene Schauspielergesicht eisig.

»Nett, so was, sehr nett von Ihnen!« sagte Ulmer tief beleidigt und ließ mich stehn.

»Na, wissen Sie! Sind Sie aber ein undankbarer, grober Mensch!« rügte mich eine danebenstehende Schauspielerin und maß mich strafend: »Und grad unser guter Ulmer hat sich dafür eingesetzt, daß Sie im *Nationaltheater* gelesen werden. Er ist doch ein großer Verehrer Ihrer Bücher! – Pfui, war das aber häßlich!« Empört schwebte sie davon. Ungut schauten einige Umstehende auf mich, denen ich fast schimpfend ins Gesicht schrie: »Schauspieler können überhaupt nicht lesen, immer spielen sie! Meine Sachen kann nur ich selber richtig lesen!« Verdutzt starrten sie und verschwanden wortlos. Was lag mir schon an so verpfuschten Wiedergaben, ganz gleich, wer und wo man sie machte. Wenn mich auch meine Bauerngeschichten halbwegs nährten und ich sehr geschäftsbedacht war, so mißfiel es mir doch, daß man mich überall so einseitig bajuwarisierte. Das Bayrische war nur *eine* Hälfte von mir, die andere unterschied sich sehr gründlich davon. Ein kaltes Grauen fiel mich an, wenn ich mir ausmalte, etwa wie Thoma zum allbeliebten bayrischen Nationaldichter aufzusteigen und auf diese Art behäbig mein weiteres Leben abzuleben. Thoma kam aus der Welt des ländlich-soliden, gehobenen Bürgertums und hatte nie die Schrecknisse, die Wirrungen und das ratlose Ausgeliefertsein an die unbekannten rohen Lebenstücken durchzustehen gehabt wie ich. Wirklicher Hunger, grausige Not, von Kind auf hineingeprügelter Menschenhaß, Unsicherheit und Mißtrauen allem und jedem gegenüber blieben ihm zeitlebens ebenso unbekannt wie zügellose, antimoralistische Boheme, wie

Klassenkampf, Sozialismus, Revolution und unkontrollierbarer, gefährlicher Masseninstinkt. Er kannte weder den Arbeiter noch das Lumpenproletariat. Er blieb von Anfang bis zu seinem Ende auf eine patriarchalische, tief konservative Art mit dem Bauern verbunden und liebte ihn, wie alles, was von ihm kam und ihn umgab. Mir galt und gilt der Bauer schriftstellerisch immer nur als Mensch wie jeder andere Mensch, der nur zufällig ins ländliche Leben hineingeboren ist. Abgesehen von der Daseinsart, die ihm von seiner Umgebung aufgezwungen wird, ist er das gleiche fragwürdige nutzungs- und triebgefangene arme Luder wie wir alle. Eben deshalb blieb für mich Thoma als literarisches Vorbild unergiebig, um so mehr aber beeinflußten mich in dieser Hinsicht Jeremias Gotthelf und Tolstoj. Am meisten aber lernte ich – ein unfertiger Sechzehnjähriger, der aus dem handwerklich-bäuerlichen Dorf in den zerfahrenen Intellektualismus der städtischen Boheme und von da ins Proletarisch-Politische hineingerissen wurde –, indem ich bei der Darstellung meiner literarischen Figuren stets unbarmherzig in meine Charakterwinkel hineinhorchte und daraus die Kenntnisse der Menschennatur bezog. Das erkannten nach und nach manche meiner ernsthaften Beurteiler, und meistens waren das nichtbayrische Literaturkritiker. Nur so erklärt sich, daß ich schließlich auswärts – in Berlin, in Hamburg, im Rheinland und in Schlesien – einen klangvollen Namen bekam. Das führte dazu, daß ich eines Tages einen sehr freundlichen Brief von der deutschen Zentrale des PEN-Clubs bekam, in welchem mir mitgeteilt wurde, daß ich auf Vorschlag der Herren Walter von Molo und Werner Mahrholz als Mitglied in diese illustre literarische Weltorganisation aufgenommen worden sei, und man sich freue, mich bei Gelegenheit meines nächsten Besuches in Berlin, denn daher kam der Brief, auf dem monatlich stattfindenden

Bankett persönlich begrüßen zu können. Dunkler Anzug sei dabei erwünscht. Ein in französischer Sprache gedrucktes Informationsbulletin und eine Mitgliedskarte mit den Unterschriften des Präsidenten Theodor Däubler und des Generalsekretärs Dr. Werner Mahrholz lagen bei, auf deren Rückseite dreisprachig Sinn und Ziele des Clubs gedruckt waren. Ein Jahresbeitrag von zwölf Mark wurde verlangt.

»PEN«, erfuhr ich aus der »Charta«, bedeute soviel wie »Poesie«, »Essay« und »Novelle«, und diese internationale Organisation sei auf Anregung des berühmten englischen Schriftstellers John Galsworthy in den Nachkriegsjahren gegründet worden, um die namhaften Autoren aller Länder zusammenzuführen zur Verteidigung der Freiheit des Schrifttums, zum Kampf für den Frieden und für Völkerverständigung und so weiter.

»PEN-Club?« fiel mir ein – da hatte doch in Berlin Willy Haas in seiner weit verbreiteten Zeitschrift *Die Literarische Welt* durch mehrere Nummern die Stellungnahmen aller bekannten deutschen Schriftsteller für oder gegen den Eintritt in diesen Club veröffentlicht, und die »Linken« vom kleinen Arbeiterdichter und kommunistischen Parteischriftsteller bis hinauf zu den bekannten Revolutionsliebhabern in den Reihen der Prominenten hatten ein posaunenschmetterndes Konzert der Ablehnung angestimmt, jemals bei so einem »verwaschenen bourgeoisen Bankettverein kapitalistischer Pazifisten« mitzumachen. Und ich galt doch als einer aus diesem Lager, oder?

»Ach, woher denn?« sagte ich zu Schrimpf: »Die bellen eben, weil jeder seine gefestigte Existenz hat! Dummes Zeug das, mit ihrem Radikalismus! Ich bin kleiner Provinzschriftsteller, basta! Ich muß erst einmal ganz durch- und hochhinauf kommen, damit man dann vielleicht ab und zu auf mich hört. Das sind doch lauter hirnrissige politische Dummköpfe –! Seit unsere Revolution kaputtgehauen worden ist und die Reaktion mit dem Hitler Adolf im Vormarsch ist, wirkt so ein Auftrumpfen wie Seifenblasen. – Für mich ist seitdem der Satz vom Balzac die richtige politische Gebrauchsanweisung: ›Man muß eindringen in diese Gesellschaft wie das schleichende Gift.‹ – Verstehst du –? Ich tret' selbstredend sofort in diesen Club ein, bloß kaschier' ich das wieder einmal auf naturburschenhaft-bayrisch –. Du wirst sehn, das zieht bei den saudummen Berlinern. Das sind doch die größten Provinzler! Für die gilt doch bloß Berlin was, für die ist doch alles andere Hinterwald –! Und grad das paßt mir. Für die bin ich der bayrische Seppl, so was wie ein Zulukaffer. Verstehst du? Da kann man machen, was man will, es wird belacht, es gilt als grundnaiv und originell! – Na, also.«

Kreuzfidel setzte ich mich hin und schrieb an den Herrn Dr. Mahrholz, den ich schon flüchtig aus München kannte und der seither alle meine Bücher hochgelobt hatte, einen pfiffig-bäuerlichen, aber durchaus glaubhaften Dankbrief für die hohe Ehre. »Aber, sehr verehrter Herr Doktor«, fuhr ich fort, »Sie haben sicher Verständnis für die finanzielle Lage eines Kollegen aus der Provinz, der noch am Anfang seiner Laufbahn steht. Da sind 12 Mark als Beitrag ein ziemliches Opfer. Infolgedessen wäre ich dem Club sehr verbunden, wenn er mir diese Zahlung stunden oder sich mit einer Teilzahlung einverstanden erklären würde. Aus diesen Gründen versteht es sich von selbst, daß ich – so leid es mir tut – der Pflicht, an den monatlichen Banketten teilzunehmen, nicht immer nachkommen kann. Sie haben mich liebenswürdigerweise in Ihrem Brief davon entbunden, indem Sie eine solche Teilnahme nur verlangten, wenn ich einmal zu gleicher Zeit zufälligerweise in Berlin sein sollte. Was das Erscheinen im dunklen Abendanzug anlangt, sehr verehrter Herr Doktor, da hat es bei mir keine Gefahr, denn für allfällige Trauerfälle in der Familie oder Verwandtschaft habe ich schon vor längerer Zeit einen schwarzen Anzug erworben.« Ich himmelte zum Schluß noch die hohen Ziele des Clubs gehörig an und bat devotest, dem Herrn Präsidenten meine Grüße zu übermitteln.

Dr. Mahrholz hatte Humor. Er schrieb in seiner Antwort oft das Wort »köstlich« und »erfrischend«, stundete natürlich den Beitrag und erklärte: »Ihr Brief war ebenso ein echter Oskar Maria Graf wie Ihre unverwechselbaren Bauernerzählungen.« So etwas las sich vielversprechend. –

Bekanntlich wurde um jene Zeit der Rundfunk langsam zu einer alltäglichen Angelegenheit. Auch Mirjam kaufte sich einen kleinen Radioapparat mit Kopfhörern und fand viel Gefallen daran. Schon einige Male hatte der Bayerische Rundfunk eine »Dichterlesung« mit mir gemacht, und auswärtige Stationen – Berlin, Dresden und Breslau – luden mich ein, bei ihnen zu lesen. Das war höchst aufmunternd und schmeichelhaft für mich. Kein Wunder, daß mein Autorenselbstbewußtsein stieg. Maurus tauchte auf einmal wieder bei uns auf und war wie umgewandelt. Er hatte sich zum fanatischen Radiobastler entwickelt und eine meiner Dichterlesungen gehört. Das trieb ihm Respekt ein. Er war einige Monate lang »Chefkonditor« in einem international fashionablen Hotel in Kitzbühel gewesen, das ein reicher, größenwahnsinniger, völlig ahnungsloser Amerikaner namens Herrschmann – der ihn in Berg kennen- und als tüchtigen Fachmann schätzengelernt hatte – gekauft und in ein pompöses amerikanisiertes »Etablissement« verwandelt hatte. Da er aber nicht das geringste davon verstand und die biederen Tiroler ihn nach Strich und Faden ausnutzten und betrogen, machte er Pleite und flüchtete wieder über den Ozean. Maurus aber, an dem er offenbar einen Narren gefressen hatte, wurde von Herrschmann in die nobelsten Gästekreise eingeführt und hatte dadurch plötzlich einen Hauch von Weltmannsallüren angenommen. Nun kam er also zu uns und zeigte sich ganz von dieser Seite.

»Mensch, Oskar, du bist doch jetzt ein prominenter Schriftsteller, eine öffentliche Persönlichkeit!« fing er zu eifern an. »Da mußt du doch in der Gesellschaft entsprechend elegant auftreten. Verstehst du mich?« Mein ironisches Lächeln ärgerte ihn fast.

»Mirjam, du bist doch aus besseren Kreisen. Du verstehst doch das als Frau auch besser«, drang er in sie. »Der Oskar braucht Anzüge und vor allem einen Smoking, wenn einmal offizielle Feierlichkeiten sind.«

»Geh, hör doch auf!« stemmte ich mich spöttisch dagegen. »Ich – und einen Smoking?! Da seh' ich ja aus wie ein Kasperl! Da lacht doch jeder über mich!«

Aber, wie das schon ist, Frauen lassen sich zu leicht von der Bedeutsamkeit ihrer Männer überzeugen. Das intensive Hineinreden vom Maurus klang doch wirklich ehrlich und schmeichelhaft und stimmte schließlich sogar Mirjam um. Er ließ nicht locker, wir mußten mit ihm losgehn und die Einkäufe machen. Er ließ sich sogar soweit herbei, mir eventuell Geld dafür zu leihen. Doch ich war vom Vergangenen gewarnt, und Mirjam lehnte das ganz entschieden ab. Kurzum, bald hatte ich einen noblen Straßenanzug, einen Smoking und die dazugehörigen weißen Hemden.

»Das macht sich bezahlt, du wirst sehn. Das nützt dir!« sagte Maurus in einem fort und hatte wieder das bekannte Gesicht, als habe er mich endlich wieder auf den rechten Weg gebracht. Ungemein aufgekratzt und zutraulich war er, und beteuerte immer wieder: »Ich hab's noch immer gut mit dir gemeint, Oskar –. Du verstehst das bloß nicht –. Glaub mir, mir liegt genausoviel daran wie der Mirjam, daß du Erfolg hast!« Wahrhaft brüderlich verabschiedete er sich und fuhr heim.

»Schwaches Weib, schwaches Weib«, sagte ich spöttisch zu Mirjam. »Weiß Gott, was der damit im Sinn hat! Ohne Zweck macht der nichts, verlaß dich drauf. Vielleicht bin ich jetzt eine ganz gute Reklame für ihn.« Ich sah ihr an, daß sie mir insgeheim recht gab, doch sie ärgerte sich darüber und war der Meinung, daß ich die gekauften Anzüge und Hemden doch gebraucht hätte, und in bezug auf den Smoking sagte sie: »Na ja, der wär' ja nicht so nötig gewesen, aber ich muß sagen, er steht dir ganz gut, wenn du ihn auch nicht gewöhnt bist. Vielleicht hast du doch hie und da eine Verwendung für ihn. – Mit dem Maurus, da magst du ja recht haben. Ich versteh' gar nicht, warum wir alle zwei vor ihm so widerstandslos geworden sind.«

»Ach was, Schwamm drüber!« schloß ich leichthin. »Mir ist er in seinem Eifer fast drollig vorgekommen –. Und stell' dir vor, sogar Geld wollte er mir leihen –! Er, und Geld leihen! Was ist denn da auf einmal mit ihm passiert?«

»Das hätte ich ja nie zugelassen«, meinte sie bestimmt. »Ich hab's überhaupt nicht gern, wenn man jemandem zu Dank verpflichtet ist, und bei dem am allerwenigsten.«

»Oh, mich geniert das nie«, widersprach ich. »Wenn mir wer was gibt oder hilft, tu ich zwar so und danke ihm. Ich nimm' und laß mir helfen, aber so was wie eine Dankespflicht kommt mir nie in den Sinn. – Und übrigens, ich will dir was sagen: Der Maurus hat uns sicher bloß auf den Zahn fühlen wollen –. Wie er gemerkt hat, daß wir Geld haben, das hat ihm imponiert –«

Das stimmte vollauf. Seit einiger Zeit hatte er neben seiner Konditorei auch einen Kaffeehausbetrieb eingeführt. Den frequentierten viele Sommerfrischler und Münchner Bekannte von mir.

»Sind Sie vielleicht der Bruder von dem bekannten Schriftsteller Oskar Maria Graf?« fragten da manche.

»Jaja, der bin ich«, antwortete er und brachte die erschienenen Bücher mit meinen Widmungen: »Da, das ist sein letztes –. Der hat jetzt viel Erfolg.« Und wenn sie ihn dann darum angingen, ob er ihnen nicht auch so eine handschriftliche Widmung in ihren Büchern verschaffen könnte, dann sagte er: »Oh, das geht ohne weiteres, bloß, er kommt nicht oft raus zu mir, aber wenn Sie Zeit haben, gehn Sie einmal ruhig zu ihm, das ist seine Adresse. Sagen Sie bloß, Sie kommen von mir und verkehren bei mir, da schreibt er Ihnen gern was hinein.« So ging für ihn eins ins andere. Und da er natürlich Neugierigen viel von mir zu erzählen wußte, wurde sein Kaffeehaus schnell populär. Freilich vergaß er dabei nie, zu erwähnen, daß er mich einst zum Lesen der großen Literatur gebracht habe und daß ich es ihm eigentlich verdanke, ein Schriftsteller geworden zu sein. Und wenn er sich einmal mit so einem Kunden nahe befreundet hatte, verhehlte er auch nicht mehr, wie ich ihn einst um sein sauer erspartes, anvertrautes Geld gebracht hatte.

»Na ja, das ist jetzt vergessen, und ich gönn' dem Oskar seinen Aufstieg«, beschloß er sein Geständnis. Das machte sich immer gut.

Ein guter Zufall wollte es um jene Zeit einmal, daß ich am gleichen Tag, da der PEN-Club ein Bankett abhielt, am Berliner Rundfunk eine Dichterlesung zu absolvieren hatte. Angetan mit meinem Smoking, nahm ich nach Schluß ein Taxi und fuhr zu dem vornehmen Restaurant im Tiergarten. Ich rannte die breiten Steintreppen zum Restaurant hinauf, überquerte hastig das weite Vestibül und stieß auf einen Kellner. Wohin ich wolle, fragte er.

»Zum PEN-Club!« hastete ich heraus, und er führte mich durch einen langen breiten Gang an eine hohe weiße

Schiebetür, vor der mehrere Kellner mit hingedrückten Ohren warteten.

»Einen Moment, bitte, der Herr«, flüsterte mir mein Kellner zu, »der Herr Vorsitzende spricht noch.«

»Aber ich bin doch zum Abendessen eingeladen. Ist das schon vorbei?« fragte ich etwas dringlich. Er und seine Kollegen maßen mich etwas abschätzend, und er flüsterte wiederum: »Während der Rede ist kein Zutritt, mein Herr.«

»Ja, krieg' ich denn überhaupt noch was?« wollte ich wissen.

»O ja, mein Herr, für Sie wird nachserviert«, antwortete der Kellner, und wiederum musterten mich alle wie einen tolpatschigen Provinzler.

»Na ja, dann ist's ja gut. Dann wart' ich eben«, sagte ich beruhigt, denn ich hatte einen ziemlichen Hunger. Kurz darauf klatschte es drinnen im Saal, einer von den Kellnern schob die Flügeltür auf, seine Kollegen gingen hurtig in den hellen Saal, und der meine sagte: »So, mein Herr, bitte. Ich serviere gleich für Sie.« Rasch entfernte er sich in entgegengesetzter Richtung, und ich ging auch in den Saal. Die Helligkeit und Pracht blendete mich fast: Riesige Glaslüster hingen von der Stuckdecke, spiegelglatt glänzte der Parkettboden und eine sehr umfängliche, blühweißgedeckte, dichtbesetzte Tafel in Hufeisenform begrüßte mich. Irritiert sah ich auf die Herren in ihren weißen Stärkehemden und auf die Damen in ihren verlockenden Abendroben. Ganz heiß und angst wurde mir schier, weil ich nicht gleich wußte, wie ich mich benehmen sollte. Etwas unsicher und zögernd kam ich bis zur Saalmitte, und vorn an der Spitze der Tafel erhob sich der riesige, verfettete Vorsitzende Theodor Däubler mit seinem dichten, angegrauten Gottvater-Vollbart und rief mir freundlich entgegen: »Ah, sehr schön –! Unser neues Mitglied Oskar

Maria Graf aus München!« Auf das hin standen alle anderen ebenfalls auf und lächelten mir ebenso freundlich entgegen. Das verscheuchte meine Unsicherheit und steifte mir den Mut. Um den Vorsitzenden zu begrüßen, wollte ich auf ihn zueilen. Da aber – patsch! – rutschte ich auf dem glatten Parkettboden aus und fiel gestrecktерlängs hin. Schallend lachten alle, als ich – immer wieder ausrutschend – schnell in die Höhe wollte, und mein Pech rief eine Fidelität hervor wie bei einer urlustigen Clownszene im Zirkus. Sogar geklatscht wurde da und dort. Ich schwitzte vor Verlegenheit und keuchte während des mühsamen Aufrichtens in einem fort abwinkend aus mir heraus: »Jaja, Grüß Gott! Grüß Gott!«, was erst recht belustigend wirkte, und konnte mich endlich auf einen Stuhl am Ende der Tafel retten. Schnaufend und derangiert stand ich da, als der freundliche Vorsitzende weiterschmetterte: »Es ist uns eine besondere Freude, unseren jungen süddeutschen Freund begrüßen zu können!« Mit aller Gewalt nahm ich mich zusammen und rief in das allgemeine Amüsement hinein: »Jaja, grüß Gott, die Herrschaften allerseits! Ich dank' für die Ehre bestens!« Vereinzelt stieg noch ein schrilles Gelächter auf, alle setzten sich, ich tat das gleiche, und es wurde ruhiger, aber ich war nun schon im Blickfeld der Neugier, und das genierte mich nicht wenig. Gott sei Dank kamen jetzt gleich zwei Kellner mit Geschirr, Silberbesteck, Gläsern und aufgehäuften Fleisch-, Salat- und Gemüsegerichten daher und verdeckten mich etwas.

»So, bitte, der Herr –! Guten Appetit!« sagte der eine Kellner und fragte: »Wünschen Sie Weiß- oder Rotwein?«

»Ja, was es eben gibt. – Was die andern getrunken haben«, sagte ich schnellhin. »Weißwein ist mir lieber ...«

Der Kellner quittierte das mit komischer Miene, und ich machte mich gleich ans Essen und war froh, nur noch auf das schauen zu müssen. Ich hörte bloß das Redegeräusch.

»Sie haben es gut, daß extra für Sie serviert wurde«, sagte mit einemmal eine blechern krächzende Stimme neben mir. »Ich hab' recht wenig bekommen.«

Mit einem Ruck hob ich das Gesicht, sammelte meinen Blick und wußte, wen ich vor mir hatte.

»Ha, was für ein Zufall, hm!« sagte ich lustig erstaunt. »Sie sind doch der Max Hermann-Neisse, net wahr –? Ich kann mich noch gut erinnern. Sicher haben Sie noch eine Wut auf mich. Ich hab' Sie doch einmal schwer betrogen. Wissen Sie noch?« Der unverkennbare kleine, bucklige Mensch mit dem schmalen, blassen, spitznasigen Gesicht und der übergroßen Hornbrille wurde einen Hauch lang rot, entsann sich, zeigte beim winzigen abwehrenden Lächeln seine Pferdezähne und meinte: »Ach ja, das war doch damals, wie Sie unser Freund Franz Jung immer zum Pumpen geschickt hat. Das ist doch längst vergessen und vorbei.« Aus unserer besoffenen Zecherrunde in einem Lokal in der Kantstraße hatte mich Jung zu meinem jetzigen Tischnachbarn, der eben seinen Monatswechsel für das Studium erhalten haben mußte, geschickt. Die beiden kamen aus der gleichen Stadt. Ich erwischte Max Hermann gerade noch, ehe er sich zu Bett legen wollte. »Hm«, sagte er, »zwei oder drei Mark könnt ihr gern haben, aber ich hab' jetzt bloß einen Zehnmarkschein. – Könnten Sie ihn vielleicht für mich drunten irgendwo wechseln und den Rest heraufbringen?« Sein Blick und das Zögern, mit welchem er mir die Zehnmarkbanknote gab, verrieten mir, daß er mir mißtraute. Das ärgerte mich.

»Wart, du spießiger Idiot, dein Mißtrauen soll recht kriegen«, dachte ich auf der Straße und kam nicht mehr zurück.

»Bei Franz war man das ja gewöhnt«, sagte er jetzt, und wir lachten beide. Mir wurde wohl und wärmer, und gleich bot ich Max Hermann von meinem Essen an, doch das fand er hinwiederum anstößig und wehrte heftig ab: »Aber, wo denken Sie hin, Graf, das geht doch hier nicht. Ich hab' doch bloß einen Witz gemacht. Lassen Sie das, bitte.« Knöchern richtete er sich auf und stelzte in einen Nebensaal, wo es Kaffee gab.

»Wir können uns ja draußen noch ein bißchen unterhalten«, rief er zurück. »Den Franz haben übrigens momentan die Holländer eingelocht, und die Russen wollen ihn loseisen –. Alles immer noch wegen des Schiffsraubs.« Das zündete in mir, denn an Franz Jung, diesem hochbegabten, unentwegt rebellischen, fast dämonischen Nihilisten, dem ich wie viele andere in den Jahren vor dem Ersten Weltkrieg buchstäblich geistig hörig gewesen war, hing ich immer noch. Schrimpf und ich hatten ihn einst als junge Anarchisten im Münchner Mühsam-Kreis kennengelernt, und er begann damals einige vielbeachtete expressionistische Novellen, Romane und Dramen zu veröffentlichen, ging dann – was wir Antimilitaristen ihm schwer verübelten – unerwartet als Kriegsfreiwilliger ins Feld, desertierte alsbald auf abenteuerliche Weise, arbeitete illegal mit den Revolutionären zusammen und warf sich von da ab völlig aktiv in den politischen Kampf der Kommunisten. Nach dem Zusammenbruch des mitteldeutschen Aufruhrs, an dem er neben Max Hölz führend beteiligt war, brachten ihn Genossen mit einem anderen Parteimann in Stettin heimlich auf ein deutsches Handelsschiff mit dem Auftrag, es auf hoher See mit Hilfe der mitverschworenen revolutionären Matrosen zu beschlagnahmen und in Murmansk den Sowjets zu übergeben. Der Anschlag gelang, aber er löste sehr gefährliche Komplikationen zwischen der Republikanischen-deutschen und der Räterussischen-Lenin-Regierung aus: Das Schiff wurde zurückgeliefert, und da Jung und sein Genosse deutscherseits als gemeine Seeräuber angesehen wurden, die hohe Strafen zu erwarten hatten, blieben sie in der Sowjetunion. Jung wurde sowjetischer Staatsbürger und trat in die bolschewistische Partei ein, baute eine gutfunktionierende Zündholzfabrik im finnischen Grenzgebiet auf, aber – wie er mir später wörtlich erzählte – auf einmal packte ihn eine ihm selbst kaum begreifliche rätselhafte Sehnsucht nach Deutschland, und er floh trotz strengster Strafandrohung der bolschewistischen Partei und peinlichster Überwachung, tagelang eingeschlossen im Kettenstopper, mehr tot als lebendig, auf einem deutschen Frachtschiff nach Hamburg. Bald darauf saß er in vielen deutschen Zuchthäusern und Gefängnissen und wartete auf seinen Prozeß, wurde durch Intervention einflußreicher Politiker auf freien Fuß gesetzt, floh nach Holland und sollte wieder nach Deutschland ausgeliefert werden. Da griff die Sowjetregierung ein und forderte Freilassung ihres Bürgers. Soweit wußte Max Hermann von ihm zu berichten, allerdings nicht auf diesem Bankett, sondern etliche Tage später im *Romanischen Café*, wo sich die Künstler und Schriftsteller trafen. Ich sah ihn, als ich in den Saal zum Kaffeetrinken kam, nicht mehr und erfuhr, daß er bereits heimgegangen wäre. Ziemlich konsterniert kam ich in diesen Saal, denn als ich mit dem Essen fertig war, hatte mir der Kellner eine Rechnung von 7,50 Mark präsentiert. Nach der ersten Verblüffung weigerte ich mich entschieden, das zu zahlen, und verwies ihn auf die Herren vom Vorstand.

»Tja, Sie, Herr Doktor Mahrholz, Sie – ich bin da doch eingeladen. Net wahr?« sagte ich dümmlich-naiv, als mir der bei meinem Auftauchen freudestrahlend entgegenkam, mir die Hand drückte und mich den umstehenden Damen und Herren vorstellen wollte. »Jaja, natürlich, natürlich, lieber Herr Graf –! Kommen Sie, kommen Sie!« meinte der freundliche Doktor, doch sofort sagte ich: »Aber der Kellner hat von mir sieben Mark fünfzig fürs Essen verlangt! – Muß ich denn das selber zahlen? – Eingeladen ist doch eingeladen!«

Der leutselig fröhliche Doktor verstand offenbar immer noch nicht, und lachte hellauf: »Köstlich –! Köstlich, Herr Graf, köstlich!« Schon hatte er mich zu den Damen hingezogen, die mich recht neugierig amüsiert musterten.

»Nein, nein, köstlich ist das gar nicht, Herr Doktor! – Ich mach' keinen Witz nicht«, beharrte ich. Etwas Dialekt wirkt dabei immer.

»Was will er denn?« fragte eine voluminöse, sehr elegante Dame den Doktor lächelnd, fixierte mich wohlwollend geschwind und sagte mitten in die belustigten Erklärungen Mahrholz' hinein: »Aber da hatte er doch ganz recht –! Gehört sich auch!« Dabei sah sie mich etwas herablassend, aber doch einnehmend an und meinte burschikos: »Nicht wahr, Herr Graf, auf einer bayrischen Kirchweih, da gibt's auch alles gratis?« An diesem Schnittpunkt von Peinlichkeit und ausgleichender Spaßmacherei nickte der Doktor endlich und witzelte: »Na, der PEN-Club will einer bayrischen Kirchweih nicht nachstehn. Geht in Ordnung, Herr Graf, Ihr Essen wird bezahlt.«

War es das »Vor-Tische-las-man's-Anders« und ein damit verbundener jäher Hohn, der mich befiel, als ich beim flüchtigen Herumschauen unerwartet die so beflissenschlichten »Arbeiterdichter« Max Barthel und Bruno Schönlank, einige kommunistische Journalisten, die ich von München her kannte, und all die Herren erblickte, die zuvor so wacker gegen den Eintritt in diesen »bourgeoisen Pazifistenverein« in der *Literarischen Welt* gewettert hatten und jetzt mit ihren Stärkehemden, den vorschriftsmäßigen Fliegenkrawatten und den schlechtsitzenden, möglicherweise ausgeliehenen Smokings herumstolzierten, war es der ermunternde Zuruf der eleganten beleibten Dame oder die Erinnerung an meinen Kameraden Franz Jung? – jedenfalls dachte ich auf einmal: Jetzt kann's gemütlich werden! Jetzt, getarnt als naiver »bayrischer Seppl«, kann man ungeniert eine boshafte Allotria vom Stapel lassen, und krachlaut wie bei einer urlustigen Bierrunde rief ich Mahrholz zu: »Das ist ein Wort, Herr Doktor –! Besten Dank für die Einladung! Herzlichen Dank, daß Sie mir die Unkosten abnehmen!« Breit lachte ich, und schon sammelten sich haufenweise Neugierige um mich, und um ihre Erwartung nicht zu enttäuschen, trompetete ich im gleichen Ton weiter: »Wissen Sie, für einen kleinen, mager verdienenden Provinzschriftsteller ist die Mitgliedschaft bei so einem hochnoblen Club arg kostspielig, und man will natürlich in jeder Weise für die Völkerverständigung und die Erhaltung des Friedens tun, was man kann! – Selbstredend, net wahr, die Herrschaften? – Aber, wie gesagt, jedesmal zu so einem Bankett von München nach Berlin zu fahren, das ist mir finanziell beim besten Willen nicht möglich. Ganz und gar nicht!« Ein geradezu strotzendes Beifallsgelächter belohnte mich, und von allen Seiten erlauschte ich Ausrufe wie »hochoriginell«, »ganz echt«, »fabelhaft« und so weiter. Meine Popularität war auch hier gesichert. Schon erkundigten sich Damen nach meinen Büchern, schon kam der gottvaterähnliche Däubler und drückte mir herzhaft die Hand, schon zogen mich Journalisten ins Gespräch und notierten. Momentweise kam ich mir vor wie der Hecht im Karpfenteich. Ich fing jetzt erst an, an der Schriftstellerei den rechten Geschmack zu bekommen.

16.

EINE BLAMABLE ENTDECKUNG

Die Jahre 1926 bis Mitte 1932 waren – abgesehen von der Politik, die damals jedes deutsche Menschenleben immer aufdringlicher beunruhigte – wirklich goldene oder, sagen wir lieber, gut versilberte Jahre für mich. Goldenes erweckt sogleich die Vorstellung von prallem Reichtum, Silber dagegen entspricht mehr dem Zustand einer kleinbürgerlichen Wohlhäbigkeit, und das kennzeichnete meine damalige Lage. Wenn meine Unfähigkeit, mit Geld haushälterisch umzugehen, auch immer wieder arge Schwierigkeiten über uns brachte, so hatte ich als Schriftsteller doch mein Auskommen, und Mirjam brauchte keine Bürostelle mehr anzunehmen. Sie konnte sich um mich und den täglichen Kram, den so ein Mittelstandsdasein mit sich brachte, kümmern und war zum erstenmal, seit wir zusammen lebten, innerlich ausgeglichen und gelassener. Mich dagegen befiel freilich oft ein verschwiegenes Hohngelächter über mich selber, denn, ohne es recht zu merken, war ich – wenigstens, was das Äußere anlangte – in die mir tief verhaßte soziale Schicht des Mittelstandes hineingeglitten und mußte mir eingestehen, daß damit Annehmlichkeiten verbunden waren, die mir durchaus zusagten. Ja, je mehr ich darüber nachdachte, um so unbestreitbarer kam es mir vor, daß ich seit jeher diesem von uns Schwabingern so verlachten »verbrunzten Mittelstand« angehörte, was den Massenmenschen in mir keineswegs aufhob. Es war lediglich eine Akzentverschiebung. Meine These »Proletarier wird man durch die Umstände, Prolet ist einer von Natur aus«, stimmte also nicht mehr. All mein wildes Boheme-Getue und mein provokanter Revolutionismus hatten demnach mit meiner eigentlichen Natur gar nichts zu tun. Ich zweifelte sogar, ob meine Hingezogenheit zu den Arbeitern echt und ehrlich war. Alles, so kam es mir vor, war bisher nichts anderes gewesen als eine eitle, grundverlogene Interessantmacherei. »Jaja«, pflegte meine Mutter selig immer zu sagen: »Man soll nichts bereden, nicht einmal seine Nas'n. Auch die kann auf einmal krumm werden.« So war's schon mit mir: Alles in mir schien auf einmal krumm.

Es war Zeit, es war höchste Zeit, darüber ins reine zu kommen. Dafür aber ließen mir unerwartete Zwischenfälle, die mich gleichsam im Handumdrehen in ein anderes Lebensgebiet versetzten, eben keine Zeit. Das Niederträchtige an dieser unfreiwilligen Versetzung war, daß sie mich dazu zwang, gegen meine Natur zu handeln und *den* Plan, den ich schon seit einigen Jahren durchführen wollte, wiederum auf unbestimmte Zeit zu verschieben. Dieser Plan bestand darin, mir mein ganzes bisheriges Leben sozusagen vom Leib und von der Seele zu schreiben, und das nicht etwa, um ein literarisch großartiges Buch fertigzubringen, sondern einzig und allein deswegen, um endlich über alles, was in und an mir nicht stimmte, einigermaßen Klarheit für mein weiteres Leben zu bekommen. Vielleicht entsprang das immer noch dem von Kind auf mitbekommenen, unbewußten, tiefkatholischen Zwang, sich durch eine Beichte zu befreien. Aber damit mögen sich meinetwegen Theologen oder Psychoanalytiker beschäftigen, mich faszinieren stets nur die konkreten, greifbaren Fakten. –

Der Mann, der mich an einem kalten Märzmorgen aus dem Schlaf klopfte, sah auf den ersten Blick Hitler etwas ähnlich. Er trug dasselbe Zahnbürstenbärtchen, war ebenso kellerfarben blaß im Gesicht und hatte dieselben auffallend starrenden Augen.

»Was wollen Sie?« fuhr ich ihn ziemlich abweisend an, denn ich hatte bis vier Uhr früh gearbeitet, und jetzt war's erst kurz nach neun Uhr. Indessen schon mein zweiter Blick und der erste Ton, den er von sich gab, weckten mich auf und machten mich interessiert.

»Oh, bitte, bitt' scheen, bitt' um Entschuldigung, Herr Graf, wann ich Sie aufgeweckt hab'. – Amonesta, mein Name. – Wünsch' einen recht, einen scheenen gut'n Morg'n, Herr Graf –«, kulantierte er in einem unnachahmlichen Wienerisch. Geschwind überflog ich ihn. Im gleichen quäkend-schmalzigen Ton fuhr er fort: »Darf ich vielleicht für ein Momenterl eintretn, Herr Graf?«, um sogleich mit der schlüpfrigen Vertraulichkeit des verständnisvollen Reisevertreters dazuzusetzen: »Oder haben der Herr Graf vielleicht intimen Besuch? – Dann möcht' ich durchaus nicht störn, bitt' scheen.« Ich taxierte: Mädchenhändler oder Händler in Pornographien.

Das erste stimmte nicht und das zweite nur halbwegs. Amonesta, fast um einen Kopf größer als ich, schlaksig und ganz hager, sah unter seiner keß gerückten Melone, im eleganten dunklen Gehpelz und dem großen blauen Siegelring an der rechten, blassen, schönen, langfingerigen Hand ungefähr wie ein abgelebter Adeliger aus; kaum aber hatte er Gehpelz und Hut abgelegt, erinnerte er an einen welterfahrenen Oberkellner.

Was aber war der Mann wirklich? Ein Verleger! Ein Verleger mit ernsthaften Absichten! Ein Verleger, der gerade zu einer Zeit, da geldlich bei uns schon wochenlang eine gefährliche Ebbe herrschte, dahergeschneit kam! Ein Verleger, den ein glücklicher Zufall auf die Idee gebracht hatte, ausgerechnet mir einen Vorschlag zu machen, auf den ich von selber nicht gekommen wäre! Ein Verleger, ein rettender Engel in schlimmer Not, der unsere künftige Finanzlage bedeutend verbesserte, ja beinahe schon stabilisierte!

Amonesta nämlich war Mitinhaber und erster Reisevertreter des Wiener Drei-Zinnen-Verlages, der in der Hauptsache »wissenschaftliche« Sexualliteratur und pikante Belletristik auf den Markt brachte und damit sehr lukrative Geschäfte machte.

Und was wollte der Mann von mir?

»Wissen Sie, Herr Graf ... Wissen Sie, Meister«, erklärte er nach einer langen, lobtriefenden Suada auf meine Bücher und Zeitungsgeschichten: »Also Ihre kleinen satirischen Bauernsachn im *Simplizissimus,* einfach Klass'; so was macht Ihnen kein andrer nach! Das ist Bravo, Bravissimo! Das auf pikant, Meister, das, stell' ich mir vor, paßt in den Drei-Zinnen-Verlag –. Wissen S', Meister, so Gschichterln, grad noch hart am Polizeiverbot und an der Zensur vorbei! So ein Bücherl, könnt' ich mir vorstellen, das möcht' Ihnen liegen. – Und, sehn Sie, da hab ich auch bereits einen Vorvertrag, bitte, bitt' scheen, vor der Hand nix andres als wie Ihre schriftliche Zusicherung, daß nur ich das Bücherl krieg, und diese baren fünfzehnhundert Schilling gehören Ihnen, verehrter Meister. – Bloß eb'n, wir müßtn noch einen recht, einen scheenen und zugkräftign Titel haben, verstehn S' mich? – Wann ich *den* hab' und Ihre werte Unterschrift, wie gsagt, Meister, alsdann hab'n S' vorläifig die fünfzehnhundert Schilling.«

Die fünfzehn Hunderter lagen vor mir. Ich sage nicht wieder, wie mir da war. Ich spürte bloß, daß der Luchs von einem Amonesta an meinem Blick die ganze Situation blitzschnell begriff und an seinem Erfolg nicht mehr zweifelte. Sein Gesicht war ganz danach. Er steckte sein Geld ein.

»Verzeihung, Meister, ich inkliniere auf voluminöse Damen –. Sie vielleicht auch, wenn ich mir die Frage erlauben darf?« fragte er wiederum so schlüpfrig vertraulich, zog seine schmalen Lippen grinsend in die Breite und zeigte dabei seine schneeweißen Pferdezähne. Ich verstand nicht und schaute ihn fragend an.

»Ich bin nämlich heite mit zwei so Damen im *Simplizissimus* nachtmahln. – Wenn Sie da hinkommen wollen, verehrter Meister, bitte scheen«, sagte er lebhafter: »Und wenn Sie bis dahin schon einen passenden Buchtitel haben, ganz großartig –!«

Schon absolut seiner Sache sicher, fragte er nur noch nebenbei, ob und zu welchem Termin ich das Manuskript liefern könnte, und bekam von mir natürlich die vorteilhaftesten Antworten. Ungemein freundlich verabschiedete er sich, als Mirjam zur Tür hereinkam. Ich stellte vor, und – das mußte man von ihm selber hören. Alles andre versagt dagegen.

»Also, gnä' Frau, also so eine hübsche Überraschung!« fing er an und durchlief im Weiterreden die ganze Tonleiter echt Wiener Schmuserei: »Also, das verschweigt er mir, der Meister, und jetzt steh' ich da und möcht' mich vor lauter Schämen am liebsten verkriechen. Off'n gestanden, ich bin ja selber schuld, gnä' Frau – ich hätt' mir doch denken können, daß man da nicht ohne Blumen kommt. Herzig sehn Sie aus, Gnädigste. Ganz wie bestellt für unsern Meister –.« Mirjams Einladung, mit uns Kaffee zu trinken, wies er bezwingend höflich ab, entschuldigte sich noch mal und stapfte die Stiege hinunter. Als wir mitten im Frühstück saßen, klopfte es abermals. Ein Mädchen brachte einen Blumenstrauß im Auftrag von Amonesta. »Echt wienerisch!« meinte Mirjam: »Gib bloß acht, daß sein Vorvertrag nicht auch so ein Schmus ist.«

»Schmus oder nicht! Hauptsache ist, daß ich die fünfzehnhundert Schilling krieg'«, rief ich: »Was kann mir schon passieren! – Aber jetzt laß mich nachdenken wegen dem Buchtitel –.« Sie hatte eine Verabredung.

»Der Kerl hat dich jedenfalls sofort erkannt. – Wenn du Geld siehst, unterschreibst du auch noch mal dein Todesurteil«, warf sie hin und ging. Allein gelassen, rannte ich wie ein gefangener Tiger im Atelier herum und zerbrach mir wegen des Titels den Kopf. Immer wieder kam ich an der prallvollen Bücherstellage vorüber und überflog die Buchrücken. Da stand eine zweibändige Ausgabe von Boccaccios *Dekamerone,* und plötzlich hatte ich, was ich wollte. Als ich abends in den *Simplizissimus* kam, traf ich Amonesta bereits sehr angeregt zwischen zwei ungeheuer vollbusigen, dicken, schon ziemlich angewelkten Huren. Strahlend schaute er mich an und rief siegessicher: »Ich seh's Ihnen an, Meister. Der Titel steht fest. Hab' ich recht?«

»Ja«, antwortete ich ebenso: *»Das Bayrische Dekameron.«*

»Bitt' um Vazeihung, die Damen. – Bloß a Momenterl«, entschuldigte er sich und ging mit mir an einen leeren Tisch. Ich unterschrieb und hatte die 1500 Schilling. Es wurde ein sehr lustiger Abend. Die Damen benahmen sich ungefähr wie solide Geschäftsfrauen, und Amonesta geizte nicht mit reichlicher Bewirtung. Nachdem er mich vorgestellt und unsere Abmachung ausführlich erläutert hatte, betrachteten sie mich nicht ohne Respekt, und die Dickste davon sagte: »Soso, Schriftsteller ist der Herr, soso.« Unschwer war am Ton der Worte zu erraten, daß sie sich nicht das geringste darunter vorstellen konnte. Das störte nicht. Während der gleichgültigen Unterhaltung sagte Amonesta einmal ungeniert zu mir: »Wissen Sie, verehrter Meister, die reizenden Damen sind nämlich sehr anregend für unser nächstes großes Verlagsprodukt: *Die Typologie des Weibes* –. Ich muß Ihnen, meine Gnädigsten, das beste Kompliment machen, Sie sind für mich direkt ein ganz, ein großartiger Glücksfall, schier ein Haupttreffer. – Wir unterhalten uns morgen noch darüber.«

Ich entdeckte auch später die Aktaufnahmen der beiden Damen im dritten Band der Typologie, der den Titel hatte: *Das fette Weib.* Ihre rosigweißen, von Fleischesfülle überquellenden Leiber sahen aus wie kunstvoll rundliche, kurvenreiche Gebilde aus steif geschlagenem Eierschaum. Gewaltig wie bis zum Platzen aufgeblasene Kinderluftballons drängten sich ihre herabsackenden Brüste aneinander. Emailfarben wölbte sich der pralle Bauch, dessen Fett das Nabelloch derart überwucherte, daß nur mehr eine Andeutung davon blieb, und auch von dem winzigen Delta der Schamhaare zwischen dem Bauch und den ungeheuren Oberschenkeln waren nur noch etliche Härchen sichtbar. Unwillkürlich erinnerten mich diese beiden weiblichen Fleischberge an ein sehr drolliges Erlebnis aus meiner Tessiner Vagabundenzeit. Schrimpf und ich wanderten damals sehr oft am Ufer des Lago Maggiore von Locarno nach Ascona, diskutierten dabei heftig über Anarchismus und Kunst, und ab und zu blieb Schrimpf auf einem Stein stehen und zitierte Morgensternsche Gedichte oder etwas aus Nietzsches *Zarathustra.* Als wir einmal aus dem steinigen Gestrüpp auf einem ziemlich umfänglichen sandigen Badeplatz landeten, hörten wir erschreckte schrille Schreie und sahen ungefähr ein Dutzend dicke Frauen bis zum Nabel im glatten Wasser stehend, völlig nackt vor uns. Hastig flüchteten die Überraschten etwas weiter ins Wasser und tauchten bis zum Hals unter, so daß nur noch ihre haarigen Köpfe zu sehen waren. Eine einzige von ihnen aber blieb mutig stehen und fing herrisch zu schimpfen an, was uns denn einfalle, so unerlaubt und frech in dieses Badegebiet einzudringen; sie verbitte sich das und wenn wir nicht sofort verschwinden würden, rufe sie die Polizei. Ziemlich perplex blieben wir stehen, denn die tollkühne Dame kam, dahertappend wie ein junger Elefant, aus dem Wasser auf uns zu.

»Wo kommen Sie denn her und was sind Sie denn eigentlich?« fragte sie mit geladener Energie und maß uns gebieterisch.

»Wir –?«

»Ja, Sie –!«

Ich wollte schon grob werden und sagen, daß sie das gar nichts angehe, da sagte Schrimpf überraschenderweise: »Ich bin Maler und mein Freund ist Schriftsteller –«

»Oh –! Oh, Verzeihung! Künstler!« flötete der junge tiefbraune Elefant und bekam ein Gesicht voller Wohlgefallen: »Künstler? – Oh, dann muß *ich* um Verzeihung bitten!« Das dickbackige, kugelrunde Gesicht lächelte einnehmend, und ganz aus dem Wasser steigend, drehte sich die wabbelnde Dame um, machte mit der Handfläche ein entsprechendes Zeichen und rief den Ihrigen zu: »Ungeniert aufstehen, bitte! Die Herren sind Künstler!«

Die auf der Wasserfläche stehenden Köpfe hoben sich, die Hälse, die mächtigen Brüste, die gewölbten Bäuche wurden sichtbar; in der Sonne glitzerten die Wasserrillen und Tropfen auf den abgebräunten Körpermassen, und alle nickten und lächelten uns freundlich zu. Fröhlich zwitscherten die begeisterten Elefantenweiber miteinander. Immer wieder hörten wir das Wort »Künstler« daraus, und mit butterweicher Zärtlichkeit stellte sich die Dame vor uns in reinstem Sächsisch als Frau Doktor Anna Fischer-Dückelmann vor, die auf Monte Verita ein Sanatorium für fettleibige Damen hatte. Mittlerweile waren alle Badenden an den Strand gekommen und umringten uns neugierig. Mütterlich besitzergreifend strahlten ihre Augen, und unter allgemeinem Beifall lud uns Frau Doktor für morgen abend zum Essen ein. Ganz besonders schmeichelhaft für sie war, daß mir ihr Name schon längst geläufig war, denn in meiner Jugend besaß fast jede Familie ihr populäres zweibändiges Werk *Die Frau als Hausärztin.*

»O wie schön!« rief sie: »Dann sind wir also sozusagen Kollegen. Sehr angenehm. – Ist's erlaubt, wenn man sich erkundigt, was Sie augenblicklich unter Ihrer Feder haben?«

»Ich schreib' fast nur Gedichte«, antwortete ich. Das versetzte die ganze Sippschaft rein in Verzückung, und ich mußte versprechen, einige – wie die Frau Doktor sagte – meiner »Musenkinder« beim Besuch »zum besten zu geben«. Ich hatte schon lang, lang keine Reime mehr verfaßt, versprach's aber doch, obgleich ich absolut nicht wußte, was ich nun eigentlich lesen sollte. Beiderseits aufgemuntert, verabschiedete man sich voneinander, und als wir außer Sichtweite waren, sagte Schrimpf belustigt: »Putzig sind s' gewesen, die Dicken –. Herrgott, du, wenn über so eine einer kommt, der dersauft ja direkt im Fleisch.« Er lachte hellauf, und ich lachte genauso.

»Gott sei Dank kriegen wir da endlich wieder einmal was Ordentliches in den Magen«, sagte er, und wir freuten uns schon jetzt darauf, denn wir waren ziemlich ausgehungert, seit ich bei Carlo Gräser eine Rebellion inszeniert hatte, die den Erfolg hatte, daß viele, die dort wie wir untergekommen waren und dafür Gartenarbeit leisteten, wegliefen. Carlo Gräser, Vollvegetarianer und »Ideal-Anarchist«, hatte vor vielen Jahren für wenig Geld ein umfängliches Grundstück in Monte Verita gekauft, sich ein Haus darauf gebaut und sich seßhaft gemacht. Er war in der dortigen Gegend sehr populär und hatte Anhänger und Verehrer in der ganzen Welt, denn jeder politisch Verfolgte und Anarchist, der den Militärdienst verweigerte, fand bei ihm Unterkunft. Freilich mußte er dafür seine Barschaft abgeben, im Garten arbeiten und bei der Bereitung des Fruchtkäses mithelfen, den Gräser auf dem allwöchentlichen Markt in Locarno reichlich absetzte. Es war bekannt, daß er durch diesen Käsehandel und die Arbeit seiner Schützlinge, die er nicht entlohnte, ein vermögender Mann geworden war. Als ich eines Tages Geld für Briefmarken von ihm verlangte, berief er sich auf das von ihm ganz entschieden vertretene Prinzip, daß ein

Anarchist niemals Geld haben dürfe und schändlich gegen seine Überzeugung handle, wenn er dem Staat durch Ankauf von Briefmarken Geld zu verdienen gebe. Erst hielt ich das für einen Witz, doch als ich merkte, daß Gräser es völlig ernst meinte, wurde ich wütend, hob meine Schaufel und wollte auf ihn los. Wie ein Wiesel lief Gräser ins Haus und riegelte alle Türen ab. Brüllend hetzte ich alle anderen auf, und auch sie wurden rebellisch und wollten mit mir das Haus im Sturm nehmen. Da rief Gräser aus dem oberen Fenster giftig drohend, wir hätten sofort sein Grundstück zu verlassen, sonst rufe er die Polizei. Es läßt sich denken, was das für Hohngelächter hervorrief, die meisten warfen Pickel und Schaufel hin und machten sich mit uns auf und davon. Von da ab ging Gräsers Ruf als Anarchist in die Binsen, und selbst sein Bruder Gusto, der hin und wieder bei ihm auftauchte, nannte ihn einen »verderbten Mammonknecht«. Leider aber brachte unsere Meuterei viel Hunger mit sich, und die Einladung von Frau Doktor Fischer-Dückelmann kam wie gewünscht.

Voll Zuversicht kamen wir am andern Tag in der weitläufigen Villa, die in einem großen Obstgarten stand, an, und freudig und festlich empfing man uns, was schon die hübschen Girlanden im breiten Gang und im hellen, luftigen Speisesaal zeigten. Alle Damen hatten ihre Sonntagskleider an. Mit schwerem Damast war die hufeisenförmige Tafel gedeckt, Schrimpf und ich mußten rechts und links von der Frau Doktor Platz nehmen, die ihre kurze Begrüßungsrede mit den humoristischen Worten beschloß: »Und nun, meine Lieben, wollen wir uns erst einmal leiblich festigen, damit wir den folgenden geistigen Genüssen standhalten.« Das wurde geziemend belacht. Alsdann gingen die Flügeltüren auf, und herein kamen weißbeschürzte Helferinnen mit riesigen Platten, auf denen, kunstvoll hochgetürmt, nichts als eine bunte Fülle von Rohgemüse lag.

»So –. So, nun tüchtig zugreifen, meine Herren –. Bei uns stammt alles aus dem eigenen Garten. Alles reinste Natur –. Bitte, bitte!«

Zögernd und enttäuscht glotzten Schrimpf und ich auf die Gemüseberge, und ein gelindes Entsetzen packte uns, als wir nun sahen, wie die Frau Doktor und sämtliche Tischgäste sich haufenweise dieses Grünzeug auf die Teller nahmen und beinahe tierisch anfingen, lange gelbe Rüben in die Hand zu nehmen, und Stück für Stück davon abbissen und hurtig zerkauten. Barbarisch sah dieses Gefresse aus. Hilflos nagten wir beide je so eine Rübe und kochten vor Enttäuschung und Wut.

»Schmeckt Ihnen das nicht? Essen Sie nur mal richtig, dann kommen Sie auf den Geschmack«, versuchte die Frau Doktor, uns zu ermuntern, und deutete auf die grünfutternde Runde: »Sie sehen doch, uns allen schmeckt's ausgezeichnet.« Heißer Tee wurde gebracht. Wasserklar wie Jungfernpisse sah er aus. Er schmeckte nach Moder, aber die Doktorin sagte, er sei aus lauter Kräutern nach ihrem Rezept gemischt. Das war das ganze Essen. Vergeblich hielten Schrimpf und ich Ausschau, ob noch was nachkäme. Wir wechselten unvermerkt kämpferische Blicke und verstanden einander sofort. Schon auf dem Weg hierher nämlich hatten wir an den Telegrafenstangen und Zäunen kleine Klebezettel bemerkt, die davor warnten, sich in diesem Gebiet rauchend oder nach Seife und Parfüm duftend zu zeigen. Nochmals sah mich Schrimpf aufmunternd an, und gleicherzeit zogen wir unsere Zigaretten heraus und zündeten sie ungeniert an. Das wirkte genau, wie wir wollten. Krebsrot und drohend erhob sich die empörte Frau Doktor. Wie auf Befehl schnellten alle Dicken an der Hufeisentafel ebenso empor. »Was?! Was erlauben Sie sich!? In meinem Hause, in einer Damengesellschaft, mitten im Essen rauchen Sie!« schrie sie uns augenrollend an, und fuchtelnd schimpften die zornwabbelnden Dicken ebenso. In solchen Augenblicken bewährte sich Schrimpf immer. »Was? Das ist doch kein Essen! Das ist doch Kuhfutter«, rief er höhnisch. »Dank' schön für so eine Einladung! – Und überhaupt's, Sie haben mir gar nichts zu sagen! Ich rauch', wenn ich mag.«

»Sehr richtig!« rief ich ebenso. »Wir sind ja froh, wenn wir aus Ihrem Stall draußen sind!« Unter dem wilden Geschimpfe der Dicken verließen wir das gastfreie Haus. Der hungrige Magen knurrte uns mehr als vorher. –

Die zwei »voluminösen« Damen, mit denen Amonesta im *Simplizissimus* saß, wirkten viel angenehmer auf mich. Sie waren ein Glückszeichen. Das *Dekameron* erschien bald darauf, fand Anklang in der Presse und reißenden Absatz. Sehr schnell war die erste Auflage vergriffen, und die verbilligte Volksausgabe setzte sich noch viel leichter ab. Dieses drollige Büchlein mit den lustigen Liebesgeschichten bäuerlicher Menschen, das ich in kaum vierzehn Tagen niedergeschrieben hatte, machte mich durch einige urkomische Vorfälle in überraschend kurzer Zeit populär. Damals wehrte sich die freiheitlich gesinnte Front der Schriftsteller gegen den Entwurf eines sogenannten »Schmutz- und Schundgesetzes«, der von reaktionären Kreisen im Reichstag eingebracht worden war.

Überall im ganzen Reich gab es Massenversammlungen und Protestkundgebungen aller Art gegen diesen geplanten Eingriff in die geistige Freiheit. Mich besuchte eines Tages ein grauhaariger Mann mit dichtem Kaiser-Wilhelm-Bart, grünem Hut, Lodenmantel und derbem Gebirgsstock, der sich als ehemaliger Polizeipräsident Brunner in Berlin zu erkennen gab und ganz offen gestand, daß er einer der Urheber des berüchtigten Gesetzentwurfes sei. Ganz baff, mißtrauisch und höhnisch fragte ich ihn, wieso er denn dann dazukomme, mich aufzusuchen.

»Sie notieren wohl schon meinen *Dekameron* für ein Verbot, was?« fragte ich aggressiver und legte mir insgeheim schon einige grob beleidigende Ausfälligkeiten zurecht, doch diesmal irrte ich gewaltig. So einen Empfang habe er erwartet, meinte der Herr und wurde legerer: »So 'n Dummkopf und Banause bin ich nicht, Ihr Buch als Schmutz- und Schundliteratur zu bezeichnen, mein lieber Herr Graf! – Nicht jeder, der gegen den widerwärtigen Kitsch der Groschensexualität und stupiden Kriminalschmöker auftritt, ist ein Reaktionär –. Glauben Sie mir, wenn beispielsweise das geplante Gesetz Ihren *Dekameron* als unsittlich verbieten würde – ich wäre der erste, der mit aller Energie dagegen kämpfen würde –.« In dieser Tonart ging's weiter. Einen »echten, künstlerisch meisterhaften Sittenspiegel des bäuerlichen Liebeslebens« nannte er mein Buch, und als Beweis, daß er mir nichts vorflunkere, zog er tatsächlich ein zerlesenes Exemplar des *Dekamerons* heraus und bat mich, es zu signieren. Er lebte schon längere Jahre in der Rosenheimer Gegend als Pensionär, war begeisterter Alpinist und Liebhaber alles »gesund« Bayrischen. Er fand es auch ganz in der Ordnung, daß ich als Schriftsteller entschiedener Gegner eines solchen Gesetzes wäre, nur meinte er, gegen die Flut der Schauerromane und niederträchtigen Machwerke aller Art, die lediglich die primitivsten Masseninstinkte aufreizen, gebe es eben kein anderes Mittel als das geplante Gesetz. Er stand auf, bedankte sich für die anregende Unterhaltung, sah mir beim Händedruck treuherzig in die Augen und sagte: »Mein Ehrenwort, lieber Herr Graf, wenn aus den Reihen unseres Schrifttums ein besserer Vorschlag kommt, ich reihe mich sofort ein in diese Front.« Offen gestanden, der Mann imponierte mir und gab mir zu denken. Ich zweifelte nicht an seiner Ehrlichkeit, insbesondere seine letzte Bemerkung leuchtete mir ein, aber genau wie mir fiel auch allen anderen Schriftstellern kein brauchbarer Gegenvorschlag ein. Wahrscheinlich hielt es auch keiner der Mühe wert, seine Denkkraft und Zeit darauf zu verwenden. So schloß man sich bequemlichkeitshalber dem allgemeinen Protest der Gegner des Gesetzes an. Das sicherte den Ruf als allzeit bereiter Kämpfer für die Freiheit der Literatur und war mit keinem Risiko verbunden. –

Bekanntlich wirkt Propaganda von begeisterten Lesern, die das Lob eines Buches mündlich verbreiten, meist mehr als alle Pressekritik und Reklame. Vielleicht – wer kann es wissen – wirkte das Lob des pensionierten Polizeipräsidenten so zugkräftig, daß viele das *Bayrische Dekameron* kauften. Auf diesen Gedanken brachte mich jedenfalls die Tatsache, daß nach jedem Vorleseabend, den ich gab, Damen und Herren aus allen Schichten in der Pause zu mir kamen und mich baten, das Büchlein zu signieren. Besonders belustigend war für mich, daß auffallend viele, meist reizend schämig auftretende Damen aus dem bayrischen Adel darunter waren. Am meisten trug zur Verbreitung des *Dekamerons* und Hebung meiner Popularität ein anderer, an sich gewiß unerheblicher, aber überraschend folgenreicher Vorfall bei.

Ich ließ Maurus vom Verlag aus jedes neuerschienene Buch von mir zusenden, denn er hatte noch immer starke literarische Interessen.

Gerade als Frau Baronin von Soden – eine ehemalige Schauspielerin und schon seit langen Jahren die Frau des Kabinettsekretärs Kronprinz Rupprechts – an einem Vormittag in seinen Laden kam, legte der Postbote Ortner einige Briefe und ein Buchpaket hin.

»Oh, hat Ihr Herr Bruder vielleicht schon wieder ein neues Buch geschrieben, Herr Maurus? Könnt' ich's vielleicht zum Lesen haben, bitte?« fragte die lebhafte, höchst interessierte Baronin. Sie freute sich sehr, als Maurus antwortete: »Oh, bitt' schön, Frau Baronin! Da, nehmen Sie nur gleich das Packl mit. – Ich komm' ja jetzt sowieso nicht dazu, was zu lesen.« Das eben eingetroffene, unausgepackte *Dekameron* kam so in ihre Hände. Hocherfreut und herzlich dankend, ging die Baronin. Aufrichtig fromm, ohne Bigotterie, wie die uradelige katholische Familie von Soden war, kam sie auf dem Heimweg von der Messe aus dem Pfarrdorf Aufkirchen und hatte es eilig, da sie heute ihren ältesten Sohn, der »auf Geistlichkeit studierte«, erwartete.

Sehr früh am andern Tag, auf dem Gang zur Messe, kam die liebe Baronin mit hochrotem, düster-empörtem Gesicht in den Laden von Maurus und warf wie angeekelt das nagelneue *Bayrische Dekameron* hin, indem sie ganz und gar konsterniert aus sich herausschimpfte: »Wissen Sie, Herr Maurus, bis jetzt hab' ich immer gemeint, Ihr Bruder Oskar wär' ein Schriftsteller, wenn er auch oft recht derb schreibt, aber«, sie dämpfte ihre erregte Stimme, »wissen Sie, Herr Maurus, ich schäm' mich fast, daß ich's sagen muß«, sie dämpfte ihre zornige Stimme noch mehr, »aber, Sie müssen schon entschuldigen, Herr Maurus, wenn ich's nach diesem schmutzigen Buch gradraus sag', Ihr Bruder ist ja eine Sau!« Dieses letzte Wort, noch dazu aus dem Mund einer so noblen Dame, zündete beim Maurus, und nur mit Mühe gelang es ihm, eine unschuldig-verblüffte Miene zu machen.

»So was Schamloses! Ich bin bloß froh, daß mein Sohn das Machwerk nicht gesehen hat«, wetterte die Baronin und ging ohne Gruß davon. Neugierig und amüsiert blätterte Maurus in dem Buch und fing an, eine Geschichte zu lesen. Da kam der Bürgermeister zur Ladentür herein, und lachend erzählte der Maurus: »Stell dir vor, der Oskar hat, scheint's, jetzt ein Buch mit lauter Sauereien geschrieben, und das hab ich ausgerechnet der Baronin zuerst gegeben.« Er hielt ihm das *Dekameron* hin.

»Soso, Sauereien? Gib mir's! Das möcht' ich lesen«, sagte der Bürgermeister lüstern und nahm es mit.

Von da ab – es war wie eine Kettenreaktion – wurden dieses Buch und ich in kürzester Zeit landweit bekannt, ja, förmlich zu einem untrennbaren Begriff! Wo immer ich auf meinen Ausflügen und Radtouren hinkam, in jedem Bauernwirtshaus begrüßten mich die Einheimischen wie einen alten Bekannten, und meistens hockte sich der eine oder andere Bauernbursch zu mir und fing lustig an: »Sie, Herr Graf, ich wüßt' da noch eine Gschicht für Sie.« Viele Bände hätte ich damit füllen können. Noch auf eine andere Weise wurde meine dementsprechende Popularität gesteigert. Als ich einmal zu Vorträgen nach Wien kam, suchte ich selbstredend meinen Verleger auf. Ich ging zum Kohlmarkt und stieg in einem Bürohaus drei Treppen hoch. Vergeblich suchte ich das Verlagsfirmenschild. Doch über der großen, dunklen zweiflügligen Tür war ein hochvornehmes Marmorschild angebracht, auf dem in erhabenen goldglänzenden Messingbuchstaben stand: VERLAG DER GESELLSCHAFT FÜR SEXUALWISSENSCHAFTEN E. G. Zögernd läutete ich. Nach einer längeren Weile öffnete ein schlanker, sehr eleganter Herr die Tür und empfing mich aufs herzlichste mit der typisch wienerischen Einleitung: »Aber wie ausgezeichnet, wie großartig, Verehrtester!« Er drückte mir die Hand und zog mich hinein: »Ewig schade, daß Herr Amonesta momentan nicht hier ist. Aber kommen Sie, Meister Graf, kommen Sie! Welche Ehre, Sie bei uns zu begrüßen!« Wir gingen durch einen großen saalartigen Raum, der rundherum sehr schmale Tische mit Vitrinen und an den Wänden merkwürdige Instrumente zeigte. Offenbar war dieser Saal für Vorträge bestimmt, denn es standen zirka ein Dutzend Sessel rechts und links. »Ist denn hier der Drei-Zinnen-Verlag?« fragte ich etwas verblüfft. Und der wendige, freundliche Herr, der sich als Dr. Schidrowitz vorgestellt hatte, nickte lächelnd: »Jaja, Sie sind richtig, Meister ... Geht in Ordnung.« An meinem Gesicht merkte er die Neugier, die meine fragenden Blicke auf die rätselhaften Instrumente verrieten.

»Jaja, ich versteh', ich versteh', Meister! Sie wundern sich wahrscheinlich? Sie wollen wissen, was da alles herumhängt und gezeigt wird«, redete der kulante Herr weiter und deutete mit einer begleitenden Armbewegung rund herum: »Das ist der Vortragssaal der Gesellschaft für Sexualwissenschaften, die ja in der Hauptsache unseren Verlag finanziert. Der Drei-Zinnen-Verlag ist eine unsrer jüngsten Gründungen und hat sich großartig gemacht! Na, bei einem so tüchtigen Herrn wie Amonesta ist das ja kein Wunder! Das Gegenteil wär eins!« Und da er merkte, wie interessiert ich war, erklärte er mir alles bereitwillig mit großer Fachkenntnis. Es handelte sich nämlich bei den zur Schau gestellten Instrumenten um Vorrichtungen zur Steigerung der Sexuallust, während in den Vitrinen intime Anweisungen und Zeichnungen aus allen Ländern zu sehen waren. Das weitaus Interessanteste aber war für mich, daß in dem Saal wöchentlich einmal ein sehr eingehend informierender Vortrag für die eingeschriebenen Mitglieder, die sich meist aus dem höheren Adel zusammensetzten, abgehalten wurde. »Sehr feine, hochnoble Herren und Damen sind unsre Mitglieder, und natürlich in jeder Weise integer. – Aber bitte kommen Sie doch herein in mein Büro. Wir rufen Herrn Amonesta an, vielleicht erreichen wir ihn.« Das gelang auch, und bald saßen wir drei sehr angeregt bei Cognac und Zigaretten zusammen. Sehr zufrieden äußerten sich beide über den glänzenden Absatz des *Dekamerons*. Dieses Buch erwies sich in der Folgezeit als beste laufende Einnahmequelle für mich, die meine Finanzkrisen wenn auch nicht immer ganz ausglich, so doch ziemlich abmilderte.

Während der Unterhaltung zeigten mir die beiden Herren auch ihre Verlagsprodukte. Neben Hirschfelds sexualwissenschaftlichen Standardwerken prangte die fünfbändige lilafarbene *Typologie des Weibes* in Halbleder und Kassette. »Unser ganz großes Geschäft«, sagte Amonesta und lächelte zweideutig. »Etwas für unzufriedene Ehemänner, Gymnasiasten und gelüstige Postsekretäre, was, bitt' scheen, nichts Abfälliges über diesen Beruf bedeiten soll. Es ist mehr symbolisch, wann ich so sagen darf – der Mentalität entsprechend. Verstehn Sie mich, Meister? – Und natürlich, was Sie vielleicht nicht für möglich halten würden, für das Gros der besonders kraftmilitärischen Piefkes, die ja jetzt wieder recht zahlreich sind. Aus diesen Kreisen bekomme ich ja auch die besten Empfehlungen für solide, großzügige Kunden.« Da lagen neben meinem *Dekameron* noch ein *Indisches Dekameron* und eins aus dem Rokoko von Franz Blei, und dazwischen sah ich einige in rotes Leinen gebundene aufschriftslose Bücher. Ich schlug sie auf und las den Titel: *Josefine Mutzenbacher*. Nach meinem Dafürhalten ist dies der beste pornographische Dirnenroman, der auch kultur- und sozialgeschichtlich höchst aufschlußreich ist.

»Was?« fragte ich verwundert und belustigt zugleich: »Was? Das verlegen Sie auch? – Ist denn das nicht verboten?«

»Verboten –? Na ja, wie man's nimmt, Meister!« meinte Amonesta: »Aber, verstehn Sie, die Nachfrage ist doch zu stark –. So eine Delikatesse ist doch ein Bedürfnis! Ein ganz, ein dringendes Bedürfnis –! Jeder Buchhändler hat's griffbereit unterm Ladentisch! Man kennt doch seine Kunden. Verstehn Sie? – Nein, nein, verlegt haben wir die *Mutzenbacher* nicht, bloß im Kommissionsvertrieb. Der Artikel macht sich ganz nett bezahlt.« Der Doktor Schidrowitz schob ihm einen sehr dicken Halblederband in Lexikonformat zu. »Und das, Meister, das ist unser Clou!« rief Amonesta und bekam ein triumphierendes Gesicht: »Eine Glanzleistung, die uns keiner nachmacht, unser Haupttreffer! – Bitt' scheen, auch Sie sind drinnen.« Er schlug das für die damalige Zeit einzigartige *Bilderlexikon der Erotik* auf und zeigte mir darin mein Bild in der Lederhose. Die Rubrik darunter charakterisierte mich aufgrund des *Dekamerons* als den »bedeutendsten erotischen Schriftsteller des heutigen Bauerntums«. Somit bekam also meine Schriftstellerei zusätzlich auch noch einen pikanten Akzent.

»Na, was sagen Sie, wie wir für Ihr Renommee sorgen, verehrter Meister?« rühmte der Doktor Schidrowitz die Findigkeit des Verlages, und strahlend schaute mich Amonesta an. Ich war baff und wußte nicht gleich, wie ich dreinschauen sollte. Jäh fiel mir Thieles Prophezeiung wieder ein. Jetzt also war ich literarisch endgültig eingeordnet. Ich sah es voraus und hatte recht: Der allzuschnelle Ruhm dieses im Handumdrehen verfertigten Büchleins überschattete alle meine späteren ernsthaften Arbeiten. Amonesta sah an meiner süß-sauren Miene, was ich dachte, lächelte kulant und fragte: »Oder war's vielleicht ein Fauxpas von uns? – Bitt' Sie, Meister, reden S' ganz offen, bitt' scheen! – Unsre Interessen sind doch die gleichen!« Ungewiß sahen die zwei mich an.

»Ach, wissen Sie, es ist ja alles nicht so wichtig!« sagte ich ebenso, weil mir im Moment keine bessere Antwort einfiel. Das machte die beiden wohlmeinenden Herrn einen Hauch lang verlegen, aber schnell faßte sich Amonesta und stellte mir die überraschende Frage: »Verzeihung, werter Meister, wann ich mich in Ihre Privatangelegenheiten mische –. Sagen Sie, irr' ich mich? Meiner Schätzung nach sind Sie sicher der gleiche Pazifist wie ich. Oder?«

»Hm, tja, wie kommen Sie denn jetzt *da* drauf?« Ganz verdutzt musterte ich ihn und kannte mich nicht aus.

»Ich bin nämlich so was, bitt' scheen. Ich mein' bloß, wissen S' wegen dem *Dekameron* und der *Mutzenbacher*«, tastete er weiter, und ich verstand durchaus nicht. Er wurde auf einmal eifernd, als beziehe er eine Verteidigungsstellung: »Schauen Sie, lieber Herr Graf, was das Unmoralische dieser Bücher anbelangt, das ist doch Kinderei! – Wer macht denn Wirbel und Krawall dagegen? Wer schreit denn von ›unzüchtig‹ und ›pornographisch‹? Leute, die's gern möchten und nicht können. Verstehn S' mich? Wer denunziert denn diese herzigen Sachen, diese angenehmen Bücher bei den Behörden? Eingetrocknete alte Jungfern und Herrschaften, die bei der Sexualbetätigung zu kurz gekommen sind –. Bloß der reine Neid treibt sie zur Angeberei.« Er hielt kurz ein, schaute mir beinahe treuherzig in die Augen: »Sind vielleicht unsere sauberen Regierer, die noblen Herrn da droben, moralisch, wenn sie einen Krieg anzetteln und die Leute ins Unglück stürzen, wenn sie die jungen Männer zum Totschießen abrichten –? Machen wir uns doch nichts vor, verehrter Meister, wenn wir so anregende Bücher rausbringen, schadet das vielleicht wem, bringen die vielleicht wen um? – Wenn Sie Zeit hätten, ich möcht' Ihnen zeigen, was wir haufenweis' für begeisterte Dankschreiben von den Lesern unsrer Bücher kriegen –«

»Sie sehn's ja am reißenden Absatz des *Dekamerons,* wie massenhaft so was verlangt wird«, warf der Doktor Schidrowitz ein. »Der Mensch will doch was haben von dem, was ihm am meisten Freud' macht.«

»No, alsdann! Was ich sagen hab' wollen – speziell unsre Bücher sind wirklich pazifistisch«, fiel ihm Amonesta ins Wort. »Die sorgen bestens dafür, daß zum Beispiel Verliebte erfahren, was für reichhaltige Variationen möglich sind, wenn sie beieinander schlafen –. Ob Sie's glauben wollen oder nicht, Meister, ich selber hab's doch in meinem Bekanntenkreis schon dutzendmal erlebt, daß die *Mutzenbacher* wie eine Wunderkur gewirkt hat, wenn da in einer Ehe in puncto Sexualität was nicht mehr funktioniert hat. – Wenn ich auf der Welt – sagen wir zum Beispiel im Völkerbund – was zu sagen hätt', ich tät' ein Gesetz machen, daß jede Familie solche Bücher haben müßte –. Da tät's schnell keine Gewehre und Kanonen, keine kostspieligen Armeen und keine Feindschaften zwischen den Völkern mehr geben, garantiert. – Hab' ich recht oder nicht?«

Dem war nichts entgegenzusetzen.

»Herr Graf, Meister, bleiben Sie dabei! – Das Metier liegt Ihnen«, redeten mir die zwei Herren zu. »Da haben Sie keine Konkurrenz. Damit ist Ihre weitere Existenz gesichert, glauben Sie's!«

Auch davon konnte ich ihnen nichts abstreiten. Was die Einnahmen betraf, hatten sie gewiß recht. Dennoch – Verkaufserfolg hin, Verkaufserfolg her! – all das machte mich nicht recht froh. Abgesehen davon, daß ich nun literarisch gewissermaßen als derbsaftiger Heimatdichter eingestuft war, hatte sich auch seit der geradezu lausbübischen Leichtigkeit, mit welcher ich das *Dekameron* abgefaßt hatte, eine merkwürdige, verbissen verächtliche Auffassung in bezug auf alle literarische Produktion in mich eingewurmt. Nach und nach verlor ich jeden Respekt vor großen Leistungen auf diesem Gebiet, und alles, was gegenwärtig als Kunst ausgegeben wurde, erschien mir als Scharlatanerie, kam mir verdächtig und lächerlich vor.

»Lauter Einbildung! Alles dummes Zeug!« nörgelte ich rechthaberisch und zeterte über die Weltberühmten. »Ich kann gar nicht verstehen, warum man vor diesen Herrschaften so ein Wesens dahermacht! – Es geht doch jedem von ihnen bloß ums Bekanntwerden und vor allem darum, daß ihre Sachen haufenweis' gekauft werden. – Und wer macht das? Etwa ihr Talent? Unsinn! Humbug! Nur die Reklame, die der Verlag macht, nur der Lärm, den die Zeitungen über sie und ihre Bücher machen! Meistens ist's auch bloß reines Glück, wie sie zu so was kommen. Eine zufällige Bekanntschaft mit einem maßgebenden Mann in einem großen Verlag, ein Salongerede snobistischer Bewunderer oder so. Und wovon sind so Herren, wenn sie einmal oben sind, abhängig? Vom Geschmack des kaufenden Publikums. Von diesen Massen aber reden die überheblichen Burschen wie von einem Haufen Schwachsinniger. Heimlich aber sind sie jedem Erfolgreicheren neidig und ängstlich darauf bedacht, ihren Publikumsstandard zu halten. – Oh, diese Verlogenheit! Zum Kotzen!«

»Und du? Ist's vielleicht bei dir anders, he?« höhnten die Freunde. »Ich –? Ich betreibe meine Schreiberei bloß als Geschäft und mach', was verlangt wird. – Mir kommt's lediglich drauf an, daß möglichst viel dabei rausspringt!« gab ich ungetroffen zurück. Das ärgerte Mirjam.

»Lüg doch nicht so blöd daher!« fuhr sie mich an, und breit lachte ich ihr entgegen: »Du hast's doch gesehen am *Dekameron!*«

»*Dieses* Buch! *Dieses* Buch!« rief sie klagend: »Du weißt, wie ich dagegen war. Lieber hätt' ich meinen letzten Schmuck verkauft.«

»Ach was! Ich weiß gar nicht, was wir uns alle für einen Kunstfimmel vormachen. – Ich will bloß noch Geld –! Geld und wieder Geld, das ist alles!«

»Du, und Geld! – Und wenn du's hast, wirst du verrückt und benimmst dich wie ein Parvenü!« warf sie mir noch zorniger an den Kopf. Recht hatte sie, aber aus reinem Justament prahlte ich: »Geld ist mir ja im Grund genommen genauso gleichgültig wie meine Schreiberei. – Es hat bloß den Vorteil, daß es das Leben angenehm macht; und wer das nicht will, der lügt!«

Zornrot schaute sie mich an und wußte offenbar vor Wut nicht gleich eine Antwort. »Laß mich in Ruh'. Ich sag' gar nichts mehr!« preßte sie heraus und ging beleidigt in ihr Zimmerchen hinauf. Ich spürte, wie bitter und traurig sie das machte, aber in einer Art von undefinierbarer Sturheit beharrte ich auf meiner Rechthaberei. In mir sah es nicht gut aus.

Die dauernde Desillusion, die ich betrieb, versetzte mich in einen Zustand quälender Leere und lähmender Langeweile. Ich begriff noch nicht, wie unfaßbar schwer und gefährlich es ist, an nichts mehr zu glauben. Ich soff wieder, aber es war ein anderes Saufen wie früher; es war ein hilfloser Versuch von Ausflucht, der mich nur noch unsicherer machte.

Wo war der große Plan meiner »Beichte«, wo mein schriftstellerischer Ehrgeiz, doch noch etwas Starkes fertigzubringen? Alles, alles war davongeschwommen im behäbigen Dahinrinnen des reibungslosen Kleinbürgeralltags. Ich schrieb unentwegt kleine Geschichten, Satiren und Skizzen und bombardierte damit die Redaktionen, und meistens hatte ich Erfolg. Ich führte das Leben eines vermögenden Bourgeois aus dem Mittelstand, mit Weißwurstessen vormittags im *Augustiner*, Mittagsschläfchen, Kaffeehausbesuch nachmittags und Tarockspielen bis in die Nacht hinein. Meine Freunde warfen mir totale Verbürgerlichung vor und faselten von innerer und äußerer Verfettung daher, was nicht zu bestreiten war, denn ich wog alsbald zweieinhalb Zentner und forcierte mein jetziges Dasein höchst provokant.

Während des Schreibens ging mir einmal Gorkis Ausspruch durch den Kopf: »Wie alles, so verliert auch die Poesie ihre heilige Einfachheit und Ursprünglichkeit, wenn man ein Gewerbe daraus macht.«

Eigentümlich berührt, hielt ich im Schreiben inne und stutzte. Ich erschrak fast, denn ich spürte, das stand immer noch unverrückbar in mir fest. Daran glaubte ich trotz allem. Warum also spielte ich beständig das Gegenteil davon? War das eine spielerisch-eitle Lust am Verstecken, am Verblüffen und Ärgern der nächsten, liebsten Menschen, oder war es nichts als die unausrottbare Unsicherheit, der von Kind auf eingeborene Zweifel an mir selbst?

Ach was, es lebte sich doch recht gut als eingearbeiteter Dutzendschreiber! Es war sogar ein krisenfreies Geschäft. Vielleicht kam man dabei plötzlich einmal zu viel Geld? – Aber dann –!

17.

»WOHIN ROLLST DU, ÄPFELCHEN ...?«

»... dann aber, dann ...!« Das war der plebejische Wunschgedanke, endlich überall sichtbar und fühlbar zu imponieren, im öffentlichen Leben eine maßgebende Rolle zu spielen. Das war die Mischung von krankhaftem Geltungstrieb und niegestillter Rachsucht, denn nur Geld, sehr viel Geld verschaffte allgemeine Geltung, und nur als reicher, unabhängiger Mann konnte man sich für all das, was einen im Lauf der Zeit schmerzlich verletzt und innerlich unheilbar verwundet hatte, ausgiebig rächen. Mit dem literarischen Ruhm war's bei mir nichts geworden. Der buchhändlerische Erfolg des *Dekamerons* und die damit verbundene Steigerung meiner sozusagen bodenständigen Popularität zerstörten meiner Meinung nach alle Aussichten, von den tonangebenden Literaturkreisen ernst genommen zu werden. Das verärgerte mich in meinem blindwütigen Ehrgeiz derart, daß ich auf immer tollere Einfälle kam, um die Aufmerksamkeit auf mich zu lenken. Wochenlang belacht und vielberedet wurde mein Faschingsscherz bei den wöchentlichen ungemein ausgelassenen Tanzereien der Künstlergruppe *Die Juryfreien,* die aus Opposition gegen die *Neue Secession* von jungen Malern und Bildhauern gegründet worden war und in einem Eckhaus des Rondells am Anfang der Prinzregentenstraße ihre eigenen Ausstellungsräume zu ebener Erde hatte. Als Freund aller Juryfreien, als Anreger ihrer Feste und sonstigen Veranstaltungen und vor allem als unübertroffene Stimmungskanone kannte mich jeder Gast. Man erkannte mich auch auf allen anderen Faschingsfesten, wenn ich dort gelegentlich auftauchte, obgleich ich mich dazu oft bis zur Unkenntlichkeit aufgemacht hatte. Es half nichts, meine breiten, eckigen Schultern, mein rüpelhaftes Benehmen und meine laute Stimme verrieten mich schon nach den ersten Augenblicken. Es kostete mich fast eine Woche, bis ich auf die richtige Idee kam, wie dem zu begegnen wäre. Ich kaufte dünne Latten, Nägel, Scharniere und große weiße Pappen und ließ alles zu Thiele schaffen, der nie ein Faschingsfest besuchte. Der war zuerst verblüfft und leicht verärgert, aber als ich ihm meinen Plan auseinandersetzte, lächelte er boshaft mit seinem Nußknackergesicht und spöttelte: »Ich sehe, du sorgst dafür, daß dir dein Ruf bleibt. Hochorigineller, urfideler Heimatdichter! Na, schön!« Das gab mir einen Stich. Es wurmte mich, denn ich mußte ihm recht geben, aber grade deswegen versteifte ich mich aufs Justament, und mit Geduld und Eifer gingen wir ans Werk. Niemand, weder Mirjam, Schrimpf noch sonst jemand erfuhr etwas davon. Vierzehn Tage darauf erschien ich als wandelnder altbayrischer Bauernschrank bei den *Juryfreien,* und die Wirkung war großartig. Jäh stoben die dichtgedrängten lärmenden Tanzpaare auseinander, sprachlos starrten zunächst alle, dann aber peitschte ein Gejohl auf über diesen abwegigen Einfall, und lachend und schwatzend umdrängten mich alle, tappten an meinen Wänden herum, fragten und versuchten, die kunstvoll echt gemalten Attrappentüren aufzureißen, aber es ging nicht. Andere probierten, die Pappenhülle vom Boden hochzulupfen, und ich mußte meine ganze Kraft aufwenden, um die zwei Querlatten innen niederzudrücken. Nur an den Schuhen erkannten sie, daß ein Mann darunter war, aber plötzlich spürte ich, wie die qualmend heiße Saalluft von hinten hereindrang, und ein wildes Aufkreischen: »Ah, so ein Schwein! So eine Drecksau! – Pudelnackt!« folgte. Nur in Socken und Schuhen, sonst aber nackt, befand ich mich unter der Schrankattrappe, und um der findigen weiblichen Neugier entgegenzukommen, ihr aber auch zugleich einen derben Schock zu versetzen, hatten Thiele und ich die Schrankhinterwand mit einem unauffälligen kleinen Türl versehen. Wenn jemand es entdeckte und aufmachte, sah der nichts als meinen blanken Arsch mit einem dick draufgemalten schwarzen Schnurrbart. Diese freche, allzugrobe Unappetitlichkeit war sogar den sonst in jeder Hinsicht äußerst weitherzigen Festveranstaltern zuviel, und rundherum hörte ich wenig Zustimmendes. Auf jeden Fall zweifelte kein Mensch im Saal mehr, daß *nur* ich auf so etwas verfallen konnte. Es gab eine Weile eine ziemliche Verwirrung, und man schob mich unter Lachen und Geschimpf nach hinten, der Garderobe zu. »Das geht nicht, Oskar«, hörte ich meinen Freund, den Maler Ossi Zeh, draußen sagen. »Erstens bist du so ein Verkehrshindernis, und zweitens hört sich jetzt der Witz schon auf.« Ich wollte grad antworten, da schrie er: »Hoho! Was wollen denn Sie, meine Herren?« Erregtes Durcheinandergeschimpf entstand, und – seltsam, daß das unsereins sogar als Blinder merkt! – auf einmal war die Polizei da. Zwei martialisch zugreifende Schutzmänner hoben mit einem scharfen Ruck meine Schrankhülle in die Höhe, um sie gleich wieder fallen zu lassen und mit der amtlich gebotenen Empörung zu schimpfen: »Tja, Herrgott, Sie Drecksau! Was erlauben Sie sich denn? Pudelnackt daherkommen! Das ist doch schon der höhere Unfug! Sofort ziehn S' was an! Marsch!«

»Ja, ganz gern, meine Herrn, wenn ich was hätt'«, antwortete ich und rief dadurch noch größere Entrüstung hervor. Entrüstung und Ratlosigkeit zugleich, denn die zwei hatten bereits angekündigt, daß ich mit auf die Polizeidirektion müßte.

»Was –? Wasss –?! Da hört' sich doch alles auf –! Hmhm! – Sie werden doch nicht glauben, daß wir Sie im Möbelwagen hintransportieren, was?« brüllte der eine Schutzmann, und jetzt wurde es lustig, jetzt lachte das Faschingsvolk vor der Garderobe bereits wieder, während der andere Schutzmann in einem fort scharf bellte: »Weggehn, bitte! Weg da, die Herrschaften! – So gehn Sie doch weg, Herrgott!«

Man bekleidete mich notdürftig mit Hemd und Anzug einer meiner Künstlerfreunde, und auf ging es zur Polizeidirektion.

Wenn sich's nicht um Mord und Totschlag oder Politisches handelte, waren dazumal um die Faschingszeit Münchner Polizeikommissare mitunter sogar humorempfänglich. Der mir wohlbekannte Spitzbart Fuchs las mir zunächst einmal gehörig die Leviten und nannte mich – wenn das auch gar nicht mehr zu meinem fleischlichen Umfang paßte – »ein nettes Früchterl«, und ich spielte den dümmlichen, herzgewinnenden Gaudiburschen, so daß ich zum Glück nicht wegen »Erregung eines öffentlichen Ärgernisses« ins Gefängnis mußte, sondern nur 300 Mark wegen groben Unfugs in die Armenkasse zu zahlen hatte.

Ganz arg verstimmte mein Streich Mirjam. Für sie war das »die Höhe der Geschmacklosigkeit«, als ob einer mit einem derart brennenden Ehrgeiz nach Geschmack fragen würde! Sie schämte sich für mich und ärgerte sich ganz besonders darüber, daß ich ihr alles verheimlicht hatte, und es herrschte einige Wochen lang eine geladene Spannung zwischen uns. Ich wunderte mich immer wieder, was für eine eigentümlich würdevolle, fast feierliche Vorstellung sie von einem Dichter hatte und wie hartnäckig sie sich abmühte, mir die gleiche Auffassung beizubringen. Ihre Vorstellung beherrschte übrigens den überwiegenden Teil der damaligen studierenden Jugend. Insbesondere die deutsch-jüdische hing mit hingerissener Ehrfurcht an Vorbildern wie Stefan George, Rilke, Hofmannsthal, an Carossa, Albrecht Schäffer und Erwin Guido Kolbenheyer. Mir galten nur Rilke und Hofmannsthal etwas, im Grunde genommen aber blieb mir das überbetont Ästhetische und Esoterische immer fremd und meist sogar lächerlich. Es war unnatürlich, es war sozusagen zur schönklingenden, tiefsinnig scheinenden Phrase gesteigert. Ich erinnere mich – um das, was ich meine, deutlicher zu machen – an eine Einladung des bekannten Münchner Psychiaters Wilhelm Meier und seiner kunstsinnigen Frau Elisabeth, die sehr darauf erpicht waren, immer wieder neue Prominente bei sich zu haben. Es las dort an einem Abend der gerade in Schwung kommende Dichter Albrecht Schäffer seine *Attische Dämmerung*. Breit auslaufende, an klassische Muster und George erinnernde, etwas heidnisch mystifizierte Verse waren das, die der Dichter noch dazu absichtlich getragen und eintönig vortrug. Für mich war das todlangweilig, und als ich den neben mir sitzenden alten Andersen-Nexö, der damals am Bodensee lebte und nur manchmal nach München kam, ansah, bekam ich fast Mitleid mit ihm; und zugleich empörte ich mich, daß man ihm, der zwar sehr gut Deutsch verstand, aber doch solch komplizierten Sätzen kaum folgen konnte, so etwas zumutete. Endlich gab es den üblichen Höflichkeitsbeifall und ein fühlbares Aufatmen. Nexö und ich gingen hinaus, um Wasser zu lassen. Im Gang fragte ich, wie ihm die Gedichte gefallen hätten, und er schüttelte seinen großen derben Glatzkopf mit den seitlich ausstrahlenden grauen Haaren: »Nicht praktisch. Zu lange Sachen. Nicht praktisch.« Ich nickte zustimmend. Er traf genau das, was mir auf der Zunge lag.

Wie alle intelligenten Frauen hatte auch Mirjam die Illusion, mich im Lauf der Zeit umerziehen zu können. In mancher Beziehung gelang ihr das auch. Ich war auf dem besten Weg, ein satter, zufriedener Pantoffelheld zu werden. Leider aber machte meine fast an Süchtigkeit grenzende Lust, immer wieder neue Streiche zu ersinnen, alle Resultate ihrer Erziehungskunst zunichte. Sie nahm meine Narreteien, mein Saufen und mein Nachhausekommen bei Tagesanbruch in der Faschingszeit ruhig hin und war nur wirklich erzürnt, wenn Freunde sie mitten in der Nacht aus dem Bett holten, weil sie wußten, daß nur *sie* imstande war, mein wüstes Herumtoben auf einem Fest einzudämmen. Das gelang ihr auch immer halbwegs. Ich hockte mit ihr und den Freunden abseits an einem Tisch, wurde zurechtgeschimpft und tat sehr demütig. Schuldbewußt glotzte ich sie an, versuchte, ihre Hand zu streicheln und sie umarmend zu küssen, doch sie stieß mich grob zurück und zischte angeekelt: »Pfui Teufel, bleib bloß weg, du Ekel, du!« Betreten standen die Freunde da und machten scheinheilige Gesichter. Schließlich wurde mir dieses fortwährende Zurechtweisen zu dumm, und wütend donnerte ich drauflos: »Ja, Himmelherrgottsakrament, bin ich ein beschissenes Baby? Was quatscht ihr denn alle so blödsinnig in mich hinein? – Ich brauch' das einfach! Ich muß das haben, fertig! – Sonst halt' ich die ganze Scheiße nicht aus! Laßt mich in Ruh! Ich weiß, was ich bin und was ich brauch'.« Und damit schnellte ich auf und verschwand im Gewühl der Tanzenden. *Was* ich nicht aushielt, war mir nie klar. Solche Aufwallungen waren zum Teil Berechnung, zum Teil Wut über meinen Zustand. Ich provozierte, wo gar nichts zu provozieren war. Ich stieß Menschen, die mich gern mochten, und Menschen, die mir unsympathisch waren, grundlos vor den Kopf und machte sie zu meinen Feinden. –

Der stadtbekannte Buchhändler Steinicke, Freund aller aufstrebenden Talente und berühmten Dichter, hielt seit einigen Jahren im geräumigen Vortragssaal seiner Buchhandlung im Fasching fidele »Nachtwandlerfeste« ab und bekam sehr bald starken Zulauf. Ich war mit »Papa Steinicke« schon lange befreundet und verlagerte nun meine Stimmungsmacherei in seine Feste. Maler und sonstige Künstler sah man dort wenig. Hier sammelte sich die Literatur. Sie lag mir näher. Wie gewohnt, rannte ich auch hier, mit meiner Flasche unter dem Arm, im Getümmel der Tanzenden herum und schrie von Zeit zu Zeit mein anfeuerndes: »Mehr Erotik, bitte! Mehr Sexualität, die Herrschaften! Eng aneinander und Bewegung, Bewegung, Bewegung !!!« Schmetternd überschrie ich allen Lärm. Alles lachte darüber, und keine Frechheit gegenüber Damen wurde mir verübelt! »Großartige Vitalität!« hörte ich einmal Tanzende sagen und dachte abgebrüht: Das gibt dir Kredit in allem.

Oben auf der Balustrade an einem Prominententisch saßen Max Halbe, die *Simpl*-Wirtin Kathi Kobus und Ricarda Huch. Ein grotesker Anblick: Kathi, die bei solchen Gelegenheiten »große Toilette« von ungefähr 1900 trug, sah aus wie eine strotzend farbige, mit dickem Schmuck behangene Frauenfigur von Goya: fett, faltig, fleischig, gewissermaßen gewalttätig prunkend. Zu ihr paßte der ostpreußisch massiv gebaute, gedrungen beleibte Halbe mit seinem weinroten Mopsgesicht ausgezeichnet. Komischerweise aber standen Kathi und Ricarda einander viel näher. Es sah aus, als wären sie nahe Verwandte, die zusammen ein Fest besuchten, trotz des drastischen Unterschieds in Erscheinung und Kleidung. Ricarda Huch erinnerte stets an eine schlanke, hochgewachsene, vornehme, etwas steife Adlige aus der Bismarckzeit. Sie konnte auch eine ausgetrocknete, sehr zugeknöpfte, altgewordene Leiterin eines Mädcheninternats sein, was besonders dadurch betont wurde, daß sie immer ein uraltmodisches Stäbchenkragenkleid trug. Ihr altes, auffallend hängebackiges, ungewöhnlich häßliches Gesicht mit den hochgekämmten wirren weißen Haaren war ebenso weingerötet wie das von Halbe, aber es zeigte alle Zerstörungen, die der unbarmherzige Geist eben in einem solchen Gesicht anrichtet. Nur mitten in dieser vieldurchfurchten Gesichtslandschaft schwammen zwei große, leicht wässerige Augen, die wahrscheinlich kein Mensch, der je in sie geschaut hat, wieder vergessen konnte.

Von Zeit zu Zeit kam ich auch, fast wie der Wirt des Lokals, lustig dahertorkelnd, an so einen Tisch und unterhielt mich leger mit den um ihn sitzenden Gästen, hob meine Weinflasche und prostete ihnen zu. Das ärgerte Kathi Kobus jedesmal. Sie hatte es überhaupt nicht gern, wenn ich an ihren Tisch kam, wehrte ziemlich unfreundlich ab und war immer ängstlich besorgt, daß ihre Toilette nicht in Unordnung geriet.

»Oskar, sauf nicht soviel!« fing sie zu schimpfen an: »Mach keinen solchen Spektakel, das gehört sich nicht –! Wennst du dich so benimmst, da wirst du nie berühmt! – Du hast überhaupt keine Art und Manier! Schäm dich, vor so einer berühmten Dame wie der Ricarda Huch aus der Flasche zu saufen! Geh –! Geh zu, geh! Abscheulich bist du, ganz abscheulich!« Sie schaute dabei auf die lächelnde Huch, aber die verzog nur ihren breitlippigen Mund und sagte: »Aber Kathi, das gehört doch zu ihm! Er ist doch ein Bär! – Das Berühmtsein kommt ganz von selber, dagegen kann man nichts machen.«

Das enttäuschte Kathi und noch verfinsterter benzte sie: »Der – und berühmt? – Der wird's höchstens einmal vom Saufen!«

Und wiederum sagte die unvergeßliche Ricarda Huch: »Besser so als anders, Kathi! – Berühmtsein ist doch so fad! Das ganze Privatleben geht dabei flöten.« –

Der liebe »Papa Steinicke«! Wie unbeirrt war er mir auf seinen Festen zu jeder Zeit Schutz und Schirm und bewahrte mich vor den gefährlichsten Dummheiten! Beinahe brüderlich bewegt wurde ich stets im Exil, wenn mir Freunde berichteten, wie tapfer er sich gegenüber den braunen Machthabern benahm. –

Einmal zog ich ein rundliches Mädchen in den Garderobenraum, nahm sie auf meinen Schoß und war schon am Anfang, als sich plötzlich die hängenden Mäntel vor uns teilten. »Du Biest, du!« plärrte ein Mensch in einem Seeräuberkostüm, hieb der Schönen mit aller Gewalt eine Ohrfeige ins Gesicht und riß sie von meinem Schoß. Wutübermannt packte ich den Sessel und stülpte ihn mit solcher Wucht dem Burschen auf den Kopf, daß das dünne Sitzgeflecht durchriß. Panisch erschreckt, jagte der Mensch weg, den Sessel auf sich.

»Und du, schau doch auch gleich, daß du zum Teufel kommst, wenn du so einen eifersüchtigen Tölpel auf ein Faschingsfest bringst!« brüllte ich das verdutzte Mädchen an und ging. Ich sah, wie mein Gegner auf Steinicke zurannte, wahrscheinlich um sich zu beschweren. Auch das Mädchen lief jetzt hinter ihm her. Der Mann hatte immer noch den durchgerissenen Sessel auf sich, alles rund um ihn lachte. »Boris! Boris! Nimm ihn doch ab, Boris!« schrie sie. Er tat es, drehte sich um und hieb erneut auf sie ein. Sein Hinauswurf ließ ihm keine Zeit, sich beim Papa zu beschweren, und als diejenigen, die sich helfend dem weinenden Mädchen zuwandten, von dem Geschehenen erfuhren, verlachten alle ihren vertriebenen humorlosen Liebhaber. Einige lobten mich sogar: »Oskar, grad recht, daß du den Leimsieder vertrieben hast.«

Der Maler Max Oppenheimer, Mopp genannt, verirrte sich einmal zu Steinicke. Ich kannte ihn nicht, schätzte aber seine Bilder und Porträtzeichnungen berühmter Dichter in der Berliner *Aktion* sehr. Mopp war offenbar Nichttänzer und, abseits stehend, nur von der Vielfarbigkeit des bunten Festwirbels fasziniert. Doch so etwas ging mir als Stimmungseinpeitscher gegen den Strich. »Was? Was stehst du denn so blöd da, du geiler Bock! Los, los, tanzen, los!« brüllte ich und wollte ihn ins Gemenge der Tanzenden stoßen. Der schmale, längliche Mensch mit dem zerfurchten Gesicht, das mit den bekannten Porträts Voltaires einige Ähnlichkeit hatte, fauchte mich wütend an und stieß mich weg: »Was erlauben Sie sich, Sie Flegel, Sie! Lassen Sie mich gefälligst in Ruhe!« Ich lachte schmetternd, als er nach dem »Wirt« verlangte, um sich meine Zudringlichkeiten zu verbitten: »Was –? Den Wirt –? Ja, Mensch, wo kommst du denn her? Den Wirt will er, den Wirt, hahahaha!« Er merkte, daß mein krachendes Lachen von den Vorbeitanzenden aufgenommen wurde, und machte sich auf und davon. Gut fünfzehn Jahre später traf ich ihn in New York bei Raffael Busoni, dem Sohn des Musikers. Ich erinnerte ihn an unseren Münchner Zusammenstoß. Er hatte ihn längst vergessen. »Mann«, sagte ich, »wenn ich damals gewußt hätte, wer Sie sind, hätt' ich mich sicher kulant verbeugt –. Ich bin Ihnen doch schon lang vorher dankbar gewesen, wissen Sie. Sehr sogar, sehr –«

»So? – Erfreulich, daß Sie meine Bilder gern haben«, sagte er. Das stimmte schon, jaja, aber: »Ihre großartige Übersetzung der Rede Victor Hugos zum hundertsten Todestag Voltaires, die kann ich heut' noch fast ganz auswendig«, sagte ich.

»Soso, die kennen Sie auch? Die hab' ich nur mal so nebenher für Pfemfert übersetzt. Sie stand ja, wie Sie wissen, dann in der *Aktion* –«, meinte er und war wahrscheinlich enttäuscht, daß ich weiter nichts über seine Bilder sagte. Er sah alt und vergrämt aus. Es ging ihm materiell schlecht. Die Amerikaner schwärmten für Klee und die Abstrakten, er aber war hinreißend gegenständlich. Man verliert sich in New York rasch aus den Augen. Als ich mich bei Raffael nach einem halben Jahr über Mopp erkundigte, erfuhr ich, daß er drei Wochen zuvor gestorben sei. –

Mit Menschen, mit denen ich oft nur flüchtig peinlich oder grob zusammengestoßen war, erging es mir manchmal recht seltsam. Irgendwann stieß ich viel später unter ganz anderen Umständen wieder auf sie. Den eifersüchtigen Liebhaber, dem ich auf dem »Nachtwandlerfest« den Stuhl auf den Kopf gesetzt hatte, lernte ich nach langen Jahren bei der Eröffnung eines Schauspielerlokals im Berliner Lessingtheater, zu der mich Hans Reiser, der Dichter des schönen Vagabundenromans *Binscham* eingeladen hatte, als den russischen Maler Oschoroff kennen. Freilich lief dieses Bekanntwerden wenn auch harmlos, so doch arg blutig aus. Ich kam von einer Einladung bei feinen Leuten, angetan mit schwarzem Anzug und weißem Hemd, ziemlich spät in das besagte Lokal, das sich im Keller des Lessingtheaters befand, und war sehr enttäuscht, denn Reiser hatte mir von einer großartigen Festivität erzählt. Statt dessen saßen in dem schmalen, langen, ungemütlichen Raum nur Reiser mit einem Tisch voll seiner Freunde und tranken ihr Bier. Das verstimmte mich, wenn mich auch die Runde laut und jubelnd empfing. Reiser jedoch sagte, die Hauptgäste kämen erst später. Ich nahm Platz, und alle taten wie altbekannt und behandelten mich sozusagen als »bayrischen Seppl« und urgewaltigen Säufer, was den Wirt veranlaßte, mir sogleich humpenweise Bier hinzustellen. Ich war durstig und trank dementsprechend, und da Reiser wahrhaft phantastische Dinge darüber erzählte, was ich an Bier und Alkohol vertragen konnte, lachten alle und wurden lauter und lustiger. Jeder versuchte beim Trinken mitzuhalten und mir unentwegt zuzuprosten. Mir wurde heiß und zu eng in meinem steifen Schwarz. Ich zog mein Jackett aus und hing es an die Wand, stülpte meine Hemdsärmel auf und setzte mich wieder. Das hob die stumpfsinnige Heiterkeit erst recht, und als ich nun aufstand und Reiser anpolterte: »Na, weißt du, Fest hast du gesagt ... Das ist ja nicht einmal ein Kutscherstammtisch, das ist doch die vollendete Scheiße, Hans!«, da lief Oschoroff mit erhobenem Glas auf mich zu, gab sich zu erkennen und erinnerte an die Steinicke-Feste in München und stieß kräftig an meinen gläsernen Humpen. Auf einmal wußte ich, wer er war, und erzählte hohnlachend die Geschichte mit dem Stuhlaufsetzen. Grob und grimmig verspottete ich den kleinen Mann, aber – nichts zu machen, er fand das einfach großartig und ging mir nicht mehr vom Leibe. Er nahm mich völlig in Beschlag, wich nicht mehr von mir, ob ich nun dahockte oder zur Theke um einen neuen Humpen ging, prostete mir immer zu und war nicht mehr loszubringen. Da stieß ich meinen gläsernen Humpen so wuchtig an sein Glas, daß es Scherben gab und wir uns beide die Finger zerschnitten, was er nicht im mindesten verübelte, im Gegenteil, in seiner Besoffenheit lallte er in mich hinein und tappte mit seinen blutigen Fingern fortwährend nach mir. Im Nu sah ich in meinem weißen Hemd wie ein Metzger aus.

»Ja, Himmelherrgottsakrament, jetzt verschwind aber, du Idiot!« brüllte ich und stieß ihn weg. Gestrecktlängs fiel er hin und kotzte ekelhaft. Das war dem Wirt zuviel. Reiser und einige Kumpane wischten ihn ab und brachten ihn zur Tür hinaus. »Gott sei Dank!« sagte ich. »Wenn der noch länger so fortgemacht hätte, wär' ich ganz ungemütlich worden!« Das stellte die gute Stimmung wieder her, insbesondere schon deswegen, weil mir der Wirt eine große weiße Schürze umband und ich nun als Wirt fungierte. Kurz darauf ging die Tür auf und herein kamen ungefähr ein Dutzend eleganter älterer Herren in Abendmänteln und teilweise sogar mit Zylindern.

»Wer ist denn das?« fragte ich Reiser.

»Die? – Die sind vom Gericht«, sagte der geschwind, und sogleich ging ich wirtsmäßig breit und leger grüßend auf sie zu. »Guten Abend, die Herrschaften! – Schweren Tag hinter sich, ja? – Bitte, hier! Der Extratisch ist reserviert für Sie, bitte, Platz nehmen, die Herren.« Auf meinen Wink kam der Wirt, der nun die Kellnerrolle spielte, und nahm die Bestellungen auf. Ich aber setzte mich kulant lachend an den Tisch dieser neuen Gäste und begann die netteste Unterhaltung, die man sich denken kann.

»Na, Herr Obergerichtsrat, wieder eine Hinrichtung hinter sich gebracht, was? Harte Pflichten, das, aber was sein muß, muß eben sein, nicht wahr?« drang ich in einen stichelhaarigen Graukopf: »Vivat Justitia!« Ich hob meinen Humpen und trank dem glattrasierten, faltigen Siebziger zu. Einige lachten amüsiert, und gleich redete ich weiter, indem ich aufgemuntert in die Runde schaute: »Ja, meine Herren, ich kann mir vorstellen, daß Sie nach so einer Exekution Entspannung brauchen, auf Ihr Wohl, wenn ich bitten darf! – Kein beneidenswerter Beruf, den Sie sich da ausgesucht haben. – So eine Hinrichtung? Schön ist anders, ganz gewiß. – Und sicher waren Sie alle pflichtmäßig dabei, nehm' ich an. – Bei so altgedienten Herren wie bei Ihnen, Herr Obergerichtsrat, und bei Ihnen, Herr Staatsanwalt, da nimmt man so was ja mit der Zeit schon mehr routinemäßig, da gewöhnt man sich dran, aber für Sie, Herr Referendar« – ich wandte mich an einen kleinen ziemlich jungen Herrn –, »da heißt's noch, Nerven behalten, aber das gibt sich, das gibt sich sicher beim zweiten und dritten Mal, denk' ich ...«

In dem Augenblick aber sah mich ein schlanker Mann mit Einglas, der mir gegenüber am runden Tisch saß, leicht lächelnd an und sagte: »Du hast mir einmal ein Spanferkel zu teuer verkauft, Mann Gottes!« Er bot sein ganzes Gesicht, und ich erkannte ihn plötzlich, ich erinnerte mich – es war jener Mensch, der mich seinerzeit in München bei jener Dame in der Isabellastraße, dieser sinnverwirrenden Dame, welcher ich in der total verknappten Kriegszeit ein Spanferkel verkaufte, am Ausbruch meiner Vergewaltigungslust gehindert hatte.

Er streckte mir über den Tisch weg lachend die Hand entgegen: »Walter von Hollander. – Wissen Sie noch, ja?«

Ich war perplex. »Ja, Mensch, ja, Mann? Sie waren das!« rief ich, ihm die Hand drückend, und fragte: »Ja, wer sind denn die Herrn da alle? Nicht vom Gericht?«

»Nein, Kollegen. – Vom PEN-Club!«

Krachend lachte ich auf, und alle fielen ermuntert ein. Im allgemeinen Händedrücken und Vorstellen verstand ich die meisten Namen nicht, nur daß der vermeintliche Obergerichtsrat neben mir der vielgelesene Paul Oskar Höcker, der weitbekannte Verfasser überpatriotischer Weltkriegsromane, und sein Nebenmann der faßdicke, eben preisgekrönte Schwarzwälder Heimatdichter Hans Eris Busse war, blieb mir mit einigen anderen Namen haften. Ihn hatte ich zum »Staatsanwalt« gemacht, und den kleinen Lutz Weltmann vom Ullsteinverlag zum Referendar!

»Großartig! Großartig, da bin ich ja in der besten Gesellschaft!« schrie ich in die Lachenden und legte meinen Arm um die Schultern Höckers: »Großvater Blöm, daß ich das noch erleben darf, großartig!« Aber der Herr Höcker hatte meine Zuneigungsbezeigung durchaus nicht gern.

»Gehn Sie weg! – Bleiben Sie mir bloß vom Leib, bitte!

Sie machen mir ja den ganzen Anzug blutig!« fauchte er mich giftig an, aber ich war schon im Zug der Fidelitas, und schmetternd rief ich: »Was? Blutig? – In Ihren Kriegsromanen strotzt es doch grad so von blutigen Metzeleien! – Was haben Sie denn auf einmal gegen mein bissl Blut? – Ich hab' immer gemeint, Sie brauchen so Blutrünstigkeiten, sonst fällt Ihnen nichts ein! ... Großartig, Ihre Bajonettangriffe –«

»Gehn Sie doch weg mit Ihrem verschmierten Hemd! – Lassen Sie mich endlich in Ruh!« keifte er mich an und stand auf: »Meine Herren, da ist's besser, wir wechseln das Lokal!« Empört verließen er und noch einige Zylinderherren das Lokal. Nur der dicke Dichter Busse, Hollander, Lutz Weltmann und der Ford-Übersetzer Thesing blieben und lachten, als ich den Davongehenden nachschrie: »Gute Nacht, die Herren! Nichts für ungut! Auf Wiedersehn im nächsten Krieg!« Den Humpen in der Hand, wankend stand ich da, sah auf die vier und rief: »Die Wilhelminer sind weg, wir dürfen wieder demokratisch sein.« Lustig schrie ich Reiser und den Seinen zu: »Hanse, geh her zu uns! Her da, meine Lieben, die Herren wünschen sich ins Volk zu mischen!« Es wurde urfidel. Schließlich, da der Wirt nichts zu essen hatte, gingen wir über die Straße ins nächstbeste Stehbierlokal und gerieten dabei in die Hochzeitsgesellschaft eines Taxichauffeurs, die zuerst etwas verschreckt auf mich Blutbesudelten schaute, aber im Handumdrehen lustig wurde, als Reiser sie aufklärte. Ein heftiges, brüderliches Zutrinken begann, daß ich gar nicht zum Essen kam, und – auf einmal wußte ich für eine Weile nichts mehr. Ich wachte erst wieder auf und kam halbwegs zu mir, als ich mit Busse, Weltmann und Reiser in einem dunklen Taxi saß. Wir landeten vor dem Künstlerlokal *Schwanecke*, in das man zu so später Zeit nur noch durch den Hausgang kam. Ein Wunder, daß uns der liebe Einlasser und Raußschmeißer Johnny, mit dem ich gut Freund war, einließ. Den Schock, den ich als um und um blutbesudelter Hemdsärmeliger hervorrief, kann man sich leicht vorstellen, insonderheit schon deswegen, weil diesmal die ganze Prominenz vom großen Filmball in den nahen *Kaisersälen am Zoo* – große Toiletten und Smokings mit steifen Hemdbrüsten – das Lokal bis auf den letzten Platz füllte, doch ich ließ den Herrschaften gar keine Zeit, sich zu erfangen, und brüllte sogleich drauflos: »Platz da, bitte, Platz für Champagnergäste! – Entschuldigen Sie, meine Damen, keine Angst, ich bin kein Raub- oder Lustmörder, hab' mich bloß beim vielen Zuprosten ein bissl geschnitten. – Platz, bitte, Platz und her mit Champagner! Hier, der preisgekrönte Dichter Busse zahlt alles! – Bloß eine kleine harmlose Feier, bitte!« Und – komisch – im Nu wurde ein Tisch für uns freigemacht, alles schaute nach uns und fand sich in die Fidelität. Es war auch so, Busse bestellte Champagner und noch Champagner, und – wie das bei einem Dauersuff stets der Fall ist – sonderbarerweise machte mich der wieder ungemein leicht und noch ausgelassener lustig. Offenbar empfand man das als kuriose Abwechslung, und da Johnny überall rasch erzählt hatte, wer ich sei, hinderte mich niemand, als ich jetzt von Tisch zu Tisch torkelte, ab und zu über den nackten Rücken einer Dame strich und ihr eine dickaufgetragene Schmeichelei über ihre Schönheit sagte. »Oh, sehn Sie das denn noch?« sagte sogar eine davon, bei der man merkte, was sie für einen Aufwand an Kosmetik betrieben hatte, um jugendlich auszusehen. »Oja meine Dame, das sagt mir mein sechster Sinn«, antwortete ich allereinnehmendst. Alles lachte. Wieder am Tisch sitzend, fiel mir ein ungewöhnlich dicker Mann auf, der auch mich schon eine Weile amüsiert musterte.

»Wer ist denn das?« fragte ich Reiser, und der sagte nur: »Der George.«

»Was? Der George? – Großartig!« rief ich begeistert, und war schon am Tisch des Dicken: »Was für ein Glück für mich! – Sie sind wirklich Stefan George, unser größter Dichter, wirklich?«

»Stimmt«, nickte der, und sogleich fing ich begeistert zu zitieren an: »Dies sind die Wiesen von geblumtem Samt / Gesang der Schnitter, die die Sensen dengeln / Dir ruft die Erde zu, der du entstammt ...« Alle am Tisch grinsten seltsam, eine Dame quietschte hellauf, aber ich wandte kein Aug' vom Dicken und redete eindringlich weiter: »Aber, entschuldigen Sie, bitte – ich kenn' doch von früher her ganz andere Bilder von Ihnen. – Macht denn die Lyrik wirklich so dick, so dick?«

Da schrie Reiser mitten ins Gelächter der Tischrunde: »Aber, Oskare, das is doch net der Dichter. – Das is doch der Schauspieler George! – Heinrich George!« Das verdarb mir den ganzen schönen Spaß, und mich blitzschnell auf gut gespielte Enttäuschung umstellend rief ich wie bedauernd: »Was, Schauspieler? – Ein Schauspieler sind Sie?«

»Ja, aber unser größter«, sagte die Dame, und aus dem spöttischen Kopfschütteln und Lachen der Herumstehenden verstand ich: »Eine Nummer das! Ein Unikum! – Hinterwald, absoluter Hinterwald!«

»Schauspieler? – Sie entschuldigen schon, Herr George, wissen S', ich bin von der Provinz, von Bayern, net wahr«, tat ich treuherzig betroffen: »Nichts für ungut, net wahr ...« So glaubhaft wirkte das, daß alle nur hellauf lachend losbrachen: »Bayern! – Bayern, das merkt man!« Und als ich nun schwankend aufstand und George mit einer nochmaligen Entschuldigung die Hand drückte, um an unseren Tisch zurückzugehen, nötigte man mich zu bleiben und winkte meine Begleiter herbei, und Busse bestellte Champagner und wieder Champagner. Er hatte den Schünemannpreis bekommen und seinen Roman an die Berliner Buchgemeinde verkauft. Nie hätte ich diesem biederen Schwarzwälder, der in seinem altmodischen Pelerinenlodenmantel und dem breitrandigen Schlapphut wie ein Landpfarrer aussah, so eine Großzügigkeit zugetraut. Hunderte mußte die Zeche ausgemacht haben. Da sage noch jemand etwas gegen die berechnenden schwäbischen Pfennigfuchser!

Ich weiß von dieser Nacht nur noch, daß mich Lutz Weltmann im Taxi in die Bachstraße zu Mirjams Stiefvater – ihre Mutter war damals schon tot – gebracht hatte. Von Busse erfuhr ich, daß er zu seinem Taxichauffeur nur immerzu »Buchgemeinde« gesagt hatte, immer nur »bitte, Buchgemeinde«. Der Chauffeur ging schließlich in eine Telefonzelle, fand deren Adresse und leerte den mächtigen Trinker auf der Treppe des Bürogebäudes, in welchem sich die Buchgemeinde befand, ab, und dort fanden ihn die ihre Büros aufsuchenden Leute in der Frühe. Mir dagegen ging es viel schlimmer. Als ich in meinem Zimmer war, merkte ich, daß ich kein Jackett mehr hatte, und sah mich mit meinem blutbesudelten Hemd im Spiegel. Unglückseligerweise hatte ich meinen Koffer mit all meinen Sachen bei Herzfelde gelassen und nun nichts zum Wechseln. In meiner Verlegenheit fing ich an, das Blut von meinem Hemd mit dem Waschlappen wegzuputzen, und machte nur alles noch ärger. Das Blutrot schlug durch und färbte auch auf meine Unterwäsche ab. Zu stark alkoholisiert, warf ich alles hin und legte mich erschöpft ins Bett, aber als Mirjams Stiefvater zum Frühstück klopfte, merkte ich zu meinem Entsetzen, daß ich auch das Bett rot besudelt hatte, versuchte in der Eile alles mit dem nassen Lappen zu reinigen, und es erging mir wie mit dem Hemd. Es war peinlich, es war zum Auswachsen, zweimal schon hatte mein Gastgeber mahnend geklopft, und nun rief er schon wieder: »Na, junger Mann, zu tief in die Kanne geschaut, was? Kommen Sie schon bald?«

»Jajaja, gleich, gleich bin ich fertig!« antwortete ich verdattert. Nackt stand ich da hinter der Tür, naß war mein besudeltes Hemd, naß die Unterwäsche und verschmiert das Bett. Ich verwünschte Reiser, mein unsinniges Saufen, und wahre Mordlust erfüllte mich, wenn ich an diesen aufdringlichen Oschoroff dachte, das ganze Berlin war mir grundzuwider. Aber es half nichts. Als es abermals klopfte, machte ich die Tür auf, und der gute Herr Kohn wußte im Augenblick gar nicht, wie er dreinschauen sollte. Alles andere als einen verstörten, schlotternden, nackten Mann hatte er erwartet.

»Entschuldigen Sie, bitte, entschuldigen Sie, mir ist was Saudummes passiert«, redete ich in seine Sprachlosigkeit hinein und wollte beichten.

»Zuerst einmal – verkälten Sie sich nicht, ich bring Ihnen meinen Bademantel«, unterbrach er mich, lief weg und kam damit. Rasch schlüpfte ich hinein – und er platzte aus allen Nähten. Er schüttelte nur noch den Graukopf und brachte eine Wolldecke. Ich erzählte schuldbewußt, und er staunte immer mehr.

»Und so sind Sie weg? Ohne Jackett? Im blutigen Hemd durch alle Lokale? – Und Ihr Jackett hängt immer noch im Lokal im Lessingtheater? – Da wird nichts zu machen sein, die öffnen sicher erst abends. – Wissen Sie denn, wie der Wirt heißt? Kennen Sie ihn?« fing er zu fragen an. »Nein«, immer nur »nein« antwortete ich. Ich bat ihn, Wieland anzurufen, er sollte meinen Koffer herschicken lassen. Keine Antwort. Nach zehn Anrufen immer noch keine Antwort. Später erfuhr ich, sie waren zu Grosz gegangen. Die Sache wurde bedenklich. Auch der besonnene, geduldige Herr Kohn wurde nach und nach leicht ärgerlich. Ratlos hockten wir eine Weile da, endlich – ein Vivat auf die Berliner Findigkeit! – nach langem Herumsuchen und Telefonieren erreichte er den Wirt vom Lessingtheater in seiner Wohnung, holte ihn im Taxi ab und kam nach ungefähr einer guten Stunde mit meinem Jackett zurück, aber immer noch mußte ich bis neun Uhr abends – angetan mit einem viel zu kleinen Hemd des lieben Gastgebers, das wir einfach im Rücken auseinandergeschnitten hatten – warten, ehe Wieland heimkam. Er brachte meinen Koffer, ich zog mich um, wir fuhren zu ihm.

»Ich muß schon sagen, ein schwieriger Logisgast sind Sie, mein Lieber«, sagte Herr Kohn süßsauer beim Abschied: »Hoffentlich kommen Sie ganz nach München zurück.« Und er ließ Mirjam grüßen. Kavalier, der er war, schrieb er kein Wort über diese Vorgänge an sie, und sicher nahm er es sehr übel, daß ich ihr davon erzählte, denn als sie in einem Brief an ihn Andeutungen darüber machte, antwortete er ziemlich verstimmt: »Deinem Herrn Freund kannst Du neben entsprechenden Grüßen von mir sagen, es gibt eine gewisse Fairneß unter Männern, von der er offenbar noch nie etwas vernommen hat.« So, da hatte ich es. Immer noch erschauere ich leicht, wenn ich an die unbeschreibliche, ratlose Peinlichkeit denke, in welcher wir uns beide damals – nicht etwa nur ganz kurz, sondern stundenlang – befunden hatten. Und: Zur Hölle mit allen Oschoroffs! Es scheint deren zu viele zu geben, wenn sie auch nicht immer den gleichen Namen haben. –

Es tut mir aufrichtig leid, daß ich in meiner fast manischen Mitteilsamkeit immer wieder auf so ausgedehnte Abschweifungen verfalle, die den geregelten Fluß und die zeitliche Folgerichtigkeit der Erzählung zuweilen etwas verwirren, aber ich komme mir bei der Niederschrift dieser Erinnerungen oft wie ein kundenbeflissener Spezereiwarenhändler vor, der sich stets an die freundliche Devise hält: »Für jeden etwas.«

Nun aber, wie die prachtvolle Heldin des sexuell unübertroffenen Meisterromans *Josefine Mutzenbacher* nach jedem vollausgeschöpften Sinnenakt zu sagen pflegt, »nun aber Schluß mit Genuß!« und wieder zurück in die guten Jahre 1926 bis 1928, zu den fröhlichen »Nachtwandlerfesten« und unserem fast ausgeglichenen Münchner Leben.

Eigentümlich, jetzt, da es mir gutging, fielen mir in einem fort Späße ein, Späße, die meistens darauf hinausliefen, einen Freund, einen Feind oder die bierernste Öffentlichkeit zum Narren zu halten, auf bayrisch, sie zu »frozzeln«. Wie auf Tanzfesten und Saufereien plötzlich eine Gereiztheit über meine zunehmende Zerfahrenheit bei mir einsetzte, so erging es mir jetzt auch im nüchternen Zustand. Eine neurasthenische Angst vor dem Stillstand geisterte in mir herum. Auffallend – da wir doch kaum noch Existenzsorgen hatten! Die Zeit war normal, die Wirtschaft intakt, das Geld stabil geworden. Das Leben hatte wieder einen privateren Zug angenommen. Das Familiäre, das Nachbarliche dominierte in dieser wohlhäbigen Atmosphäre, und die häuslichen, die lokalen, die zivil-gesellschaftlichen und religiös-traditionellen Angelegenheiten wie Weihnachten und Ostern, die Einweihung einer Turnhalle oder Kirche, eine hauptstädtische Gewerbeschau oder das Oktoberfest beschäftigten die Leute vollauf.

Politik –? O gewiß, aus den Zeitungen erfuhr man allerhand: In Italien stabilisierte sich der Faschismus; der Mord an dem Sozialistenführer Mateotti veranlaßte die Linkspresse zu dickletterigen Überschriften und die Sozialistische Internationale zu einem Protest; ohne international daran gehindert zu werden, annektierte Mussolini Fiume und verstaatlichte seine faschistische Miliz. In Sowjetrußland kam nach Lenins Tod nach einigem Hin und Her ein gewisser Stalin ans Ruder, und die wohlbekannten Namen Trotzki, Radek, Bucharin und Joffe las man immer seltener. Bei uns wurde nach dem Ableben des biederen Sozialdemokraten Friedrich Ebert der kaiserliche Feldmarschall von Hindenburg zum Reichspräsidenten gewählt, und was die linken Zeitungen Tag für Tag über die »Liquidierung der Weimarer Verfassung« schrieben, ließ die meisten gleichgültig gegenüber diesen Gefahren. Für sie ging alles unverändert weiter. Ihnen schienen die Sozialdemokraten weit solider und vernünftiger zu sein, wenn sie vor diesen »kommunistischen Übertreibungen« warnten und allen radikalen Aufforderungen gelassen entgegentraten nach dem Motto: »Genossen und Genossinnen, laßt euch nicht provozieren! Haltet Parteidisziplin!«

Doch wer, außer den aktiven Parteimitgliedern, wurde davon sonderlich berührt? Obschon in letzter Zeit mehrere Reichstagswahlen stattfanden und nach dem deutschnationalen Reichskanzler Luther der Zentrumsmann Marx und endlich der Sozialdemokrat Hermann Müller mit seiner »Regierung der großen Koalition« folgte, blieb die breite Öffentlichkeit davon unberührt. In diesen wirtschaftlich prosperierenden Jahren verwandelte sich die Bevölkerung langsam in ein völlig politikfeindliches Publikum, das nur noch auf das Aktuelle reagierte, wie es Presse und Illustrierte publik machten. Millionen Sportler verfielen in eine stark nationalistische Begeisterung über die beiden Durchschwimmer des Ärmelkanals Gertrud Ederle und Ernst Vierkötter, und die Nationalsozialisten übernahmen die deutschen Triumphe sofort in ihre Propaganda.

Papst Pius XI. eröffnete das »Heilige Jahr«. Die Katholiken konnten das neueingeführte »Christkönigsfest« und die Heiligsprechung des Peter Canisius feiern.

Und wir? Die Leute von der Literatur und Kunst, die Intellektuellen? Während die breite Leserschaft der vielumstrittenen Biographie *Wilhelm II.* von Emil Ludwig zu einer Riesenauflage verhalf, erhitzten wir uns in Diskussionen über Thomas Manns *Zauberberg* ebenso wie die

Maler über die letzten Bilder von Picasso und Braque. Namen wie Arnold Schönberg, Hindemith und Alban Berg tauchten in der Musikwelt auf. Die Berliner Reinhardt-Aufführungen wurden weltbekannt, und die Piscator-Premieren von Brecht-Stücken und russischen Revolutionsdramen erregten Aufsehen. Ein Ereignis ersten Ranges war für uns alle die Gründung der Zeitschrift *Die Literarische Welt* von Willy Haas.

Schön war es zu leben, und amüsant für unsereinen, originelle Scherze zu machen.

Am Anfang der Inflationszeit hatte eine vielbegehrte Schwabinger Schönheit am Ende der Kurfürsten- und Nordendstraße eine Künstlerkneipe *Die Boheme* eröffnet, die aber meist nur von Schiebern und anderem Gelichter frequentiert wurde. Sie hatte bald einen üblen Ruf, und kein Schwabinger verkehrte dort. Kurz vor Ende der Inflation verschwand die unternehmungslustige Dame unter Hinterlassung großer Schulden auf Nimmerwiedersehn. Jahrelang stand das Lokal leer da, bis ein fixer Geschäftsmann namens Hinternagel auf die Idee kam, einen exklusiv wirkenden *Boheme-Klub* zu gründen. Mitglieder werden konnten nur »reife Menschen beiderlei Geschlechtes, die Sinn für echtes Künstlertreiben« besaßen. Der Mann verstand sich auf Gimpelfang. Er veranstaltete keineswegs ein großes Eröffnungsfest – o nein, er verschickte so lange seine pompös gedruckten »vertraulichen« Informationsbriefe mit einer beigelegten Mitgliedskarte (Beitrag monatlich 30 Mark), bis sich die genügende Zahl lüsterner Bürgersfrauen, abenteuerlustiger Töchter aus besseren Häusern und sexuell zu kurz gekommener Junggesellen gemeldet hatte, so daß er dreimal wöchentlich im renovierten Klublokal intime Künstlerabende abhalten konnte. Er hatte großen Erfolg und hielt sich strikt an das Klubstatut. Trotz allen Zuredens und aller Grobheit hatten Schwabinger keinen Zutritt. Zwei riesige Torwächter ließen die Unerwünschten nicht hinein. Bald kam er ins Gerede, und wir brachten nur soviel heraus, daß bei den Klubabenden keineswegs die groß angekündigten internationalen Tänzerinnen, Sänger und Kabarettisten auftraten, sondern nur irgendwelche Vorstadtschönheiten, die pikante Entkleidungsszenen vorführten, wild aufgemachte Lautensänger und Rezitatoren à la Ringelnatz. Dazu gab es schmalzige Wiener Musik und Tanz, wobei unbekannte, schwabingerisch aufgemachte Burschen die Damen engagierten und für sexuellen Anreiz sorgten. Um aber seinen Gästen auch nach und nach ortsansässige Schwabinger »Original-Bohemiens« zu präsentieren, schickte mir Herr Hinternagel einen sehr höflichen, munteren Einladungsbrief mit den dicksten Schmeicheleien und dem Versprechen, daß mir ein entsprechender Empfang sicher sei, desgleichen »alles, was meine anerkannt gute Küche und mein reicher Keller bieten können«.

Fürwahr, verlockend genug. Am nächsten Klubabend gegen halb elf Uhr kam ich mit zehn Freunden – alle außer mir beweibt – vor die Tür der *Boheme* und hielt einem der mächtigen Torwächter meine Einladung hin.

»Bitt' schön, Herr Graf«, sagte der Mann und wandte sich zur Tür, doch als meine Begleiter nachdrängten, verstellte ihnen sein Kollege den Weg und verlangte auch ihre Einladungen. Es stockte.

»Einen Moment!« rief ich in diesem Augenblick energisch: »Es besteht da ein Mißverständnis. Herr Hinternagel hat Oskar Maria Graf eingeladen. Oskar Maria Graf aber ist keine Einzelperson. Oskar Maria Graf ist ein Begriff, ein Firmenname – verstehn Sie? – wie Persil oder Odol.« Die beiden Hünen glotzten verständnislos. Noch dringlicher fuhr ich fort: »Nein, nein, es ist kein Witz! Durchaus nicht! – Bitte, rufen Sie doch Herrn Hinternagel.« Wieder unschlüssiges Stocken. Sonderbar benommen und beklommen, stumm und ratlos sahen mich die zwei Torwächter an.

»Geht's nicht? – Wir können auch warten«, sage ich. »Vielleicht ist grad Vorstellung.« Plötzlich sagt der eine: »Warten Sie! – Ich seh' nach!« und verschwindet.

»Da scheint ja großer Betrieb zu sein –. Das wird lustig«, sagte Mizzi Back, das berühmte Modellmädchen mit der aufreizend korsettierten Wespentaille. Stumm und unfreundlich starrte der zweite Portier ins Dunkel, als wären wir gar nicht da.

»Ist's immer so voll?« wende ich mich an den muffigen Patron.

»O ja«, sagt der abweisend. Dann geht er wieder auf die Tür zu, legt sein Ohr hin und horcht. Der warme Schwall von Dampf und Zigarettenrauch, der uns beim Hineingehen seines Kollegen umweht hat, ist verflogen. Sehen konnten wir nur einen Huscher lang rötliches Halbdunkel, aber zu hören bekamen wir nichts, keine Musik, kein Gelächter, kein lautes Wort. »Hmhm, komisch! – Komisch geht's da zu«, murmelte der dicke Mailer. Kaum gesagt, ging die Tür auf und zu. Herr Hinternagel – was für eine Überraschung! – kam mir, den flatternden Brief in der Hand, mit ausgebreiteten Armen entgegen und lächelte gefällig: »Grüß Sie Gott, lieber Herr Graf! – Wie nett, wie reizend, daß Sie gleich mit Ihrer Suite gekommen sind! – Großartig origineller Einfall von Ihnen, ganz großartig! – Herzlich willkommen, die Herrschaften. – Bitte, bitt' schön, kommen Sie, kommen Sie!« Schon drückte der schlanke, überaus elegante Mann meine Hand, stieß die Tür auf und zog mich ins halbdunkle Lokal. Sprachlos und verdutzt folgten meine Begleiter, und noch verblüffter blieben wir vor den verstummten, vollbesetzten Tischen stehen. Hilflos betretene Gesichter sahen uns an, und da und dort waren schon Gäste aufgestanden, denn – drei Schutzleute gingen von Tisch zu Tisch und verlangten die Mitgliedskarten.

»Ah, Herr Graf, Sie auch –? Sind Sie auch Mitglied da, ja?« rief mir der eine Schutzmann zu.

»Ich? – Nein«, sagte ich, und das war ein Fehler!

»So? Nicht? Und die andern Herrschaften? Die auch nicht, was?« fragte der hinterlistige Polizist schnell weiter, und dummerweise schüttelten alle den Kopf. Mit einem Satz war Herr Hinternagel beim Fragenden und redete auf ihn und seine Kollegen ein: »Aber, aber, ich bitt' Sie, Herr Oberwachtmeister, ich bitt' Sie –! Ich hab die Herrschaften doch persönlich eingeladen! Es sind meine Gäste für heute abend! – Sie sehn doch, es sind lauter Künstler, lauter Freunde von Herrn Graf!« Er redete und redete, gestikulierte heftig mit beiden Armen, wurde immer nervöser, schließlich flehentlich und fast weinerlich, denn schon war es unruhig geworden, und immer mehr Gäste verließen hastig das Lokal. Eine große Verwirrung entstand: Die Kellner hielten die davongehenden Gäste auf, um zu ihrem Geld zu kommen. Hinternagel verkündigte immer wieder: »Bitte, die Herrschaften, Geduld, Geduld! Es ist gar nichts, gar nichts! Bleiben Sie, bleiben Sie, es geht gleich wieder weiter!« Er forderte die Musiker auf zu spielen; lächelnd lud er uns ein, Platz zu nehmen; er versuchte, die sturen Polizisten aufzuklären, daß es bei ihm unanfechtbar sauber und seriös zugehe, und wollte die eilsam zahlenden Gäste als Zeugen aufrufen; doch die hörten nicht auf ihn und machten sich schnell davon. In einem violetten Lichtkegel auf der kleinen Bühne, deren Kulissen einen Rokokopark mit Marmorfiguren vortäuschten, standen ein gutgewachsener Mann und ein rundliches ältliches Mädchen in enganliegendem weißem Trikot, ein Plakat »Eros im Park« hing über ihren Köpfen, und sie schauten unschlüssig auf uns herab. Doch niemand beachtete sie. Mein Streich hatte Hinternagel in die größte Bedrängnis gebracht. Mich als Einzelperson, die eingeladen war, ließen die Polizisten noch gelten; meine Begleiter aber wurden ihm zum Verhängnis. Sie verstießen gegen das Klubstatut. Auch mein Zureden half nichts. Hinternagel schenkte den unnachgiebigen Polizisten Cognac ein und verdarb sich's völlig, als er jedem einige Flaschen seiner besten Markenschnäpse aufdrängen wollte. Empört lehnten sie eine solche Bestechung ab.

»Das weitere erfahren Sie auf dem Gericht!« schnitt der Oberwachtmeister dem jammernden Wirt barsch das Wort ab, und die drei gingen.

Mit betretenen Gesichtern standen wir da.

»Ja, wenn ich *das* gewußt hätte!« brachte ich nach einer Weile verlegen heraus und versprach: »Aber, wenn's zu Gericht kommt, Herr Hinternagel, wir machen Ihnen alle Zeugen.« Er dankte nur nickend. Wir gingen. –

Es kam aber gar nicht vors Gericht. Schon in den nächsten Tagen verlangten die Mitglieder stürmisch die Streichung ihrer Namen aus der Klubliste, und bereits am darauffolgenden Klubabend war Hinternagels Lokal gähnend leer. Bald meldete er Konkurs an. Heute würde der gute Mann mit einem solchen Unternehmen längst Millionär sein. –

Bei uns wurde es um die Zeit wieder einmal bewegter. Eine private und eine politische Angelegenheit wirkten so hektisch ineinander, daß ich zu nichts anderem mehr Zeit fand. Auch mein fester Vorsatz, endlich den Schluß meiner Autobiographie zu schreiben, blieb wieder nur Vorsatz.

Da war also zunächst einmal die vielbegehrte Katja, ein wunderschönes, intelligentes und künstlerisch hochbegabtes Schwabinger Boheme-Mädchen aus dem Kölner Proletarierviertel Ehrenfeld, das während des Ersten Weltkrieges nur mit dem, was es auf dem Leibe trug, nach München gewandert war, anfangs in der Kruppschen Munitionsfabrik gearbeitet, irgendwann in die Schwabinger Künstlerkreise geraten und von da einen nur ihr ganz gemäßen, auffallend schnellen Aufstieg gemacht hatte. Seither fiel Katja überall in die Augen, verdrehte jedem Mann den Kopf und sorgte auch unausgesetzt dafür, daß dies so blieb. Dies als erstes.

Zum zweiten hatten die Linksparteien im Reichstag einen Volksentscheid zur Enteignung der ehemaligen Fürsten durchgesetzt, der mich und meine Freunde wieder einmal stark aktivierte. Bei unseren wöchentlichen Zusammenkünften in meinem Atelier wurde ja schon immer heftig politisiert und über alle literarisch-künstlerischen Dinge diskutiert. Die Stahlmöbel von Marcel Breuer und Mies van der Rohe kamen eben auf, das *Bauhaus* in Dessau von Walter Gropius war in aller Munde. Wir mokierten uns über den neuen Bestseller, das trockene Sexualberatungsbuch *Die vollkommene Ehe* von Van de Velde, und lachten über den schönen blonden Habenichts Harry Domela, der sich eine Zeitlang als ältester Sohn des deutschen Kronprinzen ausgegeben und viele nationalistische Organisationen schwer geschröpft hatte. Nun hatte er im Verlag meines Freundes Wieland Herzfelde, im Malik-Verlag, auch noch seine Autobiographie mit all diesen Erlebnissen publiziert, ein Erheiterungsbuch, das bald eine Auflage von über einer Million erreichte. –

Damals entstanden überall Leserzirkel der ausgezeichneten linksradikalen Berliner Zeitschrift *Die Weltbühne*, in denen sich sozusagen jeder Mensch, der auf geistige und politische Reputation aus war, informierte und bildete. Uns aber war das nicht genug, und so wurden wir zum *Jungmünchner Kulturbund*, der, ohne Statuten und sonstigen Kram, sogleich aktiv wurde. Zwei sehr stark besuchte öffentliche Versammlungen gegen die Todesstrafe lenkten insbesondere die Aufmerksamkeit der zwei Arbeiterparteien auf uns. Eines Tages war auf dem Pflaster der Ludwigstraße und in der inneren Stadt – alles rätselte herum, wer das gewesen sein mochte – in riesigen Buchstaben einzig und allein das Wort HINGABE zu lesen, mit glanzweißer Ölfarbe über die ganze Straßenbreite hineingepinselt und nicht leicht wegzuwaschen. Jedermann fragte sich, wie derlei trotz der nächtlich herumpatrouillierenden Schutzleute geschehen konnte, und wem denn eigentlich die Hingabe gelten sollte?

Da die nächtlichen Straßenmaler klugerweise ihre Pinselei nicht wiederholten, gelang es bei allem eifrigen Herumspüren der Polizei nicht, die Unfugstifter ausfindig zu machen, und das erhielt die Spannung und steigerte die Neugier erst recht. Überraschenderweise entzündete das ganz besonders die Jugend, und mit leuchtenden Augen zogen auf einmal überall kleine Gruppen herum und trompeteten von Zeit zu Zeit immer wieder das schöne Wort wie eine revolutionäre Geheimlosung heraus. Die Leute reckten den Hals, schauten in die Richtung des Lärms und liefen auf die Gruppe zu, die sehr bald zu einem massierten Haufen anschwoll. Verblüfft und ratlos verfolgten die Polizisten das Treiben, wußten nicht gleich, was zu tun sei, und wurden immer nervöser. Nachdem sie eine Weisung von oben eingeholt hatten, gingen sie daran, die Ansammlungen energisch zu zerstreuen, wobei sie heftig beschimpft wurden. Das wiederum rief scharfe Polemiken in der Presse hervor. Es dauerte wochenlang, bis wieder halbwegs Beruhigung eintrat, das heißt, bis diese Beruhigung durch die Unruhe verdrängt wurde, die nunmehr durch den wilden Kampf der politischen Parteien für und wider die Fürstenenteignung einsetzte. Das spornte auch unseren Kreis gewaltig an. Der *Jungmünchner Kulturbund* kam fast jede Nacht in meinem Atelier zusammen, und kurz darauf zogen Hunderte von winzigen roten und weißen Klebezetteln, die an allen möglichen und unmöglichen Stellen in jedem Stadtviertel auftauchten, die Aufmerksamkeit an sich. Die ebenso winzig daraufgedruckten Texte – teilweise gereimt oder in witzig-lapidaren Schlagworten – forderten eine radikale Enteignung der abgewirtschafteten früheren Könige und Fürsten, angefangen vom »Deserteur Nr. 1, Wilhelm II.«, bis hinab zum Landesvater eines ehemaligen Herzogtums. Daß wir unsere Zettel nicht firmierten, versteht sich von selbst. Unsere Anonymität beschäftigte die Öffentlichkeit sehr intensiv. Ernsthafte Politiker vermuteten hinter unserem Bäckerdutzend eine große, sehr kapitalkräftige Organisation mit dunklen Absichten. Als ich das Thiele erzählte und dabei sagte: »Mann, Kurt, schade, daß du für Politik absolut nichts übrig hast; für mich ist sie immer belebend. Sie ist eigentlich mein Element –«, schaute er mich spöttisch und zweiflerisch an und meinte: »In bezug auf deine neue Marotte kann ich bloß das sagen!« Bei diesen Worten hielt er mir die *Berliner Illustrirte* hin, die eben einen Roman brachte mit dem Titel: »Wohin rollst du, Äpfelchen ...?«

Einen Augenblick stockte ich. Dann sagte ich leicht verärgert: »Ich weiß genau, wohin ich will, mein Lieber.«

Er schloß wie nebenher: »Mir kann's ja gleichgültig sein. Na, schön!«

18.

WAS EINEM SO UNTERKOMMT

Dieser verdammte Bosnickel, der Thiele! Hatte er denn schon wiederum recht? Fortwährend rollte ich von einer scheinbar hochwichtigen Sache in die andere, aber wohin rollte ich wirklich? Diesem Zickzack schien ich nicht gewachsen zu sein. Unversehens geriet ich dabei in Verwicklungen, die mich oft ganz und gar aus den Fugen brachten.

Da knobelten wir nun unausgesetzt Methoden aus, wie unsere Aktion mit den Klebezetteln wirksamer werden konnte, zogen lange nach Mitternacht, so gegen ein Uhr oder zwei Uhr morgens, zu Fuß oder per Fahrrad, gruppenweise los und verteilten uns immer wieder auf andere Stadtviertel. Die sozialdemokratische *Münchner Post* und die kommunistische *Neue Zeitung* schrieben anerkennend und ließen durchklingen, daß wir in ihren Reihen willkommen seien, aber wir ließen uns nicht aus unserer Anonymität locken und entwickelten nur einen noch hektischeren Übereifer. Ich warf mich mit aller Wucht in diesen Kampf, riß meine Freunde mit und ersann immer neue Taktiken, immer weiterreichende Pläne, debattierte bis zur Siedehitze.

»Aber dazu gehört Geld, Geld und wieder Geld! Aber das haben wir nicht, und solche Summen treiben wir auch nicht auf!« rief ich. »Alles Unsinn mit eurer ›Überzeugung und Gesinnung‹, die zu Parteigründungen führen. Auch das mit dem ›Klassenbewußtsein‹ ist alter Schnee. Es gibt nur ein Nutzungsbewußtsein, das durchgängig alle Schichten, jeden einzelnen Menschen beherrscht. – Haben wir Riesensummen, können wir jedem nützlich sein und ihm haufenweise Vorteile bieten, laufen uns alle zu. Alles andere ist Mumpitz. Geld müßten wir haben. Millionen, Millionen! – Mit Milliarden ist heutzutage sogar ein Staat zu kaufen!« Heftiger Widerstand dagegen erhob sich.

»Schaut doch hin, wie schlau die Rechtsparteien die Fürstenenteignung verschoben haben. Merkt's denn keiner? Jetzt heißt's schon überall ›Abfindung‹, ›Fürstenabfindung‹. Ausbezahlt werden die hohen Herrschaften, nicht etwa enteignet! – Wie argumentieren denn die Parteien der Oberklasse bereits überall mit Erfolg, wie denn? ›Juristisch ist so eine Enteignung für einen Rechtsstaat einfach unmöglich. Mit den Fürsten fängt man an und beim vermögenden Bürgertum hört man auf. Das ist schon reiner Bolschewismus!‹ – Schlau, sehr schlau! Das leuchtet ein, das schreckt die Betroffenen auf. So macht man's! Und ich wette, sie dringen durch damit! Brav wird der Reichstag kuschen, zahlen wird die Republik! Warum nicht? Es geht doch alles absolut demokratisch zu. Die Rechten gewinnen die Stimmenmehrheit und die Linken sagen: ›Da kann man nichts dagegen haben, das ist verfassungsmäßig!‹ Dieser Schwindel! Dieser Humbug! Was richten wir da noch mit unserer kleinen Aktion aus!«

Trotzdem arbeiteten wir unbeirrt weiter. Viele junge Arbeiter von den Sozialdemokraten und den Kommunisten gewannen wir als verschwiegene Mithelfer, und gerade weil niemand wußte, wer hinter den Klebekolonnen stand, erregten wir Aufsehen. Alles munkelte und sprach von uns. Dummerweise aber organisierten nun die Hitlerleute Spähtrupps, mit denen wir sehr bald zusammenstießen. Die ersten Gruppen bestanden meist nur aus vier oder fünf Kerlen. Sie ließen sich zunächst gar nicht auf eine Rauferei ein, sie gingen nur wie ganz harmlos auf den nächtlichen Straßen in ziemlich weitem Abstand hinter uns her und rissen unsere Klebezettel wieder weg. Kaum merkten wir das, gingen wir zum Angriff über, und anfangs siegten wir auch.

Die Verprügelten ergriffen die Flucht. Auf einmal wurde das anders. Auf Pfiffe mit Trillerpfeifen ratterten aus den dunklen Nachbarstraßen und -gassen Motorradstaffeln daher, und nun ging es uns, trotz unseres kampfkundigen Seemanns Beebe und unseres Boxers im Leichtgewicht Seibold schlecht. Nicht wenige von uns gingen tagelang mit verquollenem Gesicht und blaugeschlagenen Gliedern herum. Wunderlicherweise aber stoppte in einer solchen Kampfnacht – der Angriff hatte sich noch nicht entwickelt – der Spitzenfahrer direkt vor mir, gab ein Zeichen, und augenblicklich verzogen sich unsere Gegner zu Fuß.

»Herr Schriftsteller Graf, ja?« sprach mich der Motorradler an. Sein Gesicht unter dem Sturzhelm war mir bekannt. Freundlich streckte er mir die Hand hin: »Göring! Hermann Göring! Wir sehen uns ja öfter in der *Osteria Bavaria.* Stimmt's?«

»Ja, und?« nickte ich, ohne ihm die Hand zu drücken. »Warum seid ihr gegen uns? Wollt ihr vielleicht auch, daß der Staat den abgewirtschafteten, desertierten Fürsten, statt sie zu enteignen, noch Millionen nachwirft? Ich denke, ihr seid Sozialisten, wenn auch nationale?« Das schien ihm zu imponieren. Ich merkte es und setzte noch mal dazu: »Komisch national seid ihr!«

»So geht das nicht. Wir haben da andere Methoden«, sagte er diskutierfreundlich. »Hören Sie, Herr Graf, wollen Sie nicht einmal zu unseren Diskussionsabenden kommen? Da, bitte, das gilt als Einladung. In dem Lokal kommen wir jeden Donnerstag abends zusammen.« Ich überflog den steifen weißen Zettel mit dem Hakenkreuz darüber, während er schnell hinwarf: »Sie sind doch Deutscher und Arier?«

Ich hob das Gesicht und bemerkte, daß er unsere Sechsergruppe musternd überschaute. Dann fragte er weiter: »Sind Juden unter Ihnen?«

»Ja, warum? Für uns ist Mensch Mensch!« antwortete ich. Ich sah, daß seine vier riesigen Begleiter sich vom Motorrad schwangen, und in dem Moment geschah etwas sehr Gefährliches. Der kleine sozialdemokratische Jugendgenosse Feuchtwanger, der die Blicke der vier auf sich gerichtet sah, rannte auf und davon und verschwand über der Straße im Nachtlokal Benz an der Leopoldstraße. Verblüfft blieben die angriffsbereiten bulligen Schläger stehen, und Göring sagte höhnisch: »Hm, Mensch ist Mensch heißen Sie das? Und rennen schon vom Anschauen weg, die dreckigen Feiglinge! Pfui Teufel!« Er hob das Bein und schwang sich aufs Motorrad, die anderen machten es ebenso. »Ich warne Sie, das nächste Mal wird's ernst, mein Herr. Kommen Sie lieber zu uns!« rief er und surrte mit den andern davon.

Jetzt standen wir im *Völkischen Beobachter* und mußten die Gewerkschaften und die Arbeiterparteien zu Hilfe nehmen. Zu meinem persönlichen Ärger kam nun auch Katja störend dazwischen mit einem wirren Liebestrubel und war nicht recht abzuwimmeln, denn wir waren schon lange eng mit ihr befreundet. Sie gehörte »schon ganz zu unserm Haus«. Ich hatte aus reiner Neugier einmal mit ihr geschlafen. Als wir merkten, daß wir nicht recht zusammenpaßten, ließen wir es dabei bewenden. Um so mehr aber wuchsen wir freundschaftlich zusammen. Ich wurde Katjas intimster Ratgeber. Sie hatte einen starken Männerverbrauch und führte mir jedesmal ihren neuen Liebhaber zur Begutachtung vor.

»Bübchen?« fragte sie mich völlig ungeniert mit ihrem glücklich-bezwingenden Lachen: »Bübchen, wie gefällt er dir? Leider hat er zuviel Haare auf der Brust! Weißt du? Er ist überhaupt überall so haarig, aber im Bett, huje –!« Das verlegene Mannsbild wehrte ärgerlich ab, doch sie lachte noch schallender und spottete: »Jetzt wird er rot, der

Arme –. Sieh doch mal, Bübchen, rot wird er, rot!« Sie hielt, wie es ihre Gewohnheit war, sich mit zwei Fingern die Nase zu, gleichsam um ihr Gelächter zu bremsen. »Ist er nicht zum Totlachen, Bübchen?« Und da sie merkte, daß der Mann ernsthaft böse zu werden drohte, umschlang und küßte sie ihn in einem fort. »Aber, so schäm dich doch nicht, mein Liebling –! Da ist doch gar nichts dabei, und überhaupt, deine vielen Haare reizen mich doch so!« Der Mann war machtlos, er mußte ihr stürmisches, zärtliches Abküssen über sich ergehen lassen und fand sich schließlich darein. Es störte ihn schon gar nicht mehr, wenn sie beim Kaffeetrinken seine Vorzüge im Bett erzählte.

Ich belobigte ihren guten Geschmack und meinte lustig: »Jetzt müßt' er nur noch einen Haufen Geld haben, dann wär dein Glück voll, was?«

»Och, nee, Geld hat er leider nicht«, lachte sie und knutschte den Neuling herzlich ab. »Aber das macht gar nichts, mein Süßer, dafür bist du um so leckerer –! Das hab' ich gern!« – Ich aber wußte: das dauert nicht lange.

»Was kann ich denn machen, die Männer hängen sich doch so an mich. Und was hat denn eine Frau, wenn sie nicht steinreich geboren wird, schon viel mehr als ihren Körper –. Na also!« setzte sie uns einmal auseinander. »Ich bin ein kölsches Proletariermädchen, wißt ihr –. Für mich heißt es: Wenn schon ein festes Verhältnis oder gar eine Heirat, dann muß sich's lohnen. Bei uns in Köln ist man fürs Vergnügen.«

Ein Doktorand, der als Leutnant im Ersten Weltkrieg wegen Tapferkeit zum bayrischen Max-Josephs-Ritter geadelt worden war, hatte sich rasend in sie verliebt. Er war mit den »weißen Truppen« an der Niederkämpfung der Räterepublik beteiligt gewesen, hatte aber nach der grauenhaften Füsilierung der unschuldigen Perlacher Arbeiter im Hofbräuhauskeller in gerechter Empörung seine Waffen hingeworfen, war nachher in die Schwabinger Kreise geraten und wollte sein Studium an der Universität vollenden. Literarisch interessiert, hatte er bereits ein kleines, etwas verschwärmtes Büchlein über seine Kriegserlebnisse veröffentlicht. Katja, die wahrscheinlich sein erstes wirkliches Liebeserlebnis war, vergötterte er, doch der Monatsscheck, den er von seinem Vater, einem reichen fränkischen Hopfenhändler, bekam, war nicht allzuhoch. Da sich gerade nichts Passenderes fand, ließ sich Katja mit ihm ein. Der Mann bewohnte ein kleines Studentenzimmer, in dem es für die zwei schwierig war, hin und wieder zu nächtigen. Einmal in aller Frühe besuchte ihn sein Vater. Er läutete an der Wohnungstür, die Mietfrau öffnete, und auf seine Frage sagte sie bereitwillig: »Jaja, der Herr wohnt bei mir. Er schläft aber noch. Bitte, wenn Sie der Vater sind –.« Der Hopfenhändler kam den dunklen Gang entlang, klopfte an die Tür und riß sie auf. Schrecklich: Da lagen Katja und der junge Mann pudelnackt im Bett. Nach einem gehörigen Skandal nahm der entrüstete Vater den mißratenen Sohn kurzerhand nach Hause.

»Nee, nee – nie mehr so'n Vatersöhnchen! Geld hat er ja auch bloß so wenig gehabt. – Nun will er mir immer zu dir her was schicken«, erzählte uns Katja und bog sich vor Lachen über die groteske Szene im Studentenzimmer. Längere Wochen hörte sie nichts von ihrem Vergangenen. Da kam einmal ein schweres Postpaket zu mir. Wir öffneten es, und was lag darin? Mehrere abgesägte silberne Spazierstock- und Regenschirmgriffe, eine kaputte Silberuhr und einige silberne Löffel. Ein flehentlich beschwörender Brief des unglücklichen Liebhabers lag bei: »Blutenden Herzens, geliebte Katja, schicke ich Dir diesen Beweis meiner unendlichen Liebe, mehr kann ich momentan nicht. Mein alter Herr hält mich so kurz, daß ich nicht weiß, wie ich Dir weiterhelfen kann.«

»Pf, Bübchen, pf –!« lachte Katja: »Was mach' ich denn mit den ollen Dingern? – Nee, nee, mit dem ist Schluß.« Kaum dreißig Mark bekam sie für den ganzen Kram. All die folgenden glühenden Liebesbriefe las sie kaum noch. Sie hatte längst einen sehr distinguierten reichen Münchner Arzt gewonnen, von dem sie sich zunächst gehörig ausstatten und mit einigem Schmuck versehen ließ, um sich dann – wie sie das immer machte – von ihm wegen ihrer angegriffenen Lunge ins Gebirge zur Kur schicken zu lassen. Dort wiederum entflammte sie ein kleiner, wuschelhaariger italienischer Gelehrter, Sohn des reichsten Papierfabrikanten, und mit dem kam sie ohne Wissen des Arztes nach München zurück und wohnte mit ihm in einer Pension in unserer Nähe.

»Ich bring' ihn morgen, Bübchen. – Er ist sehr lustig. Er wird dir gefallen. Er ist nicht so penibel und steif wie mein Doktor. – Er wird dir gefallen, er liest viel, versteht auch was von Kunst und mag meine Bilder sehr gern«, sagte sie bei ihrem ersten Besuch bei mir. Katja hatte sich nämlich ganz von selbst zu einer höchst geschickten Modezeichnerin und Entwerferin von Stoffmustern herangebildet, hatte ein sehr treffendes literarisches Urteil und malte, wenn sie Zeit und Lust hatte, sehr annehmbare Bilder in der Manier der »Neuen Sachlichkeit«, die in jeder guten Ausstellung hätten hängen können. Am liebsten aber tat sie gar nichts, las viel, diskutierte stundenlang mit mir, vertrödelte Tage mit irgendeiner Tändelei oder lag bis zum Dunkelwerden im Bett und träumte vor sich hin. Da sie schön, gescheit und immer heiter war, mochte sie jeder. Sie brachte Leben und Atmosphäre in jede Gesellschaft.

Alles schön und gut – aber diesmal sollte sie nicht gekommen sein, diesmal nicht, denn ich hatte eben zwei Freunde aus Berlin zu Besuch, Männer in meinem Alter, zwei schrecklich wirblige Journalisten, die noch am Anfang ihrer Karriere standen und heute sehr bekannte, erfolgreiche Vertreter ihres Faches sind. Da ich keine Lust habe, gerichtlich belangt zu werden, bitte ich, es mir nicht zu verübeln, wenn ich ausnahmsweise nicht ihre richtigen Namen nenne. Genug – beide waren keine Adonisse, aber wohl gerade deswegen beinahe grotesk erpicht auf jede schöne Frau. Der eine hatte Klumpfüße, was ihn keineswegs an behendester Beweglichkeit hinderte, und der andere ein von Pockennarben überzogenes Gesicht mit einer brandroten drahtig-strudligen Löwenmähne darüber. Sie hatten mit Mirjam studiert, daher unsere Bekanntschaft.

Die beiden verschlangen Katja mit feuchtgierigen Blikken, machten ihr dickaufgetragene Elogen und wollten sie immer wieder aufhalten, denn schon hatte Ludwig mit der Löwenmähne, der draufgängerischere von ihnen, sich unwiderruflich in Katja vernarrt. Die aber ließ sich nicht aufhalten und ging endlich. Eine Sturzflut von Fragen mußten Mirjam und ich von den zweien über uns ergehen lassen.

»Was, einen Italiener hat sie –? Die muß ich haben, das ist der Typ, den ich suche«, sagte Ludwig schließlich erhitzt. Sein Freund Manfred logierte in Mirjams Studentenzimmer, das sie formhalber noch immer hatte, während Ludwig mit mir im Atelier schlief, denn die beiden wollten nur eine knappe Woche in München bleiben und hatten nicht viel Geld.

Das war eine Nacht für mich, mein Gott!

Der Mond fiel fahl durchs Oberlicht des Atelierfensters und erhellte den ganzen Raum. Ich lag auf dem langen Sofa an der linken und Ludwig auf dem an der Mittelwand. Bis zum Einschlafen redete er mir die Ohren voll, kam ins Philosophieren, ins Schwärmen, wurde melancholisch und all das schloß immer wieder mit dem Satz: »Aber sag mir bloß, wie komm' ich unauffällig an sie ran? Wie erwisch' ich sie allein?« Das wiederholte er in Abwandlungen immer und immer wieder. Mit aufgerichtetem Oberkörper hockte er in seinem Bett, schüttelte den Mähnenkopf, fuhr sich in die wirren Haare wie ein Verrückter, schnaubte, seufzte, und wenn ich ihn, aufwachend, anredete, fragte er hartnäckig von neuem: »Was mach' ich? Sag mir bloß, wie komm' ich ran an sie? Was mach' ich da?« Anfangs belustigte mich das, nach und nach aber wurde es mir lästig, schließlich zwang ich mich noch einmal zu einem gewaltsam-freundlichen Lachen und belehrte ihn abschließend: »Ja, Mensch, Ludwig, verstehst du denn sowenig von Weibern? Die wollen doch vor allem erst einmal beunruhigt werden. Du mußt sie unruhig machen, neugierig. Verstehst du? Und das hartnäckig. Verstehst du denn das nicht? Da gehst du gleich in aller Früh in einen Blumenladen und läßt ihr einen großen Strauß Rosen vor die Tür legen. Sie darf nicht wissen, von wem. Verstehst du –? Sie muß überrascht und neugierig werden auf den unbekannten Verehrer. Verstehst du? Das zieht!«

»So? – Das, glaubst du, wirkt? Aber was macht er, ihr Bambino?«

»Das geht doch dich nichts an! Das muß sie mit sich abmachen«, heizte ich ihm weiter ein. »Wirst du sehn, das wirkt. – Und sie wird das schon schaukeln, verlaß dich drauf. Du mußt das eben zwei-, dreimal machen, bis es schnappt.«

»Soso? Hm, du bist großartig. Na, du kennst sie ja? Du glaubst, da wird's was mit ihr?« fragte er wie aufgescheucht: »Du, das mach' ich –«

»Jaja, probier's! – Aber jetzt laß mich endlich schlafen. Ja?« Das beruhigte ihn endlich, er entschuldigte sich, legte sich hin, und wirklich, als ich aufwachte, war er schon weg. Mirjam stand angezogen da und fragte erstaunt: »Nanu, habt ihr etwa gestritten –? Wo ist er denn?« Ich lachte hell auf und erzählte. »Der Wahnsinnige!« schüttelte ich mich, und wir lachten beide. Sie war schon eine Weile fort, als er keuchend und aufgeregt daherkam.

»Menschenskind, bis ich einen offnen Blumenladen gefunden habe!« rief er, aber er war sehr aufgekratzt: »Ich glaub', du hast einen großartigen Einfall gehabt. – Jetzt bin ich neugierig.« So ging das drei Tage weiter. Schon am ersten kam Katja mit ihrem Bambino und erzählte lachend von einem »Verrückten«, der ihr Rosen geschickt hätte, vermutete aber ihren Verflossenen, den Arzt, telefonierte ihn ungeniert an – während der eifersüchtige Bambino nicht von ihrer Seite wich – und war baß erstaunt, als der Angerufene ahnungslos rief: »Was, du bist in München? – Ich? Dir Rosen?« Wo er denn den Strauß hinschicken hätte sollen, nachdem sie damals, als sie ins Gebirge ging, ihr Zimmer aufgegeben habe? Wo sie denn jetzt sei, und ob er sie gleich aufsuchen könnte? Sie hatte mir erzählt, daß sie ihm schon längst brieflich die Liebschaft aufgekündigt hatte.

»Zu mir kommen? Du?« rief sie erstaunt in den Sprechtrichter: »Ja, hast du denn meinen Brief nicht bekommen?« Offenbar aber schien er ihre Aufkündigung nicht ernst zu nehmen. Da schnitt sie ihm entschieden das Wort ab: »Nein, das geht nicht! – Es ist aus mit uns. Verstehst du denn das nicht?« und hing den Hörer ein. Jammernd und drängend quengelte Bambino in sie hinein: »Was hast du zu ihm gesagt –? Oh, du betrügst wieder! – Schlecht, ganz schlecht bist du zu mir!« Sie aber küßte ihm lachend das Weiterreden vom Mund und schmeichelte: »Oh, du Dummkopf, du! Was redest du immer so Unsinn, mein Lieber! Du hast doch gehört, was ich gesagt habe.« Er setzte sich an den Tisch und beruhigte sich halbwegs, obgleich ihm der nagende Zweifel von der Stirn abzulesen war. Sie ging zu mir hinter den Bretterverschlag, wo ich mir eine primitive Küche eingerichtet hatte, und fragte hastig flüsternd: »Wer von den beiden war's?«

»Der Ludwig«, hastete ich ebenso leise, und sie nahm zwei Weingläser und kam zu ihrem Bambino an den Tisch zurück. Nichts verriet ihre Miene. So, als ob gar nichts gewesen sei, fragte sie, als ich den Wein eingoß: »Wo sind denn deine zwei Besucher? Die kriegt man ja überhaupt kaum zu sehn –. Drollige Berliner sind das! Den ganzen Tag rennen sie rum und haben es wichtig.«

Das war auch so. Um nur ja keinen Verdacht beim Bambino zu erwecken, vermieden sie es, mit dem und Katja zusammenzukommen. Im übrigen waren sie auch tatsächlich fortwährend beschäftigt, besuchten jede Theateraufführung, jede künstlerische Veranstaltung, Ausstellungen und Zeitungsredaktionen, verabredeten Interviews mit prominenten Persönlichkeiten, mit Regisseuren, Schauspielern und Schauspielerinnen und kamen oft erst tief in der Nacht noch auf einen Sprung zu mir. Als Weltstädter kamen ihnen viele »Sonderbarkeiten« in München tief provinziell vor, aber so ist's ja immer: Kommen solche Leute in eine kleinere Stadt, in ein anderes, behäbigeres Land, wo nicht alles genauso aussieht und abläuft wie bei ihnen zu Hause, lächeln sie ironisch darüber und finden all das Ungewohnte »tief provinziell« und merken dabei gar nicht, daß *sie* sich in Wirklichkeit »tief provinziell« benehmen. Bei den Berlinern in den damaligen »goldenen zwanziger Jahren« war dieses unduldsame Lächerlichmachen von ungewohnten Gebräuchen andernorts ganz besonders übersteigert. Ich nannte das in Anbetracht des verflossenen Kaisers und seiner unvergessenen Säbelrasslerei »Wilhelmitis«.

Ludwig brauchte es mir nicht zu sagen, ich merkte es sogleich, daß sein wiederholter Rosenköder gewirkt hatte und er heimlich mit Katja zusammengekommen war. Auch der eifersüchtige Bambino merkte das und machte ihr die Hölle heiß, wich nicht einen Augenblick von ihrer Seite und klagte und jammerte in einem fort wegen ihrer Unbeständigkeit.

Mehrere unerwartete Umstände traten kurz nacheinander ein. Manfred mußte weg nach Berlin, Ludwig blieb in München und umlauerte Katja, und plötzlich bekam der Bambino ein Telegramm, er müsse sofort heimkommen, da sein Vater schwer erkrankt sei. Für seine jüdische Familie war das Verhältnis mit Katja anstößig. Er wagte es nicht, sie nach Italien mitzunehmen. Schon einen Tag nach seiner Abreise verschwanden Ludwig und Katja aus München. Mirjam und ich waren froh, daß wir endlich dieses verliebte Hinundhergezerre los hatten. Der vielumkämpfte »Volksentscheid zur Enteignung der Fürsten« war das geworden, was viele erwartet hatten: eine reichliche *Abfindung* der Fürsten, denen die Weimarer Republik nicht nur ihre Schlösser und Güter zurückerstattete, sondern auch noch Millionen und Abermillionen Mark »Entschädigungssummen« bezahlte. Wut und Aufregung in den linken Arbeiter- und Intellektuellenkreisen waren groß, aber die Wirtschaft florierte, die ausländischen Anleihen für unsere Großbetriebe wirkten stimulierend, auch der Staat gab der Privatindustrie große Kredite, und das In- und Auslandgeschäft waren glänzend. Was bedeuteten da die Proteste der Kommunisten, was ihre Demonstrationen, die von der Polizei rasch zerstreut und von der größten Partei, von den Sozialdemokraten, bissig mißbilligt wurden? Wer regierte eigentlich? Das interessierte offenbar nur die wenigsten. Es ging uns gut, und damit basta!

»Gott sei Dank! Aber jetzt geh' ich an die Arbeit! Jetzt kommt der zweite Teil meiner Lebensgeschichte dran!« sagte ich zu Mirjam, und gemeint war damit die Fortsetzung von *Frühzeit*, der Abschluß von *Wir sind Gefangene*. Meine Stimmung war auch ganz danach. Ingrimm über den Zerfall der Republik trieb mich an, aber – hol doch alles der Teufel!, konnte ich denn gar nicht zur Sammlung und Ruhe kommen – nach zwei oder drei Wochen brachte der

Bote fast täglich Telegramme. Zuerst aus Italien, dann aus Tirol, schließlich aus Salzburg. Von immer näher kamen diese komischen Hilferufe Bambinos: »Wo ist Katja? Ich komme!«

»Mensch, es ist doch rein zum Verzweifeln! Jetzt geht diese ganze Schererei wieder an. Ja, Herrgott, was bildet der sich eigentlich ein? Sind wir ein Heiratsamt oder eine Schiedsrichterei bei Liebesunfällen?« schimpfte ich, im Atelier herumrennend: »Den Bambino, den schmeiß' ich glatt über die Stiege hinunter, wenn er daherkommt.«

»Und außerdem – was will er von uns? Wir wissen doch nicht, wohin Katja mit Ludwig verschwunden ist. Soll er sie suchen«, sekundierte mir Mirjam. Da klopfte es schon wieder, und das neue Telegramm lautete: »Ankomme heute abend aus Salzburg zweiundzwanzig Uhr. Wo ist Katja. Bambino.«

»Ja, was glaubt denn der?« zeterte ich: »Womöglich meint er, wir holen ihn ab. Da kann er lang warten –. Gott sei Dank, bei unserm Tor kann er nicht rein, und morgen, wenn er klopft, rühr' ich mich einfach nicht oder werde saugrob.« Den Trost hatten wir, unser Atelier befand sich im vierten Hinterhof, und die Tore wurden um neun Uhr abends geschlossen. Beruhigt gingen wir zu Bett, Mirjam in ihr Zimmer nach oben, und ich schlief im Atelier. Seit ich arbeitete, lebte auch ich ziemlich regelmäßig: früh schlafen und früh aufgestanden, damit der Tag ausgenutzt werden konnte.

Doch wer ist imstande, südliche Liebesraserei zu hemmen? Was geschieht? Eben eingeschlafen, weckt mich ein hastiges Getrapp über die Stiege herauf, und schon klopft es heftig an die Ateliertür, schon jammert draußen Bambinos zittrige Stimme: »Oskar! Oskar, wo ist Katja, wo ist sie?« Wütend springe ich aus dem Bett und reiße die Tür auf: »Ja, Himmelherrgott, was ist los? Was willst du?« Es hilft nichts, im Nu ist der kleine schwarzhaarige Wuschelkopf im Atelier, rennt heftig gestikulierend herum und weint mich in einem fort an: »Aber wo ist Katja? Du weißt es! Wo ist sie?«

»Einen Dreck weiß ich!« fahre ich ihn zornig an. »Ja, Kruzifix, bist du denn wahnsinnig geworden?! Was gehn uns eure Liebesgeschichten an! Was weiß ich denn, wo Katja hin ist! – Wir sind doch kein Heiratsbüro, du Irrsinniger! – Was willst du denn von mir?« Vergeblich. Er wird noch dringlicher, und immer das gleiche: »Aber wo ist Katja, wo ist sie? – Die Schlechte, sie hat mich belogen! Sie ist fort mit dem Ziegenbock! Aber sie hat selber gesagt, er stinkt. – Du mußt mir helfen. Ich muß sie holen, du mußt mir helfen, Oskar!«

Als Ziegenbock hatte er Ludwig bezeichnet. Er fand ihn unappetitlich und ekelhaft, er stank.

»Er stinkt, der Ziegenbock, er stinkt, aber zu mir hat sie gesagt, ich bin lecker. – Oh, sie hat mich angelogen, die Schlechte. – Er stinkt, und sie ist mit ihm davon!« stieß er heraus und wurde immer wirrer.

»Ja, Herrgott, so laß doch einmal reden mit dir! Quatsch doch nicht immer so blödes Zeug daher! Ich will schlafen, ich arbeite wieder! Laß mich in Ruhe jetzt!« schimpfte ich. »Bist du wieder in eurer alten Pension, ja? Geh heim jetzt; geh, sag ich! – Komm meinetwegen morgen, da reden wir weiter!«

Ausgeschlossen, damit etwas zu erreichen! Da steht er, der kleine verstörte Kerl, ohne Mantel, in ganz zerknittertem hellen Sommeranzug, ohne Hut und mit dick ausgebeulten Taschen, aus denen Banknotenbündel lugen. Manisch wiederholt er immer wieder: »Aber wo ist Katja, wo ist sie, die Schlechte!« Er zieht ein Bündel Banknoten heraus: »Du mußt mir helfen, ich zahle alles, ich habe viel Geld. Wir finden sie! Wir suchen sie, da, da – ich zahle alles! Wo ist Katja, wo ist sie?«

Ich versuchte, ihn zu überhören, und schrie drohend: »Wo du wohnst, frag' ich, Idiot! Ich will jetzt schlafen. Verstehst du nicht? Geh jetzt und komm morgen!« Es war reine Energieverschwendung.

»Ich bleib' bei dir. Wir suchen sie morgen, ich zahle! Ich zahle alles!« plappert er wieder und wieder, und es hilft nichts, ich muß ihm auf dem anderen Sofa ein Bett machen; und nun wird es wieder genauso eine verrückte Nacht wie mit Ludwig. Er schnellt immer wieder im Bett empor und jammert zum Gotterbarmen: »Aber wo ist Katja, wo ist sie? Sie mag ihn doch gar nicht, den Ziegenbock. Er stinkt, er stinkt! Wo ist sie?« Da wird es mir zu dumm. Ich springe aus dem Bett, renne auf die Kohlenkiste zu, hol' das Beil heraus und schwing' es über ihn: »Mensch, Bambino, wenn du jetzt nicht still bist, schlag' ich dich tot –! Merk dir's, es ist mein Ernst! – Schlaf endlich und laß mich in Ruh'. Ich sag's nicht noch mal. Verstanden?«

»Aber, aber wo ist Katja, wo ist ...?« Da versetzte ich ihm einen so wuchtigen Stoß, daß er aufwimmernd zurück ins Bett fiel, und noch einmal drohte ich: »Und merk dir's, ich erschlag' dich, wenn du nicht still bist!«

»Sisisi! – Jajaja, ich folg' dir«, wimmert er und verhält sich endlich ruhig. Als Mirjam in der Frühe zur Tür hereinkommt, hängt er sich an sie und plappert schon wieder wie blödsinnig: »Aber wo ist Katja, wo ist sie?« Er ist nicht loszubringen. Sie verzichtet aufs Frühstück und flüchtet mit den Worten: »Macht, was ihr wollt! Ich hab' für den Blödsinn keine Zeit!« Ob ich will oder nicht, ich muß aufstehen und bringe ihn schließlich nach vielem Fluchen, Schimpfen und Zureden halbwegs zur Vernunft. Er hat sich einen wahrhaft phantastischen Gangsterplan ausgedacht, um Katja zurückzuholen. Ganz richtig mutmaßt er, daß Ludwig mit Katja nach Berlin geflohen ist. Er will mich und noch einige »stabile Herren« engagieren, dorthinfahren, den Ziegenbock in seiner Wohnung aufstöbern und ihm die Katja gewaltsam entreißen. Aber ich weigere mich entschieden, da mitzumachen. Ich will ihn so schnell wie möglich losbringen, überlege, gehe mit ihm zum ellenlangen Scherpenbach in die *Bücherkiste*, erzähle kurz alles und frage, ob er einer von den Begleitmännern sein will. Da es sehr früh am Tage und Bachmair noch nicht aus Pasing da ist, läßt sich alles bereden. Scherpenbach hatscht im Buchladen hin und her, kratzt sich in einem fort an den Schläfen, mustert den bibbernden Bambino und sagt schließlich: »Bahnfahrt erster Klasse und alles frei, hm. Und wer fährt noch mit? Du, Bübchen?«

»Ich kann nicht, ich arbeite. Den andern suchen wir noch. Du bist also einverstanden. Wir kommen, wenn's losgeht!«

»Geht in Ordnung. Bloß noch zwei oder drei massivere Herrn müssen mit«, nickt er, und wir gehn. Bambino ist schon ein wenig ruhiger. Er zwingt Mirjam, von Manfred, der ja auch schon längst wieder in Berlin sein muß, telegrafisch Ludwigs Adresse zu erbitten. In zwei Stunden haben wir sie. Bambino wird bereits geweckter. Ich denke schon bedeutend beruhigter und insgeheim schmunzelnd: Na, das wird ja nett! Mir kann's recht sein. Nur schnell fort mit diesem verrückten Wuschelkopf Bambino. Als wir im Atelier überlegen, wo der zweite »Stabile« herkommen soll, klopft es. Bambino läuft mit mir gleichzeitig zur Tür, ich mache auf, und er ruft mit freudig ausgebreiteten Armen: »O Rojan! – Rojan! Särr gut, särr gut!«

Rojan, ein starkgewachsener Mensch mit unbestimmtem Beruf, den ich flüchtig kannte, kam direkt aus Bologna. Im dortigen deutschen Künstlerkreis hatte ihn Bambino kennengelernt. Während Bambino wie neubelebt zurück ins Atelier tänzelt, blinzelt Rojan mir vielsagend zu und flüstert hastig: »Ich komm' von Bambinos Eltern. Ich soll ihn überwachen.« Selbstverständlich also, daß Rojan bereitwillig den zweiten »Stabilen« machte. Das genügte Bambino, und schon am andern Tag reisten die drei voll Zuversicht nach Berlin. Ich hatte Bambino unter anderem auch noch die Adresse des in den dortigen Literaten- und Künstlerkreisen sehr bekannten Doktor Klapper gegeben, den ich lange irrtümlich für einen jüngeren Bruder unseres unvergeßlichen Münchner Klapper hielt. Er war nicht einmal ein entfernter Verwandter von ihm, obgleich er als Bohemien eine gewisse Ähnlichkeit mit dem Münchner hatte. Klapper wußte stets alle Adressen und meist auch die Reiseziele seiner vielen Freunde und Bekannten. Sofort nach ihrer Ankunft in Berlin suchte das Kleeblatt Ludwigs Wohnung auf, fanden sie aber verschlossen und erfuhren, der Herr sei verreist. Auf der Stelle fuhren sie zum Doktor Klapper, der Wohnung und Praxis am Kurfürstendamm hatte. Bambino läutete, ein Mädchen kam zum Vorschein, fragte nach ihrem Begehren, doch blitzgeschwind drückte er die Tür auf, und mit dem Rufe: »Wo ist Katja, wo ist sie!« rannte er wie gestochen durch alle Räume, bis er im Badezimmer landete, wo in der großen Wanne der Doktor mit seiner Geliebten pudelnackt herumplanschte. Entgeistert schnellten die beiden in die Höhe, während der arme irre Bambino unentwegt schrie: »Aber wo ist Katja, wo ist sie? Ist sie da mit dem Ziegenbock? Wo ist sie?«

»Herr! Herr, was wollen Sie? Hinaus mit Ihnen!« erfing sich der überraschte Doktor endlich. »Hinaus!« Mit grober Gewalt stieß er den sonderbaren Besucher hinaus und riegelte die Tür ab. Nach seinem Läuten kam das Mädchen vor die verschlossene Tür und erklärte ihm, daß drei Herren ihn dringend zu sprechen wünschten. Die großbusige, alabasterweiße Geliebte fand die ganze Sache auf einmal höchst interessant, und der Doktor beruhigte sich. Zum Schluß frühstückte das Paar mit den dreien. Klapper wußte wirklich, wo Ludwig mit Katja hingereist war.

»Oh, oh, prächtig –! Bravo bravissimo!« rief der Bambino aufgehellt und zeigte wiederum, wieviel Geld er habe. Assistiert von Rojan, der ihn durch vieldeutiges Blinzeln unverdächtig in den Gang hinausbrachte und fliegend aufklärte, entwickelte nun der amüsierte Doktor Klapper einen unglaublich klingenden Plan, um Katja von ihrem Entführer, dem »stinkenden Ziegenbock«, zu befreien. Das Paar befand sich auf Hiddensee. Es war schon Nachsaison und nur noch wenige Gäste hielten sich dort auf. Zu fünft – denn die neugierige Geliebte des Doktors wollte unbedingt dabeisein – fuhren sie nach Stralsund, versahen sich mit scharfen Feldstechern und Proviant für zwei Tage, mieteten ein Motorboot, und los dampften sie der Insel zu.

Die fünf fuhren vom frühen Morgen bis in die Nacht hinein unentwegt um die kleine Insel, und wie zwei scharf lauernde Piratenkapitäne suchten abwechselnd der Doktor und Bambino vom Bootsrand aus die Ufer mit ihren teuren Feldstechern ab.

»Das sind sie –! Großartig, sie spazieren aufs Meer zu! Da, da!« rief am zweiten Tag der Doktor dem fieberzitternden Bambino zu und kommandierte: »Rojan, reißen Sie das Boot rum. – Geben Sie Gas und direkt aufs Ufer zu. – Dalli, dalli!« Es geschah. Knirschend lief das brausende Boot im Ufersand auf, die gesamte Mannschaft rannte durchs Wasser, weiter im Dünensand, und der wieselschnelle Bambino erreichte als erster das vollkommen perplexe Paar, sprang wutschäumend und kläffend – nicht etwa auf Ludwig, nein, auf Katja zu und riß und zerrte an ihr: »Du Schlechte –! Katja, du ...« Das andere ging unter. Es entstand ein verbissenes Geraufe zwischen Ludwig und ihm. Der Dünensand spritzte wolkig auf, Katja lief weg, Klapper und Rojan hielten Ludwig fest und wollten ihm erklären. Scherpenbach, der sie ja gut kannte, stand da und rief der Davonlaufenden nach: »Aber Katja, Katja, sei doch vernünftig. Der Bambino is doch 'n reicher Mann!« Als er sah, daß Bambino sie erreicht hatte und sich mit ihr balgte, wandte er sich an die zwei um Ludwig: »Kinder, Kinder, wie kann man bloß ...?« Er schaute auf die etwas abseits stehende, sehr elegante rundliche Geliebte Klappers und schüttelte den Kopf: »Nischt zu machen, nischt zu machen!« Grelles Schreien Katjas, klagendes Plärren Bambinos und – was war das? – in der Luft über ihnen surrte es, surrte und surrte und kam immer tiefer, zischend sauste ein wuchtiger, schattenwerfender italienischer Aeroplan hernieder, knirschte wackelnd im Dünensand, alle ließen plötzlich voneinander, starrten, und ein eleganter hochgewachsener Mann rannte, kaum daß die Maschine richtig stand, heraus, direkt auf Bambino zu, bellte irgend etwas Italienisches, packte den kleinen Wuschelkopf, umspannte ihn fest, daß er nicht mehr um sich schlagen konnte, und trug ihn hastig zum Aeroplan. Schnell verschwanden die zwei, und schon surrte der Aeroplan wieder, wackelte wie wütend über das magere Dünengras und erhob sich.

Sprachlos glotzten die Zurückgebliebenen. Wie konnten sie auch wissen, daß Rojan dieses Wunder durch dauerndes heimliches Telegrafieren an die Eltern fertiggebracht hatte! Die schickten dann Bambinos Bruder, der Chefpilot war.

»Weg ist er«, sagte der Dr. Klapper. Die Zerrauften schauten sich an, als ob sie zueinander sagen wollten: Was sind wir doch für Idioten. Katja kam langsam heran, und Ludwig sagte zorndumpf zu ihr: »Na, was sagst du? Einen netten Irren hast du dir da ausgesucht.«

»Weeßte, Bübchen, wie sie ihn da so ankuckt, da hat man's bei ihr jemerkt, es is aus zwischen ihr und Ludwich, aus. Vastehste?« sagte später Scherpenbach zu mir. Denselben Eindruck hatte auch Rojan, der einige Wochen hernach auf der Durchreise nach Italien noch einmal zu mir kam. Er wußte aber noch etwas anderes zu berichten: Katja war tatsächlich ihrem Ludwig davongelaufen und ihrem Bambino nach Italien nachgefahren. Wie allen Frauen hatte ihr wahrscheinlich imponiert, daß er, um sie wiederzugewinnen, soviel riskiert hatte. Dadurch fühlte sie sich erhoben und wurde sich ihres Wertes erst ganz bewußt. Bambinos blinde Hingabe bezwang sie. Von da ab ist sie bei ihm geblieben und hat ihn – nachdem seine Eltern endlich den Widerstand aufgegeben hatten – einige Jahre darauf geheiratet. An einem Vorherbsttag kurz vor Ausbruch des Zweiten Weltkrieges läutete in New York mein Telefon, und als ich, den Hörer abnehmend, fragte, klang, wie aus weit, weit zurückliegenden heiteren Zeiten dahergeweht, Katjas rheinländisch-zärtliches: »Bübchen, bist du's? Lebst du noch, und wie geht's Mirjam? Kann ich euch sehn, und wann?« fragte sie, und: »Ich komm', wenn du kannst, sofort!«

»Großartig!« antwortete ich ebenso. Nach einer knappen halben Stunde läutete es. Ich riß die Tür auf, breitete die Arme aus – und ließ sie herabfallen.

»Ja, um Gottes willen, Katja! Das bist du –? Du bist ja fett wie ein Bräuroß!« rief ich enttäuscht.

Mit tränenden Augen erwiderte sie: »Jaja, ich weiß ja, Bübchen, ja! Wir sind ja alle älter geworden, aber ich freu' mich ja so, daß ich dich wiederseh'. Wo ist denn Mirjam?«

Bis die vom Büro heimkam, erzählten wir einander von glücklichen Jahren, und Katja war so eifrig dabei, daß sie kaum richtig dazukam, ihren Bambino und ihre zwei Söhne zu erwähnen. Sie mußte mit uns essen, und es wurde tiefe Nacht, ehe sie aufbrach. Durch die offenen Fenster fiel der hohe, vom Licht der Riesenstadt erhellte Himmel, und von fern her kam das Rauschen der Straßen, denn hier in der 200sten Straße, fast am Rand von Manhattan, war man dem lauten Getrieb entrückt.

»Nett wohnt ihr da. Gemütlich wie immer«, sagte Katja

und sah Mirjam an: »Nicht sehr glücklich bist du hier, sagst du? Du hast doch dein Bübchen. – Man braucht doch bloß einen, zwei oder drei Menschen ganz, das andere ist alles nicht so wichtig.«

Oft trafen wir nun sie und Bambino. Er hatte sich wenig verändert. Die zwei Buben waren gesund und kräftig und wuchsen schnell heran. Wie das aber in New York und Amerika fast immer ist, Zeitmangel und Arbeit lockern die Intensität der Freundschaften, und durch die großen Entfernungen voneinander verringern sich die gegenseitigen Besuche immer mehr.

Seit langem haben Bambinos ein eigenes Haus im nahen Westchester County, und man lebt sozusagen nur noch in der gleichen Luft.

19.

DIE »HEIMSUCHUNG«

Schon öfter – vielleicht sogar zu oft – bin ich darauf zu sprechen gekommen, was für eine unheimliche Rolle das Geld zu jeder Zeit in meinem Leben gespielt hat. In geruhigen Tagen habe ich manchmal versucht, mir darüber klarzuwerden. Glaubte ich alsdann, die Gründe und vielfältigen Ursachen meiner fast süchtigen Geldgier und der damit verbundenen unkontrollierbaren Hilflosigkeit dem erjagten Geld gegenüber aufgefunden zu haben, so war damit nicht das geringste erreicht. Kaum witterte und errang ich irgendeine beträchtlichere Summe, fing der alte groteske Tanz wie von selbst wieder an. Das konnte vielleicht damit zusammenhängen, daß sich jede heftige Freude und Beglückung bei mir sogleich in einen blinden Rausch umsetzten, wodurch ich also nach Nietzsches Charakterisierung (»Die Deutschen verstehen sich aufs Berauschen«) als typisch deutsch gelten könnte. Mir kann's recht sein, aber mit diesem »Berauschen« hab' ich meistens nur Kalamitäten erlebt.

Ich erinnere mich, daß wir zu Hause bis zum Beginn unserer Bäckerlehrzeit, also bis über das zwölfte Jahr hinaus, niemals Geld oder – Streichhölzer haben durften. Wahrscheinlich hielt man uns bis dahin für Kinder, die damit nicht umgehen und allerhand Unfug anrichten konnten. So kam es, daß wir für die zehn, zwanzig oder dreißig Pfennig, die wir beim Brotaustragen von den besseren Herrschaften als Trinkgeld bekamen, auf der Stelle etliche Fünfpfennigwürste kauften oder aus den Automaten ein kleines Schächtelchen billiger Bonbons, dünner, schlechter Schokolade oder Pfefferminzstangen zogen, die es in unserem Laden viel besser und billiger gab. Nachdem unser saugrober, ältester Bruder Max vom Militär heimgekommen war und das Regiment im Hause an sich gerissen hatte, sparte ich mir manchmal insgeheim – und das war bereits ein gefahrvolles Unterfangen – von diesen Trinkgeldern Beträge bis zu achtzig Pfennig oder gar eine Mark und zwanzig Pfennig zusammen, um mir dann beim Schlosser Hoschka in Starnberg ein blinkend schönes Taschenmesser mit zwei Klingen und einem Korkenzieher zu kaufen. Wo immer ich unbeachtet war, griff ich in meine Tasche, holte das glatte herrliche Messer hervor und betrachtete es glücklich, als hielt ich das kostbarste Kleinod in Händen. Doch, o weh! Da stand auf einmal Max groß vor mir, mit seinen zwei geraden Strichfalten über der Nase und drohenden Augen: »Was hast du denn da, Kerl? Wo hast du denn dafür das Geld hergenommen, he?« Und er nahm das Messer, das mir vor Schreck auf den Boden gefallen war, sah es kurz an, ich schlotterte wie ein frierender Hund im Eisregen, und er schlug auf mich ein. Mein Messer behielt er. Nichts war vor ihm sicher. Er griff, wenn wir schliefen, unsere Taschen aus. »Zu was brauchst du die Zündhölzln, du Lausbub? Was treibst du damit? Paß einmal auf, wenn ich noch mal so was find' bei dir, dann spukt's!« drohte er, und ich war heilfroh, ohne Prügel davongekommen zu sein.

Aber wir brauchten doch die Zündhölzer für unsere Indianerfeuer, und ohne gutes Messer ließ sich keine glatte, biegsame Weidenstaude für Pfeil und Bogen schneiden und zurechtschnitzen. Also mußte alles in einer Blechschachtel in einem hohlen Waldbaum versteckt werden, und leider wurden da die Zündhölzer immer feucht und unbrauchbar. –

Bekamen wir denn nie Geld, das wir für uns verbrauchen konnten? O ja. Zu den alljährlichen Dulten und Jahrmärkten in unserm Pfarrdorf Aufkirchen oder in Starnberg gab Mutter jedem heimlich fünfzig Pfennig, und wenn ich mit meinem älteren Bruder Lenz zum Oktoberfest hineinfahren durfte, gab uns sogar Max höchstpersönlich fünf Mark pro Kopf und sagte warnend: »Paßt auf euer Geld auf! Verstanden? Und verputzt's nicht mit lauter Dummheiten!«

Aber was waren auf der märchenhaft bezaubernden Oktoberfestwiese die drei Mark und achtzig Pfennig für jeden, nachdem wir die Retourkarten auf der Eisenbahn bezahlt hatten? Weg war das Geld, eh wir recht herumschauten. –

Ja, und zu Ostern, zu Pfingsten und zu Weihnachten – das war noch vom Vater her üblich und Max hatte nichts dagegen – zeigte Mutter jedem sein Sparbuch von der genossenschaftlichen »Raiffeisen-Vereins-Kasse« in Aufkirchen und streichelte uns über den Kopf, indem sie sagte: »So, da hast jetzt schon wieder um zehn Mark mehr auf der Sparkasse, Oskar. Über hundert Mark sind's schon. – Die tun dir noch einmal wohl, wenn du alt bist und Geld brauchst –«

Alt? Wie unendlich war denn da noch hin? Und was gaukelten uns denn diese steigenden Zahlen für eine sinnlose Nichtsnutzigkeit vor? Die Summen, die sie bezeichneten, bekamen wir doch nie als wirkliches Geld in die Hand! Wann denn auch? Wenn Mutter sterben mußte, würde Max einfach alles für sich nehmen und wir würden die Sparbücher nie mehr zu Gesicht bekommen. – Da Geld für uns Kinder etwas Verbotenes war, bekam es einen um so anrüchigeren, nicht ganz geheuren Charakter. Gerade das aber zog uns an, und heute noch empfinde ich, wenn man mir eine größere Summe oder einen ansehnlichen Scheck zahlt, ein leichtes Gruseln wie damals als Neun- oder Zehnjähriger, da ich, an meine Mutter gelehnt, zusah, wie unser Vater selig viele große silberne Fünfmarktaler, einige Goldstücke und einen blauschimmernden Papierhunderter dem Reisevertreter von »Kathreiners Malzkaffee« bedächtig mitrechnend auf den Tisch hinzählte. Ich sah mit springenden Blicken auf die Taler, die Goldstücke und den Hunderter, die sich in meinem fliegenden Hirn zu etwas unvorstellbar Riesenhaftem auswuchsen, das alles in greifbar strotzender Fülle enthielt, was ich mir seit jeher wünschte: Taschenmesser, vernickelte Schlittschuhe, blinkende Fahrräder, Indianerrüstungen, Soldatenhelme, Lackgürtel und Schleppsäbel, Steinbaukästen, ganze Armeen von Bleisoldaten mit Kanonen und Festungen, dahinsausende Eisenbahnen.

Sollte ich nicht ein einziges Mal so viele Silbertaler und Goldstücke bekommen, um völlig frei weg, gleichsam wie »mir zur Lust«, kaufen zu können, was mir nur in den Sinn kam?

Das nämlich war die Folge davon, daß man mich fast bis an die Grenze der Jünglingsjahre so engstirnig und drohend vom Geld abgehalten hatte, als wäre es das größte Unheil: Die Gier, mit welcher ich ihm später nachjagte, brachte mir nie eine befreiende Erfüllung, sondern immer nur ein jämmerliches Durcheinander. Während diese innere Erbschaft bei fast allen meinen Geschwistern zu einem engen Geiz führte, schlug sie bei mir stets in eine galoppierende Verschwendungssucht um. Mein scheinbar geldverächterisches Rebellentum war also nichts anderes als ein triebhafter, unausgegorener Protest.

Ich saß an meiner Schreibmaschine und schob alles andere aus dem Hirn. Schon beim vierten Kapitel war ich, als ich von dem mir unbekannten Borromäusverein in Bonn einen sehr schmeichelhaften Brief bekam. Meine erste Bauerngeschichte, *Die Traumdeuter,* die ich nach langen vergeblichen Mühen endlich in der Sammlung *Bienenkorb* des streng katholischen Verlages Herder & Co. untergebracht hatte, war den Bonner Leuten aufgefallen. Sie erzählte die mystische Verstrickung sektiererischer Bauernfamilien und gefiel seinerzeit sehr in der Presse. Man verstieg sich in der Belobigung derart, daß man meinen Stil und meine Erzählungsart mit Kleist verglich. Ob ich bei ihnen nicht mitarbeiten wolle, fragten die Briefschreiber. »Mitarbeiten«, das hieß für mich, weil ich bereits viel in Zeitungen und Zeitschriften veröffentlicht hatte, irgendwelche Erzählungen oder Artikel zu liefern. Das war mir immer erwünscht. Also schrieb ich ungefähr so: »Jaja, hin und wieder habe ich schon geeignete erzählerische oder essayistische Beiträge für Sie und werde mir erlauben, gelegentlich etwas zu senden.« Zu meinem nicht geringen Erstaunen kam schon nach wenigen Tagen ein zweiter, ausführlicherer Brief, der mich darüber aufklärte, daß ihr Verein eine Buchgemeinde sei und für ihre Mitglieder jedes Vierteljahr einen bisher ungedruckten größeren Roman liefere. Wiederum auf meine *Traumdeuter* hinweisend, fragten sie, ob ich einen Roman aus dieser Stoffwelt in Arbeit hätte. »Aufgrund unserer derzeitigen Mitgliederzahl erscheint jedes Buch in einer Auflage von 50000 Exemplaren, wobei der Autor ein einmaliges Honorar von 10 000 Mark, eine Hälfte zahlbar bei Vertragsunterschrift, die restliche Hälfte bei Ablieferung des Manuskriptes, erhält«, las ich, griff mir an die Stirne, schaute genauer aufs Briefblatt und rief Mirjam zu: »Was –? Zehntausend Mark soll ich kriegen für einen Roman, zehntausend? Unmöglich! Da, lies doch du einmal, die müssen sich verschrieben haben. Sicher, die müssen sich verschrieben haben!« Ich gab ihr den Brief und tappte wie von einer jähen Wirrheit erfaßt, einen dumpfen Schwindel im Hirn, hin und her: »Zehntausend Mark? Zehntausend?! Nein, nein, die haben sich sicher verschrieben. – Was meinst du?«

»Ja, aber es steht doch da«, sagte sie.

»Ja, schon, schon, aber leider in Zahlen, nicht in Buchstaben. Die haben sich sicher vertippt. Ausgeschlossen, soviel zahlen die nicht«, beharrte ich; doch nüchtern sagte sie: »Na ja, fünfzigtausend Bücher. Es kann vielleicht schon stimmen, aber das hast du doch hoffentlich auch gelesen. – Der Roman muß in drei Monaten fertig sein, das kannst du doch nie –. Du und auf Bestellung schreiben, Unsinn –! Bitte, bitte, denk gar nicht weiter daran, jetzt wo du so gut im Zug bist mit dem zweiten Teil der Autobiographie!« Den letzten Satz sagte sie wirklich bittend. Sie kannte mich zu gut. Sie hatte Angst vor meiner Geldverfallenheit. Den Briefteil mit dem Lieferungstermin hatte ich schon nicht mehr gelesen. Wie Feuer war die Zahl zehntausend in mein Blut geschossen, weiter sah ich nichts mehr.

»So oder so, ob sie sich jetzt verschrieben haben oder nicht. – Wir können doch nicht hinschreiben: Bitte haben Sie sich vielleicht geirrt. – Das geht nicht. – Aber, aber was red' ich denn? Terminarbeit kannst du ja sowieso nicht machen, noch dazu einen ganzen Roman! – Quatsch, lassen wir das! Denk nicht mehr dran, schreib an deinem Buch weiter«, redete sie auf mich ein, doch in mir brannte schon alles.

»Aber da steht doch zehntausend Mark, zehntausend!« rief ich und blieb jäh stehen, starrte sie an: »Weißt du was? Ich mach's! Ich sage ihnen zu. Was kann schon sein? Ich mach's!« Ihr Gesicht zerfiel fast, eine undefinierbare Enttäuschung und Traurigkeit stand darauf. Erst nach einigen Sekunden erholte sie sich, sah mich beinahe feindlich an und schloß in rauherem Ton: »Mach, was du willst. Ich will nichts mehr wissen davon.« Damit ging sie ohne Abendessen in ihr Zimmer hinauf. Von hinten sah ich, daß sie am ganzen Körper zitterte. Das tat mir weh, aber nur kurz, ganz kurz. Kaum war sie draußen, schrieb ich fliegend meinen zusagenden Brief und log darin, daß ich schon längere Zeit an einem Roman arbeite, wie sie ihn wünschen. Sogleich lief ich noch zum Briefkasten und warf ihn ein. Eine merkwürdig gemischte Stimmung hatte mich erfaßt. Schrecklich gespannt war ich, so stark, daß ich mitunter mein Herz klopfen hörte, und zugleich bedrückte es mich, daß sich Mirjam so grämte. Und das Ärgste: Wie weggewischt waren Kapitel und Idee der Autobiographie. Wer kann da noch von Werkbesessenheit reden? Alles Unsinn, Mumpitz, Lug und Trug. Liegen blieben die Kapitel. Ich rührte sie nicht mehr an. Dennoch aber war mir nicht wohl dabei, weil dieses verdammte Geld mich jedesmal aus allen Fugen hob. Wütend war ich auch auf mich, vermurrt, weil Mirjam mir kein gutes Gesicht mehr machte und nicht einmal mehr fragte, was ich nun getan hätte. Mit zerreibender Spannung wartete ich jedesmal auf den Briefträger und wußte mit meinen Tagen nichts anzufangen. Er brachte den Vertrag mit einem Brief, in dem man die erste Rate von FÜNFTAUSEND Mark (in Zahl und Wort stand die Summe nun im Vertrag) zusagte, sobald der unterschriebene Vertrag eingelaufen sei. Ich jauchzte auf, ich kochte vor Freude und Triumph, denn diese riesenhafte Summe, die ich nun sicher erwarten konnte, belebte mich ungeheuer; ich zweifelte nicht, daß ich den Roman in viel kürzerer Zeit wie vorgeschrieben fertigbringen würde; ich spürte im Hirn und im Körper eine so verwegene Kraft, daß mir alles leicht vorkam. Und ich sagte kein Wort zu Mirjam; ich wollte sie überraschen, schließlich war sie auch nicht von Eisen, schließlich mußte auch sie von unserem Reichtum eingenommen sein, und sicher freute sie sich auch, wenn ich ihr einige nette Kleider und sonstige Geschenke machen konnte.

Es traf sich gut, es hätte nicht abgemessener sein können: Mein Schlaf war seit der Bonner Sache sehr kurz und unruhig. Alle paar Stunden wachte ich auf, und das wirre Rechnen, Ausdenken und Planen ging an.

Es war gut, es war großartig: Durchs Oberlicht des Atelierfensters schien ein wunderbar mildsonniger Tag, und schon um acht Uhr klopfte der Briefträger und sagte mit bassig-gemütlicher Stimme: »Geldpost, Herr Graf, Geldpost!« Wie elektrisiert rannte ich zur Tür und riß sie auf.

»Einen ganz schönen Batzen bring' ich Ihnen heut', Herr Graf«, sagte der Mann, und wie schwindlig antwortete ich: »Jaja, ich weiß, ich weiß.« Schon stand er am Tisch und zählte blanke fünftausend Mark auf die Platte.

»Stimmt's? Wenn Sie meinen, zählen Sie nach, bitt' schön«, hörte ich ihn sagen: aber ich tat es nicht, ich konnte es nicht, ich zitterte am ganzen Leib und gab ihm fünfzig Mark: »Stimmt schon, stimmt!« Der Mann stutzte, starrte mich kurz wie ein verschrecktes Kalb an, erfing sich und sagte: »Tja, wie Sie meinen, Herr Graf, wie Sie meinen. Recht schönen Dank sag' ich.«

»Schon gut, schon gut«, hastete ich heraus und war nur noch Aug für die bunten Banknoten. Hohes Trinkgeld geben, hat mich seit jeher erhoben. Schnell ging der Mann mit freundlichen Grüßen davon. Fliegend legte ich die großen und kleinen Scheine zusammen und steckte sie in die Brusttasche. Dann rannte ich auf die Straße und lief so lange herum, bis ich einen Fiaker auftrieb und fuhr mit ihm vor unser Haustor.

»Warten Sie, es wird vielleicht länger dauern. – Wird alles bezahlt«, rief ich ihm beim Aussteigen zu, stürzte ins Haus, jagte durch die vier Tordurchgänge und stieß am Fuß meiner Treppe auf unsere Zeitungsfrau, die furchtbar weinte. »Was haben Sie denn?« fragte ich schnell: »Ich habe keine Zeit.«

»Mein ganzes Abonnementsgeld hab' ich verloren. Achtundvierzig Mark, Herr Graf«, klagte sie keuchend heraus.

Rasch zog ich einen Hundertmarkschein und gab ihn ihr: »Da ... da, ist schon gut –« Weiter wollte ich. Sie starrte, hob den Kopf und wollte offenbar dramatisch danken, aber vergebens. »Gut – gut. – Schon gut!« winkte ich fast ärgerlich ab. Ich hatte doch keine Zeit. Schon war ich in der Treppenmitte. Keuchend und schwitzend kam ich im Atelier an und mußte erst verschnaufen.

Wunderbar, Mirjam war noch in ihrer Kammer. Flüchtig fiel mir noch mal die Zeitungsfrau ein. Wie schnell Geld doch verwandelt. Hm, gleich erschrocken ist die! Beinah aufs Knie wär' sie gefallen wegen dem Hunderter, hm, dachte ich wie ein wohlversorgter blasierter Weltmann: Merkwürdig, die Leute können so was einfach nicht verstehen! Sie fassen's nicht, wenn ein Mensch sich nichts aus Geld macht! – Komisch. Eine ungeheure Überlegenheit erfüllte mich. Wo war jetzt die giftig-drohende, die niegestillte Rachsucht gegen alle?

»Humbug!« schlüpfte es wie von selbst über meine Lippen. Ein jauchzendes Mit-allen-versöhnt-Sein durchprikkelte mich. Ich lief zu Mirjam hinauf. Als ich in ihrer Kammer war, küßte ich sie stürmisch und drängte heiter scherzend: »So, so, mach! Mach dich fertig! Komm, komm! Der Fiaker wartet drunten.«

Es gab ihr einen Ruck, und mit großen Augen rief sie:

»Was? Was? – Bist du wahnsinnig? Du hast also das Geld bekommen?«

»Ja – jawohl, jawohl, mein Schatz! Jawohl!« rief ich kreuzfidel, schwang ein Banknotenbündel und hüpfte lachend und tänzelnd um sie: »Rasch, zieh dich an und komm! – Komm, komm! Jetzt muß alles her, was wir schon so lang brauchen. Komm schnell, wir müssen alles rasch hinter uns bringen! Dann hab ich den Kopf frei zum Arbeiten –«

Ihr Sträuben, ihre Erziehungskünste, alles versagte. Der scheinbare Pantoffelheld entpuppte sich als ein manisch Besessener, gegen den nichts mehr aufkam. Es gelang ihr, im Atelier gerade noch eine Tasse Kaffee hinunterzugießen, den Appetit auf Brötchen hatte sie verloren, und in ihrer eingefleischten Sparsamkeit fürchtete sie auch, die Wartekosten des Fiakers würden ins Unmäßige steigen. In der Kutsche dirigierte ich sogleich: »So, erst zu den Schreibmaschinen. – Fahren Sie zum Zeller, Rosenstraße.« Dort kaufte ich – Mirjam konnte nur noch verbiestert nebenherlaufen – zwei Schreibmaschinen, Leitz-Ordner, Zehntausende von Kuverts in allen Größen, Papier, Papier, kurzum Bürobedarf für eine gutflorierende mittlere Versandfirma. Über achthundert Mark machte die Rechnung. Flink trugen die beflissenen Verkäufer die Pakete zum Wagen. Fieberhaft war mein Unternehmungsgeist. Zwecklos das Dazwischenreden Mirjams.

»Bett- und Küchenwäsche und Frottiertücher brauchen wir, hast du neulich gesagt. Nicht?« wandte ich mich in der Kutsche an sie.

»Gar nichts hab ich gesagt!« zischte sie mich an: »Wahnsinnig bist du!« Schon hielt der Fiaker vor der Wäschefirma Rosenthal. Dort war es wieder genauso wie bei Zeller. Die Verkäuferinnen leisteten Schnellarbeit. Dutzende von Bett- und Kissenüberzügen, von Leintüchern, Frottierhandtüchern, Hand- und Küchentüchern nahm ich.

»Wenn ich fragen darf, die Herrschaften haben sich wohl erst kürzlich vermählt?« fragte die eine Verkäuferin, und aufgeräumt sprudelte ich heraus: »Nein, nein, Fräulein –. Wir sind bloß endlich zu Geld gekommen. Da merkt man erst, was man alles braucht –. Da sag' ich, lieber alles gleich auf einmal.«

»Ja, Herr, da haben Sie wohl recht. Dann hat man's hinter sich. Weiß man denn, wann man sich's wieder leisten kann?« meinte das freundliche Fräulein bei den letzten drei Dutzend Handtüchern. Ich merkte, daß das nette Gespräch Mirjam etwas besänftigte.

»Geben Sie noch drei Dutzend dazu«, belohnte ich die freundliche Verkäuferin. Schon verfinsterte sich Mirjam wieder: »Jetzt aber genug! Genug!« Halblaut und drohend klang es. Aber ausgeschlossen! Unmöglich! Anzüge, Mäntel, etliche Dutzend Hemden und Unterwäsche brauchte ich noch. Machtlos war sie. Sie gab auf.

»Willst du denn gar nichts? Wünsch dir doch was!« wollte ich ihr zureden.

»Heim, heim! Nur heim!« stöhnte sie zwischen den Schachteln und Paketen. Zwecklos. An jedem Laden, an dem wir vorbeifuhren, peitschte es durch mich: »Her, her damit, nur her mit allem!« Die ganze Stadt hätte ich aufkaufen mögen. Wie in Trance befand ich mich. Das Geld dirigierte mich. Sehen wollte ich was dafür! Kaufen, kaufen mußte ich! Erst nachdem ich im Schuhgeschäft sechs Paar für mich gekauft hatte, nahm auch sie zwei Paar für sich.

»So, Gott sei Dank, jetzt, glaub' ich, haben wir's«, sagte ich im Hinausgehen: »Jetzt hab' ich das aus dem Kopf und kann arbeiten.« Sie atmete auf, ihre Miene entspannte sich. Der Fiaker brummte. Neben seinem Kutschbock türmten sich die Schachteln und Pakete, und hinten im Wagen hatten wir kaum noch Platz vor lauter Waren. Alle Leute schauten nach uns. Triumph durchrieselte mich. Lustig umspannte ich Mirjam: »Freu dich doch! – Freust du dich denn gar nicht, du? Du! Sei doch nicht so!« Ich schüttelte sie, ich küßte sie, und endlich lächelte auch sie ausgeglichener: »Jaja, ich freu mich ja, jaja!« Nach und nach schien sie sich mit allem abgefunden zu haben und war wie immer. Wir fuhren durch die breite, belebte, sonnenhelle Ludwigstraße, und einige Bekannte grüßten uns staunend. Wie ein gnädiger Fürst lüpfte ich leutselig den Hut. Eigentlich wollte ich in die *Bodega* zu einem Gabelfrühstück, gab aber sofort nach, als Mirjam ablehnte.

Als wir an den vornehmen Geschäften vorüberfuhren, sah sie zufällig in eine Auslage und sagte arglos: »Sieh mal, ist das aber ein hübsches Kleid!« Schon riß ich sie wieder mit. Her mußte das teure Modellkleid, das ihr wie angegossen paßte. Sie gefiel sich selber und fragte zögernd nach dem Preis.

»Ist schon bezahlt! Komm, mein Schatz!« sagte ich lustig und zog sie aus dem Laden. Ihr »mein Gott, mein Gott, hätt' ich doch nichts gesagt!« überhörte ich. Als wir dahinfuhren, umschlang und ermunterte ich sie fortwährend: »Wunderschön bist du, wunderschön! – So schön warst du noch nie!« Das half.

Als der sich nach unten biegende, wackelnde Fiaker vor unserem Haustor anhielt, gafften die Leute auf beiden Seiten der Straße. Wie beschämt lief Mirjam voraus. Der brummige Kutscher und ich schleppten in aller Eile die Schachteln und Pakete ins Atelier. Nachdem ich ihm zwanzig Mark Trinkgeld gegeben hatte, verwandelte sich der Mann im Nu und nannte mich »Herr Doktor«. Respektvoll verbeugte er sich: »Besten Dank, Herr Doktor, allerbesten Dank. Ein andres Mal die Ehr'.«

Wie ein beängstigend vollgepfropftes, unaufgeräumtes Warenlager sah unser Atelier aus, und sofort fing ich das Auspacken an, während Mirjam die Eier briet.

»Komm jetzt, iß erst einmal! Du mußt doch Hunger haben«, sagte sie.

Ich hatte zwar keinen, aber ich folgte, schlang alles hinein und wollte zu den Sachen.

»Was hast du denn noch an Geld?« fragte sie. Ich leerte alles aus meinen Taschen auf den Tisch, packte weiter aus und sie zählte.

»Was? – Wasss?!« schnellte sie plötzlich auf und sah mich entsetzt an: »Nur noch zweitausendeinhundertvierzehn Mark hast du? Schon über die Hälfte weg? – Ja, sag mal, bist du denn krank?«

»Krank? Wieso –? Das brauchen wir doch alles!« versuchte ich mich zu rechtfertigen. Eine ganz kleine Pause gab es. Groß und starr sah sie mich wie etwas Unheimliches an, erfing sich und sagte mit eisigkalter Entschiedenheit: »Weißt du was? – Das mache ich nicht mit! – Die fünfzehnhundert Mark nehm' ich mir, und morgen fahre ich nach Berlin. Was du weiter machst, kümmert mich nicht.« Sie nahm die Banknoten und ging in ihr Zimmer hinauf.

Eigentlich war ich gar nicht so sehr bestürzt, als ich das restliche Geld einsteckte, eher etwas erleichtert, wenn mir auch das fortwährende Streiten unangenehm war. Schließlich murmelte ich mir zufrieden zu: »Da stört mich dann auch keiner mehr beim Arbeiten.« Trotzdem ging ich nach einer Weile zu ihr hinauf. Doch sie hatte die Tür verriegelt und antwortete auf mein Klopfen und Bitten nur: »Laß mich in Ruh'. Ich muß packen!«

Mit dem Frühschnellzug fuhr sie nach Berlin, wo ihre Mutter und ihr Stiefvater ein Miethaus am Bahnhof Zoo hatten. Mein schmeichelndes Zurechtreden vor dem Einsteigen stimmte sie jedoch soweit um, daß sie beim Anfahren des Zugs aus dem Coupéfenster rief: »Na, hoffentlich kannst du gleich arbeiten, hoffentlich!«

Sogleich fuhr ich nach Hause, packte in aller Eile die restlichen Sachen aus, verstaute sie, so gut das ging, und machte wieder einigermaßen Ordnung.

Ich schlief eine Stunde, machte mir starken Tee und setzte mich wie neugestärkt an die Schreibmaschine. Aber jetzt kam das Ärgste: *Ich konnte nicht mehr arbeiten.* Es war geschehen um mich, solange ich noch einen Pfennig überflüssiges Geld in der Tasche hatte. Jetzt zeigte sich, wie satanisch dieses heiß ersehnte, gierig erwartete, schauerlich verheerende Geld für mich war!

Es peitschte mich in der Frühe aus dem Bett, ich mußte in die Stadt, es zwang mich, willenlos sinnlosen Krimskrams einzukaufen. Ich konnte nichts anderes denken und tun.

Erst als ich kaum mehr hundert Mark hatte und ganz verstört vor dem Haufen der blödsinnigen Sachen stand, packte mich der Schrecken. Panisch rannte ich im Atelier herum und fragte mich in einem fort: Ja, um Gottes willen, was schreib' ich denn, was denn? – Ich weiß doch gar nichts! Mir fällt doch nichts, nichts, gar nichts mehr ein!

20.

DON QUICHOTTE IM KLEINEN

Diese Hölle hatte aber noch einige Extrafolterungen für mich reserviert. Die Bonner baten mich um ein Exposé über den ungefähren Inhalt des Romans. Ich mußte all meine angeschlagene Energie zusammenraffen, um mich herauszuwinden. Mit Ach und Krach brachte ich einen phantastisch verlogenen Brief zustande, in welchem ich erklärte, ein Exposé zu senden sei mir nicht möglich, da ich aber und abermals erlebt hätte, daß derartige Niederschriften, welche ich unwillkürlich mit der gleichen Sorgfalt wie eine abgerundete fertige literarische Arbeit ausfeile, mich nur vom eigentlichen Schaffen ablenkten. »Die Eingebungen kommen mir überhaupt erst im Fluß der Schöpfung«, schrieb ich poetisch geschwollen, und damit hatte ich den richtigen Nerv der Bonner ertastet. Von jetzt ab bekamen auch ihre Briefe einen solchen Ton. Leider aber erbaten sie, nachdem sie auf das Exposé verzichtet hatten, sehr zartsinnig die ersten Kapitel zur Durchsicht. Erste Kapitel – und ich hatte noch keine Zeile, wußte noch gar nicht wie und was!

Wiederum raffte ich mich zusammen, und mit meisterhafter Beredsamkeit machte ich klar, daß ich ein Dichter sei, der stets nur ein druckfertiges Manuskript abliefere. »Mein Manuskript ist und bleibt mir vom ersten bis zum letzten hingeschriebenen Wort der sicherste Schutz gegen jede Ablenkung. Ich muß es bei mir haben wie etwas, aus dem ich jederzeit erwärmende Liebe herausfühle und stummen anspornenden Zuspruch erhalte.« Nie wieder habe ich so poesievolle Briefe fertiggebracht.

Darüber aber waren über zwei Wochen vergangen, und ich blieb wie paralysiert. Ich schauderte geradezu, wenn ich beim Aufwachen auf meine verlassene Schreibmaschine hinschaute, ich wich ihr gleichsam aus wie einem bösen Geist. Unruhe und schlechtes Gewissen trieben mich schon in der Frühe aus dem Atelier fort. Solange ich noch Geld zum Einkaufen hatte, ging das sogar noch. Aber jetzt? Jetzt –? Es war entsetzlich, ich wußte einfach nichts mehr mit mir anzufangen. Herrgott! Herrgott, konnte ich denn wirklich nicht mehr schreiben? Fiel mir denn gar nichts mehr ein? Mir wurde unheimlich. Eine undefinierbar absonderliche Angst stieg in mir auf, sammelte sich und quoll wie dicker Teig durch meinen ganzen Körper, drückte ans Herz, füllte den Kopf und drückte so schmerzhaft stark von innen nach außen, daß ich fürchtete, der ganze Kopf könne mir jeden Augenblick platzen. Mein Atem wurde schwer und kurz, und eine ungeheure, speiüble Traurigkeit übermannte mich. Nur um irgend etwas zu tun und davon loszukommen, kochte ich mir starken Tee, was ich immer tat, wenn ich die Nacht hindurch arbeitete. Kochte ihn, stellte mechanisch die Tasse neben meine Schreibmaschine, goß ein und – es war noch kaum neun Uhr abends – fing völlig kopfleer, gänzlich abwesend zu tippen an, tippte und tippte, bis ich in der hellichten Frühe drunten im Hof die Steinmetzen hörte, die dort eine Werkstätte hatten. Verschwommen hörte ich sie reden, dann hämmerten sie. Es war gespenstisch, es war als wechselte ich von einem Menschen in einen anderen, und jetzt erst wurde mir alles gegenwärtig. Der Stummel einer verglühenden Zigarette rauchte noch dünn im übervollen Aschenbecher und reizte mich zum Husten, meine Finger waren klamm, meine Augen brannten; ich merkte, wie dicke Schweißtropfen aus meinem Haar über mein Gesicht rannen und niedertropften, sah undeutlich den Raum meines verrauchten Ateliers, stand auf und tappte steifstarr, eingemummt von einer schrecklichen Schlafmüdigkeit, auf meinen Diwan zu, brach um und schlief sofort ein.

Gegen drei Uhr nachmittags wachte ich auf und mußte mich erst eine kurze Weile besinnen, wo ich mich befand. Langsam verlor sich meine Schlaftrunkenheit; ich rieb fortwährend meine verklebten Augen aus, schloß meinen kalkig trockenen Mund, schluckte ein paarmal und kam wie stückweise zur Besinnung. Hm, nicht einmal ausgezogen war ich. Ja so, gestern abend hatte ich geschrieben; Mirjam war in Berlin; die Teekanne und die Tasse standen noch auf dem Tisch, daneben der hoch überfüllte Aschenbecher; nach kaltem Rauch roch es, und neben der Schreibmaschine lagen vollgeschriebene Blätter – ja so – Bonn, einen Roman – ich schrieb einen Roman!

Einen Roman? Den Roman?

Ich sprang auf, lief an den Tisch und überflog ein Manuskriptblatt, las, staunte kurz – o ja, die Sätze waren verständlich und logisch richtig. Hm! Ich hob die anderen Manuskriptblätter auf, ordnete sie nach Nummern, zählte bis zweiunddreißig, und auf einmal zischte eine Hitze durch mich. Ich erinnerte mich an nichts, was ich geschrieben hatte, nicht an das geringste; aber ich wußte gleichsam mit traumwandlerischer Sicherheit, es war alles richtig. Eine unbeschreibliche Erleichterung befiel mich und steigerte sich nach und nach zu einer übermütigen Munterkeit, zu einem Glücksgefühl, wie ich es noch nie empfunden hatte. Fast taumelig wurde mir davon. Hurtig zog ich mich an, steckte meine Manuskriptblätter zu mir und suchte meine Freunde Anni und Rudi Schaal in der Giselastraße auf, die immer für mich Zeit hatten.

»Menschenskinder, ich hab' da einen Haufen Geld bekommen und soll einen Roman dafür schreiben. In drei Monaten muß er fertig sein –. Mir ist bis jetzt ganz angst und bang geworden, weil mir nichts eingefallen ist. – Ihr wißt ja, das Geld hat mich ganz kribblig gemacht, und Mirjam ist auf und davon nach Berlin, weil ich so verrückt war. Heut' nacht endlich hab' ich zu schreiben angefangen. – Da, ich weiß wirklich absolut nicht, was ich da zusammengeschrieben hab', ich hab' einfach drauflosgeschrieben, weiß der Teufel, wie das zugegangen ist. Ich muß euch das vorlesen, ihr müßt mir zuhören, damit ich sehe, ob alles stimmt«, redete ich sprudelnd auf sie ein. Ich las ja seit eh und je das meiste, was ich fabrizierte, in ihrer behaglichen

Wohnung vor. Anni machte Kaffee. Wir setzten uns zusammen, und ich fing zu lesen an. Erst unsicher und wie tastend, doch je mehr ich las, um so verwunderter wurde ich. Tatsächlich fügte sich alles klar und natürlich ineinander. Mein Vorlesen wurde besser und besser, denn ich merkte deutlich, was für eine starke Resonanz ich bei meinen Freunden erzeugte, und als ich fertig war, schauten wir einander huscherlang sprachlos an, dann sagte Anni: »Ja, du, das ist ja großartig! – Wo hast du denn das her?«

»Ich weiß nicht. Es ist mir einfach so gekommen«, gab ich zurück; und auf einmal fing ich verwildert zu lachen an, so krachend, daß ich kaum mehr Luft bekam, daß die beiden mich bestürzt anschauten und Anni beinahe ärgerlich herausstieß: »Ja, was lachst du denn da –? Das ist doch alles ganz ernst.«

»Ja, Kruzifix, ja, Kruzifix! Es stimmt!« lachte ich immer noch schüttelnd. »Es stimmt, es kann so weitergehen. – Ist das eine verrückte Sache, das Bücherschreiben! – Es stimmt, juchhe!« Hastig trank ich meinen Kaffee aus, packte das Manuskript zusammen und verabschiedete mich eilsam. Heim rannte ich und setzte mich sogleich wieder an die Schreibmaschine. –

Mühelos schrieb ich den Roman fertig, niemals gab es auch nur die geringste Stockung. Es floß unglaublich leicht dahin, und ich konnte das fertige Manuskript sogar vierzehn Tage vor dem festgelegten Ablieferungstermin einsenden. Wie das zuging, weiß ich heute noch nicht.

Aus Angst, die nunmehr bald einlaufenden fünftausend Mark könnten mir wieder so sinnlos zerlaufen, schickte ich Mirjam auf der Stelle ein Telegramm: »Halleluja! Eben fertiges Manuskript eingeschickt. Komme sofort.« Sie besann sich keinen Augenblick, denn wenn sie auch die vorhergegangenen ärgerlichen Dummheiten halbwegs verwunden hatte und bei uns – wie wir das nannten – wieder

»Ruhe im Saal« war, so traute sie dem Frieden dennoch nicht. –

Ich empfing sie mit einem hymnisch lobenden Brief über meinen Roman, den mir der Leiter der Bonner Buchgemeinde, Professor Tillmann, geschrieben hatte, und wir waren glücklich. Sie las das Manuskript in zwei Nächten, und sie, die unbestechlich Kritische, auf deren Urteil ich allein etwas gab, wurde auf einmal hell begeistert.

»Sehr gut, sehr gut!« sagte sie und wahrscheinlich, weil ihr diesmal meine schriftstellerische Leistungskraft ganz besonders imponierte, setzte sie mit zärtlicher Zuversicht dazu: »Mit dir, glaub' ich, kann man nicht untergehn.«

Das war schön und nicht schön zugleich, war gut und nicht gut, wie man's nehmen will. Ihre Zuversicht und ihr Vertrauen in bezug auf unsere materielle Zukunft verwandelte nunmehr auch sie. In der sicheren Erwartung der nächsten fünftausend Mark lockerten sich ihre bürgerlichen Grundsätze und ihr hausfrauenhaftes Zusammengenommensein mehr und mehr auf. Sie bekam – da ja zudem ihre mitgenommenen fünfzehnhundert Mark zu Hause unangegriffen geblieben waren – im Geldausgeben eine viel leichtere Hand, ja allmählich verzauberte auch sie unser jäher Reichtum. Jeder Tag war heiter, alles war leicht, mit fröhlicher Unbedenklichkeit gönnte man sich alles, was einem gerade einfiel, und ein zweiseitiges hemmungsloses Einkaufen fing wieder an – und nach kaum drei Monaten war das Geld verbraucht.

Zum Glück für uns hatte die Bonner Buchgemeinde währenddessen die fünfzigtausend Exemplare des Romans an ihre Mitglieder abgesetzt. Sie bat mich, noch einmal dreitausend nachdrucken zu dürfen, wofür ich abermals tausend Mark bekam. Dieses Geld reichte weit länger als die zehntausend. Nach und nach gingen wir auch daran, das meiste von dem unnötigen Kram wieder zu verkaufen oder zu versetzen, und unser Leben wurde wieder normal. *Die Heimsuchung* heißt der Roman. Wäre ich ein »faustisch ringender, von seinem schöpferischen Dämon beherrschter« Dichter, so könnt' ich vielleicht sagen, auch für mich war er eine Heimsuchung. Seltsamerweise aber überkugeln sich bei mir solche Erlebnisse stets, und zum Schluß zerläuft alles zu einer Lustigkeit.

Nach dem Absatz der Restauflage gab mir die Bonner Buchgemeinde den Roman frei, und er erschien bald darauf im Stuttgarter Engelhorn-Verlag. Damit wurde er erst in der breiten Lese-Öffentlichkeit bekannt, und das hatte merkwürdige Folgen. Schon die überraschend günstigen Besprechungen in der Presse, und wohlgemerkt von den kommunistischen Zeitungen bis zu den rechtsradikalen, hoben mein literarisches Selbstbewußtsein. Komisch, wie eingewohnt man sich beständig belügt. Bisher glaubte ich felsenfest, daß mich kein Lob je berühren und beirren könnte. Lob aber spornt an, Lob ist imstande, Fähigkeiten, von denen man fast nichts ahnt, zu erwecken und weiterzuentwickeln. Wie sehr man auf Lob erpicht ist, ergibt sich schon daraus, daß einen sogenannte »Verrisse« – mag man sich auch noch so scheinbar gleichgültig dazu stellen – insgeheim ärgern. Diese Wirkung der *Heimsuchung* also war durchaus förderlich für mich. Lachen mußte ich aber, als allenthalben die Kritik wiederholte, daß »hier ein starker Dichter in bisher völlig unbekannte Tiefen der bäuerlichen Religiosität eingedrungen sei und die mystische Schicksalsgeschlagenheit ganzer Geschlechter zwingend eindringlich gestaltet habe«.

Die Bauern, die ich kannte – und ich kannte sie, weil ich zum guten Teil selber einer war –, waren lediglich gewohnheitsfromm, weil's »so der Brauch war«. »Religiöse Tiefen« und »mystische Schicksalsgeschlagenheit« hab' ich bei keinem gefunden. In meiner *Heimsuchung* geisterten pathologische Fanatiker und religiöse Sektierer herum, die eher an Dostojewskijsche Romanfiguren erinnerten.

Doch das Netteste kam erst.

Ich ging auf der sonnigen Ludwigstraße dahin, und mein vielbelesener, in religiös-mystischer Literatur profund beschlagener Freund Hans Ludwig Held, damals Direktor der Städtischen Bibliothek, kam mir mit forschendem Blick entgegen. Mit vorgestrecktem Bauch, die fleischige Hand mit dem brandroten Vollbart beschäftigt, die Stirn drohend gefaltet, blieb er vor mir stehen und sah mich mit seinen kleinen scharfen Augen durch die blinkenden Brillengläser unverwandt an: »Sag mal, ich habe deinen Roman gelesen, sehr anständig; aber sag mal, ich such' mir jetzt schon wochenlang meine ganze Bibliothek durch und bin schon halb blind vor lauter Suchen – sag mal, bei welchen Quellen hast du denn deine Sekten ›Die Sanften‹ und ›Lehensbrüder Gottes‹ gefunden?«

Ganz dumm und baff schaute ich ihn an. Ich mußte leicht lächeln. »Die? – Wo ich die her hab'?« antwortete ich lustig. »Quellen hab' ich da gar keine gebraucht, die hab' ich frei erfunden. Alles ist erstunken und erlogen, wenn du willst«, antwortete ich lustig.

Mein rundbauchiger Freund starrte ganz kurz, wurde hochrot im Gesicht und schlug seinen Stock ärgerlich auf dem Pflaster auf: »Also da hört sich doch alles auf –! Und ich laß' mich zum Narren halten ... Hm – hm, niederträchtig! Niederträchtig! – Ganz recht hat der Nietzsche, hundsgemeine Lügner seid ihr Dichter alle miteinander, Erzlügner!« Er zog seinen breiten Bartmund zu einem kleinen freundlichen Lächeln auseinander, wobei seine Mauszähne sichtbar wurden: »Aber, allen Respekt, mein Lieber, ausgezeichnet hast du gelogen.«

Es kam auch ein langer Brief des damaligen Dozenten Dr. Günther Franz aus Marbach, der später eine bedeutende

Geschichte des deutschen Bauernkrieges veröffentlichte. Einleitend belobigte er ebenfalls meinen Roman und stellte die gleiche Frage. Wir sind Brieffreunde geworden, und er hat mir in der Folgezeit bereitwillig Material für einen geplanten Bauernkriegsroman geliefert. Eine obskure »K. und K. Historische Gesellschaft« aus Wien, die offenbar von der Republik Österreich noch keine Notiz genommen hatte, erbat in gewundenem k. u. k. Kanzleistil Quellenangaben über meine Sekten. Pfarrer, Pastoren, Gelehrte und Leser wollten ebensolche Auskünfte. Manche machten mir wütende Vorwürfe wegen meiner leichtsinnigen »Historismen«. Ungewollt zog ich mir eine bittere Feindschaft von einem Manne zu, den ich nie gesehen hatte und dessen Namen ich nicht einmal kannte. Erst als die damals führende deutsche Zentrumszeitung, die Berliner *Germania* des Herrn von Papen, einen empörten Angriffsartikel gegen die Bonner Buchgemeinde publizierte, erfuhr ich, daß es sich um den Pfarrer Jakob Kneip handelte, dessen Roman *Hampit, der Jäger* die Buchgemeinde abgelehnt hatte. Tief verletzt in seiner Eitelkeit wandte sich der Verschmähte an einflußreiche katholische Würdenträger und Politiker und inszenierte den Krach, bei dem es gleichsam vor Anklagen schepperte wie bei einer Gewitterimitation hinter der Bühne. Bedauerlicherweise wurden daraufhin alle literarisch Verantwortlichen der Buchgemeinde entlassen. Bei allem Leidwesen konnte ich ein Schmunzeln nicht unterdrücken, als ich unter anderem las: »Ganz abgesehen davon, daß die Bonner Herren das literarisch sehr bedeutende Werk Jakob Kneips ablehnten, fragt man sich in gebildeten katholischen Kreisen mit berechtigtem Befremden, was sie denn veranlaßte, ausgerechnet einen Roman des politisch sattsam berüchtigten Schriftstellers Oskar Maria Graf als Erstgabe herauszubringen, eines Mannes, der sich bekanntlich in linkssozialistischen und kommunistischen Parteiorganisationen seit seiner aktiven Teilnahme an den blutigen Münchner Revolutionswirren von 1918/1919 größter Beliebtheit erfreut. Darf man weiterhin fragen, ob denn den maßgebenden Lektoren nicht bekannt war, daß dieser selbe Oskar Maria Graf der Verfasser des schamlosen Machwerkes *Das Bayerische Dekameron* ist, einer Sammlung obszöner Bauernschnurren, von denen man sich nur wundert, daß sie veröffentlicht werden durften und im Buchhandel frei zu haben sind. Fast sträubt sich unsere Feder, gezwungenermaßen bei dieser Gelegenheit eine derartig unsittliche Verunglimpfung der schlichten Liebe unseres Bauernstandes erwähnen zu müssen.«

Ich will nicht annehmen, daß der Herr Pfarrer Kneip als guter Katholik die rachsüchtige Absicht hatte, mir mein schriftstellerisches Handwerk zu legen, schließlich aber wollte er mir damit bestimmt nicht nützen. Dieser Zeitungskrach in Berlin war nämlich die beste Reklame für mein *Dekameron*. Hocherfreut teilte mir Amonesta mit, daß ich seither einen »großen Kreis von begeisterten Lesern und Verehrern« in der Reichshauptstadt und im ganzen Norden gewonnen hätte. Sex und Obszönitäten gab es dazumal noch nicht soviel in Büchern, und im *Dekameron* hoffte man dergleichen reichlich zu finden. So schien's auch wirklich. Eines Morgens klopfte es heftig an meine Ateliertür, und als ich schlaftrunken und vermurrt aufriß, stand ein rundlicher, gutangezogener Mann da, fixierte mich kurz und fragte: »Sind Sie der Schriftsteller Oskar Maria Graf?«

»Ja, was wollen Sie?« fuhr ich ihn an, doch das störte ihn gar nicht.

»Soso, dö Sau gibt's also wirklich. Adjee!« rief er leicht lachend und lief wieder die Treppe hinunter.

Möglich, daß mich der Krach der *Germania* weitum bekannt machte und in allen möglichen Kreisen als literarisches Unikum ins Gerede brachte. Der Morgenbesuch des unbekannten Mannes bewies das. Was war ich nun wirklich: ein urfideler schweinischer Schnurrenerzähler aus Bayern, eine »Sau« oder nach den rühmenden Rezensionen der *Heimsuchung* etwas mehr? So oder so – die Schriftstellerei war wirklich ein leichtes und lustiges Geschäft, und kaum zu glauben, es verschaffte einem Respekt von Leuten, an die man gar nie dachte. Sogar der Pfarrer Friedinger aus meiner Dorfschulzeit, dem ich aus Bonn das Buch zuschicken hatte lassen, kam nach Berg zu meiner alten Mutter. Das war ungewöhnlich. Der Maurus staunte, als er ihn außen die Stiege hinaufsteigen sah, und alle Nachbarn lugten neugierig nach ihm, als er ins Häusl hinein- und erst nach einer guten Weile wieder herausging.

»Wirklich ein sehr schönes Buch hat er da geschrieben, Ihr Oskar, Frau Graf. – Auf so einen Sohn können Sie stolz sein«, sagte der geistliche Herr beim Weggehen. Rot und verlegen wurde meine Mutter. Es war eine Wohltat für sie im ewigen Gezänk zwischen Resl und Maurus. Feuchte Augen bekam sie vor Bewegtheit und brachte bloß etliche Dankworte heraus, und gleich lief sie hinunter in die Konditorstube vom Maurus und sagte, ehe der fragen konnte: »Der Herr Pfarrer hat gsagt, daß er schöne Bücher schreibt, der Oskar. Recht gelobt hat er ihn.«

Abends, beim Milchholen, erzählte sie es Nachbarn, und so erfuhr es das Dorf und die Pfarrei.

»Schau, schau! Hat man allweil gmeint, er hat's bloß mit dö Sauereien, der Oskar«, sagten einige Bauern, die vom *Dekameron* was wußten: »Schau, schau, der macht sich, der Lump.«

Respekt und Popularität trug mir mein Geschreibe ein, was wollt' ich noch mehr? Ich schwamm in Lust und Fett. Schon über zwei Zentner wog ich. Grüß Gott, Herr Ganghofer, nett so was, nett! Vielleicht erreiche ich bald Ihre hohen Auflagen! Auffallend war nur eins: für die Münchner Zeitungen war ich nicht vorhanden, bestenfalls brachte die sozialdemokratische *Münchner Post* oder das kleine Kommunistenblatt *Neue Zeitung* einmal eine nichtssagende kleine Besprechung, die niemand beachtete. Nachdem ich nun soviel starke Ermunterung und Aufschmeichelung in auswärtigen Blättern erfahren hatte, juckte es mich, die feine tonangebende Münchner Presse aus ihrer Reserve zu locken, und sogleich stellte sich der Übermut meines abgebrühten Gaudiburschentums ein. Schon vor einiger Zeit war ich auf den Jux verfallen, mir Visitenkarten drucken zu lassen: »Oskar Maria Graf, Provinzschriftsteller«, und auf der Hinterseite stand: »Spezialität: Ländliche Sachen«. Mit der Hand schrieb ich darauf: »Empfiehlt sich für entsprechende Mitarbeit« und schickte sie an sämtliche ortsansässige Redaktionen der großen bürgerlichen Blätter. Nichts geschah darauf. Das pulverte mich erst recht auf. Der mit vollem Recht hochangesehene und auch von mir aufrichtig geschätzte Literaturkritiker Josef Hofmiller, ein urbayrisch königstreuer Rosenheimer Gymnasialprofessor und Herausgeber der gesammelten Werke seines verstorbenen Freundes Ludwig Thoma, schrieb ständig in den führenden *Münchner Neuesten Nachrichten* seine feinsinnigen, ausgezeichneten Buchbesprechungen. Dem schickte ich nun diesen Brief:

Hochwohlgeboren Herr Professor!
Es ist mir ein schmerzliches Gefühl, daß Sie meine Bücher immer übersehen und nie loben, wo ich mir doch soviel Mühe gebe, der Lesekundschaft in jeder Weise gerecht zu werden.

Ich bin, genau wie Sie, hochgeachteter Herr Professor, geborener Bayer und katholisch und, weil man mir das für mein Fach allerseits angeraten hat, geheimes Mitglied der »Bayrischen Königspartei«. Dieses schon deswegen, weil mir ein König viel lieber wäre wie der landfremde Hitler, den, wie ich weiß, auch Ihre werte Persönlichkeit ablehnt.

Ich lege natürlicherweise ein großes Gewicht darauf, daß auch Sie als der anerkannteste Fachmann auf diesem Gebiet, meine Bücher bestens empfehlen und möchte nicht, daß Sie dabei zu kurz kommen. Infolgedessen lege ich hier zwanzig Mark als eine vorläufige Erkenntlichkeit für Sie bei und hoffe zuversichtlich, daß es Ihnen jetzt ein Leichtes ist, sich für meine weiteren Erzeugnisse entsprechend einzusetzen.

In unbegrenzter Verehrung und Hochschätzung bin ich zu Gegendiensten gerne bereit und bitte Sie, mich dieselben gelegentlich wissen zu lassen, es bleibt ja ganz unter uns. Somit verbleibe ich als Ihr

allerergebenster

Oskar Maria Graf, Provinzschriftsteller.

Da aber irrte ich kläglich. Der gute altbayrische Humor Thomas schien auf den Professor nicht im mindesten abgefärbt zu haben. Er schickte mir den Brief und die zwanzig Mark zurück. »Seien Sie gewarnt vor derart dummdreisten Anbiederungsversuchen! Ich kann auch anders! Weitere Zuschriften von Ihnen gehen uneröffnet an Sie zurück«, stand mit dem Vermerk: »Im Auftrag von Herrn Professor Hofmiller« und der unleserlichen Unterschrift seiner Sekretärin hingetippt darunter.

Wenn ich es mir auch nicht eingestehen wollte, es ärgerte mich doch. Zum mindesten erwartete ich, daß Hofmiller das auf irgendeine Weise in den *Neuesten* voll Empörung publik machen würde. Aber ich sah die Zeitung eine ganze Woche lang genau durch, nichts, gar nichts entdeckte ich. Wenn er schon sich darüber ausschwieg, wollte ich dafür sorgen, daß mein Schritt bekannt wurde. Da ich wußte, daß der Anwalt unseres Schutzverbandes stets auf Witze und

Anekdoten erpicht und ungemein klatschsüchtig war, suchte ich ihn auf und stellte mich anfangs einfältig, erzählte und meinte unschuldsvoll arglos: »Wenn der Herr keinen Humor hat, dafür kann ich doch nichts –. Jeder Mensch mußte das doch schon nach der Anrede im Brief merken.« Der Herr Justizrat Seidenberger lachte herzlich, als er den las, und schüttelte in einem fort den Kopf: »Auf was Sie doch alles kommen! Was Ihnen doch nicht alles für Frechheiten einfallen ...« Mit aller Gewalt plagte ich mich zum Ernst. »Oder meinen Sie vielleicht, wenn ich mehr beigelegt hätte – vielleicht fünfzig oder gar hundert, aber das wär natürlich für mich zuviel – meinen Sie, daß das besser –«

Das war zuviel. Seidenberger hob seinen schütterhaarigen Rotkopf und sah mich über der herabgesunkenen Brille ungewiß an.

»Ja, Mensch, also Herr Graf –? Sie entschuldigen schon, sind Sie denn ganz bei Trost oder was sonst?« sagte er. »Mir können Sie doch nicht vormachen, daß Sie da wieder einen Ihrer Witze loslassen wollten. – Mit fünfzig oder gar hundert Mark wär' das vielleicht wirklich gefährlich für Sie ausgefallen!«

Ich ließ die Maske meiner robusten Naivität noch immer nicht fallen und sagte brühwarm: »Tja, ich kann gar nicht verstehen, daß einer, wenn man ihm Geld gibt, es nicht annimmt –? Ich –«

»Jetzt machen Sie aber einen Punkt, bitte!« verbat sich der gute Justizrat halb ernst: »Soweit geht die Narretei dann doch nicht! – Da, nehmen Sie Ihren schönen Brief und geben Sie sich zufrieden.« Damit komplimentierte er mich hinaus. Also auch bei dem verfing meine trotzige Frechheit nicht. Nichts erreichte ich, um diesem grob abweisenden Herrn Hofmiller einen Hieb zu versetzen und ihn zu zwingen, sich doch irgendwie mit mir in der Öffentlichkeit zu befassen. Wie, das war mir völlig gleichgültig. Das giftete mich um so mehr, weil auch Mirjam gesagt hatte: »Da hast du's jetzt mit deinen Blödheiten. Du meinst, jeder versteht deinen überschlauen Bauernwitz. – Der Blamierte bist jetzt du.«

Keiner will solche Niederlagen wahrhaben. Mit eigensinniger Hartnäckigkeit versucht man, sich im stillen vor sich selbst zu rechtfertigen, und das steigert sich nach und nach bis zur völligen Umdrehung: »Hätte der Hofmiller auch nur ein einziges Mal ein Buch von mir erwähnt oder – ganz gleich wie – besprochen, wär' ich doch nie auf so eine Anpöbelei gekommen.« Nebenbei las ich gerade in jener Zeit Bücher über die Entstehungsgeschichte des Ersten Weltkriegs. Sonderbar, daß ich dabei ein ähnliches Verhalten bei maßgebenden deutschen Kreisen fand, angefangen von der Behauptung, man habe uns im Laufe der Zeit derart eingekreist, daß wir Krieg machen mußten, bis zur blamablen Rechtfertigung unseres Überfalls auf Belgien! Weil im Kleinen und im Großen immer ein Bodensatz von uneingestandener Schuld, zum mindesten ein nagendes Unbehagen bleibt, das besagt, es wäre besser gewesen, es bleiben zu lassen, modelt man sich zum »Heldenvolk« um, zum Kämpfer für irgendeine sinistre Idee.

»Ihr könnt sagen, was ihr wollt«, wehrte ich mich einmal in einer heftigen Diskussion mit Mirjam und meinen Freunden: »Vielleicht war mein Brief nicht richtig, gut, meinetwegen! Aber warum quatschen wir denn immer vom Kampf gegen das scheinheilige, verlogene Bürgertum, gegen diese honette Sippschaft, die uns immer ausschalten will, die immer gegen uns ist und morgen zum Hitler überläuft? Hat nicht neulich erst auf einer Kulturversammlung von uns ein Redner gesagt, wir müssen dieses Bürgertum stets provozieren, immer wieder herausfordern und entlarven? Ich kann mich noch gut erinnern: ›Reißt sie nieder, die Bastionen dieser falschen Moralbonzen‹ und so fort. War das etwas anderes, als ich mit diesem Herrn Hofmiller so umgegangen bin? – Leider lassen sich diese Herrschaften eben nicht herauslocken, das ist's.«

»Na! Na, jetzt hör aber auf –! Es wurmt dich ja bloß, weil du unterlegen bist, weil du nicht ernst genommen wirst; jetzt machst du weiß Gott was draus. So Foppereien sind ja ganz nett, wenn s' einschlagen«, höhnte der bebrillte Doktor Erich Müller, der erst kürzlich zum »Jungmünchner Kulturbund« gestoßen war und sich als rasanter Kommunist gab.

»Sonst aber nützen diese Spielereien politisch nichts und dir schaden sie bloß«, schloß sein Freund, der Student Fritz Kahn: »Schreib du weiter, aber nicht immer so fromm katholisches Zeug! Schreib endlich was handfest Revolutionäres.« Wir stritten und stritten, und wie das schon immer ist, es geht zum Schluß nur noch ums plumpe Rechthaben. Je öfter wir derartige Diskussionen führten, desto gereizter und grämlicher wurde ich. Eine unbestimmte Unlust war Tag für Tag in mir. Ich kannte mich mit mir selber nicht mehr aus. –

Es war politisch ein milder Nachsommer Europas, und Deutschland erlebte die Jahre der Erleichterung. Die Weimarer Republik schien stabil und gewann an Vertrauen. Hermann Müllers »Kabinett der großen Koalition« regierte, und der kaiserliche Generalfeldmarschall von Hindenburg machte schon durch seine biedere Soldatenerscheinung eine beruhigende Figur. Und groß, ganz groß wurde unser einziger Staatsmann Gustav Stresemann, dem es gelang, mit England, Frankreich, Belgien und Italien den Vertrag von Locarno zu schließen, der unter anderem die deutsche Westgrenze und die Grenze Polens garantierte, die Entmilitarisierung des Rheinlandes und den stufenweisen Abzug der Besatzungstruppen festlegte. Durch die aufrichtige Freundschaft Briands und Stresemanns wich das Mißtrauen Frankreichs gegenüber Deutschland allmählich, obgleich die heftig agitierenden, krakeelenden Nationalsozialisten überall den Haß gegen den alten Erbfeind von neuem schürten. Der »Geist von Locarno« war stärker. Deutschland wurde einstimmig in den Genfer Völkerbund aufgenommen. Stresemann überstrahlte alles auf der politischen Bühne. Durch amerikanisches Kapital blühte die deutsche Industrie. Es blühte das Leben im ganzen Land: Theater, Literatur, Kunst und unsere Anteilnahme am Weltgeschehen. Jubel herrschte in allen Kontinenten über die Lindberghsche Ozeanüberfliegung, und Brecht bedichtete das große Ereignis. Ernst Tollers *Hoppla, wir leben!* erhitzte die Theaterbesucher von links und rechts, und die Deutschen Köhl, von Hünefeld und der Ire Fitzmaurice überflogen den Ozean von Ost nach West, und wieder brach die Welt in einen Begeisterungstaumel aus. In den literarischen Diskussionen gab Döblins Roman *Berlin, Alexanderplatz* das Hauptthema ab, Brechts triumphaler Erfolg mit seiner *Dreigroschenoper* griff von Europa nach Amerika, und der hohe katholische Klerus zerbrach sich den Kopf, wie er sich zur stigmatisierten Therese von Konnersreuth verhalten sollte, zu der von Tag zu Tag immer mehr Massen pilgerten.

Und eines Tages kam meine Schwester Nanndl als gelernte Amerikanerin mit dem Frühzug aus Hamburg am Münchner Hauptbahnhof an und fiel mir um den Hals. Vier Jahre Abwesenheit hatten genügt, sie fast zu einer Fremden, auch körperlich beinahe unkenntlich, für mich zu machen.

21.

WAS MAN SO DURCHBRUCH NENNT

Während des Hinausgehens aus dem geräuschvoll-lauten Bahnhof redete sie in einem fort, und freudig lachend nickte ich und hörte kaum hin. Jetzt erst, auf dem weniger lauten Bahnhofsplatz merkte ich, daß sie fortwährend englisch sprach, und das erste, was ich verstand, war: »Können we have a drink?«

»Tja, jetzt? Um halb acht Uhr früh?« staunte ich leicht: »Da werden die meisten Wirtschaften noch kaum auf haben, aber hier im Bahnhof kriegen wir Bier.«

»Beer? No-no, no beer! Likeer, Likeer! Whisky or Cognac?« lachte sie aus ihrem kalkweißgepuderten Gesicht: »Can we have this –? Well in America is Prohibition, but hier gibt es. Ja? – Come on, Oskar, let uns have Likeer!« Und sie drängte, als ich ins Bahnhofsrestaurant zurück wollte: »No-no –! Gemiiitlich! In a good Restaurant! Let us drink auf Wiedersehn, Oskar!« Ich zerbrach mir den Kopf, wohin, und da erinnerte ich mich an die früher von mir frequentierte Hurenkneipe *Mandarinenbar* in der Landwehrstraße, die oft erst um sieben Uhr früh ihre dumm gesoffenen, ausgepowerten Gäste losließ. Wir fuhren hin und hatten Glück. Ich sah durchs Fenster, daß die fette Wirtin noch hinter der Theke ihre Einnahmen zählte. Sie kam auf mein starkes Klopfen ans Fenster, erkannte mich noch als früheren Gast und ließ uns ein.

»Oh, bitte, bitte Frau Wirtin – nett, daß Sie mich noch erkannt haben – sagen Sie, bitte«, beredete ich sie einschmeichelnd. »Das ist meine Schwester, die kommt eben aus Amerika. Eben hab' ich sie vom Bahnhof abgeholt. – Sagen Sie, bitte, wissen Sie, in Amerika gibt's keinen Alkohol – sagen Sie, könnten wir nicht noch ein bißl zusammensitzen und Wiedersehn feiern? Bloß ganz kurz. Sie sind natürlich unser Gast.« Sie nickte und schloß die Tür wieder. Der ungelüftete halbdunkle Raum stank nach vergossenem Wein und kaltem Rauch. Wir setzten uns in eine mit falschem Weinlaub umrankte Nische.

»Whisky haben sie nicht, bloß Cognac, Schwedenpunsch und andere Schnäpse«, sagte ich zu Nanndl, und sie bestellte Cognac. Als die Wirtin mit den drei vollen Gläsern auf dem silbernen Tablett daherkam, rief Nanndl voll Enttäuschung und Ungeduld: »O no! No, Oskar, no, no –! Give a bottle! Eine Flasche!«

»Ja, Nanndl, das geht doch nicht –! In aller Frühe! Da werden wir ja vollkommen besoffen! Das ist doch viel zuviel!« redete ich auf sie ein, denn ich trank und trinke stets nur abends mit Freunden in einem Restaurant, doch sie bestand darauf.

»Please, please, Oskar, please – give a bottle, eine Flasche!« bettelte sie förmlich, radebrechte halb deutsch, halb englisch heraus: »In Amerika, we have not time – da, we must quick lustig sein. – Give a bottle, please!« Und was tut man nicht alles bei einem Wiedersehn nach so langer Zeit, die Wirtin mußte eine Flasche bringen und Wassergläser. Aufgefrischt schenkte Nanndl sie voll: »Prosit, Oskar!« Ich nahm einen Zug, und sie trank völlig aus. Lustig wurde sie, ihre Augen glänzten, und es fielen ihr jetzt auch schon viel mehr deutsche Worte ein. Die Wirtin lächelte höflich und entschuldigte sich. Sie ging zur Theke und machte sich wieder über ihre Einnahmen.

»I think, du kannst drink, Oskar? Trink doch!« spornte sie mich an, aber ich nahm wiederum nur einen Schluck, während sie das zweite Glas austrank und schon ins leicht lallende Plappern kam: »Ka-annst du noch si-si-singen: O beauty, this song *A-aus der Ju-Jugendzeit,* let's sing,

Oskar –« Sie lehnte sich an meine Schulter: »Si-singen wir, well, sing, Oskar –« Sie umschlang mich: »Oh, Oskar, Oskar –.« Ich fühlte ihre knochenmageren Arme, sie sah mit glasigen Augen wie schwärmend gradaus, und ich sah sie von der Seite an. Zaundürr, wie ausgedörrt war sie, nur ihr puppig zurechtgemachtes Gesicht war rund und zerfloß nach und nach wie Teig. »Oh, Oskar – si-sing! – Wei-weißt du no-noch –?« Sie griff wieder zur Flasche, schenkte ein und trank das volle Glas aus und rutschte auf einmal stocksteif unter den Tisch, rülpste und erbrach sich. Die Wirtin kam herbei. Ich zahlte und gab ihr ein großes Trinkgeld.

»Hm, was machen wir –? Hm, so was, so was!« murmelte ich geniert. Sie schob den Tisch weg, ging und kam mit warmem Wasser und einem Lumpen. Wir wuschen Nanndls verschmiertes Gesicht, putzten das Ausgespiene von ihrem Kleid weg, die Wirtin telefonierte um ein Taxi, und nur mit großer Mühe konnte wir die halbsteife Bewußtlose aus dem Lokal schleppen und ins Auto hineinbringen.

»Da, Kölnisch Wasser, und da, das wirkt. Lassen Sie sie fest dran riechen«, sagte die Wirtin hastig beim Anfahren und gab mir zwei Fläschchen. Damit brachte ich Nanndl während der Fahrt wenigstens soweit zu sich, daß sie wankend aussteigen und mit ins Atelier kommen konnte.

»Ja, um Gottes willen, wo ...?« Zu mehr kam Mirjam nicht. Steif sank die wankende Nanndl ihr entgegen und wimmerte irgend etwas. Es war nichts weiter mit ihr zu machen. Wir mußten schnell das Bett auf dem Sofa machen, sie auskleiden, und dabei benahm sie sich merkwürdig. Trotz ihrer erschreckenden Magerkeit trug sie als einziges Unterzeug ein langes, verschwitztes schwarzes Korsett, und um den Hals gehängt hatte sie einen prallen Wildlederbeutel, den sie bei all ihrer Besoffenheit in einem fort mit der Hand zudeckte und festhielt, während sie sich mit dem anderen Arm heftig stoßend gegen das Ausziehen ihres Korsetts wehrte. Wir ließen sie schließlich einfach aufs Bett fallen, und schon nach einigen Minuten schnarchte sie rasselnd. Weit aufgerissen blieb ihr Mund, ihr dickgepudertes Gesicht mit dem vielfarbigen Make-up war verschmiert und sah schauerlich, fast hexenhaft aus, schon deswegen, weil ihre aufgelösten wirren Haare ein übriges dazutaten. Wir sahen ihre bleichen, eckigen Schultern, die wie nur mit dünner Haut überzogenen Brustknochen und die spindeldürren Arme. Was hatten die wenigen Jahre im vielbewunderten Amerika aus der erst Sechsundzwanzigjährigen, diesem einst so blühend-gesunden, dörflichen Mädchen gemacht!

»Gräßlich!« sagte Mirjam kopfschüttelnd und setzte bekümmert dazu: »Das kann ja nett werden –! Ihr zwei!« Sie fürchtete, wir könnten nun gemeinsam jede Nacht durchsaufen, doch dieses sture, barbarische Berauschen nur um des Rausches willen hatte auch mich abgestoßen. Auch Nanndl, die erst am tiefen Nachmittag aufwachte, entschuldigte sich in einem fort und klagte in ihrem Katzenjammer: »Nein, nein, das war very bad. – I drink no more, Mirjam, no more. Believe me.« Nach soundso viel Tassen starken Kaffees kam sie wieder einigermaßen ins Gleichgewicht. Sie erzählte viel inhaltslose Gleichgültigkeiten über Amerika, von dem uns Upton Sinclairs Bücher, die im Malik-Verlag in hohen Auflagen erschienen, ein völlig anderes Bild übermittelt hatten. Sie kannte den Namen Sinclair nicht, denn eigentümlich, sie las immer noch deutsche Bücher, die wir gemeinsam in unserer Jugend gelesen hatten. Während ihres Erzählens wusch sie sich ein bißchen und machte sorgfältig ihren Gesichtsaufputz und ihre Toilette. Dann mußte ich sie nach Berg zur Mutter bringen, die sie unbestimmt musterte und besorgt fragte: »Ja, bist denn du krank, Madl? Du bist ja nix wie Haut und Knochen, das kann doch nicht gsund sein.« Es gab das übliche Wiedersehensfeiern, und ich fuhr noch in derselben Nacht nach München zurück, denn Nanndl war mir fremd geworden, fremder als irgendein gleichgültiger Mensch. Es konnte möglich sein, daß auch sie dasselbe empfand. »O ja, I will, I will«, sagte sie nur, als ich ihr antrug, sie könnte uns jederzeit besuchen und bei uns wohnen. Wir kamen nach ungefähr vierzehn Tagen nach Berg mit einer größeren Gesellschaft, saßen im Garten-Café vom Maurus und sie bewirtete uns mit Kaffee, viel Kuchen und Schlagsahne und sprach in einem fort begeistert von Amerika. »Sie ißt ja fast nichts, raucht immerzu und will Schnaps«, sagte Mutter einmal im oberen Zimmer zu mir: »Recht komisch ist sie worden. Und mit der Resl ist sie auch schon übers Kreuz. – Mit dem Maurus kann sie's ganz gut.«

Die Resl war kränklich, und da sie den feinen Herrschaften nie eine Rechnung stellte, war sie samt ihrer gutgehenden Näherei in die größten Geldverlegenheiten gekommen. Sie erwartete Hilfe von Nanndl, doch die fing an, ihre saumseligen Kunden mit Rechnungen zu beschicken und sie zur baldigen Zahlung anzuhalten. Da überwarf sich Resl mit ihr und beschuldigte sie, sie verderbe ihr alle Kundschaften. »Wenn du mir bloß Geld gibst, dann kann ich auf die Zahlungen warten. Die Herrschaften zahlen schon«, sagte sie zur Nanndl.

»Ich –? Ja, ich kann dir nichts geben, ich hab' nicht viel«, lehnte diese ab, und sie mochten einander nicht mehr. Nanndl nämlich, die in der Inflationszeit nach Amerika gegangen war, glaubte noch immer, die deutsche Mark tauge noch nichts, verschwieg und hütete ängstlich ihre Dollars auf der Brust und wechselte immer nur ganz wenige um, sie borgte sogar von Mutter, wenn ihr deutsches Geld ausgegangen war. Maurus war klüger, er konnte ja auch täglich beweisen, wie gut seine Konditorei und das Café gingen.

Vorsichtig minderte er Resls verfahrenes Geschäft herab und stellte, was nicht schwer war, sein Unternehmen ins beste Licht. Sie saßen oft bis lang in die Nacht hinein beisammen, sprachen von alten Zeiten, sprachen über Literatur, und er erklärte ihr seine Pläne, Resl abzufinden, damit er sie aus dem Haus bringe. Aus ihren Räumen wollte er ein nettes Kaffeehaus und eine Weinstube machen; da wäre Geld zu verdienen! Sie tranken, und Nanndl erzählte von ihrem schweren Leben, nachdem Eugen sie aus seinem Haus gejagt hatte, und wozu sie es gebracht hätte. Sie waren ein Herz und eine Seele.

»Mir hat auch keiner geholfen, Nanndl«, sagte Maurus: »Ich brauch' von keinem Menschen Geld, durchaus nicht, aber wenn ich meine Weinstube baue und es leiht mir wer Geld, bei mir liegt's sicher, da verliert keiner was, und ich zahl' ihm den besten Zins.« Aber Nanndl nickte nur bewegt und wünschte ihm viel Glück zu allem, und er sollte nur für Mutter sorgen.

»Das ist ja selbstverständlich«, sagte er: »Ich will ja, daß Mutter bei mir bleibt, da hat sie's besser wie bei der Resl. Die nimmt ihr ja jedesmal das Geld ab, das ihr der Eugen schickt. – Mutter ist bloß ihr Dienstmädl.« Das stimmte und brachte Nanndl darauf, mit Mutter einige Reisen ins Gebirge zu machen, sie wohnte mit ihr in guten Hotels und wollte ihr schöne Tage machen, aber die alte Frau machte dieses Nichtstun nur nervös. Es geschah dasselbe wie etliche Jahre später, als Eugen sie nach Rom zum Papst mitnahm: Sie war herzlich froh, als sie wieder daheim war.

Das Zuhausesein und die dauernde gespannte Feindseligkeit zwischen Maurus und Resl ertrug Nanndl nicht. Ohne sich lang zu besinnen, fuhr sie mit ihrer Schulfreundin Kathi, der Tochter unseres Nachbarn, des Schatzlbauern, nach Paris, wo es höchst lustig gewesen sein muß, da beide nicht Französisch konnten, Kathi sich aber fortwährend im bayrischen Dialekt mit den Leuten zu unterhalten versuchte. »Well, es war zum Totlachen!« schloß Nanndl, wenn sie uns davon erzählte. Sie war jetzt aufgefrischter und hatte sich wieder etwas eingelebt. Wir hielten, um ihr eine Freude zu machen, einige Atelierfeste, und sie tanzte wie ehedem. Leider aber betrank sie sich dabei stets gleicherweise, und wenn sie schwitzend und steif auf dem Sofa lag, versuchte manchmal ein Tänzer, der ein Aug' auf sie geworfen hatte, sie aufzufrischen und wachzuküssen. Dabei geschah es einmal, daß der Maler Walter Marcuse, der in sie stark verliebt war, ihr die Bluse oben aufknöpfte, um sie mit einem Taschentuch am Hals abzureiben. Er zog mich nieder und zeigte auf den prallen Beutel. »Oskar, da schau –! Was tragt sie denn da um den Hals? Die hat ja faktisch ihre ganzen Dollars bei sich«, raunte er mir zu. »Das ist aber leichtsinnig von ihr.«

Wir trugen sie hinauf in Mirjams Kammer und legten sie dort ins Bett. Am anderen Tag bestürmten wir sie, das Geld doch auf einer Bank zu deponieren; doch davon wollte sie nichts wissen. Das machte sie kritisch.

»No-no! No-no-no!« wehrte sie aufgeregt ab, und das eingeborene Grafsche Mißtrauen überflog ihr Gesicht: »No-no, die give me my Dollars no more. No-no-no, ich will no deutsches Geld! – Laßt das, laßt das!« Es half nichts, daß ihr Mirjam erklärte, sie könnte den Beutel auch einfach in einen Safe legen, wozu nur sie den Schlüssel hätte. Sie begriff das gar nicht, sie war samt ihrem angelernten Amerikanertum noch immer das bäuerliche Dorfmädchen aus Berg. Es war komisch, wenn sie unwillkürlich, als wollten wir ihr den Beutel entreißen, ihn auf ihre flache Brust drückte.

»Was hast du denn –? Wir wollen doch nichts von dir!« lachte ich sie aus. »Wir haben bloß Angst, wenn einmal in der Besoffenheit ein Liebhaber über dich kommt. Sei doch nicht so lächerlich!« Und seltsamerweise verstimmte sie das. Wahrscheinlich mutmaßte sie, wir hätten in so einem Zustand von ihr den Beutel aufgemacht und das Geld gezählt. Von da ab war sie unruhig. Zwei- oder dreimal traf sie sich noch mit Marcuse, fuhr nach Berg, kam reisefertig mit ihrem Koffer zurück und sagte: »Ich muß mir jetzt wieder eine Arbeit suchen. In München ist's nichts für mich. Da ist man in meinem Beruf ganz weit hinten. Ich geh' nach Berlin.«

Sie war auffallend zerfahren und bedrückt. Wir gaben ihr Empfehlungen und Adressen von Mirjams dortiger Schwester Kathi, von Manfred und Wieland Herzfelde mit, die sie alle mit mir auf unserer seinerzeitigen Durchreise vor ihrer Auswanderung kennengelernt hatte. Ich begleitete sie auf den Bahnhof, und da der Zug erst in einer Stunde ging, tranken wir noch etliche Schnäpse im Bahnhofsrestaurant.

»Oskar«, sagte sie auf einmal und ihre Augen wurden naß, »sag's niemandem, ich bin schwanger –. Ich komm' nicht mehr zurück. Ich muß wieder nach Amerika.« Ihr Kinn fing zu zittern an, ihr Gesicht wurde hilflos verstört, und lautlos begann sie zu schluchzen.

»Du bist schwanger –? Ja, dem kannst du doch nicht davonlaufen! Weißt du's denn ganz bestimmt?« drang ich in sie. »Und von wem, glaubst du denn?«

»Ich spür's –. Ganz bestimmt, ich bin schwanger. – Oh, dieser Walter!« weinte sie noch jämmerlicher. »Nie mehr laß ich mich auf wen ein, nie mehr! – Wa-was mach' ich denn – was denn?«

»Was? Vom Walter Marcuse –? Das ist doch nicht möglich! – Warst du denn bei einem Arzt?« Betroffen schaute ich sie an.

»Nein, nein, aber ich spür's, es stimmt, ich spür's!« klagte sie weiter. »Ich will doch kein Kind, nein, nein! Ich kann doch nicht ... Nein, nein, Oskar, Oskar!«

»Da wär's doch besser, du tätst dableiben, Nanndl. Wir könnten dir doch eher helfen. Wir kennen Ärzte genug«, riet ich ihr, aber wie aufgeschreckt wehrte sie ab: »Nein, nein, nein –! O no! No no!« Auf einmal kam sie wieder ins Englische: »I go to Amerika!« und dann wieder ins Deutsche: »Ich will ihn nie wieder sehn, den Walter, no, no –.« Ratlos versuchte ich, sie zu trösten, aber es war wie bei Kindern – mein Mitleid verstärkte nur ihr hilfloses Weinen, und da sie nicht bei uns bleiben wollte, riet ich ihr, sich Kathi anzuvertrauen und mit ihr zum Doktor Klapper zu gehen. Kathi war schon lange Witwe, hatte zwei herangewachsene Töchter und eine schöne große Wohnung. Sie war ein bis zur Selbstaufgabe hilfreicher Mensch, eine ungemein mütterliche, verständnisvolle Frau, die sehr an Mirjam und mir hing und glücklich war, wenn sie uns einen Gefallen tun konnte.

»Wirst du sehen, die mag dich. Bei ihr kannst du wohnen. Sie ist der beste Mensch, den ich kenne. Geh zu ihr, sie wird dir helfen, wo sie kann, wenn du von uns kommst. – Da gib ihr den Zettel, wenn du hinkommst. Wir schreiben auch gleich, und an Klapper schreib ich auch sofort. Du kannst mit Kathi ganz offen reden, genier dich nicht, Nanndl. Die hilft dir!« redete ich auf Nanndl ein. Das beruhigte sie ein wenig. Sehr traurig fuhr sie ab. Dörflerisch scheu und schamhaft wie sie war, ging sie nicht zu Kathi, die uns schrieb, daß Nanndl sich weder telefonisch gemeldet noch bisher sehen gelassen hatte. Daß der brieffaule Klapper sich ausschwieg, war zu erwarten, und auch bei den anderen Bekannten tauchte Nanndl nicht auf. Nach ungefähr vierzehn Tagen Ungewißheit kam eine Ansichtskarte von ihr: »Meine Lieben! Hab' ein Zimmer in einer Pension und arbeite wieder. Gehe bald zu Kathi. Gruß Nanndl.« Keine Adresse. Es war anzunehmen, daß sie sich irrtümlich geängstigt hatte. Na also! Wir waren froh.

Aber Nanndl war mir fremd geworden. Es wirkte aufreizend auf mich, wenn sie bei Unterhaltungen über Amerika stets eine Miene machte, als wollte sie sagen: »Was wißt denn ihr? Ich hab's doch am eigenen Leib erfahren.« Nicht um einen Deut hatten diese Erfahrungen ihre Dorfmädchenprimitivität vermindert! Ihr kindisches Mißtrauen, ihre stupide Angst um die Dollars auf der Brust, ihre Ahnungslosigkeit über die Banken und nun ihre hilflos aufgeschreckte Scham, ihre Zerknirschtheit, die sie abhielten, zu einem Arzt zu gehen, enttäuschten und ärgerten mich. Dazu kam noch, daß sie Eugen, der sie wie eine ordinäre Hure hinausgeschmissen und mich bei der Münchner Polizei als Zuhälter denunziert hatte, alles so schnell verziehen hatte und ihn nun überaus »smart« fand, herzliche Briefe mit ihm wechselte und ihn öfter besuchte.

»Nein, Nanndl, das versteh' ich nicht –. Ich kann nicht verstehen, daß du mit dem niederträchtigen Schuft wieder gut bist«, hatte ich zu ihr gesagt, als sie mir noch einmal all seine Schändlichkeiten erzählte.

»Oh, weißt du, Oskar – er ist gar nicht so. – In Amerika ist das anders wie bei euch. – Er ist doch jetzt ein reicher Mann, sehr smart«, antwortete sie nur.

Und – was war nun in Berlin mit ihr? Ja, sie kam schließlich zu Kathi, ohne etwas von ihrem Kummer verlauten zu lassen, und Kathi, die von uns alles wußte, hielt sich taktvoll zurück. Als ich nach einigen Wochen nach Berlin kam, erschrak ich. Nanndl sah aus wie ein Wrack. Sie war bei Klapper gewesen und der fand, daß sie am Anfang einer Schwangerschaft stehe. Sie schien dahinzusiechen, und ließ ihre Arbeit stehen, um mit mir nach München zu fahren. Nein, sie wollte Mirjam nicht mehr sehen. Sie fuhr heim zur Mutter, borgte noch einmal deutsches Geld von ihr. Herzzerreißend weinte Mutter beim Abschied. Sie telefonierte mir: »Please, Oskar –. Bitte, jaja, ich bin's –. Sag der Mirjam mein Lebewohl, aber komm du allein heut' abend um acht Uhr zum Bahnhof, please!« hastete sie in den Sprechtrichter.

»Laß sie, laß sie! – Ich bin froh, wenn ich sie nicht mehr sehe!« sagte Mirjam. »Entweder ist sie meschugge oder hysterisch.« Ich war wütend, aber ich ging doch. Sie stand wartend an der Perronsperre, lächelte lahm und sah sehr mitgenommen aus. Während ihr der Gepäckträger einen Platz am Fenster sicherte, gingen wir vor dem Zug auf und ab.

»Und? Was willst du in Amerika machen in deinem Zustand?« fragte ich.

»Ich weiß nicht, aber ich muß hinüber –. Oh, I like Amerika!« sagte sie, als erwarte sie dort die Rettung aus allen Kalamitäten. Sie wurde gefaßter, sah mich schief von der Seite an, mit einem sonderbar kalten Zug im Gesicht, und sagte unvermittelt: »Ich war mit Lina zusammen. Das ist doch deine Frau! Du hast sie geheiratet. Die ist dir nicht bös'. Daß du weg bist von ihr, das bringt dir kein Glück, Oskar. Du sollst wieder zu ihr zurückgehn.«

Ich war baff. Das Blut schoß mir ins Gesicht.

»Leb wohl, Nanndl. Zwischen uns ist's Schluß«, sagte ich verhalten. Sie wollte mir die Hand geben, ich ging einfach davon. –

So, als ob gar nichts gewesen sei, schrieb sie nach ungefähr zwei Monaten, ihr Arzt habe ihr gesagt, sie habe eine angegriffene Niere und sollte nicht so hohe Absätze tragen. »Meine Lieben!« war der Brief überschrieben, und ganz munter klang er. Herzliche Worte für Mirjam standen darin.

»Meschugge!« sagte die nur: »Ich hab' dir's gesagt – meschugge oder hysterisch! – Prachtvolle Geschwister seid ihr Grafs.« Wir schrieben nie wieder.

Ich war für meine Freunde kaum mehr zu sehen. Ich

öffnete nicht mehr, wenn es klopfte. Ich verbiß mich in die Arbeit. Ich schrieb endlich den Schlußteil meiner Autobiographie *Wir sind Gefangene*. Zwei- oder dreimal las ich die paar ersten Kapitel, die schon so lange dalagen. Langsam wuchs ich wieder hinein ins Damals. Endlich war ich soweit, daß ich den Anschluß hatte und weiterschreiben konnte. Das war jetzt ganz, ganz anders als bei der *Heimsuchung*, kein fast bewußtloses Hinschreiben wie in einem Trancezustand. Seltsam, daß ich dabei immer wieder an Nanndl dachte. Was hatte denn die damit zu tun? Liebte ich sie denn so stark, daß ich nun die Enttäuschung über sie nicht aus dem heißen Kopf bringen konnte? Oder fühlte ich mich durch ihre blinde Amerika-Verfallenheit provoziert? Ich verachtete sie doch, seit sie weg war. Was mit ihr geschah, interessierte mich nicht im mindesten, und wenn ich morgen die Nachricht von ihrem Selbstmord bekommen hätte, nichts hätte mir gleichgültiger sein können. Ich schrieb und schrieb, und langsam verschwand sie. Ich stand da, ich ganz allein für mich inmitten meiner ureigenen Erlebnisse, die scharf und klar aus den wiedererweckten Erinnerungen hervortraten und zur Gegenwart wurden. Ich lachte und ergrimmte, ich stockte und wurde ratlos, ich schüttelte den Kopf über meine unglaublichen Idiotien, und ein blamables Unbehagen beschlich mich, daß ich zögerte, sie niederzuschreiben. Unfaßlich dieses täppische Hineinschlittern in unsinnige Scherereien.

Für wen und weswegen all deine privaten Blödheiten?, schoß es angewidert und ernüchternd durch mein Hirn, und ich hielt ein. Mein Zweifel steigerte sich zur Verzweiflung: Nein! Nein, ich mach' die Scheiße nicht mehr weiter, nein und noch mal nein! Ich las, wie wir besoffen beim reichen Holländer die Eier an die Wand schmissen, während Tausende in der ausgepowerten, gärenden Stadt hungerten. Anspeien hätte ich mich mögen. Ich biß die Zähne aufeinander, und ich schrieb doch wieder weiter. Ich sah die Gesichter der Genossen, als sie auszogen zum hoffnungslosen Kampf gegen die überlegenen Regierungstruppen, und ich schämte mich zerknirscht, weil ich, statt mit ihnen zu gehen, hemmungslos herumzechte, blödsinnig daherredete im Kreis vollgefressener Kumpane und mir als kämpfender Revolutionär vorkam. Der Kopf wurde mir heiß und Beklemmung schnürte meine Brust zusammen, wenn ich die schrecklich zugerichteten Leichen der Erschossenen und Erschlagenen im Abfallraum des Ostfriedhofes grauenhaft genau vor mir sah, und wieder roch ich die verfaulten Blumen und Kränze, die man hierhergeworfen hatte, vermischt mit dem Moder und süßlichen Ruch nach geronnenem Blut, und weiter schrieb ich, weiter, immer weiter. Ein Zittern überlief mich, mein ganzer Körper dampfte vor Schweiß, eine dicke fleischerne Kugel stieg in meinem Schlund herauf und blieb würgend auf der Kehle hocken, meine Finger versagten im Tippen, erstarrten, und mein Kopf fiel haltlos auf die kalte Schreibmaschine. Schlotternd und hemmungslos weinte ich. Erst nach einer Weile hörte ich dieses Weinen im totenstillen Atelier, zuckte zusammen und faßte mich wieder. Jetzt wußte und spürte ich körperlich, diese qualvollen Dinge mußte ich so und nicht anders niederschreiben, weil ich sie sonst nicht herausbrachte aus mir und nie wieder so schreiben konnte. Ich erinnere mich noch, wie ich das fertige Manuskript dem Lektor des Drei-Masken-Verlages übergab und weder eitel noch überheblich, aber erleichtert, mit dem bestimmten Gefühl, meine Arbeit könne nicht umsonst gewesen sein, sagte: »Jetzt glaub' ich, daß mein Schreiben keine Spielerei mehr ist. – Das taugt was.« –

Was das Buch für eine starke Wirkung hatte, ist bekannt. Ich konnte damit zufrieden sein, wenn auch aus Gründen, die ich im ersten Kapitel erzählt habe, der buchhändlerische Erfolg ausblieb. Ich erhielt von allen Seiten so viel Lob, daß mir frei und froh zumute wurde. Es war schön, mit einem Schlag berühmt zu sein. Hitler hatte wieder einen Anlaß, in seinem *Völkischen Beobachter* gegen den »verrotteten Systemstaat« zu wettern, in welchem »ein von der allbeherrschenden verjudeten Literatur-Clique gefördertes Buch Erfolg haben kann«, worin ein »gänzlich charakterloses Subjekt in schamlosester Weise seine gemeine Drückebergerei im Weltkrieg als Heldentat hinzustellen wagt«, und kündigte mir den Galgen an. Getreulich wiederholten die nationalsozialistischen Versammlungsredner in München diese Drohung. Die mit Kreide hingeschmierten Hakenkreuze in meinem Treppenhaus vermehrten sich von da ab, und ein paarmal fand ich auf dem Boden vor meiner Ateliertüre einen Galgen mit den Worten »Für dich!« hingezeichnet. Sonst geschah weiter nichts. Nur Mirjam fing an, sich zu ängstigen. Sie war froh, daß wir endlich eine Wohnung in einem anderen Stadtviertel gefunden hatten und bald umziehen konnten.

Der »Verband deutscher Erzähler« lud mich mit dem Arbeiterdichter Heinrich Lersch, der sich vom patriotisch begeisterten Kriegsfreiwilligen zum katholisch-radikalen Kommunistenfreund gemausert hatte und später zum »metallischen« Odensänger im Hitlerreich wurde, zu einem Vorleseabend im »Herrenhaus« des Deutschen Reichstages ein. Lersch, der neben seiner Schriftstellerei immer noch seine Kesselflickerei im Rheinland betrieb und in Gehabe und Kleidung sich bieder-proletarisch gab, hatte im mittleren Bürgertum einen großen Leserkreis und in der Arbeiterschaft als einer, den man jeder sozialistischen Partei zurechnen konnte, zahlreiche Anhänger. Das merkte man schon, als er auf die Bühne kam. Freudige Gesichter und allgemeines Klatschen begrüßten ihn, das wiederholte sich nach manchem Gedicht oder kurzem Prosastück, und zum Schluß verstärkte sich all das noch bedeutend mehr. Mit geübter Schlichtheit dankte der Dichter etwas linkisch, und das trug ihm noch ein heftiges Nachklatschen beim Abgehen ein. Da ich ein neuer, für dieses Publikum noch unerprobter Mann mit einem schnell aufgeschossenen Ruhm war, empfing mich kein weniger starker Applaus, der jedoch rascher abbrach. Ich rückte mich zurecht und fing etwas gehemmt zu lesen an. Wie immer mußte ich erst spüren, daß die allgemeine Aufmerksamkeit einsetzte, daß das minutenlange Alleinsein von mir abglitt und die vielen Menschen da unten mit mir zusammenwuchsen. Ich las keine einzelnen Stücke, sondern – genau wieder so mitgenommen wie bei der Niederschrift – fortlaufend die letzten Kapitel aus *Wir sind Gefangene*. Im Dahinlesen versank ich in eine eigentümliche Atmosphäre des Abwesendseins, doch als ich das Kapitel über die bestialische Zerschlagung der Münchner Räterepublik las, entstand Unruhe, Zischen und Murren, ich stockte aufgeschreckt: Der ehemalige Reichswehrminister Gustav Noske verließ mit einigen Herren den Saal, und von den hinteren Bankreihen riefen ihm etliche »Arbeiterschlächter!« und »Bluthund!« nach. Nach heftigem »Pssst-psst!« und energischen »Ruhe«-Rufen war der Zwischenfall vorüber. Zitternd vor Erregung und schweißüberlaufen am ganzen Körper, sah ich mit feuchten Augen in die Zuhörer, schluckte ein paarmal, senkte das Gesicht wieder auf das Buch nieder und las, überwältigt von Wut und Haß auf denjenigen, der gegangen war, wie hämmernd weiter. Totenstill war es, als ich die Worte: »Nie! Nie vergessen!« aus mir herausschrie, und ein so jäher wilder Beifall brach aus, daß ich nicht mehr weiterlesen konnte und mochte, mein Buch packte und wie flüchtend ins Künstlerzimmer hinauslief, das voll von Menschen war. Wie rasend klatschte es draußen noch immer, und irgendwelche Worte wurden immer wieder gerufen.

»Hören Sie doch! Gehen Sie doch hinaus, es ist doch für

Sie!« rief ein Mann neben mir und wollte mich durch die Tür auf die Bühne schieben. Ich sah, der ganze Saal stand und klatschte unentwegt weiter, aber ich war so verwirrt und erschöpft, daß ich nur noch auf einen Stuhl fallen konnte, mir fortwährend den Schweiß aus dem Gesicht wischte und alle entgegengestreckten Hände beinahe ärgerlich abwehrte. Als endlich das Klatschen im Saal abebbte und aufhörte, war auch ich wieder halbwegs bei mir. Bücher wurden mir entgegengehalten, und freundlich lächelnde Gesichter baten um eine Widmung.

»Großartig war's –! Einmalig –! Sie lesen ja meisterhaft!« und ähnliche Lobsprüche bekam ich zu hören. Herr Rowohlt und Herr Dr. Rudolph Kayser vom S. Fischer Verlag waren gekommen, standen da und fragten fast gleicherzeit: »Warum haben Sie uns Ihr Buch nicht gegeben?« Ich lächelte sie an und sagte bloß: »Aber das Manuskript war doch sechs Wochen bei Ihnen.« Sie bekamen leicht betretene Mienen, schüttelten den Kopf, murmelten irgendwelche Ausreden und verschwanden sehr bald. –

Von da ab wurde ich – wie man so sagt – in den Berliner Salons herumgereicht. Da man mich für einen höchst originellen Bauernbayern hielt und mir jede tölpelhafte Rüpelei lachend verzieh, nützte ich das reichlich aus und brachte dadurch viele meiner Gastgeber in größte Verlegenheiten. –

Sie lebten gut, diese gastfreundlichen, leichtbeleibten Bürger. Ihre Frauen trugen bei Einladungen die aufreizendsten, elegantesten Kleider und waren auf jung zurechtgemacht; ihre Töchter und Söhne gingen mit der letzten Mode; ihre Wohnungen befanden sich in den besten Gegenden, die modernsten Möbel standen darin, und die neuesten Bilder hingen an den Wänden. Man pflegte eine angenehm aufgelockerte Geselligkeit, und es herrschte ein heiterer freier Ton dabei. Jede Familie hatte einige Hausgötter vom Theater, aus der Kunst und Literatur. Man las die neueste Literatur, besuchte Premieren und Konzerte und interessierte sich für Politik. Man belächelte die spießige Republik und mokierte sich über die lauwarme Haltung aller Parteien, riß Witze über den »Anstreicher« Hitler und machte sich lustig über die überheblichen Reden und plumpen Frechheiten der Nationalsozialisten. Man trug »links«, gab sich äußerst radikal, schwärmte für Sowjetrußland und sympathisierte unter vier Augen stark mit den Kommunisten.

Ich sah solche revolutionär erweckte Gastgeber an und fragte: »Sagen Sie, wieviel Geld haben Sie? – Geld ist immer noch das Solideste. Wieviel haben Sie?« Schnaps- und weingestimmt lächelten mich alle an.

»Wollen Sie mich anpumpen?« rief der Hausherr unverblüfft und warf seine Geldbörse auf den Tisch: »Da, bitte, nehmen Sie, was Sie brauchen.«

Ich grinste tückisch und schüttelte den Kopf: »Nein, nein, so hab' ich's nicht gemeint. – Übrigens, die Brieftasche haben Sie vergessen, Herr –. Nein, nein, ich mein' es ganz ernst –. Sagen Sie, wieviel Geld haben Sie greifbar auf ihrem Scheck- und Sparkonto?« Jetzt wurden die Mienen der Herumsitzenden unbestimmt.

»Wollen Sie mich uzen oder was sonst? – Was interessiert Sie das?« sagte der Hausherr immer noch ungetroffen, aber auf einmal war es stumm rundherum.

»Uzen? – O nein!« sagte ich und sah ihn höhnisch an. »Komisch, sehr komisch, warum gibt eigentlich darauf nie jemand eine klare Antwort? Warum sagt keiner, ich hab' soundso viel tausend Mark? Ist das so genant?« Und um den Befragten nicht zur Besinnung kommen zu lassen, wölbte ich mich etwas empor und sagte noch herausfordernder: »Ich hab' Sie doch nicht gefragt, Herr, was Sie mit Ihrer Frau im Bett machen, oder?« Das wirkte peinlich und verstimmte alle. Beleidigt abweisende Blicke trafen mich, und einige flüsterten sich zu: »Besoffen! Total besoffen!« Ich verstand es, sah hin, schüttelte den Kopf und rief: »Stimmt nicht, ich bin völlig nüchtern.« Schon war Unruhe. Mehrere standen unauffällig auf, um zu gehen.

»Aber, aber lieber Herr Graf. Lassen wir das doch, ja? Lassen wir's«, rief der abgestoßene Hausherr jetzt entschiedener, plagte sich zur Freundlichkeit und hielt mir die Hand hin. »Schließen wir Frieden. Ja –? Trinken wir eins drauf.«

»Aber ich bin doch absolut friedlich!« lächelte ich, ihm die Hand drückend, und griff nach dem vollgeschenkten Glas, indem ich mich freundlich an die bestürzten Gäste wandte, die jetzt zögerten: »Warum wollen Sie gehn? Bleiben Sie doch. Man versteht mich offenbar nicht. Es geht hier um eine prinzipielle Diskussion. Verstehn Sie? Bitte, bleiben Sie.« Ich schüttete das volle Weinglas hinunter und sprach aufgeweckter weiter: »Geld und Sexualität, das sind Tabus, über die man nicht spricht! Das ist einfach unangebracht und anstößig, nicht wahr? – Ich bin aber seit jeher gegen Tabus. Verstehn Sie?« Das schien zu interessieren; die meisten setzten sich wieder hin. Ich griff zur Weinflasche und goß mir ein neues Glas voll, setzte an und trank es in einem Zug aus.

»Gott, kann der aber vertragen«, hörte ich eine flachbrüstige Dame sagen und wandte mich an sie: »Ja, wissen Sie, gnä' Frau, ich vertrag' bloß deswegen soviel, weil ich weiß, daß ich sonst das meiste nicht ertrage –.« Sie sah mich verständnislos an und schüttelte den Kopf.

»Wissen Sie«, fuhr ich, abermals mein Glas füllend, fort und sah unverfroren in die leicht verwirrten Gesichter. »Wissen Sie, eigentlich bin ich ja ein ganz gemeines Schwein! Eigentlich ist das eine ganz ordinäre Anwanzerei von mir, daß ich zu Ihnen gekommen bin und mir die ganze

Zeit Ihr saudummes, ekelhaft verlogenes Gequatsch anhöre! – Was ist denn das für ein Getue mit ›ganz links‹? Für die Revolution, für Rußland und für den Kommunismus schwärmen Sie? Widerlich ist mir dieses Anbiedern von Ihnen, zum Kotzen ist mir das! Sie leben doch glänzend! Was schert Sie denn der Sozialismus, die Revolution und das alles?« Ich achtete nicht auf das allgemeine Aufbegehren, schrie über alle hinweg: »Das geht Sie gar nichts an, verstehn Sie? Radikal gar nichts! – Sie haben nur ein schlechtes Gewissen. Verstehn Sie!? – Ich hasse Sie! Sie können mich alle im Arsch lecken!« Ich schmiß das halbausgeschüttete, aufspritzende Glas hin, bellte noch einmal zornheiß: »Ich hasse Sie!« und stapfte zur Tür hinaus.

Nein, ich liebte diese Republik nicht. Ich haßte die Noskes und Eberts, die sie zu dem gemacht hatten, was sie jetzt war: Ein Spott für die Nutznießer, die nie etwas für sie riskiert hatten, ein unterhöhlter machtloser Staat, in dem die reaktionären, kaisertreuen Generale herrschten und vor den Augen der Regierung mit Hitler paktierten, der seine Armee von Mördern und Räubern für seine Machtübernahme drillte und schon die Henkerliste bereithielt für alle, die ihm nicht willenlos folgten. Trauer und Wut erfüllten mich über diese in Schande versunkene Republik, für die in der Revolution von 1918/1919 und in all den verzweifelten Kämpfen in Mitteldeutschland und im Ruhrgebiet fast siebzigtausend betrogene Arbeiter ihr Leben gelassen hatten. Verraten und hingeschlachtet für die, die ich eben verlassen hatte! »Großartig! – Phantastisch stark!« sagten sie, da sie mein Buch gelesen hatten, legten es weg und lasen ein anderes und fanden alles in bester Ordnung. Das also hieß man »Durchbruch ins Literarische«.

22.

»DER MANN MIT DER EROTIK«

Ich blieb diesmal über zwei Monate in Berlin, und Mirjam kam schließlich auch hin. Wie immer wohnte sie bei ihren Eltern. Ich logierte bei Wieland Herzfelde, dessen Wohnung zugleich auch der Verlag war. Mirjam, die hier geboren war und über die Hälfte ihres bisherigen Lebens hier verbracht hatte, war das hektische Getriebe der Riesenstadt, die einen kulturellen Höhepunkt erreicht hatte, tief zuwider, und sie haßte meinen wahllosen Menschenkonsum.

Ich wurde überrumpelt von der grellbunten, lärmenden Vielfalt, die mich täglich umrauschte, wurde aufgesogen von der Massenatmosphäre und ließ mich von den vielen Einladungen hinreißen, die meiner Bedeutsamkeit schmeichelten. Jetzt war ich nicht mehr das gefürchtete »Pumpgenie« von einst, sondern überall ein begehrter Gast. Man rechnete mich zu allem, was galt. Der Maler Rudolf Schlichter malte ein Porträt von mir, und sein Bruder, der in der Lutherstraße eine Künstlerkneipe hatte, hängte es an einen Ehrenplatz. Kürzlich erzählte man mir, daß es unbeanstandet während der ganzen Hitlerzeit dort gehangen habe und zuletzt an die Russen übergegangen sei. George Grosz, der in seinen aufreizenden Zeichnungen die Republik und deren Gesellschaft ätzend verhöhnte, stand im Zenit seines Ruhmes. Er veranstaltete einen »Bayrischen Bierabend« zu meinen Ehren. Ich stieß wieder auf den inzwischen arrivierten Toller und konnte Plievier daran erinnern, daß ich einst von seinen glänzenden Reden auf Anarchistenversammlungen begeistert war, begegnete Brecht, und alle lachten berstend, als ich von unserem seltsamen Bekanntwerden bei der *Neuen Bühne* erzählte. Pegu lief mir einmal in den Weg. Er hatte sich vom Revolutionär über den Tolstojaner zum gutbürgerlichen, jüdischen Ehe- und Geschäftsmann gemausert und verbrämte diese Wandlung mit kabalistischer Mystik. Er lud mich zum Abendessen ein, um mir seine junge Frau zu zeigen. Grotesk wirkte auf mich, daß er sich ein kleines rundes Käppchen und mir einen Hut aufsetzte, gewaltsam ernst einen Rotweinbecher vor sich hinhielt, irgendeinen hebräischen Segensspruch hersagte und trank, dann den Becher seiner Frau gab, die dasselbe tat, und diese ihn mir mit einem verlegenen Lächeln weiterreichte.

»Du brauchst bloß trinken«, sagte Pegu ebenso lächelnd. Ich nahm einen starken Zug und wollte mich nun endlich an den blühweiß gedeckten Tisch hinsetzen, aber Pegu hielt mich zurück, und ich schaute ihn blöd an. Nun nahm er vom Brotkorb auf dem Tisch eine kostbar bestickte Decke ab und schnitt von einem braunglänzenden Hefezopf, der darunterlag, ein Stückchen ab, wiederum einen kurzen Segensspruch vor sich hinmurmelnd. Er aß das Stückchen, schnitt eins für seine Frau ab, die auch so betete, und schließlich bekam ich ein Stückchen. Nach diesen Umständlichkeiten konnten wir uns an den Tisch setzen. Es gab Lauchsuppe und süß-sauer zubereiteten Karpfen, den ich nicht nur wegen des ungewohnten Geschmacks, sondern vor allem wegen der vielen Gräten nicht mochte. Zum Schluß bekam jeder ein Schnäpschen.

»Den Hokuspokus nimmst du wirklich ernst, Mensch?« platzte ich endlich heraus. »Ausgerechnet auf so eine umständliche Religion bist du gekommen?« Pegu lächelte ausweglos, und seine Frau wußte nicht gleich, wie sie dreinschauen sollte.

»Man muß auch da hindurchgehen«, fand er als Antwort.

»Und wenn du durch bist, was dann?« fragte ich und ließ ihn nicht mehr aus den Augen.

»Ein ›was dann‹ gibt es da nicht mehr«, sagte er eigensinnig: »Bei mir ist das nicht von heut auf morgen gekommen –. Daß es da kein ›was dann‹, kein Nachher mehr gibt, das weiß ich genau.«

»Er weiß es«, sagte seine Frau leise mit einem kurzen Blick auf mich und sah ihn mit verliebt glänzenden Augen an. Ich maß nun Pegu scharf.

»Na schön, wenn du's genau weißt, ist ja alles gut! Ich hab' noch nie was genau gewußt und will's auch gar nicht!« rief ich gereizt und wurde höhnisch: »Es ist ja so bequem, sich auf den schönen alten Väterglauben zurückzuziehen, nicht wahr?«

»Du verstehst mich da nicht ganz!« meinte er betroffen: »Darüber müssen wir erst einmal eingehend diskutieren.«

Wir sind nie dazugekommen, und vielleicht wirft er heute als Orthodoxer in Israel Steine auf die Autos, die am Sabbat fahren. Ich traf viele alte Bekannte aus der Münchner Boheme, die nach Berlin gegangen waren. Sie saßen wie lebendige Mumien aus längstvergangenen Zeiten im *Romanischen Café* neben der Gedächtniskirche, dem Literatentreffpunkt nach dem *Café des Westens*. Genau wie Pegu hatten auch sie sich eine risikolose Religion oder Weltanschauung angeschafft, mit welcher sie glaubten, gegen alle künftigen politischen Fährnisse gesichert zu sein. Wo war bloß mein alter Rebellenkamerad Franz Jung, der nie ein solches Ausweichen und Stehenbleiben kannte? Warum war er jetzt nicht zu sehen und zu erfragen? Herrgott, wo war gerade jetzt der Mensch, der mir einst im Suff jede Illusion radikal und für immer zerstört, der mich in den tiefsten Schlamm und Dreck gestoßen und gerade dadurch eine unbändige Kraft in mir erzeugt hatte: die Unbestechlichkeit gegen sich und andere, das Nie-zufrieden-Sein mit dem, was in der Welt erreicht worden war, und die nie erlahmende Lust, den einzelnen und die Allgemeinheit aus der Lethargie des gehorsamen Dahinlebens herauszureißen? Diese aggressive Lust, die stets den ganzen Menschen mit sich riß und beständig zur Aktion trieb, mußte alle, die nur darauf bedacht waren, sich selber und ihr Schäfchen ins trockne zu bringen, unangenehm stören und abstoßen.

Ich sehnte mich nach Jung, mit dem mich eine unzerreißbare Feindfreundschaft verband. Ich wollte mich, seitdem wir gleich zu gleich standen, wieder mit ihm messen. Wer erwies sich als der Stärkere in diesem riesenhaften Menschendschungel Berlin, das durch seine bewegte Internationalität und sein atemberaubendes Tempo jeden einzelnen überrollte? Hier knisterten Schiebung, Geschäft und Politik in allen Schichten und Zirkeln. Hartnäckig attakkierten die demokratischen und linksradikalen Blätter die lahme Haltung der Reichsregierung gegen die tückischen nationalistischen Verschwörerverbände und deckten die sinistren Geheimverbindungen der Reichswehr mit den Nationalisten auf. Die gewundenen, unhaltbaren Dementis der Regierung riefen wütende Polemiken hervor. Es geschah nichts. Die Fememorde setzten wieder ein. Große Demonstrationen und Protestversammlungen forderten vergeblich die strenge Verfolgung der nie auffindbaren Mörder. Die Demonstranten wurden von der republikanischen Polizei zerstreut. Da die Protestresolutionen von den Regierungsstellen unbeantwortet blieben, verschärften sich die Presseangriffe immer mehr. Die hilflose, verärgerte Regierung beantwortete solche »Übergriffe« oft mit wochenlangen Zeitungsverboten, und als die nicht verbotenen Blätter mit diesen solidarisierten und eine wilde Presseschlacht eröffneten, die auch im Ausland ein entsprechendes Echo fand, wurde den radikalsten Redakteuren und Leitartiklern der Prozeß gemacht. Nicht wenige wanderten – wie der mutige Herausgeber der *Weltbühne* Carl von Ossietzky – ins Zuchthaus. Einige Zeit herrschten Aufregung und heftiges Gerede darüber. Aber was tangierte das die unpolitischen honetten Bürgerkreise, was den gehetzten Geschäftsmann oder Großverdiener und die vielen Beamten? In den Nebenzimmern mancher Lokale saßen rechts- und linksradikale Intellektuelle zusammen und diskutierten heftig darüber, was mit Deutschland künftig geschehen sollte und fanden da und dort politische Berührungspunkte. Endlich gingen sie auf einige »Drinks« ins noble Künstlerlokal *Schwanecke* und fuhren dann zum Sechstagerennen, denn bei allem dabeizusein barg die Aufstiegsmöglichkeiten. Dabeisein mußte man, wenn Piscator in seinem politischen Theater Brecht, Toller oder russische Avantgardisten aufführte. Dabeisein mußte man, wenn ein Paul Wegener, ein Jannings, ein George, Ernst Deutsch oder Bassermann in einer Premiere auftrat. Dabeisein mußte man in den neu aufkommenden politischen Kabaretts, in denen Trude Hesterberg die frechen Songs von Erich Kästner und Weinert sang. Das alles überstrahlte die junge Marlene Dietrich als Künstlerin Fröhlich im Meisterfilm *Der blaue Engel,* nach Heinrich Manns *Professor Unrat,* der in kurzer Zeit seinen Siegeszug um die ganze Welt antrat.

Zufällig traf ich auf der Straße einmal den alten Freund Josef Grabisch aus der Runde um Jung. Mit ihm trank ich manchmal nachmittags in der kuriosen *Griechischen Weinstube* der »Mutter Maria« herben Rotwein. Zu Maria kam man nur hinein, wenn man das Klopfzeichen wußte und ihr sympathisch war. Ihr Lokal bestand aus einer gewöhnlichen Vierzimmerwohnung mit kleiner Küche zu ebener Erde. In der vordersten Stube, deren dickverstaubte Fenster stets dicht verhängt waren, lagen auf Schragen einige Rotweinfässer, wovon ein Faß angezapft war. Anderen Wein gab es nicht. Dahinter konnte man sich's in den zwei verwahrlosten Stuben mit durchgesessenen Kanapees, einigen verfransten Fauteuils und Sesseln um grobe viereckige Holztische gemütlich machen. Ab und zu brachte Maria aufgeschnittene Käsestücke und Schwarzbrot, dann setzte sie sich wieder zu den Gästen, unterhielt sich mit ihnen oder schlief ein, wenn ihr das Gespräch zu langweilig war. Ungeniert legte sie sich aufs Kanapee und schnarchte alsbald. Wenn wir die Karaffe leergetrunken hatten, weckten wir sie. Es war unerfindlich, wie sie dabei leben konnte, aber sie war dick und hatte ein blühend gesundes, rundes Kindergesicht. »Mir jenücht's«, pflegte sie zu sagen. »Ich will nach meiner Fasson leben.« Sie borgte auch bis zu zehn Mark, dann sagte sie: »Schluß, mein Junge! Det nächste Mal Kies oder uf Nimmawiedasehn.« Und jeder zahlte, denn jeder wußte, sonst kam er nie wieder herein. Es kam auch vor, daß Gäste einfach auf einem Kanapee einschliefen und über Nacht blieben. Nur eins litt sie nicht: Besoffene, die kotzten. Das kam auch nie vor. –

»Du wirst doch noch etwas bleiben, ja?« sagte Grabisch, den wir allgemein »Joe« hießen. »Laß dich bloß nicht von der hysterischen Anhimmelung einlullen, mein Lieber.« Er wußte nicht mehr von Jung, als daß er in Hamburg oder irgendwo im Norden neue finanzielle Transaktionen startete. Wir verabredeten uns bei Maria für morgen. –

Joe sah man nie in einer Berliner Gesellschaft, er verkehrte weder im *Romanischen* noch in den Künstlerkneipen. Er war ein eigentümlicher Einzelgänger. Man erzählte sich, er sei früher ein wüster Abenteurer und Draufgänger gewesen, der in München seinen Doktor phil. gemacht, hernach »irgendwie« geschriftstellert, sich aber in der Hauptsache in allen möglichen Gesellschaften herumgetrieben, sehr viel Glück bei Frauen gehabt habe und plötzlich auf lange Jahre nach Südamerika gegangen sei. Niemand erfuhr, welche Gründe ihn dazu getrieben hatten, noch weniger, woher er das Geld bekommen hatte. Fast vergessen, traf er unerwartet in Berlin ein, verheiratet mit einer reichen Irin, die wir nie zu sehen bekamen. Er mietete eine elegante Wohnung in der Knesebeckstraße, veröffentlichte ein kleines Büchlein über deutsche Mystiker und arbeitete seither – wohlgemerkt, schon über zwanzig Jahre! – an einer Übersetzung des *Robinson Crusoe,* wie er nebenher manchmal sagte. Er sah gut aus, war mittelgroß und gedrungen, hatte volles graumeliertes Haar, und in seinem breiten slawischen Gesicht fielen sogleich die sehr wulstigen Lippen auf, wovon eine im rechten Winkel etwas hochgewachsen war.

Joe interessierte sich kaum für Literatur oder Kunst. Seine Interessen galten Irland, und Dublin schätzte er weit mehr als Berlin, obgleich er wie Jung Schlesier war, was man an seiner Aussprache erkannte. Seinen Andeutungen nach verkehrte er meist mit Herren des Auswärtigen Amtes oder früheren Diplomaten. Politisch hätte man ihn einen toleranten Nationalliberalen nennen können, aber er verlor nur selten einige Worte über Politik. Und wieso Dublin? Ach so!

Damals, als ich im Ersten Weltkrieg das erstemal frischfröhlisch als vermeintlicher Ruhrkranker nach München zurückgeschickt wurde, machte ich natürlich unbedenklich für drei Tage in Berlin Station und suchte Joe auf. Der nahm sich rührend meiner an, beherbergte mich in einem Atelier, das er heimlich für sich gemietet hatte, und lud mich sogar einmal in die Knesebeckstraße zum Essen ein. Das war noch nie vorgekommen, im Gegenteil, Jung und ich wußten, daß Joe uns seiner Frau verschwieg, die ihm offenbar in puncto gesellschaftlichen Umgang und Geld sehr auf die Finger sah, denn wenn ich, um ihn anzupumpen oder zu holen, den Lieferantenaufgang hinaufstieg und in die Küche kam, war die Köchin schon instruiert. Unauffällig holte sie Joe aus dem Arbeitszimmer, er kam, gab oder versprach, bald zu kommen. Er hatte immer, aber nie allzuviel Geld.

Genug, ich sah nun seine Frau zum erstenmal. Sie war hager, hatte wasserstoffsuperoxydblonde Haare und ein schmales sympathisches Gesicht, das beim Lächeln noch mehr gewann, sprach nur gebrochen deutsch, und sichtlich gefiel ich ihr sehr gut.

»Joe, your friend Oscar is a wonderful man. Ask him to come tonight«, sagte sie. Er staunte kurz, bekam ein freudiges Gesicht und verdeutschte.

»Es geht um große Dinge. – Sprich mit niemandem darüber, bitte«, setzte er dazu.

Gespannt kam ich abends. Das große Eßzimmer war mit ungefähr einem Dutzend eleganter Herren bevölkert, von denen man einigen auf den ersten Blick ansah, daß sie Militärs in Zivil waren. Etliche davon runzelten bei meinem Hereinkommen bedenklich die Stirn, doch als Frau Grabisch mir sehr herzlich die Hand drückte und Joe in Englisch eine beruhigende Erklärung abgab, sagte ein Herr mit Stutzbärtchen in Deutsch: »Gut. – Danke.« Sonst aber wurde nur englisch gesprochen, und ich kam mir sehr deplaciert vor und sah immer nur den braungebrannten, ziemlich einfach gekleideten Mann mit einem Schnurr- und Knebelbart an, an den fortwährend Fragen gestellt wurden, die er manchmal mit einigen Bemerkungen beantwortete. Es war an allen, die hier waren, etwas Straffes, Militärisches, und ihre Sprache klang knapp und präzis. Während man Cognac oder Whisky trank und dazu Brezeln knabberte, wurde es ungefähr Mitternacht. Unschwer erriet ich, daß es sich um etwas Geheimes, Verschwörerisches handelte, denn die Herren verließen einzeln und in Abständen die Wohnung. »Nachher«, flüsterte mir Joe einmal zu, und als der letzte Gast weg war, sah seine Frau sehr mitgenommen aus. »Poor Roger! I hope he succeeds. Oh, my country! My country!« wehklagte sie. Nervös zuckten ihre Wangen, unruhig waren ihre Augen und schwer atmend ging ihre flache Brust. Zitternd umschlang sie Joe, der sie beruhigte und streichelte. »I'm sorry. – Good night«, sagte sie verstört mit einem Blick auf mich und verschwand hastig im Schlafzimmer.

»Schade, daß du nichts verstanden hast«, sagte Joe, als wir allein waren, und war sehr ernst: »Meine Frau ist Mitglied des irischen Revolutionskomitees im Ausland. Der Mann mit dem Knebelbart war Roger Casement, neben de Valera der führende Kopf der Revolution. – Er wird von uns nach Irland geschmuggelt. Sie wollen losschlagen –. Alles wartet auf ihn –. Nach seinen Berichten ist's jetzt soweit, daß sie die Engländer schlagen –. Alles ist genau berechnet. Es wird klappen.«

Durch den Krieg verzögert, brachten die deutschen Zeitungen erst nach einer Woche die Nachricht, daß Casement bei seiner Landung von den Engländern verhaftet, kriegsgerichtlich abgeurteilt und erhängt worden sei. »Sursum corda!« sollen seine letzten Worte gewesen sein. –

Jetzt bei der »Mutter Maria« war Joe, der immer ausgeglichen Heitere, mürrisch, erzählte, daß er in der Zeitung von meinem Vortrag gelesen und verschiedentlich von mir gehört habe. »Du bleibst hoffentlich nicht in Berlin? – Nein? Gut so! Nur bald weg, mein Lieber. – Jung hält's doch auch nie lang aus da –. ›Die Kuh muß ausgemolken werden‹, sagt er, ›dann kann sie schlachten, wer will.‹ – Recht hat er! – Wer was zu sagen hat und fertigbringen will, muß weg aus Berlin! Weg, nichts wie weg, sag' ich dir! – Der snobistische Plebs hier will jeden Tag ein andres Genie oder sonst einen Star. Du wirst durch die Fleischmaschine getrieben und aufgefressen – der nächste! Man trägt jetzt ›links‹ und kommt sich vor wie der Vortrupp der kommenden Revolution und verhimmelt Grosz und all die radikalen Stückeschreiber, die Piscator herausbringt –«

»Das hab' ich längst gemerkt. Da sagst du mir nichts Neues«, fiel ich ihm ins Wort und wunderte mich, daß er zum erstenmal politisch daherredete: »Grosz und Herzfelde haben mich eingeladen, morgen zum Ball der »Novembergruppe« in den *Kaisersälen am Zoo* zu kommen. Grosz ist dort Ehrenpräsident –. Ein großer Kostümball soll's sein. Auch Manfred und Ludwig haben Mirjam angerufen, ich soll unbedingt kommen. Da trifft man alle und jeden, das kann mir sehr nützen, sagen sie.«

»– kann dir nützen! Nützen, siehst du, alles ist reines, plumpes Geschäft, getarnt als Künstlerfest der kommenden Barrikadenkämpfer«, höhnte er sarkastisch und klärte mich auf: »Du mußt wissen, in der Novembergruppe sind nur Künstler von den Kommunisten bis zu den rabiaten Überlinken –«

»Soso, um so besser. – Ich bin auch neugierig, wie so ein Berliner Faschingsfest aussieht«, sagte ich. Aber er warnte: »Erwarte bloß keine Münchner Lustigkeit –! Nichts als Knallprotzen, die moderne Bilder kaufen, weil's schick ist, und widerliches Gesochs, das auch dabeisein will –«

»Na gut, ich geh' hin. Das muß ich sehen«, blieb ich dabei. »Du kennst ja meinen Grundsatz –« Und ich zitierte wieder Balzac: »Man muß in diese Gesellschaft eindringen wie das schleichende Gift.«

»Prosit, trinken wir, mein Lieber!« lächelte er skeptisch: »Du hast also immer noch Illusionen. – Mit uns Deutschen ist doch nichts zu machen, wir werden unseren Untertanen-Masochismus nicht los! Dafür hat man uns doch jahrhundertelang zurechtgeprügelt. Wir kennen doch nichts als Befehl und Gehorsam! Machen eine Republik und wissen absolut nichts damit anzufangen. Die Militärs regieren wie eh und je, und die Herren von der Industrie finanzieren sie. – Der Haufen hat nichts zu melden, und er will nicht einmal! Alles ist verwirtschaftet worden, rein alles. Das kracht eines Tages schauerlich zusammen, da will ich nicht dabeisein. – Irland hält sich. Die haben nicht umsonst geblutet. Schade, daß Roger nicht durchgekommen ist, um das zu erleben. – Ich geh' nach Dublin.« Maria, die offenbar einiges gehört hatte, wachte auf, gähnte und sagte: »Unterm Willem hat sich's besser jelebt.« Joe stellte sein Glas hin und nickte: »So ist es, meine Gute! Gib noch eine Kanne.«

Das Fest der »Novembergruppe« war Stadtgespräch. Dort mußte man gewesen sein. Drei Musikkapellen spielten, der erste Preis der Tombola war ein Viersitzer-Benz-Mercedes, und weit über tausend Gäste wurden erwartet.

»Ich warne euch! Ihr kennt ihn nicht!« hatte Mirjam Manfred und Ludwig am Telefon gesagt, aber sie lachten. Sie erwarteten mich auf dem breiten Treppenvorsatz am Eingang des festlich geschmückten Saales. Jeder trug einen Smoking und einen weißen Fez auf dem Kopf. »Das ist doch egal!« sagten sie, weil ich mich wegen meines gewöhnlichen Anzugs etwas genierte, und setzten mir auch einen Fez auf: »Das genügt vollkommen. Du siehst doch, alle tragen so'n Ding.« Wahrhaftig – alle hielten das für einen hochoriginellen »dollen« Faschingseinfall.

»Komm, komm, wir haben schon einen Tisch!« riefen die zwei und wollten mich mitziehen.

»Was? Tisch? Was brauch' denn ich auf so einem Fest einen Tisch!« fuhr ich sie an, und ehe sie aufsahen, war ich weg. Verschwunden. Immer war es das gleiche: Wie ein ungeduldig witternder Hund, reißend gespannt, stürzte ich in die wirre, bunte, lärmende Masse. Auch ohne Alkohol versetzte mich diese in einen Zustand von blindem, hingerissenem Rausch.

Ich arbeitete mich an die Theke heran und verlangte eine Flasche Wein.

»Hier gibt's nur Tischbedienung!« wies mich der Barmixer grob ab, und ich hörte einen befrackten Herrn sagen: »Wat'n Wilda! Wo kommt denn der her?«

»Aus München!« schrie ich zurück. Leicht verärgert, daß ich keinen Wein bekommen hatte, bahnte ich mir mit den Ellbogen den Weg, und Manfred und Ludwig bekamen mich erst wieder zu sehen, als ich droben auf der Balustrade der Musiker stand und trompetenlaut ins bewegte Kopfmeer der Tanzenden hinabschrie: »Mehr Bewegung, bitte! Bewegung! Erotik! Mehr Sexualität, meine Herrschaften! Sexualität, Sinnenlust, Bewegung, Erotik! Bewegung!« Ich überschrie alles. Die Musiker hielten auf einmal im Spielen inne, die Tanzenden stockten und starrten zu mir herauf.

»Was für ein Flegel ist denn das?!« plärrte man nach dem ersten Schock von unten herauf. »Unverschämtheit! Runter mit ihm! Raus aus dem Saal! Raus mit dem Kerl, raus!« Ein Musiker ging auf mich zu und drängte mich grob weg, und ich sprang einfach mitten in die wild und schreiend auseinanderstiebenden Tanzpaare, streifte dabei mit dem Fuß den Arm einer Dame, die aufschrie, und Herren wollten auf mich zu, aber der liebe Gott hatte mir eine breitmächtige Gestalt gegeben, so daß sie sich nicht gleich mit mir einlassen wollten, und als sie sich umsahen, war ich schon wieder weiter im Gemeng, stieß und schrie wie verrückt: »Bewegung! Erotik! Sexualdemokratie, bitte! Bewegung!« und sah einen Menschen mit schwarzverschmiertem Gesicht, im Monteuranzug, auf mich zurudern, und als er ganz nahe war, umschlang er mich schützend und keuchte dabei weinheiser: »Oskar! Oskar! – Mensch, großartig, Oskar, komm mit mir, komm!« Niemand wollte mir mehr etwas. Es war George Grosz. Die Musik spielte wieder, und alles tanzte weiter. Wir waren an der weitgeschwungenen mächtigen Theke angelangt, und ich sagte: »Mensch, hast du denn nichts zu saufen? Hier kriegt man doch nichts.« In einer langen Reihe standen gefüllte Cognacgläser da, und die befrackten Herren hatten sich eben umgedreht, um einige gefeierte Bühnengrößen begeistert zu grüßen.

»Da steht doch! Prosit, Oskar!« sagte Grosz, nahm ungeniert ein Glas und trank es aus, und ich machte es ebenso. Er griff zum nächsten Glas und ich auch, und so, die ganze Theke abschreitend, schütteten wir eilig alle Gläser in uns hinein und verschwanden. Kaum waren wir zehn Meter weg, fing ein schrecklicher Krach an. »Na, wat denn? – Wieso denn? War doch voll! – Wer hat denn dat wegjesoffen, wat denn?« hörten wir durcheinanderschimpfen und erreichten den Tisch, an dem Frau Grosz, Wieland und Trude Herzfelde, Rudolf Schlichter und der Zeichner Schmalhausen saßen. Eben kam John Heartfield, Wielands Bruder, hinzu.

»Eine Scheißbande ist das hier!« schimpfte ich. »Faschingsfeste wollen sie machen und benehmen sich wie Köchinnen und Kommis! Zum Kotzen, das! Künstlerball soll das sein, Künstlerball?! Das ist ja ein Vereinsball besserer Ladeninhaber, wo Ihr auch dabeisein und anreizen dürft, pfui Teufel! Mit dieser verschissenen Sippschaft laßt ihr euch ein, ihr Revolutionäre?!«

»Jajaja, ganz recht hat er! Absolut recht hast du, Oskar! – Wieland, ich hab's dir heut' nachmittag schon gesagt, das ist Kunsthurerei von uns! Prostitution ist das! Losgehn muß man gegen die Bande!« keuchte John Heartfield, der große, geniale Meister der Fotomontage, und fing zu zittern an – was immer ein sicheres Zeichen war, daß er unmittelbar vor der Aktion stand – seine hervorquellenden wässerigen blauen Augen traten noch stärker hervor, bis er aufsprang, einen Sessel packte, auf die Tanzenden zurannte und mit dem ununterbrochenen Ruf: »Es lebe die Weltrevolution! Es lebe die Weltrevolution!« die Sesselbeine fortwährend in die glanzrunden Popos der vorbeitanzenden Damen stieß.

Wie ein herumhüpfender Ziegenbock sah er aus, und das machte auch mich wieder unternehmungslustig. »Bewegung! Erotik! – Bewegung!« prasselte es hemmungslos aus mir. Fluchen, Schreien, Keifen und Fuchteln hub um uns an, ein dichter Kreis umschloß uns, und Fäuste hoben sich, als gerade noch zur rechten Zeit George Grosz, Wieland und Schlichter sich eine Bahn zu uns schafften. Grosz – ich hielt ihn immer für einen Korpsstudenten mit falschen Vorzeichen – schrie mit energisch knalliger Militärstimme: »Einen Moment, Herrschaften! Momentchen, wenn ich bitten darf. Ja?« Sogleich erstarben die Angreifer vor Bewunderung, doch ehe Grosz weiterreden konnte, kam aus einer anderen schmalen Gasse hocherhobenen grimmigen Hauptes der Inhaber der Kaisersäle mit einigen sogenannten »Herausschmeißern« in die Mitte der Runde und fragte drohend: »Also, wo sind da die Burschen, die dauernd so frech stören?« Johnny und ich standen da wie Delinquenten, und nun ging ein wildes Hinundhergerede zwischen Grosz, dem sich inzwischen Künstler vom Vorstand der Gruppe zugesellt hatten, und dem Gastwirt an, der kräftig von den umstehenden Tanzpaaren unterstützt wurde. Grosz, der gedroht hatte, auf der Stelle seine Ehrenpräsidentschaft niederzulegen, wenn man »seine Freunde belästige«, schrie den Saalinhaber an: »Da haben Sie ja nuscht zu melden, Herr... Gehn Se!« – »So? Wolln mal sehn! – Ich kann auch anders!« fuhr der auf. Die Leute wichen aus, und er stapfte mit seinen Begleitern zum Saaleingang. Wir hörten einen schrillen Pfiff, und ungefähr zwei Dutzend Sipos marschierten zum Saal herein, und in die jähe Stille schrie der Kommandant: »Also, was ist hier los? Wer stört hier dauernd und rempelt die Gäste an?« Hunderte von gestreckten Fingern deuteten auf Johnny und mich und, wie durch die Polizisten ermutigt, schrie es wieder rundum: »Da, da! Das sind die zwei Flegel! – Raus mit ihnen! Raus müssen sie!«

Giftig schlug der Lärm ins Gemeng, kein Wort war mehr zu verstehen. »Ruhe! Ruhe im Saal!« überdröhnte die Stimme des Kommandanten alle. Der Saalinhaber stand mit hämisch zufriedener Miene neben ihm. Jetzt wurden die Künstler rebellisch und schoben Grosz vor, der drauflospolterte: »Na, wat denn, wat denn –? Sipo wird da jeholt –? Sind wir 'n Kegelklub oder 'ne Künstlergruppe? Nee, nee, so jeht dat nich. Vastandn? – Meine Freunde bleiben da! – Nuscht zu machen, Herr Jastwirt –. De Veranstalter sind wir. Vastandn? Wir un nich Sie! – Sie habn bloß zu vadien', Herr ...« Um den Kommandanten und den Saalinhaber ballten sich die Vorstandsmänner und redeten und redeten auf sie ein. Sie waren schockiert, da Grosz wiederholt mit Weggehen drohte, winkten beruhigend ab, andere Prominente kamen und mischten sich ein, und – kaum zu glauben! – man einigte sich so: Die Sipo zog von einer Saalnische zur andern einen Strick. Da wurden Tische hineingeschoben, und der unbequeme, schon ziemlich betrunkene Ehrenpräsident mit all seinen Freunden und Anhängern wurde von den Vorstandsmitgliedern allerhöflichst gebeten, daran Platz zu nehmen.

»Das ist ja wunderbar! Da sind wir unter uns!« lachte ich schmetternd.

»Ja, und weg vom Bürgergesindel!« stimmte mir Johnny bei. Das stimmte den anfangs renitenten Grosz um. Die Sipos zogen ab. Das Fest ging weiter, und der Hauptanziehungspunkt war unser Isolierungsdreieck. Kreuzfidel wurden wir und tranken massig. Immer wieder kamen Prominentengierige ans Seil, aber niemand wurde durchgelassen.

»Bleiben Sie beim Publikum, wir sind zu gut für Sie!« rief Wieland den Zudringlichen nach, schürzte sein Kußmäulchen und sah Beifall heischend auf Grosz, denn wenn »Böf«, wie sie ihn alle nannten, etwas gut fand, war's hundertprozentig originell. Aber dem verschwamm im Rausch bereits alles.

Immer wieder sammelten sich insbesondere neugierige Damen am Seil, lächelten und bettelten, doch an unseren Tisch kommen zu dürfen, aber wir blieben hart. Sie zogen wieder ab und waren fast dankbar für die ordinären Anpöbelungen, die wir ihnen nachschrien. Ich mußte an Joe denken. Dann fiel mir dieser fixe Harry Domela ein, der servilen nationalen Stadtvätern und Hunderten patriotischer Vereine so erfolgreich den preußischen Prinzensohn vorgespielt und sie um ihr Geld geprellt hatte.

»Für die könnten wir die Domelas auf republikanisch sein«, sagte ich zu Wieland. »Schade, daß sich mit der Firma kein Staat machen läßt.«

Entsetzt riefen Manfred und Ludwig anderntags Mirjam an, doch die lachte nur schadenfroh. Die beiden waren überzeugt, daß ich mir durch mein unmögliches Benehmen auf dem Fest alle Sympathien in Berlin verscherzt hätte. Mitnichten: Überall nannte man mich »den Mann mit der Erotik«; ein »ungebrochener Neuling mit einer Vitalität ohnegleichen« war ich in der Reihe der jungen Dichter. Freilich hielt sich diese schmeichelhafte Popularität einzig und allein an meine Person, meine Bücher interessierten weit weniger, und das blieb bis heute so.

23.

FIDELITAS WÄHREND DER GALGENFRIST

Ein Bote brachte mir einen Brief. »Diamalt A. G. – München« stand auf dem Kuvert. Diamalt?, erinnerte ich mich, das war doch das ausgezeichnete Backhilfsmittel, das den Semmeln und Eierweckerln eine appetitliche braune Glanzfarbe verlieh. Überrascht riß ich das Kuvert auf und las auf einem ebenso überdruckten Firmenbogen folgendes:

»Lieber Herr Graf! Bitte kommen Sie in den nächsten Tagen zwischen elf und zwölf vormittags einmal in mein Büro, damit wir uns über die Bereinigung Ihres Konflikts mit dem Drei-Masken-Verlag unterhalten können – mit besten Grüßen Felix Sobotka.«

Was hatte das Backhilfsmittel mit dem Buchverlag zu tun? Voll Spannung und Neugier ging ich am andern Tag zum Karolinenplatz, wo sich das kleine massiv gebaute Häuschen des Verlages befand, das heute die Luxusbar *Elvira* beherbergt. Daneben, in einem Vorpark, stand ein mächtiges, sehr vornehmes Haus mit Säuleneingang und einer breiten Auffahrt; die Diamalt-Gesellschaft. Der Zweite Weltkrieg hat es zerstört. Heute steht dort das »Amerika-Haus«.

Ein livrierter Diener führte mich eine breite teppichbelegte Steintreppe hinauf, klopfte an eine mächtige, geschnitzte Eichentür. »Herein!« rief es, und ich trat in einen hohen, weiten Saal ein, mit alten Bildern an den dunklen Wänden und einem spiegelglatten Parkettboden, in dem nichts stand als ein umfänglicher Schreibtisch, hinter dem ein freundlich lächelnder Mann mit festem, kugelrundem Gesicht saß.

»Sie erlauben schon, Herr Graf, daß ich sitzen bleibe. –

Kommen Sie, bitte, näher und nehmen Sie Platz, mein Lieber«, sagte er leger in leicht wienerischem Akzent, weil ich in Erinnerung an mein Hinfallen im Berliner PEN-Club etwas angstvoll zögernd stehenblieb und nur vorsichtig auf ihn zutappte. »Sobotka«, sagte der Mann und gab mir die fleischig-weiche, von dichtem rötlichem Haar überflaumte Hand: »Setzen Sie sich, bitte. Da sind Zigaretten. Oder wollen Sie lieber eine Zigarre?« Ich nahm eine Zigarette, zündete sie an und war sofort warm. Ich sah, der Mann war so dick, daß sein herabsackender Bauch die Oberschenkel der kurzen Beine sperrweit auseinandertrieb, und das erzeugte im Nu eine so belustigende Unbefangenheit in mir, daß ich ohne Einleitung unvermittelt sagte: »Sie machen also das Diamalt? Das haben wir schon, wie ich noch daheim in der Bäckerei gearbeitet hab', als Backhilfsmittel genommen, das war sehr gut.«

Nichts Besseres hätte ich sagen können. Der Mann errötete sogar leicht ob dieser Schmeichelei, und schon war gewissermaßen eine geschäftlich-handwerksmäßige Atmosphäre zwischen uns geschaffen.

»Bäckerei Graf, Berg am Starnberger See? Warten Sie«, sagte er, drückte auf einen Knopf, eine ältliche Kontoristin erschien, er verlangte die Kundenliste und las: »Graf –? Da steht Kindesberger? Ist das Geschäft denn verkauft worden?«

»Jaja, das ist der Mann, der die Witwe von meinem gefallenen Bruder Max geheiratet hat und jetzt die Bäckerei weiterbetreibt«, klärte ich ihn auf. Er schlug das dicke Buch zu und lächelte gesellig: »Na, da sind wir ja sozusagen immer noch berufsmäßig verbandelt. So was hab' ich gern, da versteht man sich schnell. Na, wie ist jetzt das, Herr Graf, wenn Sie auch ein Meisterdichter sind, ganz ohne Verständnis fürs Geschäftliche sind Sie doch auch nicht, oder?«

Und so ging das weiter. Aus Wut darüber, daß der Verlag nach dem Einsetzen des großen Erfolges *Wir sind Gefangene* nicht mehr weiterdrucken konnte, hatte ich mich seither nie wieder bei ihm sehen lassen und keine Briefe mehr beantwortet. Aufgebracht klagte ich. Er hörte sich alles geruhig an, nickte auch öfter zustimmend und sagte: »Na ja, na ja, ich versteh' Sie, ich versteh' das ganz gut, aber der Fehler ist nun einmal gemacht. So geht's doch auch nicht weiter mit uns! Wir müssen wieder zu einer geregelten Zusammenarbeit kommen.«

»Tja, hm – Sie entschuldigen schon, ich hab' seinerzeit, wie der Krach angefangen hat, geschrieben, ich geh' nur mehr her, wenn ich mit dem Hauptmann vom Verlag sprechen kann. Sind Sie jetzt der Hauptmann oder nicht? Geben Sie das Geld her dafür?« sagte ich geradezu und schaute ihn frech an.

Er lachte über meine drollige Unverblümtheit und meinte: »›Der Hauptmann‹ ist gut. Ein Veteranenverein sind wir nicht ... Die Diamalt-Gesellschaft ist nur finanziell stark engagiert dabei.« Da war wieder das Ausweichen vor der Direktheit bei Geldangelegenheiten.

»Na«, sagte ich mit meiner immer wirksamen Bauernburschikosität. »Nachher ist's ja gut –! Mit Ihnen kann man ja reden.« Er vereinbarte mit mir eine gemeinsame Sitzung aller Verlagsleute bei sich.

»Aber Sie sind dabei, ja? Sie führen den Vorsitz?« bedingte ich mir aus, und er lächelte wieder, nickte und schloß: »Die Angelegenheit wird sich schon ausgleichen lassen. Bloß, sind S' nicht so grob zu den Herren vom Verlag.« Es war ihm also gesagt worden, wie unflätig ich die Herren beschimpft hatte! Seltsamerweise hatte er ein Faible für diese – es waren doch lauter österreichische Adelige!

Die Sitzung verlief ziemlich erregt, denn der Syndikus des Verlages, Rechtsanwalt Löwenstein, verlangte auf einmal den Vorschuß, den ich für die Ausgabe bei der Büchergilde Gutenberg bekommen hatte, zurück und nannte mich »vertragsbrüchig«, obgleich der alte Genosse Dreßler mir seinerzeit gesagt hatte, er habe sich mit dem Drei-Masken-Verlag entsprechend geeinigt. Ich wurde wild und nannte ihn einen »berufsmäßigen Wortverdreher«.

»Ein mieses Geschäft das, Herr –. Ich bin das Gegenteil von Ihnen, ich stelle die Worte richtig!« beleidigte ich ihn und lachte grobschlächtig. »Und, meine Herren, wenn Sie meinen, daß ich von dem Vorschuß noch was habe, müssen Sie schon meine Wohnung pfänden. – Bitte!« Alle mühten sich, die gegenseitige Erregtheit einzudämmen.

»Genug!« rief Felix Sobotka energisch: »In den Orkus mit den paar tausend Mark! Dichter sind keine Buchhalter! Gehn wir weiter.« Er diktierte den herumsitzenden »Kreuzspinnen«, wie ich seine Adeligen nannte, stichwortmäßig: »Generalvertrag: Graf bekommt monatlich vierhundertfünfzig Mark und tausend Mark Vorschuß für jedes abgelieferte Buchmanuskript. – Schreiben Sie, meine Herren ...« Die bekamen lange Gesichter, aber er duldete keine Widerrede mehr. Ich sah, innerlich jauchzend, den guten Fleischberg an und dachte: Du bist mein Mann!

Er war es auch, er lud mich immer wieder zu sich ins Büro, und ich mußte ihm die neuesten Witze erzählen, er gab seine jüdischen darein und stellte mir ein Glas Cognac nach dem andern hin. Er machte sogar extra für mich einen alljährlichen *Bäckerkalender* der Diamalt-Gesellschaft, und ich lieferte ihm dazu kleine Bäckergeschichten und Gedichte, die er weit höher honorierte als meine Bücher. Ich begleitete ihn nach Erding auf seine Jagd, doch der dicke Mann zog sich nur weidmäßig an, hing sich eine Büchse um und gab mir eine; wir setzten uns in den leichten offenen Wagen, einen sogenannten »Landauer«, und der Kutscher mußte uns an irgendeinen Waldrand oder auch zu einem schönen weichen Moosplatz im Wald fahren.

»Joseph«, sagte der Kommerzialrat zum Kutscher und gab ihm das Gewehr. »Schießen Sie für mich und verraten Sie uns nicht. Verstanden? Weidmanns Heil!« Und wir stiegen ab, legten Decken auf die Erde, öffneten den vollen Proviantkorb und ließen's uns schmecken.

»Also, was haben Sie wieder für neue Witze?« oder »Wissen Sie den schon?« fing er an, und so verrann jeder Jagdtag.

»O honey, it's terrible! I'm unhappy!« küßte er zu Hause seine blutjunge blonde amerikanische Frau ab und redete deutsch weiter: »Nichts ist's mehr mit dieser Jagd: drei Fasanen und einen Hasen –. I'm very unhappy.« Und sie lachte und tröstete ihn lustig, und man setzte sich hin zum reichlichen Mahl. Er legte Platten mit Schnadahüpferln und bayrischen Jägerliedern auf, trank mit mir den besten Rheinwein, während sie dem Whisky hübsch zusprach. Sie bewunderte ihren Dicken im Jagdkostüm, küßte ihn ein ums andre Mal ab und sagte: »O Lixi, it's wonderful. It's p-prä-prächtik!« Sie riß ihn herum wie einen riesigen Teddybären.

»Amerikanerinnen sind die besten Frauen –. Alles finden sie wonderful«, sagte er manchmal gemütlich lächelnd zu mir, wenn sie hinausging. –

Ich war versorgt und lebte aus dem vollen. Ich richtete unsere Wohnung mit Liebe und allem Einfallsreichtum ein, den ich aufbringen konnte. Wenn ich in meinem Arbeitszimmer vor der Schreibmaschine stand und meine geliebten Bücher, die rundum die Regale füllten, und die von befreundeten Malern geschenkten Bilder ansah, reckte ich mich wohlig und rief: »Schriftstellerei ist eigentlich der beste Beruf, den ich kenne –! Man braucht bloß überall rumhören und das Zeug hinschreiben und kriegt einen Haufen Geld dafür. Großartig!« Das Geld trieb mich jetzt nicht mehr einkaufsgierig herum; ich hatte seinen Dämon besiegt; und ich schrieb jetzt leicht, denn die Stoffe flogen mir auf den Gerichtssitzungen und in den Bauernwirtschaften auf dem Flachland zu.

»Kann's uns noch besser gehn?« jubelte ich Mirjam an, die aber bekam kleine Falten auf ihrer schönen glatten Stirne und sagte wie angstvoll warnend: »Beruf's nicht –! Du kommst nicht jeden Tag in die Läden und hörst, was da rumgeredet wird –. Ich hab' immer das Gefühl, alt werden wir da nicht.«

Der Schuster drunten in unserem Haus hatte – weil nicht weit weg von ihm eine elektrische Schnellsohlerei eröffnet worden war – ein breites Streifband quer über sein Auslagenfenster geklebt: »Deutsche, kauft nur bei Deutschen«, und in der Mitte prangte das schwarze Hakenkreuz im weißen Feld.

Aus verschiedenen Fenstern flatterten kleine Hakenkreuzfahnen, und Kinder spielten manchmal damit.

Ich stand seit meinen Erfolgen mit Maurus wieder ganz gut. Er kam ein paarmal in die Stadt und bewunderte unsere Wohnung. Er lobte Mirjams Hausfrauentüchtigkeit und scherzte: »Du machst ihn schon vernünftig, den Kerl.« Einmal, an einem warmen Wochentag im Herbst, als die Herrschaften und Sommergäste längst in der Stadt waren, saßen wir mit Münchner Freunden in seinem hübschen Kaffeehausgarten. Mirjam hatte Mutter von oben heruntergeholt. Sie saß da und freute sich über unsre Lustigkeit, trank bedächtig ihren Kaffee und aß die Schlagrahmtorte dazu, unterhielt sich mit Mirjam, maß mich manchmal wohlgefällig von der Seite und sagte zu ihr: »Fett werd' er bei dir.«

»Mutter!« rief ich ihr aus irgendeinem Gespräch heraus zu, »jetzt geht die Welt bald unter –. Recht schnell kann das gehn.« Scherzhaft klang es.

»Na na«, sagte sie geruhig, »so schnell geht dös net. Die bröckelt langsam ab.«

Genau dasselbe konnte man auch von der Weimarer Republik sagen. Sie bröckelte langsam ab. Jetzt zum Beispiel liefen die Kommunisten und die mit ihnen sympathisierenden Linksradikalen Sturm gegen den Bau des ersten deutschen Panzerkreuzers nach dem verlorenen Krieg. Die »Regierung der großen Koalition« des sozialdemokratischen Kanzlers Hermann Müller hatte die Genehmigung dazu geben müssen, weil die anderen Koalitionsparteien sie überstimmt hatten. Die nationalistischen Auguren lachten sich ins Fäustchen. Der Widerstand konnte ihnen nicht turbulent und laut genug sein. Das lenkte ab. Sie rieben sich befriedigt die Hände. Der Bau des Kreuzers war nach unanfechtbaren parlamentarischen Regeln beschlossen, der Widerstand dagegen brach zusammen, die Regierung Herrmann Müllers stürzte, und den Sozialdemokraten blieb von jetzt ab der Schimpfname »Panzerkreuzersozialisten«. Es gab Krach in ihren Reihen, und viele Parteigänger fielen ab. Niemand war in diesem geräuschvollen, blinden Sturm auf den Gedanken gekommen, daß der Kostenaufwand für dieses *eine* Kriegsschiff doch eine sinnlose Vergeudung bedeutete und daß die Marineleitung mit der Genehmigung der gestürzten Regierung die Auftragserteilung für eine serienweise Herstellung solcher Kreuzer an die Werften weitergeben konnte, ohne daß es noch weiter auffiel. Ungehindert begann die deutsche Wiederaufrüstung, und der neue traditionell-nationale, streng katholische Reichskanzler Heinrich Brüning verlor in der Folgezeit darüber auch nie ein Wort. Wozu doch so eine demokratisch-republikanische Verfassung gut war! Die Großbetriebe und Fabriken litten an Absatzmangel und fingen an zu rationalisieren, immer mehr Arbeiter wurden entlassen, die Weltwirtschaftskrise machte sich überall bemerkbar. Unser

Volk, befanden die Herren in der Regierung, hatte über seine Verhältnisse gelebt. Dem mußte Einhalt geboten werden. Mit einem uneinigen Reichstag war das nicht zu bewerkstelligen. Der Kanzler Brüning schaltete aufgrund des Verfassungsartikels 48 das Parlament aus und erließ fast jede Woche eine neue Notverordnung, die das Leben jedes einzelnen fühlbar einschränkte, was allgemein gegen ihn stimmte. Doch da seine Regierung als festes Bollwerk gegen die zunehmende Massenradikalisierung von rechts und links angesehen wurde, tolerierten ihn die Sozialdemokraten als größte Partei stillschweigend, und von der alten deutschen Kaisereiche Hindenburg beschattet, ließ sich nach einer Reihe von sonnigen Jahren in diesem Schatten weiterleben.

Die Schwabinger Künstler, immer noch unberührt von der Politik, ersannen ihre originellen Faschingsfeste, und es ging dabei so lustig zu wie immer. Hitlerleute ließen Stinkbomben darin steigen; alles lief aus dem Saal ins Freie; das bunte Gevölke tummelte sich, lachend und allerhand Allotria treibend, im kalten Schnee, wartete ab, bis der Gestank im Saal sich verflüchtigt hatte und tanzte noch übermütiger weiter. Die Schwabinger blieben unverwüstlich. Auch bei den »Nachtwandlerfesten« von Papa Steinicke wurden Stinkbomben geworfen. »Polizei! Polizei!« riefen die empörten besseren Leute. »Den Flegeln muß doch das Handwerk gelegt werden!« Viele machten sich auf und davon.

»Davon geht der Gestank nicht weg!« rief der Papa. »Herrschaften, ruhig –! Es geht gleich wieder weiter. – Ich sorge dafür, daß das nicht mehr vorkommt.« Und über mich kam wieder die Narrenlust, als ich unter denen, die sich die Nase zuhielten, nicht wenige erkannte, die durchaus für Hitler waren und wünschten, daß er der »Bonzenrepublik« alsbald den Garaus mache.

»Pfui, stinkt das!« sagte einer davon. »So benimmt man sich doch nicht –! So ein scheußlicher Gestank!« Die um ihn nickten.

»Immer noch besser als der Ludergeruch der Revolution!« schrie ich ihn lachend an. »Vielleicht stinkt's bald immer so!« Ungut sah mich die kleine Gruppe an. Unser wackerer Papa Steinicke beschwerte sich bei Hitler. Erstens, sagte er, schade das dem Ruf Münchens als Kunststadt und verstimme die Künstler und zweitens schädige es die Wirte geschäftlich. Von da ab flogen tatsächlich keine Stinkbomben mehr.

»Da sieht man's wieder, die leitenden Herrn wollen so was gar nicht –. Hitler ist gar nicht so –. Das sind bloß Flegel, die's in allen Parteien gibt«, hieß es. Der Mann hielt auf strenge Zucht in seiner Partei, und eitel war er auch nicht. Bisher war kein Bild von ihm in einer Zeitung erschienen. Auch sonst war kein Foto von ihm aufzutreiben. Dagegen konnten ihn fast tausend Kleinkrämer, Bäckermeister, stellungslose Schenkkellner, graugewordene Buchhalter und Rentner, Milchfrauen, Witwen und anderes Mittelstandsvolk jede Woche im überfüllten *Circus Krone* sehen und reden hören. Nach flotten Militärmärschen trampelten ruck-zuck uniformierte Braunhemden mit dem Hakenkreuz, bemützt und gestiefelt, von den Seitengängen vor zur Rednerbühne, wo sie, breitbeinig eine Reihe bildend, Aufstellung nahmen. Alsdann tauchte aus dem dikken Dunst, der nach Tierurin und Kasernenmief roch, am Rednerpult Hitler auf. Mit seinem Zahnbürstenbärtchen und der dicken, dunklen, fettig glatten Haartolle tief in der Stirn sah er aus wie alle Mannsbilder da drunten in der gespannten Zuhörermasse, die schon deswegen so freudig klatschte und tobte, weil sie wußte, der vorn redete genau wie sie, machte sogar die gleichen immer schlagkräftigen Bierwitze und schimpfte die »Berliner Judensippschaft« und den »gewissenlosen, verrotteten Bonzenstaat« so in Grund und Boden, daß es eine Freude war. Wirklich, in diese *Circus-Krone*-Kundgebungen, da konnte jeder hingehen und durch Zwischenrufe, wie »Raus mit dö Saujuden«, »Aufhänga dö ganze Regierungsbagasch«, seinem Zorn gegen die »feigen Erfüllungspolitiker und Lakaien der Entente« freien Lauf lassen, ohne daß es dabei gleich Schlägereien und blutige Saalschlachten gab wie bei den anderen Parteiversammlungen, wo man rein seines Lebens nicht mehr sicher war.

»... und ordentlich geht's zu bei so Hitlerversammlungen, das hat Zug«, bekam man jetzt beim Essen in den Wirtshäusern vom Nebentisch her zu hören. »Und man kann sagen, was man mag, recht hat er, der Hitler –. Der kleine Mann kann Steuern zahln bis er verhungert, und die Bonzen leben in Saus und Braus ... ›Opfern und sparn‹ lamentiert der bigotte Brüning in einem fort und preßt uns den letzten Pfennig ab. Und wer kriegt dös ganze Geld? Dö Huarnfranzosn wega den Versailler Vertrag. – Und d' Juden, was macha dö? – Dö verschiebn ihr Geld ins Ausland. – Ich sag' amal soviel, der Hitler hat schon dös rechte –. Drum wollen s' ihn doch net obenauf komma loss'n.«

Wir hatten nicht gewußt, daß wir eine Wohnung mit allwöchentlicher Militärmusik gemietet hatten. Mein Schlafzimmer lag an der Straßenfront. Am ersten Sonntag weckte mich in der grauen Frühe Trommelwirbel und Marschschritt, und als ich schlaftrunken auf den Balkon trat, begann Blechmusik an die Hauswände zu schlagen. Abteilungen der Hitlerischen Sturmtruppe, der SA, marschierten in die Umgebung zu »Geländeübungen«. –

Da es nunmehr in immer kürzeren Intervallen neue, erregtere Wahlen gab, wobei es von Mal zu Mal zu wilderen Schlägereien der feindlichen Klebezettel- und

Schmierkolonnen und lebensgefährlichen Saalschlachten kam, militarisierte sich auch der sozialdemokratische Saalschutz »Schwarz-Rot-Gold« zur republikanischen »Eisernen Front«, die Kommunisten hatten schon länger ihren »Rotfrontkämpferbund« und schließlich formierte sich auch noch die »Bayernwacht«. Alles marschierte, musizierte und demonstrierte bei allen möglichen Gelegenheiten, um dem Publikum zu imponieren. Es roch gleichsam in solchen Zeiten nach Lederzeug, Stiefelschmiere und Kasernenmief. Dazu kam noch der Brandgeruch der flammenden Litfaßsäulen, die mit Petroleum übergossen und angezündet wurden, wenn zuviel Wahlplakate der gegnerischen Partei darauf klebten.

Ich mußte immer an den kürzlich verstorbenen Kurt Thiele denken. »Laßt mich mit eurer Politik zufrieden«, hatte er noch kurz vor seinem Tod gesagt. »Anderwärts kommt dabei ein neues Parlament und eine Regierung raus –. Bei uns sind Wahlen eine kriegerische Betätigung. Endlich kann man wieder aufmarschieren und einander die Köpfe einschlagen. Bald werden sie auch aufeinander schießen.«

Und ein Frühjahr kam, und ein herrlicher Sommer brach an. Und auf allen Bänken der Anlagen hockten ausgehungerte Arbeitslose, einige boten auch Schnürsenkel und Kämme oder Bleistifte an, die niemand wollte; die meisten würfelten oder spielten Tarock für Pfennige tagaus und tagein. Und manchmal demonstrierten einige Hunderte davon, weil die Unterstützungssätze wieder gekürzt worden waren. Die Polizei trieb sie auseinander, schlug die allzu Rebellischen blutig nieder und verhaftete sie. Und gleichgültige Zeitungsberichte meldeten von »kommunistischen Aufläufen«, konnten aber die rasch aufeinanderfolgenden amtlichen Feststellungen nicht verschweigen, daß die Erwerbslosenziffer von drei auf vier und schließlich auf fünf Millionen stieg. Von den sogenannten »Ausgesteuerten«, die nicht mehr bezugsberechtigt waren und nur noch einige Mark Wohlfahrtsunterstützung bekamen, verlautete in den Statistiken nichts. Sie waren nicht mehr vorhanden. Ein mir bekannter Volkswirt und Mathematiker, der das Rechnen nicht lassen konnte und optimistischerweise einen dementsprechenden Zuwachs der Kommunisten daraus errechnete, schloß seine Arbeitslosenbilanz mit zehn Millionen, wenn man die Ausgesteuerten dazuschlug. Wie immer stieg auch die Selbstmordstatistik. Eine Witwe, deren Mann bei einer Demonstration von der Polizei so zugerichtet worden war, daß er bald darauf starb, warf ihre vier Kinder aus dem Fenster, hing sich mit einem Spagat zwei Wursthäute mit einem Zettel »Roßwürste für fünf Köpfe« um den Hals und erhängte sich. Nur eins von den Kindern, sechs Jahre alt, konnte am Leben erhalten werden und kam ins Krüppelheim. Tagelang war die Presse voll erschütternder Berichte. Das goldene Münchner Herz regte sich aufs rührendste. Eine große Geldsammlung und einen halben Waggon Puppen und Spielzeug bekam der unglückliche Menschenwurm ins Heim mit. Ach, und zu diesem Kummer kam noch dazu, daß die alljährlichen Scharen der Fremden ausblieben, daß die Pensionen und Hotels leer blieben und keine Saisonhilfen mehr brauchten. Zu dem Brandgeruch der noch schwelenden Litfaßsäulen kam ein noch viel größerer Brand, der fast die halbe Stadt erfüllte, der Tausende erschreckt in eine Richtung trieb: Der riesige Glaspalast, in welchem eben die alljährliche Große Kunstausstellung eröffnet worden war, brannte. Das gewaltige Feuer erhellte den Nachthimmel, Rauch und Ruß qualmten stickig. Das schrille Läuten der Feuerwehren, Sturmglockengebrumm, das klirrende Zusammenstürzen der Glaswände und der wirre Massenlärm verschmolzen zu einem einzigen Schreckensgeräusch, und Kunstwerke und

Gemälde von Millionenwert krachten mit dem altmodischen Kuppelbau zusammen. Nur weniges konnte gerettet werden. Zuletzt glühte nur noch das Eisengerippe gespenstisch im Dunkel.

»Mein Gott, mein Gott, der Schaden für unser armes gutes München. – Mein Gott, mein Gott, so ein Unglück!« jammerten Hunderte. »Jetzt hab'n mir gleich gar nix mehr, was die Fremden herzieht. – Mein Gott, mein Gott!«

»Scheußli', scheußli'«, schüttelte ein Mann den schweren Kopf. »Hmhmhm, da bleibt nix übrig, als daß mir dö Brandstelle als Sehenswürdigkeit herzeigen.« Betrübtes Nicken dankte ihm.

Im *Völkischen Beobachter* Hitlers wurden die sträflich schlechten, vernachlässigten Brandsicherungen am schärfsten gerügt, und wurde angekündigt, daß unter dem kommenden nationalsozialistischen Regime ein wahrer Ehrenpalast für die deutsche Kunst gebaut würde. Das lasen die Künstler gern. So einer Partei konnte man den Respekt nicht versagen. Aber die bayrische Regierung hatte für diese großsprecherische, fortwährend provozierende politische Bewegung, die nichts als Unruhe im ganzen Lande stiftete und schuld am katastrophalen Rückgang des Fremdenverkehrs war, nicht das geringste übrig. Als Hitler am 1. Mai gar noch die Frechheit beging, seine ganze SA zusammenzuziehen, um den friedlichen Aufmarsch der Arbeiterparteien blutig auseinanderzuhauen, und beabsichtigte, einen neuerlichen Putsch zu machen, wurde seine Partei mit all ihren Gliederungen verboten. Jetzt wurde es in den tonangebenden Kreisen der Stadt so rebellisch, daß sogar die Geistigen diesen Abwehrkampf unterstützten. In den großen bürgerlichen Blättern las man plötzlich ellenlange Artikel über »Münchens Niedergang als Kunststadt«, und eines Abends versammelte sich die Elite der Kunst und des Schrifttums im Saal von Papa Steinicke. Außer den Präsidenten der verschiedenen Künstlervereinigungen sprach auch Thomas Mann, und alles was Namen und Glanz hatte, war da. Kein offen empörtes Wort gegen die Unruhestifter fiel. Zartsinnig und geistvoll wurde Münchens ruhmreiche Kunstvergangenheit geschildert, hin und wieder auch gegen das engstirnige Verhalten gegenüber den neuen Theaterstücken polemisiert, und zum Schluß beschwor man die Bevölkerung, die freilich nicht zugegen war, wieder zur alten Toleranz auf allen Gebieten zurückzukehren und dem urbanen Humanen zum Durchbruch zu verhelfen. Ziemlich enttäuscht klatschten wir jedesmal Beifall. Nun konnten sich die Diskussionsredner melden. Mein Freund, der Maurermeister Kogler, der schon deswegen kunstinteressiert war, weil er stets die Kirchen renovierte, meldete sich zu meiner nicht geringen Überraschung als erster. Er trank mit mir oft in der *Brennessel* und hatte als Urbayer das beste Rezept, in »unserer Münchnerstadt« die schöne alte Gemütlichkeit und Ruhe wiederherzustellen. Er ging langsam auf die Bühne, stellte sich vor als der, der er beruflich und politisch war, und sagte folgendes, das mir unvergeßlich geblieben ist: »Guten Abend, die Herrschaften! Ich bin heute in der Michaelskirch gwesen. – Da sind lauter Münchner, lauter Bayern dagwesen, net wahr – lauter ehrbare eingesessene Bürgersleut – Münchner und Bayern halt, net wahr? Und –«, er hob die Brust und die Stimme, »und deswegen möchte ich den praktischen Vorschlag machen, weil sonst überhaupts keiner gmacht worden ist, man braucht ja bloß alle Nichtbayern aus unserm Land rausjagen, dann is gleich a Ruah! Guten Abend, die Herrschaften.« Ziemlich pikiert, aber doch auch belustigt, klatschten die feinen Leute. Geruhig ging mein Freund an seinen Platz, und da meldete ich mich und wurde mit kräftigem Beifallsklatschen begrüßt.

»Mein Freund Kogler«, sagte ich, und einige vermuteten

irgendeinen abgesprochenen Ulk von mir, was an ihrem Lachen erkennbar war: »Mein Freund Kogler hat in einem absolut recht, sehr verehrte Herrschaften, nämlich ...«

Alle hoben amüsiert das Gesicht.

»Nämlich, da ist jetzt viel geredet worden, aber von einem richtigen Vorschlag haben wir nichts gehört!« rief ich, und es klatschte heftig, während ich lauter schrie: »Warum wandern denn soviel berühmte Menschen auf einmal ab aus München? Das geschieht nicht bloß, weil die Nazi überall herumflegeln und jeden, der ihnen nicht paßt, hinausekeln. München hat noch nie etwas getan für seine Geistigen und Künstler. Da bleibt keiner –. Man muß, meine ich, auch ein bißl dazutun, daß die Leute bleiben. Was ist's zum Beispiel mit einem Münchner Dichterpreis oder so was? Als Kunststadt muß man auch was leisten. – Das ist mein Vorschlag!« Der Beifall war ganz gewaltig, am andern Tag schrieben auch alle Zeitungen darüber, aber sie erwähnten meinen Vorschlag nur so nebenbei, und gleich wurde es wieder still überall.

Wartet, ihr staubigen Brüder, ich werde euch helfen, sagte ich mir. Wenn's ans Zahlen geht, hört ihr nicht! Ich stand gerade wieder vor einer Berlinfahrt und suchte dort Jung auf, der nun ein weites Büro hatte und eine sehr gut florierende Zeitungskorrespondenz unterhielt.

»Hast du gar nichts für mich ... Keine Schmonzette, aus der sich eine attraktive Notiz machen läßt? Ist denn in München gar nichts los?« drang er in mich und verbat sich von vornherein alles Politische. Für ihn war Hitler der einzige, von dem die »deutschen Narren den Bolschewismus lernen werden«. Nun gut, da erzählte ich ihm meine Rede vom Münchner Dichterpreis, und er drehte sich hocherquickt auf seinem Drehstuhl um: »Das ist was! – Das ist eine Flasche Cognac wert!« Und sogleich formulierten wir: »Wie wir aus zuverlässigen Münchner Quellen erfahren, beschäftigt sich der dortige Stadtmagistrat mit der Stiftung eines Münchner Dichterpreises in Höhe von dreitausend Mark.«

Die Notiz erschien fast in allen deutschen Zeitungen, und im Münchner Rathaus hatte mein Freund Freudenberger, der die Pressestelle leitete, alle Hände voll mit Dementis zu tun. »Wer bloß den Unfug aufgebracht hat –? Ich komm' kaum mehr zum Schnaufen dabei«, sagte Freudenberger, als ich vier Tage darauf wieder nach München kam. »Du hast doch beim Steinicke so was gesagt. Hast etwa du das alles angezettelt?«

»Ich –? Ich hab' doch den Quatsch längst vergessen«, tat ich unschuldig. Aber sofort benachrichtigte ich Jung telegrafisch, und schon nach zirka einer Woche war in allen Zeitungen zu lesen: »Wie uns zur Notiz über die Stiftung eines Münchner Dichterpreises mitgeteilt wird, handelt es sich bei der Preissumme nicht um drei-, sondern um fünftausend Mark.« Jetzt war der Stein ins Rollen gekommen, und tatsächlich »beschäftigte« sich nun der Magistrat so intensiv mit dieser leidigen Angelegenheit, daß der Preis zustande kam, allerdings nur in Höhe von dreitausend Mark. Diesen erhielt dann Hans Carossa, der kreuzbrave Goethe-Epigone, dessen Kriegsaufzeichnungen *Das Rumänische Tagebuch* sogar schwärmerische Studentinnen mit genau derselben zartsinnigen Hingabe lasen wie Rilkes *Cornett*. Der Mythiker Albrecht Schäffer, für den Hindenburg die Inkarnation wahrer deutscher Größe war, schrieb in einem Artikel in den *Münchner Neuesten Nachrichten*, daß in gebildeten Kreisen voll Bangnis befürchtet worden wäre, der neue Preis könne einer sehr dunklen, in jeder Hinsicht würdelosen literarischen Tagesgröße zugesprochen werden, die hauptsächlich von einem pazifistischen Literatenklüngel hochgelobt werde, bei dem echter Patriotismus Schande und schamlose Kriegsdienstverweigerung Heldentat sei. Im Hitlerlager war man sicher sehr zufrieden mit dem Artikel, vielleicht notierte man den Autor bereits als Mitglied der künftigen nationalsozialistischen Dichterakademie in Berlin. Unglückseligerweise verließ Schäffer, den Stefan Zweig sein Leben lang finanziell ungemein großzügig unterstützt hatte, kurz vor dem Zweiten Weltkrieg das Dritte Reich und ließ sich sang- und klanglos in New York nieder. Ängstlich vermied er jede Berührung mit uns Emigranten und betrachtete sich immer noch als deutschen Staatsbürger. Alteingesessene, hitlerfreundliche Kreise verschafften ihm eine Stelle als Lehrer in einem Mädchen-College im Westchester County. Als ihn nach dem Selbstmord Stefan Zweigs der deutsch-jüdische »New World Club« in New York bat, bei einer Gedenkfeier die Totenrede für seinen Freund und Mäzen zu halten, sagte er erst nach langem Hin und Her zu und hielt schließlich eine rein literarisch wertende, peinlich wirkende Rede, in welcher er Zweig lediglich als hochbedeutsamen Feuilletonisten bezeichnete. Besonders schockierend wirkte auf alle Wissenden, daß er kein Wort des Dankes fallenließ. Wahrscheinlich hatten ihn seine deutschnationalen amerikanischen Freunde darauf aufmerksam gemacht, daß es für einen Deutschen derzeit nicht opportun sei, in einem jüdischen Club dem Juden Stefan Zweig einen dankenden Nachruf zu halten. –

Ungefähr ein Jahr nach dem Ende des Zweiten Weltkrieges rief mich Schaeffer an und fragte mit dringlicher Aufgeregtheit, wie mir denn das gelungen sei, in jetziger Zeit, wo es noch kaum richtige Verbindungen mit der Heimat gebe, in München mein Buch *Das Leben meiner Mutter* zu veröffentlichen; er hätte doch auch druckfertige Manuskripte und suche einen Verleger, ob ich ihm nicht einen brauchbaren Rat geben könnte.

»Oh, bitte, bitte, aber viel ist das nicht«, sagte ich ihm. Daß ein aus Wien gebürtiger hoher amerikanischer Offizier, der meine Bücher kannte, bei mir gewesen sei, mein Manuskript zu Desch nach München mitgenommen habe, wo es als Buch erschienen sei, war alles. Mehr wußte ich nicht, was also erwartete er für einen Rat von mir? Er war aber doch für eine Aussprache und versprach im Laufe des Tages oder morgen wieder anzurufen. Ich hörte nichts mehr von ihm. Vielleicht erinnerte er sich plötzlich jener »sehr dunklen, in jeder Hinsicht würdelosen Erscheinung« von damals in seinem Artikel in den *Münchner Neuesten Nachrichten,* und seine vornehme »Deutschheit« hielt ihn davor zurück, sich mit solchem Gelichter näher einzulassen. Er war doch immerhin einst hochangesehener Autor des berühmten Inselverlages gewesen, an den ihn seinerzeit auch Stefan Zweig empfohlen hatte, und als »Inselautor« galt man schon zu Lebzeiten als zukünftiger Klassiker. Bald nach dem Telefonat mit mir ging er nach Deutschland zurück, und der Desch-Verlag brachte seinen Liebesroman aus der Zeit des Westfälischen Friedens *Janna du Coeur* heraus. Er starb während einer Straßenbahnfahrt am Herzschlag. Friede seiner Asche. –

Wenn es einem gutgeht, verfällt man auf Marotten, denen man sich aus Geld- oder anderen Gründen bisher nie recht hingeben konnte, und läßt ihnen nun freien Lauf. Seit mir Amonesta die *Josefine Mutzenbacher,* diese klassische Pornographie, gegeben hatte, sammelte ich nebenher solche Bücher und Fotografien. In der Theresienstraße gab es einen unscheinbaren Zigarrenladen, der, wie ich einmal zufällig feststellen konnte, geradezu eine geheime Börse für Pornographien war. Dort lernte ich den ausgezeichneten, faßdicken Schriftsteller Willy Seidel kennen.

»Sie auch?« sagte er nur etwas geniert und sah mich aus seinem rosigrunden Kindergesicht an wie ein Komplice den andern.

»Ja, ich auch«, nickte ich verständnisinnig lächelnd, und

als wir weggingen, bat er mich, ihm einmal meine Sammlung zu zeigen. Von da ab kam er oft zu mir, brachte seine Schätze mit und wir tauschten unsere Stücke aus. Er war dabei immer schrecklich aufgeregt, wie ungefähr ein Schulbub, der mit seinem Freund eine schwer verbotene Schweinerei betreibt. »Sind Sie allein? Kann man?« hastete er stets atemschwer keuchend an der Tür heraus, weil ihm das Besteigen der drei Stiegen arge Mühe gemacht hatte, und wenn ich verneinte, bekam sein unschuldiges Rosagesicht vor Enttäuschung fast etwas Zerfallenes.

»Na, dann ein anderes Mal!« schnaubte er und tappte die Treppen hinunter. Nickte ich aber, dann strahlten seine dicken Backen, schnell kam er herein und konnte es kaum erwarten, meine Bildchen und Bücher zu sehen. Zitternd hielt er jedes Stück in der weißhäutigen, zartbehaarten Hand, seine Äuglein fingen zu glänzen an; und er war so bei der Sache, daß er jedesmal, wenn ich ihn etwas fragte, leicht zusammenschrak, sich in eine gewaltsam gefaßte Miene warf und etwa: »Die find' ich reizend ordinär!« oder: »Die sind gestellt, das merkt man!« sagte. So kamen wir einander näher, und wenn der erregende Tauschhandel vorbei war, steckte er die Stücke schnell ein, sprach kein Wort mehr darüber und unterhielt sich wieder ganz normal mit mir über Literatur, Berufsfragen und dergleichen. Willy war in manchen Dingen ein unglaublich kindlich-naiver Mensch, an dem ich zum erstenmal die verblüffende Erfahrung machte, daß selbst ein Schriftsteller – bei vielen Malern und Musikern wunderte mich das nicht – von hochgradiger literarischer Qualität wahrhaft tölpelhaft dumm sein konnte. Er war weltbereist und gesellschaftssicher, sprach fließend Englisch, da er während des Ersten Weltkrieges unfreiwillig in Amerika bleiben mußte, und hatte ein gutes eigenes literarisches Urteilsvermögen, aber es war, als lebe er ganz und gar neben der Zeit, als kenne er nichts als den kleinen Klatsch in Schwabing und den Schriftstellerkreisen. Er war glücklich verheiratet mit der immer lächelnden, lebenslustigen, schmalgebauten, eleganten Tochter vom alten Carl Rößler, verkehrte regelmäßig in der *Brennessel*, speiste oft in den teuersten Restaurants, saß im Sommer mit Bekannten im *Hofgarten-Café*, besuchte jede Premiere, war überall geachtet und beliebt und finanziell offenbar wohlgestellt. Seine Bücher erschienen in den besten Verlagen, und mich wundert, daß man seine großartigen Romane, wie etwa den meisterhaften Fellachenroman *Der Sang der Sakije*, seinen *Garten des Suchan* und den Roman aus Samoa *Der Buschhahn*, die alle an Kipling heranreichen, heute vollkommen vergessen hat. Aber vielleicht überschattete ihn der Ruhm seiner Schwester Ina Seidel zu sehr; seine Bücher gingen nicht und waren schon zu seinen Lebzeiten nur unter Kennern bekannt. Und das eben wurmte den lieben Willy mit Recht, darüber klagte er bei mir jedesmal herzbewegend.

»Deine Bücher gehn doch! Von *Wir sind Gefangene* spricht man überall! Wie machst du denn das?« fragte er: »Ich versteh' nicht, was man da machen soll, daß man auch nach den meinen mehr fragt.«

»Tja«, warf ich wie nebenher hin, »heutzutage zieht eben bloß das Politische. Heut muß ein Schriftsteller sich für eine Partei einsetzen –«

»Und was rätst du mir da –? Ich hab' mich nie um Politik gekümmert«, forschte er bedrängt weiter und setzte unvermittelt dazu: »Soll ich vielleicht Mitglied bei so einer Partei werden –? Was für eine tätest du mir da raten –?«

Momentlang schaute ich ihn verdutzt an. Ich kannte ihn nun doch schon genau, aber diese Ahnungslosigkeit in jetziger Zeit machte mich sprachlos. Und ich schaute das dicke Kind noch mal an und sagte schließlich innerlich belustigt: »Tja, hm, für dich, Willy, für dich gibt's bloß die Sozialdemokratische Partei –. Das ist noch immer die größte, sie ist staatstreu und solid. Verstehst du –? Da würd' ich an deiner Stelle eintreten ...«

»So, hm – und du glaubst, die kaufen auch dann meine Bücher?« wollte er weiter wissen, und da war's um mich gefehlt. Jetzt wurde ich eifrig und malte ihm die großen Vorteile in dieser Hinsicht, die sein Parteieintritt mit sich bringen konnte, so einleuchtend aus, daß er nur noch sagte: »Das mach' ich, das mach' ich sofort, aber wie geht das?«

»Ganz einfach!« erklärte ich ihm bieder: »Du bist schließlich nicht irgendwer, Willy –. Die Partei wird sich durch einen solchen Zuwachs geehrt fühlen. Da kannst du viel erreichen.« Er war Feuer und Flamme, und ich schickte ihn ins Hauptquartier der Sozialdemokratie, direkt zum Landesvorsitzenden der Partei in Bayern, Erhart Auer. Der hat mir dann bei den üblichen Weißwürsten im Gasthaus *Spöckmeier* in seiner humorvoll-drastischen Art über Seidels Besuch erzählt.

»So, traust du dich doch noch her, du Bazi, du windiger!« fing er gemütlich an, als ich an den Tisch kam. »Da hast du dir ja wieder einmal einen sauberen Witz ausdenkt mit deinem Herrn Schriftsteller Seidel, aber der ist dir danebengegangen, du Schlaucherl, du! – Kommt da ein Kerl daher, wampert wie a Metzgermeister und krebsrot im Gsicht wie a Weinreisender, stellt sich vor und sagt: ›Herr Vorsitzender, mein Kollege Oskar Maria Graf, den Sie ja kennen, der schickt mich zu Ihnen –. Ich möcht' in die Sozialdemokratische Partei als Mitglied eintreten, Herr Vorsitzender‹, und gleich legt er einen Stoß von seinen Büchern hin, und jetzt kommt das Schönste –! Saukalt verlangt der feine Herr, unsre Parteimitglieder müssen natürlich seine Bücher kaufen und unsere Zeitungen müssen Propaganda dafür machen und seine Romane abdrucken! ›Soso‹, sag' ich. ›Soso, also deswegen wollen Sie bei uns Mitglied werden?‹

und brühwarm sagt das Rindviech: ›Ja.‹ – Also der muß entweder blödsinnig oder ein Gesinnungslump sein! Und so was ist Schriftsteller, da hört sich doch alles auf –! Ich hätt' ihn am liebsten einfach nausgeschmissen, aber ich hab' alsdann bloß noch gesagt, er hat sich in der Partei geirrt, er soll zum Hitler gehn, Geschäftemacher haben in unserer Partei keinen Platz –«

Willy schnitt mich daraufhin und wich mir aus, wo es ging, aber einmal gab es sich doch, daß ich mit ihm in der *Brennessel* im Pissoir zusammenstieß.

»Willy«, sagte ich kurzerhand, »du hast natürlich beim Auer alles vollkommen falsch gemacht –. Einfach mit der Tür ins Haus fallen, so geht das doch nicht! Das muß man doch nach und nach einfädeln.« Doch er behielt sein trotziges Popogesicht. Aber Leidenschaft bleibt Leidenschaft, und eines Tages stand er wieder so schulbubenhaft aufgeregt vor meiner Tür, raunte keuchend: »Bist du allein? Kann man?« und setzte hastig hinzu: »Nichts mehr von Auer! Schwamm drüber!«

Und dann kam für Auer, den »Auervater«, der zeitlebens immun gegen Literatur war, eine unerwartete höchst unangenehme Sensation: Nach Carossa erhielt Willy Seidel den Münchner Dichterpreis. »Jaja, jetzt so was! – Und beim Preisverteilungsbankett soll ich dabeisein!« rief er, meldete, daß er krank sei und schickte als Stellvertreter eine andere Parteigröße. Willy kam zu mir und sagte kampflustig: »So, und jetzt fahr' ich nach Berlin und will denen zeigen, daß ich auch da bin!« Er erzählte mir, daß Berliner Zeitungen fast nie Besprechungen seiner Bücher gebracht hätten. Wie er sich dort entsprechend in Szene setzen wollte, konnte ich mir nicht recht vorstellen und er wohl auch nicht – aber die Verbitterung über sein fortwährendes Nichtbeachtetwerden hatte einen sieghaften Kampfesmut in ihm erzeugt. Ich mußte mein Lachen verkneifen, wie er so trotzgeladen beim Aufundabgehen in meinem Arbeitszimmer die kurzen wabbeldicken Beine nach vorn schmiß, gleich einem Rekruten beim Einüben des Paradeschrittes, wie er seine glattglänzende Kugelstirn gewichtig faltete und von Zeit zu Zeit grimmig herausstieß: »Diese Bande, diese windige!« Natürlich stimmte ich ihm eifrig zu. Plötzlich aber – vielleicht war es auch sein Fett, das weitere solche Anstrengungen nicht zuließ –, plötzlich hielt er keuchend ein, wischte sich mit dem Taschentuch den Schweiß ab, besann sich kurz und fragte mich: »Sag mal, hast du in Berlin nicht Bekannte oder Adressen, wo ich pikante Bilder und Bücher einhandeln könnte?« Schon hatte er wieder die vertrauliche Komplicenmiene. Ich fing an, nachzudenken, dachte hin, dachte her, und da fiel mir der spintisierende Fanatiker und hartnäckige Gründer revolutionärer Zirkel und Klubs ein, dieser Jack Dolgin, wie er sicher nicht hieß, eine Mischung zwischen Wandervogel und Hochstapler, der mir seit unserer letzten Begegnung in Berlin fortwährend Flugblätter und hektographierte Broschüren seiner »Bruderschaft der unabhängigen Rebellen« zuschickte. Halb anarchistische Terrorgruppe, die sich stets »ungesäumt und faktisch gegen jede staatliche Verfestigung« zu wenden hatte, halb Hilfsorganisation für verfolgte oder in Not geratene »Rebellenbrüder«, forderte sie »jeden Gesinnungsfreund« zum Beitritt auf. Ich kannte Dolgin seit den Saufgelagen mit Jung in meiner ersten Berliner Zeit. Zeitweise kopierte er Jung, dann wieder schwatzte er so aufdringlich von allerhand wirren Geldbeschaffungsplänen und anarchistischen Taktiken, daß wir ihn davonjagten. Aber er kam nach einiger Zeit immer wieder. Er war nicht loszubringen, und da er auch öfter plötzlich beträchtliches Geld hatte, das er freigebig mit uns versoff, ließ ihn Jung gelten. Eins nur störte Jung und uns alle, seine völlige Humorlosigkeit. Bei unserer letzten Begegnung zeigte sich zwar, daß er noch der alte unleidliche Schwätzer war, aber äußerlich hatte er sich sehr zu seinem Vorteil verändert. Er war tadellos und elegant angezogen, schien Geld zu haben und wollte mir unbedingt seine feine Wohnung in der Uhlandstraße zeigen, aber ich entrann ihm dann doch. Ich schrieb ihm einige Briefe, worin ich insbesondere gegen den Ausdruck »unabhängige Rebellen« sehr spöttisch polemisierte und sein ganzes Programm »zwitterhaft, verschwommen und gefährlich« nannte, und er antwortete mit seitenlangen krausen Auslassungen, die ich gar nicht mehr las. Dolgin war sehr auf Mitglieder aus. Zu ihm nun schickte ich den armen Willy, der anfangs sehr mißtrauisch war und immer wieder sagte: »Laß' mich bloß in Ruh' mit deinen Politikern. Nein, nein, da geh' ich nicht hin, auf keinen Fall. Ich möcht' nicht wieder so einen peinlichen Hinauswurf wie beim Auer erleben.« Indessen, als ich ihm nachdrücklich vorlog, daß der Mann eine riesige pornographische Sammlung und sicher was für ihn habe oder zumindest eintauschen möchte, wurde er doch weich. Ich instruierte ihn auch genau: »Du gehst zu ihm, sagst, du kommst von mir, stellst dich als Dichterpreisträger von München vor, sagst, du würdest gern was von seinem Klub hören und – du wirst sehn, genauso wird's – läßt ihn ruhig eine Zeitlang quatschen, und wenn er dann einmal etwas einhält, sagst du ihm, was du willst. – Du riskierst da gar nichts. Ich weiß genau, da springt er sofort ein. – Mein Wort!«

Willy fuhr ab, und nach drei Tagen bekam ich ein Telegramm von ihm: »Endgültig fertig mit dir – Willy.« Jeder kann sich ausmalen, wie dieser Besuch auslief. Diesmal schrieb sogar Dolgin einen ganz kurzen Brief:

»So gemeine Scherze charakterisieren Dich als totalen Hanswurst. Jeder Besucher von Dir wird die Treppe hinuntergeworfen. Zwischen uns besteht keinerlei Verbindung mehr.«

Willy ließ sich nach seiner Rückkehr nach München nicht mehr in unserer, nein, überhaupt kaum mehr in einer Gesellschaft sehen, und das nicht nur meinetwegen. Es war ihm in Berlin noch Ärgeres geschehen. Er suchte selbstverständlich das Künstler-Prominentenlokal *Schwanecke* auf und stieß dort auf einen Tisch mit Roda Roda, Max Halbe und anderen Münchnern, die mit Berliner Freunden zusammen saßen. Roda Roda kam ihm mit offenen Armen entgegen: »Ach, großartig, unser preisgekrönter Dichter! – Bitte, bitte, nehmen Sie Platz, lieber Seidel. Das muß gefeiert werden!« Nachdem ihn Roda Roda bei allen anderen schmeichelhaft bekannt gemacht hatte, rief er enthusiasmiert dem Kellner zu: »Geben Sie Champagner, bitte! Vier Flaschen!« Und jeder prostete Willy zu und feierte ihn auf das netteste. Heiter und immer lustiger wurde es, und Willy kam sich endlich »entdeckt« vor, denn es saßen auch Damen und Kritiker da, die sich seine Bücher notierten. Champagner mußte kommen, Champagner, immer noch eine Runde, und mit seinem bezwingenden österreichischen Reiteroffiziers-Charme rühmte Roda Roda bei den Berliner Herren und Damen den Dichter, geradezu zärtlich stieß er immer wieder mit Willy an: »Jetzt sind Sie in Berlin gemacht, lieber Seidel –! Sie haben's verdient, prosit, mein Guter! Die Sitzung zahlt sich aus für Sie.« Da wurde Willys Gesicht unter dem Glanz des Alkoholschweißes betroffen, und mit der heraufkommenden Ängstlichkeit des rechnenden Geizhalses, der er samt seinem Weltmannstum immer geblieben war, flüsterte er Roda Roda unbemerkt zu: »Verzeihung, Herr Roda, geht die Zeche auf mich?«

»Aber, aber natürlich, mein Lieber! – So was Nettes passiert doch nicht jeden Tag!« rief der unverschämt lustig: »Prosit auf Erfolg und weitere Preise!« Zitternd stieß Willy an. Schrecklich unbehaglich wurde ihm auf einmal, und ganz verdattert flüsterte er ihm abermals ins Ohr:

»Aber, aber – i-ch, i-ch ...« Er rang um eine Ausrede und stammelte auf einmal: »Ich hab' doch den Preis noch gar nicht ganz. Erst einen Vorschuß drauf –« Sein weiteres Gestammel ging unter, denn Roda Roda war aufgesprungen, ohne daß ihn der arme Willy zurückhalten konnte. »Was –? Wasss –?! Erst einen Vorschuß –? Abstottern will die windige Münchner Sippschaft! Das ist doch einfach bodenlos! – Beschämend!« rief er voll hinreißender Empörung, und wenn auch der gänzlich verstörte Willy irgendwelche unverständliche Erklärungen herausstotterte: »Entschuldigen, die Herrschaften! Ein Momenterl! Bloß ein Momenterl!« redete er darüber hinweg, drängte sich energisch aus der Tischrunde und ging nach vorn. Willy benützte diese Gelegenheit, suchte die Toilette auf und kam nicht mehr zurück. Er hatte die Flucht ergriffen und wurde auch am andern Tag nicht mehr in Berlin gesichtet. In derselbigen Nacht aber erhielt der Münchner Oberbürgermeister Scharnagl, in dessen Bäckerei ich einst gearbeitet hatte, folgendes Telegramm: »Vorschuß vom Dichterpreis bereits versoffen, schickt Nachschuß – Willy Seidel.« Scharnagl hatte Humor genug, er lachte, und mit ihm lachte unsere ganze Korona bis zum Bersten, denn obendrein hieß es, Willy wolle sich mit Roda Roda duellieren. Infolge der gefährlichen Ungleichheit seines Gegners konnten sein Schwiegervater Carl Rößler und einige Freunde dem verbitterten Willy das dann doch ausreden. Nur die verbissene Todfeindschaft mit Roda Roda blieb. –

Solche Scherze trösteten über den traurigen Zerfall der Weimarer Republik zuweilen hinweg.

24.

MITTEN IM STURM – LÄNDLICHE IDYLLEN

Aus der Reihe tanzen gab es nicht! Nein, das gab es nicht! Unsere bayrische Regierung hatte die Nationalsozialistische Partei und alle ihre Gliederungen verboten, aber sich dabei einer Verletzung der Reichsverfassung schuldig gemacht, und wie gesagt, aus der Reihe tanzen gab es nicht, Reichsrecht ging vor Landesrecht. Nach einem längeren, heftig umstrittenen Konflikt und einigen Kompromissen hielt sich unsere Regierung wieder an die Reichsverfassung. In jeder Sonntagsfrühe dröhnten wieder Trommelwirbel, Marschschritt und Blechmusik an unserm Haus vorüber, und jetzt sah man schon, daß Leute, die sich zufällig auf dem Kirchgang befanden, ihnen mit erhobenem Arm freudig zujubelten.

Ich beschäftigte den arbeitslosen Sohn einer Kriegerswitwe, die gegenüber der Straße, im zweiten Rückgebäude, wohnte. Sie hatte, da ihre Gefallenenrente nicht hinlangte, so ziemlich alles, was sie entbehren konnte, verkauft oder versetzt; ihr Sohn, ein neunzehnjähriger ausgehungerter Bursch, war schon seit dem Ende seiner Buchbinderlehrzeit ohne Arbeit und nunmehr »ausgesteuert«, und es ging den beiden hoffnungslos schlecht. Frau Wullenreiter machte wöchentlich zweimal unsere Wohnung sauber, ihr Hans half ihr beim Teppichklopfen im Hof, machte Botengänge und band manchmal ein Buch für mich.

»Gott sei dank, jetzt verdient er doch wieder was«, sagte sie einmal.

»So, hat er endlich Arbeit gekriegt?« fragte ich.

»Nein, nein, nichts Regelmäßiges. – Er macht hie und da Nachtwache vor dem *Braunen Haus*«, erzählte sie. »Da kriegt er sechs Mark; bevor er anfangt ein Essen und in der Früh, wenn er weggeht, seinen Kaffee und zwei Semmeln.«

»Soso«, sagte ich. »Ist er denn jetzt Nazi? Macht er beim Hitler mit?«

»Nein, nein, das nicht. Ein Herr hat ihn neulich, als er auf einer Bank im Englischen Garten gesessen ist, angeredet, hat ihn ausgefragt, wie es ihm geht und ob er sich was verdienen möcht'«, berichtete sie weiter. »Der hat ihn alsdann ins *Braune Haus* mitgenommen, da haben sie ihn gleich genommen. Das fünftemal steht er jetzt schon Wach'. – Sein Kolleg', der auch schon zwei Jahre arbeitslos ist, hat ihm gsagt, er kann einen Antrag stelln, dann wird er in die Partei aufgnommen und kommt vielleicht in die SA. – Da geht's ihm nicht mehr schlecht –«

»Soso! – Und will er's machen, der Hans?« wollte ich wissen. Sie schaute mich fast schmerzhaft an und redete betreten weiter: »Ich weiß ja, Herr Graf, Sie und Ihre Frau sind nicht fürn Hitler –. Ich mach' mir überhaupt's nix aus diesen politischen Sachen, aber mein Hans sagt, keiner hat sich bis jetzt um uns gekümmert. – Mit meiner Rent' und dem Putzgeld und die paar Markl, die er von der Wohlfahrt kriegt, gradraus gesagt, das ist zum Verhungern. Da greift man zu, wo man was herkriegt. – Der Hans sagt, recht nett sind's alle mit ihm. ›Da‹, sagt er, ›ist man doch wieder ein Mensch –. Da geht's nicht zu wie bei der Wohlfahrt, wo man jedesmal angschaut wird wie ein Bettler und arbeitsscheuer Lump –‹« Sie fing auf einmal zu weinen an.

»Lassen Sie's doch, Frau Wullenreiter! – Lassen Sie's! Da kann man doch nichts machen«, beruhigte ich sie. »Wenn's Ihnen besser geht dabei, ist's ja gut.«

Ihr Hans trat in die Hitlerpartei ein und marschierte jeden Sonntag als SA-Mann an unserm Haus vorbei. Frau Wullenreiter putzte weiter bei uns, nur ließ sie jetzt Mirjam nie allein. –

So schnell zerrann die zerhetzte Zeit mit ihren sinnlosen Wahlen, den erschreckend ansteigenden Arbeitslosenziffern, vergeblichen Volksabstimmungen, Fememorden und immer blutigeren Straßen- und Saalschlachten, soviel und so Verwirrendes geschah oft zusammengedrängt innerhalb weniger Wochen! Eines Tages schlossen die Banken, und schnellgeschriebene Ankündigungen lauteten: »Auszahlung kleiner Beträge erst morgen ab 11 Uhr vormittags.« Die kleinen Sparer wurden rebellisch, strömten auf die Straßen, zogen vor die Banken, deren Eingänge polizeilich bewacht waren, und jammerten, schrien und fluchten. Am andern Tag sah man lange Schlangen aufgeregter Menschen, von Polizisten in Zaum gehalten, vor den Banktoren, aber es wurden immer nur vier durchgelassen, und je näher der Uhrenzeiger auf drei rückte, um so erregter und rücksichtsloser drängten die Leute nach vorn. »Schluß! Schluß jetzt!« riefen die Schutzleute, und unbarmherzig klappten die schweren mechanischen Gittertore zusammen. Schreckliche Auftritte gab es. Furchtbare Anklagen erschollen gegen die Regierung. Regierungsbekanntmachungen verkündeten, daß kein Mensch geschädigt werde und das Publikum nichts zu befürchten habe, schon in zwei Tagen trete der normale Bankverkehr wieder ein. Erst als es wirklich so war, beruhigten sich die Leute wieder.

»Da tu' ich mein Geld lieber in den Strumpf«, sagte unsere Krämerin zu Mirjam. Der Sparer hatte sein Vertrauen zu den Banken verloren. Die Zahl der Konten verringerte sich bedenklich rasch. Und immer strengere Notverordnungen traten in Kraft: Kopfsteuer, Junggesellensteuer, neuerliche Herabsetzung der Arbeitslosen- und Wohlfahrtsunterstützungssätze, Reduzierung der Beamtengehälter. In den Bauerngegenden ging eine gefährliche Widersetzlichkeit gegen die staatlichen Behörden um. Zum erstenmal seit lang-langen Jahrzehnten krochen Armut und Not bis in die Dörfer, denn die Preise für Schlachtvieh, Milch und Getreide standen tiefer denn je, während diejenigen für Frischfleisch und Brot unverhältnismäßig in die Höhe stiegen. Obgleich nur das Schlachten von verunglücktem Vieh amtlich erlaubt war, schlachteten die verzweifelten Bauern unter irgendeinem Vorwand ihr gesundes Vieh und verkauften das Fleisch an die Dorfleute, weil dabei immerhin ein besserer Preis herauskam. Sehr oft wurden sie dabei erwischt. Das Fleisch wurde auf der Freibank verkauft, und sie gingen leer aus.

»Was –? Gleich muß ich die Steuern zahlen, auf der Stell' –? Wegen Zahlungsversäumnis? – Ja, Herrgott, was will man denn von mir? Ich kann mir's doch nicht aus den Rippen schneiden!« fuhr der Kleinbauer den Gerichtsvollzieher an, der pfänden wollte. Die Nachbarn hatten den Uniformierten gesehen, bald hörten sie Jammern und Fluchen aus der offenen Stalltür drüben und kamen aus den Häusern. Sie sahen, wie der Bauer mit dem Gerichtsvollzieher raufte und ihn aus der Tür schmiß, und jetzt war keiner mehr von den Nachbarn zu halten.

»Was? Was –? Deine einzige Kuh will er –? Was? Der Sauhund! Der Hur'nlump!« bellte die Meute von allen Seiten. Von Glück konnte der abgerissene, blutiggeschlagene Uniformierte sagen, wenn er aus der Schlägerei lebendig davonkam. Polizisten kamen von da ab als schützende Begleiter mit solchen Steuereintreibern in die Dörfer. In Mecklenburg zogen die rebellischen Bauern in die Kreisstädte und warfen Bomben in die Finanzämter, und regelrechte Feuergefechte gab es. Nationalsozialisten und Kommunisten versuchten, die zu allem entschlossenen aufständischen Haufen für sich zu gewinnen, und schürten und hetzten gegen die »Blutsauger-Regierung« Brüning. In Stadt und Land gärte es in den verelendeten Massen. »So kann's ganz einfach nicht mehr weitergehn! – Der Saustall muß aufhören!« knurrten und schimpften die kleinen Leute und schlugen sich mit den abgestumpften Arbeitslosen zum unermüdlichen Dauerredner Hitler, der mit ätzendem Hohn gegen das abgeleierte »Opfern und opfern und sparen und sparen« des bedrängten Kanzlers loszog, und jetzt – nachdem seine Partei von 12 auf 107 Reichstagsabgeordnete gestiegen war – immer siegessicherer vom verheißungsvollen künftigen nationalsozialistischen Staat sprach, in welchem auch der ärmste Deutsche wieder zu ehrlichem Verdienst und zu seinen Rechten kommen sollte. An einem Oktobertag versammelten sich alle nationalistischen Parteien und Verbände im Braunschweiger Badeort Harzburg und einigten sich mit Hitler zum Sturz der Regierung Brüning. Machtvoll, mit kaiserlichen und Hakenkreuzfahnen, defilierten die SA-Abteilungen mit den stramm-militärischen Verbänden des Soldatenbundes »Der Stahlhelm« an der mit den alten schwarzweißroten Reichsfarben drapierten Tribüne vorüber, auf welcher Hitler, der kleine, bebrillte, schnauzbärtige deutschnationale Parteivorsitzende Hugenberg und die beiden Stahlhelm-Führer Seldte und Duesterberg mit einer Anzahl von hohen Militärs und Industriellen standen.

»Prächtig! Prächtig!« rief Hugenberg verzückt, als nach dem Trommelwirbel die schmetternde Marschmusik einsetzte und die Abteilungen den alten preußischen Paradeschritt demonstrierten. In napoleonischer Haltung stand Hitler da, hob straff den rechten Arm mit der ausgestreckten Hand, und ein ungeheures, die Luft zerreißendes »Sieg Heil!« stieg aus den dichtgedrängten Massen, die die Straße säumten. Alles streckte die Arme, und Kinder schwenkten Hitlerfähnchen. All diese Szenen füllten – man tat gut, in dieser Hinsicht Eifer zu entwickeln – als ganzseitige Fotos die Illustrierten. Und außer in den sozialistischen und kommunistischen Zeitungen stand das »Manifest der Harzburger Front« in vollem Wortlaut in allen bürgerlichen Blättern. Neben der Forderung des sofortigen Rücktritts der Reichsregierung und der preußischen Regierung Braun stand darin der drohende Passus: »Wir erklären, daß wir bei kommenden Unruhen wohl Leben und Eigentum, Haus, Hof und Arbeitsstelle derjenigen verteidigen werden, die sich mit uns offen zur Nation bekennen, daß wir es aber ablehnen, die heutige Regierung und das heute herrschende System mit dem Einsatz unseres Blutes zu schützen!«

»Und das läßt man zu? Dagegen macht keiner was?« fragte ich meinen Freund Max Holy, den Kommunisten und Leiter der Roten Hilfe, der mich beim Dunkelwerden, kurz vor Geschäftsschluß, aufsuchte.

»So gschwollnes Zeug ist man von den Hitlerhanswursten schon gewohnt«, meinte der wegwerfend. »Wir wollen ja auch den Brüning weg haben, aber du siehst ja, die braven SPDler stützen ihn ja. Die lassen sich ja noch kaputtschlagen für den.«

»Ja, Herrgott«, fuhr ich ungeduldig hoch, »da haben wir nun die riesigen Gewerkschaften und zwei durchorganisierte Arbeiterparteien, die zahlenmäßig alle anderen Parteien weit übersteigen –! Könnt ihr euch denn nicht endlich einigen und das ganze reaktionäre Gesindel und den Hitler zum Teufel hauen? Ihr braucht nicht einmal wie beim Kapp-Putsch zu kämpfen! Ein wirklicher straff durchgeführter Generalstreik im ganzen Reich, und der ganze Spuk hört sich auf.«

»Versuch du, dich mit den SPDlern zu einigen! Die Proleten wollen's vielleicht, aber die Bonzen verbieten's, und sie kuschen. – Hahaha, und Generalstreik bei fünf Millionen Arbeitslosen –! Soll er schon kommen, der Hitler, lang hält sich der nicht, dann kommen wir. Durch diese Scheißgasse müssen wir ganz einfach.«

»Ihr gebt also auch schon auf? Ihr überlaßt Hitler den

Sieg –? Das ist derselbe Defaitismus wie bei den Sozialdemokraten«, warf ich ihm vor.

»Die Partei weiß, was sie will. – Was bei uns eine zeitweise Taktik ist, ist bei denen ein Dauerzustand«, hielt er mir entgegen.

Ich sehe ihn noch vor mir, diesen unerschrockenen Mann in meinen Jahren, mager bis auf die Knochen, die zerwetzte Lederjacke hing an ihm, und immer trug er alte Militärschuhe und Wickelgamaschen, denn die meiste Zeit ist er auf seinem Motorrad unterwegs zu den Zellen und Gruppen und einzelnen Genossen auf dem Land. Sein hohlwangiges Gesicht ist mit Sommersprossen übersät, spitz ragt seine schmale Nase daraus, scharf, wie gewaffnet, ist der Blick seiner leicht wässerigen blauen Augen und seine kurzgeschorenen Löckchen sind schon ergraut. Er nimmt nicht für sich ein; er ist zu direkt, zu phrasenlos nüchtern; und alles was er sagt, klingt stets ein wenig ironisch; aber wo er auftaucht, stellt sich das Vertrauen wieder ein bei den Schwankenden. Parteigläubige Zuversicht regt sich wieder.

Alle Nazis kannten Max und haßten ihn grimmig. Er lebte mit seinen Schwestern, einem Bruder, seiner Mutter und Frau in einem kleinen Häuschen weit außerhalb Münchens, in Freimann. Stockdunkel war es da, wenn er tiefnachts mit unvermindertem Tempo von der Hauptstraße in den schmalen, von einigen Bäumen flankierten Seitenweg einbog und auf das schlafende Häuschen zubrauste. »Hm«, lachte er einmal leicht und zeigte uns den dünnen Kupferdraht, den seine Feinde von Baum zu Baum gespannt hatten: »Hm, wenn ich auch nichts glaub', ich muß doch einen arg guten Schutzengel haben. – Wunderbar hätt' mir der Draht beim Drauffahren meinen Saukopf abgemäht, aber wie's Glück haben will, grad vor eh' ich in unseren Weg einbiegen will, ist mein Reifen platzt. – Schieben hab' ich's müssen, nix war's mit dem schönen Köpfen.« Er lachte noch mehr.

Es war bereits so weit, daß die Hitlerische SA über die ganze Stadt verstreut in Wachlokalen kaserniert war, um genauso wie die regulären polizeilichen Überfallkommandos jederzeit »eingesetzt« zu werden. Wir hatten uns von einer ganzen Anzahl solcher Lokale und Trupps die geheimen Telefonnummern und Losungen beschafft und alarmierten sie fortwährend, um sie zu verwirren und zu ermüden.

»Aber das sind bloß Nadelstiche –. Die Hitlerpartei selbst trifft das kaum«, sagte ich und fing wieder von der Einigung der Arbeiterparteien und vom Generalstreik an. »Hoffen wir's –! Mir soll's recht sein«, sagte Max beim Weggehen. Nach einer Weile kam er zurück. Jemand hatte den Reifen seines hinteren Rades durchgeschnitten. Sogleich fiel mein Verdacht auf den Schuster in unserem Haus.

»Nadelstiche!« sagte Max, nachdem er sich ausgeflucht hatte, und schloß ironisch: »Aber die Partei wird davon nicht betroffen.« –

Und immer verwilderter tobte der politische Kampf. Es schien faktisch so, als existiere für jeden Menschen nur noch die Politik. Ende 1931 betrug die Arbeitslosenziffer bereits 5,66 Millionen und in den ersten Monaten 1932 stieg sie auf 6 Millionen. Und im April fing die Schlacht um die Wiederwahl des 84jährigen Feldmarschalls Hindenburg zum Reichspräsidenten an, und Hitler kandidierte bereits als sein aussichtsreichster Gegner. Zwei Wahlgänge mußten mit nie erlebter Heftigkeit durchgefochten werden, da Duesterberg auf seine Kandidatur verzichtet hatte und 13,4 Millionen für Hitler, 19,3 Millionen für Hindenburg und 3,7 Millionen für den Kommunisten Thälmann gestimmt hatten!

Hunderttausende, die gewillt waren, frei die Krisen des Elends durchzustehen, atmeten auf und illusionierten: »Er kommt doch nicht hoch mit seiner Radaupartei!«

Ich entwarf ein Flugblatt, das ich, wenn sich die nötigen Geldgeber fänden, in ganz Deutschland aus Flugzeugen über den Städten abwerfen lassen wollte: »Kommunisten, Sozialisten, Gewerkschaftler und Demokraten, einigt Euch gegen die braune Mörderflut! Es ist eine Minute vor zwölf, steht auf wie ein Mann für ein freies Deutschland! Wehrt Euch gegen die drohende nationale Blutdiktatur, steht ein für den Rechtsstaat! Verteidigt Eure Republik!« usf. Doch dafür hatte niemand Geld, und die Parteileute belächelten meine Naivität: »Ach, du siehst ja, die kommen bei uns nicht hoch! Deutschland ist nicht Italien. Jetzt ist's aus mit ihrer Herrlichkeit.« Bei einem Doktor Best im hessischen Boxheim war der Polizei das »Boxheimer Dokument« in die Hände gefallen, das bereits alle späteren Terrormaßnahmen der Hitlerregierung enthielt, und der sozialdemokratische preußische Innenminister Severing enthüllte schwer belastendes Material über nationalsozialistische Putschpläne während der Reichspräsidentenwahl. Hindenburg, verärgert über Hitlers unflätige Angriffe auf seine Person, setzte endlich die Unterschrift unter das Verbot der SA und SS, allerdings mit der Ankündigung des Verbotes aller militanten Verbände der anderen Parteien. Bereitwillig löste sich die sozialdemokratische »Eiserne Front« von selbst auf.

Und plötzlich stürzte die Regierung Brüning.

Der vergreiste Hindenburg, aufgeputscht durch Einflüsterungen seiner ostpreußischen Junkerfreunde, die gehört hatten, daß der Kanzler unrentable Latifundien an Bauern verteilen wollte, entließ seinen getreuen Ekkehard, der sich für seine Wiederwahl fast aufgerieben hatte. Wie war doch der Lebensleitspruch dieses leibhaftigen Symbols aller vornehmen Deutschen? »Die Treue ist das Mark der Ehre.«

Der neue Kanzler von Papen mit seinem »Kabinett der Barone« löste den Reichstag auf, schrieb Neuwahlen für den 31. Juli aus und hob das Verbot der SA und SS auf. Neu uniformiert und frisch gerüstet beherrschten ihre Trupps die Straße, verprügelten Juden, demolierten jüdische Geschäfte und gebärdeten sich wie die neuen Herren im Staate.

»Staatsstreich in Preußen!« stand plötzlich in den Schlagzeilen aller Zeitungen. Kraft eigener Machtvollkommenheit hatte der federnd energische Kanzler die sozialdemokratische Preußen-Regierung Braun–Severing ab- und einen Staatskommissar Bracht eingesetzt. Ein Schock durchzuckte ganz Deutschland. Alle Straßen der Städte füllten sich mit verwirrten Menschenmassen, die unruhig und empört herumzogen und gleichsam aus der Luft Antwort erheischten, was denn werden sollte. »Wenn schon Diktatur, dann machen wir sie!« steigerte sich der Sozialdemokrat Siegmund Aufhäuser ins Kraftmeierische, indessen seine abgesetzten sozialdemokratischen Ministergenossen lediglich beim Reichsgericht in Leipzig Klage gegen ihre unrechtmäßige Amtsenthebung einreichten, denn das war nun einmal Verfassungsbruch, und an die Verfassung hatte sich jede Regierung zu halten.

»Nieder mit der faschistischen Regierung Papen! Nieder mit dem Arbeiterhenker und Kriegshetzer Hitler und seinen kapitalistischen Steigbügelhaltern, den Junkern und Schlotbaronen! Keine Stimme den Sozialfaschisten in der SPD! Reih Dich ein, Prolet, in die kommunistische Kampffront! Werktätige der Faust und der Stirne, vereinigt Euch zum Schutz der Sowjetunion!« leierten die Kommunisten.

Und die verwirrten Massen auf den Straßen warteten. Jedes Gerücht fand Glauben, und ein Gemisch von drükkender Ungewißheit, von entschlußloser Unlust und wachsendem Überdruß war in jedem einzelnen Passanten, der da mit abwesendem Blick mit den Tausenden ziellos herumging, auf eine brennende Litfaßsäule oder gedrängte Gruppe zulief und feig zusah, wie ein Jude verprügelt wurde. Stumm gingen sie weiter, diese Eingeschüchterten, und hin und wieder nur wagte es einer, wenn er im Weitergehen auf einen Schutzmann stieß, diesem etwas davon zu sagen, aber das geschah meistens raunend und mit einem scheuen Blick rundherum.

Nach der endlich überstandenen Reichstagswahl zogen 230 Nationalsozialisten als Abgeordnete in den Reichstag, Hitler verfügte über die größte Partei.

Ich sah meinen halbtotgehetzten Freund Max Holy auf der Straße vorbeisausen. Er stoppte und hastete mir ins Ohr: »Du gehst nach Wasserburg aufs Land? – Schau rum, ob wir da und dort einen sicheren Bauern fürs Unterschlüpfen kriegen können.« Ich sah ihn erst als gesundheitlich ruinierten, lungenkranken Mann bei meinem ersten Besuch 1958 in Deutschland wieder. Er zeigte mir das aufgelassene Konzentrationslager Dachau, wo er von 1933 bis 1945 alle Qualen eines unbeirrbaren politischen Gefangenen durchstanden hatte.

»Jetzt machen sie ein Museum und Parkanlagen draus, statt daß sie den dreckigen Schindanger stehenlassen, wie er war«, sagte er leicht verbittert: »Fürs mitfühlende Besucherpublikum wird die Menschenmetzgerei chemisch gereinigt und überpoliert. – Es lebe der Fremdenverkehr! Du siehst, auch Hitler hat allerhand dafür getan.« Er starb kurz darauf.

Ja, ich hatte es satt, auch jetzt noch weiter und immer weiter mit anzuhören, wie die Trompetentöne der linken Versammlungsredner die unheilvolle Luft erschütterten. Ich fuhr mit Mirjam zu unseren Freunden Grete und Karl Wähmann, die im Flachland um Wasserburg, abseits von der Hauptstraße, ein Häuschen mit Garten und Wiesengrund hatten. Mit ihrem vierjährigen Sohn »Pummel«, der den ganzen Tag nackt herumlief und braun wie ein Indianer war, mit Hunden und Katzen und dem gackernden Rest ihrer einstigen, längst verlotterten Hühnerfarm lebten sie da sehr ländlich, sehr ungezwungen, sehr schlampig und urgemütlich. Es gibt nun begabte und unbegabte, geistreiche und langweilige, interessante und gewöhnliche, abenteuerliche und strebsam-honette, strohdumme und geniale Menschen. Die Wähmanns waren erholsame Menschen, und das Nette an ihnen: jeder war's auf seine eigene Art!

Karl stammte aus einem großen Gut im Pommerschen, wo er noch mehrere Geschwister und Brüder hatte. Man hätte ihn der Herkunft nach als »junkerlich« taxieren können, doch er war alles andere als das. Als blutjunger Mensch hatte er – »Cousine gefickt, zur See geschickt« – auf den Schiffen der meisten Nationen als Matrose die Ozeane durchfahren und die Hafenstädte der Weltteile kennengelernt, aber man merkte nichts mehr davon an ihm. Er verlor höchstenfalls einmal einige gleichgültige Worte darüber. Er ging nach München, besuchte die Kunstakademie, um Maler zu werden. Als ihm sein Professor Angelo Jank bei der Korrektion einen dicken Pinselstrich quer über seinen Malversuch machte, schlug Karl ihm die Leinwand derart wuchtig auf den Kopf, daß sie durchbrach und der bekleckerte Professor beinahe ohnmächtig zusammenbrach. Es gab einen furchtbaren Aufruhr im Atelier. Der bullige Riesenkerl Karl scherte sich nichts weiter drum und verließ die Akademie für immer. Er malte nun für sich, trieb vielleicht auch andere Geschäfte und brachte es fertig, von der tierärztlichen Akademie als Vorlagenmaler für innere Viehkrankheiten fortlaufend beschäftigt zu werden. Diese Vorlagen wurden als erhaben gepreßte Lehrbilder hergestellt. Seine Grete, eine vermögende Oberregierungsratstochter aus Stuttgart, die ursprünglich Kunstgewerblerin werden wollte und ihre Abwesenheit von ihrer Familie hauptsächlich dazu benutzte, interessante Männer auszuprobieren, lernte Karl gewissermaßen als Retter kennen. Sie war einem schwedischen Bildhauer verfallen, der in seinem

Atelier etliche Dutzend Käfige mit weißen Mäusen hatte, die er während des Liebesspiels stets losließ, so daß die vergnügt piepsenden Mäuse auch über die nackten Körper der Liebenden jagten. Das war der entsetzten Grete zuviel. Sie suchte von dem abwegigen Liebhaber loszukommen, doch der setzte ihr überall nach und versuchte, sie durch dunkle Drohungen einzuschüchtern, und da lief ihr Karl in den Weg, mit dem sich einzulassen der Schwede nicht geraten hielt. Ich lernte die beiden kennen, als Grete mit ihrer Freundin Katja und Karl, einer glattrasierten Mischung von Waldschrat und Seebär, zu einem meiner damaligen Atelierfeste kam. Sie hatten ihn mit einem hellrosa Pierrot kostümiert. Mit seinem auffallend breiten Mund, den sehr häßlichen dicken Wulstlippen, der breitgedrückten Sattelnase und den kleinen lauernden Augen sah er unbeschreiblich blöde aus. Dazu kam noch, daß er weder trank noch tanzte und die ganze Zeit stur, seine Blicke auf die tanzende Grete gerichtet, wie ein klobiger Fremdkörper dahockte inmitten unserer ausgelassenen Lustigkeit. Auf meine scherzhaften Anrempelungen: »He da, sauf doch, Kerl!« oder: »Tanz doch, du Hackstock, du!« reagierte er kaum. Plötzlich sprang er auf wie ein sich bäumender riesiger Tiger, stieß sich mit seinen Ellenbogen eine schmale Gasse bis zu Grete, riß sie mit einem tierähnlichen Schrei von ihrem Tänzer los und würgte sie. Wir hatten Mühe, ihn loszureißen, und schmissen ihn zur Tür hinaus, stießen ihn, um sicherzugehen, auch noch die Treppen hinunter.

»Hau bloß ab, du eifersüchtiger Idiot, du! Laß dich ja nicht mehr sehn bei mir!« schrie ich ihm nach. Als ich drunten im Dunkel irgendein drohendes Knurren und Krabbeln hörte, schrie ich: »He, fehlt dir was, he?« und bekam keine Antwort. Im Halbdunkel sah ich ihn über den kleinen gepflasterten Hof torkeln und im Torgang des dritten Hinterhauses verschwinden, wartete ab, ob er vorn zum

Haustor hinauskomme, und als ich annehmen konnte, daß das gelungen sei, ging ich ins heißlärmende Atelier zurück, wo Grete bereits wieder kreuzfidel tanzte.

»Ist er jetzt weg, ja?« fragte sie, und als ich nickte, redete sie lustig im Tanzen weiter: »Er ist ja so eifersüchtig! – Rein zum Fürchten ist er da, aber das hab' ich gern an ihm –. Das macht nichts –! Sobald ich ein bißl zärtlich bin, wird er windelweich.«

Von da an sahen wir sie lange nicht mehr, bis sie eines Tages kamen und uns in ihr Häuschen einluden. Wenn man dort ankam, hörte die Zeit mit ihren Miseren auf. Über dem Gartentor hätte stehen können: Wandrer, wenn du hier eintrittst, laß alle Sorgen fahren!, und über der Haustür: So Ihr nicht werdet wie die Kinder usf. Allerdings mußte man sich dabei rustikal-barbarische Kinder in Mannsgestalt vorstellen, und meistens kamen dort auch nur Männer zusammen. Mirjam hielt es immer nur etliche Tage aus. Der Grete waren ohnehin nur Männer erwünscht, und außer ihr gab es nur noch eine stämmige, vollbusige Dienstmagd, die Anna. Zu dritt oder viert fuhren wir öfter auf einem schweren Motorrad mit Beiwagen – ganz gleichgültig, ob es geschlagene Nacht, grauender Morgen oder mitten am Tag war – zu den beiden. Bei Tag war der Empfang dort etwas schwierig, er glich mehr einem überrumpelnden Überraschungsangriff, denn hier kehrte jeder zurück in die Kampflust seiner Lausbubenzeit, und was sonst an sogenanntem großen Leben um uns herum geschah, hörte auf zu bestehen. Wir mußten unser Motorrad schon weit entfernt von unserem Ziel abstellen und in der Wiese neben der Hauptstraße stehenlassen. Karl hatte zu scharfe Jägerohren und Jägeraugen. Vorsichtig schlichen wir durch das schüttere Wäldchen, das ans Wähmannhäusl grenzte, gelangten unbemerkt bis ans Gartentor, rissen es auf und stürzten mit wildem Indianergeheul ins Haus, wo wir überaus freudig, fast jubelnd empfangen wurden. So eine Ankunft verlief jedoch nicht immer so nett und reibungslos. Das kurze Aufbellen des Dackels oder »Pummels« Warnung bewirkte, daß sogleich dicke Strahlen von zwei Wasserspritzen auf uns loszischten und dazwischen getrocknete Kuhfladen zielsicher daherflogen. Wir suchten Deckung hinter den Bäumen und bewaffneten uns mit herausgerissenen Moosstücken, drangen sprungweise vor und erreichten den Garten, doch der Feind hatte sich im Haus, entweder auf der Altane oder in dem Zimmer, in welchem zwei von uns nachts logierten, sorgfältig verschanzt und gehörig mit Wasser und anderer »Munition« versorgt. Klatschnaß und arg ramponiert stürmten wir ins Haus, hinauf über die schmale Stiege, mit vereinter Kraft drückten wir die verschlossene, verbarrikadierte Tür ein, die Kisten und Möbelstücke fielen um, und wir waren Karl endlich in Leibnähe. Ein verwilderter Nahkampf begann, und zerfetzt, durchnäßt und um und um beschmiert konnten wir uns endlich allerherzlichst begrüßen. Der entstandene Sachschaden – zerschlagene Waschschüsseln, Vasen, Gläser und Bilder, durchstoßene Fensterscheiben und herabgerissene Vorhänge, beschädigte Möbel und kaputte Stühle, nasse, verdreckte Betten und Vorlageteppiche – störte Karl nicht im mindesten. Er war ungemein geschickt im Ausbessern aller Art, und selbstverständlich war alles Zertrümmerte das Billigste vom Billigen. Während des Kämpfens saß Grete seelenruhig im Wohnzimmer mit ihrem geliebten Dackel, häkelte, strickte, las oder schrieb Briefe, Anna kochte und »Pummel« trieb sich im Garten herum und jagte die Hennen aus den Gemüse- und Blumenbeeten. Zum Abendessen richtete sich jeder wieder etwas menschenähnlich her, und Grete musterte uns der Reihe nach abschätzend und sagte: »Siehst du, Karl, der Müller, der täte mich jetzt am meisten reizen –. Rothaarige sind so sinnlich.« Obgleich sie es scherzhaft sagte und er, den rothaarigen, bebrillten Doktor Müller schief ansehend, ebenso gewaltsam lustig sagte: »Doktorchen, wie wär's? – Aber ich warne Sie! Dabei kann man Kopf und Kragen riskieren –«, wußten wir uns stets so zu verhalten, daß für Karl kein Anlaß zur Eifersucht war, was bei der Potiphar-Natur Gretes nicht immer sehr leicht war. Jeder wußte auch, daß die Drohung Karls durchaus nicht spaßhaft gemeint war. Einmal traf mich Grete in München auf der Ludwigstraße mit einem mir bekannten Redakteur des *Simplizissimus,* der auf den ersten Blick wie ein vielgereister, etwas blasierter Weltmann aussah und sich auch meist so gab. Er faszinierte Grete. Wir tranken im Hofgarten Kaffee, und sie lud ihn dringend ein, mit mir einmal zu ihnen zu kommen, und zu mir sagte sie: »Bring lieber den Herrn allein mit, damit man sich auch einmal nett unterhalten kann –. Diesmal soll der Karl einmal seine Dummheiten bleiben lassen.« Der Herr sagte zu und fing auch bereits Feuer. Er war begeistert, als ich ihm erzählte, wie wir's da draußen sonst trieben, doch ich konnte mir nicht gut vorstellen, wie er einem Empfang mit einem Kuhfladen ins Gesicht oder um und um mit Wasser bestrahlt standhalten würde, und kam also allein mit ihm. Tatsächlich verhielt sich auch Karl ganz ruhig. Man aß, man trank von dem mitgebrachten guten Wein des Herrn, außer Karl natürlich, der nichts Alkoholisches mochte, man wurde warm und lustig, der Herr machte Grete Elogen und fing dann wieder davon an, wie sehr er das Bäuerlich-Derbe liebe, und schließlich wünschte er, doch auch einmal bei unseren »Männerkämpfen« mitmachen zu dürfen. Doch Karl und ich winkten ab. Er war uns erstens zu fein und zweitens merkten wir natürlich, daß er's im Grunde gar nicht wollte und sich nur vor Grete herauszustellen versuchte. Wir ärgerten uns auch, daß uns durch Gretes blöde Flirterei die sonstigen Wochenendlustbarkeiten unmöglich gemacht wurden.

Kurzum, Grete, der der Wein zu schnell zu Kopf gestiegen war, fing an, den Herrn anzuschwärmen, nahm die Gitarre von der Wand, klimperte ein wenig daran und sang mit ihrer piepsigen Stimme dazu, aber weil wir nicht mitsangen, zog sie den feinen Gast hoch und wollte mit ihm tanzen. »Laß das –! Du weißt, ich kann das nicht leiden!« stieß Karl heraus. Der Herr sah ihn zögernd an, und auch Grete wurde unschlüssig.

»Ist auch viel zu eng hier, und arg spät ist's auch schon«, sagte ich, nur um die gereizte Spannung zu mildern.

»Ach ja, lassen wir's –«, seufzte Grete enttäuscht und lächelte den Herrn Redakteur an: »Mein Mann ist nämlich sehr eifersüchtig.« Der schaute ironisch auf Karl und meinte: »So was gibt's also auch noch –?«

»Jeder wie er kann«, gab ihm Karl unbestimmt zurück, packte Gretes Arm und zog sie fort: »Du bist ja besoffen, Mensch. Komm schon ins Bett jetzt –«

Am andern Tag in aller Frühe stapfte der Redakteur schon vollkommen angezogen, sorgfältig rasiert und frisiert, aber seine Schuhe in der einen Hand, barfuß im taunassen Gras herum.

»Ach, Karl, schau doch mal, wie putzig! – Der Herr macht Kneippkur!« rief Grete kurz darauf im bunten Morgenrock von der Altane herab. »Guten Morgen, wie geht's? Gut geschlafen?«

»Ausgezeichnet!« Karl wurde nicht sichtbar.

Schnell machte sie sich zurecht, rüttelte und schüttelte den Schlafenden, um ihn zum Frühstück am Sonnentisch vor das Haus zu bringen, doch der knurrte nur etwas von einem »idiotischen Fatzke« und drehte sich im Bett herum. Ich hörte sie an meiner Tür klopfen und etwas sagen, antwortete schlaftrunken irgendwas, war aber noch arg müde und schlief weiter. Hatte ich richtig gehört, als ein singend-pfeifender Knall mich aufschreckte und ich Karl rufen hörte:

»Bloß eine kleine Warnung, bitte!« Es folgte ein klägliches Hundegeheul und Gretes wütendes Schimpfen und Trampeln zur Stiege herauf: »Ach, du gemeiner Hundskerl! Du widerliches Ekel du! – Du – du ...« Und als ich aus der Tür kam, sah ich, wie sie den blutigen Dackel mit aller Wucht unausgesetzt Karl ins Gesicht schlug: »Du Dreckvieh, du – du – du –« Er wehrte sich nicht allzustark und bleckte lachend seine Zähne, indem er aus sich herausgurgelte: »Ich hab' euch gewarnt, bitt-bitte –«

Was war geschehen? Er hatte sich auf die Altane geschlichen und, als der Redakteur seiner Grete immer inniger und zudringlicher übers Haar strich, mit seinem Flobertstutzen, genau fingerbreit an seiner spitzen Nase vorbei, dem neben Grete liegenden Lieblingsdackel in die Schwanzspitze geschossen. Ohne Abschied begab sich der perplexe Gast auf die Bahnstation.

Unsere Wasserschlachten bekamen mit der Zeit sogar etwas Ähnlichkeit mit kleinen Manöverübungen. Sie schreckten nicht nur in den Nächten die Bauern aus dem Schlaf, sie irritierten sogar die nunmehr schon offen militärischen Geländeübungen, welche die SA oder die »Bayernwacht« nachts in der Umgebung abhielt. Ich hatte nämlich in einem Laden Raketen und faustgroße Knallbomben entdeckt, kaufte Dutzende davon, und wir fuhren damit tiefnachts zu den Wähmanns, schlichen rund um ihren umfänglichen Zaun und behingen die Stäbe damit. Auf ein Zeichen zündeten wir alle Zündschnüre an, versteckten uns im Wäldchen, und kurz darauf gab es einen donnernden Riesenknall, Raketen stiegen auf und warfen Sterne, und alle Fenster des umlagerten Häusls wurden hell.

»Hahaha, sehr schön! – Großartig, ihr staubigen Brüder, ihr ... Nur her! Der kalte Guß wartet schon!« schrie Karl aufgeheitert in den Pulverdampf, und jetzt begann der Sturm aufs Haus, der aber meistens mit unserer Niederlage endete, denn die bespritzten Bomben waren unbrauchbar, und wir standen im Blendlicht seines uralten Ford, in den er seine Wasserspritzen einmontiert hatte, um uns mit diesem fahrbaren Kampftank stets im Ziel zu haben. *Dieser* Ford! Steinberger sagte von ihm: »Karl, fahr nie beim Deutschen Museum vorbei damit. Die lassen dich nicht mehr los, bis du ihnen das Prunkstück gibst.« Er mußte tatsächlich ein Erstexemplar seiner Sorte sein.

Karl war auf allen »Autofriedhöfen« bekannt, handelte immer wieder eine andere Karosserie ein und montierte sie auf das Wagengerüst. Zuletzt erwarb er eine hochelegante schwarze Luxuskarosserie, die hinten weit über die Räder hinausragte und mit dem Ende fast den Boden streifte.

»Geh!« nörgelte ich. »Das ist doch unmöglich ...«

»Aber du siehst doch, der Wagen fährt, und jetzt haben sechs Leute Platz drinnen«, rief Karl. »Bitte, wir können's ja gleich probieren –.« Wir machten, wie so oft, eine kleine Spritztour durchs schöne Land.

»Karl, ich weiß nicht – das wackelt doch auf einmal so!« schrie ich ihm von hinten zu, als wir über die Salzachbrücke von Burghausen fuhren. Schon zu spät. Ratsch! tat es, und ich saß in der Karosserie auf dem platten Boden und vorn fuhr Karl mit den vier Rädern weiter.

In einer Samstagnacht hatten wir bis fünf Uhr früh Tarock gespielt. Da fiel uns ein, am sonnig heraufkommenden Sonntag nach Tirol zu fahren, und los ging es. Mitten auf einem Berg in der Simsseegegend bockte unser lieber Ford und war nicht mehr loszubringen, und es fing auch gerade stark zu regnen an. Ratlos manipulierte Karl in der in dikkem Öl schwimmenden Motormaschinerie herum. Es half nichts. Es war widerlich in dem Regen, wir waren übernächtigt und fröstelten, und Sonntag war's, und weit und breit kein Haus und kein Dorf. »Ja, Himmelherrgott, so schlag halt einmal richtig nei in den Mistmotor!«

fluchte ich, und mechanisch, ohne sich dabei was zu denken, hieb Karl mit dem Hammer in das schwimmende Gewerk, und siehe da: der Ford fing hupend zu brüllen an, aber er lief wieder. Nur das Hupen war nicht mehr zu stoppen. Mit diesem pausenlosen heiseren Gehupe, fauchend und prustend, durchfuhren wir an diesem frommen Bauernsonntag die friedlichen Dörfer. Die Kirchgänger stoben erschreckt auseinander und schauten uns ungut und erschauernd nach, den Kopf schüttelnd oder sogar mitunter ein Kreuz auf ihre Brust schlagend.

Ja, dieser Ford und Karl und dieses Häusl, in dem man sich als Gast nachts nicht einfach so schlafen legen konnte, sondern die Tür verriegeln, das Schlüselloch verkleben und Schrank und Kommode davor stellen und die Läden der Fenster fest zuziehen und einhaken mußte, um gegen einen Wasserspritzenüberfall mitten in der Nacht oder am frühen Morgen gesichert zu sein! Hierher kam man nicht, um sich ländlich idyllisch zu erholen, sondern um jederzeit kampfbereit zu sein. Karl demolierte gern seine Wände, nur um zur Gegenwehr aufzuputschen. So stieg er einmal, weil es ihm durchaus nicht gelang, unsere schwer vermachte Tür aufzubekommen, einfach in den Speicher darüber, bohrte in den Plafond genau über unseren Köpfen ein Loch, um uns eine Wasserladung in die schnarchenden offenen Münder zu spritzen.

»Mensch!« schrie ich. »Das gibt Gottesrache!« Sie bestand stets im Ausgefallensten vom Ausgefallenen.

Wir wußten, daß er jede Woche seine Vorlageaquarelle im Tierärztlichen Institut in München abliefern mußte, und Grete machte sich stets ein sadistisches Vergnügen daraus, ihn kurz vor der Abfahrt so aufzuzärteln und geil zu machen, daß er sie noch einmal aufs Bett schmiß. Diese Gelegenheit benutzten wir, um seine Schuhe auf den Boden zu nageln. In größter Hast kam er von oben herab, schlüpfte in die Schuhe, und riß sich die Sohlen ab. Dafür spuckte er abends in die Terrine mit dem knusprigen Schweinsbraten, fraß ihn allein auf und ließ uns nur das Gemüse und den Salat. Was trieben wir nicht alles in unserem selbstvergessenden Übermut. Einmal warfen wir, da durch die eingetretene Trockenheit Wasserknappheit herrschte, uns gegenseitig meine knäuelgroßen Krachbomben an die Köpfe, und da sie Karl ausgegangen waren, schoß er mir mit seinem Flobertgewehr in den Unterarm. Die Kugel wandert heute noch in mir herum. Das gab natürlich etwas gelinden Schrecken. Aber in diesem Märchenhaus war alles da: sogar ein Arzt, unser täglicher Gast und Meistertarocker Dr. Hesse. Er war gedrungen, rundköpfig, mit roten Stichelhaaren, die er stets ganz kurz schor, trug jahraus, jahrein den gleichen Anzug, hatte seine schon etwas rostigen Chirurgeninstrumente hinten in seinem Auto und war weitum bei den Bauern hochbeliebt, weil er jeden umsonst behandelte. Der Doktor übte nämlich keine Praxis aus. Seine verstorbenen Eltern hatten ihm in Augsburg ein großes Warenhaus hinterlassen und ein schönes altes Schloß mit Park und Ställen oberhalb von Wasserburg. Er verkaufte das Warenhaus, als er vom Ersten Weltkrieg heimkam und lebte seither als Rentner auf dem Schloß, das heißt – einen Moment, bitte!

Nachdem Karl mich angeschossen hatte, kümmerte sich der Doktor um mich, sagte grundgemütlich: »Das ist nichts weiter. Ein Pflaster drauf und fertig. Es wird anschwellen, bis sich die Kugel verkapselt hat. Bis dahin ist's gut, den Arm in der Schlinge zu tragen, das ist alles.« Vorsichtigerweise aber mußte mich Karl doch noch in die Poliklinik nach München fahren, wo die Ärzte dasselbe sagten. Aus Freude darüber, daß alles so gut abgelaufen war, erlaubte mir Karl, ihn bis zur Ausheilung jederzeit in den Arsch zu treten, wovon ich reichlich Gebrauch machte.

Doch jetzt zum Doktor Hesse. Der hatte mir einmal ganz

von selbst den Stoff für meinen Roman *Bolwieser* geliefert. Wir hatten damals die Gewohnheit, nicht mit dem Auto, sondern auf Fahrrädern die Gegend zu durchstreifen, in gemütlichen Bauernwirtschaften einzukehren und nach dem Essen etliche Stunden zu tarocken. Einmal sah ich in den *Fliegenden Blättern* eine Witzzeichnung mit der Überschrift »Frohe Erwartung«, die einen etwas angetrunkenen Pantoffelhelden zeigte, der sich nachts vor der Wohnungstür vorsichtig die Schuhe auszieht, um von seiner schlafenden Alten nicht gehört zu werden. Die aber – so die Zeichnung – stand bereits mit dem Besen bewaffnet hinter der Tür. »Warum«, so fragte ich mich, »wird eigentlich ein Pantoffelheld immer nur lächerlich und humoristisch gesehen? Kann er nicht auch eine tragische Figur sein?« Das war alles, wofür ich lange Zeit den geeigneten Stoff suchte. Einmal nun ließen Karl, der Doktor und ich uns mit unseren Fahrrädern von einem alten Fährmann irgendwo über den Inn setzen. Nach dem Aussteigen aus dem Boot sagte der Doktor zu mir: »Sie, der alte Mann wär' eigentlich was für einen Roman –. Er war ein ehemaliger Bahnhofsdirektor in Wasserburg, seine Alte, in die er sehr vernarrt war, hat ihn betrogen und ihn nachher, als sie ins Gerede gekommen ist, dazu gebracht, daß er ihre Unschuld vor Gericht beeidigt. – Wie er wegen Meineid ins Zuchthaus gekommen ist, hat sie den andern geheiratet –«

»So, meine Herrn, ich hab', was ich such' –. Ich fahr heut' noch nach München«, sagte ich hochbefriedigt, und in vier Monaten war der Roman *Bolwieser* fertig.

Der Doktor war ein ruhiger, nüchterner, immer ausgeglichener Mensch und sprach sehr wenig, doch er war durchaus kein Griesgram, besaß ein gutes Quantum Humor und lachte gern, aber niemals laut, sondern mehr in sich hinein. Er war ein kräftiger Bier- und ein schwacher Weintrinker, aber kein Säufer. Wirte, die ihm zu lang gelaufenes oder schlechtes Bier servierten, stellte er stets zur Rede, stand auf und kam nie wieder. Er kannte offenbar kein anderes Vergnügen, als mit uns stunden- und nächtelang Tarock zu spielen. Karl las wenigstens noch manchmal aus Langeweile irgendein Buch, beim Doktor Hesse kam das nie vor. Zeitungen sah er auch nicht an, abgesehen davon, daß es bei Wähmanns sowieso keine gab. An ihm prallten Gretes Schmeicheleien ab. Es war, als seien Frauen für ihn ein Neutrum, aber auch von Homosexualität war er so weit entfernt wie die Erde vom Mond. Wenn er nicht bei Wähmanns war, fuhr er oft tagelang durch die schöne Inngegend, aß in den Wasserburger oder dörflichen Bauernwirtshäusern, trank sein Bier dazu und schien kein weiteres Interesse zu haben, als den kleinen Neuigkeiten zuzuhören, die da an den Biertischen erzählt wurden. »Tierisch«, sagte Mirjam von ihm, und ich: »Melancholisch.«

»Du mußt dir denken, Oskar, unser Doktor ist ein Schloßbesitzer«, sagte Karl einmal während einer Spielpause: »Ein feiner, reicher Knopf! – Na, wie ist's, Doktor, können wir Sie nicht mal auf Ihrem Herrensitz besuchen?«

»Nein, nein, bloß das nicht!« wehrte der Doktor entschieden ab: »Lauter altes Rumpelzeug. Macht bloß Umstände und kostet haufenweis Steuer.«

Wir besuchten ihn trotzdem am andern Tag. Sein turmloses, nicht allzugroßes Biedermeierschlößchen lag traumhaft schön mit seiner verwachsenen breiten Einfahrtsallee. Storm und die Lagerlöf haben solche Schlösser beschrieben. Wir hupten und hupten, hämmerten mit den Fäusten an das hohe, abgeblätterte, reichgeschnitzte eichene Eingangstor, rüttelten an der alten verrosteten Zugklingel, die keinen Ton von sich gab. Unser lautes Schreien war vergeblich. Stumm, verstaubt und wie vergrämt – die unteren Fenster waren mit Läden verschlossen, die oberen schauten trüb in den hellen Tag – lag das Schloß da. Seit Ewigkeiten schien schon kein Mensch mehr darin zu wohnen. »Laß uns hinten schauen«, sagte Karl. Abseits im schräg abhängenden, weiten Obstgarten häuften Bauersleute – ein älterer Mann und ein Weib – das trockene Heu. Rechts über der grasigen Schräge fing ein dichter verwilderter Park mit riesigen Tannen und Fichten an. Er grenzte an die langgezogenen niederen Stallungen, die auf dieser Seite des weiten Platzes vor dem Schloß lagen.

»Großartig!« sagte ich bewundernd zu Karl: »Mensch, da könnte man Künstlerfeste machen! Ganz gewaltige!« Ein zerfallenes, eingetrocknetes Springbrunnenrondell, mit vermodertem Laub gefüllt, lag da, als wir die paar Treppen zur Hintertür hinaufstiegen. Wir klopften, schrien, warfen kleine Steinchen auf die dunklen Scheiben der oberen Fenster. Nichts, stockstumm blieb es.

»Hm, der wohnt vielleicht gar nicht da –? Das Schloß ist ihm zu groß«, meinte ich, und nach einigem vergeblichen Klopfen und Schreien gingen wir hinunter zu den Bauersleuten und fragten. Sonderbar, die zuckten nur ab und zu die Schultern und redeten herum, der Doktor sei im Jahr oft bloß ein oder zwei Tage da. Weiter wußten sie nichts. Kopfschüttelnd gingen wir hinauf zum verlassenen Schloß und sahen uns nebenher noch die Ställe an. Etliche Kühe, sechs Pferde, Schweine und Hühner mußten Hesses Eltern gehalten haben, um sich mit Milch, Butter, Eiern und Schinken selber zu versorgen. Nun pfiffen Mäuse aufgeschreckt im vermoderten Heu, und im Kuhbarren lief eine fette Ratte.

»Schauderhaft, daß er alles so verkommen läßt. Schade, schade«, sagte ich vor den niederen Schweineställen. Hier war wenigstens noch die Tür ganz und saß im Schloß. Karl rüttelte daran, und sie ging auf. Da stand in diesem spinnwebüberzogenen Mief ein Metallbett mit schmutzigen bauschigen Flaumdecken und Kissen, und aus diesem Gewühl ragte der kurzgeschorene rothaarige Kopf des Doktors. Ein dunkles Nachtkästchen mit einer elektrischen Stehlampe, einem Wecker, einem Aschenbecher voller Zigarrenstumpen und kalter Asche stand daneben. An der Wand, mit den darübergehängten Kleidern, stand ein Sessel, daneben ein kleines dunkelfarbiges Mahagonitischchen mit einem Spirituskocher und verschiedenen schmutzigen Tassen, Töpfen und Kannen, und weiter hinten gab es noch ein metallenes Waschgestell mit einer Schüssel voll trübem Seifenwasser.

Der Schlafende schreckte auf, starrte kurz und brüllte zornig: »Raus mit euch! Raus da –! Ich komm' später!« Unser verblüfftes Lachen erstarb uns, so giftig war seine Aufwallung. Wütend drehte er sich um und ließ uns stehen. »Gut, gut, auf Wiedersehn!« riefen wir gleicherzeit, Karl zog die Tür zu, und wir fuhren heim. Erst spät nach dem Nachtessen kam er, schaute uns unbestimmt an und sagte scherzhaft vorwurfsvoll: »Einen so aus dem schönsten Schlaf zu schrecken!« Sagte es, als wäre alles andere eine unerhebliche Selbstverständlichkeit, über die kein weiteres Wort zu verlieren sei. Eilsamer als sonst setzte er sich an den Tisch und mischte die Karten. Da er uns aber doch ansah, daß wir ihn fragen wollten, konnte er nicht anders.

»Ach, der alte Kasten –! Losbringen tu ich ihn auch nicht!« minderte er sein schönes verkommenes Schloß herab und erklärte rundheraus: »Mein Loch ist mir gut genug! – Ich will mir den Schützengraben schon gar nicht erst abgewöhnen, es kracht sowieso bald wieder –«

Das, so wollte es mir vorkommen, war wieder seine Melancholie, die hilflose Trauer über die Unabwendbarkeit des Schlechten und Bösen.

25.

ENDE EINER BEWEGTEN ZEIT

Diesmal war es schon deswegen anders als sonst bei den Wähmanns, weil die Freunde sich verflüchtigt hatten: Der rothaarige Doktor Müller war als Spezialist in die Sowjetunion gegangen; Politz, der »ewige Motorradfahrer«, arbeitete an seinem Technikum; und Steinberger hatte in seiner kleinen Buchdruckerei auf einmal viel zuviel zu tun. Mirjam war das sehr recht. So konnten Karl, Hesse und ich nur noch bis lang in die Nacht hinein tarocken, die Frauen am Tag zuweilen spazierenfahren oder mit ihnen und Pummel im nahen Moorweiher baden. Dieser Weiher gehörte einem weitum bekannten Wirt, der – offenbar, weil er eine Fischzucht in ihm anlegen wollte – es seit einiger Zeit nicht mehr gern sah, wenn alle Leute wie seit eh und je hier badeten, doch die meisten davon waren Kunden seiner Metzgerei und Gäste in seinem Wirtshaus. Die wollte er auch nicht verstimmen und gegen sich aufbringen, zudem hielt ihn auch sein sprichwörtlicher Geiz davor zurück, mehrere massive, schöngemalte Verbotstafeln um den Weiher aufstellen zu lassen. So streute er einfach eines Tages haufenweise Glasscherben an die Ufer. Wir ließen uns davon nicht weiter abhalten, schaufelten die Scherben weg und machten einen netten Badeplatz zurecht. Alle waren verärgert über den aufsässigen Wirt, und den wurmte all das nicht minder. Ganz fuchsteufelswild aber wurde er, als ich kurz darauf in den *Münchner Neuesten Nachrichten* eine lustige Spottgeschichte über ihn veröffentlichte, worüber die Leute rundherum schadenfroh lachten. Wie nachhaltig und langandauernd meine Schreiberei mitunter wirkte, konnte ich feststellen, als ich 1965 auf meiner Deutschland-

Reise Wasserburg und meinen geliebten Freund Karl besuchte und dabei in dem ansehnlichen, vollkommen gleichgebliebenen Gasthaus jenes Wirtes einkehrte, der natürlich samt seiner geschäftsgierigen Frau längst gestorben war.

»Jetzt hat's die Tochter mit ihrem Mann«, sagte die Kellnerin und holte auf meine Bitte die jetzige Wirtin. Die sah der Mutter so ähnlich wie ein Ei dem andern, und als ich mich als Karls Freund zu erkennen gab und meinen Namen nannte, verfinsterte sich sogleich ihr zusammengenommenes, dünnlippiges, ungutes Faltengesicht, und sehr abweisend sagte sie: »Na na, Sie habn uns in die Zeitung neibracht! Vo Eahna will i nix wissn!« Sagt's, drehte sich um und ging in die Küche zurück. –

Genug – der damalige Sommer Anno 1932 war jeden Tag goldsonnig und wolkenlos, ein richtiger Feriensommer. In uns aber rumorte noch immer die quälende Unruhe über die drohenden politischen Ereignisse im ganzen Reich. Mirjams Nerven waren derart angegriffen, daß sie in all der abgeschiedenen Ruhe und sommerlichen Herrlichkeit nicht eine Minute froh werden konnte. Karl hob für sie und Grete eine große Grube aus und baute dort eine Dusche ein. Da konnten nun die beiden jeden Tag sonnenbaden, und Mirjam, die sich auch nicht mehr darauf konzentrieren konnte, ein Buch zu lesen, war froh, daß ihr Grete mit ihren hausfraulichen und erotischen Lächerlichkeiten die Ohren vollschwatzte. Von früh bis spät unentwegt Karten zu spielen war unmöglich, die richtige Atmosphäre dafür entstand erst nachts im Wohnzimmer, wenn die Frauen und Pummel bereits im Bett waren. Aus reiner Langeweile und vielleicht auch, um meinen fahrigen Spannungszustand abzumildern, fing Karl an, mich in allen Stilarten zu malen, und zu unserem beiderseitigen Vergnügen gelang ihm das meisterhaft. Seine hurtige Einfühlungsgabe und sein glänzendes malerisches Talent, von denen er nicht das geringste hielt, kamen dabei zur Geltung, und ich bin überzeugt, daß er das Zeug dazu gehabt hätte, alle großen Bilderfälscher in den Schatten zu stellen. Beim futuristisch gehaltenen Porträt durchzuckte mich plötzlich ein Einfall, den ich so rasch wie nur möglich in die Tat umsetzen wollte. Karl war begeistert von meiner Idee und malte um so eifriger. Ich schrieb an einen mir bekannten, sehr angesehenen Münchner Kunsthändler, dessen Namen ich neulich verwunderlicherweise auf einer geheimen Spendeliste für die Nationalsozialistische Deutsche Arbeiterpartei entdeckt hatte, welche der Redaktion der sozialdemokratischen *Münchner Post* in die Hände gespielt worden war.

»Warte, den Kerl, der immer so ›links‹ tut und sich jetzt schon ein Plätzchen beim Hitler sichern will«, sagte ich zu Karl, »den legen wir rein, und ich glaub' auch, daß er uns auf den Leim geht. Er hat doch eine Sauwut auf Goltz, der mit seinen neuen, modernsten Malern ein Riesengeschäft macht. Er, der feine Mann, hat zwar den ganzen Adel als Kundschaft und verhandelt nur wertbeständige Impressionisten, aber Geschäft macht er keins. Paß auf, dem kommt mein Vorschlag wie gewünscht, der schnappt drauf ein –.« So schrieb ich an den Herrn, dem ich ja immerhin auch als »Kunstkritiker« bekannt war, ob er nicht an einer Ausstellung »Zwölf ungenannte Maler variieren ein Männerbildnis« Interesse hätte, und preisend fügte ich hinzu, daß es sich »bei diesem Unternehmen durchaus um ein ernsthaftes Experiment bedeutender, längst allgemein anerkannter Künstler handle, nicht zu verwechseln mit jenen Nichtskönnern, deren Machwerke geschäftsgewiegte Kunsthändler dem ahnungslosen Publikum zu höchsten Preisen verkaufen«. Das war genau der Ton, den sich dieser Herr wünschte, und ich irrte nicht. Schon einen Tag darauf kam – wann war das jemals im Wähmannhaus vorgekommen? – der Postbote extra dahergeradelt und brachte dieses Telegramm: »Hoch interessiert. Kommen zu persönlicher Rücksprache.«

»Was ist denn das schon wieder?« fragte Mirjam, und als ich ihr erzählte, sah sie mich traurig und verständnislos an, schüttelte den Kopf und sagte: »Kannst du denn deine Hanswurstiaden nie lassen? Was bezweckst du denn damit? – Hm – hm, ich versteh' dich nicht, ganz Deutschland brennt, und du machst Witze!«

»Aber das ist doch lustig!« riefen Karl und Grete amüsiert.

»Lustig? Lustig, das geht uns grad noch ab jetzt!« murrte sie weiter und sah mich strafend an. »Ja, merkst du denn nicht, Mensch, daß das alles bloß auf dich zurückfällt?«

»O ja! O ja!« rief ich: »Durch diese Zeit kommt unsereins nur als unterwürfiger Hund oder als Hanswurst! Ich bleib' beim Hanswurst!«

Ich fuhr nach München, suchte den Herrn in seiner vornehmen Galerie auf, und ohne Schwierigkeit gewann ich ihn für meine Idee.

»Und wann bekomme ich die Bilder?« fragte er.

»Sie bekommen die Bilder überhaupt erst, wenn ich sie habe«, klärte ich ihn auf: »Die Künstler wollen absolut ihre Anonymität gewahrt wissen.«

»Und wann werden Sie die Bilder haben?«

»Na, sagen wir in drei, längstens vier Wochen. Da können wir sie auch noch in meiner Wohnung besichtigen.«

Freudestrahlend kam ich zurück. »Es wird! Es wird!« rief ich in einem fort und lachte: »Mensch, Karl, wenn der drauf reinfällt, das wird der beste Kunstskandal seit dem Carlo Holzer. – Und ich wette, auch die Herren Kunstkritiker und sonstigen Experten blamieren sich dabei wieder glänzend.«

Karl war eben beim Kubismus. Er malte etwas wie

Feininger, um es dem Herrn verständlicher und schmackhaft zu machen. »Davon versteht ja der sicher genausowenig wie ich«, sagte er. –

Jetzt aber, in diesem heißen herrlichen Sommer, als wir schon anfingen, uns von dem, was uns in der Stadt Tag für Tag in Aufregung versetzt hatte und niederhielt, loszulösen und zu erholen, jetzt drang auch die aufgewühlte Zeit ins Wähmannhaus. Leicht war es für mich, herauszubringen, daß die Bauern auf Hitler setzten. Unmöglich, bei einem von ihnen einen Unterschlupf für Illegale zu finden. Mirjam saß den ganzen Tag mit angstvollen Augen vor dem Radioapparat, der hier sonst fast nie benutzt worden war, und hörte die Meldungen ab.

Nachdem der Wahlkampf die rücksichtsloseste Form eines blutigen Bürgerkrieges angenommen hatte, erließ Kanzler von Papen eine strenge Terror-Notverordnung, derzufolge Gewalttätigkeiten zwischen politischen Gegnern und politische Morde mit Zuchthaus oder dem Tode bestraft wurden. Kurz darauf – es sah fast wie eine beabsichtigte Herausforderung aus – schlugen in dem oberschlesischen Dorf Potempa fünf Nationalsozialisten den Arbeiter Pietrzuch buchstäblich zu Brei. Sie wurden vom Sondergericht in Beuthen zum Tode verurteilt. Das wirkte auf die fanatisierte SA wie ein Kriegsalarm. Sie fing hemmungslos zu rasen an. Ihre Kommandostellen und die Polizei, die in manchen Städten schon offen mit ihnen zusammen arbeitete, hatten alle Mühe, diese Messerstecher- und Schlägerbanden einigermaßen im Zaume zu halten. Adolf Hitler sandte an die fünf Potempa-Mörder folgendes Telegramm: »Meine Kameraden! Angesichts dieses ungeheuerlichsten Bluturteils fühle ich mich mit Euch in unbegrenzter Treue verbunden. Eure Freiheit ist von diesem Augenblick an eine Frage unserer Ehre. Der Kampf gegen eine Regierung, unter der dieses möglich war, ist unsere Pflicht.«

Ich warf die Karten hin und hob den Kopf: »Aus! Damit hat sich die Republik selbst liquidiert.«

»Republik –? Das ist doch überhaupt nie eine gewesen! Nicht einmal ein Staat! Unterm König wär' der Hitler längst im Zuchthaus! Das Telegramm tät ihm da den Kopf kosten!« warf der Doktor Hesse verächtlich hin. Zum ersten und einzigen Mal geschah es, daß er sich politisch äußerte.

»Ach, laßt doch den Quatsch! – Los, spielen wir weiter!« rief Karl verärgert über die Störung. »Alles Humbug –! Zu was sich drum kümmern? – Das ist wie bei der Seefahrt. Vom Matrosen bis hinauf zum Kapitän glauben sie, *sie* treiben das Schiff. Ein Sturm, ein Taifun kommt und macht mit dem Kasten, was er will, und alle müssen froh sein, wenn sie durchkommen. – Los, Oskar, du bist dran! Spiel aus!« Wir spielten zwar weiter, aber keiner war mehr recht dabei. So war es auch beim Malen, wenn Karl und ich allein im verstaubten, schmutzigen, vollgestellten Atelier beisammen hockten. Ich kam, wenn er sich auch noch so dagegen stemmte, immer wieder ins Politisieren und schloß meistens zerpeinigt: »Mensch! Mensch, was wird da noch alles rauskommen?«

»Oskar, was hast du denn bloß immer –? Ich versteh' euch nicht! Was geht denn uns der ganze Blödsinn an? Wir haben ihn doch nicht gemacht!« widersprach er ungeduldig.

»Eben deshalb!« antwortete ich verbittert. »Wir haben ihn nicht gemacht, das ist das richtige Wort! Uns treu untertänigen, ordnungsliebenden Deutschen war doch schon unsere vermanschte Revolution äußerst fatal. So eine Sparte gab's doch bei uns nicht! Wir haben doch Demokratie und Republik nie gelernt, wir kannten das gar nicht! Krieg, ja für den hat man uns doch seit jeher abgerichtet, zu dem hat man uns befohlen, das war schon immer so. Den Krieg waren wir gewohnt, und Befehl war einfach Befehl, ganz gleich wozu, basta! Aber Revolution? Die hat uns doch keiner befohlen. Verstehst du? – Wie's mit dem Krieg schiefgegangen ist und fast keiner mehr was zu fressen gehabt hat, da sind wir massenhaft auf die Straßen gelaufen und haben ›Friede!‹ und ›Brot!‹ geschrien, ja sogar Lebensmittelläden geplündert, aber sobald die Uniformierten mit den Maschinengewehren dahergekommen sind, da haben wir die Unentwegten, die mehr als ein paar windige Würste und Brot wollten, sofort im Stich gelassen, und jeder hat sich wieder verkrochen und hat gekuscht, und nachdem die Herren Generale mit Feuer und Schwert Ruhe und Ordnung gemacht haben, war im Grunde genommen jeder froh, daß der ganze wilde, unordentliche Rummel vorüber war. – Jeder hat sich wieder ganz für sich eingerichtet, und wer ihn dabei gestört hat, der war sein Todfeind. – Aus war's mit dem Krawall, und hoffentlich für immer! – Wenn jetzt das Kaiserreich wieder angefangen hätte, wir hätten's ruhig hingenommen. Alles wär' beim alten geblieben. – Bloß, das haben die Siegermächte nicht erlaubt. – Wir machen nur, was man uns erlaubt, fertig.«

Karl hatte den Pinsel hingelegt, schaute unschlüssig auf mich und stand auf: »Da kann ich nicht mehr malen. Da wird's nichts aus unserm schönen Plan.« Es klang verbrummt. Klobig stapfte er im Atelier auf und ab. Vor vier Tagen hatte der Kunsthändler brieflich angefragt, ob ich die Bilder jetzt beisammen hätte und wann er sie sehen könnte. Ich bat ihn, noch etwas Geduld zu haben, und vertröstete ihn auf zehn oder vierzehn Tage.

»Ach, der Mist –! Der Idiot, der –!« stieß ich abweisend heraus und sah Karl von hinten an. Nicht etwa federnd sehnig, nein, unwahrscheinlich robust, vollfleischig und animalisch grobschlächtig wie ein aufgestöberter grämlicher Bär tappte er hin und her. Zweifellos sah er einem Menschen ähnlich; mir aber kam's vor, als sei vor mir ein Golem, der eben aus Schlamm und Erde herausgewachsen war, und ich weiß nicht, wie das kam, auf einmal packte mich eine dunkle, verbissene Wut, ein blinder Haß gegen dieses urgesunde, dickhäutige, unempfindliche Gemächte aus Fleisch und Knochen, daß ich jetzt fast feindselig gereizt weiterredete: »Revolution, Republik, Demokratie –? Mein Gott, wie konnte man denn so was von uns Deutschen erwarten! – Mensch, Karl! Karl, stell dir doch vor: Vor unserer Nase hat sich die größte, die Russische Revolution abgespielt, und wir haben uns dafür begeistert – aber bloß als Zeitungsleser. Verstehst du? Weiter war gar nichts –. Real haben wir uns so was gar nicht vorstellen können, absolut nicht –! Nach wie vor ist die Bezeichnung ›Revolution‹ für uns so was wie ein verstaubter, für manche vielleicht ein heroischer Lesebuchbegriff geblieben! – Für uns unterwürfige, verschissene Hunde wird es immer und immer wieder nur Ämter, Behörden, Vorschriften und Kriege, Befehl und Gehorchen und, o ja, o ja, eine Reihe von allgemeinen Volksbelustigungen wie Fasching, Oktoberfeste und ähnliche erlaubte Fidelitäten geben, wo sich unsere kümmerliche Narrenfreiheit austoben darf. – Zum Kotzen! Zum Aus-der-Haut-Fahren, zum Aufhängen ist das, sag' ich dir!« Fast weinend vor Wut und kochendem Ingrimm hatte ich dieses Letzte aus mir herausgestoßen. Wie erschreckt schaute mich Karl an und schüttelte in einem fort den massigen Kopf.

»Menschenskind, Oskar, ich versteh' gar nicht, wie du dich so aufregen kannst«, sagte er, nun doch etwas beteiligter: »Du tust grad, als geht's um deinen Kopf –. Hm, ein komischer Mensch bist du –! Was hast du denn bloß immer mit deinen Deutschen? So ist's doch überall, glaub' mir's! – Was ist denn auf einmal los mit dir –? Du hast doch selber gesagt, das beste ist heutzutag', überall den Hanswurst zu spielen! Na also –! Ist doch alles bloß nasse

Scheiße! – Komm, laß uns Hühner schießen! Heut' abend machen wir ein gewaltiges Essen, komm, komm! – Nobel geht die Welt zugrunde. – Komm, komm jetzt!« Er war wieder wie immer. Breit grinsend zog er seine lefzigen Wulstlippen auseinander und sah mich – ich kann's nicht anders sagen – brüderlich an, als er merkte, daß ich ruhiger wurde.

»Und das mit dem Kunsthändler, du, das machen wir«, redete er weiter. »Acht Bilder haben wir ja schon. Was willst du? – Die andern wichs ich schnell runter –.« Und als wir mit unseren Gewehren über die Stiege hinuntergingen, überkam mich eine flirrende verzweifelte Heiterkeit.

»Ja«, rief ich lachend, »schießen wir die ganzen Hühner kaputt, jaja! – Ein Vieh bist du, Karl, ein vollkommenes Tier! Dir kann nichts an –«

»Vieh oder nicht! Egal!« lachte er ebenso. »Bei mir heißt's: Immer lustig und vergnügt, bis der Arsch im Sarge liegt –«

Ich mußte an Jung denken. Was war der für ein zerfahrener, jämmerlicher und obendrein noch snobistisch verlogener Selbstzerquäler gegen diesen gewachsenen Nihilisten.

Wir fraßen wirklich in kurzer Zeit alle Hühner auf, und Karl sicherte sich noch einmal durch Hineinspucken in die Pfanne den Löwenanteil. Das rief bei Mirjam einen solchen Ekel hervor, daß sie auf der Stelle nach München fahren wollte; und Grete nahm die Pfanne und schmiß sie zum Fenster hinaus, wo sich der Dackel sogleich gierig darüber machte. Wir mußten alle Mühe aufwenden, um Mirjam zum Bleiben zu überreden. Von da ab durfte Karl zur Strafe nur noch allein in seinem Atelier essen. Ich leistete ihm aber bald Gesellschaft dabei, und wir gingen mit Hochdruck an die Fertigstellung der restlichen vier Bilder. Karl leistete Akkordarbeit, und endlich war es soweit, daß wir beide nach München fahren und die Bilder in meinem Arbeitszimmer gefällig aufstellen konnten.

Ich blieb in der Stadt und telefonierte am andern Tag mit dem Kunsthändler. Karl fuhr nach Hause. Der Herr konnte erst am dritten Tag zur Bilderbesichtigung kommen. Ich sah mich etwas in der brütend heißen Stadt um. Obschon Wahlzeit war und die Zeitungen und Radiomeldungen immer wieder über blutige Zusammenstöße, Messerstechereien und Überfälle auf Versammlungsredner berichteten, blieb das Straßenbild bei Tag normal, die vermehrten Polizisten, die nunmehr stets paarweise auftraten, wurden ebensowenig beachtet wie die vielen Flugblattverteiler der politischen Parteien, nur erkannte man unschwer, daß überall die Fremden fehlten. Nachts freilich ratterten sehr oft Motorräder durch die Straßen. Trillerpfiffe schrillten irgendwo auf, auch fernes Geschrei wurde vernehmbar, und hin und wieder brauste ein Überfallwagen daher, kurz und scharf zerschnitten seine Blendlaternen die dunklen Hauswände, rasch entfernte sich das brummende Brausen, und still und dunkel war es wieder. Drollig das: Wenn ich nachts hinter den rolladenverschlossenen Fenstern in meinem Arbeitszimmer saß oder am Tag nach einigem Herumflanieren in der inneren Stadt ins *Hofgarten-Café* kam, da fühlte ich mich unbehelligt und geborgen, aber draußen auf dem Land versetzten mich die aufpeitschenden Radioberichte dauernd in Unruhe und Angst. Zeitweise kam es mir in den paar Tagen in der Stadt beinahe so vor, als sei ich inmitten des Lärms und des drohenden Rasens zufällig in ein geruhiges Idyll verschlagen worden, und mir fielen von ungefähr die Beschreibungen des Dreißigjährigen Krieges von Gustav Freytag oder der Ricarda Huch ein. Auch damals gab es manchmal mitten im wüstenkahlen Kriegsland ein vergessenes Dorf oder Einödhöfe, wo ein unverändertes Leben herrschte und vom Krieg kaum etwas bekannt war.

Solcherart beruhigt, fallen einem auch die nächsten und kleinen Dinge mehr und mehr ins Auge. Beim Vorübergehen sah ich im Ladenfenster unseres Schusters nicht mehr nur den Querstreifen »Deutsche, kauft nur bei Deutschen«, jetzt stand auch noch vor zwei überkreuzten Fähnchen – blutrot mit schwarzem Hakenkreuz im weißen Feld das eine und in den früheren Reichsfarben Schwarz-Weiß-Rot das andere – ein großes, schöngerahmtes Bild Hitlers. Und die hübsche, blonde Verkäuferin im Bäckerladen über der Straße sagte vom Schuster: »Jetzt tragt er die Nasn ganz hoch. – Gsagt hat er, jeder, der in die Schnellsohlerei 'neigeht, wird notiert ...«

Am verabredeten Tag kam der elastische elegante Kunsthändler fast um eine halbe Stunde früher, war sehr aufgekratzt und neugierig. Es nahm ihn sehr ein für mich, als ich ihn bereits vor dem Platznehmen bat, seine Jacke abzunehmen und sich's bequem zu machen.

»Gott sei Dank!« sagte er aufatmend, denn es war sehr heiß, und er kam offenbar von einer sehr vornehmen Gesellschaft. »Gott sei Dank, bei Ihnen kann man doch endlich wieder Mensch sein –! Ich bin ja durchaus für gute Formen, wissen Sie, aber solche Steifheiten auf einem Gartenfest am frühen Nachmittag, ich danke schön! – Seien Sie bloß froh, lieber Herr Graf, daß Sie keine solchen Verpflichtungen haben –. Unsereins kommt da nie aus, man muß sich da wenigstens jedesmal sehen lassen –. Hm, und was kommt zum Schluß heraus? Blechen muß man, blechen, und nicht zu knapp –. Aber was will man machen! Allgemein sagt man, die neuen Herren wollen sich ganz besonders um die Kunst kümmern.« Ich roch, woher der Wind wehte. Ich war in bezug auf die »neuen Herren« im Bilde. Er kam also von einer jener hochnoblen, betont privat gehaltenen gesellschaftlichen Veranstaltungen, die hohe Nazibonzen im Verein mit sympathisierenden Industriellen, verstiegenen Adeligen und prominenten Künstlern gerade jetzt, in dieser überaus hitzigen Wahlzeit, auffallend oft abhielten, um auf solche Weise Geld in die Parteikasse zu bekommen. Es war nämlich irgendwo durchgesickert und hatte sich allmählich herumgesprochen: Die Hitlerpartei hatte kein Geld mehr und fast 12 Millionen Mark Schulden, sie stand – wenn nicht in letzter Minute ausreichende Hilfe kam – vor dem Bankrott. Außerdem hatte das Telegramm Hitlers an die Potempa-Mörder die selbst national eingestellte Bürgerschaft arg kopfscheu gemacht, und – es war nicht zu leugnen – dieser energische Herr von Papen hatte doch was los. Auf der Konferenz in Lausanne erreichte er die Annullierung des sogenannten »Young-Planes«, und in einem »Gentlemen's Agreement« mit den Siegermächten wurde Deutschland eine bedingte Tilgung der Reparationszahlungen zugebilligt. Mochte nun Hitler auch noch so gegen die »Halbheiten« und »neuen Erpressungen unseres Volkes« in Reden und in seinem *Völkischen Beobachter* toben, seltsam – seine Anhänger und vor allem die SA-Leute benahmen sich jetzt viel zurückhaltender.

»Na, wissen Sie, diesmal aber hat man's den Herren sehr deutlich gesagt, daß man in Zukunft mehr politischen Takt erwartet. – Einen Fauxpas wie den wegen Potempa kann sich Herr Hitler nicht noch mal leisten«, rief er energisch, der aufgekratzte Kunsthändler, der wie der allbeliebte Bonvivant einer mittleren Bühne aussah.

»Fauxpas –? Ausgezeichnet! Fauxpas!« sagte ich sarkastisch, doch der Mann hörte kaum hin.

»Aber lassen wir das! – Politik ist nicht mein Metier. Mein Metier ist und bleibt die Kunst. – Na, was haben wir also da für eine schöne Runde von Meistern?« Er setzte sich.

»Bitte«, sagte ich nur, und er fing an, die Bilder der Reihe nach forschend zu mustern. Er machte sich's nicht leicht. »Na«, sagte er vom ersten, indem er es von seinem

Stuhl aus kurz anschaute: »Das ist gute, solide Porträtistentradition aus der Richtung Grützner und Samberger –. Sehr ansprechend! Ich hab' ein Faible für so was Ordentliches –.« Er ging hin, rückte das Bild mehr ins Sonnenlicht, nahm es schließlich hoch, suchte, ob nicht doch irgendwo ein Signum zu finden sei, drehte es um: »Hm, man sieht's – älteren Datums. – Verzeihung, Sie sehn ja auch jünger darauf aus –.« Er stellte das Bild an den alten Platz.

»Das –. Großartig in der Pinselführung –. Phantastisch gekonnt!« rief er beim zweiten Bild entzückt, hielt jäh ein und schaute mich fragend an: »Sagen Sie? – Nein, nein, das kann ja nicht sein, ausgeschlossen! – Sie werden lachen, mein Lieber, aber das könnte ein ausgemachter Corinth sein –.« Er drehte und wendete das bestaunte Bild immer wieder hin- und herüber, und man merkte ihm an, es machte ihn immer enthusiastischer.

»Ja, gehn wir weiter. – Also, Sie verzeihen, bitte, also Pointilisten von dieser groben Art, also da muß einer schon wirklich Seurat oder Delauney sein. Nein, nichts für mich, nichts für mich!« sagte er abweisend beim dritten Bild: »Pointilisten konnten nur Franzosen sein, den Deutschen liegt so ein geduldiges – wie soll ich sagen – Strich-und-Pünktchen-Spiel nicht. Aber Sie haben natürlich recht, in die geplante Zwölfmännerschau gehören auch mißlungene oder sagen wir, wie zum Beispiel bei dieser wilden futuristischen Farbenorgie, weniger gelungene Stücke. Hab' ich nicht recht?« Fast kokett schaute er mich an, während ich stillvergnügt dachte: Mit Seurat und Delauney, mit den Stricheln und Pünkterln, da hat er recht, da hat er sich verhauen, der Karl, aber daß ihn der Idiot fast für einen Corinth gehalten hat, prima! Das wird ja der herrlichste Ausstellungsskandal, der je da war! Ich nickte zustimmend: »Vollkommen recht haben Sie. Diese Überlegungen waren ja sozusagen maßgebend für meine Idee.«

Er wandte sein Gesicht ganz mir zu. Es leuchtete. Er streckte mir die Hand her und ich drückte sie: »Brillant haben Sie das in einem Satz gesagt, lieber Herr Graf, brillant ... Die Ausstellung wird gestartet!« rief er: »Meine ganze Konkurrenz schlage ich damit ... Großartig!« Die drei oder vier Cognacs mit Eiswasser hatten Schweißglanz auf sein glattrasiertes, wohlgeformtes Gesicht getrieben: »Ich sehe ja, in dem Ganzen steckt beste Qualität ... Das zum Beispiel! Sagen Sie, sind Sie mit Kokoschka bekannt?«

»Ja«, log ich frech. »Wir kennen uns schon seit meiner Berliner Zeit vor dem Weltkrieg ... Da hab' ich in der ›Aktion‹ von Pemfert Kokoschka kennengelernt.«

Über das Kunsthändlergesicht wehte leichter Triumph. »Na, also! – Von *einem* Bild hab' ich den Maler sicher eruiert!« Und da ich, ohne zu nicken, nur wie geschlagen lächelte, mischte sich in diesen Triumph auch noch ein fühlbarer Respekt.

»Nein! Nein, absolut nein! – Ich frag' nicht weiter!« rief er und reckte seine flache Hand:

»Ich halte mich korrekt an die Abmachung zwischen uns. Zunächst bleiben die Maler der Bilder für mich anonym. Also, bitte, Herr Graf, ich lasse die Bilder morgen abholen und zu mir bringen. Nur eins noch. Wie ist das eigentlich, sind die Bilder verkäuflich oder nicht?«

»Verkäuflich? – Hm, tja, hm. Darüber hab' ich mit meinen Malerfreunden noch gar nichts abgemacht, hm«, redete ich unschuldig betroffen aus mir heraus und faßte mich schon wieder: »Bei sieben oder acht glaub' ich sicher, daß ...«

»Ja, das muß ich natürlich allerdings sehr bald wissen, mein Lieber, sehr, sehr bald. Verstehn Sie?« sagte er, ohne mich ausreden zu lassen, und schlüpfte in sein leichtes helles Jackett. Er zog seine Krawatte zurecht und sah mich dabei mit einer leicht erheiterten Überlegenheit an: »Und von *den* Bildern, die verkäuflich sind, müßte ich natürlich die Namen der Maler erfahren, selbstverständlich. Nicht wahr? – Sie sehn, mein Lieber, ich bin sehr bescheiden –. Wie gesagt, darüber müßte ich sehr, sehr bald Bescheid wissen. Ja? Mein Gott, schon gleich sechs Uhr, entschuldigen Sie mich, ich muß eilen.«

So, da hockte ich nun da, halb triumphierend und halb geschlagen, und mußte mir wegen des ganzen Ulks Tag und Nacht den heißen Kopf zerbrechen. Mirjam, die wütend über meine fortwährenden Dummheiten war, hatte recht: »Viel Geschrei und wenig Wolle.« Nachdem Karl und ich über eine Woche hin und her gedacht und die tollsten, unmöglichsten, gefährlichsten Pläne bis zur regelrechten Urkundenfälschung überlegt hatten, fing sie resolut zu schimpfen an: »Jetzt muß einfach Schluß sein mit dem lausbubenhaften Quatsch, fertig! Jetzt wird einfach an den idiotischen Kunsttrottel ein Brief geschrieben, die Maler wollen auf keinen Fall ihre Namen nennen, und mit der Ausstellung ist's Essig, daß ihr's wißt.«

So geschah es denn auch. Schon deswegen, weil wir keinen anderen Ausweg mehr wußten. Ungefähr nach einer Woche holte Karl mit seinem Ford, auf den er eine Benz-Mercedes-Karosserie montiert hatte, die Bilder beim Kunsthändler ab und stellte sich auf alle Fragen, die der an ihn richtete, dümmer wie ein etwas angeheiterter Dienstmann. Die Bilder liegen heute noch, soweit er sie nicht übermalt hat, bei ihm, und ich sah einige bei meinem letzten Deutschland-Besuch. Wir brüllten vor Lachen bei der Rückerinnerung.

Der Herbst hielt sich diesmal bis weit in den Oktober hinein sonnig und warm. Immer, wenn wir abziehen wollten, hielten uns die Wähmanns davon ab. So auch jetzt, als wir die Zeit bis zum Dunkelwerden mit nach Wasserburg hineinfuhren und Scheibenschießen, Butter- und Rauchfleischeinhandeln zu Ende gebracht hatten. Mirjam ging, nachdem Karl ihr den Radioapparat in ihrem Balkonzimmerchen installiert hatte, sehr bald nach dem Abendessen hinauf, um ungestört die Nachrichten abhören zu können. Auch Grete legte alsbald das Strickzeug hin und ging mit dem »Pummel« zu Bett.

»Gott sei Dank, jetzt haben wir die Weiber los! – Nu aber mal ran an die Kandare! Doktor, Sie geben, los!« lachte Karl zufrieden und rieb sich spielbegeistert die Flossenhände. Ich wußte kaum, wie das zuging, daß ich ganz mechanisch fast stets die richtige Karte ausspielte. Mir lag nur das undeutliche blecherne Radiogeräusch im Ohr, das durch die Wände drang. Es waren Meldungen. Meldungen aus den heißen, tobenden Städten, in denen jetzt die Anhänger der verschiedenen Parteien erbittert um Wahlstimmen rangen, um die Gewinnung der meisten Zettel, auf denen irgendwelche Namen standen, Menschennamen, die den meisten völlig unbekannt waren.

Entschieden denn die Menschen, die da in den Reichstag hineingewählt wurden, noch irgend etwas? Hielten sie etwa die braune Flut der gewaltgläubigen, schwer bewaffneten und für den Bürgerkrieg bereiten SA-Horden auf?

»Schau einmal 'rum, ob da draußen nicht welche von uns unterschlüpfen können«, hatte mir der Holy-Max aufgetragen, und der blonde Gärtner-Christl, der junge Gewerkschaftler von der SPD, mit dem ich das letztemal in München zusammengewesen war, der hatte gesagt: »Unser größter Fehler war, daß wir die ›Eiserne Front‹ aufgegeben haben. – Na ja, wir haben natürlich noch allerhand Waffen, aber gegen die SA kommen wir nicht mehr auf, das ist ja eine richtige Armee! Und du mußt denken, gegen die tritt die Polizei nicht auf, im Gegenteil, fast überall sympathisiert sie mit ihnen. – Es kommt jetzt bloß drauf an, wie die Wahl im November ausfällt, und man merkt's, seit dem Potempa-Telegramm und ihrer Pleite haben sie hübsch viel Sympathien im Bürgertum verloren, die Nazis ... Du siehst ja, der Papen hält sich, die Hindenburg-Clique steht hinter ihm, und jetzt hat er auch die Deutschnationalen wieder für sich gewonnen. – So ausgemacht ist das noch gar nicht, ob der Herr Hitler seine 230 Abgeordnetensitze behält ...«

Ein äußerst tapferer Mensch, der Christel. Er und viele seinesgleichen hetzten genauso herum wie Max und dessen Genossen. Sie zerteilten sich Nacht für Nacht in kleine Trupps und klebten in der ganzen Stadt die Werbezettel ihrer Partei, sie rannten jeden Tag in allen Häusern treppauf und treppab und stopften schnellgedruckte Aufrufe, die eindringlich vor einem Sieg Hitlers warnten und zur Wahl des SPD-Kandidaten aufforderten, in die Briefkästen, sie mengten sich in die Diskutiergruppen, die sich immer wieder auf den Straßen bildeten, und redeten auf die Leute ein, sie rauften auch, wenn's zu einem Geraufe kam, und sie stellten bei jeder Versammlung der Partei die Saalwachen und schlugen sich mit den Nazis, die gekommen waren, um zu stören, zum Gotterbarmen. Doch wenn ich zum Christel und seinen Kameraden sagte: »Aber warum geht denn eure Partei nicht endlich mit den Kommunisten zusammen, ist doch das einzig Mögliche jetzt?«, dann bekam ich die Antwort: »Unsere Partei ist bereit, aber die KP besteht doch drauf, daß sie die Leitung übernimmt und die Richtlinien ausgibt ... Wir können doch unsere Partei nicht einfach aufgeben!«, und Max bekam seine harte Miene und sagte: »Mit den SPD-Proleten ja, aber nicht mit ihrem Parteivorstand ...«

Ich spielte immer zerstreuter. Schon zum zweitenmal hatte ich die falsche Karte ausgespielt, und Karl fuhr mich an: »Ja, Mensch, bist du denn von Gott verlassen! Einen Sechser und Achter wirft er her, und jetzt, wo wir sowieso schon unten durch sind, bringst du deine zwei Zehner –.« Wir hatten gegen den Doktor verloren.

»So ein Idiot–! Haushoch hätten wir gewinnen können!« knurrte Karl und teilte nach dem Auszählen die Karten von neuem aus. Ich widersprach nicht mit den gleichen Grobheiten wie sonst immer. Ich hörte wieder das Radiogeräusch durch die Wände. Meine Nerven fingen nach und nach an zu vibrieren. Grauen vor dem Alleinsein in der Nacht beschlich mich, denn da kamen all die brennenden Gedanken wieder. Um uns gegenseitig nicht zu stören, logierten Mirjam und ich diesmal in getrennten Zimmern. Ich fühlte im voraus, wie ich wieder genauso wenig wie sie würde schlafen können. Ich würde zwei- oder dreimal zu ihr hinübergehen und ihr verlogene Trostworte vorreden, die ich selber nicht glaubte, würde sie streicheln und küssen, insgeheim entsetzt über ihr mitgenommenes, zermürbtes Aussehen, und dann wieder niedergeschlagen in meine schwarzen vier Wände zurückgehen. Warum warf ich die Karten nicht hin und sagte: »Schluß jetzt, ich mag nicht mehr, Schluß damit!«? Spielte ich nur deswegen so hartnäckig weiter, um all das Nervenzerreibende in mir nicht ganz aufkommen zu lassen? Oder wollte ich – o feige Eitelkeit! – ein robustes Mannstum vorspielen, das sich von weibischer Weichlichkeit nicht irritieren läßt?

Ich warf die Karten hin und brachte nicht gleich ein Wort heraus.

»Was ist denn los mit dir? Bist du müd?« fragte Karl überrascht, und er und der Doktor sahen mich fragend an. Ich muß ein schreckliches Gesicht hergemacht haben.

»Müd? Nein!« stieß ich giftig heraus. »Ich kann dieses verkrochene Dahocken einfach nicht mehr mitmachen. Wir fahren morgen nach München zurück. – Ihr seid mir zum Kotzen, ihr zwei! – Ich könnt' mich anspeien, daß ich so lang mitgemacht habe. – Schluß! Schluß jetzt! Schluß muß sein! – Denkt und macht, was ihr wollt!« Die zwei saßen völlig perplex da und sagten kein Wort, als ich aus dem verrauchten Wohnzimmer ging, über die Stiege hinauf und in Mirjams Zimmer rannte. Sie hatte noch Licht und hörte Radiomeldungen. Erschrocken fragte sie: »Was ist's denn ...? Habt ihr gestritten?« Jäh richtete sie sich auf im Bett.

»Gestritten? Ja und nein! Stell deinen Kasten ab, stell das verfluchte Ding ab! – Wir fahren morgen nach München!« stieß ich, noch immer tief erregt, aus mir heraus. »Es muß Schluß sein mit dieser ganzen Scheiße da. – Du siehst sowieso schon aus wie eine Leiche. – Am liebsten tät' ich jetzt gleich auf und davon gehn –! Wenn schon, denn schon! Ich kann dieses Verkrochensein nicht mehr vertragen. Morgen in aller Frühe fahren wir nach München!«

»Ja, so sei doch endlich ruhiger! Laß doch reden mit dir? Was war denn los mit euch?« redete sie gefaßter auf mich ein. »Ich bin doch auch froh, wenn wir wegfahren, ich bin doch bloß deinethalben geblieben –«

»Meinethalben? Ohrfeigen soll man dich deswegen!« fiel ich ihr ins Wort und sackte auf ihr Bett nieder: »Ich versteh' dein ewiges Rücksichtnehmen nicht. Mensch, wenn ich das gewußt hätt', ich wär' doch schon lang weg!«

Da tauchte Karl im Türrahmen auf und schaute wie schuldbewußt auf uns. Seine Wulstlippen hingen schlaff herunter, er kraulte in seinem wirren Haar, und betreten sagte er: »Ja, ich weiß gar nicht, was der Oskar auf einmal hat –. Hat's euch denn bei uns so wenig gefallen?« Komisch, das glich aus, das beruhigte uns. Traurig lächelten wir drei uns an, und Karl sagte schon wieder: »Ich fahr' euch natürlich morgen zu jeder Zeit in die Stadt.«

Ich nestelte ein Manuskriptblatt aus meiner Tasche: »Hitler ist nichts anderes als der Fortsetzer des Kaiser-Wilhelm-Staates, der im Grunde bei uns nie abgeschafft worden ist.«

»Du willst also sagen, die Republik haben wir uns bloß eingebildet?« fragte Mirjam und setzte sich im Bett auf.

»Ja, ja, absolut so ist's, der Doktor hat das neulich ganz richtig gesagt. Hör zu, das hab' ich mir so nebenher aufnotiert, hör zu.« Und dann las ich vom auseinandergefalteten Manuskriptblättchen: »Als der Weltkrieg für uns verloren war und gefährliche Rebellionen in den Städten ausbrachen, stieß ein sehr gewissenhafter Mann namens Friedrich Ebert den Stoßseufzer heraus: ›Ich hasse die Revolution wie die Sünde!‹ und handelte danach. Mit Hilfe der kaiserlichen Generale rief er die noch intakt gebliebenen Feldtruppen ins Land und ließ Ruhe und Ordnung wieder halbwegs herstellen. Er war vielleicht einer der ganz wenigen grundehrlichen Männer in jenen Blutjahren neunzehnhundertachtzehn bis -zwanzig. Als bisheriger Vorsitzender der Gewerkschaften und Mitglied des sozialdemokratischen Parteivorstandes konnte er gar nicht anders handeln. Ihm und seinesgleichen kam es doch schon während des ganzen Krieges einzig und allein darauf an, daß die Organisation des Staatsgetriebes aufrechterhalten blieb. Schnurrte dieses jahrhundertelang erprobte Getriebe auseinander, dann war alles verloren, dann begann das Chaos. Was also sollten in dieser schrecklichen Lage Ebert und seine Genossen anders machen, als diesen urgewohnten, schon bedenklich brüchig gewordenen Staat mit aller Kraft und allen Mitteln zusammenzuhalten und wieder genau wie früher in Gang zu bringen? Hatten sie denn diesem untergehenden Staat etwas Besseres entgegenzusetzen?«

»Ja, ja, du hast ja auf einmal gar nichts mehr gegen die Sozialdemokraten!« unterbrach mich Mirjam: »Du redest ja daher, als ob du selbst einer wärst!«

»Warte ab, warte!« rief ich.

Karl stand auf und sagte: »Ich glaub', da bin ich überflüssig. Gute Nacht jetzt, und – also morgen fahr' ich euch!«

»Jajaja«, winkte ich ab, und er ging.

»Ich versteh' nicht, warum du ...«, wollte Mirjam abermals einwenden, aber ich las schon wieder weiter: »Und dann also hat man diesen Staat in Weimar ›Republik‹ umgetauft, hat ihm sozusagen für die ausländischen Staaten eine großartige Verfassung als Empfehlungsschreiben mitgegeben und Ebert zum Reichspräsidenten ernannt. Wirklich und wahrhaftig, nach fast einem Jahrtausend ist bei uns diese Republik ausgebrochen, jaja, ausgebrochen, man kann's nicht anders sagen, ausgebrochen wie eine Krankheit, die sich bald wieder gründlich wegbringen läßt. Niemand hatte etwas übrig für sie, denn sie war eine einzige ungeheure Lüge! Sie täuschte einen Staat vor, der durch einen politischen Umsturz, durch eine Revolution entstanden sein sollte, während er doch von Anfang an von geschworenen Antirevolutionären mit rücksichtsloser Gewalt als *das* erhalten worden war, was er immer war: ein obrigkeitsbeherrschtes Gebilde von jahrhundertelang trainierten, gutfunktionierenden Untertanenmassen.

›Jetzt, sag'n sie, haben mir eine Republik, aber das macht gar nichts!‹ sagte nicht nur der Veteranenvereinshauptmann in meinem Schuldorf bei der Kriegerheimkehrfeier und ließ den König hochleben, solche Ansprachen hielten alle Veteranenhauptmänner im Land und alle Vorstände der patriotischen Vereine in den Städten. Und für die schlagenden Verbände der Korpsstudenten existierte diese Republik überhaupt nicht, und die Kommunisten gingen lieber mit den Hitleristen gegen dieses ›kapitalistische Bollwerk der Reaktion‹, statt mit ihren sozialdemokratischen Genossen wenigstens noch das bißchen Freiheit, das uns bis jetzt geblieben ist, zu verteidigen.«

Ich war fertig und schaute Mirjam an. Sie war totenblaß.

»Ist dir noch nie aufgefallen, daß man nie sagt ›Unsere Republik‹? Aber, wie gesagt, wir wollten und wollen dieses

›Unsere‹ gar nicht; und ich verstehe nicht, wie man den großen Thomas Mann damals und heute immer noch anfeindet, weil er in seinem Buch *Betrachtungen eines Unpolitischen,* das während des Weltkrieges erschien, die prophetischen Worte schrieb: ›Ich bekenne mich tief überzeugt, daß das deutsche Volk die politische Demokratie niemals wird lieben können, aus dem einfachen Grunde, weil es die Politik nicht lieben kann, und daß der vielverschriene ›Obrigkeitsstaat‹ die dem deutschen Volke angemessene, zukömmliche und von ihm im Grunde gewollte Staatsform ist und bleibt.‹ «

»Und das glaubst du? Aus ist's also? Hitler wird kommen, so oder so?« fragte Mirjam und ließ mich nicht aus den Augen.

»Ja, sicher ... Nur glaube ich, wie's der Hitler treibt, da bricht dieser überall herbeigesehnte Kaiserstaat sehr bald, vielleicht schon in ein paar Monaten endgültig zusammen und steht nie wieder auf, dann – ja dann, wenn Leute da sind, die wissen, was sie wollen, dann kann's bei uns endlich was Ordentliches werden«, schloß ich, und wir gingen ruhiger auseinander. Am andern Tag fuhren wir nach München. Es war ein vernebelter, schon ziemlich kühler später Oktobertag. Langsam mußte gefahren werden, um mit den entgegenkommenden Autos und Lastkraftwagen nicht zu kollidieren, die erst sichtbar wurden, wenn sie ganz nahe vor uns waren. Ich saß vorn neben Karl im prustenden Ford, Mirjam hatte sich's hinten auf den zwei Sitzplätzen bequem gemacht. Karl war verbrummt, sagte kaum einmal ein Wort und schimpfte meistens nur auf die unvorsichtigen Fahrer rechts und links von ihm. Auch wir blieben wortkarg. Ich dachte an die Vortragsreise, zu der mich die »Sozialistische Bildungszentrale« in Wien jeden Herbst einlud. Ich fuhr dabei durch ganz Österreich und las in jeder größeren und kleineren Stadt vor sozialistischen Arbeitern aus meinen Büchern, hatte dadurch viele Leser und aufrichtige Freunde gewonnen und das Land kennengelernt. Ich freute mich jedesmal auf diese Reise. Leider aber fand ich, als wir in unserer Wohnung ankamen, einen Brief meines alten Freundes Joseph Luitpold, dem Leiter der Bildungszentrale, daß die diesmalige Vortragstournee noch nicht erfolgversprechend zusammengestellt und deswegen zunächst verschoben worden sei. Das traf mich arg, denn ich hatte mir fest vorgenommen, diesmal Mirjam mitzunehmen, einesteils, um endlich einmal von dem ganzen Hitlerrummel weit weg zu kommen und andernteils, um sie unter andere Menschen zu bringen, die mir in vieler Hinsicht Sympathie und Freundschaft entgegenbrachten. Die österreichischen Arbeiter kannte und liebte ich weit mehr als die unsrigen. Für sie war die Republik wirklich *ihr* Staat und die Sozialdemokratische Partei der natürliche Maßstab ihrer Lebenshaltung. Das zeigte sich bereits, als sie mich bei meiner ersten Reise durch die großartigen von der Gemeinde Wien neugebauten Wohnhauskomplexe – wie Karl-Marx-Hof, Reumann-Hof, Hanusch-Hof – mit den verbilligten Arbeiterwohnungen führten, die über den Haupttoren die stolze Inschrift trugen: »Erbaut von der Gemeinde Wien aus den Mitteln der Wohnbausteuer.« Das »Rote Wien« war keine Fiktion, es hieß Kinderheime, Volksbäder, Gemeindebauten, Krankenhäuser und Villensiedlungen zu niedrigsten Miet- oder Kaufpreisen. Hier *sah* man den Sozialismus, während man bei uns nur von und über ihn *hörte* und sich deswegen die Köpfe einschlug.

»Du kannst sagen, was du willst«, redete der unentwegte Verfassungsoptimist, der liebe Gärtner-Christl, kurz nach der schlecht und recht überstandenen Novemberwahl dieses entnervenden Jahres 1932. »Wenn unsre Partei auch Haare und Federn hat lassen müssen, wenn wir auch zwölf Reichstagssitze verloren haben, der Millionenausfall von Hitlerstimmen – stell dir doch vor, dreiunddreißig Mandate verloren die Nazis mit einem Schlag! – beweist, daß Deutschland eben doch nicht Italien ist, daß sich unsere Republik sogar unter so einem eingeschworenen Reaktionär wie Papen hält. Du wirst sehen, noch eine Wahl kann der Hitler nicht mehr vertragen. Er muß also, ob er will oder nicht, kuschen, lavieren und mitmachen im Reichstag, wie jede andre Partei auch –«

Das war einleuchtend, und es sah auch ganz danach aus. Zum erstenmal hörte ich auch von einem jungen aufgeweckten Sozialisten das Wort »Unsere Republik«, und als er nun gar noch den fanatischen Streik der Berliner Verkehrsangestellten, in welchem kommunistische und nationalsozialistische Arbeiter entgegen dem Willen ihrer Parteien in *einer* Kampffront standen, und die Riesenstadt tatsächlich ein paar Tage lang vollkommen lahmlegten, in seine Diskussion mit einbezog, wurde uns wirklich ein wenig leichter. Einen ähnlichen Optimismus konnte man sich auch aus den Zeitungen holen. Bei den örtlichen Wahlen verloren die Nationalsozialisten von Woche zu Woche.

Sonderbar, warum trieb es uns dennoch Tag für Tag ohne rechten Sinn und Zweck in der Stadt herum, zu den Fenstern der Zeitungsredaktionen, um die neuesten Meldungen zu erfahren, auf irgendeine sich schnell zusammenrottende Gruppe zu, die raunend Gerüchte weiterverbreitete, oder zu Freunden und Bekannten? Schrimpf war schon lang in Italien. Er hatte ein Stipendium bekommen.

»Ha, der Papen, der hat schon das Rechte!« rief ein dikker Mann in der Wirtsstube, in der wir aßen. »Gegen den kann der Hitler samt seiner Massenpartei und seiner ewigen Schimpferei nichts machen. Er plärrt, und der Papen macht Ordnung. Das spürt man am besten als Geschäftsmann.« Schwer zu begreifen, wenn das die Meinung solcher Leute war, warum der Herr Federblau seine gutgehende

»Schnellsohlerei« schloß und einer Immobilienfirma den Verkauf derselben übertrug.

»Hm – hm, und hat doch so ein gutes Geschäft gemacht, der Federblau –. Sehr freundliche nette Leut' waren sie, der und seine Frau. Hm, und jetzt muß man wieder zu dem Schuster Kohlberger hinüber, der einen dann warten läßt, weiß Gott wie lang. Hm – hm, schad um die Federblaus«, redeten unsere Nachbarn beim Bäcker im Laden.

Aber, was war denn das? Auf einmal stand groß in der Zeitung: »Rücktritt der Regierung von Papen« und »Reichspräsident von Hindenburg hat den General von Schleicher mit der Bildung einer neuen Regierung beauftragt«.

Der dicke Schnee fiel schon, und die Auslagenfenster waren festlich geschmückt, und am Viktualienmarkt und in der Au tummelten sich die Leute im engen Gewinkel der leuchtenden Buden des Weihnachtsmarktes. In den großen prachtvoll dekorierten Warenhäusern war kaum ein Durchkommen vor Leuten. Der neue General-Kanzler löste gar nicht den Reichstag auf. Es gab also, Gott sei Dank, keine neuen Wahlen, man ließ das Volk in Ruhe friedlich-feierliche Weihnacht und heitere Silvesternacht feiern. Kniehoher Schnee lag auf den Straßen, und der Andrang der hungernden Erwerbslosen für die Schneeräumearbeiten war so stark, daß die Geräte und Schaufeln nicht ausreichten. Jeder wollte drankommen, jeder wollte einige Mark verdienen und sich endlich wieder einmal satt essen, aber es waren viel zu viele, und die fielen schließlich wie reißende Tiere über diejenigen, die eine Schaufel ergattert hatten, her. Die einschreitende Polizei kam kaum dagegen auf.

In Schwabing hockten die Künstler beisammen und dachten sich Festpläne für den kommenden Fasching aus. Holzapfel traf mich auf der Straße und erzählte voll Schadenfreude: »Mensch, die Nazis! Hast du so was schon gesehn.

SA-Männer gehn in den Vierteln, wo sie Sympathisierende haben, mit Sammelbüchsen um und wollen Geld für ihre schöne Bewegung. Hahaha, die pfeifen aus dem letzten Loch –. In Berlin, hab' ich gelesen, gehn die SAler ganz ungeniert überall rum und betteln die Leut' an –«

»Und gibt ihnen denn jemand was?« fragte Mirjam.

»O ja! – Es gibt doch genug Rindviecher bei uns«, antwortete Holzapfel und spottete weiter: »Aber was sie da schon zusammenbetteln –. Der Hitler, ha –! Wenn's so weitergeht, ist er bald wieder soweit wie am Anfang. – Da kann er alsdann auch stempeln gehn wie wir.«

Und da war er plötzlich da, dieser farblose 30. Januar 1933 mit seiner faden, schweren Luft ohne Schneefall, an dem wir, wie seit unserer Rückkehr aus dem Wasserburgischen, wieder so ausgeleert und ziellos durch die Münchner Straßen gingen und uns auf einmal, als treibe lähmende Ungewißheit und Angst die Einwohner jedes Hauses ins Freie, dicht umdrängt von einer stummen Menschenmasse weitergeschoben fühlten, weiter, immer weiter und immer beengter und beklommener kaum mehr uns selbst empfanden, sondern nur noch vermengt mit diesem riesenhaften Massenleib, der sich tausendfüßig dahinbewegte und nur manchmal kurz stockte und sich ausweichend zerteilte, weil frisch uniformierte, neuausgerüstete SA-Männer einen Menschen aus ihm rissen – »So, Bürscherl, da haben wir dich, du Saujud, du!« – und klatschend auf ihn einschlugen.

Wo waren diese überall verteilten Schlägertrupps auf einmal hergekommen?

Hatten sie bisher irgendwo in sicheren Verstecken als blutgierige Meute lauernd gelegen und waren auf ein einziges Signal hin losgebrochen? Und wo waren die Polizisten, die gegen sie einschreiten sollten? Und wo waren alle Freundes- und Bekanntengesichter, wenn man scheu und angstvoll geschwind herumlugte? Ganz und gar allein gelassen, geduckt und eingeschüchtert wie ein verprügelter Hund schob sich jeder von uns in der grauen Masse weiter, bis sie ihn irgendwo, wenn ein freier, weiter Platz kam, von sich abstieß. So fanden wir uns endlich am Sendlinger-Tor-Platz und zweigten, da die Menge in die breite Sonnenstraße dem Stachus zu weiterrann, rasch in weniger belebte Seitenstraßen ab und gelangten auf weiten Umwegen nach Schwabing. Wir sahen nicht hin, wenn sich eine Gruppe schiebend, schreiend und balgend in ein Geraufe um einen Menschen vermengte; wir blieben nicht stehen vor den überall angeschlagenen großen gelben, fettschwarz bedruckten Telegrammen, wir *wußten:* Hitler war Reichskanzler!

Aus allen Gastwirtschaften grölte es bierheiser abgehackt: »Sieg Heil! – Sieg Heil! Deutschland erwache!«

Mirjam blieb kurz stehen und sah mich mit einem unbeschreiblichen Blick an. Wachsbleich war ihr Gesicht, ihr Kinn bebte, und tonlos sagte sie: »Und dafür soll man gelebt haben, dafür –?« Ich zog sie nur weiter.

Unsere Tage verrannen nun sehr unausgeglichen. Manchmal standen wir in aller Frühe auf und beschlossen, fortzureisen, einfach irgendwohin, bis das Schlimmste vorüber sei, denn beide waren wir felsenfest davon überzeugt, daß so ein Fanatiker sich höchstenfalls einige Monate lang halten konnte. Wer heute den Klugen spielen will und behauptet, er sei damals vom Gegenteil überzeugt gewesen, dem bleibt es unbenommen; ich glaube es ihm nicht.

Stunden und Stunden erwogen wir so einen Reiseplan bis ins kleinste. Dann aber war doch wieder Abend und Nacht. Am andern Tag wieder überlegten wir, ob wir nicht dauernd zu den Wähmanns oder überhaupt aufs Land ziehen sollten, doch es wurde nie etwas Rechtes daraus. Schließlich wollten wir's sogar mit einer etwaigen Übersiedlung nach Berlin versuchen, denn, meinte Mirjam, »in einer

Großstadt, wo man uns nicht kennt, ist man vielleicht am sichersten«. Wir zählten unser Geld, wir rechneten und rechneten. Wir gingen – außer es war unbedingt nötig – kaum mehr auf die Straße, und es gab Nächte, in denen keiner dem andern von seiner Angst sagte, da wir oft bis ins Morgendämmern hinein jeden festen Stiefelschritt auf der Treppe in der Herzgrube spürten.

»Jetzt –! Das sind sie!« entfuhr es mir doch einmal schreckbleich an einem frühen Nachmittag, als schwere Schritte vor unserer Wohnungstür einhielten und ein schrilles Läuten folgte. Wir blieben beide atemlos hinter der verschlossenen Tür. Wiederum läutete es, und der Mensch draußen brummte was vor sich hin. Er klopfte noch mal fest und rief: »Herr Graf, Herr Graf – Telegramm!«

Blamiert sahen wir uns hinter der Tür an. Es war die Rettung. Die Wiener Bildungszentrale telegrafierte: »Tournee vom 20. Feber bis Mitte März gesichert. Abfahrt wegen Besprechung, wenn möglich, 18. Feber – Luitpold.« Es war der 16. Februar. Wir sahen einander sekundenlang stumm und fragend an.

»Mensch, da kommst du mit –! Großartig, wie abgemessen, wie gewünscht –. Pack schon ein, komm! Da bleiben wir, bis alles rum ist, fertig«, redete ich aufgelebt auf Mirjam ein.

»Nein, zu zweit – das geht nicht. Außerdem, ich bleibe bis zum 10. März. Ich will meine Stimme noch mal gegen Hitler abgeben«, sagte sie.

»Was? Bist du verrückt –? Wählen willst du noch –? Damit glaubst du ...? Geh, laß dich doch auslachen! Pack ein, sag' ich, komm mit, fertig!« schimpfte ich noch scherzhaft, doch vergebens, brach ab und redete belebter weiter: »Na, es wird schon. – Ich will mir jetzt doch die paar Schuhe bei Salamander kaufen, ich glaub', ich brauch' sie. Komm, gehn wir in die Stadt.« Die Februarsonne fiel so einladend durchs

Fenster, und das Telegramm hatte mich frei und leicht gemacht. Auf der Straße sah es normaler aus. Nur fiel auf, daß alle Menschen mit eingenommenen Gesichtern, mit gradaus gerichteten Blicken, als sei ihnen verboten nach rechts und links zu schauen, dahingingen. Ich versuchte, Mirjam klarzumachen, daß die von der jetzigen Hitler-Regierung anberaumte Reichstagswahl am 10. März doch aller Voraussicht nach unter Terror geschehen würde und – wie sie auch ausfalle – nichts mehr ändere. Reichstagsmehrheit und parlamentarische Regeln, wie sich das ja bei der letzten Wahl der Papen-Regierung gezeigt habe, seien doch für die Hitlerleute nicht gültig. Sie hörte zu und sammelte wohl schon ihre Gegenargumente. Da – wie aus dem Boden gewachsen – standen zwei kommunistische Genossen vor uns. Unser geschwindes forschendes Herumschauen deutete, Gott sei Dank, auf kein Gekannt- und Gesehenwerden. Schrecklich abgejagt und erschöpft sahen die zwei aus: »Oskar, du mußt uns helfen«, sagte der schmale dunkelhaarige Götz Sepp, und Mirjam raunte schnell: »Da, gehn wir in den Hausgang, da!« Hier erzählten die zwei, wovon mir einer stets die wöchentlich erscheinende *Arbeiter-Illustrierte* brachte, daß sie nicht mehr aus und ein wüßten, die Nazispürhunde seien hinter ihnen her und die illegalen Verstecke wären schon von anderen Genossen belegt, mit einem Wort – ich verstand, gab ihnen meinen Haus- und Wohnungsschlüssel und sagte: »Wenn ich ihn euch nicht gebe, bin ich für euch ein ganz gemeiner Feigling. Hier habt ihr sie für alle Fälle, aber eins sag' ich euch jetzt schon, bei mir lauft ihr vielleicht gradwegs in eine Falle –. Da, macht's gut, Servus. – Halt da, bitte!« Ich gab ihnen zehn Mark, und wir trennten uns. Eine Zeitlang gingen Mirjam und ich wortlos nebeneinander her.

»Du hast ihnen gar nicht gesagt, daß du wegfährst«, sagte sie endlich.

»Nein, warum auch? Es war auch keine Zeit dazu«, meinte ich. »Vielleicht kommen sie heute, vielleicht morgen, vielleicht erwischt man sie schon in der nächsten Stunde –«

»Und? – Wenn man die Schlüssel bei ihnen findet?«

Daran hatte ich in der Aufregung nicht gedacht, stutzte kurz, zuckte die Schultern und warf stoisch hin: »Na ja, jetzt ist's schon, wie's ist. – Wir hauen jedenfalls schon morgen ab. In solchen Zeiten kann man nicht lang hin und her überlegen.«

Sie sagte nur noch: »Na?« Und das konnte alles mögliche heißen. Gut klang es nicht, und wir sprachen bis nach Hause nichts mehr. Alle Bedrücktheit war wieder in uns. Das Abendessen schmeckte uns nicht.

»Na also, wie ist das jetzt?« fing ich in meinem Arbeitszimmer energisch zu reden an. »Kommst du mit oder nicht? Du mußt mit, sag' ich dir, du *mußt*. Ich überlasse dich nicht einfach diesen Henkern. Du *mußt* mit, pack deine Sachen!« Ich redete gut, redete zärtlich, ich brüllte in sie hinein. Es war zum Verzweifeln. Sie fand meine Argumente diesmal logisch und einleuchtend.

»Sicher«, fing sie traurig zu reden an. »Ganz sicher, von unserer Wohnung, die wir mit soviel Geduld und Mühe, mit soviel Liebe und Geld eingerichtet haben, von der trenn' ich mich schwer, doch wenn's sein muß, gut –. Aber, ich versteh' das selber nicht, ich bin doch Jüdin, ich war doch nie irgendwie patriotisch deutsch. Aber von Deutschland weggehn, weg und vielleicht nicht wieder, nie wieder zurückkönnen ... Tatsächlich, ich glaub', das könnt' ich nicht. – Überall nur geduldet, wie danebengestellt, nein, das kann ich mir einfach nicht vorstellen –«

»Du –? Du?« fragte ich verblüfft. »Geduldet und danebengestellt –? So was kenn' ich nicht. Hm, merkwürdig, wirklich merkwürdig bist du –«

Da stand sie: schlank und schlicht in ihrem grauen Wollkleid. Eine voll erblühte Dreißigerin mit einem schönen, ovalen, zartrosa-weißen Gesicht, aus dem zwei dunkle sprechendlebendige Augen schauten. Dichtes, natürlich gelocktes tiefschwarzes Haar umrahmte dieses eigentümliche, fast kitschig sanfte Oval. Nichts an diesem Äußeren war typisch deutsch oder typisch jüdisch, und doch war Mirjam in ihrer männlichen Gescheitheit, mit ihrer intellektuellen Unbeirrbarkeit im Erkennen, Einsehen und Urteilen und ihrer zärtlichen Hingabe eine unleugbare Einheit dieser beiden Typen. Sie begriff schnell, dachte exakt und grübelte sich in vieles so tief hinein, daß ihr die meisten Illusionen im Laufe der Zeit vergangen waren. Sie liebte nur wenige, ganz wenige Menschen, und darum schirmte sie sich von den vielen ab und wehrte sich gegen jedes Eindringen in ihre private Atmosphäre, dennoch versuchte sie beständig an *den* Menschen, als an etwas Gutes, zu glauben und war bereit, dafür Opfer zu bringen, wenn sie auch ihr melancholischer Instinkt, ihre Erfahrungen und ihr fast furchtsames Mißtrauen immer wieder zweifeln ließen. Darum sagte sie jetzt: »Weißt du, das geht eben nicht, daß wir immer und immer, wenn was unangenehm und gefährlich wird, ausweichen oder davonlaufen –. Wenn das, wofür wir einstehen, wirklich was wert ist und wenn wir fest dran glauben, dann müssen's wir auch beweisen –. Red mir nichts aus! Bitte, bitte –. Ich weiß, daß ich jede Nacht, ja jede Stunde, wenn die Genossen mal da sind, Todesängste ausstehe –. Ich weiß nicht einmal, ob ich's aushalte, aber ich bleib' bis zum zehnten März, bis zur Wahl, was die Genossen dann tun, ist ihre Sache –. Aber bis dahin bleib' ich, nun Schluß, pack dein Zeug zusammen.«

Mit dem Frühzug fuhr ich sorgengeplagt nach Wien. Mirjam hatte versprochen, jeden Tag zu schreiben, oder wenn Not am Mann sei, zu telegrafieren.

»Aber, bitte, sorg dich nicht, wenn's einmal nicht ganz

klappt«, hatte sie gesagt. Im Zug traf ich die junge tapfere Genossin Lotte Branz, die wir alle gern mochten. »Du gehst auch, du –? Mein Gott!« sagte sie nur, lehnte sich an mich und weinte hemmungslos, obgleich ich ihr sagte, ich käme ja in knapp einem Monat zurück.

»Mein Gott, mein Gott, was haben wir alles versäumt!« jammerte sie noch einmal. Schwer trennten wir uns in Wien. Lotte erwies sich als ungemein mutige illegale Grenzgängerin der Sozialdemokratie während der Jahre, da ihre Genossen noch in Österreich und in der Tschechoslowakei bleiben konnten. Ihren Mann Gottlieb haben sie in Buchenwald in sieben Jahren zum menschlichen Wrack geschlagen.

Als ich im Büro der Bildungszentrale vor meinem Freund Luitpold stand, fragte der verwundert: »Ja, warum hast du denn deine Frau nicht mitgebracht?«

»Meine Frau –? Ja, warum denn?«

»Ja, Freund, du gehst nicht mehr zurück nach Deutschland –. Deine Frau muß so schnell wie möglich auch raus und hierherkommen. – Wir telegrafieren sofort«, sagte er energisch. Da erzählte ich ihm von ihr und den zwei Genossen.

»Nichts zu sagen. Meinen Respekt vor deiner Frau, aber ...« Er sah mich an und schlug auf einmal einen andern Ton an: »... aber, was red' ich denn? – Mut ist so selten ... Hoffen wir das Beste –«

O ja, es klappte mit den Briefen. O ja, Mirjam kam auch am 11. März auf dem Westbahnhof in Wien an – nur, wir mußten sie heraustragen, genauso wie es schon beim Umsteigen in Freilassing die österreichischen Bahnbeamten machen mußten. Sie sah entsetzlich verängstigt aus und hatte von all den Aufregungen eine lebenslange Platzangst bekommen.

In Konrad Heidens Buch *Die Geburt des Dritten Reiches*

kann man lesen: »An einem Tag sind die beiden Kommunisten Götz und Dressel ermordet worden. Götz war bei seiner Einlieferung (ins KZ Dachau) so zugerichtet, daß ihn niemand mehr kannte.« Es waren jene zwei armen Menschen, die – wie ich später erfuhr – es nicht mehr aushielten, als Mirjam weg war, und auf die Straße gingen. Unser Schuster soll sie verraten haben.

Und damit fing unser Exil an ...

NACHWORT
VON PETER KRITZER

Nachdenken über die eigene Identität

Das »Gelächter von außen« ist Oskar Maria Grafs letztes Wort. Ein Jahr vor seinem Tod bedenkt Graf noch einmal die für ihn und – bis hin zu den Nachgeborenen – für uns alle so entscheidenden eineinhalb Jahrzehnte vom Ende des Ersten Weltkriegs bis zum Ausbruch der Naziherrschaft in Deutschland. Distanzierter als 40 Jahre vorher in seinem autobiographischen Bekenntnis »Wir sind Gefangene«, doch keineswegs abgeklärt, gibt er sich Rechenschaft. Sich – auch den anderen? Ich muß gestehen, daß mir Graf bei zunehmender Bekanntschaft mit seinem Werk eher mehr Fragen aufgibt als weniger. Was war er nun eigentlich: Denkender Sozialist, unpolitisch rebellierender Anarchist oder karriere- und geldsüchtiger Aufsteiger? Gläubig oder Atheist? War er hoffnungsvoll oder verzweifelt, Menschenfreund oder Menschenverächter? Ob er es selber gewußt hat, ob er immer nur das eine und nie auch das andere gewesen ist, darf man bezweifeln. Nicht zu bezweifeln ist seine absolute, oft schon zerstörerisch anmutende Ehrlichkeit gegen sich selbst:

»Mich dagegen befiel freilich oft ein verschwiegenes Hohngelächter über mich selber, denn, ohne es recht zu merken, war ich – wenigstens, was das Äußere anlangte – in die mir tief verhaßte soziale Schicht des Mittelstandes hineingeglitten und mußte mir eingestehen, daß damit Annehmlichkeiten verbunden waren, die mir durchaus zusagten. Ja, je mehr ich darüber nachdachte, um so unbestreitbarer kam es mir vor, daß ich seit jeher diesem von uns Schwabingern so verlachten ›verbrunzten Mittelstand‹ angehörte, was den Massenmenschen in mir keineswegs aufhob... All mein wildes Bohème-Getue und mein provokanter Revolutionismus hatten demnach mit meiner eigentlichen Natur gar nichts zu tun. Ich zweifelte sogar, ob meine Hingezogenheit zu den Arbeitern echt und ehrlich war. Alles, so kam es mir vor, war bisher nichts anderes gewesen als eine eitle, grundverlogene Interessantmacherei.«

Die Revolution hatte er glühend herbeigesehnt. Aber – aus welchen Gründen? Kein Zweifel, daß er auch die Rettung aus der persönlichen Misere, der verunglückten ersten Ehe, der Berufslosigkeit, erhoffte:

»›Geld! Geld muß her, ganz gleich wie!‹ knirschte ich, als ich den langen Gang zu unserem Arbeitsraum durchschritt: ›Geld oder Revolution! Eines von beiden.‹ Zorn und Wut, Haß und blinde Rachsucht, alles Schlechte, was in einem Menschen aufsteigen kann, durchtobten mich... ›Nur die Revolution kann uns retten‹, sagte ich zu meinem Nebenmann...«

Der Verlauf der Revolution enttäuschte Graf von Anfang an, und die Blicke, die er hinter die Kulissen tun konnte, waren nicht geeignet, ihn hoffnungsfroh zu stimmen. Dann fiel am 21. Februar 1919 Kurt Eisner von Mörderhand, Anfang Mai erstickte die Räterepublik im Blut von tausend Arbeitern. Graf kämpft nicht mit, aber er macht sich gleichzeitig deswegen Vorwürfe. Die ersten Hakenkreuz-Klebezettel pappten an den Wänden, und bei einer Diskussion in einem der Ateliers drohte »ein dunkelhaariger Mensch mit einer Stirnlocke und einem Stutzbärtchen« mit dem Aufhängen der »Drückeberger«. Hüfler oder Hülscher hieß er angeblich, aber noch ehe er wenige Jahre später seinen Versuch machen konnte, von München aus die Reichsregierung zu stürzen, kannte man, jedenfalls in der bayerischen Hauptstadt, seinen Namen besser. München und Bayern, auch das amtliche Bayern, hatten ihm seinen Start verschafft, und als

Ende 1923 die Erkenntnis zu dämmern begann, mit wem und womit man es zu tun habe, da war es zu spät, ihn noch aufzuhalten.

Eines der Rätsel übrigens, die Graf aufgibt, ist die historische Einordnung Hitlers im »Gelächter von außen«. Am Ende des Buches zitiert er sich selbst mit einem Manuskript aus dem Spätherbst 1932, in dem er schreibt: »Hitler ist nichts anderes als der Fortsetzer des Kaiser-Wilhelm-Staates, der im Grunde bei uns nie abgeschafft worden ist.« Für die Unrichtigkeit des Satzes bedarf es kaum eines Arguments. Mag die Weimarer Republik mit Einschränkungen die Fortsetzung des wilhelminischen Obrigkeitsstaates gewesen sein, wofür einiges spricht – der »Staat«, der Dachau und Auschwitz installierte, der den Gedanken der menschlichen Ungleichheit pervertierte bis hin zum emotionslosen fabrikmäßigen Töten: der unterschied sich doch wohl vom obrigkeitsstaatlichen Kaiserreich mit seinem hohen Maß an Rechtssicherheit. Graf sagt nichts darüber, ob er gut dreißig Jahre später, als er das »Gelächter« niederschrieb, zu jener Meinung aus dem Jahr 1932 noch stand. Vielleicht könnte eine noch zu erwartende Graf-Biographie Aufschluß geben.

Nun ist nicht alles politisch-historisch in diesem Buch, das, zwischendurch gesagt, nicht als historische Darstellung, sondern als subjektive dichterische Spiegelung der Historie gelesen werden will. Erzählerisch am stärksten finde ich Graf eher dort, wo Politik nicht im Spiel ist, in der urbajuwarischen Freude am Mystifizieren, der verzwickten Freude daran, von den anderen für dümmer gehalten zu werden, als man ist. Selbst Josef Hofmiller, der eigentlich den Braten hätte riechen müssen, ist ihm auf diesen Leim gekrochen. Ernst und Spiel, Naivität und Berechnung durchdringen sich fortwährend. Bei der Einführung im Pen-Club in Berlin führte der bayerische »Provinzschriftsteller« den feinen hauptstädtischen Herrschaften bewußt berechnend den

»Seppl« und »Zulukaffer« vor; er spielt ihn, aber dabei spielt er sich.

Allenthalben stößt der Leser auf diese Ambivalenz, diese Doppeldeutigkeit. Sie findet sich in Grafs Haltung zur Revolution und zu seinen eigenen politischen Ansichten; sie findet sich im Nachdenken über die eigene Identität, wo er sich »immer und immer wieder (fragt), woher denn das kommt, daß mir meistens alles an mir und in mir höchst lächerlich vorkommt«. Und der Schriftsteller Graf überlegt sich nach dem Erfolg seines »Bayerischen Dekameron«: »Was war ich nun wirklich: ein urfideler schweinischer Schnurrenerzähler aus Bayern, eine ›Sau‹ oder ... etwas mehr?« Schon Jahre zuvor, nach seinem ersten Prosaerfolg mit bayerischen Bauerngeschichten, hatte ihn der Gedanke geängstigt, er könnte auf das landläufige blöde Bayernklischee festgelegt werden, »... ein herzerfrischendes Hinterwäldlertum auf Bauernart, eine mit dem dicken Zuckerguß sentimentaler Verlogenheit reizend garnierte Gebirgsjodler-Idylle, ein schlicht-inniges bierkatholisches Analphabetentum als Volkscharakter... Dafür sorgten meine Vorgänger bis hinauf zu Ludwig Thoma reichlich...«

Die Befürchtung eines solchen Mißverständnisses erwies sich im Lauf der Jahre als wohlbegründet, und indem Graf sich selbstbewußt deklariert, beruft er sich ausdrücklich auf die Doppelbödigkeit seiner Natur und seiner Herkunft:

»Wenn mich auch meine Bauerngeschichten halbwegs nährten und ich sehr geschäftsbedacht war, so mißfiel es mir doch, daß man mich überall so einseitig bajuwarisierte. Das Bayrische war nur *eine* Hälfte von mir, die andere unterschied sich sehr gründlich davon. Ein kaltes Grauen fiel mich an, wenn ich mir ausmalte, etwa wie Thoma zum allbeliebten bayrischen Nationaldichter aufzusteigen und auf diese Art behäbig mein weiteres Leben abzuleben. Thoma kam aus der Welt des ländlich-soliden, gehobenen Bürgertums und hatte nie die Schrecknisse, die Wirrungen und das ratlose Ausgeliefertsein an die unbekannten rohen Lebenstücken durchzustehen gehabt wie ich. Wirklicher Hunger, grausige Not, von Kind auf hineingeprügelter Menschenhaß, Unsicherheit und Mißtrauen allem und jedem gegenüber blieben ihm zeitlebens ebenso unbekannt wie zügellose, antimoralistische Boheme, wie Klassenkampf, Sozialismus, Revolution und unkontrollierbarer, gefährlicher Masseninstinkt. Er kannte weder den Arbeiter noch das Lumpenproletariat. Er blieb von Anfang bis zu seinem Ende auf eine patriarchalische, tief konservative Art mit dem Bauern verbunden und liebte ihn, wie alles, was von ihm kam und ihn umgab. Mir galt und gilt der Bauer schriftstellerisch immer nur als Mensch wie jeder andere Mensch, der nur zufällig ins ländliche Leben hineingeboren ist. Abgesehen von der Daseinsart, die ihm von seiner Umgebung aufgezwungen wird, ist er das gleiche fragwürdige nutzungs- und triebgefangene arme Luder wie wir alle. Eben deshalb blieb für mich Thoma als literarisches Vorbild unergiebig, um so mehr aber beeinflußten mich in dieser Hinsicht Jeremias Gotthelf und Tolstoj. Am meisten aber lernte ich – ein unfertiger Sechzehnjähriger, der aus dem handwerklich-bäuerlichen Dorf in den zerfahrenen Intellektualismus der bäuerlichen Bohème und von da ins Proletarisch-Politische hineingerissen wurde –, indem ich bei der Darstellung meiner literarischen Figuren stets unbarmherzig in meine Charakterwinkel hineinhorchte und daraus die Kenntnisse der Menschennatur bezog.«

Die Erkenntnis der eigenen Zwiespältigkeit wird also zum eindeutigen literarischen Programm.

Graf ist in der Emigration geblieben. Dabei wäre er gern nach Bayern zurückgegangen, sein Briefwechsel mit Wilhelm Hoegner beweist es. Aber es ist begreiflich, daß der fast 60jährige das Wagnis nicht ohne sichernde Hilfe auf sich nehmen wollte. Diese wurde ihm verweigert; die Heimkehr scheiterte an der Böswiligkeit, Trägheit, Hilflosigkeit der Bürokratien drüben wie hüben. So blieb, nicht unpassend, diesem Leben die versöhnende Rückkehr zum Ausgangspunkt versagt. Mehr als die Hälfte vom produktiven Leben des Schriftstellers Oskar Maria Graf verlief im Exil: Das »Gelächter« ist ein Gelächter »von außen«.